Langenscheidt
Universal-Wörterbuch

Bulgarisch

Bulgarisch – Deutsch
Deutsch – Bulgarisch

Langenscheidt

Langenscheidt
Universal-Wörterbuch
Bulgarisch

Bearbeitet von: Vesselinka Kruscheva

Entwickelt auf Basis des
Langenscheidt Universal-Wörterbuchs Bulgarisch
ISBN 978-3-12-514272-5

Bearbeitet von: Diana Slivkova-Steinkühler,
Susanne Brudermüller

Warenzeichen, Marken und gewerbliche Schutzrechte
Wörter, die unseres Wissens eingetragene Warenzeichen oder Marken oder sonstige gewerbliche Schutzrechte darstellen, sind als solche – soweit bekannt – gekennzeichnet. Die jeweiligen Berechtigten sind und bleiben Eigentümer dieser Rechte.
Es ist jedoch zu beachten, dass weder das Vorhandensein noch das Fehlen derartiger Kennzeichnungen die Rechtslage hinsichtlich dieser gewerblichen Schutzrechte berührt.

1. Auflage 2023 (1,02 - 2025)

www.langenscheidt.com

Projektleitung: Ursula Martini
Satz: Claudia Wild, Konstanz
Druck und Bindung: L.E.G.O. S.p.A., Lavis
Printed in Italy

ISBN **978-3-12-514468-2**

Inhalt

Vorbemerkungen

Die Tilde (~, beim Wechsel von Groß- zu Kleinschreibung oder umgekehrt: 𝔖) ersetzt das ganze Stichwort oder, bei Anwendung eines senkrechten Striches (|), nur den vor diesem Strich stehenden Teil des Wortes, z. B.:

Abend *m* ...; **guten ~!** = guten Abend!; **~essen** *n* = Abendessen
по́лски ...; **~ ези́к** = по́лски ези́к
полу́ча, получа́ва|м ...; **~ се** = получа́ва се
сно́|сен erträglich; **~ше́ние** = сноше́ние
герма́н|ец ...; **𝔖ия** = Герма́ния
belehren по|уча́вам [~у́ча] = поуча́вам und поу́ча
bemerk|bar ...; **𝔖ung** = Bemerkung

Die Betonung der mehrsilbigen bulgarischen Wörter ist durch das Betonungszeichen über dem zu betonenden Vokal angedeutet. Trägt ein mit Hilfe der Tilde gebildetes Wort zwei Tonzeichen, so ist das letzte für die Betonung des Wortes maßgebend, z. B.:

му́зик|а ...; **~а́лен** = музика́лен

Das bulgarische Verb hat keine Infinitivform. Als Grundform wird deshalb die Form der 1. Person Singular Präsens angeführt. Die wenigen in

das Wörterverzeichnis aufgenommenen anderen Verbformen deuten darauf hin, dass die 1. Pers. nicht gebräuchlich ist. Sie sind entweder wörtlich übersetzt oder durch erklärende Zusätze näher erläutert.
Aspekte. – Der vollendete Aspekt (*pf*) steht im bulgarisch-deutschen Teil meist nach dem unvollendeten (*impf*) und ist entsprechend gekennzeichnet, z. B.:

вна́сям, внеса́ *pf*
впу́с|кам, ~на *pf* = впу́сна

Steht bei einem Verbpaar das perfektive Verb an erster Stelle, so bleiben beide Formen unbezeichnet, z. B.:

насла|дя́, ~жда́вам: **~дя́, ~жда́вам се** = насладя́ се *pf*, наслажда́вам се *impf*

Bei Stammgleichheit der beiden Formen wurden sie in einem Wort zusammengefasst, wobei der Teil des Wortes, der das Verb imperfektiv macht, in runden Klammern () erscheint:

коло́с(в)ам = коло́сам *pf*, коло́свам *impf*
споя́(вам) = споя́ *pf*, споя́вам *impf*

Diese Kennzeichnung der Aspekte findet sich auch bei den Übersetzungen im deutsch-bulgarischen Teil. In anderen Fällen erscheint dort der Teil des Wortes, der das Verb perfektiv macht, in eckigen Klammern [], z. B.:

anziehen привл|и́чам [~ека́] = привли́чам *impf*, привлека́ *pf*

schreiben пи́ша *impf*, напи́ша *pf*

Verben, die gleichzeitig perfektiv und imperfektiv sind, werden mit *(im)pf* gekennzeichnet.

Das grammatische Geschlecht ist im Bulgarischen nur dann angegeben, wenn es von folgenden Regeln abweicht:
a) Substantive auf Konsonant und **-й** sind männlich *(m)*;
b) Substantive auf **-а** und **-я** sind weiblich *(f)*;
c) Substantive auf **-е** und **-о** sind sächlich *(n)*.

Ferner fehlt die Geschlechtsangabe, wenn das Substantiv mit einem Adjektiv gebraucht wird, sodass die Erkennung des Geschlechts ohne Weiteres möglich ist, z. B.:

Höchstgeschwindigkeit … максима́лна ско́рост

Das Geschlecht der deutschen Substantive ist durchgehend bezeichnet worden, ausgenommen die substantivierten Adjektive des Typs «Angeklagte(r)», die meist nur mit der männlichen Form des entsprechenden bulgarischen Substantivs übersetzt wurden.

Der substantivierte Infinitiv und das Verbalsubstantiv auf **-ung** sowie Abstrakta auf **-heit** und **-keit** und die entsprechenden bulgarischen Substantivbildungen auf **-ане**, **-ство** oder **-ност** sind aus Gründen der Umfangsbeschränkung oft weggelassen worden.

Das bulgarische Alphabet

А	а	a	Р	р	r
Б	б	b	С	с	ß, ss
В	в	w	Т	т	t
Г	г	g	У	у	u
Д	д	d	Ф	ф	f
Е	е	e (immer offen)	Х	х	ch (wie in Bach)
Ж	ж	j (wie in Journal)	Ц	ц	z (wie in Zunge)
З	з	s (wie in Sense)	Ч	ч	tsch (wie in deutsch)
И	и	i	Ш	ш	sch
Й	й	j (wie in Jod)	Щ	щ	scht
К	к	k	Ъ	ъ	e (wie in Maler)
Л	л	l		ь	kommt nur in Verbindung mit o vor: jo*
М	м	m			
Н	н	n			
О	о	o	Ю	ю	ju
П	п	p	Я	я	ja

* Dient zur Erweichung (Palatalisierung) des vorhergehenden Konsonanten.

Abkürzungen

A	Akkusativ	винителен падеж
a.	auch	също
abstr	abstrakt	абстрактно понятие
adj	Adjektiv	прилагателно
adv	Adverb	наречие
AER	Flugwesen	авиация
AGR	Landwirtschaft	земеделие
ANAT	Anatomie	анатомия
ARCH	Architektur, Bauwesen	архитектура, строително дело
ASTR	Astronomie	астрономия
BAHN	Eisenbahnwesen	железопътно дело
BGB	Bergbau	минно дело
BOT	Botanik	ботаника
CHEM	Chemie	химия
D	Dativ	дателен падеж
e-e	eine	–
EL	Elektrotechnik	електротехника
e-n	einen	–
e-r	einer	–
e-s	eines	–
etw	etwas	нещо (нщ)
f	Femininum	женски род
F	familiär	разговорна дума
fig	figürlich	преносен смисъл
FIN	Finanzwesen	финанси
FOT	Fotografie	фотография
G	Genitiv	родителен падеж

GASTR	Kochkunst	готварство
GEO	Geographie	география
Gr	Grammatik	граматика
HDL	Handel	търговия
hist	historisch	исторически
(im)pf	imperfektives und perfektives Verb	глагол от несвършен и свършен вид
inf	Infinitiv	инфинитив, основна форма
int	Interjektion	междуметие
IT	Internet	Интернет
j-m	jemandem	на някого, някому (нкм)
j-n	jemanden	някого (нкг)
JUR	Rechtswissenschaft	юридически термин
KFZ	Kraftfahrwesen	автомобилно дело
koll	kollektiv	събирателно
konj	Konjunktion	съюз
m	Maskulinum	мъжки род
MAR	Marine, Seefahrt	морско дело
MATH	Mathematik	математика
MED	Medizin	медицина
MIL	Militärwesen	военно дело
mst	meist	главно, предимно
MUS	Musik	музика
n	Neutrum	среден род
od	oder	или
part	Partikel	частица
pej	pejorativ	пейоративен
pers	Person	лице
pf	perfektives Verb	глагол от свършен вид
PHYS	Physik	физика

pl	Plural	множествено число
POL	Politik	политика
P	populär	просторечие
poss	possessiv	притежателно местоимение
pron	Pronomen	местоимение
prp	Präposition	предлог
REL	Religion	религия
sg	Singular	единствено число
SPORT	Sport	спорт
su	Substantiv	съществително име
TECH	Technik	техника
TEL	Telefon	телефон
THEA	Theater	театър
TV	Rundfunk, Fernsehen	радио, телевизия
TYP	Typografie, Druck	печатарство, полиграфия
u.	und	и
unpers	unpersönlich	безлично
unv	unverändert	неизменяемо
v.	von	от
V	vulgär	вулгарно
vgl	vergleiche	сравни
v/i	intransitives Verb	непреходен глагол
v/t	transitives Verb	преходен глагол
zeitl	zeitlich	времево понятие
ZO	Zoologie	зоология
Zssg(n)	Zusammensetzung(-en)	съчетание
нкг	някого	jemanden
нкм	някому	jemandem
нщ	нещо	etwas
→	siehe	виж

Bulgarisch – Deutsch

а aber; und
абажýр Lampenschirm *m*
абон|амéнт Abonnement *n*; **~áт** Abonnent *m*; **~ирам**: **~ирам се** *(im)pf* abonnieren (**за** *A*)
абсýрд Unsinn *m*; **~ен** unsinnig, absurd
авáнс Vorschuss *m*; SPORT Vorsprung *m*
авантюра Abenteuer *n*
авантюрист Abenteurer *m*; **~ичен** abenteuerlich
авари|ен Not-; Havarie-; **~ен изход** Notausgang *m*; **~йно кáцане** Notlandung *f*
авáрия *(Flugzeug, Schiff)* Havarie *f*; *(Auto)* Panne *f*; Unfall *m*; *(Atomkraftwerk)* Störfall *m*
áвгуст August *m*
авиáция Flugwesen *n*
австри|ец Österreicher *m*; **~йка** Österreicherin *f*; **~йски** österreichisch
Áвстрия Österreich *n*
автобýс Autobus *m*; **маршрýтен ~** Linienbus *m*; **~ен**: **~на спирка** Bushaltestelle *f*
áвтогара Busbahnhof *m*
авто|мáт Automat *m*; MIL Maschinenpistole *f*; **~матичен** automatisch
áвтомивка Autowaschanlage *f*
авто|мобил → колá; **~мобилен**: **~мобилна гýма** Autoreifen *m*; **~нóмия** Autonomie *f*; **~ремóнтен**: **~ремóнтна работилница** Autoreparaturwerkstatt *f*
áвтор(ка) Autor(in *f*) *m*
авторитéт Autorität *f*, Ansehen *n*
áвтостоп: **на ~** per Anhalter; **пътýвам на ~** trampen
агéн|т Agent *m*; HDL Vertreter *m*; **~ция** Agentur *f*; **~ция по заетосттá** Agentur für Arbeit
áгне Lamm *n*; **~шки** Lamm-; **~шко (месó)** Lammfleisch *n*; **~шко печено** Lammbraten *m*
агрáр|ен Agrar-, **~на странá** Agrarland *n*
ад Hölle *f*
адвокáт (Rechts-)Anwalt *m*, Verteidiger *m*; **~ка** (Rechts-)Anwältin *f*, Verteidigerin *f*
административен Verwaltungs-, administrativ
администрáция Verwaltung (-sbehörde *f*) *f*
адрéс Adresse *f*, Anschrift *f*; **~ен** Adress-; **~на кáрта** Anmeldeformular *n*; **~на книга**

Adressbuch *n*
аерогáра Flughafen *m*
аз ich
áзбу|ка Alphabet *n*; **~чен** alphabetisch
азиáтски asiatisch
Áзия Asien *n*
азóт Stickstoff *m*
акад|емúк Akademiemitglied *n*; **~емúчен** akademisch; **~éмия (на наýките)** Akademie *f* (der Wissenschaften)
акó wenn; **~ и** wenn auch
акомпанúрам MUS begleiten
акт Akt *m*; JUR Akte *f*
актúвен aktiv, tätig
актуáлен aktuell
акýла Hai(fisch) *m*
акушéр-гинеколóг Gynäkologe *m*
акушéрка Hebamme *f*
áкция Aktion *f*; HDL Aktie *f*
алá aber, (je)doch
алабáш Kohlrabi *m*
алáрмен Alarm-, Signal-; **~о устрóйство** Alarmanlage *f*
албáн|ец Albaner *m*; **♀ия** Albanien *n*; **~ка** Albanerin; **~ски** albanisch
áлен (purpur)rot
алéя Allee *f*
Алжúр Algerien *n*
алкохóл Alkohol *m*; **~ен**: **~но питиé** alkoholisches Getränk
Áлпи *pl* Alpen *pl*; **♀йски** Alpen-, alpin, Hochgebirgs-, **♀нúст** Bergsteiger *m*
áлч|ен (hab)gierig; **~ност** *f* Gier *f*, Habgier *f*
амá aber
амбициóзен ehrgeizig
амбреáж KFZ Kupplung *f*
амвóн REL Kanzel *f*
Амéрика Amerika *n*; **Сéверна ~** Nordamerika *n*; **Южна ~** Südamerika *n*
американ|ец Amerikaner *m*; **~ка** Amerikanerin *f*; **~ски** amerikanisch; → *a.* **щат**
амú *konj P* sondern; und; *int* aber; nein
амúн Amen *n*
амнúстия Amnestie *f*
амнистúрам amnestieren, begnadigen
амоня́к Ammoniak *n*; Salmiakgeist *m*
анасóн Anis *m*; **~ов**: **~ова ракúя** Anisschnaps *m*
ангажúрам (*im*)*pf* engagieren; vorbestellen
áнгел Engel *m*
англ|úйски englisch; Englisch *n*; **~ичáнин** Engländer *m*; **~ичáнка** Engländerin *f*
Áнглия England *n*
ан|кéта Untersuchung *f*, Umfrage *f*; **~сáмбъл** Ensemble *n*; **~тéна** Antenne *f*; **~трáкт** THEA Pause *f*
антúк|а Antiquität *f*; **~вáрен** antiquarisch; **~вáрна книжáрница** Antiquariat *n*
апéл Appell *m*, Aufruf *m*
апетúт Appetit *m*; **~ен** appetitlich
аплодú|рам (*im*)*pf* applaudieren, *Beifall* klatschen; **~смéнти** *m/pl* Beifall *m*
апóстол Apostel *m*
апрúл April *m*; **~ски** April-; **~ска шегá** Aprilscherz *m*

апт|е́ка Apotheke *f*; **~ека́р(-ка)** Apotheker(in *f*) *m*; **~е́чка** (Reise-, Haus-)Apotheke *f*
ара́б|ин Araber *m*; **&ия** Arabien *n*; **~ски** arabisch
арбитра́жен: **~ съд** Schiedsgericht *n*
аре́ст Arrest *m*, Haft *f*; **~а́нт** Verhaftete(r); Häftling *m*
аресту́в|ам *(im)pf* verhaften, festnehmen; **~ан** verhaftet
Арженти́на Argentinien
а́рия Arie *f*
А́рктика Arktis *f*
а́рмия Armee *f*
аром|а́т Aroma *n*, Duft *m*; **~а́тен, ~ати́чен** aromatisch
арти́ст Artist *m*; Schauspieler *m*; Opernsänger *m*; *fig* Künstler
а́рфа Harfe *f*
археоло́гия Archäologie *f*
архи́в Archiv *n*
архитекту́ра Architektur *f*
архитекту́рен architektonisch; **~ па́метник** Baudenkmal *n*; **~ сти́л** Baustil *m*
асансьо́р Fahrstuhl *m*, Aufzug *m*
ата́к|а Angriff *m*; MED Anfall *m*; **~у́вам** *(im)pf* angreifen
ата́чмънт *(Computer)* Attachement *n*, Anhang *m*
а́том Atom *n*; **~ен** atomar, Atom-; **~на бо́мба** Atombombe *f*; **~на ене́ргия** Atomenergie *f*; **~но ядро́** Atomkern *m*
афи́ш Plakat *n*
А́фрика Afrika *n*
африка́н|ец Afrikaner *m*; **~ски** afrikanisch

Б

ба́б|а Großmutter *f*; **~ичка** F Alte *f*
ба́в|ен langsam; **~ност** *f* Langsamkeit *f*; **~я** verzögern; auf-, hinhalten; **~я се** sich aufhalten
бага́ж Gepäck *n*; **~ен** Gepäck-; **~ник** *(Auto)* Kofferraum *m*; *(Fahrrad)* Gepäckträger *m*; *(Zug)* Gepäcknetz *n*
ба́гр|а Farbe *f*; **~я** (rot) färben
баде́м BOT Mandel *f*
баджана́к *(Mann der Schwester)* Schwager *m*
ба́за Basis *f*
баклава́ Baklawa *f* *(süßer Blätterteigkuchen mit Nüssen)*
бал¹ *(Tanz)* Ball *m*
бал² *(Schule)* Zensurendurchschnitt *m*
ба|ла́да Ballade *f*; **~ла́нс** Bilanz *f*; **~ла́ст** Ballast *m*
балдъ́за *(Schwester der Ehefrau)* Schwägerin *f*
бале́т Ballett *n*
балка́н Gebirge *n*; **&** Balkan (-gebirge *n*) *m*
балти́йск|и: **&о море́** Ostsee *f*
балто́н (Herren-)Wintermantel *m*
балюстра́да Brüstung *f*
ба́нда Bande *f*
ба́ни *pl* → **ба́ня, ба́нски куро́рт**

ба́ница Baniza *f* (*mit Quark od Käse*)
ба́нк|а FIN, *Schule* Bank *f*; **информацио́нна ~а** Datenbank *f*; **~е́т** Bankett *n*, Festessen *n*; **~но́та** Banknote *f*, Geldschein *m*; **~ов** Bank-; **~ов влог** Bankguthaben *n*; **~ов код** Bankleitzahl *f*; **~ова сме́тка** Konto *n*
банкома́т Geldautomat *m*
ба́нски Bade-; **~ костю́м** Badeanzug *m*; **~ куро́рт** Bad *n*, Heilbad *n*
ба́ня Bad *n*; **ка́лна ~** Moorbad *n*; **минера́лна ~** Mineralbad *n*; **слъ́нчева ~** Sonnenbad *n*; **то́пла минера́лна ~** Thermalbad *n*
бар Bar *f*, Nachtlokal *n*
бар|аба́н Trommel *f*; **~а́ж** Wehr *n*; Talsperre *f*; **~а́ка** Baracke *f*; **~ие́ра** Barriere *f*; Bahnschranke *f*; **~оме́тър** Barometer *n*
бас[1] MUS Bass *m*
бас[2] Wette *f*
басе́йн Bassin *n*, Becken *n*
баси́рам: **~ се** (*im*)*pf* wetten
ба́скетбол Basketball *m*
баснoсло́вен fabelhaft
ба́сня Fabel *f*
бате́рия EL Batterie *f*; Taschenlampe *f*
ба́ща́ *m* Vater *m*
ба́щин väterlich; Vater-; **~о и́ме** Vatersname *m*
бди́тел|ен wachsam; **~ност** *f* Wachsamkeit *f*
бдя wachen (**за, над** über *A*); wach bleiben
бе́бе Baby *n*
бега́ч SPORT Läufer *m*; Rennrad *n*
бе́гло *adv* oberflächlich, flüchtig
беда́ Unglück *n*, Unheil *n*
бе́д|ен arm; armselig; **~ност** *f*, **~ноти́я** Armut *f*; **~ня́к** Arme(r)
бедро́ (Ober-)Schenkel *m*
бе́дств|ен unglücklich, elend; Not-; **~ие** Unglück *n*; Naturkatastrophe *f*
бежане́ц Flüchtling *m*
бе́жов beige
без ohne; MATH weniger; *in Zssg*(*n*) un-, -los; **~ ма́лко** beinahe, fast; **~ съмне́ние** zweifellos, ohne Zweifel; **~ о́глед на** ungeachtet (*G*); **~ да** ohne zu; **два ~ де́сет мину́ти** zehn Minuten vor zwei; **~алкохо́лен** alkoholfrei
безбо́ж|ен gottlos; *fig* unverschämt, skrupellos
без|боле́знен schmerzlos; **~бре́жен** uferlos; unendlich; **~бро́ен** zahllos, unzählig
безвку́сен fade, nicht schmackhaft; *fig* geschmacklos
безвку́|сие, **~сица** Geschmacklosigkeit *f*
безви́зов visafrei
без|во́ден wasserarm; CHEM wasserfrei; **~во́лев** willenlos; **~вре́ден** unschädlich; **~възвра́тен** unwiderruflich; **~взду́шен** luftleer; **~възме́зден** unentgeltlich, kostenlos
безгла́с|ен lautlos; wortlos; **~на бу́ква** *fig* eine Null

без|грани́чен grenzenlos, unbegrenzt; **~грéшен** REL sünd(en)los; *fig* unschuldig, rein
безгри́ж|ен sorglos, unbekümmert; **~ие** Sorglosigkeit *f*
бездáрен unbegabt
бездé|ен untätig, tatenlos; **~йствие** Untätigkeit *f*; **~лник** Faulenzer *m*, Nichtstuer *m*; **~лнича** faulenzen
без|дéтен kinderlos
бéздна Abgrund *m*
бездóм|ен obdachlos; **~ник** Obdachlose(r)
без|ду́шен leblos; gefühllos, herzlos; **~дъ́нен** bodenlos, abgrundtief; **~жáлостен** erbarmungslos, unbarmherzig; **~жи́знен** leblos; **~жи́чен** drahtlos; **~завéтен** opfermutig, hingebungsvoll
беззакóн|ен gesetzlos; gesetzwidrig; **~ие** Gesetzlosigkeit *f*; Willkür *f*
беззащи́т|ен schutzlos; wehrlos; **~ност** *f* Schutzlosigkeit *f*; Wehrlosigkeit *f*
без|зву́чен GR stimmlos; → *a.* ~глáсен
безизхóден ausweglos
бези́менен namenlos; **~ пръст** Ringfinger *m*
безинтерéсен uninteressant
безистéн Passage *f*, Durchgang *m*
безкáсов bargeldlos; **~о плáщане** bargeldlose Zahlung
без|компрóмисен kompromisslos; **~контрóлен** unkontrolliert; **~кóристен** uneigennützig
безкрá|ен unendlich; endlos; **~й(ност** *f*) Unendlichkeit *f*
безкръ́вен unblutig; blutleer
безли́хвен zinslos; **~ зáем** zinsloses Darlehen
без|ли́чен unpersönlich (*a.* GR); (*Mensch*) unscheinbar; **~лю́ден** menschenleer; **~мéрен** maßlos
безмéсен fleischlos; vegetarisch
безми́тен zollfrei; **~ внос** zollfreie Einfuhr
безнадéж|ден hoffnungslos
без|нрáвствен unsittlich, unmoralisch; sittenlos; **~оби́ден** harmlos; **~óблачен** wolkenlos; **~обрáзен** hässlich; → ~очли́в
безоглéд|ен rücksichtslos
безопáс|ен ungefährlich, gefahrlos; sicher; **~на иглá** Sicherheitsnadel *f*; **~ност** *f* Sicherheit *f*; **проверéна ~ност** (*Spielzeug*) geprüfte Sicherheit
без|основáтелен unbegründet, grundlos; **~отговóрен** verantwortungslos
безочли́в unverschämt
безпари́ч|ен mittellos, ohne Geld; **~но плáщане** bargeldlose Zahlung
безпарти́ен parteilos
безплáт|ен unentgeltlich, kostenlos, frei; **~ен билéт** Freifahrkarte *f*; Freiflugticket; **вход ~ен** Eintritt frei; **~но** *adv* umsonst, gratis
без|плóден unfruchtbar; *fig* fruchtlos, erfolglos; **~погрé-**

шен unfehlbar; fehlerlos; **~подо́бен** unvergleichlich, ohnegleichen
безпок|о́йствие, ~о́йство Unruhe *f*; Beunruhigung *f*; **~оя́** stören; (**се** sich) beunruhigen
без|поле́зен nutzlos, unnütz; vergeblich; **~по́мощен** hilflos; **~поря́дъчен** unordentlich; liederlich; **~поща́ден** schonungslos; erbarmungslos; grausam
безпра́в|ен rechtlos; **~ие** Rechtlosigkeit *f*
безпреде́л|ен grenzenlos; **~на о́бич** grenzenlose Liebe
без|предме́тен gegenstandslos; **~препя́тствен** ungehindert, frei; **~прецеде́нтен** beispiellos; **~при́мерен** beispiellos, ohne Beispiel; **~пристра́стен** unparteiisch; unvoreingenommen
безрабо́тен arbeitslos
безраз|бо́рен wahllos; **~ли́чен** gleichgültig; **~съден** unvernünftig, unüberlegt; **~съдност** *f* Unüberlegtheit *f*
безре́д|ен unordentlich; **~ие** Unordnung *f*, Durcheinander *n*; **~ици** POL Unruhen
без|резулта́тен ergebnislos; **~си́лен** kraftlos, schwach, *fig* machtlos; (*Zorn*) ohnmächtig; **~скру́пулен** skrupellos; **~сле́ден** spurlos; **~сми́слен** sinnlos; **~сми́слица** Unsinn *m*
безсмъ́рт|ен unsterblich; **~ие** Unsterblichkeit *f*
без|со́лен ungesalzen; (*Scherz*) banal, fad(e); **~спи́рен** ununterbrochen; **~спо́рен** unbestritten
безсра́м|ен schamlos; unverschämt; **~ие** Schamlosigkeit *f*; Unverschämtheit *f*
без|сро́чен unbefristet; fristlos; **~стра́стен** leidenschaftslos
безстра́ш|ен furchtlos, unerschrocken; **~ие** Furchtlosigkeit *f*, Unerschrockenheit *f*
безсъвестен gewissenlos
безсъзна́ние Bewusstlosigkeit *f*, Ohnmacht *f*; **изпа́дам в ~** in Ohnmacht fallen, ohnmächtig werden
безсъ́н|ие, ~ица Schlaflosigkeit *f*; **~ен**: **~на нощ** schlaflose Nacht
безсърде́чен herzlos
безу́корен tadellos, untadelig
безу́м|ен wahnsinnig; unvernünftig; **~ие** Wahnsinn *m*
безусло́вен bedingungslos; unbedingt; absolut
без|успе́шен erfolglos; **~уте́шен** untröstlich; trostlos; **~уча́стен** teilnahmslos
безхара́ктерен charakterlos
без|цве́тен farblos; **~це́лен** ziellos; **~це́нен** unschätzbar, kostbar; **~че́стен** ehrlos; **~честя́** entehren; schänden; **~чет(ен)**, **~чи́слен** zahllos, unzählig; **~чове́чен** unmenschlich; **~чу́вствен** gefühllos; bewusstlos; **~шу́мен**

geräuschlos
белги́|ец Belgier *m*; **~йка** Belgierin *f*; **~йски** belgisch
Бéлгия Belgien *n*
бéлег Zeichen *n*; Narbe *f*
белéж|а kennzeichnen; aufzeichnen; verzeichnen; **~ит** berühmt, bedeutend; **~ка** Zettel *m*; Notiz *f*; Note *f*, Zensur *f*; **~ник** Notizbuch *n*
белéя *Haar*: weiß werden
белóс(в)ам weißen, (weiß) tünchen
белтъ́|к Eiweiß *n*; **~чен**: **~чно веществó** Eiweißstoff *m*
бельó (Bett-, Unter-)Wäsche *f*
бéля *Wäsche* bleichen; *Obst* schälen
бензи́н Benzin *n*; **~ без олóво** bleifreies Benzin *n*
бензиностáнция Tankstelle *f*
бéнка Muttermal *n*
бент Damm *m*, Deich *m*; Stausee *m*
берá *Blumen, Obst* pflücken, ernten; *Trauben* lesen; (*Wunde*) eitern
Берли́н Berlin
берли́нски *adj* Berliner
берлинчáн|ин Berliner *m*; **~ка** Berlinerin *f*
бесéд|а Gespräch *n*, Unterhaltung *f*; (öffentlicher) Vortrag; **~вам** sich unterhalten (**с** mit *D*)
бесéдка Laube *f*
бéсен (*Hund*) tollwütig; *fig* rasend, toll
беснéя wüten, toben
бетóн Beton *m*; **~ен** Beton-, betoniert
би *part, drückt die Möglichkeit aus*; **мóже ~** vielleicht
биберóн Saugflasche *f* (*für Kinder*); Schnuller *m*
библéйски biblisch, Bibel-
библиотéка Bibliothek *f*; Bücherei *f*; Bücherschrank *m*
би́блия Bibel *f*
бивáк Feld-, Zeltlager *n*; **~ýвам** biwakieren, im Freien übernachten
би́ва|м sein; *unpers* geschehen, vorkommen: **аз не ~ да** ... ich darf nicht ...; **~ го** er taugt; **не ме ~** ich fühle mich nicht wohl
бивш ehemalig
бидóн Kanister *m*
бижý *n* Schmuck(stück *n*) *m*, Juwel *n*; **~тéрия** Schmuckwaren *f*/*pl*; Juweliergeschäft *n*
би́знес Geschäft *n*; **~дама** Geschäftsfrau *f*
бизнесмéн Geschäftsmann *m*
бик Stier *m*, Bulle *m*
билéт Karte *f*; Schein *m*; Fahrkarte *f*; Fahrschein *m*; (Lotterie-)Los *n*; **~ за самолéт** Flugticket *n*; **вхóден ~** Eintrittskarte *f*; **лóвен ~** Jagdschein *m*; **~ със запáзено мя́сто** Platzkarte *f*
би́лка (Heil-)Pflanze *f*
би́ло Gebirgskamm *m*, Grat *m*; ARCH First *m*
бинóкъл Fernglas *n*
бинт (Mull-)Binde *f*
бинтóвам verbinden; mit einer Binde umwickeln
био, Био bio, Bio-; **~ хранители продýкти** *pl* Bio-Le-

bensmittel *n meist pl*
биогра́фия Biografie *f*
биоло́гия Biologie *f*
би́р|а Bier *n*; **све́тла ~а** helles Bier; **ма́лцова ~а** dunkles Bier; **наливна ~а** Bier vom Fass, gezapftes Bier; **~а в кутия** Dosenbier *n*; **~а́рия** Bierlokal *n*, Bierstube *f*; **~ен** Bier-; **~ена фа́брика** Brauerei *f*
бис *Interj.* Zugabe!; **изка́рвам на ~** zu einer Zugabe auf die Bühne rufen; **изли́зам на ~** zu einer Zugabe auf die Bühne kommen
би́сер Perle *f*; **~ен** Perlen-; **~на огърлица** Perl(en)kette *f*
бискви́та Keks *m*
би́стър klar, hell
бит Lebensweise *f*
битие́ Sein *n*, Dasein *n*
би́тов Lebens-; **~и усло́вия** Lebensbedingungen *f/pl*; **~и услу́ги** Dienstleistungen *f/pl*
би́тка Schlacht *f*
би́тпазар Trödelmarkt *m*
бифте́к Beefsteak *n*
бич Peitsche *f*
би́|я schlagen (*a. v/i*); hauen, prügeln; **това́ ~е на очи́** *fig* das sticht in die Augen
благ sanft, mild; süß
бла́го Wohl *n* (*a. in Zssg[n]*)
блага́ *n/pl* Güter *n/pl*
Благо|веще́ние Mariä Verkündigung *f*; **&воле́ние** Wohlwollen *n*
благод|а́рен dankbar; **~аре́ние**: **~аре́ние на ...** dank (*D*) **~а́рност** *f* Dankbarkeit *f*
благодаря́ danken (**за** für); **~!** danke!; **~ мно́го!** vielen Dank!
благо|да́т *f* Wohltat *f*; **~де́нствие** Wohlstand *m*; **~зву́чен** wohlklingend
благонаде́жд|ен zuverlässig
благо|пожела́ние Glückwunsch *m*; **~полу́чно** wohlbehalten; glücklich; **~прили́чие** Anstand *m*; **~прия́тствам** begünstigen; **~разполо́жен** wohlgesinnt; **~разу́мен** vernünftig; **~ро́ден** ad(e)lig; (*Metall*) edel; **~скло́нен** wohlgesinnt, gewogen
благосл|а́вям, **~о́вя** *pf* segnen; **~ове́н** gesegnet; **~овия́** Segen *m*
благо|състоя́ние Wohlstand *m*; **~твори́телност** *f* Wohltätigkeit *f*; **~уха́ние** Wohlgeruch *m*, Duft *m*
бла́ж|ен[1] fett(ig); **~на боя́** Ölfarbe *f*; **~но я́дене** Speise mit tierischen Produkten, Fleischgericht *n*
блаже́н[2] (glück)selig
бла́зня verführen, verlocken
блам Blamage *f*; POL Misstrauensvotum *n*
бла́нка Formular *n*, Vordruck *m*
блати́ст sumpfig
бла́то Sumpf *m*; Moor *n*
бле́д|(ен) blass, bleich; **~не́я** blass (*od* bleich) werden; verblassen
бле́нда FOT Blende *f*
блену́вам träumen (**за** von)
бле|стя́ glänzen; strahlen; **~щу́кам** schimmern, flim-

mern; blinken; **~щя́** → ~стя́
бли́жа lecken
бли́жен nah(e), nächst
близна́к Zwilling *m*
бли́з|о *adv* nah(e); (*etwa*) ungefähr; **~ост** *f* Nähe *f*; *fig* Vertraulichkeit *f*; **~ък** nah(e); baldig; intim; **~ък родни́на** naher Verwandter
блок Block *m*; **~а́да** Blockade *f*; **~и́рам** blockieren; *Konto* sperren
блонди́нка Blondine *f*
блу́дкав geschmacklos
блуждáя umherirren
блу́за Bluse *f*
блъ́с|вам, **~на** *pf* stoßen
блъ́ска|м: **~м се** sich drängen; **~ница** Gedränge *n*
блъф Bluff *m*
блян Trugbild *n*, Traum *m*
бля́с|кав glänzend; **~ък** Glanz *m*
боб Bohne *f*; → фасул
бог Gott *m*; **бóже мой!** mein Gott!
богáт reich (an); **~ство** Reichtum *m*; **подзéмни ~ства** *pl* Bodenschätze *pl*
Бого|рóдица Mutter *f* Gottes; **&слóвие** Theologie *f*; **&служéние** Gottesdienst *m*; **&творя́** vergöttern
бод|á, **бóдна** *pf* stechen; **~éж** MED Stich *m* (*Schmerz*); **~и́л** Stachel *m*; **~ли́в** stach(e)lig
бóд|рост *f* Frische *f*, Munterkeit *f*; **~ър** frisch, munter
бóжи Gottes-
божу́р Pfingstrose *f*
бозá Bosa *f* (*Getränk aus Hirse*)
бозáйни|к Säugetier *n*
бой Schläge *m/pl*, Prügel *pl*; MIL Kampf *m*, Schlacht *f*
боклу́к Kehricht *m/n*
бокс Boxen *n*
боксу́вам *Räder*: durchdrehen
боледу́вам krank sein; **~ от** leiden an (*D*)
болéзнен krankhaft; (*Wunde*) schmerzhaft
бóле|н krank; **~ст** *f* Krankheit *f*
боли́ → боля́
бóл|ка Schmerz *m*; **~нáв** kränklich; **~ница** Krankenhaus *n*; **~ногледáч(ка)** Krankenpfleger(in *f*) *m*
болшинствó Mehrheit *f*
боля́: **боли́ (ме)** es tut (mir) weh
боля́рин HIST Bojar *m*
бóмба Bombe *f*
бомбарди́рам (*im*)*pf* bombardieren
бонбóн Bonbon *m od n*
бор BOT Kiefer *f*; CHEM Bor *n*
борáвя umgehen (**с** mit *D*)
борбá Kampf *m*
бóрд Bord *n*; **на ~а** an Bord
бордерó Kontoauszug *m*; Kassenzettel *m*
борéц Kämpfer *m*; SPORT Ringer *m*
борови́нка Heidel-, Blaubeere *f*
бóрса Börse *f*; **чéрна ~** Schwarzmarkt *m*; **~ на трудá** Arbeitsamt *n*
борш Borschtsch *m* (*Kohlsuppe mit roten Rüben*)
бóря: **~ се** kämpfen, ringen

бос barfuß; *fig* nicht beschlagen
боти́нка Stiefelette *f*, Halbstiefel *m*
боту́ш Stiefel *m*
бо́цман Bootsmann *m*
боя́[1] Farbe *f*; **~ за обу́вки** Schuhcreme *f*; **ма́слена ~** Ölfarbe *f*
боя́[2]: **~ се** sich fürchten (**от** vor *D*)
боядис(в)ам färben; (an)streichen
боязли́в ängstlich
брава́ (Tür-)Schloss *n*
брада́ Kinn *n*; Bart(wuchs *m*) *m*; **~вица** Warze *f*; **~т** bärtig
бра́два Axt *f*, Beil *n*
брак[1] Ehe *f*; **склю́чвам ~** e-e Ehe schließen
брак[2] Ausschuss(ware *f*) *m*
бракоразво́д (Ehe-)Scheidung *f*
бра́нище (Wald-)Schonung *f*
бранш Branche *f*, Fach *n*
бра́ня verteidigen; schützen (**от** vor *D*)
бра́т Bruder *m*; **~овче́д** Vetter *m*; **~овче́дка** Kusine *f*; **~ски** brüderlich; **~ство** Brüderlichkeit *f*; REL Bruderschaft *f*
бра́чен ehelich, Ehe-
брашн|е́н mehlig, Mehl-; **~о́** Mehl *n*
бреговй Küsten-, Ufer-
бреза́ Birke *f*
бре́ме Bürde *f*, Last *f*; **~нна** schwanger; **~нност** *f* Schwangerschaft *f*
бри́мка (Lauf-)Masche *f*
брита́н|ец Brite *m*; **~ка** Britin *f*; **~ски** britisch
брич Reithose *f*
брод *m* Furt *f*
брод|е́рия Stickerei *f*; **~ирам** (*im*)*pf* sticken
броеница REL Rosenkranz *m*
бро́й (An-)Zahl *f*; (*Zeitschrift*) Nummer *f*; **в ~** in bar; **~ка** (*Buch*) Exemplar *n*; **общ ~ (но́во)зарази́ни** *m* MED Infektionsquote *f*
бронз Bronze *f*
брони́ран gepanzert, Panzer-
бро́шка Brosche *f*
брошу́ра Broschüre *f*
броя́ zählen; **~ се** zählen zu
бръ́мбар Käfer *m*
бръмча́ brummen; *Biene*: summen; **уши́те ми ~т** ich habe Ohrensausen
бръсна (**се** sich) rasieren
бръсна́|р (Herren-)Friseur *m*; **~рница** Herrenfriseursalon *m*; **~ч** Rasiermesser *n*
бръ́чка Falte *f*; Runzel *f*
бръшля́н Efeu *m*
бряг Ufer *n*; Küste *f*
бряст Ulme *f*
бу́ба Seidenraupe *f*
бу́ден wach, munter; *fig* aufgeweckt
буди́лник Wecker *m*
бу́дка Kiosk *m*
бу́дя (auf)wecken; *Neid usw.* erregen; **~ се** aufwachen
бу́ен heftig, ungestüm, wild; (*Fluss*) reißend; (*Vegetation*) üppig
бу́за Wange *f*, Backe *f*
бу́йствам rasen, toben
бу́к(а) Buche *f*

бу́кв|а Buchstabe *m*; **~а́лен** wörtlich; buchstäblich (*a. fig*); **~а́р** Abc-Buch *n*, Fibel *f*
буке́т (Blumen-)Strauß *m*
букси́р: **взе́мам на ~** ins Schlepptau nehmen, abschleppen
буксу́вам → боксу́вам
булгу́р Grütze *f*, Schrot *m od n*
булдо́зер Planierraupe *f*
бу́лка Braut *f*
бу́ло Schleier *m*
бульо́н Fleischbrühe *f*
бунт Aufstand *m*, Revolte *f*; **~о́вник** Rebell *m*; **~у́вам** aufwiegeln; **~у́вам се** rebellieren, meutern
бу́ре Fass *n*
бу́рен Unkraut *n*; *adj* stürmisch
буркáн (Einmach-, Weck-)Glas *n*
бурма́ Schraube *f*
бу́ря Sturm *m*, Gewitter *n*
бут Oberschenkel *m*; GASTR Keule *f*
бута́ло TECH Kolben *m*
бу́т|(в)ам, **~на** *pf* (an)stoßen; schieben; **~(в)ам се** sich drängen
бути́лка Flasche *f*
бу́тна → бу́т(в)ам
буто́н (Druck-)Knopf *m*
бу́фер BAHN Puffer *m*
бу́хал Uhu *m*
бу́ца Klumpen *m*
буча́ rauschen; *Maschine*: dröhnen
бушо́н EL Sicherung *f*
бъбре|к Niere *f*
бъбря schwatzen, plaudern
бъд|а: **ще ~а** ich werde; → съм; **~ен**, **~ещ** (zu)künftig; **~еще вре́ме** GR Futur *n*; **~ни ве́чер** → ве́чер
бъз Holunder *m*
бълвам sich übergeben, sich erbrechen; *Feuer* speien
българин Bulgare *m*
Бълга́рия Bulgarien *n*
българ|ка Bulgarin *f*; **~омохамеда́нин** bulgarischer Muslim *m*; **~ски** bulgarisch
бълну́вам fantasieren
бълха́ Floh *m*
бърбо́рко Schwätzer *m*
бърз schnell, eilig, rasch; **~а помо́щ** erste Hilfe; Notarzt *m*, Rettungsdienst *m*; Rettungswagen *m*, Ambulanz *f*; **~ам** sich beeilen, es eilig haben, hasten; **~ина́** Geschwindigkeit *f*; Eile *f*; **~о** *adv* schnell, rasch, geschwind
бъркa|м (um)rühren; (durch)wühlen; stören; sich verrechnen, sich irren; *Namen* verwechseln; **~м се** sich einmischen (**в** in *A*); **~м в джо́ба** die Hand in die Tasche stecken, in die Tasche greifen; **~ница** Durcheinander *m*, Wirrwarr *m*
бъркотия Wirrwarr *m*; Tumult *m*, Unruhen *f/pl*
бърша (ab)wischen; *Geschirr* abtrocknen
бъчва Fass *n*, Tonne *f*
бюдже́т Budget *n*, Haushalt(s)plan *m*, Etat *m*
бюлети́н Bulletin *n*, Bericht *m*; **~ за вре́мето** Wetterbericht *m*; **~а** Stimmzettel *m*
бюро́ Schreibtisch *m*; Büro *n*,

Kanzlei *f*; ~ **спра́вки** Auskunft (-sstelle *f*) *f*; **обме́нно** ~ Wechselstube *f*; ~ **по труда́** Arbeitsamt *n*; **~кра́ция** Bürokratie *f*
бюст Büste *f*; Busen *m*
бюфе́т Büfett *n*; Anrichte *f*; Erfrischungsraum *m*
бя́г|ам laufen, rennen; fliehen (**от** vor *D*); **~ане** SPORT Lauf *m*; **дълго ~ане** Langlauf *m*; **~ство** Flucht *f*
бял weiß; *fig* hell
бяс Tollwut *f*; *fig* Wut *f*
бях ich war

В

в (**във** *wenn das folgende Wort mit* **в** *od* **ф** *beginnt*); (*Ort*) in, im; ~ **София** in Sofia; (*Zeit*) an, um, zu; ~ **сря́да** am Mittwoch; ~ **два часа́** um zwei Uhr
ваго́н Waggon *m*, Eisenbahnwagen *m*; **~ресторáнт** Speisewagen *m*; **спа́лен** ~ Schlafwagen *m*
ва́да Wassergraben *m*; Bächlein *n*
ва́дя (heraus)nehmen; *Fahrkarte* lösen; *Zahn, Schlussfolgerung* ziehen; *Bescheinigung* ausstellen lassen
важа́ gelten
ва́ж|ен wichtig; **~ничa** wichtig tun; **~ност** *f* Wichtigkeit *f*
ва́за Vase *f*
вака́н|тен vakant, frei, offen; **~ция** Ferien *pl*; *P* freie Stelle
ва́кса Schuhcreme *f*
ваксин|а́ция Impfung *f*; **~и́рам** (*im*)*pf* impfen
вале́жи *m*/*pl* Niederschläge *pl*
валериа́н Baldrian *m*
вале́ (*Karten*) Bube *m*
вали́ (*nur 3. pers*): ~ **дъжд** es regnet; ~ **сняг** es schneit; ~ **град** es hagelt
вали́ден gültig
валс Walzer *m*; **игра́я** ~ Walzer tanzen
валу́та Währung *f*; Devisen *pl*
ва́лчест rund, kugelförmig
ва́ляк Walze *f*
ва́лям (**се** sich) wälzen
ва́на (Bade-)Wanne *f*
вани́лия Vanille *f*
вар *f* Kalk *m*
ва́рварски barbarisch
варе́л (Blech-)Tonne *f*
варе́н gekocht
варо́вик Kalkstein *m*
варя́ *v/t* kochen; *Schnaps* brennen
вас euch
Вас Sie (*A*)
ва́та Watte *f*
ва́тенка Steppjacke *f*
ва́фла Waffel *f*
ваш, ~а, ~е euer, eure; Ihr(e)
ва́я (aus)meißeln
вгле́(ж)дам: **~се** starr ansehen, mustern, anstarren
вда́(ва)м: **~се** sich hingeben; sich hinreißen lassen
вди́г|ам, ~на *pf* (auf)heben; (*in die Luft*) sprengen; *Kleider* auf-, wegräumen; *Lärm* machen; *Achseln* zucken; *Schüler*

aufrufen; *Aufstand* ausrufen, anzetteln; *(aus dem Schlaf)* (auf)wecken; *Preis* erhöhen; **~ам, ~на се** sich erheben; **~ане**: **~ане на тéжести** SPORT Gewichtheben *n*
вди́ш(в)ам einatmen
вдлъ́бнат vertieft, hohl; PHYS konkav
вдов|éц Witwer *m*; **~и́ца** Witwe *f*
вдълбочá(вам): **~ се** sich vertiefen (**в** in *A*)
вдъ́х|вам, ~на *pf* einatmen; *fig* einflößen
вдъхнов|éн begeistert; inspiriert; **~éние** Begeisterung *f*; Inspiration *f*; **~я́(вам)** begeistern; inspirieren, anregen
вдя́|вам, ~на *pf* einfädeln
вдя́сно (nach) rechts
вегетариа́н|ец Vegetarier *m*; **~ски** vegetarisch
веднáга sofort, sogleich
веднъ́ж (ein)mal; einst
вéдомство Ressort *n*; Behörde *f*
вéдър klar, heiter; frisch
вéжда Augenbraue *f*
вежли́в höflich
везбá, везмó Stickerei *f*
везни́ *f/pl* Waage *f*
вéйка Zweig *m*, Ast *m*
век Jahrhundert *n*; Zeitalter *n*; **~óвен** jahrhundertealt
вели́к groß, bedeutend; **Карл ~и** Karl der Große; **~áн** Riese *f*; **²ден** Ostern *n*
Великобритáния Großbritannien *n*
велико|ду́шен großmütig; **~ду́шие** Großmut *m*; **~лéпен** prächtig, herrlich
вел|ичáя verherrlichen, preisen; **~и́чествен** majestätisch, erhaben; **~и́чие**, **~ичинá** Größe *f*
велосипéд Fahrrad *n*
велу́р Wildleder *n*
вéна Vene *f*
венери́ческ|и: **~а бóлест** Geschlechtskrankheit *f*
венéц (Blumen-)Kranz *m*; ANAT Zahnfleisch *n*
вентилáция Klimaanlage *f*; *(Auto)* Gebläse *n*
венчá|вам, ~я *pf* Brautpaar trauen; **~вам, ~я се** sich trauen lassen; **~ване, ~вка** Trauung *f*
вербу́вам (an)werben
вéрен *(Freund)* treu; *(Wort)* wahr; *(Ton)* richtig
вери́|га Kette *f*; **~жен** Ketten-; **~жна реáкция** Kettenreaktion *f*
верму́т Wermut(wein) *m*
веро|изповедáние Konfession *f*, Bekenntnis *n*
верoя́т|ен wahrscheinlich; **~ност** *f* Wahrscheinlichkeit *f*; **по вся́ка ~ност** *f* aller Wahrscheinlichkeit nach
вертикáлен vertikal, senkrecht
вéсел fröhlich; lustig, heiter; **~бá** Fest *n*; **~óст** *f* Frohsinn *m*, Heiterkeit *f*; **~я́**: **~ се** sich vergnügen
веслó Ruder *n*
вест *f* Kunde *f*, Nachricht *f*
вéст|ник Zeitung *f*; **~я́(вам)**:

~я́(вам) се sich zeigen, erscheinen
ветеринáр Tierarzt *m*
вéтрен Wind-; *fig* windig, leichtsinnig; **~а мéлница** Windmühle *f*
ветр|и́ло Fächer *m*; **~ови́т** windig; **~опоказáтел** Wetterfahne *f*, Wetterhahn *m*; **~охóд** Segelboot *n*
вéхна (ver)welken; *fig* dahinsiechen
вехт (*Kleid*) alt, abgetragen; **~ошáр** Trödler *m*
вéч(е) schon, bereits; **не мóга ~** ich kann nicht mehr
вéчен ewig
вéчер *f* Abend *m*; *adv* abends; **Бъ́дни ~** Heiligabend *m*; **дóбър ~** guten Abend; **ýтре ~** morgen Abend
вечéр|ен abendlich, Abend-; **~ница** Abendstern *m*; **~я** Abendessen *n*, Abendbrot *n*; **~ям** zu Abend essen
вéчност *f* Ewigkeit *f*
вещ[1] kundig, bewandert (in); **~о лицé** Sachverständige(r)
вещ[2] *f* Ding *n*, Sache *f*; **~éствен** stofflich, materiell; **~éствено доказáтелство** Beweisstück; **~ествó** Stoff *m*
вéщица Hexe *f*
вéя (се) wehen
взаи́м|ен gegenseitig; **~ност** *f* Gegenseitigkeit *f*
взаимо|дéйствие Wechselwirkung *f*; **~отношéние** Wechselbeziehung *f*; **~пóмощ** *f* gegenseitige Hilfe
взéма(м) nehmen; MED einnehmen; *Wort* ergreifen; *Prüfung* bestehen; *Maßnahme* treffen; **~ да** … anfangen zu …; **~ обрáтно** zurücknehmen; **~ предви́д** berücksichtigen; **~ си сбóгом** sich verabschieden
взи́рам, взра *pf*: **~ се** aufmerksam betrachten; anstarren
взискáтелен anspruchsvoll
взра: **~ се** → **взи́рам**
взрив Explosion *f*; Sprengstoff *m*
ви *A od D v.* **ви́е**; *Kurzform v.* **вас**
вид Aussehen *n*; BOT Art *f*; GR Aspekt *m*
ви́д|ен angesehen, bedeutend; **~éние** Erscheinung *f*, Vision *f*; **~им** sichtbar, ersichtlich; **~имост** *f* Sicht *f*; **~оизменéние** Abart *f*
ви́дра Fischotter *m*
ви́дя → **ви́ждам**
ви́е ihr; **♀** Sie
ви́елица Schneesturm *m*
Ви́ен|а Wien *n*; **♀ски** Wiener (*adj*)
виенчáн|ин Wiener *m*; **~ка** Wienerin *f*
виж! sieh!, schau!
ви́ждa|м, ви́дя *pf* sehen; schauen; **~ ми се** es scheint mir; **~не**: **до ~не** auf Wiedersehen
визи́та Visite *f*, Besuch *m*; **връщам, въ́рна ~** einen Gegenbesuch machen; **~ на вежли́вост** Höflichkeitsbesuch *m*
ви́за Visum *n*, Sichtvermerk *m*
вик Schrei *m*; Ruf *m*; **~ за пó-**

мощ Hilferuf *m*
ви́кам rufen; schreien
ви́ла[1] (Heu-)Gabel *f*
ви́ла[2] Wochenendhaus *n*
ви́л|ица Gabel *f*; **~ка** TECH Gabel *f*
вилне́я toben, wüten
вина́ Schuld *f*
ви́наги immer, stets
вина́рск|и Wein-, Winzer-; **~а и́зба** Weinkeller *m*
ви́нен Wein-
ви́но Wein *m*
вин|о́вен schuldig (**за** an *D*); **~о́вник** Schuldige(r), Täter *m*
винт Schraube *f*
винтя́га Windjacke *f*
виня́ beschuldigen
ви́р (*Fluss*) tiefe Stelle; Weiher *m*
ви́рвам → **ви́ря**
вире́я gedeihen
ви́рна → **ви́ря**
вирогла́в trotzig, halsstarrig; **~ец** Trotzkopf *m*
ви́ря, ви́рвам, ви́рна *pf* (hoch)heben; hochhalten; *Ohren* spitzen
висина́ Höhe *f*
висо́к hoch; (*Wuchs*) groß; (*Stimme*) laut; **~оговори́тел** Lautsprecher *m*
високоме́р|ен hochmütig, überheblich; **~ие** Hochmut *m*, Überheblichkeit *f*
високопоста́вен hochgestellt; **~а ли́чност** hochgestellte Persönlichkeit
високо́с|ен: **~на годи́на** Schaltjahr *n*
висо|та́ *abstr* Höhe *f*; **~чина́** Höhe *f*; GEO Anhöhe *f*
вису́лка Quaste *f*; (Ketten-)Anhänger; **ле́дена ~** Eiszapfen *m*
ви́сш hoch, Hoch-; **~е образова́ние** Hochschulbildung *f*; **~ист** *F* Akademiker *m*
вися́ hängen; **~щ** hängend; **~щ мост** Hängebrücke *f*
витам|и́нен, ~ино́зен vitaminhaltig
витло́ Propeller *m*; MAR Schraube *f*
витри́на Schaufenster *n*; Vitrine *f*
вихру́шка Wirbelwind *m*
виц Witz *m*
ви́шн|а Sauerkirsche *f*; **~о́вка** Kirschlikör *m*
ви́|я[1] winden; *Seil* drehen; *Nest* bauen; **~я се** sich winden, sich schlängeln; *Rauch*: sich kräuseln; *Raubvögel*: kreisen
вия́[2] *Hund*: heulen
вкаменя́(вам) versteinern (*a. fig*), erstarren
вка́р(в)ам hineinführen; hineintreiben; hineinstecken; *fig* verleiten; **~ в път** auf den richtigen Weg bringen; **~ в беля́ нкг** *j-n* in Unannehmlichkeiten bringen; **~ гол** SPORT ein Tor schießen
вклю́ч|а, ~вам einschließen; umfassen; TECH einschalten; **~и́телно** einschließlich
вкочаня́с(в)ам steif werden, erstarren
вку́пом *adv* zusammen
вку́с Geschmack *m*; **с ~** geschmackvoll; **~вам, ~я** *pf* kos-

ten, probieren; **~ен** schmackhaft, lecker
вкъщи zu Hause; nach Hause
вла́га Feuchtigkeit *f*
влага́лище ANAT Scheide *f*
вла́гам, вло́жа *pf* einzahlen; *Kapital* anlegen; *Mühe* aufwenden
владе́|ние Besitz *m*; **~тел** Herrscher *m*; Besitzer *m*; **~я** (be)herrschen; besitzen
влади́ка *m* Bischof *m*
вла́жен feucht
влак BAHN Zug *m*; **бърз ~** Schnellzug *m*; **пътнически ~** Personenzug *m*; **това́рен ~** Güterzug *m*
влакно́ Faser *f*
власт *f* Macht *f*; Regime *n*
вла́ча schleppen
вле|ка́ schleppen, ziehen; *fig* anziehen; **~ка́ч** MAR Schlepper *m*; **~че́ние** Neigung *f*, Hang *m*; **~чу́го** Kriechtier *n*
вл|е́я, ~и́вам gießen (in); *fig* einflößen; **~и́вам се** münden (**в** in *A*)
вли́зам, вля́за *pf* hineingehen, eintreten; **~ в си́ла** in Kraft treten
влия́|ние Einfluss *m*; **~телен** einflussreich; **~я** beeinflussen; **~я се** sich beeinflussen lassen
влог FIN Einlage *f*, Einzahlung *f*; *fig* Beitrag *m*
вло́жа → **вла́гам**
вложи́тел Kontoinhaber *m*; Einzahler *m*; Sparer *m*
влоша́(вам) verschlechtern, verschlimmern (**се** sich)
влю́б|вам, ~я *pf*: **~вам, ~я се** sich verlieben; **~ен** verliebt
вля́во (nach) links
вля́за → **вли́зам**
вмести́мост Fassungsvermögen *n*; Volumen *n*
вме́сто (an)statt (*G*); **~ те́бе** an deiner Stelle
вмеша́телство Einmischung *f*
вна́сям, внеса́ *pf* hineinbringen, hineintragen; *Waren* einführen; *Geld* einzahlen
внедря́(вам) einführen
внеза́п|ен plötzlich
внима́|вам Acht geben, aufpassen; **~ние** Achtung *f*; Aufmerksamkeit *f*; **~телен** aufmerksam
вно́с HDL Einfuhr *f*, Import *m*; **чле́нски ~** Mitgliedsbeitrag *m*; **~и́тел** Importeur *m*; FIN Einzahler *m*; **~ка** Rate *f*, Zahlung *f*; Beitrag *m*
внук Enkel *m*
вну́чка Enkelin *f*
вну|ша́(вам) überzeugen; einreden; **~ше́ние** Eingebung *f*; **~ши́телен** eindrucksvoll, imposant
воа́л Schleier *m*
вода́ Wasser *n*; **~ за пи́ене** Trinkwasser *n*
вода́ч Führer *m*; Fremdenführer *m*
во́ден Wasser-; wässrig; **~и́ца** (Wasser-)Mühle *f*
во́дещ Moderator *m*
водо|върте́ж (Wasser-)Strudel *m*; **~де́л** Wasserscheide *f*; **~е́м** Wasserspeicher *m*; **~ла́з** Taucher *m*; **~па́д** Was-

serfall *m*; **~пóй** Tränke *f*; **~провóд** Wasserleitung *f*; **~провóдчик** Klempner *m*; **~рáвен** waagerecht; **~рáсли** *pl* Algen *pl*, Tang *m*; **~рóд** Wasserstoff *m*; **~снабдя́ване** Wasserversorgung *f*; **~хранѝлище** Wasserreservoir *n*
вóдя führen, leiten
воéнен Kriegs-, Militär-; militärisch
военно|плéнник Kriegsgefangene(r); **~престъ́пник** Kriegsverbrecher *m*
вóзя (**се**) *v/i* fahren
вой|нá Krieg *m*; **грáжданска ~нá** Bürgerkrieg *m*; **~нѝк** Soldat *m*
войскá Heer *n*, Armee *f*, Truppen *f/pl*
вол Ochse *m*
волáн Lenkrad *n*
вóлейбол Volleyball *m*
вóлен frei, ungebunden
вóля Wille *m*
воня́ Gestank *m*; stinken
вóсък Wachs *m*
вот Votum *n*
воювам Krieg führen
впечатл|éние Eindruck *m*; **~ѝтелен** empfänglich, leicht zu beeindrucken
впи|свам, **~ша** *pf* eintragen
вслéдствие in der Folge, danach
впрóчем übrigens; jedoch
впр|я́гам, **~éгна** *pf* einspannen; *fig* einsetzen
впýс|кам, **~на** *pf*: **~кам, ~на се** sich stürzen (auf); eilen, losstürzen; (*auf Einzelheiten*) eingehen
врабчé Sperling *m*, Spatz *m*
враг Feind *m*
вражд|á Feindschaft *f*; **~éбен** feindselig; **~éбност** *f* Feindseligkeit *f*
врá ж(еск)и feindlich
вразумя́вам *j-n* zur Vernunft bringen; **~ се** zur Vernunft kommen
врáна Krähe *f*
врат Hals *m*; Nacken *m*
вратá Tür *f*; Tor *n*; **~р** SPORT Torwart
вратовръзка Krawatte *f*, Schlips *m*
врáчка Wahrsagerin *f*
вредá Schaden *m*, Nachteil *m*
врéд|ен schädlich; **~ѝтел** Schädling *m*; **~я́** schaden (*D*)
врéме Zeit *f*; Wetter *n*; **еднó ~** einmal, einst; **през ~ на** während; **~нен** vorläufig, vorübergehend, zeitweilig
вродéн angeboren
връв *f* Schnur *f*, Bindfaden *m*
връзвам, **вържа** *pf* binden, schnüren; fesseln
връзка Band *n*; Schnur *f*; Schlips *m*; Bündel *n*; BAHN, TEL Anschluss *m*; *nur pl* Verbindungen *f/pl*, Beziehungen *f/pl*
връстнѝк Altersgenosse *m*
връх Gipfel *m*; Spitze *f*
връч|а, **~вам** aushändigen (*A/D*)
връщам, **вéрна** *pf* herausgeben; zurückgeben; zurückschicken; **~ се** zurückkommen, zurückkehren, umkehren

връщане Rückgabe *f*; Rückkehr *f*; Rückfahrt *f*; **отиване и ~** Hin- und Rückfahrt *f*
вря *v/i* kochen, sieden
все *adv* ganz, lauter; immer
всевъзмо́ж|ен: **~ни** alle möglichen
всеизве́стен allbekannt; weit bekannt
всéки, вся́ка, вся́ко jeder, jede, jedes
всекиднéв|ен (all)täglich; **~ие** Alltag *m*; **~ник** Tageszeitung *f*
все|ле́на (Welt-)All *n*; **~ми́рен** Welt-, weltumfassend; **~могъ́щ** allmächtig; **~о́бщ** allgemein; **~стра́нен** all-, vielseitig
всѝчк|и *pl* alle; **~о** alles
следствие infolge (**на** von *D od G*)
всред (in)mitten
встрани́ zur Seite; seitlich
встъп|вам, ~я *pf* eintreten (**в** in *A*); *Dienst* antreten (**в** *A*); *Ehe* eingehen; **~и́телен** Antritts-; Einführungs-
вся́к|а, ~о → **всéки**; **~акъв** allerlei; jedweder; **~ога** immer, jederzeit; **~ъде** überall
втвърдя́(вам) (er)härten; **~ се** hart werden
вто́р|и zweite; **~и́чен** sekundär; **~ник** Dienstag *m*; **~о** zweitens; **~окла́сен** BAHN zweiter Klasse; zweitklassig; **~оразре́ден, ~осте́пенен** zweitrangig; zweitklassig
вту́р|вам, ~на *pf*: **~вам, ~на се** hineinstürzen
вуз (**ви́сше учéбно заведéние**) Hochschule *f*
вýй|на Tante *f*; **~чо** *m* Onkel *m* (*mütterlicherseits*)
вхо́д Eingang *m*; Eintritt *m*; Zutritt *m*; **~ забранéн!** Zutritt verboten!; **~ен** Eintritts-
вчéра gestern; **~шен** gestrig
вчé|свам, ~ша kämmen; bürsten
във → **в**; **~едá, ~éждам** hineinführen; *fig* einführen; **~éждам в заблуждéние** irreführen
въвл|ека́, ~и́чам hineinziehen, verwickeln
въглеро́д CHEM Kohlenstoff *m*
въглища *pl* Kohle *f*
въди|ца Angelhaken *m*; Angel *f*; **~ча́р** Angler *m*
въдя züchten; **~ се** sich vermehren
въжé Seil *n*, Tau *n*; *fig* Galgen *m*
въжен Seil-, Strick-; **~а ли́ния** Seilbahn *f*
въз- *in Zssg(n)* auf-, hinauf-, er-; **~бу́ден** aufgeregt, erregt; **~бу́дя, ~бу́ждам** erregen; **~ва́ние** Aufruf *m*, Appell *m*; **~вишéние** Anhöhe *f*; **~врá-тен** GR rückbezüglich, reflexiv; **~гла́вница** (Kopf-)Kissen *n*; **~главя́(вам)** anführen
въз|глед Ansicht *f*; **~дéйствие** Einfluss *m*; **~ди́шам** seufzen; **~дух** Luft *f*; **по ~духа** per Luftpost; **~духопла́ване** Luftfahrt *f*
възду́ш|ен Luft-; Pressluft-; luftig; **~ни съобщéния** Luft-

verkehr *m*; **~но налягане** Luftdruck *m*; → *а.* пóща
въз|държá, ~дъ́ржам: **~държá, ~дъ́ржам се** sich enthalten (**от** von *D*); **~дъ́ржан** zurückhaltend; beherrscht
въ́зел Knoten *m*
възк|ачá, ~áчвам: **~ачá, ~áчвам се** (auf-, be-, hinauf)-steigen
възкресéние Auferstehung *f*
въз|лáгам, ~лóжа *pf* auferlegen; *Aufgabe* übertragen; *Hoffnung* hegen; **~лúзам, ~ля́за** *pf* hinaufsteigen; HDL, FIN sich belaufen (auf); **~лóжа** → ~лáгам; **~ля́за** → ~лúзам
възмóж|ен möglich; **~ност** *f* Möglichkeit *f*; Gelegenheit *f*
възму|тéн empört, entrüstet (über); **~тúтелен** empörend; **~тя́, ~щáвам** (**се** sich) empören, entrüsten; **~щéние** Empörung *f*, Entrüstung *f*
възнагра|дя́, ~ждáвам be-, entlohnen; **~ждéние** Vergütung *f*, Lohn *m*; Belohnung *f*
въз|намеря́вам beabsichtigen, vorhaben; **≈несéние** REL Himmelfahrt *f*; **~обновя́ (-вам)** erneuern; wieder aufnehmen
възпа|лéн MED entzündet; **~лéние** MED Entzündung *f*; **~ля́(вам)**: **~ля́(вам) се** MED sich entzünden
въз|пúрам, ~прá aufhalten, anhalten; **~питáвам, ~пúтам** *pf* erziehen; **~питáние** Erziehung *f*; **~пúтаник** Zögling *m*; Absolvent *m*; **~питáтел** Erzieher *m*; **~питáтелен** erzieherisch; **~пóлзвам**: **~пóлзвам се** (*im*)*pf* Gebrauch machen (**от** von *D*); **~поминáтелен** Gedenk-
възпроизв|едá, ~éждам wiedergeben; reproduzieren
въз|ráждане Wiedergeburt *f*; HIST Renaissance *f*; **~ражéние** Einwand *m*, Widerspruch *m*; **~разя́(вам)** widersprechen; entgegnen; Einwände erheben
възраст *f* Alter *n*; **~ен** erwachsen; Erwachsene(r)
възстановя́|(вам) wiederherstellen; **~(вам) се** sich erholen; **~ване** Wiederherstellung *f*; Rehabilitation *f*
възс|я́дам, ~éдна steigen (**нкг, нщ** auf *A*)
възтóр|г Begeisterung *f*; **~жен** begeistert
възхи|тúтелен entzückend; **~тя́, ~щáвам**: **~тя́, ~щáвам се** sich begeistern (**от** an *D*); **~щéние** Begeisterung *f*, Entzücken *n*
възхóд Aufstieg *m*, Aufschwung *m*
вълк Wolf *m*
въ́лна[1] Wolle *f*
вълнá[2] Welle *f*
въ́лнен Woll-, wollen
вълнéни|е Seegang *m*; *fig* Aufregung *f*; **~я** *pl* POL Unruhen *pl*
вълно|лóм Wellenbrecher *m*; **~óбразен** wellenförmig
вълнýвам: **~ се** wogen, Wel-

len werfen; *fig* sich aufregen; rebellieren
вълше́бен zauberhaft
вън(ка) draußen; hinaus, heraus
външ|ен Außen-, äußere; äußerlich; **~ност** *f* Äußere *n*
въобра|жа́ем eingebildet, scheinbar, Schein-; **~же́ние** Einbildung *f*; Fantasie *f*; **~зя́(вам)**: **~зя́(вам) си** sich einbilden
въобще́ überhaupt
въодушев|ле́ние Begeisterung *f*; **~я́(вам)** begeistern
въоръж|а́(вам) bewaffnen; ausrüsten; **~е́ние** Bewaffnung *f*; Ausrüstung *f*
въпл|ъща́вам verkörpern; **~ъще́ние** Verkörperung *f*
въпреки trotz; **~ че** obwohl, trotzdem
въпр|о́с Frage *f*; **~оси́телна** Fragezeichen *n*; **~о́сник** Fragebogen *m*
върба́ BOT Weide *f*
вър|ве́ж Gang *m*, Lauf *m*; **~вя́** gehen; *Zeit*: vergehen
въ́р|жа → **връзвам**; **~за́н** gebunden; **~зо́п** Bündel *n*; **~на** → **връщам**
вър|теле́жка Karussel *n*; Drehkreuz *n*; (*Spielzeug*) Windrädchen *n*, Mühle *f*; **~тя́** (**се** sich) drehen
върх|о́вен oberst-; **~у́** auf, über (*D, A*)
въ́рша tun, handeln
въстá|вам, **~на** *pf* sich erheben (**срещу́** gegen *A*); **~ние** Aufstand *m*

въ́тре (dr)innen; hinein, herein; **~шен** innere, Innen-; intern; **~шност** *f* Innere(s) *n*; *nur pl* Eingeweide *n*
въ́шка Laus *f*
вя́р|а Glaube(n) *m*; **~вам** glauben (**в** an); **~на** → **ве́рен**; **~но** *adv* richtig, wahr; **~ност** *f* Richtigkeit *f*; Treue *f*
вя́тър Wind *m*; **~ничав** leichtsinnig; oberflächlich

га́бърче Reißzwecke *f*
га́вр|а Hohn *m*; **~я**: **~я се** verhöhnen (**с** *A*)
гада́|тел Wahrsager *m*; **~я** wahrsagen; raten
га́ден ekelhaft, widerlich
газ[1] *m* Gas *n*; **~**[2] *f* Petroleum *n*; **~и́ран** kohlensäurehaltig; **~а вода́** Sprudel *m*, Soda *n*; **~ифика́ция** Gasversorgung *f*; **~опрово́д** Gasleitung *f*
га́зя (*im Wasser*) waten; zertreten, zertrampeln
га́йда Dudelsack *m*
га́йка Schraubenmutter *f*
галанте́рия Kurzwaren *pl*
га́лен verwöhnt; (*Worte*) zärtlich
гале́рия Galerie *f*; BGB Stollen *m*
га́ля streicheln; verwöhnen; **~ се** sich einschmeicheln (**нкм** bei *j-m*)

га́ма MUS Tonleiter *f*; Skala *f*; **~ от цветове́** Farbskala
га́ме́н *pej* Bengel *m*
га́|ра Bahnhof *m*; **~ра́ж** Garage *f*; **~ра́нт** Bürge *m*; **ста́вам ~ра́нт** eine Bürgschaft übernehmen; **~ранти́рам** *(im)pf* bürgen (**за** für *A*), garantieren; **~ранцио́нен** Garantie-; **~ранцио́нен срок** Garantiezeit *f*; **~ра́нция** Gewähr *f*, Garantie *f*; Kaution *f*; **под ~ра́нция** gegen Kaution
га́рван Rabe *m*
гарга́ра Gurgeln *n*; **пра́вя ~** gurgeln
гар|деро́б Kleiderschrank *m*; Garderobe *f*; BAHN Gepäckaufbewahrung *f*; **~и́рам** *(im)pf* parken; **~и́ране** Parken *n*; **~иту́ра** Garnitur *f*; Beilage *f*; **~соние́ра** Einzimmerwohnung *f*
га́сна erlöschen
гастроно́м Feinschmecker *m*; Lebensmittelgeschäft *n*
гася́ (aus)löschen
га́та́нка Rätsel *n*
гаще́та *pl* kurze Hose; **ба́нски ~** Badehose *f*
га́щи *pl*: **до́лни ~** Unterhose *f*
гво́здей Nagel *m*
гевре́к GASTR Kringel *m*
ге́йм SPORT Spiel *n*, Partie *f*, Satz *m*
генера́л|ен General-; **~изи́рам** *(im)pf* verallgemeinern
ге́ний Genie *n*
гео|гра́фия Geographie *f*; **~логи́чен** geologisch; **~ло́гия** Geologie *f*; **~ло́жки** geologisch; Geologen-; **~метри́чен** geometrisch; **~ме́трия** Geometrie *f*
ге́рб Wappen *n*; **~ов**: **~ова ма́рка** Gebührenmarke
герги́на Dahlie *f*
герда́н Halskette *f*
герма́н|ец Deutsche(r) *m*; **♀ия** Deutschland *n*; **~ка** Deutsche *f*; **~ски** deutsch; germanisch
герой|зъм Heldentum *n*; **~чен** heldenhaft
геро́й Held *m*; **~ски** heldenhaft; **~ство** Heldentat *f*
гeше́фт unsauberes Geschäft *n*; Schieberei *f*; **~а́рство** Geschäftemacherei *f*, Schieberei *f*
ги sie (*3. pers pl A*)
ги́бел *f* Untergang *m*, Vernichtung *f*; Tod *m*; **~ен** verhängnisvoll; tödlich
гимна́|зия Gymnasium *n*, Oberschule *f*; **~стика** Gymnastik *f*, Turnen *n*
ги́на zugrunde gehen
гинеколо́г Frauenarzt *m*
гише́ (Post-, Kassen-)Schalter *m*
глава́ Kopf *m*, Haupt *n*; Oberhaupt *n*; TYP Kapitel *n*; **през ~** Hals über Kopf; **държа́вен ~** Staatsoberhaupt *n*
гла́в|ен Haupt-, hauptsächlich; **~на бу́ква** großer Buchstabe; **~но** hauptsächlich; **~обо́лие** Kopfschmerz *m*; *fig* Kopfzerbrechen *n*
гла́д Hunger *m*; **целе́бен ~** Heilfasten *n*; **~ен**[1] hungrig; **~ен съм** ich habe Hunger, ich bin hungrig; **на ~но** auf nüch-

ternen Magen; **~ен**[2] gebügelt; **~ене** Bügeln *n;* **~у́вам** hungern; **~ък** glatt, eben; **~я** bügeln, plätten; streicheln
гла́с Stimme *f;* **на ~** *adv* laut; **~ен** laut; öffentlich; **~и́** *unpers* lautet; **~на** GR Vokal *m;* **~у́вам** stimmen (für, gegen), abstimmen (über); **~у́ване** Abstimmung *f;* Stimmabgabe *f;* **~я́** (**се** sich) vorbereiten
гле́д|ам schauen, zusehen; *Kranke* pflegen; **~ище** Gesichtspunkt *m;* Standpunkt *m;* **~ка** Aussicht *f;* Anblick *m*
глéзен[1] Knöchel *m*
глéз|ен[2] verwöhnt; **~я** verwöhnen
глига́н Wildschwein *n;* Eber *m*
гли́н|а Ton *m*, Lehm *m;* **~ен** irden, Lehm-, Ton-
глист Bandwurm *m*
гло́б|а Geldstrafe *f*, Buße *f;* **~я́(вам)** mit e-r Geldstrafe belegen
глу́п|ав dumm, töricht; **~а́к** Dummkopf *m;* **~а́шки** dumm; **~е́я** dumm werden; **~ост** *f* Dummheit *f*
глуте́н *m* Gluten *nt;* **без ~, не съдържа ~** glutenfrei
глух taub; (*Ton*) dumpf; **~а́рче** Löwenzahn *m;* **~оня́м** taubstumm; **~ота́** Taubheit *f*
глъ́т|вам, ~на *pf* (ver)schlucken; **~ка** Schluck *m*, Zug *m*
глъ́хна verstummen
глъ́чка Geschrei *n;* Lärm *m*
глюко́за *f* Glukose *f;* **без ~** glukosefrei
гму́р|вам, ~на: **~вам, ~на се** tauchen
гне́вен zornig
гневя́ (**се** sich) erzürnen
гнезд|о́ Nest *n;* **~я́** (*nur 3. pers*) nisten
гни́|л (*Obst*) faul; (*Holz*) morsch; **~лост** *f* Fäulnis *f;* Fäule *f;* **~я** (ver)faulen
гно́|ен eitrig; **~й** *f*, *m* Eiter *m;* **~я́, ~я́с(в)ам** eitern
гну́с|ен ekelhaft, ek(e)lig; **~я́**: **~я́ се** sich ekeln (**от** vor *D*)
гняв Zorn *m*, Wut *f*
го (*3. pers sg A*) ihn; es
гове́|до Rind *n;* **~ждо (месо́)** Rindfleisch *n*
го́вор Mundart *f;* *nur sg* Sprache *f*, Sprechen *n*
говори́м gesprochen; **~ ези́к** Umgangssprache *f*
говоря́ sprechen, reden
годе́ж Verlobung *f*
го́ден tauglich, geeignet
годени́|к Verlobte(r); **~ца** Verlobte *f*
годи́|на Jahr *n;* **Но́ва ~на** Neujahr *n;* **~шен** Jahres-, jährlich; **~шнина** Jahrestag *m;* (*Zeitung*) Jahrgang *m*
гол[1] nackt; kahl
гол[2] SPORT Tor(schuss *m*) *n*
големина́ Größe *f*
голобра́д bartlos; *F* milchgesichtig
голф SPORT Golf
голя́м groß; bedeutend; lang; (*Sohn, Tochter*) ältest-; **~а ра́бота!** *F* Kleinigkeit!
гондо́ла Gondel *f*
го́ня verfolgen, (ver)treiben
гора́ Wald *m*

гóрд stolz (auf *A*); **~елѝв** stolz, überheblich; **~éя**: **~éя се** stolz sein (**с** auf *A*); **~óст** *f* Stolz *m*
гóре oben; hoch; hinauf, **~-дóлу** ungefähr, einigermaßen; **~н** ober-; höher-
гóрест *f* Schmerz *m*, Leid *n*
горéщ heiß; glühend
горещинá Hitze *f*
горѝво Heizmaterial *n*; Brenn-, Treibstoff *m*
горѝст bewaldet
гóрнище (*Kleidung*) Oberteil *n*
гóрски Wald-, Forst-; Waldhüter *m*
горч|á bitter schmecken; **~ѝв** bitter; **~ѝца** Senf *m*
горя́ *v/i* brennen; *v/t* (ver)brennen; glühen
гóспод Gott *m*, Herr *m*
гос|подѝн Herr *m*; **~пóдство** Herrschaft *f*; **~пожá** Frau *f*; **~пóжо!** meine Dame!; **~пóжица** Fräulein *n*; **~пóжице!** mein Fräulein!
гóст Gast *m*; Besuch *m*; **~ба** Essen *n*, Gericht *n*; **~енин** → гост; **~ѝлница** Gaststätte *f*; **~олюбѝв**, **~оприéмен** gastfreundlich; **~оприéмство** Gastfreundschaft *f*; **~ýвам** zu Gast sein, auf Besuch sein; THEA gastieren; **~я́** → гощáвам
готвáрск|и Koch-, Küchen-; **~а кнѝга** Kochbuch *n*
готвáч Koch *m*; **~ка** Köchin *f*
гóтвя kochen, zubereiten; (**се** sich) vorbereiten (**за** auf *A*)
готóв fertig, bereit (zu *D*); **~ност** *f* Bereitschaft *f*
гощáв|ам, **гостя́** *pf* bewirten; **~ка** Essen *n*
гоя́ mästen
грáб|вам, **~на** *pf* packen, (er)greifen; rauben; **~éж** Raub *m*; **~лѝв** räuberisch; **~лѝва птѝца** Raubvogel *m*; **~я** rauben; ergreifen; entführen
гравю́ра Radierung *f*; Holzschnitt *m*; Kupferstich *m*
град[1] Stadt *f*
град[2] Hagel *m*; **валѝ ~** es hagelt
град|ѝвен Bau-; *fig* aufbauend; **~ѝна** Garten *m*; (Grün-) Anlage *f*; **~инáр** Gärtner *m*; **~инáрство** Gartenbau *m*; **~оустрóйство** Städtebau *m*
грáдски Stadt-, städtisch
грáдус Grad *m*
грáждан|ин Bürger *m*; Staatsangehörige(r) *m*; Städter *m*; **~ка** Bürgerin *f*; Staatsangehörige *f*; Städterin *f*; **~ски** Bürger-, bürgerlich; **~ски брак** Zivilehe *f*; **~ство** Staatsangehörigkeit *f*
грам Gramm *n*
грамáд|а Haufen *m*; **~ен** riesig, riesengroß
грам|áтика Grammatik *f*; **~атѝчен** grammatisch; **~отá** Urkunde *f*; Diplom *n*; **~óтен** des Lesens und Schreibens kundig
грамофóн Plattenspieler *m*; **~ен**: **~на плóча** Schallplatte *f*
гранѝв ranzig
грáница Grenze *f*
гранѝч|а grenzen (**с** an *A*); **~ен** Grenz-; **~но-пропускáте-**

лен пункт Grenzübergang *m*
грáпав rau, uneben
графá TYP Spalte *f*
грах Erbsen *f/pl*
гребá schöpfen (**от** aus, von *D*); rudern
грéб|ане SPORT Rudern *n*; **~ен** Kamm *m*; **~éц** Ruderer *m*; **~лó** (Heu-)Rechen *m*; Ruder *n*
гредá Balken *m*; ARCH Träger *m*
грéйка Wärmflasche *f*; Heizkissen *n*; Skianzug *m*; Thermohose *f*
грес Schmieröl *n*
грешá e-n Fehler machen, sich irren (**в** in *D*)
грéшка Fehler *m*, Irrtum *m*
грéя (er)wärmen; *Sonne*: scheinen; **~ се** sich wärmen
грúва Mähne *f*
грúвна Armband *m*
грúж|а Sorge *f*; Fürsorge *f*; **~а**: **~а се** sorgen (**за** für *A*), sich kümmern (**за** um *A*) besorgt sein; **~лúв** sorgfältig, sorgsam
гриз|á nagen (**нкг, нщ** an *A*), knabbern; **~áч** Nagetier *n*
грим Schminke *f*; **~úрам** (*im*)*pf* schminken
грип Grippe *f*
грис Grieß *m*
грóб Grab *n*; **~ен** Grab(es)-; **~úща** *pl* Friedhof *m*; **~нúца** Gruft *f*
грóзд Traube *f*; **~е** *koll* Trauben *f/pl*; **~обéр** Weinlese *f*; **~ов** Trauben-; **~ов сок** Traubensaft *m*; **~ова зáхар** Traubenzucker *m*
грóзен hässlich
грозя́[1] verunstalten
грозя́[2] bedrohen
грýб grob, derb; **~ост** *f* Grobheit *f*
грýпа Gruppe *f*
гръб Rücken *m*; Rückseite *f*; **на гърбá** auf der Rückseite (**на** *G*)
гръбнá|к Rückgrat *n*; **~чен**: **~чен стълб** Wirbelsäule *f*; **~чен мóзък** Rückenmark *n*
гръд *f* Brust *f*; **~ен** Brust-; **~ен кош** Brustkorb *m*
грък Grieche *m*
гръкля́н Kehlkopf *m*
гръм Donner *m*
гръм|вам, **~на** *pf* knallen; donnern; *Lied*: erschallen
гръмо|отвóд Blitzableiter *m*; **~тéвица** Donner *m*
грънчáр Töpfer *m*; **~ски**: **~ски издéлия** Töpferwaren *pl*
гръцки griechisch
грях Sünde *f*
гýбя verlieren, einbüßen; **~ се** verschwinden; *F* sich aufhalten; sich verlaufen
гýзен schuldbewusst
гулúя Kohlrabi *m*
гуля́|й Gelage *n*; **~я** zechen
гýма Gummi *m*; (*Auto*) Reifen *m*; **вътрешна ~** (*Rad*) Schlauch *m*
гýсла Gusla *f* (*ein- od zweisaitige Kniegeige*)
гýша Kehle *f*; Hals *m*; MED Kropf *m*
гýщер Eidechse *f*
гъб|а Pilz *m*; (Bade-, Tafel-)Schwamm *m*; **~ен** Pilz-

гъвкав biegsam, geschmeidig; **~ост** *f* Geschmeidigkeit *f*
гъдел Kitzeln *n*; **~йчкам** kitzeln
гълтам (ver)schlucken; *fig* verschlingen
гълча́ schelten; schreien, lärmen
гълъб Taube *f*; **~ов** Tauben-; **~ов цвят** taubengrau, -blau
гъмжа́ wimmeln
гънка Falte *f*
гърб|ав bucklig; **~ица** Buckel *m*; Höcker *m*
гърди́ *pl* Brust *f*
гърло Rachen *m*; Kehle *f*; Hals *m*
гър|ме́ж Knall *m*; Schuss *m*; Dröhnen *n*; **~мя́** donnern; knallen; dröhnen
гърне́ Topf *m*
гърч Krampf *m*; **~а**: **~а се** (*vor Schmerzen*) sich winden, krümmen
гъсе́ница Raupe *f*
гъска Gans *f*
гъст dicht; dick(flüssig); **~ала́к** Dickicht *n*, Gestrüpp *n*; **~ота́** Dichte *f*
гьон Sohlenleder *n*
гюве́ч *m ein Mischgericht aus Gemüse, Fleisch und Reis, das in einem Tontopf zubereitet wird*
гюл(л)е́ SPORT Kugel *f*

да *part* ja, doch; herein; *konj* zu; um zu; dass
да́(ва)м (her)geben; **~ в за́ем** leihen; **~ под на́ем** vermieten; **и́мам да ~** *P* schulden
да́вност *f* Verjährung *f*
да́вя ertränken; würgen; **~ се** ertrinken
да́ден (an)gegeben; **~о!** *F* abgemacht!
да́жба Ration *f*; Zuteilung *f*
да́же sogar; selbst
дайре́ Tamburin *n*
дала́к Milz *f*
далекогле́д weitsichtig
да́леч|(е) weit, fern; **~ен** entfernt, fern
дали́ ob
далтони́зъм Farbenblindheit *f*
дам → да́вам
да́ма Dame *f*
дамаджа́на Korbflasche *f*
да́мски Damen-; **~ шива́ч** Damenschneider *m*
Да́ния Dänemark *n*
да́нни *pl* Angaben *f/pl*
дано́ *part* hoffentlich
да́нсинг Tanzfläche *f*
да́нък Steuer *f*; **пате́нтен ~** Gewerbesteuer; **~ общ до́ход** Einkommensteuer; **~ прево́зни сре́дства** Kraftfahrzeugsteuer; **~ насле́дство** Erbschaftssteuer; **~ доба́вена**

стóйност Mehrwertsteuer *f*; **~оплáтец** Steuerzahler *m*
дáнъч|ен Steuer-; **~на слýжба** FIN Finanzamt *n*
дáр Gabe *f*; Geschenk *n*; **~ба** Begabung *f*, Talent *n*; **~éние** Schenkung *f*, Stiftung *f*; **~ѝтел** Stifter *m*; **~овѝт** begabt; **~ом** umsonst; **~я́(вам)** beschenken
дáта Datum *n*
дáтелен: **~ падéж** GR Dativ *m*
датѝрам *(im)pf* datieren; stammen (**от** aus *D*)
дáтски dänisch
дафѝнов Lorbeer-; **~и листá** Lorbeerblätter *pl*
двигáтел TECH Antrieb *m*, Motor *m*; Triebwerk *n*; **~ен** Antriebs-; Bewegungs-, motorisch
движ|а bewegen; TECH treiben; **~а се** sich bewegen; verkehren (**с** mit *D*); **~éние** Bewegung *f*; (**ýлично** Straßen-) Verkehr *m*; **~им** beweglich; mobil
двóе|н doppelt, Doppel-; **~тóчие** GR Doppelpunkt *m*
двóй|ка Zwei *f*; Pärchen *n*; **~ник** Doppelgänger *m*
двор Hof *m*; **~éц** Schloss *n*, Palast *m*
двоумя́: **~ се** schwanken
дву|бóй Zweikampf *m*; **~жéнство** Bigamie *f*; **~крáтен** zweifach; **~лéнтов** (*Straße*) zweispurig; **~лѝчен** heuchlerisch; **~мéсечен** zweimonatlich; **~рéден** zweireihig; **~сéдмичен** zweiwöchentlich; **~смѝслен** zweideutig, doppelsinnig; **~стрáнен** zweiseitig, bilateral
де *part* doch, eben
дебéл dick; (*Stimme*) tief; **~éя** dick werden; **~инá** Stärke *f*, Dicke *f*; **~оглáв** dickköpfig; **~окóж** dickhäutig (*a. fig*)
дéбна (auf)lauern
дéвер Schwager *m*
девѝзи *pl* Devisen *pl*
девóйка (junges) Mädchen *n*
дéвствен keusch, unberührt
дé|ен aktiv, tätig, rege; **~éц** POL Funktionär *m*; **~жýрен** Dienst habend; **~жýрство** Bereitschaftsdienst *m*; **~зинфекцѝрам** *(im)pf* desinfizieren
дéй|ност *f* Tätigkeit *f*, Wirken *n*; **~ствие** Handlung *f*, Tat *f*; THEA Aufzug *m*; CHEM Wirkung *f*
действѝтел|ен wirklich, tatsächlich; **~ност** *f* Wirklichkeit *f*; **в ~ност** in Wirklichkeit
дéйствам handeln; MED wirken
дéкар Dekar *n* (*1 000 m²*)
декéмври *m* Dezember
деклар|áция Deklaration *f*, Erklärung *f*; **~ѝрам** *(im)pf* erklären
деко|лтé (*Kleid*) Ausschnitt *m*; **~рѝрам** *(im)pf* dekorieren
делбá (*Erbe*) Teilung *f*
делегáт Delegierte(r)
дел|éние Teilung *f*; Spaltung *f*; **~ѝм** teilbar
дéлник Werktag *m*; Alltag *m*; Wochentag *m*

де́ло Tat *f*, Werk *n*; Akte *f*; JUR Prozess *m*; **учéбно ~** Schulwesen *n*
деля́ teilen (**на** in *A*); dividieren (**на** durch *A*); trennen (**от** von *D*); **~ ce** sich teilen; sich trennen; teilbar sein
демо|крати́чен demokratisch; **~кра́ция** Demokratie *f*; **~нстра́ция** Demonstration *f*; Kundgebung *f*
де́н Tag *m*; **до́бър ~!** guten Tag!; **дни** (*pl*) **наре́д** tagelang; **~ем** tagsüber, am Tage
денонóщ|ен, ~ие Tag und Nacht (*24 Stunden*)
депó Depot *n*; **~зит** Pfand *n*; FIN Depositen *pl*
депози́рам (*im*)*pf* deponieren
дерá *Tier* häuten; *Kleid* zerreißen; *Katze*: kratzen; **~ ce** brüllen
де́сен[1], **дя́сна, дя́сно** rechte
десéн[2] Dessin *n*, Muster *n*
десéрт Dessert *n*, Nachtisch *m*; **~ен** Dessert-; **~но грóзде** Tafeltrauben *pl*
де́се|т zehn; **~тилéтие** Jahrzehnt *n*; **~ти́чен** dezimal; **~тобóй** Zehnkampf *m*; **~толéвка** Zehn-Lewa-Schein *m*
десни́ца (*Hand, a.* POL) Rechte *f*
детé Kind *n*
детели́на Klee *m*
дети́нс|ки kindlich, Kinder-; kindisch; **~тво** Kindheit *f*
дéтски kindlich, Kinder-
дефéкт Defekt *m*, Fehler *m*
дéя|ние Tat *f*, Handlung *f*; **~телен** aktiv, tätig
джаз Jazz *m*
джами́я Moschee *f*
джеб (*a.* **джоб**) (Hosen-)Tasche *f*
джебчи́я Taschendieb *m*
джóбен Taschen-; **~ часóвник** Taschenuhr *f*
джолáн GASTR Haxe *f*, Hachse *f*
диа|гнóза Diagnose *f*; **~лéкт** Dialekt *m*, Mundart *f*
диáрия MED Diarrhö *f*, Durchfall *m*
ди́в wild; öde; scheu; **~áк** Wilde(r); *fig* scheuer Mensch; Rohling *m*; **~ен** wunderbar; **~еч** Wild *n*
диéта Diät *f*; **пáзя ~** Diät halten
дизентéрия MED Ruhr *f*
диктóвка Diktat *n*
дим Rauch *m*, Qualm *m*; **~я́** rauchen, qualmen
динами́чен dynamisch
ди́ня Wassermelone *f*
ди́плóм|(а) Diplom *n*; **~ати́чески** diplomatisch; **~áция** Diplomatie *f*
ди́пля falten
дирéк|тен direkt; **~тор(ка)** Direktor(in *f*) *m*; **~ция** Direktion *f*
дирижи́рам (*im*)*pf* dirigieren
ди́ря suchen; *su* Spur *f*
диск Scheibe *f*; SPORT Diskus *m*
ди́сководещ Diskjockey *m*
дихáтел|ен Atmungs-, Atem-; **~на тръбá** Luftröhre *f*
ди́ша|м atmen; **~не** Atmung

f; Atem *m*
длан *f* Handfläche *f*
длето́ Meißel *m*
длъж|ен schuldig; verpflichtet; **~ни́к** Schuldner *m*; **~ност** *f* Amt *n*
днéв|ен täglich, Tage(s)-; **~ник** Tagebuch *n*
днé|с(ка) heute; **~шен** heutig
до bis (an, zu); zu, neben; (*etwa*) um; **тя седи́ ~ ме́не** sie sitzt neben mir; **~ край** bis zum Ende; **~ ви́ждане!** auf Wiedersehen!
доба́в|ка Zusatz *m*; Zugabe *f*; Zuschlag *m*; **де́тски ~ки** FIN Kinderzulage *f*, Kindergeld *n*; **~ъчен** zusätzlich; **~я(м)** hinzufügen
до́бив Ertrag *m*
до|би́вам, ~би́я *pf* erhalten, bekommen; BGB gewinnen; **~би́вам на́вик** sich (an)gewöhnen; **~би́тък** *koll* Vieh *n*
до́блест *f* Mut *m*; Rechtschaffenheit *f*
доближа́(вам): **~ се** sich nähern (**до** *D*)
добр|á, ~ó, ~и́ *pl* → **добър**
добр|é *adv* gut; **~ина́** Güte *f*; gute Tat, Wohltat *f*
добро́ Gute *n*; **~во́лен** freiwillig; **~де́тел** *f* Tugend *f*; **~ду́шен** gutmütig; **~ка́чествен** hochwertig, Qualitäts-; MED gutartig; **~съвестен** gewissenhaft
добър gut
дов|еда́, ~е́ждам bringen; herbeiführen
дове́р|ен zuverlässig; vertraut; **~ие** Vertrauen *n*; **~чи́в** zutraulich; vertrauensselig; **~я́(вам)** (**се** sich) anvertrauen
дове́чера heute Abend
до́вод Beweis *m*; Argument *n*
дово́лен zufrieden (**от** mit *D*)
довърш|а, ~вам beenden; aufbrauchen
дога́дка Vermutung *f*
до́говор Vertrag *m*; **склю́чвам ~** e-n Vertrag (ab)schließen; **~ен** vertraglich
до́|ен Melk-; **~йна кра́ва** Milchkuh *f*
доживо́тен lebenslänglich
дожив|е́я, ~я́вам (noch) erleben
до́за Dose *f*; MED Dosis *f*
дозна́ние JUR Ermittlung(en *pl*) *f*
до́йда → **дохо́ждам**
док MAR Dock *n*; (*Stoff*) Drillich *m*
дока́|жа → ~звам; **~за́телство** Beweis *m*; Nachweis *m*; **~звам, ~жа** *pf* beweisen; nachweisen
дока́р(в)ам bringen; (her)anfahren; herantreiben
до|като́ *konj* bis, solange; *adv* während; **~кача́(вам)** verletzen, kränken; **~кача́, ~ка́чвам** berühren; erreichen
докла́д Vortrag *m*; Bericht *m*; **~вам** berichten; **~ен** Berichts-; **~на́ запи́ска** Aktennotiz *f*
докога́ bis wann, wie lange; **~то** bis
доко́лко wie, inwieweit; **~то** soweit, soviel

докóс|вам, **~на** *pf* berühren, streifen
докрáй bis zum Ende
документ Dokument *n*; **~и** Unterlagen; **~áлен** dokumentarisch; **~áлен филм** Dokumentarfilm *m*
докъдé bis wohin, wie weit; **~то** so weit
дол (Fluss-)Tal *n*
дóлар Dollar *m*
дóл|у; **~ен** untere, Unter-; *fig* niederträchtig; **~инá** Tal *m*; **~етя́**, **~и́там** herbeifliegen; (sich) stürzen; **~нокáчествен** minderwertig
дóлу (dr)unten; *int* nieder!; **гóре-~** ungefähr
дом Heim *n*, Haus *n*; **у ~á** daheim
домакин Hausherr *m*; Hauswirt *m*, Hausmeister *m*; Gastgeber *m*; **~ство** Haushalt *m*; **~я** Hausfrau *f*
домáт Tomate *f*; **син ~** Aubergine *f*
домáш|ен Haus-, häuslich; hausgemacht; **~ен хляб** hausgebackenes Brot *n*; **~на ракия** selbst gebrannter Schnaps *m*; **~ни** *pl* (Familien-)Angehörige(n) *pl*
домов|и́ Haus-
домóг|вам, **~на** *pf*: **~вам**, **~на се** streben, trachten (**до**, **към** nach *D*); sich bemühen (**до**, **към** um *A*)
домо|упрáвител Hausverwalter *m*
домъ́к|вам, **~на** *pf* (**се** sich) (heran)schleppen
дон|áсям, **~есá** *pf* bringen; *Gewinn* einbringen; anzeigen, denunzieren; **~есéние** Meldung *f*, Anzeige *f*; **~есá** → **~áсям**
дóнос Denunziation *f*
донякъде bis irgendwohin; bis zu e-m gewissen Grade; einigermaßen
допáд|ам, **~на** *pf* gefallen, zusagen
дó|пир Kontakt *m*; Berührung *f*; **~пи́рам**, **~прá** *pf* berühren, streifen
дóпис|ка Zeitungsbericht *m*; **~ник** Korrespondent *m*
до|пи́т(в)ам: **~пи́т(в)ам се** e-n Rat holen, sich beraten (**до** mit *D*); **~пи́тване** Befragung *f*; **~пи́тване до нарóда** Volksbefragung *f*; **~плáщам**, **~платя́** *pf* zuzahlen; **~потóпен** vorsintflutlich; **~прá** → **~пи́рам**
доприн|áсям, **~есá** *pf* beitragen (**за** zu *D*)
допу́|скам, **~сна** *pf* zulassen, erlauben; *fig* annehmen; **~сти́м** zulässig; denkbar; **~щам** → **~скам**
допъл|вам ergänzen, hinzufügen; vollgießen, nachgießen; **~нéние** Ergänzung *f*; GR Objekt *n*; **~ни́телен** zusätzlich; **~ня(м)** → **~вам**
доразви́|вам, **~я** *pf* weiterentwickeln
дорí sogar; **~ да** *konj* selbst wenn
досá|да Überdruss *m*; Langeweile *f*; **~ден** langweilig; läs-

tig; **~дя́, ~ждам** lästig fallen; langweilen
досега́ bis jetzt, bisher
досетли́в aufgeweckt
досе́|тя, ~щам: **~тя, ~щам се** (be)merken
доско́ро bis vor kurzem
досло́в|ен wörtlich; **~но** *adv* wortwörtlich
до|спи́(ва): **~спи́(ва) ми се** ich bin schläfrig; **~спи́вам, ~спя́** *pf* (**си** sich) ausschlafen
до́ста *adv* ziemlich; genug
доста́в|ка Lieferung *f*; **~чик** Lieferant *m*; **~я(м)** liefern; *fig* bereiten
доста́тъч|ен genügend, ausreichend; **~но** *adv* genug
дости́г|ам, ~на *pf* ausreichen; *Vorsprung* einholen; gelangen; erreichen
достове́рен glaubwürdig; zuverlässig
досто́|ен würdig; **~йнство** Würde *f*; **чове́шко ~йнство** Menschenwürde *f*; **~я́ние** Besitz *m*; **ста́вам ~я́ние** bekannt werden
до́|стъп Zugang *m*, Zutritt *m*; **~стъ́пен** zugänglich; (*Preis*) erschwinglich
до|та́м bis dorthin; bis dann; **~тога́ва** bis dann, bis dahin; **~то́лкова** so sehr, so weit; **~тря́бвам** nötig werden (*od* sein); **~ту́к** bis hier(her); **~учи́лищен**: **~учи́лищна въ́зраст** Vorschulalter *n*
до́ход Einkommen *n*; **~ен** einträglich; ertragreich
дохо́ждам, до́йда *pf* kommen
дохристия́нски vorchristlich
дошъ́л: **добре́ ~!** willkommen!
доя́ melken
драг lieb, wert; **~о ми е** es freut mich; sehr angenehm
дра́зня reizen, ärgern; *Appetit* anregen
драмати́чен dramatisch
дра́с|вам, ~на *pf* kratzen; kritzeln; **~вам кле́чка кибри́т** ein Streichholz anzünden
дра́щя → **дра́свам**
дре́б|ен klein; **~ни пари́** *pl* Kleingeld *n*; **прода́жба на ~но** Einzelverkauf *m*; **~на́в** kleinlich; **~нoсо́бственически** Kleinbesitzer-, Kleineigentümer-; **~олия́** Kleinigkeit *f*; (*nur pl*) Innereien *pl*, Geflügelklein *n*
дре́в|ен antik, alt(ertümlich); **~ност** *f* Altertum *n*
дре́згав heiser, rau; (*Licht*) trüb(e); **~ина́** Dämmerung *f*; **~ост** *f* Heiserkeit *f*
дре́мя schlummern, dösen; *fig* (ver)schlafen
дре́ха Kleidungsstück *n*
дре́шк|а kleines Kleidungsstück; **~и** Kinderbekleidung *f*
дри́п|а (*mst pl* **~и**) Lumpen *m*; **~ав** zerlumpt
дро́б[1] *m*: **бял ~** Lunge *f*; **че́рен ~** Leber *f*
дро́б[2] *f* MATH Bruch(zahl *f*) *m*
дробя́ zerbröckeln; einbrocken
дрозд ZO Drossel *f*
дру́г andere(r); **~аде** anderswo; **и ~и (и др.)** und andere

(u. a.); **~и ден** übermorgen; **без ~о** ohnehin; unbedingt; **между́ ~ото** unter anderem
друга́р Freund *m*, Gefährte *m*, Kamerad *m*; POL Genosse *m*; **~ка** Freundin *f*, Gefährtin *f*; POL Genossin *f*; **~ски** freundschaftlich, kameradschaftlich; **~ство** Freundschaft *f*, Kameradschaft *f*
дру́гояче anders
дружа́ befreundet sein, verkehren (**с** mit *D*)
дру́ж|ба Freundschaft *f*; **~ество** Verein *m*; HDL *usw.* Gesellschaft *f*
дру́с|ам, **~на** *pf* schütteln; holpern
дръв|ни́к (Holz-)Klotz *m*; **~че́** Bäumchen *n*
дръжка Stiel *m*; Henkel *m*; (Tür-)Klinke *f*, Griff *m*
дрънкам klappern; klirren; MUS klimpern; plappern
дря́мка Schlummer *m*
дузи́на Dutzend *n*
ду́зпа SPORT Elfmeter *m*
ду́ма Wort *n*; Rede *f*
Ду́нав Donau *f*
дунапре́н Schaumstoff *m*, Schaumgummi *m*
ду́п|ка Loch *n*; Grube *f*; **~ча** lochen; durchlöchern
ду́х Geist *m* (*a. fig*); **~ам** blasen; wehen; **~а** es zieht; **~вам**, **~на** *pf* blasen; *Wind*: aufkommen; **~ов** Blas-; **~ов орке́стър** Blaskapelle *f*
духо́вен geistig; REL geistlich; **~ство** Geistlichkeit *f*
дух|ови́т geistreich; **~о́вник** Geistliche(r); **~ом** psychisch; **па́дам ~ом** verzagen
душ Dusche *f*; **взе́мам ~** sich (*A*) duschen
душа́[1] würgen
ду́ша[2] *Hund*: schnüffeln
душ|а́[3] Seele *f*; **~е́вен** seelisch; **~е́вност** Mentalität *f*
ду́шен schwül, drückend
ду́ши *nur pl* Personen; **два́ма ~** zwei Personen
дъб Eiche *f*; **~ов** Eichen-
дъв|ка Kaugummi *m*; **~ча** kauen
дъга́ Bogen *m*; Regenbogen *m*
дъжд Regen *m*; **~ели́в** regnerisch; **~обра́н** Regenmantel *m*; **~о́вен** regnerisch, Regen-
дълб|о́к tief; **~очина́** Tiefe *f*
дълг Schuld *f*; Pflicht *f*
дълго|годи́шен langjährig; **~метра́жен** (*Film*) abendfüllend; **~сро́чен** langfristig; **~тра́ен** lange dauernd; dauerhaft
дълж́а schulden (*a. fig*)
дължина́ Länge *f*
дъ́лъг lang
дъ́нер Baumstamm *m*
дъ́но (Gefäß-)Boden *m*; (Meeres-)Grund *m*; THEA Hintergrund *m*
дърва́ *pl* Brennholz *n*
дъ́рвен Holz-, hölzern (*a. fig*); **~и́ца** ZO Wanze *f*
дърво́ Baum *m*; *in Zssg(n) a.* Holz-; Knüppel *m*; **~де́лец** Zimmermann *m*, Tischler *m*, Schreiner *m*; **~до́бив** Holzgewinnung *f*; **~обрабо́тване** Holzbearbeitung *f*; **~резба́**

Holzschnitzerei *f*
държа́ halten; HDL führen; *Prüfung* ablegen; **~ отгово́рен** verantwortlich machen; **~ сме́тка** Rechnung tragen; **~ се** sich halten; sich benehmen
държа́в|а Staat *m*; **~ен** Staats-, staatlich; **~ник** Staatsmann *m*
държа́н(и)е Benehmen *n*
дъ́рз|ост *f* Kühnheit *f*, Frechheit *f*; **~ък** frech
дъ́рпам zupfen; ziehen; wegrücken; **~ се** zur Seite rücken; *fig* sich sträuben
дъск|а́ Brett *n*; **~а́ за гла́дене** Bügelbrett *n*; **че́рна ~а́** Schultafel *f*; **~оре́зница** Sägewerk *n*
дъ́счен Bretter-
дъх Atem *m*; Hauch *m*; Geruch *m*; **~ам** riechen (**на** nach *D*); atmen
дъщеря́ Tochter *f*
дю́ля Quitte *f*
дюше́к Matratze *f*
дя́вол Teufel *m*
дя́до *m* Großvater *m*; Alte(r); *Anrede etwa*: Vater
дял Teil *m*; Anteil *m*
дя́сно *adv* rechts; *vgl a.* **де́сен**

е *3. pers Präsens v.* **съм**
евакуи́рам *(im)pf* evakuieren, räumen; **~ се** evakuiert werden
ева́нгелие Evangelium *n*
евентуа́лен eventuell
евре́|ин Jude *m*; **~йка** Jüdin *f*; **~йски** jüdisch
е́вро FIN Euro *m*
Евро́па Europa *n*
европе́|ец Europäer *m*; **~йка** Europäerin *f*; **~йски** europäisch; **~йски съю́з** Europäische Union
е́втин billig, preiswert
Еги́пет Ägypten *n*; **2ски** ägyptisch
еги́птян|ин Ägypter *m*; **~ка** Ägypterin *f*
егои́зъм Egoismus *m*
едва́|(м) kaum; fast; **~ ли** kaum; **~ ли не** fast, beinahe
е́ди|-кога́ (**си**) irgendwann, einmal; **~-кой** (**си**) irgendjemand; **~-къде́** (**си**) irgendwo
ед|и́н, ~на́, ~но́ ein(e)
еди́н|ен einig; einheitlich; **~и́ца** MATH Eins *f*, Einer *m*; Einheit *f*; **~и́ца мя́рка** Maßeinheit *f*; **~и́чен** einzeln, Einzel-; **~огла́сно** *adv* einstimmig; **~оду́шен** einmütig; **~оду́шие** Einmütigkeit *f*
еди́нст|вен einzig, alleinig; **~вено числó (ед. ч.)** GR Singular *m*; **~во** *abstr* Einheit *f*;

Einstimmigkeit *f*
едн|а́къв gleich(artig); derselbe, **~и́чък** ein Einziger; **~о́актен**: **~о́актна пие́са** THEA Einakter *m*; **~обра́чие** Monogamie *f*
едно|вре́мен gleichzeitig; **~годи́шен** einjährig; **~дне́вен** eintägig, Tages-; **~ета́жен** einstöckig; **~и́менен** gleichnamig; **~кра́тен** einmalig; **~обра́зен** gleichförmig; eintönig; **~посо́чен**: **~посо́чна у́лица** Einbahnstraße *f*; **~ро́ден** gleichartig, homogen; **~ста́ен** Einzimmer-; **~стра́нен** einseitig; **~странчи́в** einseitig, beschränkt; **~утро́бен** von derselben Mutter stammend, leiblich
е́дро: **на ~** HDL en gros
е́д|ър, **~ра, ~ро** groß; grob (-körnig); stark
е́ж Igel *m*; **~а**: **~а се** sich aufplustern; *P* die Krallen zeigen
еже- all-; **~го́ден** alljährlich; **~дне́вен** → всекидне́вен; **~дне́вник** Tageszeitung *f*; **~ме́сечен** monatlich; **~се́дмичен** wöchentlich; **~ча́сен** stündlich
езда́ч Reiter *m*
е́зеро See *m*; Teich *m*
ези́к Zunge *f*; Sprache *f*; **~ов** sprachlich, Sprach-; Sprech-; **~озна́ние** Sprachwissenschaft *f*
ези́че Zünglein *n*; Abzug *m*; Riegel *m*
ези́чески heidnisch
е́к Echo *n*; **~ва́м**, **~на** *pf* schallen, hallen
ек|ва́тор Äquator *m*; **~зекути́рам** *(im)pf* hinrichten; vollstrecken; **~зе́ма** Ekzem *n*, Ausschlag *m*; **~зоти́чен** exotisch
еки́п Ausrüstung *f*; SPORT Mannschaft *f*, Team *n*; **~а́ж** Besatzung *f*, Bemannung *f*; **~и́рам** *(im)pf* ausrüsten; **~иро́вка** Ausrüstung *f*
е́кна → е́квам
е́ко Öko-, Bio-; **~ та́кса** Ökosteuer *f*
екологи́ч|ен ökologisch; **~но чи́сти зеленчу́ци** Biogemüse *n*, Gemüse *n* aus biologischem Anbau
екра́н *(Film)* Leinwand *f*; Bildschirm *m*; **~изи́рам** *(im)pf* verfilmen
екс|кава́тор Bagger *m*; **~ку́рзия** Ausflug *m*, Wanderung *f*; **~ в чужби́на** Auslandsreise *f*; **~курзово́д** Reiseleiter *m*; **~педи́рам** *(im)pf* befördern; weg-, abschicken; **~пе́рт** Sachverständige(r); **~перти́за** Gutachten *n*; **~плоати́рам** *(im)pf* ausbeuten; bewirtschaften; **~плози́в** Sprengstoff *m*; **~пло́зия** Explosion *f*; **~пози́ция** Ausstellung *f*; **~пони́рам** *(im)pf* ausstellen; belichten; **~по́рт** Export *m*, Ausfuhr *f*; **~тради́рам** ausliefern
ела́[1]! komm!; **~те ту́ка!** kommt her!, kommen Sie her!; **~ на се́бе си!** komm zu dir!

ела́[2] Tanne *f*; **~к** Tannenwald *m*
еласти́ч|ен elastisch; **~ност** *f* Elastizität *f*
елега́нтен elegant
електри́чес|ки elektrisch, Elektrizitäts-; **~ка мре́жа** Stromnetz *n*; **~тво** Elektrizität *f*
електро|двига́тел Elektromotor *m*; **~ме́р** Stromzähler *m*
електро́|нен Elektronen-, elektronisch; **~нна по́ща** E-Mail *f*, Mail *f*; **~прово́д** Stromleitung *f*; **~снабдя́ване** Stromversorgung *f*; **~тера́пия** Elektrotherapie *f*; **~центра́ла** Kraftwerk *n*
еле́н Hirsch *m*; **се́верен ~** Ren *m*
ели́т Elite *f*, Auslese *f*
елха́ Weihnachtsbaum *m*
елма́з Diamant *m*
емигра́нт Emigrant *m*; Auswanderer *m*
ене́ргия Energie *f*; **източник на ~** Energiequelle *f*
ен|тусиа́зъм Enthusiasmus *m*, Begeisterung *f*; **~циклопе́дия** Enzyklopädie *f*
епиде́мия Epidemie *f*
епи́скоп Bischof *m*
е-по́ща E-Mail *f*, Mail *f*
епруве́тка Reagenzglas *n*
е́ра Ära *f*; **преди́ на́шата ~ (пр. н. е.)** vor unserer Zeitrechnung
ерге́н Junggeselle *m*
еroти́чен erotisch
е́сен *f* Herbst *m*; **~ен** herbstlich, Herbst-
есе́тра Stör *m*
ескала́тор Rolltreppe *f*
есна́ф *pej* Spießer *m* P *pej*; **~щина** *pej* Spießertum *n* P *pej*
есте́ств|ен natürlich; Natur-; **~еник** Naturwissenschaftler *m*; **~о́** Wesen *n*, Charakter *m*, Natur *f*; **~озна́ние** Naturkunde *f*
естра́д|а Varietee *n*; **~ен**: **~ен конце́рт** Unterhaltungskonzert *n*; **~на му́зика** Unterhaltungsmusik *f*; **~ен певе́ц** Schlagersänger *m*
ета́ж Stock(werk *n*) *m*; **на пъ́рвия ~** im ersten Stock
етаже́рка (Bücher-)Ständer *m*, Regal *n*
ета́п Etappe *f*; *fig* Stufe *f*
е́тер Äther *m*
етике́т Etikett *n*; Etikette *f*
ети́чен ethisch
етни́чен ethnisch
е́то da, hier ist
етъ́рва Schwägerin *f*
ефе́кт Effekt *m*, Wirkung *f*; **~ен** effektvoll
ефика́сен wirksam
е́хо Echo *n*, Widerhall *m*
ехтя́ (er)tönen, schallen
еча́ tosen, dröhnen; schallen
ечеми́к Gerste *f*; MED Gerstenkorn *n*

жáба Frosch *m*
жáден durstig; *fig* gierig
жáжда Durst *m*; *fig* Gier *f*
жакéт (Strick-)Jacke *f*
жáл *f unv* Leid *n*, Trauer *f*; **~ ми e** (es) tut mir leid (um); **~ба** Leid *n*; JUR Klage *f*; **~ен** traurig, betrübt; **~éя** trauern (**за** um *A*), betrauern; **~ко** schade (**че** dass); **~ък** bedauernswert; kläglich, jämmerlich; **~я** trauern (**за** um *A*); bemitleiden, bedauern; **не ~я** nicht schonen (*od* scheuen)
жар *m od f* Glut *f*; *fig* Feuer *n*
жáр|ък heiß; glühend; **~ѝ** *Sonne*: stechen, brennen (*a. Brennnessel*)
жéга (Sonnen-)Hitze *f*
жéжък *P* glühend, heiß
желá|н ersehnt; erwünscht; (*Gast*) willkommen; **~ние** Wunsch *m*; Verlangen *n*; Lust *f* (zu *D*, auf *A*); **~телен** wünschenswert; **~я** wünschen; **бих ~л** ich möchte
желé Gelee *n*
железáр Schlosser *m*
железарѝя *koll* Eisenwaren *pl*
желéзен eisern, Eisen-
желéзни|ца Eisenbahn *f*; **подзéмна ~ца** Untergrundbahn *f*
железо|бетóн Stahlbeton *m*; **~пъ́тен** Eisenbahn-; **~пъ́тна стáнция** Bahnhof *m*
жéлъд Eichel *f*
желя́зо Eisen *n*
женá Frau *f*
жéнен (*Mann*) verheiratet
жен|ѝтба Heirat *f*; **~кáр** Schürzenjäger *m*
жéн|ски weiblich, Frauen-; **~ствен** fraulich; (*Mann*) weibisch; **~я**: **~я се** *Mann*: (sich ver)heiraten (**за** *A od* mit *D*)
жéртв|а Opfer *n*; **~м** (**се** sich) opfern
жест Geste *f*; **~икулѝрам** gestikulieren
жестóк grausam; **~ост** *f* Grausamkeit *f*
жéтон Chip *m*, Jeton *m*, Spielmarke *f*
жив lebend(ig); lebhaft; rege; **~ плет** Hecke *f*; **~áк** Quecksilber *n*; **~éя** leben; wohnen
живопѝс Malerei *f*; **~ен** malerisch; **~ец** (Kunst-)Maler *m*
жив|óт Leben *n*; **до ~óт** zeitlebens; **~отѝнски** tierisch, Tier-; **~óтно** Tier *n*; Vieh *n*; **~отновъ́дство** Viehzucht *f*; **~ýщ** wohnhaft
жѝзне|н Lebens-; lebenswichtig, vital; **~рáдостен** lebenslustig; **~спосóбен** lebensfähig
жѝла Sehne *f*; Ader *f*; **~в** sehnig, zäh(e)
жилéтка Weste *f*; Strickjacke *f*
жѝлище Wohnung *f*
жѝл|о Stachel *m*; **~я** *Biene*: stechen
жирáфа Giraffe *f*
житéйски Lebens-; **~óпит** Le-

benserfahrung *f*
жи́тел(ка) Einwohner(in *f*) *m*, Bewohner(in *f*) *m*
жи́т|ен Weizen-; Korn-; **~ни́ца** Scheune *f*; *fig* Kornkammer *f*; **~о** Weizen *m*
жи́ца Draht *m*; Saite *f*
жлеза́ Drüse *f*; **щитови́дна ~** Schilddrüse *f*
жлъ́ч|ен Gallen-; *fig* gallig; **~ка** Galle *f*
жребе́ц Hengst *m*
жре́бие Los *n*; **те́гля ~** (ver)losen
жу́ри *n* Jury *f*
журна́л Modezeitschrift *f*; Journal *n*
жълт gelb; **~ени́ца** Gelbsucht *f*; **~е́я** gelb werden; vergilben; **~и́ца** Goldstück *n*; **~озеле́н** gelbgrün; **~ъ́к** Eigelb *n*
жъ́на mähen; *fig* ernten
жъ́тва Ernte(zeit *f*) *f*

З

за *Präp.* an; für; zu; auf; über; um; in; bei; mit; nach; **~ не́го** für ihn; **мо́ля ~ про́шка** um Verzeihung bitten; **отла́гам ~ у́тре** auf morgen verschieben; **пъту́вам ~ Со́фия** nach Sofia reisen; **~ пръв път** zum ersten Mal; **ръка́ ~ ръка́** Hand in Hand; **ми́сля ~** denken an; **гово́ря ~** sprechen von; *wird auch mit G od Zssg(n) wiedergegeben*: **биле́т ~ пъ́рва кла́са** BAHN Fahrkarte erster Klasse; **харти́я ~ писма́** Briefpapier *n*; *konj* **~ да** um zu, damit
заангажи́рам *(im)pf* in Anspruch nehmen; reservieren; buchen
заба́в|а Unterhaltung *f*; Tanzabend *m*; **~а́чница** Vorschule *f*; **~ен** unterhaltsam; lustig; **~на му́зика** Unterhaltungsmusik *f*; **~ля́вам** (**се** sich) unterhalten, vergnügen; **~я(м)** verzögern; *Geschwindigkeit* verlangsamen; aufhalten; **~я(м) се** sich verspäten
забеле́ж|а *pf* → забеля́звам; **~и́телен** bemerkenswert, bedeutend; **~и́м** spürbar, merklich; **~и́телност** *f* Sehenswürdigkeit *f*; **~ка** Anmerkung *f*; Bemerkung *f*; Verweis *m*, Tadel *m*
забел|я́звам, **~е́жа** *pf* (be)merken; notieren
заби́|вам, **~я** *pf* *Nagel* einschlagen
заблу́|да Irrtum *m*; **въве́ждам в ~да** = **~дя́, ~жда́вам** irreführen, täuschen; **~дя́, ~жда́вам се** sich (ver)irren
забога|те́я, **~тя́вам** reich werden
заб|ода́, **~о́ждам** stecken; anstecken
забо|ле́я → ~ля́вам; **~ли́, ~ля́ва ме** zu schmerzen beginnen; **~ля́ва ме глава́та** Kopfschmerzen bekommen; **~ля́вам**, **~ле́я** *pf* krank werden, erkranken (**от** an *D*)

забрáв|а Vergessenheit *f*; **~я(м)** (**се** sich) vergessen
забрáдка Kopftuch *n*
забрá|на Verbot *n*; **~на да се пýши** Rauchverbot *n*; **~на за внос** HDL Einfuhrverbot *n*; **~ за напýскане на домá** *f* Ausgangsbeschränkung *f*; **~нéн** verboten; **пýшенето ~нéно!** Rauchen verboten!; **преминáването ~нéно!** Durchgang verboten! **вход за външи лицá (стрóго) ~нéн!** Unbefugten ist der Eintritt (streng) verboten!; **~ня́(вам)** verbieten, untersagen
забремен|éя, **~я́вам** schwanger werden
забýл|вам, **~я** *pf* verschleiern (*a. fig*)
забърк|ан verwirrt; **~(в)ам** *fig* etw anrühren, anrichten; *fig* verwirren, durcheinander bringen
завáр|вам, **~я** *pf* antreffen; **~ка** TECH Schweißen *n*; Schweißnaht *f*; **~я** → **~вам**; **~я́(вам)** TECH schweißen
за|ведéние Lokal *n*; Anstalt *f*; **~ведéние за общéствено хрáнене** *einfaches, billiges Esslokal n*; **~вéрка** Beglaubigung *f*; **~веря́(вам)** beglaubigen (lassen); **~вéса** Vorhang *m*
зáвет[1] windgeschützter Ort *m*
завéт[2] Vermächtnis *n*; **Нóвият ~** REL das Neue Testament
завещá|вам, **~я** *pf* vermachen; **~ние** Testament *n*
завú|вам, **~я** *pf* ein-, abbiegen; (ein)wickeln; *Schraube* anziehen; *Kind* zudecken; **~вка** Decke *f*
завú|ден beneidenswert; **~дя**, **~ждам** beneiden (**за** um *A*); **~наги** für immer
завúнт|вам, **~я** *pf* zuschrauben
завúсим abhängig (**от** von *D*); **~ост** *f* Abhängigkeit *f*
зá|вист *f* Neid *m*; **~вистлúв** neidisch; **~вúся** abhängen, abhängig sein (**от** von *D*); **~вúя** → **~вúвам, вия**[2]
завлад|éя, **~я́вам** erobern; *fig* fesseln
завóд Werk *n*, Fabrik *f*
завоевá|ние Eroberung *f*; *fig* Errungenschaft *f*; **~тел** Eroberer *m*
за|вóй Kurve *f*, Biegung *f*; POL Wendung *f*; **~врýщам**, **~вýрна** *pf*: **~врýщам, ~вýрна се** heim-, zurückkehren; sich umdrehen; **~вчáс** im Nu, sofort
зáвчера vorgestern; **~шен** vorgestrig
завър|жа, **~звам** (an-, zu-) binden; *Bekanntschaft* anknüpfen; *Frucht* ansetzen; **~на се** *pf* → **завръщам**; **~там**, **~тя́(вам)** (beginnen zu) drehen; *Schraube* anziehen, festschrauben; *Ohrfeige* herunterhauen; *Geld* behalten; *fig Kopf* verdrehen; **~ша**, **~швам** beenden, abschließen; vollenden; **~шек**, **~шък** Ende *n*, Abschluss *m*; **~шеност** *f* Vollendung *f*
загá|дка Rätsel *n*; **~дъчен**

rätselhaft
загáз|вам, **~я** *pf fig* in e-e schwierige Lage geraten
за|гáрям, **~горя́** *pf* anbrennen; bräunen, braun werden; verdorren
загáс|вам, **~на** *pf* erlöschen
загася́(вам) (aus)löschen
загáт|вам, **~на** *pf* andeuten; **~ване** Andeutung *f*
заги́|вам, **~на** *pf* umkommen
заглáв|ен Überschrifts-, Titel-; **~ие** Überschrift *f*; (Buch-)Titel *m*
заглá|дя, **~ждам** glätten, glatt machen; *Streit* beilegen
за|глé(ж)дам **(се)** gaffen; mustern, anstarren; **~глушá** **(-вам)** übertönen; *fig* unterdrücken, ersticken; TV stören
заглъх|вам, **~на** *pf* verstummen
загнéзд|вам, **~я**: **~вам, ~я се** sich einnisten
загноя́(вам) (beginnen zu) eitern
заговáрям, **заговóря** *pf* (beginnen zu) sprechen; *j-n* ansprechen
зá|говор Verschwörung *f*; **~говóрник** Verschwörer *m*; **~говóря** → ~говáрям; **~горя́** → ~гáрям; **~горя́л** braun (gebrannt); angebrannt
заграб|вам, **~я** *pf* an sich reißen, sich bemächtigen (**нкг, нщ** *G*)
за|градéн eingezäunt; umgeben (**с** von *D*); **~градя́**, **~грáждам** einzäunen; umgeben; **~гре́я** → ~гря́вам
загри́ж|а, **~вам**: **~а, ~вам се** sich Sorgen machen (**за** um *A*); **~ен** besorgt (**за** um *A*); bekümmert
за|гря́вам, **~гре́я** *pf* (auf)wärmen
зáгуба Verlust *m*
загу́б|вам, **~я** *pf* verlieren; **~вам се** verloren gehen; sich verirren
зад *prp* hinter; **~ грáница** im Ausland
задá(ва)м *Frage* stellen; (auf)geben; verursachen; **~ се** erscheinen
задáвя(м): **~ се** sich verschlucken
задáча Aufgabe *f*
задграни́чен Auslands-; Ausreise-; **~ паспóрт** Reisepass *m*
зáден hinter(st); Hinter-; **~ ход** KFZ Rückwärtsgang *m*
задлъжн|я́вам, **~éя** sich verschulden, Schulden machen
задми́н|а, **~áвам** überholen
зáдни|к *P pej* Hintern *m*; **~ца** Hinterteil *m*; Heck *n*; **~шкóм** rückwärts, rücklings
задо|волéн befriedigt, zufrieden; **~воли́телен** befriedigend, zufrieden stellend; **~вóлство** Befriedigung *f*
задоволя́(вам) befriedigen, zufrieden stellen; **~ се** sich begnügen (**с** mit *D*)
задокеáнски überseeisch, Übersee-
задóч|ен JUR in Abwesenheit *f*; Fern-; **~но обучéние** Fernunterricht *m*
задрáск(в)ам (durch)strei-

chen
задру́жен gemeinsam; einträchtig
задръ́жка Hemmung *f*, Bedenken *n*; Hindernis *n*
задръ́ст|вам, **~я** *pf* verstopfen
за́дух Schwüle *f*; MED Asthma *n*
за|душа́(вам) ersticken; *Fleisch* schmoren; **~душе́вен** herzlich, warm; **~ду́шен** schwül; **~душе́но** Schmorbraten *m*; **~душли́в** stickig; **~душли́в газ** Giftgas *n*
задъл|боча́(вам) (**се** sich) vertiefen; **~боче́н** vertieft (**в** in *A*); **~жа́(вам)** (**се** sich) verpflichten; **~же́ние** Verpflichtung *f*; **~ за уведомяване** *n* Meldepflicht *f*; **~жи́телен** verbindlich, obligatorisch
задъ́нен: **~а у́лица** Sackgasse *f*
за|държа́, **~дъ́ржам** zurück(be)halten; aufhalten, festnehmen; **~дъ́х(в)ам**: **~дъ́х(в)ам се** keuchen
за́едно zusammen
за́ек Hase *m*; (**пи́томен ~**) Kaninchen *n*
зае́к|вам, **~на** *pf* stottern
за́ем Anleihe *f*; Kredit *m*; **на ~** leihweise; **взе́мам пари́ на ~** sich Geld borgen; **склю́чвам ~** einen Kredit aufnehmen
зае́|ма(м) leihen; *Platz* einnehmen; besetzen; **~ма(м) се** sich annehmen (**с** *G*); **~мен** Leih-; **~мна слу́жба** Ausleihe *f*
зае́т beschäftigt; besetzt; geliehen
заздравя́(вам) festigen
зазор|и́, **~я́ва**: **~и́, ~я́ва се** der Morgen dämmert
за|зу́бря(м) pauken; **~и́мствам** entlehnen (**от** von, aus *D*)
заинтерес|о́ван interessiert; **~у́вам** (*im*)*pf* (**се** sich) interessieren (**за** für *A*)
закаля́(вам) (**се** sich) abhärten
зака́н|а Drohung *f*; **~вам**, **~я** *pf*: **~вам, ~я се** drohen
за|ка́р(в)ам (hin)fahren; (hin)-treiben; **~кача́** → **~ка́ч(в)ам**; **~кача́лка** Kleiderhaken *m*; (*Flur*) Garderobe *f*; Kleiderbügel *m*; Aufhänger *m*
зака́ч|ам, **~а́** *pf* aufhängen; anhängen; anstecken; berühren; hängen bleiben, streifen; *fig* belästigen; necken; **~вам** aufhängen; anhängen; **~ка** Neckerei *f*, Scherz *m*
закле́вам, **закълна́** *pf* beschwören; vereidigen; **~ се** schwören
заклю́|ча → **~ча́вам**, **~чвам**; **~ча́вам**, **~ча** *pf* schließen, folgern; **~ча́лка** Schloss *n*; **~ за деца́** AUTO Kindersicherung *f*; **~чвам**, **~ча** *pf* (ab-, zu)schließen; einsperren; **~че́ние** Schluss(folgerung *f*) *m*; Zusammenfassung *f*; **~чи́телен** abschließend, Schluss-
закова́(вам) annageln; *Auto, Pferd* zum Stehen bringen; **~ се** stehen bleiben
зако́л|вам, **~я** *pf* schlachten
зако́н Gesetz *n*; **~ен** gesetz-

lich, legal; rechtmäßig; berechtigt; **~ност** Gesetzlichkeit *f*

законо|да́телство Gesetzgebung *f*; **~ме́рен** gesetzmäßig; **~наруше́ние** Gesetzesverletzung *f*; **~прое́кт** Gesetzentwurf *m*

закопча́|вам, ~я *pf* zuknöpfen

за|коравя́л hart; *fig* verstockt; unverbesserlich; (*Junggeselle*) eingefleischt; **~кореня́(вам)**: **~кореня́(вам) се** Wurzeln schlagen; **~ко́тв|ям, ~я** *pf* verankern; **~кре́пв|ам, ~на** *pf* gesund und kräftig werden; sich festigen; **~кри́вам, ~кри́я** *pf* bedecken; (*Sitzung*) schließen; **~кри́ла** Schutz *m*; **~кри́ля(м)** beschützen; **~кри́т** geschlossen; **~кри́т (плу́вен) басе́йн** Hallenbad *n*; **~кръглен** (ab)gerundet; **~кръгля(м)** abrunden

заку́п|вам, ~я *pf* (auf)kaufen

заку́с|вам, ~я *pf* frühstücken; e-n Imbiss nehmen; **~ка** Frühstück *n*; Imbiss *m*; **~ва́лня** Imbissstube *f*

за|кълна́ → **~клéвам**

закърп|вам, ~я *pf* flicken

закъс|(в)ам in e-e schwierige Lage geraten; **~не́ние** Verspätung *f*; **~не́я, ~ня́вам** sich verspäten

за́ла Saal *m*

зала́вям, залов́я *pf* fassen, (er)greifen; **~ се** beginnen, anfangen (**с, за** mit *D*; *A*)

за|ла́гам, ~ло́жа *pf* (ein)setzen; verpfänden

заледе́н vereist

залежа́л *adj* liegen geblieben; **~и сто́ки** *fig* Ladenhüter *pl*

зале́жи *pl* Vorkommen *n*; **ру́дни ~** Erzvorkommen *n*

за́лез Untergang *m*

зале́|пвам, ~пя́ *pf* (an)kleben; (an)leimen; **~ся́(вам)** aufforsten

за́лив Bucht *f*; **мо́рски ~** Meerbusen *m*

зал|и́вам, ~е́я *pf* begießen; überfluten; *fig* überströmen

за|ли́с(в)ам ablenken; **~лов́я** → **~ла́вям**

зало́г[1] Pfand *n*

зало́г[2] GR Genus *n*

за|ло́жа → **~ла́гам**; **~ло́жен**: **~ло́жна къ́ща** Pfandhaus *n*; **~ло́жник** Geisel *f*

зало́ст|вам, ~я *pf* verriegeln

залп Salve *f*

за́лък Bissen *m*; *fig* das tägliche Brot

заля́з|а, ~вам *Sonne*: untergehen

зама́йвам, зама́я *pf* berauschen, betäuben

за|ма́х Schwung *m*; Schlag *m*; **~ма́я** → **~ма́йвам**; **~меня́, ~ме́нят** vertauschen; ersetzen

заме́ст|вам, ~я *pf* ersetzen; vertreten; **~и́тел** Ersatz *m*; **~ник** (Stell-)Vertreter *m*; Nachfolger *m*; **~я** → **~вам**

зами́|на, ~на́вам abreisen; verreisen; *Zug*: abfahren; **~на́ване** Abreise *f*; Abfahrt *f*;

~слен nachdenklich; gedankenvoll; **~сля(м)** vorhaben; **~сля(м) се** nachdenken; in sich gehen
за́мисъл Vorhaben *n*; Grundidee *f*, Konzeption *f*
замо́жен wohlhabend
замразе́н (zu)gefroren; tiefgekühlt; **~и зеленчу́ци** tiefgefrorenes Gemüse *n*; **~о месо́** Gefrierfleisch *n*
замре́ж|а, ~вам stopfen
замръз|вам, ~на *pf* gefrieren; zufrieren; erfrieren
замъгле́н neb(e)lig; trübe (*a. fig*); (*Glas*) beschlagen
за́мък Burg *f*, Schloss *n*
за|мърсе́н verschmutzt; **~мърся́(вам)** verunreinigen, beschmutzen; **~мърся́ване** Verschmutzung *f*; **~мърся́ване на око́лната среда́** Umweltverschmutzung *f*; **~мя́на** Austausch *m*; Ersatz *m*; **~напре́д** weiterhin; von nun an, zukünftig
за|на́сям, ~несá *pf* (hin)bringen
заная́т Handwerk *n*, Gewerbe *n*; **~чи́я** *m* Handwerker *m*
занемаря́(вам) vernachlässigen
за|несá → ~на́сям
занима́|вам, ~я *pf* beschäftigen; (*nur impf.*) unterrichten; *Gäste* unterhalten; **~вам, ~я се** sich beschäftigen, sich befassen (**с** mit *D*); **~ние** Beschäftigung *f*; (Schul-) Unterricht *m*; **~телен** unterhaltsam; **~я** → ~вам
заня́тие Beruf *m*; (Schul-) Unterricht *m*
заоби|ка́лки *pl* Umschweife *pl*; **~ка́лям, ~коля́** *pf* umgehen (*a. fig*); e-n Umweg machen
за|облача́ва, ~о́блачи *pf*: **небе́то ~облача́ва, ~о́блачи се** der Himmel bewölkt (*od* trübt) sich; **~облача́ване** Bewölkung *f*
за́пад Westen *m*
запа́д|ам, ~на *pf* verfallen; *fig* zurückgehen; herunterkommen
за́паден westlich, West-
запа́з|вам, ~я *pf* bewahren, hüten; belegen, reservieren; schützen (**от** vor *D*); **~ен** (**добре́** gut) erhalten; belegt, reserviert; **биле́т за ~ено мя́сто** Platzkarte *f*; **~я** → ~вам
запа́л|вам, ~я *pf* anzünden; einschalten; *fig* entflammen; **~ителен** feuergefährlich; **~ително вещество́** Zündstoff *m*; **~ка** Feuerzeug *n*
запаля́нко *F* (Fußball-) Fan *m*
запа́р|вам, ~я *pf Tee* (auf)brühen; **~ен** stickig; **~ен въздух** stickige Luft *f*
запа́|с Vorrat *m*; Reserve *f* (*a.* MIL); **~сен** Ersatz-, Reserve-; **~ся́ (вам)** (**се** sich) eindecken, versorgen
за́пек MED Verstopfung *f*
запетая́ Komma *n*; **то́чка и ~** Semikolon *n*
запеча́т|вам, ~я *pf* versiegeln; *Brief* zukleben; **~ва се в паметта́** sich in das Gedächtnis

einprägen
за́|пис: **по́щенски ~пис** Postanweisung *f*; **~пи́свам, ~пи́ша** *pf* aufschreiben, notieren; aufnehmen, aufzeichnen; (**се** sich) einschreiben; **~писки** *f/pl* Aufzeichnungen *f/pl*, Notizen *f/pl*; Skripten *n/pl*; **~пи́т(в)ам** (an)fragen; **~пи́ша** → ~пи́свам; **~плани́рам** (*im*)*pf* (ein)planen
запла́|та Gehalt *n*; (Stunden-) Lohn *m*; **~тя́** → ~щам; **~ха** Drohung *f*; Gefahr *f*; **~ша, ~швам** (be)drohen; **~щам, ~тя́** *pf* bezahlen
запл|ета́, ~и́там (**се** sich) verwickeln
за́повед *f* Befehl *m*
запове́|д(в)ам befehlen; **~да́й(те)!** bitte!; **~да́й(те) у дома́!** bitte besuch(en Sie) uns (mich)!
запозна́|вам, ~я *pf* bekannt machen (**с** mit *D*); **~вам, ~я се** kennen lernen; **~йте се** ... darf ich vorstellen ...; **~нство** Bekanntschaft *f*
за|по́мня(м) sich merken; **~по́р** JUR Sperrung *f*; **~по́чвам, ~по́чна** *pf* (**се**) anfangen, beginnen, losgehen; **~поя́(вам)** löten; **~пре́твам, ~пре́тна** *pf* aufkrempeln; **~прика́звам** → ~гова́рям
запри́щ|вам, ~я *pf Fluss* eindämmen; versperren, verstopfen
запу́ш|а[1], **~вам** zumachen, ver-, zustopfen
запу́ш|а[2], **~вам** (beginnen zu) rauchen
запуша́лка Stöpsel *m*, Pfropfen *m*
запъ|вам, ~на *pf*: **~вам, ~на се** stocken
запъ́л|вам, ~ня *pf* (aus)füllen
запъ́т|вам, ~я *pf*: **~вам, ~я се** sich begeben (**към** zu, nach *D*)
зар Würfel *m*
за|ра́вям, ~ро́вя *pf* vergraben; *P* begraben
зара́д, ~и wegen; statt; um ... willen
зара́з|а Ansteckung *f*, Infektion *f*; **~ен, ~и́телен** ansteckend; **~е́н** angesteckt, infiziert; **~я́(вам)** anstecken; verseuchen
за́ран *f F* Morgen *m*
за|ре́жа → ~ря́звам; **~ре́ждам, ~редя́** (auf)laden; **~река́**: **~река́ се** → ~ри́чам
за́рзала Aprikose *f*
за|ри́вам, ~ри́на *pf* zuschütten; vergraben; **~ри́чам, ~река́** *pf*: **~ри́чам, ~река́ се** sich vornehmen, versprechen; **~ро́вя** → ~ра́вям; **~ро́диш** Keim *m*
заря́ Morgenrot *n*; Abendrot *n*; MIL Zapfenstreich *m*; Appell *m*
заря́д MIL, EL Ladung *f*
за|ря́звам, ~ре́жа *pf* sitzen (*od* im Stich) lassen; **~са́да** Hinterhalt *m*; **~свиде́телствам** (*im*)*pf* bezeugen; **~се́гна** → ~ся́гам
заседа́|вам tagen; e-e Sitzung

abhalten; **~ние** Sitzung *f*, Tagung *f*; **~тел**: **съдѐбен ~тел** Schöffe *m*
за|сѐдна → ~сядам
засѐл|вам, ~я *pf* besiedeln; ansiedeln; **~ник** Siedler *m*
засѐнч|а, ~вам beschatten; verdunkeln, verdecken; *fig* überschatten
засѐчка Versagen *n*; (Lade-) Hemmung *f*
за|си́лвам, ~си́ля *pf* (**се** sich) verstärken, steigern; **~си́лване** Stärkung *f*; Anlauf *m*; Kräftigung *f*; **~скоба́, ~скобя́вам** (ein)klammern; **~слепя́ (-вам)** (*fig* ver)blenden; **~сло́н** Unterkunft *f*; Schutzhütte *f*
заслу́|га Verdienst *n*; **~жа, ~жа́вам** verdienen; **~жил** verdient
за|смя́н lachend; **~снежѐн** verschneit, mit Schnee bedeckt; **~спа́л** *fig* schläfrig
засп|и́вам, ~я́ *pf* einschlafen
засра́м|вам, ~я *pf* beschämen; bloßstellen
за|ста́вам, ~ста́на *pf* sich aufstellen; stehen bleiben; **~ста́вя(м)** zwingen; **~сти́г|ам, ~на** *pf* einholen; **~сто́й** Stillstand *m*; **~стоя́л** (*Wasser*) stehend; (*Luft*) verbraucht
застрах|о́вам (*im*)*pf* (**се** sich) versichern; **~ова́телен** Versicherungs-; **~о́вка** Versicherung *f*; **~ за злополу́ка** Unfallversicherung *f*
застраша́(вам) bedrohen
застрѐл|вам, ~ям *pf* erschießen
застъ́п|вам, ~я *pf* vertreten; **~вам се** sich einsetzen (**за** für *A*); **~ник** Fürsprecher *m*, Beistand *m*
за|ся́гам, ~сѐгна *pf* berühren; betreffen; *fig* verletzen; **~ся́дам, ~сѐдна** *pf* sitzen bleiben; stecken bleiben; *Schiff*: stranden
за|тва́рям, ~тво́ря *pf* schließen, zumachen; einsperren
затво́р Gefängnis *n*; Haft *f*; **~ник** Gefangene(r), Häftling *m*; **~я** → затва́рям
за|ти́шие Windstille *f*; Ruhe *f*; **~това́** darum, deshalb; **~това́, че** weil; **~то́пля(м)** erwärmen; **~труднѐн** schwierig; beschwerlich; mühsam; **~труднѐние** Schwierigkeit *f*; **~трудня́(вам)** Schwierigkeiten machen; erschweren; **~ту́й** → ~това́; **~тъ́вам, ~тъ́на** *pf* versinken; (*in Schulden*) stecken; **~тъмнѐние** Verdunk(e)lung *f*; ASTR Finsternis *f*; **~тъмня́(вам)** verdunkeln; **~тъ́на** → ~тъ́вам
зау́шки *pl* MED Ziegenpeter *m*, Mumps *m*
заха́п|вам, ~я *pf* (an)beißen
за́хар *f* Zucker *m*; **си́тна ~** Streuzucker *m*; **~ на бу́чки** Würfelzucker *m*; **~ен** Zucker-; **~на бо́лест** Zuckerkrankheit *f*, Diabetes *f*; **~и́н** Süßstoff *m*
захва́|на, ~щам *P* anfangen, beginnen
захвъ́рля(м) wegwerfen

захлу́п|вам, ~я *pf* zudecken
зача́тък Keim *m*; Anfang *m*
зачервя́(вам): **~ се** rot werden
зачерта́|вам, ~я *pf* (durch)streichen
зачестя́(вам) beginnen, oft *etw* tun; sich häufen
за|чета́, ~чи́там (be)achten; anerkennen; **~ши́вам, ~шия́** *pf* annähen; zunähen; einnähen; **~щи́та** Verteidigung *f*; Schutz *m*; **~щи́тен** Schutz-; **~щи́тник** *Sport*, JUR Verteidiger *m*; **~щитя́, ~щита́вам** verteidigen; schützen
защо́ warum, weshalb; **~ не** warum nicht; **ня́ма ~** keine Ursache; **~то** weil, denn
заяв|ле́ние Gesuch *n*, Antrag *m*; Erklärung *f*; **~я́(вам)** erklären; melden
за|ядли́в zänkisch, streitsüchtig; **~я́(жда)м**: **~я́(жда)м се** Streit suchen, stänkern
зва́ние (Ehren-)Titel *m*
звезда́ Stern *m*; *fig* Star *m*
звено́ (Ketten-)Glied *n*
зве́рски Raubtier-; *fig* bestialisch
звук PHYS Schall *m*; Ton *m*; Laut *m* (*a.* GR); Klang *m*
зву́ко|в Schall-; Ton-; **~за́пис** Tonaufnahme *f*; **~опера́тор** Tontechniker *m*
звуча́ klingen, tönen
зву́чен klangvoll; GR stimmhaft
звън Klang *m*; Klirren *n*; **~е́ц** Klingel *f*, Glocke *f*; **~я́** klingeln, läuten
звяр Bestie *f*
зда́ние Gebäude *n*
здрав gesund; heil, ganz; stark, robust; **~ата** *F* tüchtig, kräftig; **~е** Gesundheit *f*; **на ~е!** Prosit!, Gesundheit!, zum Wohl!; **~е́й!** grüß' dich!, Servus!; **~ен** Gesundheits-; **~еопа́зване** Gesundheitswesen *n*; **~о** *adv* fest; kräftig; **~осло́вен** gesund, Gesundheits-
здрач Dämmerung *f*
зе́ле Kohl *m*, Kraut *n*; **ки́село ~** Sauerkraut *n*; **къдраво ~** Wirsing(kohl) *m*; **цве́тно ~** Blumenkohl *m*; **черве́но ~** Rotkohl *m*
зеле́н grün; (*Frucht*) unreif; **~и́кав** grünlich; **~чу́к** Gemüse *n*
земеде́л|ец Landwirt *m*; **~ие** Landwirtschaft *f*; **~ски** landwirtschaftlich
зе́м|ен irdisch, Erd-; Boden-; **~на гимна́стика** Bodenturnen *n*; **~но ма́сло** Erdöl *n*
зем|етресе́ние Erdbeben *n*; **~ля́к** Landsmann *m*; **~я́** Erde *f*; Land *n*
зеница Pupille *f*
зет Schwiegersohn *m*; Schwager *m*
зехти́н Olivenöl *n*
зигза́г Zickzacklinie *f*
зид Mauer *f*; **~ам** mauern; **~а́р** Maurer *m*
зи́м|а Winter *m*; **~е** im Winter; **~ен** winterlich, Winter-; **~ни́к** Keller *m*; **~у́вам** den Winter verbringen, überwintern
зла → **зъл**

злата́р Goldschmied *m*
зла́т|ен golden, Gold-; **~о** Gold *n*
зле schlecht, übel
злина́ Bosheit *f*; Unglück *n*
зло Übel *n*, Unheil *n*; *vgl a.* **зъл**
зло́б|а Bosheit *f*; **~ен** boshaft, bösartig; **~одне́вен** aktuell
зло|ве́щ unheimlich; Unheil verkündend; **~вре́ден** übel, schädlich; **~де́й** Übeltäter *m*; **~де́йство** Untat *f*, Missetat *f*; **~ка́чествен** MED bösartig; **~ко́бен** Unheil verkündend; verhängnisvoll; **~наме́рен** böswillig; **~па́метен** nachtragend; **~полу́ка** Unfall *m*; **~полу́чен** unselig; **~ра́дство** Schadenfreude *f*; **~сто́рник** Missetäter *m*; **~уми́шлен** vorsätzlich; **~употре́ба** Missbrauch *m*; Veruntreuung *f*; **~употребя́ (-вам)** missbrauchen; veruntreuen (**с** *A*); **~че́ст(ен)** unglücklich; unglückselig
злъчен boshaft, bissig
змио́рка Aal *m*
змия́ Schlange *f*
знак Zeichen *n*; **пътни зна́ци** *pl* Verkehrszeichen *n/pl*
знам → зна́я
зна́ме Fahne *f*, Banner *n*; **~на́тел** MATH Nenner *m*; **~на́телен** bedeutungsvoll, bedeutend; **~ни́т** berühmt
зна́ние Kenntnis *f*; Wissen *n*
зна́тен namhaft, angesehen
зна́ч|а bedeuten, heißen; **~е́ние** Bedeutung *f*; **~и** das heißt, also; **~и́телен** bedeutend; beträchtlich, ansehnlich; **~ка́** Abzeichen *n*
зна́|я wissen; können; kennen; **то се ~е!** das versteht sich (von selbst)!
зно́ен heiß
зов Ruf *m*; Schrei *m*; **~а́** rufen; *P* nennen
зогра́ф Ikonenmaler *m*
зо́на Zone *f*
зоологи́ческ|и zoologisch; **~а гради́на** Tierpark *m*
зор|а́ Morgenröte *f*; **в ~и́** in aller Frühe; **~ни́ца** Morgenstern *m*; **зо́рък** wachsam
зре́лище Anblick *m*; Schauspiel *n*
зре́лост *f* Reife *f*; **~ен**: **~ен изпит** Reifeprüfung *f*
зре́ние Sehen *n*, Sehkraft *f*, Sehvermögen *n*
зре́я reifen
зри́тел Zuschauer *m*; **~ен**: **~ен нерв** Sehnerv *m*; **~на па́мет** visuelles Gedächtnis *n*; **~но поле́** Gesichtsfeld *n*
зрял reif
зъб Zahn *m*; *fig* Zacken *m*; **~ен** Zahn-; **~ен ка́мък** Zahnstein *m*; **~ер** Fels(spitze *f*) *m*; **~е́ц** Zacken *m*; **~обо́л** Zahnschmerzen *m/pl*; **~оле́кар** Zahnarzt *m*; **~ча́т**: **~ча́та желе́зница** Zahnradbahn *f*; **~ча́то колело́** Zahnrad *n*
зъл, зла, зло böse; arg
зълва Schwägerin *f*
зърнен Korn-; **~и храни́** Getreide *n*
зърн|ест körnig; **~о́** Korn *n*; (Kaffee-)Bohne; Weinbeere *f*

зяп|ам, ~вам, ~на *pf P* gaffen

И, Й

и und; auch; sogar, selbst; **~** ... **~** sowohl ... als auch; **й** *pron* ihr (*3. pers sg D*)
йвица Streifen *m*
игл|á Nadel *f*; **шéвна ~á** Nähnadel *f*; **~йка** Schlüsselblume *f*; **~олúстен**: **~олúстно дървó** Nadelbaum *m*
йго *fig* Joch *n*
игрá Spiel *n*; **~ на кáрти** Kartenspiel *n*; **~ч** Spieler *m*; Tänzer *m*; **~чка** Spielzeug *n*; **~я** spielen
игрúще Spielplatz *m*; Sportplatz *m*
игрослóвица Wortspiel *n*
йда kommen; **~** *pf* gehen, kommen (**при, до, в** zu *D*, in *A*); **~ си** heimkehren, -gehen
йдва|м kommen; **~ ми на ум** es fällt mir ein; **~м на сéбе си** zu sich kommen
идеáл Ideal *n*; **~ен** ideal
идéен Ideen-, ideologisch
йден kommend, nächst-
идеолóгия Ideologie *f*
идéя Idee *f*
йдол Idol *n*
йдущ kommend, nächst-
из aus; in (*D*), durch (*A*)
йзба Keller *m*
из|бавлéние Erlösung *f*; Befreiung *f*; **~бáвя(м)** erlösen; (**от** von *D*); befreien
избел|éя, ~явам verblassen, verbleichen
из|берá → **~бúрам**; **~бúвам, ~бúя** *pf* totschlagen, ausrotten; (her)ausschlagen; *Gespräch*: ausarten; **~бирáем** wählbar; **~бúрам, ~берá** *pf* (aus)wählen; **~бирáтел** Wähler *m*; **~бирáтелен** Wahl-; **~бúя** → **~бúвам**
йзбор Wahl *f*; HDL Auswahl *f*; **~и** *pl* POL Wahlen *f/pl*
из|броя(вам) (auf)zählen; **~бръсвам, ~бръсна** *pl* (ab-, aus)rasieren; **~бýхвам, ~бýхна** *pf* explodieren; *Krieg*: ausbrechen; **~бухлúв** explosiv; **~бърз(в)ам** sich beeilen; vorauseilen
избър|свам, ~ша *pf* abtrocknen; abwischen
избяг|(в)ам davon-, weglaufen; flüchten; entgehen; **~вам, ~на** *pf* (ver)meiden
изва|дка Auszug *m*, Zitat *n*; **~дя, ~ждам** herausnehmen, herausziehen; MATH abziehen; *Fahrkarte* lösen; *Zahn* ziehen; *Papiere* ausstellen lassen; (*auf den Markt*) bringen
из|вáра Quark *m*; **~варя(вам)** destillieren; auskochen; **~веднъж** auf einmal, plötzlich; **~вéждам, ~ведá** *pf* (aus)führen; **~ветрял** verflogen; schal, abgestanden
извéст|ен bekannt, berühmt; gewiss; **в ~на стéпен** in gewissem Maße; **~ие** Nachricht *f*;

~ия *pl* Berichte *m/pl*, Mitteilungen *f/pl*; **~ност** *f* Ruf *m*, Ruhm *m*; **~я́(вам)** bekannt machen

извѝ|вам, **~я** *pf* (ver)biegen; MED verstauchen; (aus)wringen; *Weg*: abbiegen; *Augen, Kopf* wenden (**към** zu *D*)

извине́ние Entschuldigung *f*

извиня́|(вам) entschuldigen, verzeihen; **~(вам) се** sich entschuldigen; **~вайте!** Verzeihung!

извѝ|рам *Fluss*: entspringen; **~т** krumm; gewölbt, geschwungen

из|влека́, **~вли́чам** (heraus)ziehen; e-n Auszug machen; **~влече́ние** Auszug *m*; Zitat *n*

ѝз|вод Schlussfolgerung *f*; **~вор** Quelle *f*; **~врате́н** abartig; pervers; entstellt; **~враще́ние** Perversion *f*; Entstellung *f*; **~вън** außerhalb (*G*); außer; **~вънбра́чен** unehelich

извънре́д|ен außerordentlich; **~ен влак** Sonderzug *m*; **~ни часове́** *m/pl* Überstunden *f/pl*; **~но положе́ние** Ausnahmezustand *m*

извъ́ртам verdrehen

извъ́рш|а, **~вам** tun; vollbringen

из|га́рям, **~горя́** *pf* aus-, verbrennen; *Haut*: braun werden; einen Sonnenbrand bekommen; *Sicherung*: durchbrennen; **~га́свам**, **~га́сна** *pf* (v)erlöschen; **~га́свам**, **~гася́** *pf* (aus)löschen

изглад|не́я, **~ня́вам** hungrig werden

изгла́|дя, **~ждам** bügeln, plätten; *Gegensätze* ausgleichen

ѝзглед Aussehen *n*; Aussicht *f*; **~и** *pl* (Zukunfts-)Aussichten *f/pl*; Ansichtskarten *f/pl*; **~и за вре́мето** Wetteraussichten *f/pl*

изгле́|ждам aussehen, scheinen; **~жда, че** es scheint, dass; **~(ж)дам** aussehen; großziehen

изгнѝ|вам, **~я** *pf* verfaulen; morsch werden

изгов|а́рям, **~о́ря** *pf* aussprechen

изго́д|а Vorteil *m*; **~ен** vorteilhaft

из|горя́ *pf* → ~га́рям; **~го́твя(м)** zubereiten; vorbereiten; **~градя́**, **~гра́ждам** aufbauen

ѝз|грев Sonnenaufgang *m*; **~гре́я**, **~гря́вам** aufgehen

изгу́б|вам, **~я** *pf* verlieren; **~вам, ~я се** sich verlaufen

изгуля́|вам, **~я** *pf* verprassen

изда́(ва)м herausgeben; *Quittung* ausstellen; (**се** sich) verraten

издале́|ко, **~че** von weitem

изда́|ние Ausgabe *f*; Auflage; **~тел** Verleger *m*, Herausgeber *m*; **~телство** Verlag *m*

изде́лие Erzeugnis *n*

издѝг|ам, **~на** *pf* (hoch)heben; errichten; fördern; **~ам, ~на се** sich erheben; sich aufschwingen; *fig* vorankommen

издѝр|вам, **~я** *pf* ausfindig machen; ermitteln; erforschen

из|дѝшам undicht sein; *F* nicht in Ordnung sein; **~дѝш(в)ам** ausatmen; **~дра́ск(в)ам** zerkratzen; voll schmieren; **~дръ́жка** Unterhalt *m*; **~дръжлѝв** ausdauernd; **~ду́т** aufgebläht; geschwollen; bauchig; voll gestopft

издълба́|вам, **~я** *pf* aushöhlen; (aus)meißeln

издължа́(вам): **~ се** (*im*)*pf* seine Schulden bezahlen; länger (*od* größer) werden

издъ́но von Grund auf

из|държа́, **~дъ́ржам** aushalten; *Prüfung* bestehen; **~дъ́ржам** unterhalten, ernähren; **~държа́н** einwandfrei

изжив|я́вам, **~е́я** *pf* verbringen, verleben; überstehen

изза́д hinter (... hervor)

иззе́м|вам, **~а** *pf* wegnehmen; beschlagnahmen

изигра́|вам, **~я** *pf* spielen; *F* betrügen

изѝск|ан anspruchsvoll; elegant; **~(в)ам** (er)fordern, verlangen

иска́|звам, **~жа** *pf* aussprechen; **~звам, ~жа се** sich aussprechen; sich äußern; **~зва́не** Diskussionsbeitrag *m*; Äußerung *f*

изка́р(в)ам hinaustreiben; hinausziehen; (*sein Brot*) verdienen; *Arbeit* beenden; *fig* drehen; *Dokument* (sich) ausstellen lassen

изка́ч|а, **~вам**: **~а, ~вам се** hinaufgehen; besteigen

изкипя́(вам) *v/i* überkochen

изклю́|ча, **~чвам** ausschließen, ausnehmen; ausschalten, abstellen; **~че́ние** Ausnahme *f*; **по ~че́ние** ausnahmsweise; **~чѝтелен** ausschließlich

ѝзко|п Graben *m*; **~па́вам**, **~па́я** *pf* (aus)graben; **~реня́ (-вам)** mit den Wurzeln ausreißen; *fig* ausrotten

изкривя́(вам) verbiegen; *fig* entstellen

изку́|пвам, **~пя** *pf* büßen (**нщ** für *A*), sühnen; HDL aufkaufen; **~сен** geschickt, kunstvoll; **~ствен** künstlich, Kunst-; gekünstelt; **~ство** (**прило́жно** angewandte) Kunst *f*; **~ша́ (-вам)** verführen, verleiten, in Versuchung führen; **~ше́ние** Versuchung *f*

изкъ́лч|а, **~вам** verrenken; **~ване** MED Verrenkung *f*

изкъ́п|вам, **~я** (**се** sich) *pf* baden

изла́гам, **изло́жа** *pf* ausstellen; darlegen; *fig* aussetzen (**на** *D*); **~ се** sich blamieren

излеку́вам (*im*)*pf* heilen

ѝзлет Ausflug *m*; **~ен** Ausflugs-

излечѝм heilbar

изл|е́я, **~ѝвам** ausgießen; *Zorn* auslassen

из|лѝзам, **~ля́за** *pf* (hin)ausgehen; herauskommen; hervorkommen; werden; verlassen; TYP erscheinen; *Rechnung*:

aufgehen; *Wind*: aufkommen; **~ли́за от употре́ба** außer Gebrauch kommen; **~ли́за, че** es scheint, dass; **~ли́тане** Abflug *m*

изли́ш|ен überflüssig; **~ък** Überfluss *m*; FIN Überschuss *m*

изло́ж|а → изла́гам; **~ба** Ausstellung *f*; **~е́ние** Ausstellung *f*; Darlegung *f*; **~и́тел** Aussteller *m*

излъ́|гвам, ~жа *pf* belügen

излъ́ч|а, ~вам ausstrahlen

изля́за → изли́зам

изма́м|а Betrug *m*, Schwindel *m*; **~вам, ~я** *pf* betrügen, beschwindeln; **~ник** Betrüger *m*

из|между́ unter, zwischen; **~мене́ние** (Ver-)Änderung *f*; **~ме́нник** Abtrünnige(r), Verräter *m*; **~меня́(вам)** (ver)ändern; **~ме́ням** (ver)ändern; untreu werden; verraten

изме́р|вам, ~я *pf* (ab)messen; **~е́ние** Dimension *f*; Messung *f*

изме́ст|вам, ~я *pf* wegrücken; verdrängen

и́з|мет *fig* Abschaum *m*; **~мета́** → ~ми́там; **~ми́вам, ~мия** *pf* (ab)waschen; **~ми́на, ~мина́вам** *Weg* zurücklegen; *Zeit*: vergehen; **~ми́рам, ~мра́** *pf* aussterben; eingehen; **~ми́слица** *fig* Erfindung *f*; **~ми́там, ~мета́** *pf* ausfegen; **~ми́я** → ~ми́вам; **~мо́кря(м)** (**се**) (*im*)*pf* nass machen (werden)

изморе́н müde

измра́ → изми́рам

измръ́з|вам, ~на *pf* erfrieren; **~нал** erfroren

измъ́ч|а, ~вам (**се** sich) quälen, plagen; foltern

измя́на Verrat *m*

изнам|е́ря, ~и́рам erfinden

изнаси́л|вам, ~я *pf* vergewaltigen

из|на́сям, ~неса́ *pf* hinaustragen; heraustragen; exportieren; *Vortrag* halten; *Konzert* geben; veröffentlichen; **~неверя́(вам)** untreu werden; *Kräfte*: versagen; **~невиде́лица** *adv* aus heiterem Himmel, plötzlich; **~невя́ра** Untreue *f*; Ehebruch *m*; **~немощя́л** entkräftet; **~нена́да** Überraschung *f*; **~нена́д(в)ам** überraschen

и́з|нос Ausfuhr *f*, Export *m*; **~но́свам, ~но́ся** *pf* abtragen; **~но́сен**[1] (*Mantel*) schäbig; **~но́сен**[2] vorteilhaft; **~носен** Export-; **~но́ся** → ~но́свам; **~ну́двам, ~ну́дя** *pf* erpressen

изоби́л|ен reichlich, in Fülle; **~ие** Überfluss *m*

изоблича́(вам) entlarven; bloßstellen

изобра|же́ние Abbild *n*; Darstellung *f*; **~зя́(вам)** abbilden; darstellen

изобрета́тел Erfinder *m*

изо́бщо überhaupt, im Allgemeinen

изопача́(вам) entstellen

изоста́|вам, ~на *pf* zurückbleiben; **~вен** verlassen; **~вя(м)** aufgeben, verlassen;

vernachlässigen
изпа́д|ам, ~на *pf* (ab-, herunter)fallen; *fig* geraten; herunterkommen
из|паря́(вам): ~паря́(вам) се verdampfen, verdunsten; **~пера́** → ~пи́рам; **~пе́я** → ~пя́вам; **~пи́вам, ~пи́я** *pf* austrinken; *P Krankheit:* verzehren; **~пи́рам, ~пера́** *pf Wäsche* (aus)waschen; **~пи́|свам, ~пи́ша** *pf* voll schreiben; bemalen; schriftlich bestellen; *Patient* entlassen
и́з|пит Prüfung *f*, Examen *n*; **~пи́тан** erfahren, erprobt; **~пи́т(в)ам** prüfen; empfinden; **~пи́я** → ~пи́вам; **~пла́вам** an die Oberfläche kommen; *fig* heraufziehen
изпла́к|вам, ~на *pf* ab-, ausspülen
изпла́ш|а, ~вам (се) erschrecken
изпла́щам, изплатя́ *pf* abzahlen; auszahlen
изпл|ета́, ~и́там stricken; *Zopf* flechten
изплъ́з|вам, ~на *pf*: **~вам, ~на се** entgleiten; *fig* entschlüpfen
и́зпо|вед *f* Beichte *f*; **~веда́ние** Glaubensbekenntnis *n*; **~вя́д(в)ам** beichten; sich bekennen
изпо́лз|вам (*im*)*pf* (be)nutzen; ausnutzen
изпо́мп(вам)я auspumpen
изпо|те́н verschwitzt; **~тя́(вам): ~тя́(вам) се** schwitzen; *Spiegel:* beschlagen; **~тя́ване** Schwitzen *n*; Beschlagen *n*
изпра́в|ен aufrecht, stehend; gerade; fehlerfrei, funktionierend; **~ност** *f*: **в ~ност** in Ordnung; **~я(м)** aufrichten; *Fehler* beseitigen; gerade machen; **~я(м) се** sich aufrichten; sich hinstellen
изпражне́ния (*nur pl*) Exkremente; MED Stuhl *m*
изпра́з|вам, ~ня *pf* (aus)leeren; räumen; entladen
изпра́|тя, ~щам schicken, senden; begleiten; **~ща́ч** Absender *m*
изпрева́р|вам, ~я *pf* überholen; zuvorkommen (**нкг, нщ** *D*)
изпре́ч|а, ~вам: ~а, ~вам се sich in den Weg stellen, sich entgegenstellen
изпро́бва|м ausprobieren; *Kleid* anprobieren; **~не** Prüfung *f*, Erprobung *f*
изпу́|скам, ~щам, ~сна *pf* fallen lassen; *Zug usw.* verpassen; **~скам, ~щам, ~сна** *pf* **се** sich verplappern
изпъ|дя, ~ждам hinauswerfen
изпъ́к|вам, ~на *pf* hervorstechen; sich auszeichnen
изпъ́л|вам, ~ня *pf* (aus)füllen; *fig* erfüllen; **~не́ние** Erfüllung *f*; Ausführung *f*; MUS Vortrag *m*; **~ни́тел** Ausführende(r), Vollstrecker *m*; THEA Darsteller *m*; **съде́бен ~ни́тел** Gerichtsvollzieher *m*; **~ни́телен** ausführend, Exekutiv-; verlässlich; **~ня, ~ня́вам** erfüllen; ausführen; MUS vortra-

gen; THEA darstellen
изпърж|а, **~вам** braten
из|пявам, **~пе́я** *pf* singen
израбо́т|вам, **~я** *pf* anfertigen; **~ка** Anfertigung *f*; Ausführung *f*
изра|вня́(вам) einebnen; ausgleichen, gleich machen; **~же́ние** Ausdruck *m*, Mimik *f*
и́зраз Ausdruck *m*, Redensart *f*; **~и́телен** ausdrucksvoll; **~хо́двам** *(im)pf* verbrauchen; **~я́(вам)** ausdrücken
изра́стък Auswuchs *m*
из|редя́, **~ре́ждам** herumgehen, die Runde machen; aufzählen, aufführen; **~ре́жа** → ~рязвам; **~ре́зка** Ausschnitt *m*; **~рече́ние** GR Satz *m*; **~ри́гване**: **~ри́гване на вулка́н** Vulkanausbruch *m*; **~ри́чен** ausdrücklich
изрус|я́вам, **~е́я** *pf* bleichen; blondieren
из|ря́звам, **~ре́жа** *pf* ausschneiden; **~се́квам**, **~се́кна** (**се** sich) schnäuzen; **~се́лвам**, **~се́ля** *pf* aussiedeln; **~се́лвам, ~се́ля се** auswandern; **~се́лник** Auswanderer *m*
изску́б|вам, **~я** *pf* (her)ausreißen
изсле́два|м *(im)pf* erforschen, untersuchen; **~не** Forschung *f*, Untersuchung *f*
изслу́ш(в)ам (an)hören
изсму́|квам, **~ча** *pf* aussaugen
изсти́|вам, **~на** *pf* erkalten; sich erkälten; **~ск(в)ам** auspressen
и́зстрел Schuss *m*
изстудя́(вам) (ab)kühlen; **~ се** kühl (*od* kalt) werden, sich abkühlen
изстъпле́ние Ausschreitung *f*; Raserei *f*
изстър|гвам, **~жа** *pf* abstreichen, abkratzen
изсуша́(вам) *v/t* (aus)trocknen
изсъ́х|вам, **~на** *pf v/i* (aus-, ver)trocknen
изте́гля(м) ziehen; *Geld* abheben; *fig* erleiden
из|теза́вам foltern; **~теза́ние** Folter *f*; **~тека́**, **~ти́чам** auslaufen; **~ти́ч(в)ам** (hinaus)laufen
и́зто|к Ost(en) *m*; **~чен** östlich, Ost-; **~чник** Quelle *f*, *fig a.* Ursprung *m*; **~ща́вам**, **~щя́** *pf* erschöpfen; **~ще́ние** Erschöpfung *f*
изтра́|йвам, **~я** *pf* aushalten
изтрезн|е́я, **~я́вам** nüchtern werden
изтри́|вам, **~я** *pf* abreiben; ausradieren; abwischen
изтръ́г|вам, **~на** *pf* ausreißen; entreißen
изтръ́п|вам, **~на** *pf Bein usw.*: einschlafen; schaudern (**от** vor *D*)
изту́п(в)ам aus-, abklopfen
изтъ́|квам, **~кна** *pf* hervorheben, betonen; **~лку́вам** *(im)pf* deuten, auslegen; **~не́я**, **~ня́вам** dünner werden; **~ня́(вам)** dünner machen; **~рва́(вам)** → изпускам; **~рпя́(вам)** aushal-

ten, erdulden

изтърс|вам, ~я *pf* ausschütten; fallen lassen

изу́ч|а *pf*, **~а́вам, ~вам** (er)lernen; (er)forschen; studieren (lassen)

из|хабя́(вам) stumpf machen; vergeuden; verpfuschen; **~ха́рч|вам, ~а** *pf* ausgeben; verbrauchen; **~хвъ́рля(м)** hinauswerfen

и́зход Ausgang *m*; *fig* Ausweg *m*; **~ен** Ausgangs-

изхра́н|вам, ~я *pf* ernähren

из|ца́п(в)ам beschmutzen; **~целя́(вам)** heilen, kurieren; **~ця́ло** völlig, voll und ganz; **~ча́к(в)ам** (ab)warten; **~че́звам, ~че́зна** *pf* verschwinden; **~червя́(вам)**: **~червя́ (-вам) се** rot werden, erröten; **~че́рпан** erschöpft; (*Buch*) vergriffen; **~черпа́телен** erschöpfend; **~че́тк(в)ам** (ab-, aus)bürsten; **~числи́телен**: **~числи́телен це́нтър** Rechenzentrum *n*; **~числя́(вам)** aus-, berechnen; **~явле́ние** Äußerung *f*, Erklärung *f*

изя́щен fein, elegant; **~ни изку́ства** die schönen Künste *pl*

ико́на Ikone *f*, Heiligenbild *n*

икономи́чески wirtschaftlich, ökonomisch

иконоста́с Ikonostas *m*, Bilderwand *f*

или́ oder; **~** ... **~** entweder ... oder

илюстро́ван illustriert

им (*3. pers pl D*) ihnen

и́ма *unpers* es gibt, es ist; **~ло едно́ вре́ме** es war einmal; **~м** haben; **~м гре́шка** sich irren; **~м ра́бота с нкг** mit j-m zu tun haben

има́не Besitz *m*, Vermögen *n*; Schatz *m*

и́ме Name *m*; Ruf *m*; **ли́чно ~** Vorname *m*; **фами́лно ~** Familienname *m*; **как ти е ~то?** wie heißt du?; **~н**: **~н ден** Namenstag *m*

и́мейл E-Mail *f*, Mail *f*; **изпра́|щам [~тя] ~** mailen

имени́т namhaft

и́менно nämlich; gerade

имо́т Besitz *m*, Vermögen *n*; **недвижи́м ~** Immobilien *pl*; **~ен** vermögend

иму́щество Besitz *m*

и́нак anders; sonst

ина́т Trotz *m*, Eigensinn *m*; *adj* bockig, störrisch; **~я́**: **~я́ се** bocken

и́наче → **и́нак**

ин|дивидуа́лен individuell; **~ди́го** Kohlepapier *n*

индустри|а́лен industriell; **~ализи́рам** (*im*)*pf* industrialisieren

инду́стрия Industrie *f*

ин|жекти́рам (*im*)*pf* einspritzen, injizieren; **~же́кция** Spritze *f*, Injektion *f*; **~жене́р** Ingenieur *m*; **~куба́тор** Inkubator *m*, Brutapparat *m*

ин|стали́рам (*im*)*pf* installieren; **~ста́нция** Instanz *f*; **~структа́ж** Anleitung *f*; **~струме́нт** Instrument *n*, Werkzeug *n*; **~телектуа́лен** intellektuell; **~телиге́нтен**

intelligent; **~тервю** *n* Interview *n*

Йнтернет Internet *n*; **достъп до ~** Internetzugang *m*

интере́с Interesse *n*; **~ен** interessant; **~у́вам** (**се** sich) interessieren (**от** für *A*)

ин|тернационáлен international; **~ти́мен** intim; **~фéкция** Infektion *f*; **~формáция** Information *f*; **~цидéнт** Zwischenfall *m*

ирони́чен ironisch

иск JUR Klage *f*

и́ска|м wollen; verlangen, fordern; **~ ми се** *unpers* ich möchte; **~не** Forderung *f* (**на** nach *D*); Wunsch *m*; JUR Antrag *m* (**на** auf *A*)

и́скр|а Funke(n) *m*; **~ен** offen (-herzig), aufrichtig; **~я́** funkeln

испáн|ец Spanier *m*; **&ия** Spanien *n*; **~ка** Spanierin *f*; **~ски** spanisch

исполи́н Riese *m*

истери́чен hysterisch

и́стин|а Wahrheit *f*; **~ски** wahr, echt; wirklich; richtig

истори́|к Historiker *m*; **~чески** historisch, geschichtlich

истóрия Geschichte *f*

италиáн|ец Italiener *m*; **~ка** Italienerin *f*; **~ски** italienisch

Итáлия Italien *n*

ищ|éц JUR Kläger *m*; **~цá** Klägerin *f*

йерáрхия Hierarchie *f*

йерéй Priester *m*, Pope *m*

йероглиф Hieroglyphe *f*

йод Jod *n*

К

кáбел Kabel *n*

каби́на Kabine *f*; Kajüte *f*; AER Kanzel *f*

кавáл Hirtenflöte *f*

кавгá F Zank *m*

кави́чки *pl* Anführungszeichen *n*

кадифé Samt *m*

кáдър Kader *m*, (Stamm-) Personal *n*

кадъ́рен fähig, begabt

кáжа → **кáзвам**

казáн Kessel *m*

казáрма Kaserne *f*

кáзва|м, кáжа *pf* sagen; nennen; **~м се** heißen; **~т** (*nur 3. pers*) man sagt

кáйшка: **~ за часóвник** Armband *n*

каймáк Rahm *m*, Sahne *f*; **бит ~** Schlagsahne *f*

кайси́я Aprikose *f*

как wie; **~ да е** wie dem auch sei

каквá → **какъ́в**

каквó was; *vgl a.* **какъ́в**; **~то** was

кáкто wie; **~ ..., такá и ...** sowohl ... als auch

какъ́в was für (ein); **~то** welcher; wie

кал *f* Kot *m*; Schlamm *m*; Ohrenschmalz *n*

калáй Zinn *n*

калдъръ́м Kopfsteinpflaster *n*

ка́л|ен dreckig; kotig; **~на ба́ня** Moorbad *n*
календа́р Kalender *m*
кали́нка Marienkäfer *m*
ка́лник Kotflügel *m*; Schutzblech *n*
калка́н ZO Steinbutt *m*
калори́ч|ен kalorienreich; **~ност** Kaloriengehalt *m*
калпа́к Pelzmütze *f*
калу́гер Mönch *m*; **~ка** Nonne *f*
калъ́п (Guss-)Form *f*; (Schuh-)Leisten *m*; **~ сапу́н** ein Stück Seife
калъ́ф (Bett-)Überzug *m*, Bezug *m*; Futteral *n*
каля́(вам) (ab)härten
кама́ Dolch *m*
ка́мара[1] POL Kammer *f*
кама́ра[2] Haufen *m*
камб|а́на Glocke *f*; **~анари́я** Glockenturm *m*
ка́мен|ен steinern, Stein-; **~ни въглища** *pl* Steinkohle *f* **~и́ст** steinig
ка́мера FOT Kamera *f*; Kammer *f*
камерие́рка Zimmermädchen *n*
ками́л|а Kamel *n*; **~ски** Kamel-; **~ска пти́ца** ZO Strauß *m*
ками́на Kamin *m*
камио́н Lastkraftwagen *m*, Lkw
ка́мфор Kampfer *m*
камши́к Peitsche *f*; Geißel *f*
ка́мък Stein *m*; **скъпоце́нен ~** Edelstein *m*
ка́на Kanne *f*
кана́вка (Straßen-)Graben *m*
кана́л Kanal *m*; **пи́кочен ~** MED Harnleiter *m*; **~иза́ция** Abfluss *m*, -rohr *n*
кана́п Bindfaden *m*
канапе́ Sofa *n*
кана́рче Kanarienvogel *m*
кандида́т Kandidat *m*, Bewerber *m*; **~ствам** sich bewerben (**за** um *A*)
канди́ло REL das ewige Licht, (Öl-)Lämpchen *n* (*vor der Ikone, am Grab*)
кане́ла Zimt *m*
канта́р Waage *f*
канцела́рия Sekretariat *n*, Büro *n*
ка́ня einladen
капа́к Deckel *m*; Fensterladen *m*
капа́н Falle *f*
ка́паро Anzahlung *f*
ка́п|вам, **~на** *pf* tropfen; abfallen; *fig* total erschöpft sein, ermatten
капита́л Kapital *n*; **~исти́чески** kapitalistisch
капит|а́н MIL Hauptmann *m*; Kapitän *m*; **~ули́рам** (*im*)*pf* kapitulieren
ка́п|ка Tropfen *m*; **~на** → **~вам**; **~на́л** erschöpft, todmüde; **~ри́з** Laune *f*; **~ри́зен** launisch, launenhaft; **~я** tröpfeln; tropfen; *Blätter*: abfallen; *Haar*: ausfallen
ка́рам (an)treiben (*a.* TECH); fahren (*v/t*); transportieren; **~ велосипе́д** Rad fahren, radeln; **~ ло́дка** rudern; **~ се** sich zanken, streiten (**с нкг** mit j-m); **~ се нкм** j-n schelten

карамфи́л Nelke *f*
ка́раница Streiterei *f*
каранти́н|а Quarantäne *f*; **~ен**: **~на ста́нция** Isolierstation *f*
карау́л Wache *f*; **~ен**: **~на бу́дка** Wachhäuschen *n*
карбура́тор TECH Vergaser *m*
каре́ Karo *n*; Karree *n*; (*Fleisch*) Rippenstück
карие́ра[1] Steinbruch *m*
карие́ра[2] Karriere *f*, Laufbahn *f*
карикату́р|а Karikatur *f*; **~я́** karikieren
ка́рта Karte *f*; **геогра́фска ~** Landkarte *f*; **~ за игра́** Spielkarte *f*; **лѝчна ~** Personalausweis *m*; **чле́нска ~** Mitgliedsausweis *m*
карте́чница Maschinengewehr *n*
карти́н|а Gemälde *n*, Bild *n*; **~ен**: **~на галѐрия** Gemäldegalerie *f*
ка́ртичка: **визѝтна ~** Visitenkarte *f*; **илюстро́вана ~** Ansichtskarte *f*; **по́щенска ~** Postkarte *f*
картоигра́ч Kartenspieler *m*
карто́н Karteikarte *f*
картоте́ка Kartei *f*
карто́ф Kartoffel *f*
кару́ца Wagen *m*, Karren *m*
карфио́л Blumenkohl *m*
карфи́ца Stecknadel *f*
ка́са Kasse *f*; Kiste *f*; **спесто́вна ~** Sparkasse *f*
каса́е: **~ се** es handelt sich (**за** um *A*), es betrifft
каса́п(ин) Fleischer *m*, Schlachter *m*
касие́р Kassierer *m*
ка́сичка: **спесто́вна ~** Sparbüchse *f*
каске́т Schirmmütze *f*
катастро́фа Katastrophe *f*; Unfall *m*
кате́дра Lehrstuhl *m*
катедра́ла Dom *m*
ка́тер MAR Kutter *m*
ка́терица Eichhörnchen *n*
катѐря: **~ се** klettern
като́ wie; als; indem; **~ че (ли)** als ob; **след ~** nachdem; **щом ~** wenn, sobald
католѝчески katholisch
катра́н Teer *m*, Pech *n*
кату́р|вам, **~на** *pf* umwerfen, umstoßen
кафе́ Kaffee *m*; Café *n*; **ту́рско ~** türkischer Kaffee; **~ еспре́со** Espresso *m*
кафе|автома́т Kaffeeautomat *m*; **~ва́рка** Kaffeemaschine *f*
кафе́з Käfig *m*, Vogelbauer *n*, *m*
кафе́н Kaffee-
кафене́ Café *n*
кафя́в braun
ка́ц|вам, **~на** *pf Vogel*: sich niederlassen; AER landen
кача́ *pf*, **ка́чвам** (hin)aufheben, hinauftragen; (auf)laden; *Preis* erhöhen; **~ се** (ein)steigen
ка́чество Eigenschaft *f*; HDL Qualität *f*, Güte *f*
качу́лка Kapuze *f*
ка́ша Brei *m*; *fig* Wirrwarr *m*
кашкава́л (*gelber Hartkäse aus Kuh- oder Schafsmilch*)

ка́шл|ица Husten *m*; **~ям** husten
ка́я: ~ **се** bereuen (**за** *A*)
каю́та Kajüte *f*
квадра́т Quadrat *n*; **~ен**: **~ен ме́тър** Quadratmeter *m od n*
квалифици́ран qualifiziert; ~ **рабо́тник** Facharbeiter *m*
кварта́л Stadtviertel *n*
кварти́р|а Wohnung *f*; Quartier *n*; **~а́нт** Mieter *m*; Untermieter *m*
ква́рцов Quarz-; **~а ла́мпа** Höhensonne *f*
квита́нция Quittung *f*
ке́г|елбан Kegeln *n*; Kegelbahn *f*; **~ла** Kegel *m*
кей Kai *m*
кекс Sand-, Napfkuchen *m*
ке́лнер(ка) Kellner(in *f*) *m*
ке́пе Baskenmütze *f*; Käppi *n*
керва́н Karawane *f*
кереви́з Sellerie *m*
керемида Dachziegel *m*
кеся́ (Geld-)Beutel *m*; (Papier-)Tüte *f*
ке́стен Kastanie *f*, Marone *f*
кефа́л ZO Meeräsche *f*
кехлиба́р Bernstein *m*
ке́цове *pl* Turnschuhe *m/pl*
кибри́т Streichholz *n*
кили́м Teppich *m*, Kelim *m*
килия́ (Kloster-)Zelle *f*
кило́ *P* Kilo *n*; **~ва́т (кв)** Kilowatt *n*; **~гра́м (кг)** Kilogramm *n*; **~ме́тър (км)** Kilometer *m*
ки́м|ам, ~вам nicken
кимио́н Kümmel *m*
ки́мна *pf* → **ки́м(в)ам**
ки́но Kino *n*; **~арти́ст** Filmschauspieler *m*; **~звезда́** Filmstar *m*; **~опера́тор** Kameramann *m*; Filmvorführer *m*; **~сало́н** Kinosaal *m*
кипари́с Zypresse *f*
ки́п|вам, ~на *pf* (beginnen zu) kochen; *fig* aufbrausen; **~я́** *v/i* sieden, kochen; *Meer*: brausen, tosen; *Wein*: gären; *fig* toben
ки́рилица kyrillische Schrift
ки́сел sauer; **~о мля́ко** Sauermilch *f*, Joghurt *m*; **~ина́** Säure *f*; **~ини́** (*nur pl*) Sodbrennen *n*
кислоро́д Sauerstoff *m*; **~ен**: **~на вода́** Wasserstoffperoxid *n*
ки́сна einweichen; *fig* hocken
кит Wal *m*
кита́|ец Chinese *m*; **≗й** China *n*; **~йка** Chinesin *f*; **~йски** chinesisch
кита́ра Gitarre *f*
ки́тка (Blumen-)Strauß *m*; Bündel *n*, Büschel *n*; Hand *f*
ки́фла Kipfel *n*, Hörnchen *n*
ки́х|ам, ~на *pf* niesen
ки́ча (**се** sich) schmücken
ки́чур Büschel *n*; Strähne *f*
ки́ша nasskaltes Wetter; Schneematsch *m*
клави́ш Taste *f*
кла́|денец Brunnen *m*; **~ксон** Hupe *f*; **~ням**: **~ням се** sich verbeugen, sich verneigen; **~па** Ventil *n*, Klappe *f*; **~рне́т** Klarinette *f*
кла́с¹ Ähre *f*
кла́с² (Schul-)Klasse *f*; **~а** POL, BAHN Klasse *f*; **~и́чески** klassisch; **~ов** POL Klassen-
кла́тя schütteln; schaukeln; ~ **се** (sch)wanken; wackeln

клеветá Verleumdung *f*
клеймó Stempel *m*
клепáч Lid *n*; **~и** *pl* Wimpern *f/pl*
клéтва Eid *m*, Schwur *m*; Fluch *m*
клéтка Käfig *m*; ANAT Zelle *f*
клечá hocken
клéчка Hölzchen *n*; Span *m*; **~ за зъ́би** Zahnstocher *m*; **голя́ма ~** *fig* ein großes Tier
клещи́ *pl* Zange *f*
клиéнт Kunde *m*, Klient *m*; **~éла** Kundschaft *f*
кли́зма MED Einlauf *m*
кли́мат Klima *n*; **~и́чен** klimatisch; **~и́чна инсталáция** Klimaanlage *f*
клин Keil *m*
кли́ника Klinik *f*
клису́ра Schlucht *f*
клокóча plätschern; brodeln, sprudeln
клон Zweig *m*, Ast *m*; Zweigstelle *f*, Filiale *f*
клоня́ neigen (**към** zu *D*)
клóпка Falle *f*
клóун Clown *n*
клуб Klub *m*
клуп Schlaufe *f*; Masche *f*
клю́ка Klatsch *m*, Gerede *n*
клюн Schnabel *m*
клю́ч Schlüssel *m*; EL Schalter *m*; **гáечен ~** Schraubenschlüssel *m*; **тръ́бен ~** Rohrzange *f*; **~áлка** Schloss *n*; Schlüsselloch *n*; **~и́ца** Schlüsselbein *n*
кмет Bürgermeister *m*
кни́га Buch *n*
книго|вéзец Buchbinder *m*; **~води́тел** Buchführer *m*; **~издáтелство** Verlag *m*; **~печáтане** Buchdruck *m*; **~пи́с** Bibliographie *f*
книжá *pl* Papiere *n/pl*, Dokumente *n/pl*
книжáр Buchhändler *m*; **~ница** Buchhandlung *f*; Papierhandlung *f*
кни́ж|ка Heft *n*; Büchlein *n*; **спестóвна ~ка** Sparbuch *n*; **шофьóрска ~ка** Führerschein *m*; **~нина** Schrifttum *n*, Literatur *f*; **~óвен** literarisch, Literatur-
княз Fürst *m*
коали́ция Koalition *f*
коби́ла Stute *f*
ковá hämmern; schmieden; *Nagel* einschlagen; **~рен** heimtückisch; **~ч** Schmied *m*; **~чница** Schmiede *f*
Кóвид-19 *m* MED Covid-19, COVID-19 *f*
ковчéг Sarg *m*
когá wann; **~ ... ~** mal ... mal, bald ... bald; **~то** wenn
когó wen
код Kode *m*; (*Computer*) Passwort *n*; **пóщенски ~** Postleitzahl *f*; **~éкс** Gesetzbuch *n*
кóж|а Haut *f*; Fell *n*; Leder *n*; Pelz *m*; **~ен** ledern, Leder-; Haut-; **~ено палтó** Pelzmantel *m*; **~ни бóлести** Hautkrankheiten *f/pl*; **~у́х** Pelz(mantel *m*) *m*; **~ухáр** Kürschner *m*
коз Trumpf *m*; **~á** Ziege *f*; SPORT Bock *m*; **ди́ва ~á** Gämse *f*; **~éл** Ziegenbock *m*; **~и́**: Zie-

gen-; **~е мляко** Ziegenmilch *f*
козирка́ Mützenschirm *m*
козмети́чен kosmetisch; Parfümerie-
козуна́к Osterkuchen *m*
ко́й wer; **~, коя́, кое́** welche(r, -s); **~то, коя́то, кое́то** wer, was, welche(r, -s)
ко́ка-ко́ла Cola *f*
ко́кал *P* Knochen *m*
коки́че Schneeglöckchen *n*
коко́шка Henne *f*, Huhn *n*
кол Pfahl *m*; Pflock *m*
ко́ла[1] (Druck-)Bogen *m*; (Wäsche-)Stärke *f*
кола́[2] Wagen *m*; Kraftwagen *m*, Auto *n*; **ле́ка ~** Personenkraftwagen *m*
кола́н Gürtel *m*, Gurt *m*
колба́с Wurst *f*
колеб|а́ние Zögern *n*, Schwanken *n*; Schwankung *f*; **~а́я**: **~а́я се** schwanken; **~ли́в** schwankend, zögernd
Ко́лед|а Weihnachten *n*; **℘ен** Weihnachts-, weihnachtlich; **℘на пе́сен** Weihnachtslied *n*
ко|ле́кция Sammlung *f*, Kollektion *f*; **~лело́** Rad *n*; Fahrrad *n*; **~лени́ча** knien; **~ле́т** (Post-)Paket *n*; **~ли́ба** Hütte *f*; **~ли́чество** Menge *f*, Anzahl *f*
коли́чка Schubkarre *f*; Wagen *m*; **де́тска ~** Kinderwagen *m*; **~ за бага́ж** Gepäckwagen *m*; **~ за поку́пки** Einkaufswagen *m*; **инвали́дна ~** Rollstuhl *m*
ко́лко wie viel; **~то** so viel; **~то по́вече … то́лкова** je mehr … desto
коло|во́з Wagenspur *f*; BAHN Gleis *n*; **~дру́м** Radrennbahn *f*; **~езда́ч** Radfahrer *m*; **~е́здене** Radsport *m*
коло́н|а Säule *f*; TYP Spalte *f*; MIL Kolonne *f*; **~ия** Kolonie *f*
коло́с(в)ам *Wäsche* stärken
ко́ля (ab)schlachten
коля́но Knie *n*
команд|и́р Kommandeur *m*; **~иро́вка** Dienstreise *f*
кома́р (Stech-)Mücke *f*
комб|а́йн Mähdrescher *m*; **~инезо́н** Unterrock *m*; Overall *m*
коме́дия Komödie *f*
коми́н Schornstein *m*, Kamin *m*; **~очиста́ч** Schornsteinfeger *m*
коми́|сия Kommission *f*; **~те́т** Komitee *n*, Ausschuss *m*; **~чен** komisch
ком|па́ния Gesellschaft *f* (*a.* HDL); **~па́с** Kompass *m*; **~пете́нтен** zuständig, kompetent; **~пози́рам** (*im*)*pf* komponieren; **~пози́тор** Komponist *m*; **~по́т** Kompott *n*; **~пре́с** MED Umschlag *m*
компю́тър TECH Computer *m*
кому́ wem
комуни́|зъм Kommunismus *m*; **~сти́чески** kommunistisch
кому́то *D/sg v.* **ко́йто**
кон Pferd *n*; (*Schach*) Springer *m*; **бял ~** Schimmel *m*
конве́йер Fließband *n*
конверти́руем konvertierbar; **~а валу́та** konvertierbare Währung *f*

кондуктор Schaffner *m*
конезавод Gestüt *n*
конен Pferde-; Reit-
конец Faden *m*; Zwirn *m*; **от игла до ~** von A bis Z
конкурс Wettbewerb *m*, Wettstreit *m*; Preisausschreiben *n*
конник Reiter *m*
коноп Hanf *m*
конституция POL Verfassung *f*
консул Konsul *m*; **~ство** Konsulat *n*
консум|атор Verbraucher *m*, Konsument *m*; **~ация** Verbrauch *m*
кон|такт Kontakt *m*; EL Steckdose *f*; **~тинент** Kontinent *m*, Erdteil *m*; **~трабанда** Schmuggel *m*
контраоферта HDL Gegenangebot *n*
контрол(а) Kontrolle *f*
конус MATH Kegel *m*
кон|ференция Konferenz *f*; **~фискувам** *(im)pf* beschlagnahmen; **~церт** Konzert *n*
концлагер Konzentrationslager *n* (KZ)
коняк Kognak *m*
коопе|ративен kooperativ, genossenschaftlich; **~рация** Genossenschaft *f*
копая graben; hacken
копие[1] Speer *m*, Lanze *f*
ко|пие[2] Kopie *f*; FOT Abzug *m*; **~пирам** *(im)pf* kopieren
копито Huf *m*
копне|ж Sehnsucht *f*, Verlangen *n*; **~я** sich sehnen (**по, за** nach *D*)
коприв|а Brennnessel *f*; **~на** Seide *f*; **~нен** Seiden-, seiden
копче Knopf *m*; **секретно ~** Druckknopf
кора Rinde *f*; Schale *f*; (Brot-) Kruste *f*
кораб Schiff *n*; **космически ~** Raumschiff *n*
корабо|крушение Schiffbruch *m*; **~плаване** Schifffahrt *f*; **~строителница** Werft *f*
корав hart
корал|ен, **~ов** Korallen-
корем Bauch *m*
корен Wurzel *f*; **~ен** Ur-, Grund-, Kern-
кореспонд|ент Korrespondent *m*, Berichterstatter *m*; **~ирам** *(im)pf* korrespondieren
корито Trog *m*; (Fluss-) Bett *n*
корм|ило MAR Steuer *n*; KFZ Lenkrad *n*; Lenkstange *f*; **~чия** Steuermann *m*
корон|а Krone *f*; **~ка** (Zahn-) Krone *f*
коронавирус MED Coronavirus *m*, *n*; **бърз тест за ~** MED Coronaschnelltest *m*
кос Amsel *f*
коса[1] *koll* Haar *n*
коса[2] Sense *f*
косвен indirekt
космат haarig, behaart
кост *f* Knochen *m*; (Fisch-)Gräte *f*; **~елив** knochig; grätig, voller Gräten; (*Nuss*) hart; **~енурка** Schildkröte *f*; **~илка** (Obst-)Kern *m*, Stein *m*
костюм Anzug *m*; **дамски ~**

(Damen-)Kostüm *n*
ко́съм Haar *n*; Fell *n*
кося́ mähen
котара́к Kater *m*
ко́тва Anker *m*; **стоя́ на ~** vor Anker liegen; **хвърлям ~** vor Anker gehen
коте́л Kessel *m*; **па́рен ~** Dampfkessel *m*
ко́тка Katze *f*
котле́т GASTR Kotelett *n*
котловина́ Talkessel *m*
котло́н(че) Kocher *m*
ко́фа Eimer *m*
кофеин Koffein *n*; **кафе́ без ~** koffeinfreier Kaffee; **с ~** koffeinhaltig; **с висо́ко съдържа́ние на ~** mit hohem Koffeingehalt
кош Korb *m*; Beiwagen *m*; **гръ́ден ~** ANAT Brustkorb *m*
коша́ра Pferch *m*
ко́шер Bienenkorb *m*
кошма́р Albtraum *m*
ко́шница Korb *m*
коя́(то) → **ко́й(то)**
кра́в|а Kuh *f*; **~(ешк)и** Kuh-
крада́ stehlen
кра́д|ен gestohlen; **~ено** Diebesgut *n*; **~е́ц** Dieb *m*; **~ешка́та**, **~ешко́м** *adv* verstohlen, heimlich; **~ли́в** diebisch
кра́|ен äußerst-, letzt-; **~йно вре́ме е** es ist höchste Zeit
кра́жба Diebstahl *m*
край Ende *n*, Schluss *m*; GEO Gegend *f*; **ро́ден ~** Heimat *f*; **от ~ вре́ме** seit jeher; **~** *prp* an … vorbei; bei, an; **~бре́жие** Küste *f*; (Fluss-)Ufer *n*; **~бре́жен** Küsten-; **~бре́жна у́лица** Uferstraße *f*
кра́йници *m/pl* Gliedmaßen *pl*
кра́йност *f* Extrem *n*
крак Bein *n*; Fuß *m*
кра́лство Königreich *n*
кран (Wasser-)Hahn *m*; Kran *m*
крас|и́в schön; **~норечи́в** beredt; **~ота́** Schönheit *f*
кра́ставица Gurke *f*
кра́ся zieren, schmücken
кратко|вре́менен kurz, von kurzer Dauer; **~сро́чен** kurzfristig
кра́тък (*Zeit*) kurz; bündig
кра́ч|а schreiten; **~ка** Schritt *m*; **на вся́ка ~ка** auf Schritt und Tritt
креди́тор Kreditor *m*, Gläubiger *m*
крем Creme *f*
кре́мък Kiesel-, Feuerstein *m*
кре́нвирш Wiener Würstchen *n*
кре́|пост *f* Festung *f*, Burg *f*; **~постен** Festungs-; (*Menschen*) leibeigen; **~пък** fest, stark; **~пя́** stützen (*a. fig*); **~пя́ се** sich halten; sich stützen
кресло́ Sessel *m*
кре́хък zerbrechlich; mürbe
крещя́ schreien
крив krumm, schief; *F* schuldig; fehlerhaft; **~огле́д** schielend; **~оли́ча** sich schlängeln, winden; **~я́** krümmen; hinken; *fig* verdrehen; *Weg*: sich winden
крие́ница Versteck(spiel *n*) *n*
кри́за Krise *f*
крик Wagenheber *m*

крило́ Flügel *m*; AER Tragfläche *f*
кримина́лен Kriminal-; kriminell
крин Lilie *f*
кри́тика Kritik *f*
кри|тику́вам kritisieren; **~ти́чен** kritisch
крия́ (**се** sich) verbergen
кро́йка Schnitt(muster *n*) *m*
кроми́д Zwiebel *f*
крос Langlauf *m*; **~кънтри** Geländelauf *m*, -fahrt *f*
кро́тък sanft; ruhig; zahm
кроя́ zuschneiden; **~ пла́нове** Pläne schmieden; **~ч** Schneider *m*
кру́пен groß, Groß-; bedeutend
кру́ша Birne *f*
кру́шка Glühbirne *f*
кръв *f* Blut *n*; **~ен** Blut(s)-; **~но наля́гане** Blutdruck *m*
кръво|дари́тел Blutspender *m*; **~но́сен**: **~но́сен съд** Blutgefäß *n*; **~обраще́ние** Blutkreislauf *m*; **~преля́ване** Bluttransfusion *f*; **~тече́ние** Blutung *f*; **~тече́ние от носа́** Nasenbluten *n*
кръ|г Kreis *m*; SPORT Runde *f*; **~гозо́р** Horizont *m*; **~гъл** rund; **~гъл сира́к** Vollwaise *f*; **~жо́к** Kreis *m*, Kränzchen *n*; Arbeitsgemeinschaft *f*, Zirkel *m*
кръ́пка Flicken *m*
кръст Kreuz *n*; **Черве́н ~** Rotes Kreuz; **~ник** Pate *m*; **~оно́сен**: **~оно́сен по́ход** Kreuzzug *m*; **~опъ́т** Kreuzweg *m*; *fig* Scheideweg *m*; **~о́с(в)ам** (**се** sich) kreuzen; **~осло́вица** Kreuzworträtsel *n*; **~я** → кръща́вам; **~я се** sich bekreuz(ig)en
кръщ|а́вам, кръстя *pf* taufen; **~е́не** Taufe *f*
кря́кам *Frösche*: quaken; *Ente*: schnattern
кря́сък Schrei *m*
куб Würfel *m*, Kubus *m*
кубе́ Kuppel *f*
куве́рт Gedeck *n*
ку́ка Haken *m*; Stricknadel *f*
ку́кла Puppe *f*
ку́ку|вица Kuckuck *m*; **~мя́вка** Steinkauz *m*; **~ри́гам** krähen; **~ру́з** Mais *m*
ку́л|а Turm *m*; **възду́шни ~и** *pl fig* Luftschlösser *n/pl*
култу́р|а Kultur *f*; **~ен** Kultur-; kulturell; kultiviert
кум Pate *m*; Trauzeuge *m*; **~а́** Patin *f*; Trauzeugin *f*
куп Haufen *m*; Stoß *m*; **~о́н** FIN Kupon *m*; Essenmarke *f*
ку́па SPORT Pokal *m*; Kelch *m*; (*Spielkarten*) Herz *n*
купе́ BAHN Abteil *n*
купу́в|ам, ку́пя *pf* kaufen; **~а́ч(ка)** Käufer(in *f*) *m*
ку́рва *pej* Hure *f*
курди́с(в)ам *F Uhr* aufziehen
курие́р Eilbote *m*, Kurier *m*; **по ~** durch Eilboten
куро́рт Kurort *m*; **~ен** Kur(ort)-; **~и́ст** Kurgast *m*
курс Kurs *m*; Kursus *m*
ку́ртка (Uniform-)Jacke
курšу́м (Blei-)Kugel *f*
кутия Schachtel *f*; Kasten *m*; (Konserven-)Büchse *f*, Dose *f*

ку́тре kleiner Finger *m*
ку́фар Koffer *m*
кух hohl
ку́хня Küche *f*
куц lahm, hinkend
ку́цам hinken
ку́че Hund *m*; **~шки** Hunde-
куше́тка Liege *f*
къде́ wo; wohin; **~то** wo; wohin; **от ~, на ~** wieso
къд|рав lockig, kraus, wellig; **~рене**: **тра́йно ~рене** Dauerwelle *f*; **~ри́ца** Locke *f*, Welle *f*
кълбо́ Kugel *f*; (Woll-)Knäuel *m*; (Rauch-, Staub-)Wolke *f*; **зе́мно ~** Erdkugel *f*
кълва́ picken; **~ч** Specht *m*
кълка *P* Schenkel *m*; Keule *f*
кълна́ (ver)fluchen; **~ се** schwören (**в** bei *D*, auf *A*)
кълцам GASTR klein hacken, wiegen; zerkleinern; stoßen
към gegen; nach, zu
къмпинг Camping *m*
кънк|и́ *f/pl* Schlittschuhe *m/pl*; **ле́тни ~и́** Rollschuhe *m/pl*; **~ьо́р(ка)** Schlittschuhläufer(in *f*) *m*
къпа́лня (öffentliches) Bad *n*, Badeanstalt *f*
къпи́на Brombeere *f*
къ́пя (**се** *v/i od* sich) baden
кър|вав blutig; blutrot; **~вавя́** mit Blut beflecken; **~вави́ца** Blutwurst *f*; **~вя́** bluten
кърлеж Zecke *f*
кърма́ (Vieh-)Futter *n*; Nahrung *f*; MAR Heck *n*; **~че** Säugling *m*
кърмя stillen
кърпа Tuch *n*; **~ за лице́** Handtuch *n*; **но́сна ~** Taschentuch *n*, Papiertaschentuch *n*
кърпя flicken, ausbessern; stopfen
къртица Maulwurf *m*
кърша abbrechen, knicken; *Hände* ringen
къс Stück *n*; *adj* kurz; **~и вълни́** Kurzwelle(n); **~о съедине́ние** Kurzschluss *m*; **~ам** abreißen, pflücken; (zer)reißen; *Prüfling* durchfallen lassen; **~ен** spät; **~ме́т** Glück *n*
късо|гле́д kurzsichtig; **~метра́жен**: **~метра́жен филм** Kurzfilm *m*
кът Ecke *f*, Winkel *m*; **~че** Ecke *f*, Gegend *f*
кътник Back(en)zahn *m*
къщ|а Haus *n*
кьо́поолу *n F Art* Auberginensalat *m*
кюлче́ (Gold-)Barren *m*
кюфте́ Frikadelle *f*; Beefsteak *n*

Л

лави́на Lawine *f*
ла́вка Laden *m*; Kantine *f*
ла́вър Lorbeer *m*
ла́гер Lager *n* (*a.* TECH)
лагеру́вам (*im*)*pf* zelten
ла́дия Kahn *m*, Boot *n*
ла́зер TECH Laser *m*; **~ен при́нтер** Laserdrucker *m*

лáзя kriechen
лайв стрийм *m* IT Livestream *m*
лáйк(учк)а Kamille *f*
лак Lack *m*; **~ за нóкти** Nagellack *m*; **~ирам** *(im)pf* lackieren; **~ирóвка** Lackierung *f*
лá|ком (hab)gierig; gefräßig; **~комия** Gier *f*; Gefräßigkeit *f*
лактóз|а *f* Laktose *f*; **без ~а** laktosefrei; **~ен: ~на непоносимост** Laktoseunverträglichkeit *f*
лáкът Ell(en)bogen *m*
лалé Tulpe *f*
ламарúна (Stahl-)Blech *n*
лáмпа Lampe *f*
лáн|и *adv* voriges Jahr; **~ски, ~шен** vorjährig
лá|па Tatze *f*, Pfote *f*; **~пáвица** nasskaltes Wetter; Schneeregen *m*; **~пам** verschlingen
лáптоп Laptop *m/n*
ласкá|телен schmeichelhaft; **~телство** Schmeichelei *f*; **~я** schmeicheln (**нкг** *D*)
лáстик Gummiband *n*
лáстовица Schwalbe *f*
латúн|ица lateinische Schrift; **~ски** lateinisch
лáя bellen
лéбед Schwan *m*
лéв(а *pl*) *m* Lew(a) (*bulg. Währung*)
ле|вáк Linkshänder *m*; **~вáчка** Linkshänderin *f*; **~вúца** Linke *f* (*a.* POL)
легáлен legal
легáция Gesandtschaft *f*
легéн|да Legende *f*; **~дáрен** legendär
леглó Bett *n*
лéгна → **лягам**
лéд Eis *n*; **~ен** eisig; **~ник** Gletscher *m*; **~ников: ~ников периóд** HIST Eiszeit *f*
лежá liegen; (*im Gefängnis*) sitzen
лéйка Gießkanne *f*
лéйтенант Leutnant *m*
лéк *P* Arznei *f*; *adj* leicht; **~а колá** → **колá**
лéкар Arzt *m*; **~ка** Ärztin *f*
лекáрство Arznei *f*
лекé (Schmutz-)Fleck *m*; *fig* Schandfleck *m*
леко|атлéтика Leichtathletik; **~вéрен** leichtgläubig; **~вúт** heilsam, Heil-; **~мúслен** leichtsinnig
лекотá Leichtigkeit *f*
лекýвам behandeln; heilen, kurieren; **~ се** MED in Behandlung sein, sich behandeln lassen
лéкция Vorlesung *f*
лéля Tante *f*
лен Leinen *n*, Flachs *m*
лéнен leinen, Lein(en)-
ленúв faul, träge; **~ец** Faulenzer *m*; ZO Faultier *n*
лéност *f* Faulheit *f*
лéнта Band *n*
лентя́й(ка) Faulenzer(in *f*) *m*
лепúло Klebstoff *m*
лéпкав klebrig
лепя́ kleben, leimen
лéсен leicht, mühelos
лесничéй Förster *m*; **~ство** Forsthaus *n*; Forstrevier *n*
лесовъ́дство Forstwirtschaft *f*
лéтва Latte *f*; Leiste *f*

лéте im Sommer; **~н, лятна, лятно** sommerlich, Sommer-
летéне Flug *m*; Fliegen *n*; **безмотóрно ~** Segelfliegen *n*; Gleitflug *m*
летéц Flieger *m*, Pilot *m*
летúще Flugplatz *m*
летоброéне Zeitrechnung *f*
летóвище Ferienort *m*
лет|óвник Feriengast *m*; Kurgast *m*; **~ýвам** den Sommer (-urlaub) verbringen; **~ýване** Sommer-, Ferienaufenthalt *m*
летя́ fliegen
лехá AGR Beet *n*
лечé|бен heilsam; Heil-; **~бница** Ambulanz *f*; **~ние** Heilung *f*; Behandlung *f*; **~ние в бóлница** stationäre Behandlung
лéшник Haselnuss *n*
лéща Linse *f* (*a.* PHYS)
лéя gießen
ли *Fragepartikel, bleibt unübersetzt*: **говóрите ~ български?** sprechen Sie Bulgarisch?; **едвá ~** kaum
ливáда Wiese *f*
лúга Liga *f*; ANAT Speichel *m*
лúжа lecken
ликó Bast *m*
ликýвам frohlocken, jubeln
ликьóр Likör *m*
лúлия Lilie *f*
лимóн Zitrone *f*
лимонáда Limonade *f*
линéйка Krankenwagen *m*
лúния Linie *f*; Strich *m*; Lineal *n*; BAHN *usw.*: Strecke *f*; **крúва ~** Kurve *f*; **пáзя ~** auf die Figur achten
лип|á Linde *f*; **~ов**: **~ов чáй** Lindenblütentee *m*
лúпс|а Mangel *m*; **~(в)ам** fehlen, mangeln (**нщ** an *D*)
лúрика Lyrik *f*
лисúца Fuchs *m*
лúст Blatt *n*; **информациóнен ~** Informationsblatt *n*; **~а** Liste *f*; **~(а) за я́стия** Speisekarte *f*
литератýр|а Literatur *f*; **~ен** literarisch
литогрáфия Lithographie *f*
лúтър Liter *m* (*n*)
лифт Seilbahn *f*; Skilift *m*
лúхва Zinsen *m/pl*
лицé Gesicht *n*, Antlitz *n*; Person *f*; (*Stoff*) rechte Seite
лицемéр|(ка) Heuchler(in *f*) *m*; **~ен** heuchlerisch; **~ие** Heuchelei *f*; **~я** heucheln
лич|á sichtbar sein; **~ú си** es ist klar
лúч|ен persönlich; angesehen; *P* schön; **~ен състáв** Belegschaft *f*, Personal *n*; **~ност** *f* Persönlichkeit *f*
лишá(вам) entziehen, nehmen; **~ се** entbehren, verzichten (**от** *G* auf *A*)
лúшей BOT, MED Flechte *f*
лóв Jagd *f*; Fang *m*; **~джúя**, **~éц** Jäger *m*
лóв|кост *f* Geschicklichkeit *f*, Gewandtheit *f*; **~ък** geschickt, flink, gewandt
ловя́ fangen; *Wild* jagen; *Maschen* aufnehmen; **~ рúба** fischen, angeln
логúчен logisch
лóдка Boot *n*, Kahn *m*
лóжа Loge *f*

лозá Rebe *f*, Weinstock *m*
лозáр Winzer *m*; **~ство** Weinbau *m*
лóзе Weinberg *m*
лóзунг Slogan *m*, Schlagwort *n*
локáл Lokal *n*; **~ен** lokal
лóква Pfütze *f*
локдаун *m* Lockdown *m*
локомотúв Lokomotive *f*
лопáта Schaufel *f*, Spaten *m*
лост Hebel *m*; Brecheisen *n*; SPORT Reck *n*
лотарúен: ~ **билéт** (Lotterie-)Los *n*
лотáрия Lotterie *f*
лош schlecht, schlimm, übel; **~окáчествен** von schlechter Qualität, minderwertig
лýд verrückt, wahnsinnig; toll; *su P* Irre(r)
лýдост *f* Wahnsinn *m*
лук Zwiebel *f*; **бял** (*od* **чéсън**) ~ Knoblauch *m*; **праз** ~ Porree *m*
лукáв hinterlistig; **~ство** Hinterlist *f*
лукáнка *Art* Dauerwurst *f*
лукс Luxus *m*; **~óзен** luxuriös, Luxus-
лулá (Tabaks-)Pfeife *f*
лунá Mond *m*
лýн|ен Mond-; **~но затъмнéние** Mondfinsternis *f*
лунúчка Sommersprosse *f*
лýпа Lupe *f*
лъв Löwe *m*; **~úца** Löwin *f*
лъжа[1] lügen; *j-n* belügen; ~ **се** sich irren
лъжá[2] Lüge *f*
лъже- *in Zssg(n)* Pseudo-, pseudo
лъжесвидéтелствам JUR e-e falsche Aussage machen
лъжéц Lügner *m*
лъжú|ца Löffel *m*; **~чка**: **чáена ~чка** Teelöffel *m*
лъжлúв lügnerisch, verlogen
лък MUS Bogen *m*
лъкатýша sich schlängeln
лъ́ска|в glänzend, flimmernd; **~винá** Glanz *m*; Politur *f*; **~м** polieren
лъхам wehen; ~ **на** riechen, duften nach (*D*)
лъч Strahl *m*
лъщя́ glänzen, strahlen
любéз|ен liebenswürdig, freundlich; **~ност** *f* Liebenswürdigkeit *f*
любúм geliebt, Lieblings-; *su* Geliebte(r); **~а** Geliebte *f*; **~ец** Liebling *m*
любúтел Liebhaber *m*; Amateur *m*
любóв *f* Liebe *f*; **~ен** Liebes-; **~ник** Liebhaber *m*, Geliebte(r); **~ница** Geliebte *f*
любознáтелен wissbegierig
любопúт|ен neugierig; **~ство** Neugier *f*
любýвам: ~ **се** sich erfreuen, sich ergötzen (**нкм, нщ** an *D*)
любя lieben, lieb haben
люлéя schaukeln, wiegen
лю́ляк Flieder *m*
лю́спа Schale *f*; (Fisch-)Schuppe *f*
лют(úв) scharf; beißend; (*Winter*) streng; *fig* grimmig, böse
лю́шкам schaukeln; ~ **се** schwanken, taumeln
ляв link-; **~о** links
ля́гам, **лéгна** *pf* sich (nieder)-

legen; **~ си** zu Bett gehen
ля́стовица Schwalbe
ля́тн|а, ~о → ле́тен
ля́то Sommer *m*; **~с** (im) vergangenen Sommer

М

магази́н Geschäft *n*, Laden *m*; **~ за самообслу́жване** Selbstbedienungsladen *m*; **универса́лен ~** Kaufhaus *n*
мага́ре Esel *m*; **~шки**: **~шка ка́шлица** Keuchhusten *m*
магдано́з Petersilie *f*
магистра́ла Hauptstraße *f*; Autobahn *f*
маги́че|н, ~ски magisch
магни́т Magnet *m*; **~ен** magnetisch
магнитофо́н Tonbandgerät *n*; **~ен**: **~на ле́нта** Tonband *n*
магьо́сник Zauberer *m*
ма́жа (be)schmieren, *Brot* (be)streichen; tünchen, streichen
мазе́ Keller *m*
ма́з|ен fettig; fett; *fig* schmeichlerisch; **~но петно́** Fettfleck *m*
мази́лка Verputz *m*
мазнина́ Fett *n*; Schmiere *f*
мазо́л MED Hühnerauge *n*
мазу́т Heizöl *n*
май[1] Mai *n*
май[2] *part* wohl, wie mir (*od* es) scheint; beinahe
ма́йка Mutter *f*
маймуна Affe *m*
майоне́за Mayonnaise
ма́йстор Meister *m*; **~ски** meisterhaft
ма́йски Mai-
ма́йчин mütterlich, Mutter-; **~ство** Mutterschaft *f*; **о́тпуск по ~ство** Schwangerschaftsurlaub *m*, Mutterschutzurlaub *m*
мак Mohn *m*
мака́р: **~ че, ~ и да** obwohl, obgleich, wenn auch; *part* wenigstens
макара́ Spule *f*, Rolle *f*; TECH Flaschenzug *m*
македо́н|ец Mazedonier *m*; **≗ия** Mazedonien *n*; **~ка** Mazedonierin *f*; **~ски** mazedonisch
маке́т Modell *n*, Entwurf *m*
мали́н|а Himbeere *f*; **~ов**: **~ов сиро́п** Himbeersaft *m*; **~о́вка** Himbeerschnaps *m*, -likör *m*
ма́лко ein wenig, etwas, ein bisschen; → *a.* **ма́лък**; **по ~** nach und nach; **преди́ ~** vor kurzem; **без ~** fast; **ни най-~** nicht im Geringsten
мало|- *in Zssg(n)* klein-, minder-; **~ва́жен** unwichtig; **~ду́шен** kleinmütig; **~ле́тен** minderjährig, unmündig; **~це́нен** minderwertig
малци́н|а wenige, einige; **~ство́** Minderheit *f*
ма́л|ък klein; jung; **от ~ък** von klein auf; **~ко и́ме** Vorname *m*
ма́ма Mama *f*, Mutti *f*
ма́мя täuschen; (an)locken; **~ се** sich täuschen

манасти́р Kloster *n*
мандари́на Mandarine *f*
мане́вра Manöver *n*; Rangieren *n*
маникю́р Maniküre *f*
манифеста́ция Manifestation *f*; Kundgebung *f*
ма́ния Manie *f*; Wahn *m*
манса́рда Dachkammer *f*, Mansarde *f*
манто́ Damenmantel *m*
манше́т Manschette *f*
мараня́ Schwüle *f*, drückende Hitze
марато́нки *m/pl* Joggingschuhe *pl*
марато́нск|и: **~о бя́гане** Marathonlauf *m*
марино́ван mariniert
ма́рка Marke *f*; **по́щенска ~** Briefmarke *f*
маркси́|зъм Marxismus *m*; **~стки** marxistisch
марку́ч (Gummi-)Schlauch *m*
ма́рля Mull(binde *f*) *m*
мар|мала́д Marmelade *f*
март März *m*
мару́ля Lattichsalat *m*
марш Marsch *m* (*a.* MUS); **~иру́вам** marschieren; **~ру́т** Route *f*
мас *f* Fett *n*; Schmalz *n*
ма́са Masse *f*; Tisch *m*
маса́ж Massage *f*
ма́ск|а Maske *f*; **~е за уста́** *f* MED Mundschutz *m*; **респира́торна защи́тна ~а** MED Atemschutzmaske *f*; **~и́рам** *(im)pf* maskieren; tarnen
ма́слен ölig, fettig; Öl-; Butter-; **~а карти́на** Ölgemälde *n*
масли́на Olive *f*
ма́сло Öl *n*; (*a.* **кра́ве ~**) Butter *f*; **дъ́рвено ~** Olivenöl *n*; **рици́ново ~** Rizinusöl *n*; **слънчогле́дово ~** Sonnenblumenöl *n*
ма́сов Massen-
масти́ка Anisschnaps *m*
масти́ло Tinte *f*
материа́л Material *n*, Stoff *m*; **~ен** materiell
мате́рия Materie *f*; Stoff *m*
ма́тка ANAT Gebärmutter *f*
ма́тов matt; **~о стъкло́** Milchglas *n*
матри́ца Matrize *f*
матро́с Matrose *m*, Seemann *m*
мату́ра Abitur *n*, Reifeprüfung *f*
махала́ Stadtviertel *n*
маха́ло Pendel *m*
ма́х|ам, **~вам**, **~на** *pf* schwenken; wedeln; winken; entfernen, wegnehmen; schlagen; **~ се** verschwinden
мач SPORT (Fußball-)Spiel *n*
ма́чкам (zer)quetschen; zerknittern; *fig* unterdrücken
ма́чта Mast *m*
маша́ Feuerzange *f*; *fig* Werkzeug *n*
маши́н|а Maschine *f*; **~и́ст** Lokomotivführer *m*
маща́б Maßstab *m*
ма́щеха Stiefmutter *f*
мая́[1] Hefe *f*
ма́|я[2] aufhalten; **~я се** zögern, zaudern; **~е ми се глава́та** es schwindelt mir
мая́к Leuchtturm *m*

ме mich (*A/sg v.* **аз**)
мéбел *f* Möbel *n* (*a. koll*); **мéка ~** Polstermöbel *n*
мед[1] Honig *m*
мед[2] *f* Kupfer *n*
медáл Medaille *f*
мéден kupfern, Kupfer-; Honig-; **~ мéсец** Flitterwochen *f/pl*
медицúн|а Medizin *f*; **~ски**: **~ска сестрá** Krankenschwester *f*; **~ско свидéтелство** ärztliches Attest
медýза ZO Meduse *f*, Qualle *f*
междинá Zwischenraum *m*
междý zwischen; unter; **~ товá** inzwischen, zwischendurch; **~ дрýгото** unter anderem
междунарóд|ен international; **~но прáво** Völkerrecht *n*
междуосóбици *pl* POL innere Unruhen
междучáсие (*Schule*) Pause *f*
мезé Imbiss *m* (*zu Wein od Schnaps*)
мек weich; mild
меланхолúчен schwermütig, melancholisch
мéлница Mühle *f*
мелодúчен melodisch
мéля mahlen; *fig* schwätzen
мéн(е) mich
мéнгеме Schraubstock *m*
мéнта Pfefferminze *f*
меню́ *n* Menü *n*
меня́ (ver)tauschen; (**ce** sich) (ver)ändern
мéрник Visier *n*
меродáвен maßgeblich
мерсú *P* danke
мéря messen; wiegen; zielen, richten
месáр Fleischer *m*, Metzger *m*; **~ница** Fleischerei *f*, Metzgerei *f*
мéс|ен Fleisch-; **~ест** fleischig
мéсе|ц Monat *m*; Mond *m*; **~чен** monatlich
месó Fleisch *n*
мéст|ен örtlich, lokal; **~ност** *f* Gegend *f*
место|жúтелство Wohnort *m*; **~назначéние** Bestimmungsort *m*; **~пребивáване** Aufenthaltsort *m*; **~престъплéние** Tatort *m*; **~раждéние** Geburtsort *m*
мéстя verrücken, umstellen; **~ ce** umziehen (*v/i*); Platz wechseln
мéся kneten; **~ ce** sich einmischen
метá kehren, fegen
метáл Metall *n*; **~ен** Metall-; metallisch; **~úк** Metallarbeiter *m*; **~úчески** → **~ен**
метáч Straßenkehrer *m*
метéж Rebellion *f*, Aufruhr *m*
метеорологúч|ен: **~на слýжба** Wetteramt *n*
метл|á Besen *m*; **~úчина** Kornblume *f*
мéтна → **мя́там**
метóд Methode *f*
метрó U-Bahn *f*
мéтър Meter *m* (*n*)
механá Wirtshaus *n*
механизáция Mechanisierung *f*
механик Mechaniker *m*
мехлéм Salbe *f*

мехýр Blase *f*; **пúкочен ~** Harnblase *f*
меч Schwert *n*
мéчка Bär *m*; **бя́ла ~** Eisbär *m*
мечтá (Tag-)Traum *m*; Schwärmerei *f*; **~я** träumen, schwärmen (**за** von *D*)
ми mir; mein(e)
мúвка Waschbecken *n*
мúг Augenblick *m*; **~ам** blinzeln; flackern; blinken
мúда (Mies-)Muschel *f*
миж|á die Augen zusammenkneifen; **~ешкáта, ~жешкóм** mit geschlossenen Augen
мизéр|ен elend, arm; **~ия** Armut *f*, Not *f*, Misere *f*; **~ствам** in Armut leben
мúл lieb, nett; **~вам** streicheln, liebkosen; **~éя** lieb haben (**за** *A*); sich sehnen (**за** nach *D*)
мил|иционéр HIST Milizionär *m*; **~úция** Miliz *f*
миловúден lieblich
мúлост *f* Gnade *f*, Gunst *f*
милýвка Liebkosung *f*
мúля Meile *f*
мимолéтен vorübergehend, flüchtig
мúна[1] Bergwerk *n*, Grube *f*; Mine *f*
мúн|а[2], **~áвам** (durch)gehen; vorbeigehen; passieren; *Zeit*: vergehen
мúна[3] (*nur 3. pers*) es ist vorbei
мúнал vergangen; **~о врéме** GR Vergangenheit *f*, Präteritum *n*; **~о** Vergangenheit *f*; **~огодúшен** vorjährig
минерáл Mineral *n*; **~ен** Mineral-; **~на водá** Mineralwasser *n*
минзухáр Krokus *m*; **éсенен ~** Herbstzeitlose *f*
министéрс|ки Minister-; **~ки съвéт** Ministerrat *m*; **~тво** Ministerium *n*
минúстър Minister *m*
минувáч(ка) Passant(in *f*) *m*
минýта Minute *f*
миньóр Bergmann *m*, Bergarbeiter *m*
мúр[1] REL Welt *f*
мúр[2] Friede(n) *m*; Ruhe *f*; **~ен** friedlich, ruhig; Friedens-
мириз|лúв wohlriechend, duftend; **~мá** Geruch *m*; Duft *m*
мирúша riechen, duften
мúрно ruhig, friedlich
миро|глéд Weltanschauung *f*; **~любúв** friedliebend
мирýвам ruhig sein
мúсл|ене Denken *n*; **~я** denken (**за** an *A*); meinen; vorhaben, beabsichtigen; halten (**за** für *A*)
мúсъл *f* Gedanke *m*
мúтинг Meeting *n*; (Massen-)Kundgebung *f*
мúтни|ца Zollamt *n*; **~чáр** Zollbeamte(r)
мúтниче|н, ~ски Zoll-; **~ска провéрка** Zollkontrolle *f*
мúто Zoll *m*; **внóсно ~** Einfuhrzoll *m*; **изнóсно ~** Ausfuhrzoll *m*
мúшка Maus *f* (*a. Computer*)
мúшница Achsel *f*; **под ~** unter dem Arm
мúя (ab)waschen; spülen; **~ се**

sich waschen
млад jung; **~éж¹** Junge *m*, Jüngling *m*; **~éж²** *f* Jugend *f*; **~éжки** jugendlich, Jugend-; **~иńй** *pl*, **млáдост** *f* Jugend (-zeit *f*) *f*
млéчен Milch-; milchig
мля́ко Milch *f*; **кúсело ~** Joghurt *m*
мля́скам schmatzen
мнéние Meinung *f*; **общéствено ~** öffentliche Meinung
мнúм scheinbar, angeblich
мнúтелен argwöhnisch, misstrauisch
мнóго viel; sehr; *in Zssg(n)* viel-, mehr-; **твърде ~** zu viel; **~брóен** zahlreich; **~дéтен** kinderreich; **~крáтен** mehrfach, vielfach; **~лю́ден** dicht bevölkert; belebt; (*Veranstaltung*) stark besucht; **~уважáем** sehr geehrt, hochverehrt; **~чúслен** (sehr) zahlreich
мно|жá: **~жá се** sich vermehren; **~зúна** viele; **~зинствó** Mehrheit *f*
мобилизúрам (*im*)*pf* mobilisieren
мобилúр|ам (*im*)*pf* möblieren; **~óвка** Wohnungseinrichtung *f*, Möbel *n*/*pl*
мóбифон Handy *n*, Mobiltelefon *n*
мóга können; dürfen; *vgl a.* **мóже**
могúла Hügel *m*
могъщ mächtig
мóд|а Mode *f*; **~ен** modisch
модерáтор(ка) Moderator(in) *m*(*f*)
мóдéрен modern
мóе → **мой**
мóже es ist möglich; **~ би** vielleicht; **кóлкото се ~** so viel wie möglich, möglichst
мóзък Gehirn *n*, Hirn *n*; **кóстен ~** Knochenmark *n*
мó|й, ~я, ~е, ~и *pl* mein(e)
мóк|ря nass machen; **~ър** nass
молбá Bitte *f*; Gesuch *n*, Antrag *m*
молéц Motte *f*
мóлúв Bleistift *m*; **червéн ~** Rotstift *m*
молúтва Gebet *n*
мóля bitten (**за** um *A*); **~!** bitte!; **~ се** REL beten
момá Mädchen *n*; Jungfrau *f*
мó|мин Mädchen-; **~мина сълзá** BOT Maiglöckchen *n*; **~мúче** Mädchen *f*; **~мчé** Knabe *m*, Bub *m*, Junge *m*; **~мък** Jüngling *m*, Bursche *m*
монáх Mönch *m*; **~úня** Nonne *f*
монéта Münze *f*
монт|áж Montage *f*; **~úрам** (*im*)*pf* montieren; **~ьóр** Monteur *m*
морáлен moralisch, sittlich
мóрга Leichen(schau)haus *n*
морé Meer *n*, See *f*; **~плáване** Seefahrt *f*
мóрков Karotte *f*, Mohrrübe *f*
мóрск|и See-, Meer(es)-; **~а бóлест** Seekrankheit *f*; **~а рúба** Seefisch *m*; **~а сол** Meersalz *n*
морýна ZO Hausen *m*

моря́к Seemann *m*, Matrose *m*
мост Brücke *f*
мо́стра Muster *n*
мотая́ (auf)wickeln; *fig* verzögern; *j-n* übers Ohr hauen, hereinlegen; ~ **се** trödeln
моте́л Motel *n*
моти́в Motiv *n*
моти́ка Hacke *f*
мотопе́д Moped *n*
мото́р Motor *m*; Triebwerk *n*; *P* Motorrad *n*; **~е́тка** Kleinkraftrad *n*, Moped *n*; **~ен**: **~на кола́** PKW *m*; **~на ло́дка**, **~ница** Motorboot *n*
мотоц|икле́т, **~и́къл** Motorrad *n*
мочу́рище Moor *n*, Sumpf *m*
моше́ни|к Gauner *m*, Schurke *m*; **~чество** Gaunerei *f*
мощ *f* Macht *f*; Kraft *f*
мо́щен mächtig, kräftig
мо́щи *pl* Reliquie(n *pl*) *f*
мо́щност *f* TECH Leistung *f*
мо́я → **мой**
мра́вка Ameise *f*
мраз Frost *m*; **~ови́т** frostig, Frost-
мра́зя hassen
мрак Finsternis *f*, Dunkelheit *f*
мра́мор Marmor *m*
мра́чен finster, dunkel, düster (*a. fig*)
мре́жа Netz *n*; **безжи́чна лока́лна ~** *f* IT WLAN *n*
мръ|двам, **~дна**, *pf* sich rühren; bewegen
мръ́зна frieren, frösteln
мръ́сен schmutzig, dreckig
мръсоти́я Schmutz *m*
му ihm; sein(e)
музе́й Museum *n*
му́зик|а Musik *f*; **~а́лен** musikalisch; **~а́нт(ка)** Musiker(in *f*) *m*
мукава́ Pappe *f*, Karton *m*
му́ле Maultier *n*
мусака́ Moussaka *f* (*Speise aus Hackfleisch und Kartoffeln od Auberginen*)
му́скул Muskel *m*; **~ест** muskulös
муста́ци *m/pl* Schnurrbart *m*
муха́ Fliege *f*
мухля́с(в)ам (ver)schimmeln
му́хъл Schimmel(pilz) *m*
муцу́на Maul *n*, Schnauze *f*
мушама́ Regenmantel *m*; Wachstuch *n*
мъгл|а́ Nebel *m*; **~и́в** neb(e)lig; *fig* unklar
мъдре́ц Weise(r); Weisheitszahn *m*
мъ́дрост *f* Weisheit *f*
мъ́дър weise
мъж Mann *m*; **~е́ствен** mannhaft; tapfer; **~ки** männlich; Männer-; Herren-
мъ́ка Qual *f*, Pein *f*; Plage *f*; **с ~** mit Mühe
мъ́кна (**се** sich) schleppen
мълва́ Gerücht *n*
мъ́лния Blitz *m*
мълча́ schweigen; **~ли́в** schweigsam; **~ние** Schweigen *n*
мълчешко́м *adv* stillschweigend
мъ́мря tadeln, rügen
мъ́ничък winzig, klein
мъ́рдам (sich) bewegen
мъ́рзел Faulheit *f*, Trägheit *f*;

~ѝв faul, träge
мър|кам *Katze*: schnurren; *fig* brummen; **~мо́ря** murmeln; nörgeln, *F* meckern
мърся́ beschmutzen, besudeln (*a. fig*)
мъртве́ц Tote(r), Leiche *f*
мър|тъв tot; **~ша** Aas *n*, Kadaver *m*
мъ́ршав mager, hager, dürr
мъст[1] *m* Most *m*
мъст[2] *f* Rache *f*
мъ́т|ен trüb(e); **~еница** Buttermilch *f*
мъ́тя[1] trüben
мъ́тя[2] brüten
мъх Moos *n*; Flaum *m*
мъ́ч|а foltern; (**се** sich) quälen, plagen; **~ен** schwierig, mühsam; **~но**: **~но ми е** es tut mir Leid; **~е́ние** Quälerei *f*; **~еник** Märtyrer *m*; **~еница** Märtyrerin *f*; **~ѝтелен** qualvoll; **~нотия́** Schwierigkeit *f*
мюсюлма́н|ин Muslim *m*; **~ка** Muslimin *f*
мя́рка Maß *n*; Maßnahme *f*, Maßregel *f*; **по ~** nach Maß
мя́ркам: **~ се** sich sehen lassen; sichtbar werden
мя́сто Stelle *f*; Platz *m*; Ort *m*
мя́там, ме́тна *pf* werfen, schleudern; **~ се** sich schwingen, sich wälzen

на[1] auf; an; in; zu; **сла́гам ~ ма́сата** auf den Tisch legen (stellen); **виси́ ~ стена́та** hängt an der Wand; **отѝвам ~ о́пера** in die Oper gehen; **от вратá ~ вратá** von Tür zu Tür
на[2] *part P* da!, hier!
наба́вя(м) anschaffen, besorgen
набедя́(вам) verleumden, zu Unrecht beschuldigen
набел|е́жа, ~я́звам kennzeichnen; vormerken; notieren
на|бера́ → **~бѝрам**; **~бѝвам, ~бия́** *pf* verprügeln, einschlagen; SPORT schlagen; **~бѝрам, ~бера́** *pf* pflücken, sammeln; TEL wählen; *Stoff* reihen; *Wunde*: eitern; TYP setzen; **~бѝт** (*Mensch*) untersetzt; (*Auge*) geübt; (*Stoff*) fest, füllig; **~бия́** → **~бѝвам**; **~ближа́(вам)** sich nähern, nahen; **~блѝз(к)о** in der Nähe, nahe; **~блъск(в)ам** hineinstopfen
на|бода́, ~бо́ждам stechen; aufspießen
набо́жен religiös, fromm
на|бразде́н zerfurcht; **~бръ́чкан** faltig, runz(e)lig; **~бъ́бвам, ~бъ́бна** *pf* aufquellen; anschwellen; **~бъ́рже, ~бъ́рзо** *adv* eilig, schnell; **~ва́кс(в)ам** nachho-

len; auf-, einholen
навáлица Andrang *m*, Gedränge *n*
наведнъ́ж auf einmal
навéждам, наведá *pf* beugen, neigen; senken; **~ на мисълтá** auf den Gedanken bringen; **~ се** sich beugen, neigen; sich hinauslehnen
навéки auf (*od* für) immer
нáвес Schutzdach *n*
на|вестя́(вам) besuchen, aufsuchen; **~вéхна** → ~вя́хвам
навечéрям: **~ се** zu Abend essen
на|вúвам, ~вúя *pf* (auf)wickeln; *Uhr* aufziehen
нáвик Gewohnheit *f*
на|вúквам, ~вúкна *pf* sich gewöhnen (**на** an *A*); **~вúрам, ~врá** *pf* hineinstecken; **~вúя** → ~вúвам; **~висóко** hoch, in die Höhe; **~влажня́(вам)** anfeuchten; **~влúзам, ~вля́за** *pf* eindringen; hineingehen
на|воднéние Überschwemmung *f*; **~водня́(вам)** überschwemmen, überfluten
на|врá → ~вúрам; **~вредя́, ~врéждам** schaden (**на** *D*)
наврéме *adv* rechtzeitig; **~нен** rechtzeitig, passend
на|вся́къде überall; **~вън(-ка)** draußen; hinaus, nach außen; **~върша, ~вършвам** vollenden; **~въсен** finster; mürrisch; **~вътре** innen; hinein; nach innen
на|вя́рно wahrscheinlich, sicher
на|вя́хвам, ~вéхна *pf* verstauchen
нагáждам, нагодя́ *pf* herrichten, anpassen; **~ се** sich anpassen (**към** an *A*)
на|глася́(вам) zurechtmachen; schön anziehen; MUS stimmen; **~глéден** anschaulich; **~глéждам** beaufsichtigen, sich kümmern (**нкг, нщ** um *A*)
на|годя́ → ~гáждам; **~гóре** nach oben, aufwärts, hinauf; bergauf; **~гостя́(вам)** bewirten; **~готóво** (fix und) fertig; mühelos
нагрáда Belohnung *f*, Lohn *m*; Preis *m*, Auszeichnung *f*
награ|дя́, ~ждáвам belohnen; auszeichnen
нагревáтелен Heiz-
нагр|éя, ~я́вам erwärmen, erhitzen
нагря́вка MED Bestrahlung *f*
над über; auf
надалéч(е) weit, fern(e)
нáдали kaum, schwerlich
надарéн begabt; beschenkt
надбя́гване Wettlauf *m*; Rennen *n*
нáдве in zwei Teile
нáдвечер gegen Abend
над|вúвам, ~вúя *pf* überwinden, bezwingen; **~вишá(вам)** überragen, übersteigen; **~вúя** → ~вúвам
надгрóбен Grab-; **~ пáметник** Grabmal *n*
над|дá(ва)м überbieten; zunehmen; **~дáване** Versteigerung *f*

надделéя, ~я́вам überwältigen, überwinden
надебелéя, ~я́вам dicker werden; zunehmen
надéжда Hoffnung *f*; **~ен** zuverlässig
нáденица Wurst *f*
надзирá|вам überwachen, beaufsichtigen
надзóр Aufsicht *f*
нáдлез (Straßen-)Überführung *f*
надлъ́ж längs, der Länge nach; **~ и нашир** kreuz und quer; weit und breit
надмéн|ен hochmütig, überheblich; **~ност** *f* Hochmut *m*, Überheblichkeit *f*
надми́н|а, ~áвам überholen; übertreffen
надмóщие Überlegenheit *f*; Übermacht *f*
надни́к|вам, ~на *pf* hineinschauen
нáдница Tagelohn *m*
надóлнище Gefälle *n*, Abhang *m*
надóлу nach unten; hinunter, abwärts
нáдпис Überschrift *f*; Inschrift *f*
надпревáр|вам, ~я *pf* überholen; übertreffen, zuvorkommen (**нкг, нщ** *D*)
надрáск(в)ам zerkratzen; hinschmieren
надýвам, надýя *pf* aufblasen; *P* aufhetzen; **~ се** stolz sein; böse sein; MED anschwellen
надýт aufgeblasen (*a. fig*); geschwollen
надýш|а, ~вам wittern; aufspüren
надýя → надýвам
над|хитря́, ~хи́трям überlisten; **~ценя́(вам)** überschätzen
надъ́лго der Länge nach, in die Länge; lange; **~ и ширóко** weit und breit, ausführlich
надя́вам: ~ се hoffen; (**на** auf *A*)
надя́сно (nach) rechts
нáем Miete *f*; Pacht *f*; **дáвам под ~** vermieten; **взéмам под ~** mieten
наéм|а(м) mieten; pachten; *j-n* einstellen; **~áтел** Mieter *m*; Pächter *m*
нáесен im Herbst
назáд zurück, rückwärts, nach hinten
назвáние Name *m*; (Buch-)Titel *m*
наздрáв|е Gesundheit!; Prost!; **~ица** Toast *m*, Trinkspruch *m*
на|значá(вам) anstellen; ernennen; anberaumen; **~зовá(-вам)** (be)nennen
назря́л reif; *fig* aktuell, akut
назъ́бен gezähnt, gezackt
наи́вен naiv
наизýст auswendig
наи́стина wirklich, wahrhaftig
най|-вéче, ~-мнóго am meisten, meistens; **~-напрéд** zuerst; **~-пóсле, ~-сéтне** schließlich
нáйлон Nylon *n*
накáжа → накáзвам

наказа́ние Strafe *f*, Bestrafung *f*

наказа́телен: **~ зако́н** Strafgesetz *n*; **~ у́дар** SPORT Strafstoß *m*

нака́|звам, **~жа** *pf* (be)strafen

нака́|нвам, **~ня** *pf*: **~нвам, ~ня се** sich entschließen (**да** zu *D*)

нака́|р(в)ам veranlassen; bereden; zwingen

на́кит Schmuck *m*

наки́ч|а, **~вам** schmücken

на|кладá, **~кла́ждам** *Feuer* anmachen

наклеветя́(вам) verleumden; denunzieren

накло́н Gefälle *n*, Neigung *f*; **~ен** geneigt, abschüssig; schief

наклоне́ние GR Modus *m*, Aussageweise *f*

накло́нност *f* (*Vorliebe*) Neigung *f*, Hang *m*

на|кова́лня Amboss *m*; **~кра́й** endlich, schließlich; am Ende; **~кра́к** stehend, im Stehen; **~кра́тко** *adv* kurz; **~кри́во** *adv* schief, krumm; falsch; **~купу́вам**, **~ку́пя** *pf* einkaufen; **~къде́** wohin

нала́га|м, **нало́жа** *pf* (**се** sich) durchsetzen; **~ се** *unpers* es ist erforderlich

на|ле́гна → ~ля́гам; **~лежа́щ** dringend, unumgänglich; **~ле́пвам**, **~лепя́** *pf* aufkleben; **~ле́я** → ~ли́вам; **~ли́** nicht wahr; denn, doch

нали́вам, **нале́я** *pf* (ein)gießen; einschenken

нали́в|ен: **~но ви́но** Wein vom Fass

нали́ч|ен vorhanden; **~ност** *f* Vorhandensein *n*, Bestand *m*

нало́ж|а: **~а се** → нала́гам; **~ен**: **(с) ~ен плате́ж** (per) Nachnahme *f*; **~и́телен** erforderlich, unumgänglich

наля́во (nach) links

наля́га|м, **нале́гна** *pf* drücken; **~не** Druck *m*

нама́|жа, **~звам** bestreichen, beschmieren; TECH schmieren, ölen

намал|е́ние Verkleinerung *f*, Verminderung *f*; (Kräfte-) Abnahme *f*; (Preis-) Ermäßigung *f*; **~я́(вам)** verkleinern, (ver)mindern; *Preis* ermäßigen; *Kräfte*: abnehmen

на́мек Andeutung *f*

наме́к|вам, **~на** *pf* andeuten, anspielen

на|мере́ние Absicht *f*; **~ме́ря** → ~ми́рам

наме́с|а Einmischung *f*; **~вам**, **~я** *pf*: **~вам, ~я се** sich einmischen

наме́ст|вам, **~я** *pf* zurechtstellen, ordnen; *Gelenk* einrenken; **~вам, ~я се** es sich bequem machen; **~о** anstelle, anstatt (*G*); **~я** → ~вам

наме́|ся: **~ся се** → ~свам; **~та́ло** Umhang *m*; **~тна** → намя́там

нами́н|а, **~а́вам** vorbeikommen; einkehren

нами́рам, **наме́ря** *pf* finden; **~ се** sich befinden

намо́кря(м) nass machen;

durchnässen; ~ **се** nass werden
на|мръщен, ~му́сен finster, düster (*a. fig*); **~мя́там, ~ме́тна** *pf* umhängen; **~на́сям, ~несá** *pf* eintragen, einzeichnen; anschwemmen; *Schaden* zufügen
на|но́во von neuem; **~о́коло** rings(her)um; **~о́паки** verkehrt, umgekehrt; **~остря́(м)** schleifen, schärfen; spitzen
напа́д|ам, ~на *pf* überfallen, angreifen; **~е́ние** Angriff *m*, Überfall *m*
на́паст *f* Unheil *n*, Plage *f*
напеча́т|вам, ~ам *pf*, **~я** *pf* drucken (lassen)
напи́|вам, ~я *pf*: **~вам, ~я се** sich betrinken; den Durst löschen; **~свам, ~ша** *pf* (nieder)schreiben; **~тка** Getränk *n*; **~ша** → ~свам; **~я** → ~вам се
напла́ш|а, ~вам einschüchtern
на́плив Andrang *m*
напли́ск(в)ам bespritzen
наподобя́(вам) ähnlich sein, ähneln (**нкг, нщ** *D*)
наполови́на zur Hälfte
напо́мня|(м) erinnern (**нкм, за** *A*, an *A*); mahnen; **~не** Mahnung *f*
на|по́р Druck *m*, Drang *m*; **~после́дък** zuletzt, in der letzten Zeit; **~поя́(вам)** tränken; AGR bewässern; **~поя́ване** Bewässerung *f*; **~пра́ва** Bau(en *n*) *m*; Ausführung *f*; Arbeit *f*; **~правле́ние** Richtung *f*; **~пра́во** geradeaus, direkt; **~пра́вя(м)** machen, anfertigen; errichten
напра́з|ен vergeblich; **~но** *adv* umsonst, vergeblich
на|пре́гна → ~пря́гам; **~пре́гнат** (an)gespannt
напре́д vorwärts, nach vorn(e); voran; **за ~** von jetzt an; **~ничав** fortschrittlich; **~ък** Fortschritt *m*
напреже́ние (*a.* EL) Spannung *f*; **висо́ко ~** Hochspannung *f*
напре́ч|ен quer; **~на у́лица** Querstraße *f*
напри́мер (напр.) zum Beispiel (z. B.)
на́про́лет im Frühjahr
напро́тив im Gegenteil; vielmehr
напръ́ск(в)ам bespritzen
на́пръстник Fingerhut *m*
напря́гам, напре́гна *pf* anspannen; **~ се** sich anstrengen
на|пу́к zum Trotz; **~пу́кан** aufgesprungen, rissig; **~пу́скам, ~пу́сна** *pf* verlassen; aufgeben; **~пъ́лвам, ~пъ́лня** *pf* füllen, voll machen; laden; **~пълне́я** → ~пълня́вам; **~пъ́лно** *adv* völlig, vollständig; **~пъ́лня** → ~пълвам; **~пълня́вам, ~пълне́я** *pf* dicker werden, zunehmen; **~пъ́твам, ~пъ́тя** *pf* den Weg zeigen; **~ра́вно** gleich; **~ра́мвам, ~ра́мя** *pf* schulten, auf die Schulter nehmen; **~раня́ (-вам)** verwunden, verletzen; **~ра́сна, ~ра́ствам** (an)wachsen; zunehmen

нарéд der Reihe nach; zusammen, mit; in Ordnung; **~ба** JUR Verordnung *f*; Anordnung *f*

на|рéжа → ~ря́звам; **~рéждам**, **~редя́** *pf* ordnen, in Ordnung bringen; JUR verordnen, verfügen; *Wohnung* einrichten; **~рéждане** Verordnung *f*, Bestimmung *f*

нáрез Gewinde *n*

на|рекá → ~ри́чам; **~рéчие** GR Adverb *n*; Mundart *f*, Dialekt *m*; **~рисýвам** *pf* malen, zeichnen; **~ри́чам**, **~рекá** *pf* nennen

наркóза Narkose *f*

наркомáн Drogenabhängige(r) *m*

нáркопласьор Drogenhändler *m*

наркоти́|к Rauschgift *n*, Droge *f*; **търгови́я с ~ци** Drogenhandel *m*

нарóд Volk *n*; Leute *pl*; **~ен** Volks-; **~ен университéт** Volkshochschule *f*; **≈но събрáние** Parlament *n* (*in Bulgarien*)

нарóчен absichtlich; speziell, Sonder-

наруш|á(вам) *Eid* brechen; *Gesetz* übertreten, verstoßen (**нщ** gegen *A*); **~éние** Übertretung *f*, Verstoß *m*, Verletzung *f*

на|ръчник Handbuch *n*; **~ря́дко** selten; **~ря́звам**, **~рéжа** *pf* anschneiden; einschneiden; zerschneiden

нас uns (*A*/*pl v.* **ни́е**)

на|садя́, **~сáждам** (an)pflanzen; **~сáм** (hier)her; seit; **~сéкомо** Insekt *n*; **~сéлен** bevölkert, bewohnt, besiedelt; **~селéние** Bevölkerung *f*; Einwohner(schaft *f*) *pl*; **~сéля**, **~селя́вам** bevölkern, bewohnen

наси́л|а mit Gewalt; **~вам**, **~я(м)** zwingen; Gewalt anwenden; **~ствен** gewaltsam; Zwangs-; **~ие** Gewalt *f*, Zwang *m*; **~я** → ~вам

нáсип Damm *m*, (Erd-)Wall *m*

наси́|тя, **~щам** sättigen

наскóро unlängst, neulich; bald, in Kürze

наслáда Genuss *m*, Wonne *f*

насла|дя́, **~ждáвам**: **~дя́, ~ждáвам се** genießen (**на** *A*), sich ergötzen (**на** an *D*)

наслéд|ник Erbe *m*; Stammhalter *m*; Nachfolger *m*; **~ница** Erbin *f*; Nachfolgerin *f*; **~ствен** Erb-, erblich; **~ство** Erbe *n*, Erbschaft *f*; **~я́(вам)** erben; Nachfolge antreten

на|слоя́(вам) (auf)schichten; **~смáлко** beinah(e), fast; **~смéшка** Ironie *f*, Spott *m*; **~сóка** Richtung *f*; **~соля́ (-вам)** (ein)salzen

насóч|а, **~вам** richten, lenken; den Weg weisen

на|спи́вам, **~спя́** *pf*: **~спи́вам, ~спя́ се** sich ausschlafen; **~срéд** inmitten, mitten (in, auf); **~срéща** gegenüber; entgegen; **~станя́ (-вам)** unterbringen; **~станя́ (-вам) се** einchecken

насти́|вам, **~на** *pf* sich erkälten; **~гам**, **~гна** *pl* einholen;

erreichen; **~лка** Schicht *f*; Straßendecke *f*; **~на** → ~вам; **~нка** Erkältung *f*
насто́|йник Vormund *m*; **~йчи́в** beharrlich, zäh(e); nachdrücklich; **~я́(вам)** beharren (**на, за** auf *D*); bestehen, dringen (**на, за** auf *D*); **~я́телство** Vorstand *m*; **~я́щ** vorliegend; gegenwärtig, derzeitig
настрана́ *adv* zur Seite, seitwärts; **шега́та ~** Spaß beiseite
настрое́ние Stimmung *f*, Laune *f*
настро́|йвам, **~я** *pf* MUS stimmen
настъ́п|вам, **~я** *pf* treten (**нкг, нщ** auf *A*); kommen; MIL angreifen; **~ване** Beginn *m*, Kommen *n*; **~ле́ние** Angriff *m*, Offensive *f*
насъ́н, **~е́** im Schlaf
насърч|а́(вам) ermutigen; **~е́ние** Ermutigung *f*
насъ́ск(в)ам aufhetzen
ната́м dorthin; **наса́м ~** hin und her
ната́тък dorthin, dahin; **и така́ ~ (и т. н.)** und so weiter (usw.); **от сега́ ~** von nun an; **по́-~** weiter
нате́гнат (an)gespannt
на́тиск (*a. fig*) Druck *m*
нати́с|кам, **~на** *pf* drücken; *fig* drängen
натова́р|вам, **~я** *pf* aufladen; beladen; *fig* beauftragen
натоpя́(вам) düngen
нато́ч|а, **~вам** einfüllen; einschenken; *Messer* schleifen
натра́п|вам, **~я** *pf* aufdrängen, aufzwingen; **~вам се** sich aufdrängen; **~чи́в** aufdringlich, zudringlich; **~я** → ~вам
натри́|вам, **~я** *pf* einreiben
натру́п(в)ам (auf-, an)häufen; **~ се** sich häufen
нату́ра Natur *f*
натура́лен natürlich, Natur-
натъжа́(вам) betrüben
натъже́н betrübt, traurig
натъ́к|вам, **~на** *pf*: **~вам**, **~на се** stoßen (**на** auf *A*)
натъ́п|квам, **~ча** *pf* (voll) stopfen
натъ́ртване Prellung *f*
нау́ка Wissenschaft *f*
нау́ча, **нау́ча́вам** lernen; erfahren; *j-n* lehren; **~ се** lernen; erfahren, in Erfahrung bringen; sich gewöhnen (**на** an *A*)
нау́чен wissenschaftlich
на́фт(а) Erdöl *n*; Heizöl *n*
наха́л|ен frech; **~ство** *f* Frechheit *f*
нахвъ́рля(м) werfen; *fig* entwerfen; **~ се** sich stürzen (**върху́** auf *A*)
нахо́д|ище Fundgrube *f*; **~ка** Fund *m*; **~чи́в** findig, schlagfertig; erfinderisch
нахра́н|вам, **~я** *pf* bewirten; füttern; **~вам**, **~я се** speisen, sich satt essen
национа́л|ен national, National-; **~изи́рам** (*im*)*pf* nationalisieren, verstaatlichen; **~ност** *f* Nationalität *f*
наця́ло im Ganzen, ganz
нача́л|ен Anfangs-, Grund-; **~ник** Vorgesetzte(r), Leiter

m; **~о** Anfang *m*, Beginn *m*; Prinzip *n*
начé|вам, ~на *pf* anbrechen; anschneiden; **~ло** an der Spitze; **~нки** *pl* Anfänge *m/pl*, Beginn *m*; **~рня(м)** schwarz machen, schwärzen
начертá|вам, ~я *pf* zeichnen
начéтен belesen
нáчин Art *f*, Weise *f*
начýп|вам, ~я *pf* in Stücke brechen; anbrechen
наш unser
нашéп|вам, ~на *pf* (ein-, zu-)flüstern
нашéствие Einfall *m*, Invasion *f*
на|ши́р in der Breite, der Breite nach; → *a.* **~длъж**; **~щрéк** auf der Hut; **~я́ве** in Wirklichkeit; **изли́за ~я́ве** ans Tageslicht kommen
ная́(жда)м: **~ се** sich satt essen
не nein; nicht
не- *in Zssg(n)* un-, -los
небé Himmel *m*
неби́вал noch nie da gewesen, außergewöhlich; unerhört
неблаго|дáрен undankbar; **~дáрност** *f* Undank(barkeit *f*) *m*; **~надéждност** *f* Unzuverlässigkeit *f*; **~приятен** ungünstig; **~разýмен** unvernünftig, unklug
небо|свóд Firmament *n*; **~стъргáч** Wolkenkratzer *m*
небрéжен nachlässig; *F* schlampig
небцé Gaumen *m*
невали́ден ungültig
нéведнъж mehr als einmal; wiederholt; oft
невéж|ество Unwissenheit *f*; **~ли́в** unhöflich
не|вéрен unwahr; unrichtig; untreu, treulos; **~вероя́тен** unwahrscheinlich, unglaublich; **~взискáтелен** anspruchslos; nicht streng; **~ви́дим** unsichtbar; **~ви́нен** unschuldig, schuldlos; keusch; naiv; **~ви́нност** *f* Unschuld *f*; **~вменя́ем** unzurechnungsfähig
невнимá|ние: **по ~ние** aus Versehen; **~телен** unachtsam, unaufmerksam
невóл|ен, ~но *adv* unwillkürlich, ungewollt
невреди́м unversehrt; heil
невъз|дъ́ржан unbeherrscht; **~мóжен** unmöglich; **~пи́тан** ungezogen
невъо|брази́м unvorstellbar; **~ръжéн** unbewaffnet
нéго ihn (*A/sg v.* **той**); **~в** *poss* sein
негóд|ен untauglich, unbrauchbar; **~ник** Taugenichts *m*; **~ýвам** sich empören, entrüsten; **~ýване** Empörung *f*, Entrüstung *f*
неграмóтен Analphabet *m*
недалé|ко, ~че unweit, nicht weit
недви́жим unbeweglich; **~ имóт** Immobilien *pl*
недéй lass!; **~те** lassen Sie!; **~ прави́ товá!** tu(e) das nicht!; **~стви́телен** unwirklich, unreal; ungültig

неде́лен Sonntags-
недели́м unteilbar
неде́ля Sonntag *m*; Woche *f*
недобро|ка́чествен minderwertig; **~съвестен** pflichtvergessen, unzuverlässig
недове́р|ие Misstrauen *n*, Argwohn *m*; **~чи́в** misstrauisch, argwöhnisch; **~чи́вост** *f* Misstrauen *n*, Argwohn *m*
недово́лен unzufrieden
недо|въ́ршен nicht beendet, unvollendet; **~дя́лан** *fig* ungehobelt, grob; **~зря́л** unreif; **~ми́слие** Unüberlegtheit *f*; **~пусти́м** unzulässig; **~разви́т** unterentwickelt; zurückgeblieben; **~разуме́ние** Missverständnis *n*; **~сетли́в** begriffsstutzig
недоста́тъ|к Mangel *m*, Fehler *m*; Unzulänglichkeit *f*; **~чен** ungenügend; unzulänglich
недо́|стиг Mangel *m*; **~стижи́м** unerreichbar; **~стове́рен** unglaubwürdig; **~сто́ен** unwürdig; **~стъпен** unzugänglich; (*Preis*) unerschwinglich; **~чу́вам, ~чу́я** *pf* schlecht hören
не|дружелю́бен unfreundlich; feindselig; **~дъгав** gebrechlich; kränklich; **~есте́ствен** unnatürlich; **~жела́н** unerwünscht
не́жен zärtlich; zart
неже́нен ledig, unverheiratet
неза|ба́вен unverzüglich; **~беля́зан** unbemerkt; **~брави́м** unvergesslich; **~ви́сим** unabhängig; **~ви́симост** *f* Unabhängigkeit *f*; **~доволи́телен** unbefriedigend; **~дължи́телен** unverbindlich; **~ко́нен** ungesetzlich; (*Kind*) unehelich; **~мени́м** unersetzlich; **~по́мнен** undenklich, uralt; **~рази́телен** nicht ansteckend; **~слу́жен** unverdient
не|здравосло́вен ungesund; **~зна́ен** unbekannt; **~зна́ние** Unwissenheit *f*; **~значи́телен** unbedeutend; geringfügig; **~зря́л** unreif; **~избе́жен** unvermeidlich, unumgänglich
неизве́стен unbekannt
неиз|лечи́м unheilbar; **~ме́нен** unveränderlich; **~пра́вност** *f*: **в ~пра́вност** nicht in Ordnung; beschädigt; **~пълни́м** unerfüllbar; **~рази́м** unaussprechbar; unsagbar; **~черпа́ем** unerschöpflich
не́|ин, ~йна, ~йно *poss* ihr
не́ка *part* möge, lass, soll
некадъ́рен untauglich
не|ка́нен ungeladen, ungebeten; **~кроло́г** Todesanzeige *f*; Nachruf *m*; **~ктари́на** *f* Nektarine *f*; **~култу́рен** unkultiviert, ungebildet; **~лега́лен** illegal; **~ло́вко** peinlich; verlegen; **~любе́зен** unfreundlich
немарли́в nachlässig, *F* schlampig; **~ост** *f* Nachlässigkeit *f*, *F* Schlamperei *f*
не́мец Deutsche(r)

не|милости́в unbarmherzig; **~ми́рен** unruhig, ausgelassen; **~мисли́м** undenkbar

немки́ня Deutsche *f*

не|мора́лен unsittlich; **~моти́я** Armut *f*

не́мски deutsch; Deutsch *n*; **той гово́ри ~** er spricht Deutsch; **~ ези́к** deutsche Sprache

нена́вист *f* Hass *m*

нена|де́ен unverhofft, plötzlich; **~дми́нат** unübertroffen; **~реде́н** ungeordnet; unaufgeräumt; **~се́лен** unbewohnt; menschenleer; **~си́тен** unersättlich

нену́жен unnötig

необ|икнове́н ungewöhnlich; **~ита́ем** unbewohnbar; unbewohnt; **~лага́ем** steuerfrei; **~ле́чен** unbekleidet; **~ми́слен** unbedacht, unüberlegt; **~рабо́тен** unbearbeitet; brach(liegend); **~разо́ван** ungebildet; **~узда́н** ungezügelt, unbändig; **~у́т** barfuß; **~у́чен** ungelernt, ungeschult; **~ходи́м** notwendig, nötig; **~ходи́мост** *f* Notwendigkeit *f*; **~ясни́м** unerklärlich

нео|граниче́н unbegrenzt, unbeschränkt; **~пису́ем** unbeschreiblich

нео́питен unerfahren

не|определе́н unbestimmt; **~основа́телен** unbegründet; **~оспори́м** unbestritten; **~осъществи́м** unerfüllbar, undurchführbar; **~отда́вна** unlängst, neulich; neuerdings; **~отло́жен** unaufschiebbar; **~отстъпчи́в** unnachgiebig; **~оцени́м** unschätzbar; **~оча́кван** unerwartet

непо|беди́м unbesiegbar; **~греши́м** unfehlbar

непод|ви́жен unbeweglich, reglos; **~го́твен** unvorbereitet

непо|ходя́щ nicht passend, unpassend; **~зна́т** unbekannt; **~колеби́м** unerschütterlich, standhaft; **~къ́тнат** unberührt; **~прави́м** unverbesserlich; **~слу́шен** ungehorsam; **~сре́дствен** unmittelbar, direkt; **~стижи́м** unerreichbar; unfassbar; **~стоя́нен** unbeständig; **~тре́бен** unnötig, entbehrlich; **~чте́н** unehrlich

непра́в|да Unrecht *n*; **~илен** unrichtig, unregelmäßig; **~оме́рен** JUR unrechtmäßig; **~спосо́бност** *f* Rechtsunfähigkeit *f*

непре|дви́ден unvorhergesehen; **~дпазли́в** unvorsichtig; **~къ́снат** ununterbrochen; **~ме́нно** unbedingt; **~одоли́м** unüberwindlich; **~ста́нен** unaufhörlich

непри|ветли́в unfreundlich; **~емли́в** unannehmbar; **~зна́т** nicht anerkannt; **~зна́телен** undankbar; **~ли́чен** unanständig, anstößig; **~мири́м** unversöhnlich; **~ну́ден** ungezwungen

неприя́т|ел Feind *m*; **~елски** feindlich; **~ен** unange-

nehm, peinlich; **~ност** *f* Unannehmlichkeit *f*
непро|зра́чен undurchsichtig; **~изводи́телен** unproduktiv; **~мока́ем** wasserdicht; **~ница́ем** undurchdringlich; **~сти́м** unverzeihlich; **~ходи́м** ungangbar, unpassierbar
непуша́ч Nichtraucher
непълноле́т|ен unmündig, minderjährig; **~ие** Minderjährigkeit *f*
не|работоспосо́бен arbeitsunfähig, nicht arbeitsfähig; **~ра́вен** uneben, holp(e)rig; ungleich; **~равноме́рен** ungleichmäßig; unregelmäßig
нераз|бори́я Unordnung *f*, Durcheinander *n*; **~бра́н** starrköpfig; unverständlich; unverstanden; **~де́лен** unzertrennlich; **~поло́жен** unwohl; schlecht gelaunt; **~реши́м** unlösbar
не́рв Nerv *m*; **~ен** nervös; Nerven-; **~ност** *f* Nervosität *f*
не|редо́вен unordentlich; unpünktlich; **~реши́телен** unentschlossen; **~руши́м** unverbrüchlich; **~ръжда́ем** rostfrei; **~сго́да** Unbequemlichkeit *f*, Schwierigkeit *f*; Missgeschick *n*; **~сerио́зен** unernst; leichtsinnig; unwichtig
неси́гур|ен unsicher; **~ност** *f* Unsicherheit *f*
не|скро́мен unbescheiden; taktlos; **~споко́ен** unruhig; **~сполу́ка** Misserfolg *m*; **~сполучли́в** misslungen; **~спосо́бен** unfähig
несправедли́в ungerecht; **~ост** *f* Ungerechtigkeit *f*
не|сравни́м unvergleichlich; **~сръ́чен** ungeschickt, linkisch; **~съвмести́м** unvereinbar; **~съгла́сие** Uneinigkeit *f*; Unstimmigkeit *f*; **~съмне́н** zweifellos; **~съмне́но** *adv* ohne Zweifel; **~състоя́телен** unvermögend; zahlungsunfähig; *fig* haltlos; **~съще́ствен** unwesentlich
нето́ч|ен ungenau; **~ност** *f* Ungenauigkeit *f*
не|тра́ен nicht dauerhaft; leicht verderblich; *fig* vergänglich; **~тре́звен** betrunken
нетърп|ели́в ungeduldig; **~е́ние** Ungeduld *f*
не|търпи́м unerträglich; **~трудоспосо́бност** *f* Arbeitsunfähigkeit *f*; **~убеди́телен** nicht überzeugend; **~удо́бен** unbequem; *fig* unangenehm; peinlich; **~удо́бство** Unbequemlichkeit *f*; **~удържи́м** unaufhaltsam; **~уме́стен** unangebracht; **~умоли́м** unerbittlich; **~умори́м** unermüdlich; **~уравновесе́н** unausgeglichen; **~уре́дица** Unordnung *f*; **~урожа́й** Missernte *f*; **~усе́тен** unbemerkt; leicht; **~успе́х** Misserfolg *m*; **~успе́шен** erfolglos; **~устойчи́в** unbeständig, schwankend; **~усто́йка** Stornogebühren *f/pl*
неутра́лен neutral

неучти́в unhöflich; **~ост** *f* Unhöflichkeit *f*
неха́ен nachlässig
нече́|стен unehrlich; **~тен** (*Buch*) ungelesen; (*Zahl*) ungerade; zahlreich; **~тли́в** unleserlich
нечи́ст unsauber, unrein; **~отия́** Schmutz *m*
не|чове́шки unmenschlich; **~чувстви́телен** unempfindlich; **~чу́т** unerhört; unbekannt
нещáст|ен unglücklich; Unglücks-; **~ие** Unglück *n*, Pech *n*; **~ник** *P* Pechvogel *m*
не́що etwas, (irgend)was; *su* Ding *n*, Sache *f*
не́я sie (*A/sg v.* **тя**)
нея́с|ен unklar; undeutlich; **~ност** *f* Unklarheit *f*
ни[1] uns (*A, D/pl v.* **ни́е**)
ни[2] nicht einmal, auch nicht; *konj* **~ ... ~** weder ... noch
ни́ва Acker *m*, Feld *n*
ниво́ Niveau *n*; **жи́знено ~** Lebensstandard *m*
ни́е wir
низина́ GEO Niederung *f*
ни́з|ост *f* Gemeinheit *f*; **~ък** gemein, niederträchtig
ни́|как gar nicht, keineswegs; **~какъв** kein(erlei); **~кна** keimen, aufgehen; **~кога** nie (-mals); **~кой** niemand, kein; **~колко** nicht einer, gar kein; **~къде** nirgends; **~ма́** *part* denn, wohl; **~ма́ не е така́?** ist es denn nicht so?; **~сък** niedrig, klein; (*Ton*) tief; (*Stimme*) leise; **~то** nicht einmal, auch nicht; **~то ... ~то** weder ... noch
ни́шка Faden *m*
нищета́ Elend *n*, Armut *f*
ни́щ|о nichts; **ня́ма ~о** es macht nichts, keine Ursache; **~о́жен** nichtig; winzig, geringfügig
но aber, sondern, doch
нов neu; **~-нове́ничък** *F* funkelnagelneu
нова́|к Neuling *m*; **~тор** Neuerer *m*
нове́ла Novelle *f*
нови́н|а́ Neuigkeit *f*; **~и́** *pl* TV Nachrichten *f/pl*
но́во- Neu-, neu-
новобогата́ш Neureiche(r) *m*
ново|бра́нец Rekrut *m*; **~въведе́ние** Neuerung *f*; **~годи́шен** Neujahrs-; **~лу́ние** Neumond *m*; **~откри́т** neu entdeckt; neu eröffnet
ное́мври *m* November *m*
нож Messer *n*
но́жиц|а, ~и *pl* Schere *f*
но́жче: **~ за бръ́снене** Rasierklinge *f*; **джо́бно ~** Taschenmesser *n*
но́здри *f/pl* Nüstern *f/pl*, Nasenlöcher *n/pl*
нока́ут Knockout *m*
но́кът Nagel *m*; (Vogel-)Kralle *f*
но́мер Nummer *f*; **мо́билен ~** Handynummer *f*
Норве́|гия Norwegen *n*; **≈жец** Norweger *m*; **≈жка** Norwegerin *f*
но́рма Norm *f*
нос Nase *f*; MAR Bug *m*; GEO Kap *n*
носа́ч (Gepäck-)Träger *m*

нóсен[1] getragen, gebraucht
нóс|ен[2] Nasen-; **~на кърпа** Taschentuch *n*; Papiertaschentuch *n*
нóсилка Tragbahre *f*
носúя Tracht *f*; **нарóдна ~** Volkstracht *f*
ностáлгия Heimweh *n*
нóся tragen; bringen; *Huhn*: (Eier) legen; **~ се** *Wolken*: ziehen; *Geruch*: umgehen
нóта Note *f*
нотáриус Notar *m*
нóщ *f* Nacht *f*; **лéка ~** gute Nacht; **~ен** nächtlich, Nacht-; **~éс(ка)** gestern (*od* heute) Nacht; **~ница** Nachthemd *n*; **~ýвам** übernachten; **~ýвка** Übernachtung *f*
нрáв Charakter *m*, Wesen *n*; **~и** *pl* Sitten *pl*, Gebräuche *pl*; **~ствен** sittlich, moralisch; **~я**: **~я се** gefallen
нýж|да Not *f*; Bedürfnis *n*; **~дáя**: **~дáя се** brauchen, benötigen (**от** *A*); **~ен** nötig, erforderlich
нýла Null *f*
ня́|как (**си**) irgendwie; **~какъв** irgendeiner; **~кога** (**си**) irgendwann, einst; **~кой** (**си**) irgendeiner; irgendwer, jemand; **~колко** einige, mehrere, ein paar; **~къде** (**си**) irgendwo(hin)
ням stumm
ня́ма es gibt nicht; es fehlt; **~ защó** keine Ursache; **~ да йда** ich werde nicht gehen; **~м** ich habe nicht; **~м врéме** ich habe keine Zeit

О

о gegen, wider, auf, an
обáдя, обáждам melden, mitteilen; **~ се** sich melden; von sich hören lassen; dazwischenreden; anrufen, telefonieren
обáче jedoch, aber
обая|ние Zauber *m*, Reiz *m*; **~телен** bezaubernd, reizend
обвú|вам, ~я *pf* einhüllen, einwickeln; *j-n* umschlingen; *Pflanze*: umranken; **~вка** Hülle *f*
обвин|éние Beschuldigung *f*; JUR Anklage *f*; **~úтел** Ankläger *m*; **~я́(вам)** beschuldigen; JUR anklagen; **~я́ем** Angeklagte(r)
обвúя → обвúвам
обвър|жа, ~звам umbinden; *fig* binden
об|градя́, ~грáждам einkreisen; umgeben; **~гръщам, ~гърна** *pf* umarmen; *fig* erfassen
óбед Mittag *m*; Mittagessen *n*; *vgl a.* плáдне; **~ен** Mittags-
обед|инéн vereint, vereinigt; **~инéние** Zusammenschluss *m*, Vereinigung *f*; **~иня́(вам)** (**се** sich) vereinigen, zusammenschließen; **~нéя, ~ня́вам** verarmen, arm werden
обез|вредя́(вам), ~врéж-

дам unschädlich machen; MIL entschärfen; **~главя́(вам)** enthaupten; *fig* der Spitze (*od* Führung) berauben; **~заразя́ (-вам)** desinfizieren; **~космя́ (-вам)** enthaaren; **~костя́ (-вам)** *Fisch* entgräten, *Fleisch* entknochen; **~куража́(вам)** entmutigen; **~митя́(вам)** verzollen; **~образя́(вам)** verunstalten, entstellen; **~оръжа́ (-вам)** entwaffnen; **~печа́ (-вам)** sicher(stelle)n, garantieren; **~покоя́(вам)** beunruhigen; **~си́лвам, ~си́ля** *pf* entkräften; erschöpfen; **~сърча́(вам)** entmutigen; **~уме́я, ~умя́вам** wahnsinnig werden, den Verstand verlieren; **~ценя́(вам)** entwerten, wertlos machen; **~ценя́ (-вам) се** wertlos werden; **~честя́(вам)** vergewaltigen; entehren; **~щете́ние** Entschädigung *f*; **~щетя́(вам)** entschädigen

обе́кт Objekt *n*, Gegenstand *m*; **~и́в** Objektiv *n*; **~и́вен** objektiv, sachlich

обе́лвам, обе́ля *pf* (ab)schälen, abziehen; **~ се** sich schälen

обе́м Umfang *m*; MATH Volumen *n*; **~и́ст** umfangreich

обера́ → обúрам

обе́свам, обе́ся *pf* (auf)hängen; **~ се** sich erhängen

обеца́ Ohrring *m*

обеща́|вам, ~я *pf* versprechen; geloben; zusagen; **~ние** Versprechen *n*; Gelöbnis *n*

обжа́лва|м (*im*)*pf* JUR Berufung einlegen; anfechten; **~не** JUR Berufung *f*

обзал|а́гам, ~о́жа *pf*: **~а́гам, ~о́жа се** wetten

об|зе́ма(м), ~взе́ма(м) *Gefühl*: ergreifen, packen; **~зо́р** Übersicht *f*: **~игра́н** erfahren, geschickt; geübt, geschult

оби́да Beleidigung *f*

оби́ден[1] beleidigt, gekränkt

оби́ден[2] beleidigend, kränkend

оби́дя, оби́ждам beleidigen, kränken; **~ се** beleidigt (*od* gekränkt) sein

оби|ка́лям, ~коля́ *pf* herumgehen (**нкг, нщ** um *A*); umgehen, e-n Umweg machen; durchreisen, bereisen; *F* besuchen; *Wald*: umgeben; ASTR sich drehen

оби́к|вам, ~на *pf* lieb gewinnen

обикнове́н gewöhnlich; **~о** *adv.* in der Regel, gewöhnlich

обико́л|ен: **~ен път** Umweg *m*; **~ен биле́т** Rundreisefahrkarte *f*; **~ка** Rundfahrt *f*; Rundgang *m*; THEA Gastspielreise *f*; (Brust-)Umfang *m*; **~я́** → обика́лям

оби́лен reichlich, reichhaltig

оби́р Einbruch *m*, Raub *m*; **~ на ба́нка** Banküberfall *m*

оби́рам, обера́ *pf* sammeln, ernten, pflücken; *Staub* wegwischen; *Rahm* abschöpfen; (*Wohnung*) einbrechen (**нщ** in *A*); *j-n* berauben

óбиск Durchsuchung *f*, Haussuchung *f*; **~ирам** (*im*)*pf* durchsuchen

обитá|вам bewohnen; **~ем** bewohnt; bewohnbar; **~тел** Bewohner *m*

обицá Ohrring *m*

óбич *f* Liebe *f*, Zuneigung *f*; **~áен** gewöhnlich, gebräuchlich, üblich; **~áй** Brauch *m*

обúчам lieben, gern haben, mögen

обкръжá(вам) umgeben; einkreisen

облáг|а Nutzen *m*, Gewinn *m*, Vorteil *m*; **~ам**, **облóжа** *pf* *Steuer, Zoll* auferlegen, belegen (**с** mit *D*)

обладá|вам, **~я** *pf* besitzen, haben; *Gefühl*: erfassen

óблак Wolke *f*

óбласт *f* Gebiet *n*; Bereich *m*

óблач|ен bewölkt, wolkig; **~ност** *f* Bewölkung *f*

облегáл|ка, **~о** (Stuhl-, Arm-)Lehne *f*

об|лéгна → ~ля́гам; **~лекá** → ~лúчам; **~лекló** Bekleidung *f*, Kleidung *f*

облекч|á(вам) erleichtern; lindern, mildern; **~éние** Erleichterung *f*; Linderung *f*, Milderung *f*

об|лéпвам, **~лепя́** *pf* bekleben; *Brief* frankieren; **~лéя**, **~лúвам** begießen, übergießen; überschütten

облúжа, **облúзвам** (ab)lecken; **~ се** sich das Maul (*Mensch*: die Lippen) lecken; *fig* sich die Finger lecken (nach *D*)

облúчам, **облекá** *pf* anziehen, ankleiden; beziehen (**с** mit *D*); **~ се** sich anziehen; sich kleiden

облóжа → облáгам

облъч|а, **~вам** bestrahlen

обля́гам, **облéгна** *pf* (an)lehnen, stützen; **~ се** sich anlehnen (**на** an *A*), sich stützen (**на** auf *A*)

об|меня́(вам), **~мéням** (aus)tauschen; umtauschen; **~мúсля(м)** überlegen, bedenken, überdenken; **~митя́ (-вам)** verzollen; **~мя́на** Tausch *m*; Austausch *m*; Umtausch *m*; **~мя́на на веществáта** MED Stoffwechsel *m*; **~нарóдвам** (*im*)*pf* veröffentlichen, publizieren; **~новлéние** Erneuerung *f*; **~новя́ (-вам)** erneuern; restaurieren; **~нóски** *pl* Benehmen *n*

обобщ|áвам, **~я́** *pf* verallgemeinern; zusammenfassen; **~éние** Verallgemeinerung *f*; Zusammenfassung *f*

обо|гатя́(вам) (**се** sich) bereichern; **~дрúтелен** erfrischend; aufmunternd; **~дря́ (-вам)** erfrischen; aufmuntern; ermuntern; **~жáвам** vergöttern, anbeten

обозначá(вам) bezeichnen, markieren

обóй Oboe *f*

обоня́ние Geruchssinn *m*

обóр (Vieh-)Stall *m*

обóр|вам, **~я** *pf* überwältigen; widerlegen

оборóт TECH Umdrehung *f;* HDL Umsatz *m*
обóря → обóрвам
обо|сновá(вам) begründen; motivieren; **~собя́(вам)** (**се** sich) absondern
обрабóт|вам, ~я *pf* bearbeiten; AGR bestellen, bebauen; *Rohstoffe* verarbeiten; **~ка** Bearbeitung *f;* Verarbeitung *f*
óбраз Gestalt *f,* Bild *n;* Gesicht *n;* **~ен** bildlich, figürlich; **~éц** Vorbild *n;* Muster *n*
образóван gebildet; **~ие** Bildung *f;* **вúсше ~ие** Hochschulbildung *f;* **срéдно ~ие** Gymnasialbildung *f*
образовáтел|ен Bildungs-; **~на вакáнция, ~ турúзъм** Studienurlaub *m*
образ|ýвам bilden; gründen; **~цóв** vorbildlich, musterhaft; Muster-
обрáт Wendung *f;* **~ен** umgekehrt, Rück-; **~на странá** Kehr-, Rückseite *f;* **~но** *adv* umgekehrt; zurück
óбред Ritual *n;* Brauch *m*
об|рекá → ~рúчам; **~ременя́(вам)** belasten; **~рив** Ausschlag *m;* **~рисýвам** *(im)pf* schildern, beschreiben; **~рúчам, ~рекá** *pf* verurteilen (**на** zu *D*)
обръс|на, ~вам (**се** sich) rasieren
óбръч (Fass-)Reifen *m;* Ring *m*
обръщам, обърна *pf* wenden; (um)drehen; (um)kehren; *Blick, Aufmerksamkeit* richten (**на** auf *A*); **~ се** sich umdrehen; sich wenden (**към** an *A*); sich überschlagen; umkippen
обръщéние Anrede *f;* Aufruf *m;* HDL, FIN Umlauf *m*
обсáда Belagerung *f*
об|садя́, ~сáждам belagern; **~сéбвам, ~сéбя** *pf* sich (*D*) aneignen; **~сéр** Reichweite *f;* Bereich *m;* **~сúпвам, ~сúпя** *pf* überschütten; bestreuen; bedecken; **~слýжа, ~слýжвам** bedienen; **~станóвка** Umgebung *f;* Lage *f;* (Haus-) Einrichtung *f;* **~стóен** ausführlich, erschöpfend; **~стоя́телство** Umstand *m*
обстрéл|вам, ~ям *pf* beschießen
обсъ|дя, ~ждам erörtern; beraten; **~ждане** Erörterung *f;* Beratung *f*
об|тéгна → ~тя́гам; **~тéгнат** gespannt, straff
обтя́гам, обтéгна *pf* spannen, straff ziehen
обувáлка Schuhanzieher *m,* -löffel *m*
обý|вам, ~я *pf* (**се**) *Schuhe, Hose* anziehen; **~вка** Schuh *m*
обуздá|вам, ~я *pf* bändigen, zügeln
обусл|áвям, ~óвя *pf* bedingen
обýч|а, ~áвам unterrichten, lehren; ausbilden; **~éние** Unterricht *m;* Ausbildung *f,* Lehre *f;* **домáшно ~** *n* Homeschooling *n kein pl*
обýщ|а *pl* Schuhe *m/pl;* **боя́ за ~а** Schuhcreme *f;* **чéтка за ~а** Schuhbürste *f;* **~áр** Schuhma-

cher *m*; **~а́рница** Schuhmacherei *f*

обу́я → обу́вам

обхва́|на, ~щам umfassen; ergreifen; *Fläche* einnehmen; **~т** Umfang *m*, Reichweite *f*

обхо́|дя, ~ждам durchwandern; *Nachricht*: sich verbreiten

обши́|вам, ~я *pf* um-, einsäumen; besetzen; TECH verschalen; **~рен** umfangreich; geräumig

общ gemeinsam; allgemein; gesamt; **~ рабо́тник** Hilfsarbeiter *m*

общежи́тие (Wohn-)Heim *n*

обще́ствен sozial, Gesellschafts-; öffentlich; **~о мне́ние** öffentliche Meinung; **~ост** *f* Öffentlichkeit *f*

общ|ество́ Gesellschaft *f*; **~ина́** Gemeinde *f*; **~и́нски**: **~и́нски съве́т** Gemeinderat *m*; **~ителен** gesellig, umgänglich; **~и́телност** *f* Geselligkeit *f*

о́бщ|ност *f* Gemeinschaft *f*; Gemeinsamkeit *f*; **~о** im Allgemeinen

общо|досту́пен (*Preis*) erschwinglich; *fig* allgemein verständlich; **~изве́стен** allbekannt, allgemein bekannt; **~поле́зен** gemeinnützig; **~прие́т** allgemein gültig, allgemein üblich; **~призна́т** allgemein anerkannt

общу́ва|м verkehren, umgehen (**с** mit *D*); **~не** Umgang *m*, Verkehr *m*

о́бъл oval, rund

обърк(в)ам vermischen; *fig* verwirren, durcheinander bringen; verwechseln; **~ се** durcheinander geraten; sich verwirren; sich verlaufen, sich verfahren

объ́рна → обръ́щам

объ́р|свам, ~ша *pf* abtrocknen, abwischen

обя́в|а, ~ле́ние Anzeige *f*, Inserat *n*; Bekanntmachung *f*; **~я́(вам)** anzeigen, bekannt geben; *Krieg* erklären

обя́д → обе́д; **~вам** zu Mittag essen

обясне́ние Erklärung *f*

обясня́(вам) erklären

обя́тия *pl* Umarmung *f*

ове́н Hammel *m*

ове́с Hafer *m*; **~ен**: **~ени я́дки** *f/pl* Haferflocken *f/pl*

овлад|е́я, ~я́вам erobern; *fig* (**се** sich) beherrschen; meistern; erlernen, sich Kenntnisse aneignen; (*nur 3. pers*) *Angst usw.*: ergreifen

о́внешк|и Hammel-; **~о месо́** Hammelfleisch *n*; **~о пе́чено** Hammelbraten *m*

ово́щ|ен Obst-; **~на гради́на** Obstgarten *m*; **~ия** *pl* Obst *n*

овц|а́ Schaf *n*; **~евъ́дство** Schafzucht *f*

овча́р Schäfer *m*; **~ски**: **~ско ку́че** Schäferhund *m*

о́вч|и Schafs-; **~е мля́ко** Schafmilch *f*

огладн|е́я, ~я́вам hungrig werden

огла́|дя, ~ждам glätten; bügeln

óглед Besichtigung *f*; **с (без) ~ на** mit (ohne) Rücksicht auf; **~áло** Spiegel *m*
oглé(ж)дам betrachten, sich ansehen; **~ се** sich umschauen; in den Spiegel schauen
оглуш|á(вам) betäuben; ohrenbetäubenden Lärm machen; übertönen; **~áвам, ~éя** *pf* taub werden; **~úтелен** ohrenbetäubend
óгне|н feurig, Feuer-; **~упóрен** feuerfest
огнúще Feuerstelle *f*, Herd *m* (*a. fig*), Kamin *m*
огóл|вам, ~я *pf* entblößen; bloßlegen; *fig* berauben; **~явам, ~éя** *pf* kahl werden; *fig* verarmen
огорчá(вам) verbittern, kränken
огрáб|вам, ~я *pf* ausplündern
огрá|да Zaun *m*, Umzäunung *f*; **~дя, ~ждам** ein-, umzäunen; umstellen
ограмотя́(вам) das Lesen und Schreiben beibringen (**нкг** *D*)
огранúч|á(вам) begrenzen; beschränken; einschränken; **~éн** begrenzt, beschränkt (*a. geistig*); **~éние** Beschränkung *f*; Einschränkung *f*
огрóмен gewaltig, riesig
огря́вам, огрéя *pf* erwärmen; bescheinen
огъ|вам, ~на *pf* (**се** sich) biegen; *fig* nachgeben
óгън Feuer *n*
огъ́рлица Halskette *f*
одеколóн Kölnischwasser *n*
oдерá → одúрам
одея́ло Wolldecke *f*
одúрам, одерá *pf* abziehen; *F* zerkratzen
одобр|éние Billigung *f*, Zustimmung *f*; **~я́(вам)** billigen, gutheißen; genehmigen
одрáск(в)ам (zer)kratzen
одъ́рпан zerlumpt; heruntergekommen
ожадн|éя, ~я́вам Durst bekommen
ожéн|вам, ~я *pf* (*Mann*) (**се** sich) verheiraten (**за** mit *D*)
ожесточá(вам) erbittern, erbosen, in Wut bringen; **~ се** erbittert werden; grausam werden
ожесточéние Grausamkeit *f*; Härte *f*; Erbitterung *f*
ожив|éн belebt; lebhaft; **~éя** → ~я́вам; **~лéние** Belebung *f*; (reges) Leben; **~я́вам, ~éя** *pf* beleben; lebendig werden
ожу́л|вам, ~я *pf* abschürfen
озадачéн verblüfft; erstaunt
оздрав|éя, ~я́вам gesund werden, genesen; **~я́ване** Genesung *f*
озлоб|éн erbost; verbissen; **~éност** *f*, **~лéние** Erbitterung *f*, Groll *m*; Verbissenheit *f*; **~я́(вам)** (**се** sich) erbittern, erbosen, erzürnen
означá(вам) kennzeichnen, bezeichnen; bedeuten
озовá(вам): **~ се** erscheinen
озъ́р|на, ~там: **~на, ~там се** sich umsehen, umschauen (**за** nach *D*)
окáжа, окáзвам erweisen; *Hilfe* leisten; **~ се** sich erwei-

sen, sich herausstellen (als)
оказио́н Gelegenheitskauf *m*
ока́йвам, ока́я *pf* bemitleiden, beweinen; **~ се** sich selbst Leid tun
ока́пв|ам, ~я *pf* bekleckern; *Haar*: ausfallen; *Blätter*: abfallen
ока́стря(м) beschneiden
ока́ч|вам, ~а́ *pf* auf-, anhängen
окачествя́(вам) qualifizieren, werten
ока́я → **ока́йвам**
ока́ян erbärmlich, jämmerlich
океа́н Ozean *m*; **Ти́хи ~** der Stille Ozean
о́кис Oxid *n*
оки́ч|а, ~вам schmücken
око́ Auge *n*; **не му ми́га ~то** er zuckt nicht mit der Wimper
око́ви *f/pl* Ketten *f/pl*, Fesseln *f/pl*
о́колен umliegend; benachbart; **по ~ път** auf Umwegen
око́лност *f* Umgebung *f*
о́коло um … herum, (rings)um; *zeitl* gegen; etwa, zirka (ca.); **~връ́ст** ringsherum
оконча́|вам GR enden (**на** auf *A*); **~ние** GR Endung *f*; **~телен** endgültig
окопи́т|вам, ~я *pf*: **~вам, ~я се** (wieder) zu sich kommen
окрада́, окра́двам bestehlen
окриля́(вам) begeistern, beflügeln
окръ́жност *f* MATH Kreis(linie *f*) *m*
оксиже́н Schweißbrenner *m*; **~и́рам** (*im*)*pf* autogen schweißen; *Haar* blondieren; **~и́ст** Schweißer *m*
окто́мври *m* Oktober *m*
окуп|а́ция MIL Besetzung *f*; **~и́рам** (*im*)*pf* besetzen
окуража́(вам) ermutigen
окуц|е́я, ~я́вам lahm werden, erlahmen
окъ́п|вам, ~я *pf* (**се**) baden
окъся́(вам) (ver)kürzen, kürzer werden
оле́к|вам, ~на *pf* leichter werden
оле́п|вам, ~ям, ~я́ *pf* bekleben
оли́|жа, ~звам (ab)lecken
олимпиа́да Olympiade *f*
о́лио Speiseöl *n*
олицетвор|е́ние Verkörperung *f*; **~я́(вам)** verkörpern
оло́во Blei *n*
олта́р Altar *m*
олю́щ|вам, ~я *pf* (ab)schälen; beschädigen, zerkratzen; **~вам, ~я се** sich (ab)schälen, abblättern
ома́ен bezaubernd
омало|важа́(вам) unterschätzen, unterbewerten, zu wenig Beachtung schenken
ома́р Hummer *m*
ома́ра Dunst *m*
ома́чк(в)ам zerknittern
оме́к|вам, ~на *pf* weich werden; **~ча́(вам)** weich machen; mildern
омета́, оми́там auskehren; *fig* leer essen, *P* verputzen; *fig* **~ се** sich aus dem Staub(e) machen

омота́|вам, **~я** *pf* (um)wickeln; verwickeln
омра́з|а Hass *m*; **~ен** verhasst
омръ́з|вам, **~на** *pf* überdrüssig werden
омъ́жа, **омъ́жвам** *Frau* verheiraten; **~ се** heiraten (**за** *A*)
омърся́(вам) beschmutzen, verunreinigen
ондула́ция: **во́дна ~** (*Frisur*) Wasserwelle *f*
онем|е́я, **~я́вам** verstummen, stumm werden
о́нзи, **о́ня** jener; (**на**) **о́ня свят** (im) Jenseits *n*; **~ ден** vorgestern
опа́|д(в)ам ausfallen; abfallen; **~звам**, **~зя** *pf* (be)hüten; bewahren, erhalten
опа́зване Schutz *m*; **~ на око́лната среда́** Umweltschutz *m*
о́пак verkehrt; Rück-; eigensinnig; **~и** *n*, **~о** Kehr-, Rückseite *f*
опако́в|ам (*im*)*pf* (ein-, ver)packen; **~ка** Verpackung *f*
опа́р|вам, **~я** *pf*: **~вам, ~я се** sich verbrennen, verbrühen
опа́|свам, **~ша** *pf* umbinden; *fig* umgeben
опа́с|ен gefährlich; **~е́ние** Befürchtung *f*, Besorgnis *f*; **~ност** *f* Gefahr *f*; **~я́вам**: **~я́вам се** befürchten (**от** *A*)
опа́ша → опа́свам
опа́шка Schwanz *m*, Schweif *m*; (Blatt-)Stiel *m*; (Menschen-)Schlange *f*; **въртя́ ~** wedeln (**нщ** mit *D*)
опека́ → опи́чам
опе́к|а, **~у́нство** Vormundschaft *f*; Bevormundung *f*
о́пе|ра Oper *f*; **~ра́** → опи́рам[1]; **~ра́ция** Operation *f*; **~ре́та** Operette *f*; **~ри́рам** (*im*)*pf* operieren; **~тня́(вам)** beflecken (*a. fig*); **~чале́н** traurig, betrübt; **~чаля́(вам)** traurig machen *od* stimmen
опи́вам, **опи́я** *pf* berauschen, betrunken machen; **~ се** sich betrinken, sich berauschen
опи́рам[1], **опера́** *pf Wäsche* (durch)waschen
опи́рам[2], **опра́** *pf* anlehnen; berühren; stoßen (**на** auf *A*); **~ се** sich anlehnen, stützen; sich widersetzen
о́пис Verzeichnis *n*; JUR Pfändung *f*; **~а́ние** Beschreibung *f*
опи́|свам, **~ша** *pf* beschreiben; erfassen, inventarisieren
о́пит Versuch *m*; Erfahrung *f*
опи́т(в)ам prüfen; versuchen, kosten
о́пит|ен erfahren (*adj*); Versuchs-; **~ност** *f* Erfahrung *f*
опитомя́(вам) zähmen
опи́чам, **опека́** *pf* backen; rösten
опи́|ша → ~свам; **~я** → ~вам; **~яне́ние** Rausch *m*, Trunkenheit *f*; **~яня́ (~вам)** berauschen
опла́|квам, **~ча** *pf* beweinen, betrauern; **~квам, ~ча се** sich beklagen, sich beschweren (**на нкг от нщ** bei *D* über *A*), klagen (**от** über *A*); **~кване** Beschwerde *f*
оплета́, **опли́там** stricken;

flechten; *fig* verwickeln; ~ **се** sich verwickeln
оплодя́(вам) befruchten
опо|вестя́(вам) bekannt geben; **~жаря́(вам)** niederbrennen; **~зи́ция** Opposition *f*; **~зна́вам, ~зна́я** *pf* kennen lernen
оползотворя́(вам) nutzbar machen, nutzen
опо́мня(м): ~ **се** zur Besinnung (*od* wieder zu sich) kommen
опо́ра Stütze *f* (*a. fig*); Halt *m*
опра́ → опи́рам
оправда́|вам, ~я *pf* JUR freisprechen; (**се** sich) rechtfertigen; **~ние** Rechtfertigung *f*; JUR Freispruch *m*
опра́вя(м) in Ordnung bringen; *Bett* machen; (ver)bessern; auf den richtigen Weg bringen; ~ **се** sich zurechtfinden; sich bessern
опра́з|вам, ~ня *pf* (aus)leeren; räumen
определе́н bestimmt; (*Preis*) fest; **~ие** Definition *f*; GR Attribut *n*
опред|еля́, ~е́лям bestimmen; feststellen
опресня́(вам) erfrischen, frisch machen; (*Kenntnisse usw.*) auffrischen
опро|верга́вам, ~вергая *pf* widerlegen; dementieren; **~верже́ние** Widerlegung *f*; Dementi *n*; **~пастя́(вам)** ruinieren, zugrunde richten; **~стя́(вам)** vereinfachen; **~стя́, ~ща́вам** verzeihen; *Schuld* erlassen
опръ́ск(в)ам bespritzen; voll spritzen
опти́че|н, ~ски optisch
опуст|ея́ → ~я́вам; **~ошá (-вам)** verwüsten, verheeren; **~оше́ние** Verwüstung *f*; **~я́вам, ~ея́** *pf* veröden, leer werden
опу́ш|а, ~вам räuchern
опъ́вам, опъ́на *pf* spannen, straffen; ziehen; ~ **се** sich ausstrecken
опъ́рж|а, ~вам *v/t* braten
о́пърничав widerspenstig, eigensinnig
ора́ ackern, pflügen
оранжа́да Orangenlimonade *f*
оранже́рия Treibhaus *n*, Gewächshaus *n*
ора́тор(ка) Redner(in *f*) *m*
о́рбита ASTR Umlaufbahn *f*; ANAT Augenhöhle *f*
о́рган Organ *n*; MUS Orgel *f*; **~иза́ция** Organisation *f*; **~изи́рам** (*im*)*pf* organisieren; **~и́зъм** Organismus *m*
о́рда Horde *f*
о́рден Orden *m*
ордьо́вър Vorspeise *f*
оре́л Adler *m*
о́рех Walnuss *f*; Nuss *f*
ори́г|вам, ~на *pf*: **~вам, ~на се** *F* rülpsen; aufstoßen
оригина́л Original *n*; **~ен** original
ориента́лски orientalisch
ориент|а́ция, ~иро́вка Orientierung *f*; **~и́рам** (*im*)*pf* (**се** sich) orientieren (**по** nach *D*,

an *D*)
ориз Reis *m*; **мляко с ~** Milchreis *m*
оркестър Orchester *n*
орлов Adler-
орляк (Vogel-)Schwarm *m*
орося(вам) benetzen; berieseln, bewässern
оръдие Gerät *n*; *fig* Werkzeug *n*; MIL Geschütz *n*
оръжие Waffe *f*; **~ за масово унищожение** Massenvernichtungswaffe *f*
ос *f* Achse *f*; **земната ~** Erdachse *f*; **~ на колело** Radachse *f*
оса Wespe *f*
осакат|ея, **~явам** *v/i* lahm werden, verkrüppeln; **~я(вам)** *v/t* lahm machen, verkrüppeln
осведом|ен informiert, unterrichtet; **~я(вам)** (**се** sich) informieren
освеж|а(вам) erfrischen; auffrischen; **~ителен** erfrischend; Erfrischungs-
освен außer, ausgenommen
освет|ен beleuchtet; REL geweiht; **~ление** Beleuchtung *f*; **~ля(вам)** beleuchten; *fig* informieren; **~я(вам)** beleuchten; REL weihen
осве|тя, **~щавам** (ein)weihen
освирк(в)ам auspfeifen
освободя, **освобождавам** (**се** sich) befreien; frei machen; (*von e-r Pflicht*) entbinden
освобождение Befreiung *f*
осезание Tastsinn *m*
осигур|ителен Versicherungs-; Sicherungs-; **~ен** versichert; gesichert; **~овка** Versicherung *f*; **обществена ~овка** Sozialversicherung *f*; **здравна ~овка** Krankenversicherung *f*; **~овка живот** Lebensversicherung *f*; **~овка гражданска отговорност** Haftpflichtversicherung *f*; **~овка срещу злополука** Unfallversicherung *f*; **~я(вам)** (ver)sichern
осиновя(вам) adoptieren
осирот|ея, **~явам** verwaisen
осквернят(вам) schänden
оскуб|вам, **~я** *pf* ab-, ausreißen; *Geflügel, fig* rupfen
оскъд|ен ärmlich; dürftig; knapp; **~ица** Armut *f*; Not *f*; Knappheit *f*
оскърб|ителен beleidigend, kränkend; **~ление** Beleidigung *f*; **~я(вам)** beleidigen, kränken; **~я(вам) се** sich beleidigt fühlen
ослаб|вам, **~на** *pf* schwächer werden; abnehmen; **~вам**, **~я** *pf* schwächen, entkräften; lockern
осланям, **ослоня** *pf*: **~ се** sich verlassen (**на** auf *A*)
ослеп|ея → ~явам; **~ителен** blendend, grell; **~явам**, **~ея** *pf* erblinden; **~я(вам)** blind machen, blenden
ос|луш(в)ам: **~ се** horchen, lauschen; **~меля(вам)**: **~меля(вам) се** wagen, sich erdreisten; **~мея**, **~мивам** auslachen; **~мин(к)а** Achtel *n*; **~мица**, **~морка** Acht *f*
основа Grund(lage *f*) *m*; Basis *f*, Fundament *n*; GR Stamm *m*;

CHEM Base *f*; **въз ~ на** aufgrund von

основá|(вам) (be)gründen; **~(вам) се** beruhen (**на** auf *A*); sich stützen; **~ние** Grund *m*, Anlass *m*

оснóвен gründlich, grundlegend, Grund-

осóбен besonder-, eigentümlich, eigen(artig); **~о** besonders; **~ост** *f* Besonderheit *f*, Eigenart *f*

оспóр|вам, ~я *pf* bestreiten; abstreiten

осребря́(вам) *Scheck* einlösen, auszahlen

остá|вам, ~на *pf* (ver)bleiben; übrig bleiben; (*Schule*) sitzen bleiben; **~вка** Rücktritt *m*; **~вя(м)** lassen; (liegen, stehen) lassen; hinterlassen; verlassen; (übrig) lassen; (zurück)lassen; **~на** → ~вам; **~нал** übrig (geblieben); **~нки** *f*/*pl* Reste *m*/*pl*, Überreste *m*/*pl*, Überbleibsel *n*/*pl*

остар|éя, ~я́вам älter werden; altern; **~я́л** veraltet; (*Mensch*) gealtert

остáтък Rest *m*, Überbleibsel *n*; **без ~** restlos

острú|гвам, ~жа *pf* scheren, abschneiden; **~гвам, ~жа се** sich die Haare schneiden lassen; **~é** (Messer-)Schneide *f*; (Nadel-)Spitze *f*; **~жа** → ~гвам

óстров Insel *f*

остро|връх spitz(ig); **~тá** Schärfe *f*; **~ýмен** scharfsinnig; geistreich; **~ýмие** Scharfsinn *m*

óстря schärfen, schleifen; *Bleistift* (an)spitzen

óстър scharf, spitz; (*Bedarf*) dringend

осуетя́(вам) verhindern, vereiteln

осъ|ден verurteilt; **~дя, ~ждам** verurteilen (**на** zu *D*); **~знáвам, ~знáя** *pf* begreifen; sich bewusst werden (**нщ** *G*)

осъществ|úм durchführbar; **~я́(вам)** verwirklichen, realisieren

от von; vor; seit; aus; als; **~ Мюнхен до Сóфия** von München bis Sofia; **~ рáдост** vor Freude; **тя е ~ Вáрна** sie ist aus Varna; **~ три дни** seit drei Tagen; **аз съм пó-млад ~ нéго** ich bin jünger als er

отбел|éжа, ~я́звам kennzeichnen; anmerken, notieren

отберá → отбúрам

отбúвам, отбúя *pf* abbiegen; *Fluss* umleiten; *Säugling* entwöhnen; *Geld* abziehen; ausweichen; **~ се** abweichen; ausweichen; vorbeikommen

от|бúрам, ~берá *pf* aussuchen; *P* (*nur impf.*) verstehen; **~благодаря́(вам)**: **~благодаря́(вам) се** sich erkenntlich zeigen; **~блúзо** aus der Nähe, von nahem

отблъс|вам, ~квам, ~на *pf* zurückstoßen, wegstoßen; *fig* abstoßen

от|бóр Auslese *f*; SPORT Mannschaft *f*; **~брáн** ausgesucht; auserlesen; **~брáна** Verteidigung *f*, Abwehr *f*; **~браня́(вам)**: **~браня́(вам) се** sich verteidigen, wehren

отбя́г|вам, **~на** *pf* (ver)meiden

отва́рям, **~во́ря** *pf* aufmachen, öffnen; eröffnen; TV, EL einschalten; **~ се** sich öffnen; eröffnet werden

от|ве́ждам, **~ведá** *pf* weg-, hinführen; *Weg*: führen; **~ве́рка** Schraubenzieher *m*; **~ве́с** Lot *n*; **~ве́сен** senkrecht; **~ви́вам**, **~ви́я** *pf* auspacken; abschrauben

отви́к|вам, **~на** *pf* (sich) abgewöhnen; verlernen (**от** *A*)

от|ви́я → **~ви́вам**; **~влекá** → **~вли́чам**; **~вле́чен** abstrakt; **~вли́чам**, **~влекá** *pf* wegschleppen; entführen; *fig* ablenken

отво́р Öffnung *f*; **~ен** geöffnet; offen; **~я** → **отва́рям**

отвра|ти́телен widerwärtig, widerlich, abscheulich; **~ще́ние** Abscheu *m*; Ekel *m*, Widerwille *m*

от|вре́д von allen Seiten, überallher; **~връщам**, **~върна** *pf* erwidern, entgegnen; heimzahlen; **~вся́къде** von überall her; **~въ́д** jenseits; **~вън(ка)** (von) (dr)außen

отвър|звам, **~жа** *pf* losbinden

отвър|на → **отвръщам**; **~там**, **~твам**, **~тя́** *pf* abschrauben

отвъ́тре von innen

отгá|твам, **~нá** *pf* (er)raten

отгле́(ж)дам *Kinder* aufziehen; *Tiere* züchten

отговáря|м, **отгово́ря** *pf* antworten (**на** auf *A*), erwidern; **~м** verantworten (**за** *A*); **товá не ми отговáря** das passt (gefällt) mir nicht

о́тго|вор Antwort *f*; **~во́рен** verantwortlich (**за** für *A*); **~во́рност** *f* Verantwortung *f*; **~во́ря** → **~вáрям**

отгóре (von) oben; überdies, darüber hinaus; **~~** oberflächlich

отдá(ва)м (hin)geben; *Ehre* erweisen; *Bedeutung* beimessen; **~ се** sich hingeben; sich widmen

отдáвна seit langem, vor langer Zeit

отдале́|ко → **~ч(е)**; **~чá(-вам)** entfernen; fern halten; **~чá(вам) се** sich entfernen; (*v. Thema*) abkommen; **~ч(е)** von weitem, aus der Ferne; **~че́н** entfernt, entlegen

отдáм → **отдáвам**

отде́л Abteilung *f*; Abschnitt *m*; Rubrik *f*; **~ен** einzeln, vereinzelt; abgesondert; **~е́ние** Abteilung *f*, Sektion *f*; (Schrank-)Fach *n*

отделя́, **отде́лям** absondern; (ab)trennen; *Geld* zurücklegen; CHEM ausscheiden; **~ се** sich trennen; sich absondern; sich selbstständig machen

о́тдих Erholung *f*; Rast *f*

отдо́лу (von) unten

отдръ́пвам, **отдръ́пна** *pf*

wegziehen, zurückziehen; **~ се** zurückgehen; sich zurückziehen (*a.fig*)
отдъх|вам, ~на *pf* aufatmen
отдя́сно (von) rechts
отег|ча́(вам) belasten; (**се** sich) langweilen; **~чи́телен** langweilig, lästig
оте́чество Vaterland *n*
отживе́лица Überbleibsel *n*, Überrest *m* (*aus alter Zeit*)
отза́д (von) hinten
о́т|звук Echo *n*, Widerhall *m*; **~зив** Äußerung *f*, Meinung *f*; (Presse-)Stimme *f*, Kritik *f*
отзова́(вам) abberufen; **~ се** erwidern; sich äußern; Folge leisten (**на** *D*)
оти́ва|м, оти́да *pf* gehen; fahren; fliegen; *Weg*: führen; **~ на вя́търа** *F* es ist futsch; **~м си** nach Hause gehen
отка́жа → отка́звам
о́тказ Absage *f*, Ablehnung *f*
отка́звам, отка́жа *pf* absagen, ablehnen; sich weigern; **~ се** verzichten (**от** auf *A*); aufgeben (**от** *A*)
от|ка́к(то) seit(dem); **~ка́р(в)ам** *v/t* weg-, abfahren; transportieren; **~ка́ча́, ~ка́чвам** herunternehmen; abhängen; **~клоне́ние** Abweichung *f*; Abzweigung *f*; Umleitung *f*
отклоня́(вам) ablenken (*a. fig*); abwenden; umleiten; **~ се** abweichen, abkommen
отклю́ч|а, ~вам aufschließen
откога́ seit wann; **~то** seitdem
отко́лко(то) als
откопи́р|ам, ~вам *pf* kopieren
отко́пч|а → ~вам; **~а́вам, ~а́я** *pf* aufknöpfen; **~вам, ~а** *pf* losreißen; *fig* herausholen, entlocken; **~вам, ~а се** sich losmachen
откра́д|вам, ~на *pf* stehlen; entführen
откра́й von Anfang an; **~ вре́ме** seit jeher; **~ докра́й** von A bis Z
откри́|вам, ~я *pf* aufdecken; entdecken; enthüllen; eröffnen; **~вам, ~я се** sich aufdecken; **~ва́тел** Entdecker *m*; **~т** unbedeckt, offen, frei; eröffnet; **на ~то** im Freien; **в ~то море́** auf hoher See; **~тие** Entdeckung *f*; **~я** → ~вам
открове́н aufrichtig, offen; **~ост** *f* Aufrichtigkeit *f*, Offenheit *f*
о́ткуп Lösegeld *n*; **~вам, ~у́вам, ~я** *pf* loskaufen; (auf)kaufen; **~вам се** sich loskaufen, sich freikaufen
откъде́ woher; **~накъде́** *F* wieso denn
откъм von, aus der Richtung; in Bezug auf
откърт|вам, ~я *pf* (**се** *v/i*) abbrechen; herausbrechen
о́тк ъс Abschnitt *m*, Auszug *m*, Fragment *n*
откъс|вам, ~на *pf* abreißen, abpflücken; *fig* trennen; **~вам се** sich losreißen; **~лечен** fragmentarisch, lückenhaft
от|ла́гам, ~ло́жа *pf* ver-, auf-

schieben; **~летя́** → ~ли́там; **~ле́я** → ~ли́вам

о́тлив Ebbe *f*; *fig* Rückgang *m*

отли́в|ам, отле́я *pf* ab-, weggießen; TECH gießen; **~ка** TECH Guss *m*

от|ли́там, ~летя́ *pf* abfliegen; wegfliegen

отлича́(вам) unterscheiden; *fig* auszeichnen

отли́ч|ен ausgezeichnet, vorzüglich; **~ие** Auszeichnung *f*; **~и́телен** Unterscheidungs-, charakteristisch

отло́жа → отла́гам

от|ло́мка, ~ло́мък Bruchstück *n*, Stück *n*; **~лъча, ~лъчвам** absondern, trennen; **~ля́во** von links; **~мале́я, ~маля́вам** schwach werden; **~меня́(вам)** aufheben, außer Kraft setzen; *j-n* ablösen

отме́|рвам, ~ря *pf* abmessen; abwiegen; *fig* abwägen; **~рен** gleichmäßig; **~ствам, ~стя** *pf* wegrücken, zur Seite schieben; **~тна** → отмя́там

отми́н|а, ~а́вам vorbeigehen; *fig* vergehen, aufhören; übergehen

отмо́ра Erholung *f*, Entspannung *f*, Ruhe *f*

отмъ|квам, ~кна *pf* wegschleppen; **~стя́(вам), ~щáвам** sich rächen (**нкм** an *D*); **~ще́ние** Rache *f*

от|мя́там, ~ме́тна *pf* zurückwerfen; abhaken

отна́сям, отнеса́ *pf* tragen, (weg-, fort)bringen; **~ се** sich verhalten; sich wenden (**към, до** an *A*); (*nur 3. pers*) betreffen, sich beziehen (**за** auf *A*)

от|нача́ло *adv* anfangs, anfänglich; **~не́ма(м)** (weg)nehmen; *Wort* entziehen; **~неса́** → ~на́сям; **~но́во** von neuem, aufs Neue; **~носи́телен** relativ; **~но́сно** bezüglich, in Bezug auf; **~ноше́ние** Verhältnis *n*; Beziehung *f*; Hinsicht *f*; **~ня́къде** von irgendwo, irgendwoher

о́ток Geschwulst *f*

отопле́ние Heizung *f*; **централно ~** Zentralheizung *f*

отопли́тел|ен Heiz- *f*

ото́п|ля, ~ля́вам (be)heizen

отпа́д|ам, ~на *pf* abfallen; *Kräfte*: abnehmen; den Mut verlieren; *Veranstaltung*: ausfallen; **~ъци** *m/pl* Abfälle *m/pl*

отпеча́т|(в)ам (ab)drucken; *Spur* hinterlassen; **~ък** Abdruck *m*; Spur *f*; Gepräge *n*; **отде́лен ~ък** Sonderdruck *m*

отпи́|свам, ~ша *pf* (**се** sich) abmelden (**от** bei, in *D*)

отпла́та Lohn *m*, Belohnung *f*; Vergeltung *f*

отплатя́, отпла́щам bezahlen; vergelten

отпле́с|вам, ~на *pf*: **~вам, ~на се** ausrutschen; abprallen; (*v. Thema*) abschweifen

отплувам (*im*)*pf* MAR ablegen, auslaufen, in See stechen

отпочи́|вам, ~на *pf* sich ausruhen, sich erholen

отпра́вя(м) richten; *Frage* stellen; **~ се** sich begeben; sich

richten
отпразну́вам (*im*)*pf* feiern
отпре́д (von) vorn; voran
о́тпуск(а) Urlaub *m*
отпу́|скам, ~щам, ~сна *pf* loslassen; sinken (*od* hängen) lassen; lockern; FIN gewähren; geben, bewilligen; **~скам се, ~щам се, ~сна се** *pf* nachlassen; hängen; sich entspannen; sich gehen lassen; **вре́мето се ~сна** es wird wärmer; **~снат** herabhängend; apathisch; nachlässig
отпу́ш|а, ~вам entkorken, aufmachen; *Abfluss* frei machen
отпъту́ва|м (*im*)*pf* abreisen; *Zug*: abfahren; **~не** Abreise *f*; Abfahrt *f*; **ден(я́т) на ~не** Abreisetag *m*
отрабо́т|вам, ~я *pf* abarbeiten
отра́вя|м, отро́вя *pf* vergiften; ausgraben; **~не**: **~не на кръвта́** Blutvergiftung *f*
отраже́ние Widerspiegelung *f*, Reflexion *f*; Spiegelbild *n*
отразя́(вам) (wider)spiegeln; **~ се** sich widerspiegeln; sich auswirken
отра́но *adv* früh, zeitig
отра́с|на, ~твам aufwachsen; **~ъл** *su* Zweig *m*
отре́жа → **отря́звам**
отрезн|е́я, ~я́вам nüchtern werden, ernüchtern
отрека́ → **отри́чам**
отрица́|ние Verneinung *f*; **~телен** verneinend; negativ
отри́чам, отрека́ *pf* (ab)leugnen; verneinen; bestreiten; **~ се** verzichten (**от** auf *A*)
отро́в|а Gift *n*; **~ен** vergiftet; *adj* giftig; **~я** → **отра́вям**
отру́п(в)ам überschütten; überhäufen
от|ря́звам, ~ре́жа abschneiden; absägen; **~ря́зък** Abschnitt *m*, Stück *n*; **~са́м** auf diese(r) Seite; *prp* diesseits, herüber; **~сега́** von jetzt an (ab), von nun an (ab); **~се́дна** → **~ся́дам**; **~сека́, ~си́чам** abhacken; fällen; abschneiden; **~ска́чам, ~ско́ча** *pf* (weg)springen; zurückprallen; *F* auf e-n Sprung besuchen; **~ско́ро** seit kurzem; **~ску́бвам, ~ску́бна** *pf* **(се)** (her)ausreißen
отсла́б|вам[1]**, ~на** *pf* abnehmen; schwächer werden; *Kraft*: nachlassen; **~вам**[2]**, ~я** *pf* schwächen; lockern
от|спи́вам, ~спя́ (**си** sich) ausschlafen; **~сра́мвам, ~сра́мя** *pf*: **~сра́мвам, ~сра́мя се** nicht enttäuschen; gut behandeln (*od* bewirten); **~сре́ща** gegenüber
отсро́ч|а, ~вам verlegen, verschieben; *Termin* verlängern; **~ване, ~ка** (Zahlungs-) Aufschub *m*; (*zeitlich*) Verschiebung *f*
отстран|а́, ~и́ seitlich, von der Seite
отстраня́(вам) beiseite rücken (*od* schieben); beseitigen; entfernen
отстъ́п|вам, ~я *pf* zurücktre-

ten; sich zurückziehen; (*Preis*) nachlassen; (*j-m etw*) abtreten; **~ка** Rabatt *m*; Zugeständnis *n*; **~лéние** Rückzug *m*; Abweichung *f*; **~чи́в** nachgiebig; **~я** → ~вам

от|съ́ствие Abwesenheit *f*, Fehlen *n*; **~съ́ствам** abwesend sein, fehlen; **~ся́дам, ~сéдна** *pf* absteigen; **~ся́нка** Nuance *f*, Schattierung *f*; **~тáм** von dort, von da, daher; **~тáтък** auf der anderen Seite, drüben; *prp* jenseits (*G*); hinter (*D*); **~тéгля(м)** (**ce** sich) zurückziehen; **~текá, ~ти́чам**: **~текá, ~ти́чам ce** abfließen; **~тогáва** seither, seit damals; **~тýк(а)** von hier

отýч|а, ~вам (**ce** sich) abgewöhnen (**от** *A*)

от|хáпвам, ~хáпя *pf* abbeißen; **~хвъ́рля(м)** zur Seite (*od* zurück)werfen; *fig* verwerfen

отцéп|вам, ~я *pf* (**ce** sich) abspalten

отчáйвам, отчáя *pf* zur Verzweiflung bringen; **~ ce** verzweifeln (**от** an *D*)

отчáсти teilweise, zum Teil (z. T.)

отчá|я (**ce**) → ~йвам; **~я́ние** Verzweiflung *f*

отч|éт Rechenschaft(sbericht *m*) *f*; **~етá, ~и́там** (**ce**) Rechenschaft ablegen, abrechnen

отчужд|áвам, ~я́ *pf* entfremden; enteignen

отчýп|вам, ~я *pf* abbrechen

отръвá(вам) entreißen, retten; **~ ce** entkommen (**от** *D*), sich befreien (**от** von *D*)

отъ́рк(в)ам reiben; *Kleider* abwetzen

отъ́рсвам, отъ́рся *pf* abschütteln; **~ ce** *fig* loswerden (**от** *A*)

офéрта Angebot *n*, Offerte *f*

офицéр Offizier *m*; (*Schach*) Läufer *m*

официáл|ен offiziell; **~ност** *f* Formalität *f*

оформя́(вам) form(ier)en; ausstatten; JUR rechtskräftig machen

óх|кам, ~на *pf* ächzen

охлади́телен Kühl-

охладн|éя, ~я́вам abkühlen, gleichgültig werden

охл|адя́, ~áждам (ab)kühlen; **~áждане** Abkühlung *f*; TECH Kühlung *f*

óхлюв ZO Schnecke *f*

óхна → óхвам

охóл|ен (*Leben*) behaglich, sorglos; **~ство** Überfluss *m*, Wohlstand *m*

охóт|а Lust *f*; Appetit *m*; **~но** gern

охрáн|а Bewachung *f*, Schutz *m*; **~вам, ~я** *pf* gut ernähren, mästen; **~и́телен** Schutz-; **~и́телни мéрки** Schutzmaßnahmen *f/pl*; **~я́вам** schützen, bewachen

оцáп(в)ам beschmutzen

оцветя́(вам) farbig (*od* bunt) machen

оце|лéя, ~ля́вам heil (*od* unverletzt, am Leben) bleiben

оцéн|ка Schätzung *f;* Bewertung *f;* **~я́(вам)** (ein)schätzen
оцéт Essig *m;* **ви́нен ~** Weinessig *m*
очáква|м erwarten; **~не** Erwartung *f*
очар|овáм entzücken, bezaubern; **~овáние** (Lieb-)Reiz *m,* Charme *m;* **~овáтелен** entzückend, bezaubernd
оче|бúен augenfällig; **~вúден** offensichtlich; **~вúдец** Augenzeuge *m*
óч|ен Augen-; **~ен лéкар** Augenarzt *m;* **~на стáвка** Gegenüberstellung *f*
óчерк Bericht *m;* Abriss *m;* Skizze *f*
очертá|вам, ~я *pf* umreißen, beschreiben, charakterisieren; **~ние** Umriss *m,* Konturen *f/pl*
очú *pl v.* **окó; ~лá** *pl* Brille *f;* **~лá за слънце** Sonnenbrille *f*
очúст|вам, ~я *pf* reinigen, säubern, putzen; (ab)schälen; *Reis usw.* auslesen; *fig* beseitigen, töten; **~úтелно** Abführmittel *n;* **~я** → **~вам**
óще noch (mehr); **~ веднъж** nochmals; **все ~** immer noch
ощетя́(вам) Schaden zufügen (**нкг** jdm.)
ощúп|вам, ~я *pf* zwicken, kneifen

па und, und dann; denn
павáж Pflaster *n*
павé Pflasterstein *m*
павилиóн Ausstellungshalle *f;* Kiosk *m*
пáда|м, пáдна *pf* fallen; herunterfallen; umfallen, stürzen; *Haare:* ausfallen; **~м, ~се** zufallen, zustehen; *nur impf.:* **~ се на юг** es liegt im Süden; **такá му се ~** so geschieht ihm recht
пáд|ане Sturz *m,* Fall *m;* **~éж** GR Fall *m,* Kasus *m;* HDL Verfalltag *m;* **~éние** *fig* Verfall *m;* **~на** → **~ам**
пазáр Markt *m;* **мрéжа за ~** Einkaufsnetz *n;* **~ен: ~ен ден** Markttag *m;* **~ýвам** *(im)pf* einkaufen; **~я́: ~я́ се** *(im)pf* handeln, feilschen
пáзва Busen *m,* Ausschnitt *m; fig* Schoß *m*
пáзя (be)hüten; einhalten; bewachen; aufheben, bewahren; Acht geben (**нкг, нщ** auf *A*); **~ се** sich hüten (**от** vor *D*), achten (**от** auf *A*)
пак wieder(um), abermals; dennoch; **все ~** trotzdem
пакéт Paket *n;* **~че** Päckchen *n*
пáкост *f* Schaden *m,* Verlust *m;* (übler) Streich *m,* Gemeinheit *f;* **~ник** Übeltäter *m;* Schlingel *m;* **~я́** schädigen (**нкм** *A*), Scha-

den anrichten
пакт Pakt *m*
па̀лав ausgelassen
паламу̀д (*Meeresfisch*) Pelamide *m*
пала̀т → дворе́ц; **~а** Palast *m*; Kammer *f*; **изло̀жбена ~а** Ausstellungshalle *f*; **смѐтна ~а** Rechnungshof *m*; **съдѐбна ~а** Justizpalast *m*; **~ка** Zelt *n*
палачѝнка Eierkuchen *m*, Palatschinke *f*
па̀лец Daumen *m*; große Zehe
па̀лка Knüppel *m*, Stock *m*; **диригѐнтска ~** Taktstock *m*
па̀лма Palme *f*
палто̀ Mantel *m*; *P* Jacke *f*; **ко̀жено ~** Pelzmantel *m*
па̀луба MAR Deck *n*
па̀л|я anzünden; (an)heizen; **слъ̀нцето ~и** die Sonne brennt
паля̀чо *m* Clown *m*
па̀мет *f* Gedächtnis *n*; Andenken *n*; (*Computer*) Speicher *m*; **~ен** denkwürdig; **~на пло̀ча** Gedenktafel *f*; **~ник** Denkmal *n*
памѝд Pamid *m* (*Traubensorte*); **~ов**: **~ово вѝно** Pamidwein *m*
паму̀|к Baumwolle *f*; Watte *f*; **~клѝйка** wattierte Jacke; **~чен** baumwollen; Baumwoll-
панаѝр HDL *Messe f*; Jahrmarkt *m*; **мо̀стрен ~** Mustermesse *f*; **~ен**: **~на пала̀та** Messehalle *f*; **~но градчѐ** Messegelände *n*
па̀нделка Schleife *f*, Band *n*
пандѐмия *f* MED Pandemie *f*
панер Wäschekorb *m*; **~ка** Brotkorb *m*
па̀ника Panik *f*
панѝрам (*im*)*pf* panieren
панихѝда Totenmesse *f*
панѝца (Ton-)Schüssel *f*
панора̀м|а Panorama *n*, Rundblick *m*; **~ен**: **~ен път** Panoramaweg *m*
пансио̀н Pension *f*; **пъ̀лен ~** Vollpension; Internat *n*
па̀нта Scharnier *n*, (Tür-)Angel *f*
пантало̀ни *m*/*pl* Hose *f*
панто̀фи *m*/*pl* Pantoffeln *m*/*pl*
па̀па *m* Papst *m*
папага̀л Papagei *m*
па̀п|ка Aktendeckel *m*, Mappe *f*; **~рат** Farn(kraut *n*) *m*
па̀ра Dampf *m*
пара̀д Parade *f*; **~ен**: **~ен вход** Haupteingang *m*
пара|до̀кс Paradox *n*; **~докса̀лен** paradox; **~зѝт** Parasit *m*, Schmarotzer *m* (*a. fig*); **~лѐл** Parallele *f*; GEO Breitengrad *m*; **~лѐлен** parallel; **~лѐлка** Parallelklasse *f*
пара̀|лиза Lähmung *f* (*a. fig*); **~лизѝрам** (*im*)*pf* lähmen; **~лизѝран** gelähmt; **~лич** Paralyse *f*, Lähmung *f*; **дѐтски ~лич** MED Kinderlähmung *f*; **~пѐт** Geländer *n*; **~хо̀д** Dampfer *m*; **~шу̀т** Fallschirm *m*; **~шутѝст** Fallschirmspringer *m*; MIL Fallschirmjäger *m*
пардесю̀ *n* Übergangsmantel *m*
пардо̀н! Verzeihung!
па̀р|ен Dampf-; ge-, verbrüht
парѝ *pl* Geld *n*; **дрѐбни ~** Kleingeld *n*

пари́чен Geld-
парк Park *m*; **~е́т** (*Fußbodenbelag*) Parkett *n*; **~инг** Parkplatz *m*; **~и́рам** (*im*)*pf* parken; **~и́ране** Parken *n*; **мя́сто за ~и́ране** Parkplatz *m*
парламе́нт Parlament *n*; **~а́рен** parlamentarisch
парли́в brennend, scharf; *fig* brenzlig, heikel
па́рник Treibhaus *n*
паро́дия Parodie *f*
парте́р Parterre *n*, Erdgeschoss *n*; THEA Parkett *n*
парти́|да Partie *f*, Posten *m*; **~ен** Partei-, parteilich; **~ен биле́т** Parteibuch *n*; **~йност** *f* Parteilichkeit *f*; Parteizugehörigkeit *f*; **~ту́ра** Partitur *f*
па́рт|ия Partei *f*; MUS Partie *f*; **~ньо́р** Partner *m*
парца́л Lumpen *m*, Fetzen *m*, Lappen *m*; **~и́в** zerlumpt, zerfetzt
парце́л Parzelle *f*
парче́ Stück *n*
паса́ hüten; weiden
паса́ж TYP Absatz *m*; Passage *f*
па́с(б)ище (Vieh-)Weide
паспо́рт Pass *m*; **ли́чен ~** Personalausweis *m*; **задграни́чен ~** Reisepass *m*; **имунизацио́нен ~** *m* Impfpass *m*
па́ст|а Pasta *f*, Paste *f*; Kuchen *m*; **~а за зъби́** Zahnpasta *f*; **~е́т** Pastete *f*; **гъ́ши ~е́т** Gänseleberpastete *f*
пасти́р Hirt *m*
па́терица Krücke *f*
па́т|ица, ~ка Ente *f*
патологи́чески pathologisch
патри|а́рх Patriarch *m*; **~о́т** Patriot *m*; **~оти́зъм** Patriotismus *m*
патр|о́н Patron *m*; Patrone *f*; **~у́л** Patrouille *f*
па́тя leiden, durchmachen
па́уза Pause *f*
па|у́н Pfau *m*; **~цие́нт** Patient *m*; **~ча́** Sülze *f*
па́чи Enten-; **~ крак** Pfifferling *m*; *P* Krähenfüße *pl*
па́чка Bündel *n*; Päckchen *n*
па́ша[1] (Vieh-)Weide *f*; Futter *n*
паша́[2] Pascha *m*
па́яжина Spinnwebe *f*
па́як Spinne *f*
пая́нтов Fachwerk-; *fig* schwach, windschief
пе|ве́ц Sänger *m*; **~ви́ца** Sängerin *f*; **~дагоги́чески** pädagogisch; **~да́л** Pedal *n*, (Fuß-)Hebel *m*; **~да́нт** Pedant *m*; **~диа́тър** Kinderfacharzt *m*; **~дикю́р** Pediküre *f*, Fußpflege *f*
пе́дя (Hand-)Spanne *f*
пе́ене Gesang *m*; Singen *n*
пейза́ж Landschaft *f*
пе́йка (Sitz-)Bank *f*
пек *F* Hitze *f*
пека́ backen; braten; rösten; *Sonne*: brennen; **~се**: **~се на слъ́нце** sich sonnen; **~р** Bäcker *m*; **~рница** Bäckerei *f*
пелена́ Windel *f*; **~че** Säugling *m*, Baby *n*
пели́н Wermut *m*
пелте́ (Obst-)Gelee *n*
пелте́ча *P* stottern
пе́мза Bimsstein *m*
панда́ра Goldmünze *f*

пéнест schaumig; schäumend; Schaum-
пенсион|éр Pensionär *m*, Rentner *m*; **~ирам** *(im)pf* pensionieren, in den Ruhestand versetzen; **~ирам се** sich pensionieren lassen, in den Ruhestand treten
пéнсия Pension, Rente *f*
пéня: **~ се** schäumen (*a. fig*)
пéпел *f* Asche *f*; **~ище** Brandstätte *f*; **~ник** Aschenbecher *m*
пепе|ля́нка Kreuzotter *f*; **~рýда** Schmetterling *m*
перá *Wäsche* waschen; **~лен** Wasch-; **~лна маши́на** Waschmaschine *f*; **~лня** Wäscherei *f*
перва́з Sims *m*; Fensterbrett *n*
перге́л Zirkel *m*
пердé Vorhang *m*, Gardine *f*; P MED Star *m*
пери́л|о (*mst pl* **~á**) Geländer *n*
перио́д Periode *f*, Zeitraum *m*; **инкубацио́нен ~** Inkubationszeit *f*; **~и́чен** periodisch
пéрка Flosse *f*; Propeller *m*; (Schiffs-)Schraube *f*
пéрла Perle *f*
перó Feder *f* (*a.* ZO); HDL Posten *m*
перо́н Bahnsteig *m*; **~ен** Bahnsteig-
перпендикуля́рен senkrecht
персона́ж (Roman-)Figur *f*
персона́л Personal *n*
перýка Perücke *f*
перуши́на Gefieder *n*; Federn *f/pl*
пéрча: **~ се** sich brüsten, großtun
пéсен *f* Lied *n*; Gesang *m*
песнопóйка Liedersängerin *f*; Liederbuch *n*
пестели́в sparsam; **~ост** *f* Sparsamkeit *f*
пестни́|к, **~ца** Faust *f*
пестя́ sparen
песъчли́в sandig, Sand-
пéт fünf; **~а**[1] Fünftel *n*
петá[2] Ferse *f*
петдесéт fünfzig; **Ꙩница** Pfingsten *n*
петéл Hahn *m*
пети́|ца Fünf *f*; **~ция** Petition *f*, Bittschrift *f*
петн|ó Fleck *m*; **~я́** beflecken
пето|бóй SPORT Fünfkampf *m*
петóрка Fünf *f*; Fünfergruppe *f*
Петрóвден Peter-und-Pauls--Tag *m* (*29. Juni*)
петрóл Erdöl *n*; Petroleum *n*; **~ен** Erdöl-; Petroleum-; **~опровóд** Erdölleitung *f*
пéтък Freitag *m*; **Разпéти ~** Karfreitag *m*
пехóт|а MIL Infanterie *f*; **~и́нец** Infanterist *m*
печа́л *f* Trauer *f*; Kummer *m*; **~ба** Gewinn *m*; Profit *m*; **~ен** traurig
печа́т Stempel *m*, Siegel *m*; Presse *f*; TYP Druck *m*; **~ам** drucken; **~ница** Druckerei *f*; **~ен**: **~но издáние** Drucksache *f*; **~я** drucken
печели́вш Gewinn-; **~ нóмер** Gewinnzahl *f*
печéля gewinnen; verdienen

пе́чен gebraten; gebacken; **~о** Braten *m*
пе́чка Ofen *m*; **готва́рска ~** (Koch-)Herd *m*; **микровълнова ~** Mikrowellengerät *n*, Mikrowellenherd *m*
печу́рка Champignon *m*
пе́ш, ~а́, ~и zu Fuß; **~ехо́дец** Fußgänger *m*
пещ *f* Backofen *m*; **висо́ка ~, до́менна ~** Hochofen *m*
пещера́ Höhle *f*, Grotte *f*
пе́я singen; *Hahn*: krähen
пиа́но Klavier *n*
пиа́ца: **~ за ле́ки коли́** *od* **такси́та** Taxistand *m*
пи́в|ница Kneipe *f*, Trink-, Bierhalle *f*; **~о** Bier *n*; **~ова́рна** Brauerei *f*; **~ък** süffig; trinkbar
пи́ене Trinken *n*
пие́са Schauspiel *n*; MUS Musikstück *n*
пижа́ма Schlafanzug *m*
пи́ка Pike *f*, Lanze *f*; (*Karten*) Pik *n*
пика́я urinieren
пи́коч *f* Urin *m*, Harn *m*; **~ен** Urin-, Harn-
пикьо́р Straßen-, Streckenwärter *m*
пила́ Feile *f*
пи́ле Hühnchen *n*, Hähnchen *n*; Küken *n*; (Vogel-)Junge(s); **~шки** Hühner-
пиле́я verstreuen; *fig* vergeuden
пило́т Pilot *m*, Flugzeugführer *m*; **~ка** Pilotin *f*; Schiffchen *n* (*Mütze*)
пи́лци *pl v.* **пи́ле**
пиля́ feilen
пин: **~ код** PIN *f* (*Geheimzahl*)
пио́нка (*Schach*) Bauer *m*
пи́п|ам anfassen, berühren, betasten; *F* stehlen; *fig* zupacken, arbeiten; **~вам, ~на** *pf* berühren; *F* fassen
пипа́ло ZO Fühler *m*
пипе́р (**че́рен** schwarzer) Pfeffer *m*; **черве́н ~** Paprika *f*; **~ка** Paprikaschote *f*
пи́пна → **пи́пвам**
пир Festmahl *n*; Gelage *n*
пиро́н Nagel *m*
пиру́вам zechen
писа́л|ище Schreibtisch *m*; **~ка**: (**автомати́чна**) **~ка** Füll(feder)halter *m*, Füller *m*
пи́|сан geschrieben; bemalt; *fig* vorbestimmt; **~са́ние** Schrift *f*; **Свето́то ~са́ние** die Heilige Schrift; **~са́тел** Schriftsteller *m*; **~са́телски** schriftstellerisch; **~сия́** ZO Flunder *f*; **~скам** piep(s)en; *Kind*: schreien, weinen; **~скли́в** (*Stimme*) schrill; (*Kind*) viel weinend, schreiend; **~те́ен**: **~те́йна вода́** Trinkwasser *n*
пи́смен schriftlich; **~ост** *f* Schrifttum *n*
писмо́ Brief *m*; **препоръ́чано ~** Einschreibebrief *m*
пи́ста Piste *f*, Rennstrecke *f*
пистоле́т Pistole *f*
пису́кам piep(s)en
пи́сък Geschrei *n*, Schrei *m*;
пи́та Fladenbrot *n*; Laib *m*; (Honig-)Wabe *f*
пи́та|м fragen (nach); **~не** Fra-

gen *n*; **не ще ~не** selbstverständlich

питие́ Getränk *n*

пи́томен zahm, gezähmt; zivilisiert

пи́ш|а schreiben; **~ещ**: **~еща маши́на** Schreibmaschine *f*

пищя́ kreischen; jammern; schreien

пищя́л Schienbein *n*

пи́я trinken; saufen

пия́вица Blutegel *m*

пия́н betrunken; **~ица** *m/f F* Säufer(in *f*) *m*, Trinker(in *f*) *m*; **~ство** Trunksucht *f*; Rausch *m*, Taumel *m*; **~ствам** trinken, saufen

пла́ва|м schwimmen; treiben (*v/i*); *Wolken*: gleiten

плава́телен schiffbar; **~ съд** (Wasser-)Fahrzeug *n*

пла́вен fließend; leicht

пла́дне Mittag *m*; Zenit *m*; *P* Mittagessen *n*; **~шки** Mittags-; **~шки зно́й** Mittagshitze *f*

плаж Badestrand *m*

плака́т Plakat *n*

плаки́я Fisch (*od* Pilze) mit Öl und Zwiebeln

пла́кна spülen

пла́м|вам, **~на** *pf* aufflammen (*a. fig*); *fig* erröten; aufbrausen; **~енен** feurig, flammend; **~на** → ~вам; **~тя́** in Flammen stehen, brennen; **~ък** Flamme *f*; *fig* Feuer *n*

план Plan *m*

плане́та Planet *m*

план|ина́ Berg *m*; Gebirge *n*; **~ина́рство** Bergsteigen *n*; **~и́нец** Gebirgsbewohner *m*; **~и́нски** Berg-, Gebirgs-; bergig, gebirgig

плани́рам (*im*)*pf* planen

пла́нов Plan-, Planungs-

планоме́рен planmäßig

планта́ция Plantage *f*

плас|и́рам (*im*)*pf Ware* verteilen; *Kapital* anlegen; **~ме́нт** (Waren-)Vertrieb *m*, Absatz *m*

пласт Schicht *f*; BGB Flöz *n*

пла́|стика Plastik *f*; Bildhauerkunst *f*; **~сти́нка** Plättchen *n*; **~сти́р** (Heft-)Pflaster *n*; **~сти́чен** plastisch; **~стма́са** Kunststoff *n*

плат Stoff *m*; **вълнен ~** Wollstoff *m*

плате́ж Zahlung *f*; **~оспосо́бен** zahlungsfähig

плате́ц Zahler *m*

плати́на Platin *n*

платн|е́н Stoff-; Leinen-, leinen; **~и́ще** Plane *f*; **~о́** Stoff *m*, Gewebe *n*; Segel *n*; **~о́ на у́лица** Fahrbahn *f*; **~охо́д(ка)** Segelboot *n*; Segelschiff *n*

плат|о́ Hochebene *f*, -land *n*; **~фо́рма** Bahnsteig *m*; Plattform *f*

платя́ → пла́щам

плах ängstlich; feig(e); scheu, schüchtern

пла́ч Weinen *n*; **~а** weinen; **~е́вен** jämmerlich, kläglich; **~е́шката**, **~ешко́м** *adv* weinend; **~ли́в** weinerlich

пла́ш|а (**се** sich) (er)schrecken, ängstigen (**от** vor *D*); **~и́ло** Schreckgespenst *n*; **бостанско ~и́ло** Vogelscheuche *f*; **~ли́в** furchtsam, ängstlich

пла́|щам, ~тя́ (be)zahlen; *fig* vergelten
пле́в|ел Unkraut *n*; **~ник** Scheune *f*, Schuppen *m*
плеври́т MED Rippenfellentzündung *f*
пле́ме (Volks-)Stamm *m*; Geschlecht *n*
пле́менн|ик Neffe *m*; **~ица** Nichte *f*
пленителен bezaubernd, reizend
пле́нни|к Gefangene(r)
пленя́(вам) gefangen nehmen; *fig* bezaubern
пле́сен *f* Schimmel(pilz) *m*; **~я́сал** schimm(e)lig
плесни́ца Ohrfeige *f*
плет (Flecht-)Zaun *m*; **жив ~** Hecke *f*
плета́ stricken; flechten; häkeln; knüpfen; **~чен** Strick-
пле́т|ене Stricken *n*; Flechten *n*; Knüpfen *n*; **~ени́ца** Geflecht *n*; **~иво́** Strickerei *f*, Strickarbeit *f*; **~ка** Strickmuster *n*
плеши́в kahl(köpfig)
пле́|шка Schulterblatt *n*; **~щест** breitschultrig; **~щи́** *pl* Schultern *f/pl*
плик Briefumschlag *m*; (Papier-)Tüte *f*
пли́скам spritzen; plätschern; plantschen
пли́тка Zopf *m*
плиткоу́мен dumm
пли́тък seicht; (*Teller*) flach; *fig* oberflächlich
плод Frucht *f*; **~ове́** *pl* Früchte *f/pl*; Obst *n*
пло́до|в Frucht-, Obst-; **~в сок** Fruchtsaft *m*; **~ви́т** fruchtbar; **~ви́тост** *f* Fruchtbarkeit *f*; **~но́сен, ~ро́ден** fruchtbar; **~ро́дие** Fruchtbarkeit *f*; Ernte *f*; **~тво́рен** *fig* fruchtbar
плодя́: ~ се sich vermehren
пло́мба Plombe *f*
пло́с|кост *f* Fläche *f*, Ebene *f*; **~ък** flach, eben; platt
пло́ч|а Platte *f*; **грамофо́нна ~а** Schallplatte *f*; **~ка** Fliese *f*
площ *f* Fläche *f*; **~а́д** Platz *m*; **~а́дка** Platz *m* Treppenabsatz *m*; **де́тска ~** Kinderspielplatz *m*, **спо́ртна ~** Sportplatz *m*
плу́в|ам schwimmen; **~ен** Schwimm-; **~ен басе́йн** Schwimmbecken *n*, -halle *f*; **~е́ц** Schwimmer *m*; **~ки́ня** Schwimmerin *f*
плъз|вам, ~на *pf* wimmeln; **~вам, ~на се** ausrutschen; **~гав** glitschig, glatt; **~гам: ~гам се** rutschen, gleiten; ausrutschen; **~на (се)** → **~вам (се)**
плъ́нка Füllung *f*
плът *f* Fleisch *n*; Körper *m*; **~ен** dicht, kompakt; fest; **~ност** *f* Dichte *f*; **~ски** körperlich, sinnlich
плъх Ratte *f*
плю|вам, ~на *pf* spucken, speien; **~нка** Speichel *m*, Spucke *f*
плюя → плю́вам
пля́с|вам, ~кам, ~на *pf* schlagen; klatschen; **~ък** Klatschen *n*; (*Wellen*) Plätschern *n*
пля́чк|а Beute *f*; **~о́с(в)ам**

erbeuten, rauben

пневмо́ния Lungenentzündung *f*

по auf; um; zu; an; durch; MATH mal; **~ у́лицата** auf der Straße; **~ то́зи на́чин** auf diese Art und Weise; **~ Но́ва годи́на** zu Neujahr; **~ кое́ вре́ме** zu welcher Zeit; **~ гласа́** an der Stimme; **~ не́го** durch ihn; **три ~ две** drei mal zwei; **~ по́щата** per Post; **~ два́ма** zu zweit; **ма́лко ~ ма́лко** nach und nach

побе́д|а Sieg *m*; **~ен** *adj* Sieges-; **~е́н** besiegt; **~и́тел** Sieger *m*; **~оно́сен** siegreich

побе|дя́, **~жда́вам** (be)siegen; **~ле́я**, **~ля́вам** weiß werden; ergrauen; **~ра́** → **поби́рам**; **~сне́я**, **~сня́вам** tollwütig werden; *fig* in Wut geraten, wüten

поби́|вам, **~я** *pf* einschlagen; **~ват ме тръ́пки** mich fröstelt; mich gruselt; **~рам**, **побера́** *pf* fassen; **~я** → **~вам**

побол|е́я, **~я́вам**: **~е́я, ~я́вам се** krank werden, erkranken

побо́й Prügel *pl*

по|бо́рник Kämpfer *m*; **~боя́(вам)**: **~боя́(вам) се** Angst haben, sich fürchten (**от** vor *D*); **~братимя́(вам)**: **~братимя́(вам) се** sich verbrüdern; **~българя́(вам)** bulgarisieren; **~бърз(в)ам** sich beeilen

побъ́рк(в)ам *Weg* verfehlen; verwirren, verrückt machen, um den Verstand bringen **~ се** verrückt werden

побя́г|вам, **~на** *pf* (davon)laufen

пов|аля́, **~а́лям** umwerfen, umstürzen; niederstrecken

повди́гам, **повди́гна** *pf* auf-, hochheben; **~ се** aufstehen, sich erheben

по|веда́ → **~ве́ждам**; **~веде́ние** Betragen *n*, Führung *f*; **~ве́ждам**, **~веда́** *pf* (an)führen; *Gespräch* beginnen

повели́тел|ен gebieterisch; **~но наклоне́ние** GR Imperativ *m*

пове́ля Gebot *n*, Befehl *m*

пове́р|еник Vertraute(r); JUR Bevollmächtigte(r); **~ие** Aberglaube *m*; Überlieferung *f*; **~и́телен** vertraulich; **~я́(вам)** anvertrauen

повеселя́(вам) erheitern, unterhalten

по́вест *f* (größere) Erzählung *f*, Novelle *f*

пове́хна → **повя́хвам**

по́вече mehr; **~то** die meisten

по|ве́я → **~вя́вам**; **~ви́вам**, **~вия́** *pf* wickeln; **~ви́к(в)ам** (herbei)rufen; TEL anrufen; einladen

пови́нност *f* Pflicht *f*; Verpflichtung *f*; **вое́нна ~** Wehrpflicht *f*

повиш|а́(вам) erhöhen; heben; befördern; **~е́ние** (Preis-)Erhöhung *f*; (*Arbeit*) Beförderung *f*

повия́ → **пови́вам**

повлека́, **повли́чам** ziehen;

nachziehen, schleppen; *Strömung*: mitreißen; **~ се** sich ziehen, sich schleppen; hinterhergehen

повлия́|вам, **~я** *pf* beeinflussen (**на** *A*)

по́вод Anlass *m*; Veranlassung *f*; **по ~ на** aus Anlass (*G*), anlässlich

по|вра́т Umkehr *f*; Wende *f*; **~вре́да** Beschädigung *f*; Schaden *m* (**на** an *D*); **~вредя́**, **~вре́ждам** beschädigen; verletzen

повръ́щам, **повъ́рна** *pf* (sich) erbrechen, sich übergeben

повсеме́стен allgemein

повта́рям, **повто́ря** *pf* (**се** sich) wiederholen

повто́р|ен wiederholt, nochmalig; **~е́ние** Wiederholung *f*; **~я** → повта́рям

по|въ́рна → ~връ́щам; **~въртя́**: **~въртя́ се** *pf* sich ab und zu drehen; eine Weile herumstehen; **~върхнина́** (Ober-)Fläche *f*; **~въ́рхност** *f* Oberfläche *f*; **~въ́рхностен** oberflächlich; **~вя́вам**, **~ве́я** *pf* wehen; **~вя́рвам** *pf* glauben; trauen; **~вя́хвам**, **~ве́хна** *pf* verwelken; erschlaffen

пога́ждам, **погодя́** *pf* ver-, aussöhnen; **~ се** sich vertragen

по|га́свам, **~га́сна** *pf* erlöschen; **~гася́(вам)** löschen, tilgen, begleichen; **~гаше́ние** Tilgung *f*; Rate *f*

по́|гвам, **~гна** *pf* verfolgen; **~ги́вам**, **~ги́на** *pf* zugrunde gehen; **~гла́дя**, **~гла́ждам** bügeln; streicheln; **~глед** Blick *m*; **~гле́дам** *pf* sehen, (kurz zu)schauen; beaufsichtigen; **~гле́дна**, **~гле́ждам** (ab und zu) ansehen, anschauen; **~глъ́щам**, **~гъ́лна** *pf* (ver)schlucken, verschlingen; **~гна** → ~гвам; **~гну́са** Abscheu *m*, Ekel *m*, Widerwille *m*; **~гнуся́(вам)**: **~гнуся́ (-вам) се** sich ekeln (**от** vor *D*); **~гово́рка** Sprichwort *n*; **~годя́** → ~га́ждам

пограни́чен Grenz-

по́гр|еба́лен Begräbnis-, Bestattungs-; Trauer-; **~еба́**, **~е́бвам** beerdigen, begraben, bestatten; **~ебе́ние** Beerdigung *f*, Begräbnis *n*

погре́ш|ен falsch, fehlerhaft; **~ка**: **по ~ка** irrtümlicherweise, aus Versehen

погри́ж|а, **~вам**: **~а**, **~вам се** sich sorgen, kümmern (**за** um *A*)

погу́б|вам, **~я** *pf* umbringen; zugrunde richten

по|гъ́лна → ~глъ́щам

под (Fuß-)Boden *m*; *prp* unter, unterhalb

пода́(ва)м reichen, geben; einreichen; **~ се** sich zeigen, erscheinen; nachgeben; herausragen

пода́гра Gicht *f*

по́дан|ик (Staats-)Bürger *m*; **~ица** (Staats-)Bürgerin *f*

по́данство Staatsbürgerschaft *f*

пода́|рък Geschenk *n*;

~ря́(вам) schenken; **~тел** Absender *m*; **~тли́в** zugänglich (**на** *D*)

под|бера́, **~би́рам** auswählen, aussuchen; **~бо́р** Auswahl *f*; **~бу́да** Anregung *f*, Antrieb *m*, Anreiz *m*; **~буди́тел** Anstifter *m*; **~бу́дя**, **~бу́ждам** anregen; JUR anstiften, aufhetzen; **~веда́** → ~ве́ждам; **~ведо́мствен** untergeordnet; **~ве́ждам**, **~веда́** *pf* irreführen; (*zur Verantwortung*) ziehen; **~ви́вам**, **~ви́я** *pf* knicken; *Ärmel* aufkrempeln

по́двиг (Helden-)Tat *f*

подви́ж|ен beweglich, transportabel; (*Mensch*) lebhaft; **~ност** *f* Beweglichkeit *f*; Lebhaftigkeit *f*

под|виза́вам: **~виза́вам се** sich betätigen, arbeiten; **~ви́квам**, **~ви́кна** *pf* rufen, schreien; anschreien (**на** *j-n*); **~ви́я** → ~ви́вам

подво́д|ен Unterwasser-, Untersee-; **~на скала́** Klippe *f*; **~но тече́ние** Unterströmung *f*; **~ница** Unterseeboot *n*, U-Boot *n*

под|воумя́(вам): **~воумя́ (-вам) се** schwanken, zögern; **~въ́ржа**, **~въ́рзвам** *Buch* einbinden; **~върззия́** Einband *m*; **~го́нвам**, **~го́ня** *pf* verfolgen; (ver)jagen; **~го́твен** vorbereitet; **~готви́телен** Vorbereitungs-; vorbereitend; **~готвя́(м)** vorbereiten; **~гото́вка** Vorbereitung *f*; **~гре́я**, **~гря́вам** aufwärmen

по́д|гъв Saum *m*, Umschlag *m*; **~гъ́вам**, **~гъ́на** *pf* (ein)säumen; zusammenlegen; **~а́(ва)м**: **~а́(ва)м се** sich ergeben; nachgeben; **~дръ́жка** Unterstützung *f*; **~държам** stützen, halten; unterstützen; aufrechterhalten

по|де́йствам *pf* einwirken (**на** auf *A*), beeinflussen (**на** *A*); **~деле́ние** Abteilung *f*; MIL Einheit *f*; **~деля́**, **~де́лям** (ver)teilen; **~де́м** Aufschwung *m*; **~де́ма(м)** anfangen, aufnehmen; fortsetzen

подзе́м|ен unterirdisch; **~ен гара́ж** Tiefgarage *f*; **~ни бога́тства** *pl* Bodenschätze *pl*; → *a.* желе́зница; **~ие** (unterirdisches) Gewölbe, Verlies *n*; Keller *m*

поди́г|ам, **~на** *pf* → повди́гам

подигра́|вам, **~я** *pf* (ver)spotten; **~вам**, **~я се** sich lustig machen (**на** über *A*); **~ва́телен** spöttisch, Spott-; **~вка** Spott *m*; Scherz *m*

подка́н|а Aufforderung *f*; **~вам**, **~я** *pf* auffordern

под|ка́р(в)ам (an)treiben; *Lied* beginnen; *Boot* lenken (**към** zu *D*); **~каст** *m* Podcast *m*; **~ка́стря(м)** *Bäume* beschneiden; **~кача́**, **~ка́чам** necken

под|клада́ → кла́ждам; **~кла́дка** Anregung *f*, Antrieb *m*; **~кла́ждам**, **~клада́** *pf* anzünden, anheizen; *fig* aufhetzen; **~кóва** Hufeisen *n*; **~ковá(вам)** beschlagen; **~комúсия** Unterausschuss *m*; **~копáвам**, **~копáя** *pf* untergraben

подкрéп|а Unterstützung *f*; **~вам**, **~я́** *pf* (unter)stützen; **~вам, ~я́ се** sich stärken, sich erfrischen; **~úтелен** Stärkungs-, Erfrischungs-; **~úтелен пункт** Erfrischungsstand *m*; **~лéние** MIL Verstärkung *f*; Stärkung; **за ~лéние** zur Stärkung

пóдкуп Bestechung(sgeld *n*) *f*

под|лáгам, **~лóжа** *pf* unterlegen; (**се** sich) unterziehen (**на** *D*)

пóд|лез Unterführung *f*; **~лéц** Schuft *m*, Schurke *m*; **~лéя**, **~лúвам** gießen; **~лéя, ~лúвам нкм водá** *fig* j-m Knüppel zwischen die Beine werfen; **~лúстник** Beilage *f*, Unterhaltungsteil *m* (*e-r Zeitung*); Linienblatt *n*; **~лог** GR Subjekt *n*; **~лóжа** → **~лáгам**; **~лóжка** Unterlage *f*; Einlegesohle *f*; **~лост** *f* Gemeinheit *f*, Niederträchtigkeit *f*

подлъ́|гвам, **~жа** *pf* verlocken, verführen

подлютя́(вам) scharf würzen, pfeffern

подмáм|вам, **~я** *pf* verlocken, verführen

под|меня́(вам), **~мéням** umtauschen; wechseln; **~мéтка** (Schuh-)Sohle *f*; **слáгам ~мéтки** besohlen; **~мéтна** → **~мя́там**; **~мúлк(в)ам**: **~мúлк(в)ам се** sich einschmeicheln (**на** bei *D*)

подмлад|я́(вам) verjüngen, jünger machen; **~я́(вам) се** = **~éя, ~я́вам** sich verjüngen, jünger werden

подмóл|ен heimlich, Untergrund-

под|мя́там, **~мéтна** *pf* hin- und herwerfen; *fig* andeuten; *Acker* umpflügen; **~нáсям**, **~несá** *pf* darbringen, überreichen; vorsetzen

под|новя́(вам) erneuern; **~нóжие** (Berg-)Fuß *m*; **~нос** Tablett *n*

подóб|ен ähnlich; dergleichen; **~ие** Ähnlichkeit *f*; Ebenbild *n*

подобр|éние (Ver-)Besserung *f*; **~я́(вам)** verbessern

подоз|рá, **~úрам** verdächtigen; **~рéние** Verdacht *m*; **~рúтелен** verdächtig; misstrauisch, argwöhnisch; **~рúтелност** *f* Verdächtigung *f*; Argwohn *m*

подóстря(м) (an)spitzen

пóдофицер Unteroffizier *m*

подпáл|вам, **~я** *pf* anzünden; Feuer legen

подпечáт|(в)ам, **~я** *pf* (ab)stempeln

под|пúрам, **~прá** *pf* (**се** sich) stützen (**на, върхý** auf *A*)

пóд|пис Unterschrift *f*; **~пúсвам**, **~пúша** *pf* (**се**) unterschreiben, unterzeichnen; **~пúска** Unterschriftensammlung *f*; Subskription *f*, Zeichnung *f*; **~пúт(в)ам** ausfragen, aushorchen; **~пи́ша** → ~пи́свам; **~плани́нски** am Fuß(e) des Berges (der Berge) gelegen; **~пла́та** Futter(stoff *m*) *n*; **~платя́(вам)** (*Kleidungsstück*) füttern

подпла́ш|а, **~вам** aufschrecken, (auf)scheuchen

подплъ́з|вам, **~на** *pf*: **~вам, ~на се** ausrutschen

подпом|а́гам, **~о́гна** *pf* helfen, unterstützen

подпо́ра Stütze *f*

подпра́ → подпи́рам

подпо́чвен unterirdisch; Grund-; **~и води́** *f/pl* Grundwasser *n*

подпра́в|ка Fälschung *f*; Gewürz *n*; **~я(м)** fälschen; würzen

по́дпредседател stellvertretender Vorsitzender, Vizepräsident *m*

подпу́х|вам, **~на** *pf* anschwellen; **~налост** *f* Schwellung *f*

подпъ́л|вам, **~ня** *pf* polstern; (ver)stopfen

под|равня́(вам) ebnen; gerade schneiden; gerade richten; **~ра́вям**, **~ро́вя** *pf* untergraben (*a.fig*)

подража́|вам nachahmen (**на нкг** *A*); **~ние** Nachahmung *f*; **~тел** Nachahmer *m*

под|разберá, **~разби́рам** entnehmen (**от** *D*), (darunter) verstehen; **~разделе́ние** Unterteilung *f*; Fach *n*; MIL (kleinere) Einheit *f*; **~раня́ (-вам)** früh aufstehen; zu früh ankommen; **~растá**, **~ра́ствам** heranwachsen; **~редя́** → ~ре́ждам; **~ре́жа** → ~ря́звам; **~ре́ждам**, **~редя́** *pf* ordnen; einrichten; **~ри́вам**, **~ри́на**, **~ри́я** *pf* Ufer unterspülen; *fig* untergraben; **~ро́бен** ausführlich, eingehend; **~ро́бност** *f* Einzelheit *f*, Detail *n*; Ausführlichkeit *f*; **~ро́вя** → ~ра́вям; **~ръка́** Arm in Arm; bei der Hand, in Reichweite; **~ря́звам**, **~ре́жа** *pf* beschneiden, stutzen; spitzen

под|секá → ~си́чам; **~се́тя**, **~се́щам** erinnern (**за** an *A*); **~си́лвам**, **~си́ля** *pf* verstärken; kräftigen; **~си́чам**, **~секá** *pf* fällen; absägen; stutzen

подска́|жа, **~звам** (*Schule*) vorsagen, zuflüstern; auf den Gedanken bringen

под|ска́чам, **~ско́ча** *pf* hüpfen; (hoch)springen; **~сла́ден** gesüßt; *fig* versüßt; **~сладя́**, **~сла́ждам** süßen; *fig* versüßen; **~сло́н** Obdach *n*, Unterkunft *f*

подслоня́(вам) unterbringen, Unterschlupf bieten (**нкг** j-m); **~ се** unterschlüpfen; sich unterstellen

под|слу́ш(в)ам horchen, (be)lauschen; **~сме́я**, **~сми́вам**: **~сме́я, ~сми́вам се** lächeln; **~соля́(вам)** salzen

под|ста́вка Untersatz *m*; Untergestell *n*

подстрека́вам aufhetzen,

aufwiegeln (**към** zu *D*)
подстри́гвам, подстри́жа *pf Haare* schneiden, stutzen; **~ се** sich die Haare schneiden lassen
подсъди́м angeklagt; *su* Angeklagte(r)
по́дсъзна|ние Unterbewusstsein *n*; **~телен** unterbewusst
по́дтик Antrieb *m*; Ansporn *m*, Anregung *f*
подти́|квам, ~кна *pf* anspornen, ermuntern; treiben (**към** zu *D*); **~скам, ~сна** *pf* unterdrücken
поду́|вам, ~я *pf*: **~вам, ~я се** (an)schwellen; **~т** geschwollen; **~тина́** Schwellung *f*; Geschwulst *f*
поду́ч|а, ~вам anstiften, aufhetzen
поду́ш|а, ~вам wittern
поду́я: **~се** → поду́вам
подхва́|на, ~щам zugreifen, auffangen; *fig* aufgreifen; anfangen
подхвърля(м) (hoch)werfen; *Ball* zuwerfen; *fig* andeuten; unterschieben
подхлъз|вам, ~на *pf*: **~вам, ~на се** ausgleiten, ausrutschen; *fig* hereinfallen
подхо́|д Einstellung *f* (**към** zu *D*), Behandlung *f*; **~дя́щ** geeignet, passend; **~ждам** passen, sich eignen (**към, на** für *A*, zu *D*); herangehen (**към** an *A*)
подценя́(вам) unterschätzen
подчерта́|вам, ~я *pf* unterstreichen; *fig* betonen
подчине́н untergeben, untergeordnet, unterstellt; **~ие** Gehorsam *m*
подчиня́(вам) unterwerfen; unterordnen; **~ се** sich unterwerfen; gehorchen
подшу́ш|вам, ~на *pf* zuflüstern
по́дъл gemein, niederträchtig
подя́лба (Auf-)Teilung *f*
поевтин|е́я, ~я́вам billiger werden; **~я́(вам)** verbilligen, billiger machen
поединично einzeln
поезия Poesie *f*, Dichtung *f*
поема(м) (über)nehmen; aufnehmen; *Luft* einatmen; sich auf den Weg machen, aufbrechen
поет Poet *m*, Dichter *m*
пожа́л|вам, ~я *pf* bemitleiden, sich erbarmen (**нкг** *G*)
пожа́р Brand *m*, Feuer *n*; **~ен** Brand-, Feuer-; **~на кома́нда** Feuerwehr *f*; **~ника́р** Feuerwehrmann *m*; **~огаси́тел** Feuerlöscher *m*
пожела́|вам, ~я *pf* wünschen; **~ние** (Glück-)Wunsch *m*
поже́ртвам *pf* opfern; **~ се** sich (auf)opfern
пожи́знен → доживо́тен
пожълт|е́я, ~я́вам gelb werden, vergilben
поза- *in Zssg(n) mst* kurz, ein wenig; *vgl* **за-** *od* **по-**
позвол|е́ние Erlaubnis *f*; **~я́(вам)** erlauben
позвъня́(вам) klingeln
по́здрав Gruß *m*; **~и́телен**

Gruß-, Begrüßungs-; **~ле́ние** Begrüßung *f*; Glückwunsch *m*; **~я́(вам)** (be)grüßen; beglückwünschen, gratulieren (**нкг** *D*)

позелен|е́я, **~я́вам** grün werden

по́зив Aufruf *m*; Flugblatt *n*

пози́|рам (*im*)*pf* Modell stehen; posieren; **~ти́вен** positiv; **~ция** Position *f*, Stellung *f*

позлатя́(вам) vergolden

позна́|вам kennen; **~вам**, **~я** *pf* kennen lernen; erkennen; **~вам се** bekannt sein (**с** mit *D*) sich kennen; **~ва се** (*nur 3. pers*) ist erkennbar, erkennt man; **~ва́ч** Kenner *m*

позна́|йник Bekannte(r); **~ние** Erkenntnis *f*; **~ния** *pl* Kenntnisse *f*/*pl*; **~нство** Bekanntschaft *f*; **~т** bekannt; *su* Bekannte(r); **~я** → ~вам

позо́р Schande *f*; **~ен** schändlich, schandhaft

поиз- *in Zssg*(*n*) ein wenig, etwas; *vgl* **из-**

пойменен namentlich; **~ спи́сък** Namensliste *f*

пойск|(в)ам wollen, wünschen; verlangen; **~ване**: **до ~ване** postlagernd

пока́жа → пока́звам

по́каз: **на ~** zur Schau; **изла́гам на ~** zur Schau stellen

показа́|лец Zeigefinger *m*; Index *m*, (Namen-, Sach-)Register *n*; **~ние** JUR Aussage *f*; **~тел** Merkmal *n*; MATH Exponent *m*; **~телен** charakteristisch

пока́|звам, **~жа** *pf* (**се** sich) zeigen, sehen lassen

по́казен beispielhaft

пока́|йвам, **~я** *pf*: **~йвам**, **~я се** bereuen (**за** *A*)

пока́н|а Einladung *f*; Aufforderung *f*; **~вам**, **~я** *pf* einladen; auffordern

покате́р|вам, **~я** *pf*: **~вам**, **~я се** hinaufklettern, klettern (**на** auf *A*)

покача́, **пока́чвам** erhöhen; (hoch)heben; **~ се** hinaufsteigen; hinaufklettern; *Preis*: steigen

пока́|я: **~я се** → ~йвам; **~я́ние** Reue *f*; Buße *f*

поква́р|ен verdorben, sittenlos; **~я(м)** verderben

покл|а́ням, **~оня́** *pf*: **~а́ням**, **~оня́ се** sich verbeugen (**пред** vor *D*)

покло́н Verbeugung *f*, Verneigung *f*; **~е́ние** Verehrung *f*; REL Pilgerfahrt *f*; **~ник** Verehrer *m*; REL Pilger *m*; **~я́**: **~я́ се** → покла́ням

поко́|ен verstorben; **~й** Ruhe *f*, Stille *f*; **~йник**, **~йничка** Verstorbene(r) *m*/*f*

поколе́ние Generation *f*

поко́|рен gehorsam; **~ре́н** besiegt; **~ря́(вам)** unterwerfen; erobern

покра́й längs, entlang; neben; **~нина́** Randgebiet *n*

по́крив Dach *n*

покри́|вам, **~я** *pf* (zu)decken; bedecken; verbergen; **~вка** Decke *f*; Tischdecke *f*; Hülle *f*; **~тие** HDL Deckung *f*; **~я** → ~вам

покрови́тел Beschützer *m*;

Gönner *m*; **~ствен** gönnerhaft; Schutz-; **~ство** Schutz *m*; Patronat *n*; **~ствам** beschützen; begünstigen

покýп|ен: **~на ценá** Einkaufspreis *m*; **~ка** Einkauf *m*; Kauf *m*; **прáвя ~ки** Einkäufe machen, einkaufen (gehen); **~ко-продáжба** An- und Verkauf *m*

покушéние (Mord-)Anschlag *m*

покъ́рт|вам, **~я** *pf* erschüttern, rühren; **~́ителен** erschütternd, rührend

покъ́т|вам, **~на** *pf* berühren

пол Geschlecht *n*

пол|á (Frauen-)Rock *m*; **~ѝ** *pl* (*Berg*) Fuß *m*

полá|гам, **полóжа** *pf* legen; *Eid, Prüfung* ablegen; **~гам грѝжи** sich kümmern (**за** um *A*), sorgen (**за** für *A*); **~гам усѝлия** Anstrengungen machen; **~га (ми) се** es steht (mir) zu; **~звам**, **~зя** *pf* kriechen; **~скáвам**, **~скáя** *pf* schmeicheln (**нкг** *D*)

полé Feld *n*; Ebene *f*; (Buch-)Rand *m*

полегáт schief, schräg

полéдица Glatteis *n*

полéзен nützlich; MED zuträglich

полéка *adv* langsam; leise, sachte; **~-лéка**, **лéка-~** nach und nach

полéп|вам, **~на** *pf* kleben (bleiben) (**по** auf *A*)

пó|лет Flug *m*; *fig* Schwung *m*; **éвтин ~лет** Billigflug *m*; **~летя́** → ~ли́там; **~лéя** → ~ли́вам

пóлз|а Nutzen *m*; **~отвóрен** nutzbringend; **~вам** nützen, von Nutzen sein: **~вам се** (be)-nutzen; (ge)brauchen; genießen (**от** *A*)

поли́|вам, **полéя** *pf* (be)gießen; **~гóн** Übungsgelände *n*; **~кли́ника** Poliklinik *f*; **~лéй** Kronleuchter *m*; **~рам** (*im*)*pf* polieren; **~рóвка** Polieren *n*; Politur *f*; **~там**, **полетя́** *pf* fliegen; hinfallen

поли́темигрант politischer Flüchtling

политéхника Polytechnikum *n*, technische Hochschule

поли́т|затворник politischer Häftling; **~и́к** Politiker *m*; **~и́ка** Politik *f*; **~и́чески** politisch

пóлица[1] HDL Wechsel *m*; **застраховáтелна ~** Versicherungspolice *f*

поли́ца[2] Wandbrett *n*; Fach *n*

полиц|áй Polizist *m*, Schutzmann *m*; **~éйски** Polizei-, polizeilich

поли́ция Polizei *f*

полк Regiment *n*

пóлка Polka *f*

полкóвник Oberst *m*

пóлов Geschlechts-, geschlechtlich

полови́н halb; **~а** Hälfte *f*; **~ки** *pl* Halbschuhe *m/pl*

полóж|а → полáгам; **~éние** Lage *f*; Stellung *f*; Zustand *m*; **в ~éние** (*Frau*) in anderen Umständen; **~и́телен** positiv; bestimmt; **~и́телност** *f* Be-

stimmtheit *f*
полски Feld-; polnisch; **~ език** Polnisch *n*, polnische Sprache; **~ цветя** *n/pl* Feldblumen *f/pl*
полу|вре́ме SPORT Halbzeit *f*; **~гла́сен** halblaut; **~го́дие** Halbjahr *n*
полу́д|а Wahnsinn *m*; **~е́я, ~я́вам** wahnsinnig werden
полу|кръ́г Halbkreis *m*; **~кълбо́** Halbkugel *f*; **~ме́сец** Halbmond *m*; **~мра́к** Halbdunkel *n*; **~мъ́ртъв** halb tot; **~но́щ** *f* Mitternacht *f*; **~о́стров** Halbinsel *f*; **~фина́л** SPORT Halb-, Semifinale *n*
полу́ча, получа́ва|м bekommen, erhalten; beziehen; **~ се** *unpers* es ergibt sich
полу|ча́тел Empfänger *m*
по́люс Pol *m*; **Се́верен ~** Nordpol *m*; **Ю́жен ~** Südpol *m*
поля́к Pole *m*; **~и́ня** Polin *f*
поля́на Wiese *f*, (*im Wald*) Lichtung *f*
поля́рен Polar-, polar
по|мага́ло Lehrmittel *n*; **~ма́гам, ~мо́гна** *pf* helfen (**на** *D*); **~мага́ч** Helfer *m*
пома́|к Pomake *m*; **~шки** Pomaken-
помежду́ zwischen, unter
по́мен REL Totenmesse *f*; Erinnerung *f*, Spur *f*
поме́ствам, поме́стя *pf* (zur Seite) rücken; bringen, veröffentlichen; **~ се** zur Seite treten, wegrücken; Platz haben, hineingehen
по|мета́ → **~ми́там**; **~ме́тна** → **~мя́там**; **~меща́вам, ~ме́стя**: **~меща́вам, ~ме́стя се** *pf* sich befinden, untergebracht sein; **~меще́ние** Raum *m*, Räumlichkeit *f*; **~ми́лвам** *pf* streicheln; (*im*)*pf* JUR begnadigen; **~ми́на**: **~ми́на се** *pf* sterben; **~ми́нък** Auskommen *n*; Broterwerb *m*; **~мире́ние** Versöhnung *f*; JUR Vergleich *m*; **~мири́свам, ~мири́ша** *pf* riechen (**нкг, нщ** an *D*); schnüffeln; **~миря́(вам)** (**се** sich) versöhnen, aussöhnen (**с** mit *D*); JUR einen Vergleich erzielen; **~ми́сля(м)** überlegen, (nach)denken; **~ми́съл** Gedanke *m*; **~ми́там, ~мета́** *pf* kehren, fegen; wegfegen; **~ми́я** Spülwasser *n*
по́|мня sich erinnern (**нкг, нщ** an *A*); **~мо́гна** → **~ма́гам**; **~мо́лвам, ~мо́ля** *pf* bitten, ersuchen (**нкг за** *j-n* um *A*)
по́мощ *f* Hilfe *f*, Beistand *m*; Unterstützung *f*; **бъ́рза ~** → **бърз**; **~ен** Hilfs-
помо́щник Helfer *m*; *in Zssg(n)* Vize-
по́мпа Pumpe *f*
по́мпам, по́мпя pumpen
помрача́(вам) (**се** sich) verfinstern; *fig* trüben
помръ́д|вам, ~на *pf* sich rühren, sich bewegen; rücken
помръ́з|вам, ~на *pf* frieren; erfrieren; zufrieren; erstarren
помъ́к|вам, ~на *pf* schleppen, tragen
помъ́т|вам, ~я *pf* trüben; **~не́я, ~ня́вам** trüb(e) wer-

den, sich trüben; *Glas*: anlaufen; **~я** → ~вам

помя́та|м, **поме́тна** *pf* e-e Fehlgeburt haben (*od* herbeiführen); **~не** Fehlgeburt *f*; Abtreibung *f*

пона- *in Zssg(n)* (*Verben*) ein wenig, etwas; ab und zu; *vgl* на- *od das Verb ohne Präfix*

пона́ся|м, **понеса́** *pf* tragen; mit sich führen; *fig* (v)ertragen; erdulden; **не ми ~** es bekommt mir nicht

поне́ wenigstens

по|неде́лник Montag *m*; **~не́же** da, denn, weil; **~неса́** → ~на́сям; **~нижа́(вам)** senken; herabsetzen; *Stimme a.* dämpfen; degradieren; **~ниже́ние** Absinken *n*, Fallen *n*; Degradierung *f*; **~низя́(-вам)** → ~нижа́(вам)

по|носи́м erträglich; **~нра́вя(м)**: **нра́вя(м) се** gefallen; **~ня́кога** manchmal; **~ня́тен** begreiflich, verständlich; **~ня́тие** Begriff *m*; Vorstellung *f*

поо- *in Zssg(n)* → *Grundformen auf* **о-**

поотде́лно *adv* einzeln

поощря́(вам) ermutigen, anspornen; fördern

поп Pope *m*; (*Spielkarte*) König *m*

поп|- Pop-; **~-му́зика** Popmusik *f*; **~-звезда́** Popstar *m*

попа́д|ам, **~на** *pf* geraten, gelangen; *Ziel* treffen (**в** *A*); **~е́ние** Treffer *m*

попа́р|вам, **~я** *pf* (ver)brühen; *Reif*: fallen (**нщ** auf *A*)

попечи́тел Vormund *m*

по|пи́вам, **~пи́я** *pf* aufsaugen; **~пива́телна** Löschpapier *n*; **~пи́йвам** (mäßig) trinken, sich einen genehmigen; **~пи́т(в)ам** fragen

попо(д)-, **попр-** *in Zssg(n)* → *Grundformen auf* **по(д)-**, **пр-**

попра́в|ка Verbesserung *f*; Berichtigung *f*; Reparatur *f*; **~я(м)** verbessern; korrigieren; reparieren; **~я(м) се** sich (ver)bessern; zunehmen

попре́ч|а, **~вам** (ver)hindern (**на** *A*)

по́прище (Arbeits-)Gebiet *n*, Bereich *m*; Beruf *m*

популя́р|ен populär; **~изи́рам** (*im*)*pf* popularisieren; **~ност** *f* Popularität *f*

попъ́л|вам, **~ня(м)** ergänzen; *Formular* ausfüllen

пор Iltis *m*

по́ра Pore *f*

поради́ wegen; **~ това́** deswegen

пора́ждам, **породя́** *pf* hervorrufen, erzeugen; **~ се** entstehen

пора|же́ние Niederlage *f*; Verlust *m*; Schaden *m*; **~з-** *in Zssg(n)* → *Grundform auf* **раз-**; **~зи́телен** auffallend; erstaunlich; **~зи́я** Übel *n*, Schaden *m*; Missetäter *m*; **~зя́(вам)** vernichten; beschädigen; Schaden zufügen (**нкг**, **нщ** *D*); *fig* erschüttern

пора́с|на *pf*, **~та́** *pf*, **~твам** wachsen; größer werden

поре́д der Reihe nach; nacheinander; **~ен** aufeinander folgend; **~ен но́мер** laufende Nummer; **~ица** Reihe *f*, Serie *f*
поре́жа → поря́звам
по́рив Drang *m*, Trieb *m*; Ausbruch *m*; (Wind-)Stoß *m*; **~и́ст** heftig, stürmisch
порица́|вам, **~я** *pf* tadeln, rügen
поро́да Rasse *f*; BOT Sorte *f*
породя́ → пора́ждам
поро́|ен strömend; **~ен дъжд** strömender Regen; **~й** Wolkenbruch *m*, Platzregen *m*; Gießbach *m*
поро́|к Laster *n*; **~к на сърце́то** Herzfehler *m*; **~чен** lasterhaft; *fig* verdorben
по́рта Pforte *f*, Tor *n*
порт|ие́р Pförtner *m*, Portier *m*; **~моне́** Geldbörse *f*
портока́л Orange *f*, Apfelsine *f*; **~ов** Orangen-, Apfelsinen-
портре́т Porträt *n*, Bild(nis) *n*
Португа́л|ия Portugal *n*; **&ски** portugiesisch
портфе́йл Brieftasche *f*; **министе́рски ~** Ministerposten *m*
поруга́|вам, **~я** *pf* beschimpfen; entehren; **~ние** Schmähung *f*; Entehrung *f*
порцела́н Porzellan *n*
порцио́н Verpflegungsgeld *n*; Diäten *pl*
по́рция Portion *f*
поръ́|бвам, **~бя** *pf* (ein)säumen, einfassen; **~свам**, **~ся** *pf* besprengen; bestreuen; **~ч(в)ам** bestellen; beauftragen; **~че́ние** Auftrag *m*; **~чи́тел** Bürge *m*; **~чи́телство** Bürgschaft *f*, Garantie *f*; **~чка** Bestellung *f*; Auftrag *m*; **по ~чка** auf Bestellung; (*Anzug*) nach Maß
по|ря́дъчен ordentlich, anständig; **~ря́звам**, **~ре́жа** *pf* schneiden; **~садя́**, **~са́ждам** (ein)pflanzen
посве|те́н gewidmet (**на** *D*); eingeweiht (**в** in *A*); **~тя́(вам)**, **~ща́вам** widmen; einweihen (**в** in *A*); **~ще́ние** Widmung *f*
по|сега́телство Eingriff *m* (**върху́** in *A*), Anschlag *m* (**върху́** auf *A*); **~се́гна** → ~ся́гам; **~сека́** → ~си́чам; **~се́лвам**, **~се́ля** *pf* (**се** sich) ansiedeln; **~сети́тел** Besucher *m*; **~сетя́**, **~сеща́вам** besuchen; **~сеще́ние** Besuch *m*; **~се́я** → ~ся́вам
посив|е́я, **~я́вам** ergrauen, grau werden
посин|е́я, **~я́вам** blau werden
по|си́пвам, **~си́пя** *pf* (be)streuen; **~си́чам**, **~сека́** *pf* schneiden, verletzen; enthaupten; abholzen
поскъп|вам, **~на** *pf* teu(r)er werden; **~я́(вам)** verteuern, teu(r)er machen
посла́ни|е Botschaft *f*; REL Epistel *f*; **~к** Botschafter *m*; Gesandte(r)
по́сле danach, dann; hinterher
после́д|вам *pf* folgen (**нкг** *D*); **~ен** letzt-; **~ица** Folge *f*
последова́тел|ен aufeinan-

der folgend; konsequent, folgerichtig; **~ност** *f* Konsequenz *f*, Folgerichtigkeit *f*
после́дствие Folge *f*
послепи́с Postskriptum *n*
послесло́в Nachwort *n*
посло́ви|ца Sprichwort *n*; **~чен** sprichwörtlich
послу́ж|а, ~вам dienen (**за** zu *D*, für *A*)
послу́ш|(в)ам hören; folgen (**нкг** *D*); **~ен** folgsam; (*Kind*) brav
по|сме́я → **~смя́вам**; **~смъ́ртен** post(h)um; **~смя́вам, ~сме́я** *pf* wagen; **~со́бие** Lehrmittel *n*; **~со́ка** Richtung *f*; **~со́лство** Botschaft(sgebäude *n*) *f*; **~соля́(вам)** salzen
посо́ч|а, ~вам zeigen
посра́мвам, посра́мя *pf* beschämen; **~ се** sich bloßstellen, sich blamieren
посребря́(вам) versilbern
посре́д mitten in, inmitten (*G*)
посре́дни|к Mittelsmann *m*, Vermittler *m*; **~ча** vermitteln (**между́** zwischen *D*); **~чество** Vermittlung *f*
посре́дствен mittelmäßig; **~ост** *f* Mittelmäßigkeit *f*
посре́дством mittels (*G*)
посре́щ|ам, ~на *pf* entgegenkommen (**нкг** *D*); empfangen, abholen; *Unkosten* bestreiten; **~ам Нова година** Silvester feiern; **~не** Empfang *m*
пост Posten *m*; REL Fasten(zeit *f*) *n*
поста́|вя(м) (hin)stellen, setzen, legen; THEA inszenieren; **~но́вка** Inszenierung *f*, Aufführung *f*; These *f*; Grundsatz *m*; **~новле́ние** Erlass *m*, Verordnung *f*; Beschluss *m*; **~но́вчик** Regisseur *m*; **~новя́(вам)** beschließen; verfügen; **~ра́вам, ~ра́я** *pf*: **~ра́вам, ~ра́я се** sich bemühen, sich Mühe geben
посте́л|ка, ~я Bett(zeug) *n*; Lager *n*
посте́ля → **пости́лам**
по́ст|ен mager, ohne Fett; Fasten-; **~на го́зба** Fastenspeise *f*, fleischloses Essen
постепе́нен allmählich
пости́|гам, ~гна *pf* erreichen; ereilen, treffen; **~же́ние** Leistung *f*; Errungenschaft *f*; **~жи́м** erreichbar
пост|и́лам, ~е́ля *pf* ausbreiten; (be)decken; *Bett* machen
постоя́н|ен (be)ständig; fortwährend, dauernd; stetig; **~ство** Beständigkeit *f*; Stetigkeit *f*; Ausdauer *f*; **~ствам** beständig sein; bestehen (**в** auf *D*); beharren
пост|ра́д(в)ам Schaden nehmen; (er)leiden; **~ро́йка** Bau *m*; Gebäude *n*; Aufbau *m*; **~роя́(вам)** (auf)bauen
постъ́п|вам, ~я *pf* handeln, vorgehen; verfahren (**с** mit *D*); eintreten (**в** in *A*); antreten (**на** *A*); *Geld*: eingehen; **~ка** Tat *f*; Verhalten *n*
по́стя fasten
посъве́твам *pf* Rat geben, raten (**нкг** *D*); **~ се** sich beraten (**с**

mit *D)*
по|ся́вам, **~се́я** *pf* säen
посягам, **посе́гна** *pf* die Hand ausstrecken, greifen (**към** nach *D)*; sich vergreifen (**на** an *D)*; **~ на живо́та си** sich das Leben nehmen
пот *f* Schweiß *m*
потá|ен heimlich, geheim, verschlossen; **~йвам**, **~я́** *pf*: **~йвам, ~я́ се** sich verbergen, verstecken; **~йност** *f* Heimlichkeit *f*; **~пям**, **потопя́** *pf* (ein)tauchen; versenken; **~я́ се** → ~йвам
потвър|дя́(вам) **~ждáвам** bestätigen; **~жде́ние** Bestätigung *f*
поте́гля(м) ziehen; aufbrechen; losfahren
потекá → потичам
потекло́ Herkunft *f*, Abstammung *f*
по́т|ен schweißig; verschwitzt; beschlagen; **~ни жлези́** *f/pl* Schweißdrüsen *f/pl*
потис|кам, **~на** *pf* unterdrücken; bedrücken
по|ти́чам, **~текá** *pf* (beginnen zu) fließen; **~то́к** Bach *m*; *fig* Strom *m*
пото́м|ство Nachkommenschaft *f*; **~ък** Nachkomme *m*
пото́п Sintflut *f*; **от преди́ ~а** vorsintflutlich; **~я́(вам)** → потáпям
потре́б|а Bedarf *m*, Bedürfnis *n*; **~и** *pl* Bedarf *m*; **~ен** notwendig, erforderlich; **~и́тел** Verbraucher *m*, Konsument *m*; **~и́телен** Verbraucher-; **~ле́ние** Verbrauch *m*; **~ност** *f* Bedürfnis *n*, Bedarf *m*
потру́д|вам, **~я** *pf*: **~вам, ~я се** sich bemühen
по|тря́бвам *pf* nötig sein, benötigt werden; *vgl* **тря́бвам**; **~ту́лвам**, **~ту́ля** *pf* verbergen, verheimlichen; **~ту́п(в)ам** klopfen
по|тушá(вам) löschen; unterdrücken; **~тъвам**, **~тъ́на** *pf* untergehen, versinken (*a. fig*); **~тъмне́я**, **~тъмня́вам** sich verfinstern, dunkel werden; **~тъ́на** → ~тъвам; **~тъ́пквам**, **~тъ́пча** *pf* zertreten; *fig Aufstand* unterdrücken; mit Füßen treten, gering schätzen; **~тъ́рся** *pf* suchen; **~тя́**: **~тя́ се** schwitzen
поу- *in Zssg(n)* → *Grundformen auf* **у-**
поу́ка Lehre *f*; Belehrung *f*
поу́ч|а, **~áвам** belehren; unterweisen; **~е́ние** Belehrung *f*; Unterweisung *f*; **~и́телен** lehrreich
похабя́(вам) verderben
похáпвам, **похáпна** *pf* e-e Kleinigkeit essen
похáрч|а, **~вам** ausgeben, verbrauchen
похвáл|а Lob *n*; **~вам**, **~я** *pf* loben, rühmen; **~вам, ~я се** prahlen (**с** mit *D)*; **~ен** lobenswert; **~я**, **~я́вам**, **~ям** → ~вам
похвáна → похвáщам
похвáт Verfahren *n*, Methode *f*; (*nur sg*) Können *n*; **~ност** *f* Geschick(lichkeit *f*) *n*

похва́щам, похва́на *pf* anfassen; in die Hand nehmen
похи|тя́, ~ща́вам rauben, stehlen; **~ще́ние** Raub *m*; Entführung *f*
похлупа́к Deckel *m*
похлу́п|вам, ~я *pf* be-, zudecken; umstülpen
по́ход Wanderung *f*; Marsch *m*; **~ен** Feld-; Marsch-; **~но легло́** Feldbett *n*
похо́дка Gang(art *f*) *m*
по́хот *f* Lüsternheit *f*, Begierde *f*; Wollust *f*
поча́к(в)ам (e-e Zeit lang) warten (**нкг, нщ** auf *A*)
по́чва Boden *m*, Grund *m*
по́ч|вам, ~на *pf* beginnen, anfangen
почервен|е́я, ~я́вам erröten, rot werden
по́черк Handschrift *f*
поче́рн|я → ~ям; **~я́вам, ~е́я** *pf* schwarz werden; (*von der Sonne*) braun werden; **~я(м)** schwarz machen, schwärzen; *fig* unglücklich machen
поче́рп|вам, ~я *pf* bewirten; freihalten; **~ка** Bewirtung *f*; Trinkgeld *n*
по́|чест *f* Ehrung *f*, Ehre *f*; **~чета́** → ~чи́там; **~четен** ehrenhaft; Ehren-
почи́в|ам, почи́на *pf* ausruhen; rasten; ruhen; **~ам върху́ нщ** beruht auf etw; **~ен** Ruhe-, Erholungs-; **~ен дом** Erholungsheim *n*; **~ен ден** (*Laden*) Ruhetag *m*; **~ка** Erholung *f*, Rast *f*; Ruhe(pause) *f*
по́чин Initiative *f*, Anregung *f*
почи́|на → ~вам; **~нал** verstorben; **~ствам, ~стя** *pf* reinigen, säubern
по́чит *f* Ehre *f*, Hochachtung *f*; **с ~** hochachtungsvoll; **~а́ем** geehrt
почи́т|ам, почета́ *pf* (ver)ehren, achten; **~а́тел** Verehrer *m*; **стра́стен ~а́тел** Fan *m*; **~а́ние** (Hoch-)Achtung *f*
почна → по́чвам
почте́н ehrbar, ehrwürdig; anständig, ehrlich
почти́ fast, beinah(e)
почу́вствам *pf* fühlen, spüren
почу́к(в)ам (an)klopfen
пошегу́вам: **~ се** *pf* scherzen
поше́п|вам, ~на *pf* flüstern
пошу́ш|вам, ~на *pf* (zu)flüstern (**на** *D*)
по́ща Post® *f*; **бъ́рза ~** Eilzustellung *f*; **възду́шна ~** Luftpost *f*
поща́|да Gnade *f*, Erbarmen *n*; **~дя́(вам)** (ver)schonen
по́щенск|и Post-; **~а кутия** Briefkasten *m*; **~а ма́рка** Briefmarke *f*; **~а ста́нция** Postamt *n*
поя́ tränken; bewässern
поя́в|а Erscheinen *n*; Entstehung *f*; **~я́(вам)**: **~я́(вам) се** erscheinen, sich zeigen; auftreten; entstehen
по́яс Gurt *m*, Gürtel *m*; **спаси́телен ~** Rettungsring *m*
поясн|е́ние Erläuterung *f*, Erklärung *f*; **~я́(вам)** erläutern, erklären
пра́баба Urgroßmutter *f*
прав gerade; aufrecht stehend;

recht-, richtig; gerecht; **~ ток** EL Gleichstrom *m*; **~ съм** Recht haben

пра́в|да Gerechtigkeit *f*, Recht *n*; Wahrheit *f*; **~ди́в** wahr (-haft); rechtschaffen, gerecht; **~долюби́в** wahrheitsliebend; **~доподо́бен** glaubwürdig; **~еден** REL sünd(en)-los, ohne Sünde; gerecht; **~ен** rechtlich, Rechts-

пра́вил|ен richtig; regelmäßig; ordnungsgemäß; **~ник** Vorschrift *f*, Ordnung *f*; **~ник за у́личното движе́ние** Straßenverkehrsordnung *f*; **~о** Regel *f*

прави́ст Jurist *m*

прави́телство Regierung *f*

пра́во[1] *adv* gerade(aus), direkt; richtig, recht

пра́во[2] Recht *n*; **избира́телно ~** Wahlrecht *n*; **~линеен** geradlinig; *fig* gerade, aufrichtig; **~пи́с** Rechtschreibung *f*; **~сла́вен** orthodox; **~съ́дие** Justiz *f*, Rechtsprechung *f*; **~ъ́гълен** rechteckig

пра́вя machen, tun; treiben; **~ изключе́ние** eine Ausnahme bilden; **~ се** so tun; sich (ver)-stellen

праг Schwelle *f*

пра́дядо Urgroßvater *m*

праз Porree *m*, Lauch *m*

пра́зен leer; frei; **на ~ стома́х** auf nüchternen Magen

празненство́ Feier(lichkeit) *f*

пра́зни|к Feiertag *m*, Festtag *m*; **~на́** Leere *f*; Lücke *f*; **~чен** Feiertags-, Festtags-; feierlich

празнота́ Leere *f*

празну́вам feiern; feierlich begehen

пра́зня leeren

практи́к Praktiker *m*

пра́ктика Praxis *f*; Praktikum *n*; **на ~** praktisch; **на ча́стна ~** mit Privatpraxis

пране́ Wäsche *f*

прасе́ Ferkel *n*; **~нце** Spanferkel *n*; **~ц** Wade *f*

пра́скова Pfirsich *m*

пра́т|еник Bote *m*; POL Gesandte(r); **~ка** Sendung *f*, Paket *n*; **~я** → **пра́щам**

прах *m* (*f*) Staub *m*; Pulver *n*; **~ за пране́** Waschpulver *n*; **~о́с(в)ам** verschwenden, verpulvern; **~осмука́чка** Staubsauger *m*; **~о́сник** Verschwender *m*

праш|а́ stauben, Staub aufwirbeln; bestäuben; **~ен** staubig; verstaubt

пра́|щам, **~тя** *pf* schicken, senden; **~щя́** prasseln; knistern, krachen; **~щя́ от здра́ве** vor Gesundheit strotzen

пребива́ва|м verweilen, sich aufhalten, bleiben; **~не** Aufenthalt *m*; **разреше́ние за ~не** Aufenthaltsgenehmigung *f*, Aufenthaltserlaubnis *f*

пре|би́вам, **~бия** *pf* totschlagen; **~бледне́я**, **~бледня́вам** blass (*od* bleich) werden, erblassen, erbleichen; **~бо́рвам**, **~бо́ря** *pf* niederringen, im Ringen besiegen; **~броя́ (-вам)** (nach)zählen; **~бъ́да**,

~бъдвам ewig leben (*od* dauern)
превар|я́(вам) zerkochen; *Wasser* abkochen; aufkochen, aufwärmen
пре|ведá, ~вéждам übersetzen, übertragen (**от на** aus *D* in *A*); *Geld* überweisen; (hin)überführen; versetzen
прéвес *fig* Übergewicht *n*
превзé|ма(м) einnehmen, erobern; **~ма(м) се** sich zieren; **~т** von sich eingenommen, geziert
преви́|вам, ~я *pf* (**се** sich) biegen, beugen; krümmen; **~шá(вам)** übertreffen; übersteigen
прéвод Übersetzung *f*; (Geld-)Überweisung *f*; Versetzung *f*; **~áч** Dolmetscher *m*; Übersetzer *m*
прéвóз Transport *m*
превóз|вам, ~я *pf* transportieren, befördern; **~ен** Transport-
пре|врáт Umsturz *m*, Umwälzung *f*; **държáвен ~врáт** Staatsstreich *m*; **~врӑзка** MED Verband *m*, Binde *f*; **дáмска ~** Damenbinde *f*; **~врӑщам, ~вӑрна** *pf* verwandeln (**в** in *A*)
превъз|мóгвам, ~мóгна *pf* überwinden; **~питáвам, ~пи́там** *pf* umerziehen; **~хóден** ausgezeichnet, vortrefflich; **~хóдна стéпен** GR Superlativ *m*; **~хóдство** Überlegenheit *f*; **~хóждам** übertreffen (**нкг по, в** *j-n* an, in *D*)
превъплъ|тя́, ~щáвам neu gestalten, umgestalten; **~тя́, ~щáвам се** verkörpern; sich verwandeln
превъ́р|жа, ~звам MED verbinden; zusammenbinden
превъ́р|на → **превръ́щам**; **~там, ~тя́(вам)** (um)drehen; **~тане** Drehung *f*
прегáз(вам), ~я *Wasser* durchwaten; (*mit dem Auto*) überfahren
прег|áрям, ~оря́ *pf* anbrennen; ausbrennen; durchbrennen
пре́|глед Übersicht *f*, Überblick *m*; Durchsicht *f*; Rundschau *f*; MED Untersuchung *f*; (Zoll-)Revision *f*; **~глéден** übersichtlich; **~глé(ж)дам** durchsehen; besichtigen; MED untersuchen; **~глъ́тна, ~глъ́щам** (ver)schlucken; **~говáрям, ~говóря** *pf* wiederholen; (*nur impf.*) verhandeln
прéговори *pl* Verhandlungen *pl*
прегоря́ → **прегáрям**
преграá|да Zaun *m*; (Zwischen-)Wand *f*; Schranke *f*; Hindernis *n*; (Schrank-)Fach *n*; **~дка** (*in e-r Tasche*) Fach *n*; Scheidewand *f*; **~дя́, ~ждам** abgrenzen, abtrennen; *Weg* versperren
пре|гризá, ~гри́звам durchnagen, durchfressen; **~групи́рам** (*im*)*pf* umgruppieren
прегръ́|дка Umarmung *f*; **~щам, прегъ́рна** *pf* umar-

men

прегъ́ва|м, прегъ́на *pf* zusammenlegen, zusammenfalten; **~м се** sich biegen; **да не се ~** nicht knicken

прегъ́р|на → прегръщам; **~бвам, ~бя(м)**: **~бвам, ~бя(м) се** buck(e)lig werden; sich beugen

пред vor; **и́мам ~ вид** in Betracht ziehen; **~ вид на** im Hinblick auf; **~а́** spinnen; *Katze*: schnurren

преда́|(ва)м (über)geben; abgeben; *Inhalt* wiedergeben; *Grüße usw.* übermitteln, ausrichten; *Befehl* weitergeben; unterrichten; TV senden, übertragen; verraten; **~(вам) се** sich ergeben; **~ване** TV Sendung *f*; **~ва́тел** Sender *m*; **~м** → **~вам**

пре́|дан ergeben; **~да́ние** Überlieferung *f*

преда́тел Verräter *m*; **~ски** verräterisch; **~ство** Verrat *m* (an *D*)

предвари́тел|ен vorhergehend, vorherig; vorläufig; **~ен аре́ст** Untersuchungshaft *f*; **~но** vorher, im Voraus

пред|ве́стник Vorbote *m*; **~веща́вам, ~веща́я** *pf* voraussagen, ankündigen; **~ви́д** angesichts (*G*); **и́мам ~ви́д** in Betracht ziehen; **~видли́в** umsichtig; vorausblickend; **~видли́вост** *f* Umsicht *f*, Vorsorge *f*; **~ви́дя, ~ви́ждам** voraussehen; **~во́ждам** (an)führen

пре́д|говор Vorwort *n*; **~гра́дие** Vorstadt *f*, Vorort *m*; **~две́рие** Vorhalle *f*

преде́л Grenze *f*; **~ен** Grenz-; äußerst

пре́ден vorder-; vergangen, vorig-; **на ~ план** im Vordergrund

преди́ vor; *adv* vorher, früher; **~ всичко** vor allem; **~ да** bevor; **~ обед** vormittags

предизвика́тел|ен herausfordernd; **~ство** Herausforderung *f*

предизви́к(в)ам herausfordern; hervorrufen, verursachen

преди́м|но *adv* vorwiegend, hauptsächlich; **~ство** Vorzug *m*, Vorteil *m*; Vorfahrt *f*

пред|истори́чески vorgeschichtlich, prähistorisch; **~и́шен** früher, vorherig; **~ла́гам, ~ло́жа** *pf* vorschlagen; HDL anbieten; vorlegen; **~ла́гане** Angebot *n*; **~ло́г** GR Präposition *f*; Vorwand *m*, Ausrede *f*; **~ложе́ние** Vorschlag *m*; Antrag *m*; Heiratsantrag *m*; **~ме́т** Gegenstand *m*, Ding *n*, Sache *f*; (Lehr-)Fach *n*; **~мо́стие** Brückenkopf *m*

предназнач|а́(вам) vorausbestimmen, vorsehen (**нщ за** etw für *A*); **~е́ние** Bestimmung *f*

преднаме́рен vorsätzlich, absichtlich

преднина́ Vorrang *m*, Vorsprung *m*

пре́д|ница Vorderteil *m*; **~и**

преди о́бед Vormittag *m*; **~оволен** sehr zufrieden (**от** mit *D*); **~определе́ние** Vorherbestimmung *f*; **~оста́вя(м)** überlassen, freistellen; **~остатъчен** mehr als genug; **~отвратя́(вам)** verhüten, abwenden; **~па́звам, ~па́зя** *pf* bewahren, behüten (**от** vor *D*); (**се** sich) schützen (**от** vor *D*, gegen *A*)

предпа́зен Sicherheits-, Sicherungs-

предпа́з|ител (*Waffe*) Sicherung *f*; **~ли́в** vorsichtig; behutsam; **~ли́вост** *f* Vorsicht *f*

предпа́з|я → ~вам

пред|писа́ние Vorschrift *f*, Verordnung *f*; **~пи́свам, ~пи́ша** *pf* vorschreiben; MED verordnen; **~планина́** Vorgebirge *n*; **~пла́та** Voraus(be)-zahlung *f*; **~платя́, ~пла́щам** im Voraus zahlen, vorausbezahlen; anzahlen

предпо|лага́ем vermutlich, angenommen; **~ла́гам, ~ло́жа** *pf* vermuten, annehmen, **~ложе́ние** Vermutung *f*, Annahme *f*; **~сле́ден** vorletzt-; **~ста́вка** Voraussetzung *f*, Vorbedingung *f*; **~чета́, ~чи́там** vorziehen, bevorzugen

предпри|е́ма(м) unternehmen; **~ема́ч** Unternehmer *m*; **~емчи́в** unternehmungslustig; **~я́тие** Betrieb *m*, Werk *n*; Unternehmen *n*

предразпол|а́гам, ~о́жа *pf* in Stimmung bringen; prädisponieren; gewinnen; **~о́жен** veranlagt, geneigt (**към** zu *D*); empfänglich (**към** für *A*); **~оже́ние** Veranlagung *f*; Neigung *f*

предразсъ́дък Vorurteil *n*

председа́тел Präsident *m*, Vorsitzende(r); **~ствам** den Vorsitz führen

предск|аза́ние Prophezeiung *f*; **~а́звам, ~а́жа** *pf* prophezeien

предсро́чен vorfristig

предста́ва Vorstellung *f*

предста́вител Vertreter *m*; **наро́ден ~** Abgeordnete(r); **~ен** repräsentativ; stattlich; **~ство** Vertretung *f*

предст|а́вка GR Vorsilbe *f*, Präfix *n*; **~авле́ние** Vorstellung *f*, Aufführung *f*; **~а́вя(м)** vorstellen; vorzeigen, vorlegen; darstellen (*a.* THEA); repräsentieren; **~а́вя(м) се** sich (*A*) vorstellen; **~а́вя(м) си** sich (*D*) vorstellen, sich denken; **~оя́щ** bevorstehend

предубе|де́н voreingenommen; **~жде́ние** Voreingenommenheit *f*

предуми́|съл (üble) Absicht, Vorbedacht *m*; **~шлен** absichtlich, vorsätzlich

предупре|дя́, ~жда́вам vorher unterrichten; warnen (**за** vor *D*); **~жде́ние** Warnung *f*; Mahnung *f*; Vorankündigung *f*

предхо́ждам vorhergehen, vorausgehen

предчу́вств|ие (Vor-)Ahnung

f; **~ам** ahnen

предшéств|еник Vorgänger *m*; **~ам** vorhergehen

предявя́(вам) vorzeigen; *Forderung* stellen

прéжда Garn *n*

преждеврéменен vorzeitig

прежив|éлица Erlebnis *n*; **~éя**, **~я́вам** erleben; überleben; sein Leben fristen

преживям wiederkäuen

през durch, über; während; **~ тáзи годи́на** in diesem Jahr; **~ нощтá** in (während) der Nacht; **~ час** alle zwei Stunden

прези́диум Präsidium *n*

прéзиме Familienname *m*, Zuname *m*

презиму́вам *(im)pf* überwintern, den Winter verbringen

през|и́рам, **~рá** *pf* verachten

презрáмки *f/pl* Hosenträger *m/pl*; Träger *m/pl*

презр|éние Verachtung *f*; **~и́телен** verächtlich

преизб|ерá, **~и́рам** wieder wählen; neu wählen

преизпълн|я, **~я́вам** übererfüllen

преимену́вам *(im)pf* umbenennen

прекал|éн übertrieben; **~я́(вам)** übertreiben

прекáр(в)ам *v/t* hin(über)-fahren; transportieren; treiben; TECH legen; *Faden* durchziehen; *Zeit* verbringen; *Krankheit* überstehen

прекату́р|вам, **~на** *pf* umkippen, umwerfen

прекáч|а, **~вам**: **~а, ~вам се** hinübersteigen; BAHN *usw.*: umsteigen; **~ване** Umsteigen *n*

прекл|áням, **~оня́** *pf*: **~áням, ~оня́ се** sich verneigen; sich beugen

прекомéрно übermäßig

пре|копáвам, **~копáя** *pf* umgraben; **~кося́(вам)** überqueren; **~крáсен** schön, wunderbar, herrlich; **~кратя́ (-вам)** einstellen; abbrechen

прекрáч|а, **~вам** überschreiten

прекръст|вам, **~я** *pf* bekreuzen; umtaufen; umbenennen; **~вам, ~я се** sich bekreuzigen; sich umtaufen lassen

прекъс|вам, **~на** *pf* unterbrechen; abbrechen; einstellen; durch-, zerreißen; **~ване** Unterbrechung *f*; **~вач** EL Schalter *m*

прéлез BAHN Bahnübergang *m*; Durchgang *m*

прéлест *f* Reiz *m*, Anmut *f*; **~ен** reizend, entzückend

пре|летя́ → **~ли́там**; **~лéя**, **~ли́вам** umgießen; abfüllen; *Blut* übertragen; *v/i* überlaufen

прели́ст|вам, **~я** *pf* (durch)-blättern

пре|ли́там, **~летя́** *pf* überfliegen

прелъст|и́тел Verführer *m*; **~и́телен** verführerisch; **~я́(вам)** verführen

прелюбо|дéйствие, **~дéйство, ~дея́ние** Ehebruch *m*

премá|жа, **~звам** zerquetschen; (*mit dem Auto*) überfahren; **~хвам**, **~хна** *pf* beseitigen

премé|ждие (Lebens-)Gefahr *f*; **~рвам**, **~ря** *pf* abwiegen, (ab)messen; **~рвам на окó** (ab)schätzen; **~ствам**, **~стя(м)** verrücken, umstellen; versetzen; **~ствам, ~стя(м) се** rücken; den Platz (*od* die Stelle) wechseln; umziehen (*v/i*); **~тна** → **премя́там**

премиéра Premiere *f*

премú|на, **~нáвам** (**през** über etw *A*) gehen; zurücklegen; passieren, vorbeigehen; vergehen, vorbei sein, *Grenze* überschreiten; **~рам** (*im*)*pf* prämieren; **~рам**, **премрá** *pf* ohnmächtig werden; (*vor Angst usw.*) erstarren, sterben (*fig*); **~сля(м)** überdenken, durchdenken

прé|мия Prämie *f*; **~много** zu viel, allzu viel; **~мрá** → **~мúрам**; **~мръзвам**, **~мръзна** (er)frieren; **~мълчá(вам)** verschweigen

пре|мя́там, **~мéтна** *pf* überwerfen; überschlagen, übereinander schlagen; umstoßen, umkippen; werfen, schleudern; **~ се** sich überschlagen; stürzen; *F* purzeln

пре|наемáтел Untermieter *m*; **~нáсям**, **~несá** *pf* (hinüber)tragen; verlegen; übertragen; **~нáсям, ~несá се** umziehen (*v/i*); *fig* sich (in Gedanken) versetzen

пренебрé|гвам, **~гна** *pf* verschmähen; missachten, unberücksichtigt lassen; **~жéние** Missachtung *f*, Geringschätzung *f*

пренесá → **пренáсям**

прé|нос Transport *m*; Übertrag *m*; **~носвáч** (Gepäck-)Träger *m*; **~нóсен** übertragen, bildlich, figürlich; **~нощýвам** (*im*)*pf* übernachten

преоб|ладáвам überwiegen, vorherrschen; **~лекá**, **~лúчам** (**се** sich) umkleiden, umziehen; **~разовáние** Umgestaltung *f*, Umwandlung *f*, Reform *f*; **~разýвам** (*im*)*pf* reorganisieren, reformieren; umformen; **~разя́(вам)** umgestalten, umwandeln; verwandeln; **~ръщам**, **~ърна** *pf* umdrehen; (um)wenden; umblättern; durchwühlen

преодол|éя, **~я́вам** überwinden

пре|оцéнка Umwertung *f*; Neuschätzung *f*; **~оценя́ (-вам)** umwerten, neu (ein)schätzen; **~пáрат** Präparat *n*; **~парúрам** (*im*)*pf* präparieren; **~пáсвам**, **~пáша** *pf* umbinden, umgürten; **~пинáтелен**: **~пинáтелен знак** GR Satzzeichen *n*; **~пúрам**, **~перá** *pf* (durch)waschen; **~пúрам се** streiten (**за** über *A*); **~пирня́** Streit *m*, Wortwechsel *m*

прé|пис Abschrift *f*, Kopie *f*; **~пúсвам**, **~пúша** *pf* abschreiben; JUR überschreiben (**на** auf *A*); **~пúска** Briefwechsel *m*; Akten *f/pl*; **~пита́вам**: **~пита́вам се** sich ernähren; **~пи́ша** → ~пи́свам; **~плета́**, **~пли́там** (neu) stricken; verflechten; (ineinander) verschlingen; **~плу́вам** *pf* durchschwimmen; *Schiff*: (hin)überfahren

препода́|(ва)м unterrichten; **~ва́тел** Lehrer *m*, Dozent *m*

препоръ́|ка Empfehlung *f*; **~чам** → ~чвам; **~чан** empfohlen; **~ч(в)ам** empfehlen; **~чи́телен** empfehlenswert; Empfehlungs-

препра́|вка (*Kleid*) Änderung *f*; **~вя(м)** umarbeiten, ändern; **~вя(м) се** sich verstellen; **~тка** Hinweis *m*; Verweis *m*; **~тя**, **~щам** schicken, verweisen; nachsenden

препре́ч|а, **~вам** quer legen (*od* stellen); versperren

препу́|скам, **~щам**, **~сна** *pf* galoppieren; *F* rennen

препъ|вам, **~на** *pf*: **~вам**, **~на се** stolpern (**в** über *A*)

препъл|вам, **~ня(м)** voll füllen; **~вам**, **~ня(м) се** überfüllt werden (*od* sein)

препъ|на: **~на се** → ~вам; **~ржа**, **~ржвам** gut (durch)braten; zu lange braten

препя́тстви|е Hindernis *n*; **бя́гане с ~я** *pl* SPORT Hindernislauf *m*

прерабо́т|вам, **~я** *pf* verarbeiten; umarbeiten; **~ка** Verarbeitung *f*; Umarbeitung *f*

пре|ра́вям, **~ро́вя** *pf* umgraben; durchwühlen; **~разка́жа**, **~разка́звам** nacherzählen; **~ре́жа**, **~ря́звам** durchschneiden

пре́са (TECH, *Zeitung*) Presse *f*

пре|садя́, **~са́ждам** ver-, umpflanzen; MED transplantieren; **~сека́** → ~си́чам; **~се́дна** → ~ся́дам

пресе́л|вам, **~я** *pf*: **~вам, ~я се** übersiedeln; **~е́ние** Umsiedlung *f*; **~ник** Umsiedler *m*; **~я се** → ~вам

пре́сен frisch; neu

пресе́чка Querstraße *f*; Kreuzung *f*

преси́л|вам, **~я** *pf* überanstrengen, überlasten; **~вам, ~я се** sich überanstrengen (*od* überarbeiten); **~ен** überanstrengt; *fig* gezwungen, unecht; übertrieben

пре|си́пнал heiser; **~си́теност** *f* Übersättigung *f*; **~си́чам**, **~сека́** *pf* durchschneiden; unterbrechen; über-, durchqueren; *Weg* abschneiden; **~ска́чам**, **~ско́ча** *pf*, **~ско́кна** *pf* überspringen (*a. fig*)

пре|ско́ча → ~ска́чам; **~сле́двам** verfolgen; **~слу́ш(в)ам** MED abhorchen; **~сметли́в** berechnend; **~сме́тна**, **~смя́там** (aus-, be)rechnen, kalkulieren (*a. fig*); **~со́вам** (*im*)*pf* pressen

пресоля́(вам) versalzen

пресп|и́вам, **~я́** *pf* übernachten

пресре́щ|ам, **~на** *pf* entgegengehen, -kommen (**нкг** *D*); erwarten

преста́|вам, **~на** *pf* aufhören

пре|сти́лка Schürze *f*; Kittel *m*; **~сто́й** Aufenthalt *m*; **~сто́л** Thron *m*; **~сто́рен** verstellt; vorgetäuscht, unecht, falsch; **~сто́ря**: **~сто́ря се** → ~стру́вам; **~стоя́(вам)** sich aufhalten, verweilen; **~страша́(вам)**: **~страша́ (-вам) се** die Angst (*od* sich) überwinden; **~стре́лка** Schießerei *f*; Schusswechsel *m*; **~стру́вам**, **~сто́ря** *pf*: **~стру́вам, ~сто́ря се** sich verstellen, simulieren; **~стру́вка** Verstellung *f*, Simulation *f*

престъ́п|вам, **~я** *pf* überschreiten; übertreten, verletzen; **~ен** verbrecherisch; **~ле́ние** Verbrechen *n*; **~ник** Verbrecher *m*; **~нически** verbrecherisch; Verbrecher-; **~ност** *f* Kriminalität *f*; **~я** → ~вам

пре|суша́(вам) (aus)trocknen; **~съхвам**, **~съхна** *pf v/i* austrocknen; versiegen; **~ся́дам**, **~се́дна** *pf*: **~ся́да**, **~се́дне ми** es bleibt mir im Hals(e) stecken; **~те́гля(м)** (ab)wiegen; *Worte* abwägen; **~те́кст** Vorwand *m*

претен|ди́рам Anspruch erheben (**за** auf *A*); **~цио́зен** anspruchsvoll

прете́нция Anspruch *m*

претова́р|вам, **~я** überladen, -lasten; umladen

пре|топя́(вам) (um)schmelzen; *fig* assimilieren; **~три́вам**, **~три́я** *pf* (zer)sägen; *Haut* aufreiben; durchscheuern; **~троша́(вам)** (entzwei)brechen; **~тру́п(в)ам** überhäufen; überladen; **~търпя́(вам)** überstehen, erdulden; erleiden

претъ́рс|вам, **~я** *pf* durchsuchen; **~ване** Durchsuchung *f*

пре|тършу́вам *pf* durchwühlen, -stöbern; **~увелича́ (-вам)** übertreiben; **~увеличе́ние** Übertreibung *f*; **~умо́ра** Übermüdung *f*

пре|успе́я, **~успя́вам** (gute) Fortschritte machen; (großen) Erfolg haben; **~установя́ (-вам)** einstellen, unterbrechen; **~устро́йство** Umgestaltung *f*; **~устроя́(вам)** umgestalten, reformieren

префи́нен sehr fein

преха́п|вам, **~я** *pf* durchbeißen, zerbeißen

прехвръ́к|вам, **~на** *pf* (hin)fliegen, überfliegen; vorbeifliegen

прехвъ́р|ля(м) hinüberwerfen; *Berge* passieren, überqueren; *Rechte* übertragen; **~ля(м) се** (über)steigen; hinübergehen; umsteigen; **~ча́**, **~чам** fliegen

пре́ход *fig* Übergang *m*; Marsch *m*; **~ен** Übergangs-; vorübergehend; vergänglich; **~на ку́па** Wanderpokal *m*

прехра́н|а Ernährung *f*; Lebensunterhalt *m*; **~вам**, **~я**

pf ernähren

пре|цедéнт Präzedenzfall *m*; **~цедя́, ~цéждам** (durch)sieben; (durch)seihen; **~цéнка** Einschätzung *f*, Beurteilung *f*; **~ценя́(вам)** (ein)schätzen; beurteilen; **~ци́зност** *f* Präzision *f*; **~цъфтя́ (вам)** verblühen

пре́ча hindern, hinderlich sein

пречи́ст|вам, ~я *pf* reinigen, säubern; **~ва́телен** Reinigungs-

пре́чка Hindernis *n*

пречу́п|вам, ~я *pf* (zer)brechen

пре́шлен ANAT Wirbel *m*

при bei; zu; neben; **~ мéне** bei mir; **~ ма́сата** bei (neben) dem Tisch; **иди́ ~ нéя** geh zu ihr; **~ това́** dabei; **~ба́вка** Beigabe *f*, Zusatz *m*; **~ба́вя(м)** bei-, hinzufügen

приберá, приби́рам sammeln; (herein)holen; auf-, wegräumen; *Ernte* einbringen; *j-n* aufnehmen; *Segel* bergen, festmachen; **~ се** heimgehen, -kommen

прибли|жа́(вам) nähern, näher bringen (**към** *D*); **~жа́(вам) се** sich nähern; herankommen

при́бор Gerät *n*; Zubehör *n*; (Ess-)Besteck *n*; Gedeck *n*

прибъ́р|зан voreilig, übereilt; **~з(в)ам** übereilen

прибя́г|(в)ам hin(über)laufen; **~вам, ~на** *pf* (**до, към** bis zu *D*) anwenden, benutzen (**до** *A*)

при|вéден gebückt, gebeugt; **~вéждам, ~ведá** *pf* beugen; versetzen, bringen (**в** in *A*, zu *D*); nennen, anführen

привéт Gruß *m*; **~ли́в** freundlich; angenehm; **~ли́вост** *f* Freundlichkeit *f*; **~ствен** Gruß-, Begrüßungs-; **~ствие** Glückwunsch *m*; Begrüßung *f*; **~ствам** (be)grüßen; beglückwünschen

при́вечер gegen Abend

приви́ден scheinbar; angeblich

приви́к|вам, ~на *pf* sich gewöhnen (**на, към** an *A*)

приви́чка Gewohnheit *f*

привл|екá, ~и́чам (her)anziehen; *fig* gewinnen; **~екáтелен** anziehend, fesselnd

привъ́р|женик Anhänger *m*; **~зан**: **~зан съм** hängen (**към** an *D*), anhänglich sein; **~заност** *f* Anhänglichkeit *f*, Ergebenheit *f*; **~звам, ~жа**: **~звам, ~жа се** (sehr) hängen (**към** an *D*)

при|въ́рша, ~въ́ршвам vollenden, abschließen, beend(ig)en; aufbrauchen; **~гла́сям** MUS begleiten; **~го́ден** geeignet, brauchbar; **~го́твя(м)** (**се** sich) fertig machen; (vor-, zu)bereiten; **~готовлéние** Vorbereitung *f* (**за** für, auf *A*)

прида́|(ва)м hinzufügen; verleihen, geben; beimessen; **~м** → **~вам**; **~тък** Anhängsel *n*

придви́ж|а, ~вам (**се**) heranrücken; erreichen (**към** *A*)

придирчи́в anspruchsvoll

придоби́|вам, ~я *pf* erwerben, gewinnen; bekommen; **~вка** Errungenschaft *f*

при|до́йда → **~и́ждам**; **~дружа́(вам)** begleiten; **~държа́**, **~държам** (**се** sich) halten (**към** an *D*)

прие́м Empfang *m*; Aufnahme *f*; **~а(м)** empfangen; aufnehmen; annehmen; Sprechstunde haben; **~а́телен** Aufnahme-; Annahme-; **~ен** Empfangs-; **~ен изпит** Aufnahmeprüfung *f*; **~ен час** Sprechstunde *f*; **~ли́в** annehmbar; **~ник** Nachfolger *m*

при́живе zu Lebzeiten

призва́н berufen; **~ие** Beruf (-ung *f*) *m*

при́зив Aufruf *m*

призна́|вам, **~я** *pf* anerkennen; bekennen, zugeben, (*a.* **се**) gestehen; **~вам, ~я се за вино́вен** sich schuldig bekennen

при́знак Merkmal *n*

призна́|ние (Ein-)Geständnis *n*; Anerkennung *f*; **~телен** dankbar; **~телност** *f* Dankbarkeit *f*; **~я** → **~вам**

при|зова́(вам) (auf)rufen; auffordern; **~зо́вка** JUR Vorladung *f*

при́|зори bei Tagesanbruch; **~зрак** Gespenst *n*; **~зрачен** gespenstisch; **~и́ждам**, **~до́йда** *pf Fluss*: anschwellen, steigen; herbeiströmen; **~и́ск(в)а**: **~и́ск(в)а ми се** *unpers* ich hätte Lust, ich möchte; **~казен** märchenhaft, Märchen-; **~казка** Märchen *n*; Gerede *n*; **~казли́в** gesprächig, redselig; **~despatch**

~кача́, **~ка́чвам** anhängen; **~каче́н файл** (*Computer*) Anhang *m*, Attachment *n*

приклю́ч|а, **~вам** beenden, abschließen; **~е́ние** Abenteuer *n*

прикова́(вам) an-, festnageln; *fig* fesseln

прикр|е́пвам, **~епя́(вам)** befestigen (**за, към** an *D*)

прикри́|вам, **~я** *pf* verbergen, verdecken; vertuschen; **~тие** MIL Deckung *f*

при|ла́гам, **~ло́жа** *pf* beifügen, beilegen; anwenden; **~лага́телно** GR Adjektiv *n*; **~ле́гна** → **~ля́гам**; **~лежа́ние**, **~ле́жност** *f* Fleiß *m*; **~ле́жен** fleißig

при́леп Fledermaus *f*

приле́п|вам, **~на** *pf* kleben; sich anschmiegen; *Schuhe*: passen; **~вам, ~на се** kleben

при́лив Flut *f*; Andrang *m*

при́лика Ähnlichkeit *f*

прили́ч|ам ähneln, ähnlich sein; *Hut*: stehen; **не ~а** *unpers* (es) gehört sich nicht; **~ен** ähnlich; anständig; gut aussehend; angemessen; **~ие** Anstand *m*

при|ло́жа → **~ла́гам**; **~ло́жен** angewandt; **~ложе́ние** Beilage *f*, Anlage *f*; Anwendung *f*; App *f*; Attachment *n*; **~поша́ва**, **~поше́е** *pf*: **~поша́ва, ~поше́е** *pf* **ми** *unpers* mir wird schlecht (übel); **~ля́гам**, **~ле́гна** *pf* sich hinzulegen; *Kleidung*: passen, stehen; **~малея**, **~малявам** sich schwach und elend fühlen; **~мамвам**, **~мамя** *pf* (an)locken; **~мамка** Köder *m*; Verlockung *f*; **~мамлив** verlockend

пример Beispiel *n*; **на ~ (напр.)** zum Beispiel (z. B.)

пример|вам, **~я** *pf*: **~вам, ~я се** zielen, richten

примерен beispielhaft

при|мес Beimischung *f*, Zusatz *m*; **~месвам**, **~меся** *pf* beimischen, hinzutun; **~мирение** Ver-, Aussöhnung *f*; **~мирие** Waffenstillstand *m*; **~мирителен** versöhnlich

примиря(вам) (**се** sich) ver-, aussöhnen; **~ се** sich abfinden (**с** mit *D*)

примка Schlinge *f*; Falle *f*

приморски Küsten-; See-

принадл|ежа gehören (**на, към** *D*, zu *D*); **~ежност** *f* Zugehörigkeit *f*; *pl* Zubehör *n*, Zeug *n*; **спортни ~ежности** Sportartikel *m/pl*

принос Beitrag *m* (**към, за** zu *D*)

приносител Überbringer *m*

прину|да Zwang *m*; **~ден** gezwungen; **~дителен** Zwangs-; **~дя**, **~ждавам** zwingen, nötigen; **~ждение** Zwang *m*

принцип Prinzip *n*; **~ен** prinzipiell, grundsätzlich

приобщ|авам, **~я** *pf* einbeziehen (**към** in *A*); **~авам, ~я се** teilnehmen, sich beteiligen (**към** an *A*)

припад|ам, **~на** *pf* ohnmächtig werden, e-n Anfall bekommen; **~ък** Anfall *m*

при|паси *pl* (Lebensmittel-) Vorräte *m/pl*; **~пев** Refrain *m*; **~пек** Sonnenseite *f*; **на ~пек** in der Sonne; **~пека** → **~пичам**; **~печелвам**, **~печеля** *pf* dazuverdienen; **~писвам**, **~пиша** *pf* zuschreiben (**на** *D*)

припичам, **припека** *pf* *Sonne*: stark brennen, stechen; **~се** sich sonnen; sich wärmen

при|помня(м) (**си** sich) erinnern (**за, нщ** an *A*); **~прян** ungeduldig; eilig; **~равня(вам)** gleichstellen, (**се** sich) angleichen (**с** *D*)

прираст Zuwachs *m*, Zunahme *f*

природ|а Natur *f*; **~озащитна зона** Naturschutzgebiet *n*; **~ен** Natur-, natürlich; **~ен газ** Erdgas *n*

природ|ен Halb-, Stief-; **~ени деца** Kinder aus zweiter Ehe; **~ознание** Naturkunde *f*; **~осъобразен** naturgemäß

прис|адя, **~аждам** AGR veredeln; MED impfen; anerziehen; verpflanzen

при|своя(вам) sich (*D*) aneignen; **~скърбие** Trauer *f*; **~сламча**, **~сламчвам**: **~сламча, ~сламчвам се** sich einschleichen; **~слоня(вам)**: **~слоня(вам) се** sich anlehnen (**до** an *A*); Unterschlupf finden

присм|ех Spott *m*; **~ея**,

~ѝвам: **~éя, ~ѝвам се** verspotten (**на** *A*)

приспáд|ам, ~на *pf Kosten usw.* abziehen

приспѝв|ам, приспя́ *pf* einschläfern; Schlaf-; **~áтелно** Schlafmittel *n*

приспособ|лéние Vorrichtung *f*; **~я́(вам)** (**се** sich) anpassen (**към** an *A*)

при|спя́ → ~спѝвам; **~стá-вя(м)** *Kleid* verlängern; **~стáвка** Zusatzgerät *n*; Verlängerung *f*; **~стáнище** Hafen(stadt *f*) *m*; **~стáнищен** Hafen-

пристѝг|ам, ~на *pf* ankommen; **~ане** Ankunft *f*

пристрáст|ен parteiisch, befangen; **~ие** Voreingenommenheit *f*

пристрóйка ARCH Anbau *m*, Nebengebäude *n*

прѝ|стъп Attacke *f*, Sturm *m*; Anfall *m*; **~стъ́пвам, ~стъ́пя** *pf* gehen, schreiten; herantreten, herangehen; **~съ́да** Urteil *n*; **смъртна ~съда** Todesurteil *n*; **~съдя** → ~съждам

присъедин|éние Anschluss *m* (**към** an *A*); **~я́(вам)** vereinigen; **~я́(вам) се** sich anschließen (**към** an *A*)

присъ|ждам, ~дя *pf* JUR verurteilen; zuerkennen, verleihen

присъ́ств|ен: **~ен ден** Werktag *m*; **~ие** Anwesenheit *f*; **~ие на духá** Geistesgegenwart *f*; **~ам** anwesend sein

присъ́щ eigen, typisch

при|тáйвам, ~тая́(вам): **~тáйвам, ~тая́(вам) се** sich still verhalten; lauern

притв|áрям, ~óря *pf* anlehnen

привте|гáтелен Anziehungs-, anziehend; **~гля́(м)** (her)anziehen; **~жáвам** besitzen; **~жáние** Besitz(tum *n*) *m*; **~жáтел** Besitzer *m*; **~кá**: **~кá се** → притѝчам; **~снéн** beengt, begrenzt; unterdrückt; **~снéние** Bedrängnis *f*; Unterdrückung *f*

притесня́(вам) unterdrücken, bedrängen; **~ се** sich Sorgen machen; sich unbehaglich fühlen

при|тѝскам, ~тѝсна *pf* drücken; einklemmen; *fig* unterdrücken; **~тѝчам, ~текá** *pf*: **~тѝчам, ~текá се** (hin)laufen; herbeieilen

прѝток Nebenfluss *m*; *fig* Zustrom *m*

притря́бвам *pf* nötig sein; *vgl* (по)тря́бвам

притý|р|вам, ~я *pf* hinzulegen, -tun; *fig* hinzufügen

при|тъпя́(вам) stumpf machen; *fig* abstumpfen; **~ýча, ~ýчвам** angewöhnen (**нкг към** *j-m A*); **~хвáна, ~хвá-щам** (an)fassen, packen, (er)greifen; abziehen, einbehalten; sich anstecken

прѝход Einnahme *f*

прицéл Zielscheibe *f*; **~вам, ~я** *pf*: **~вам, ~я се** zielen, *Waffe* richten (**в** auf *A*)

при|чáк(в)ам auflauern; (er)-

warten; **~ча́стие** GR Partizip *n*; REL Abendmahl *n*, Kommunion *f*; **~черне́я**: **~черне́е, ~черня́ва ми** *unpers* es wird mir schwarz vor den Augen; **~че́ска** Frisur *f*; **~чи́на** Ursache *f*, Grund *m*; **~чини́тел** Urheber *m*; **~чиня́(вам)** verursachen; verschulden; **~числя́(вам)** dazurechnen, -zählen; **~шеле́ц** → **~шъле́ц**

прише́ствие: **Вто́ро ~** REL das Jüngste Gericht

приши́|вам, ~я annähen (**на, върху́, към** an *A*)

пришъле́ц Zugezogene(r), Fremde(r)

прищя́вка Laune *f*

прию́т Asyl *n*; Heim *n*

приютя́(вам) beherbergen; **~ се** unterkommen

при|ядé, ~я́жда: **~ядé, ~я́жда ми се** *unpers* ich bekomme (*od* habe) Lust auf (*A* = *etw zu essen usw.*)

прия́тел Freund *m*; **~ка** Freundin *f*; **~ски** freundschaftlich; **~ство** Freundschaft *f*

прия́тен angenehm

про́б|а Probe *f*; Anprobe *f*; **~вам** (aus)probieren; anprobieren; **~ен** Probe-

про́бив Durchbruch *m*

проби́|вам, ~я *pf* durchbohren; durchbrechen, -schlagen

пробле́м Problem *n*; **~ати́чен** problematisch

проб|одá, ~о́ждам durchbohren, -stechen

пробу́дя, пробу́ждам (auf)wecken; **~ се** aufwachen; erwachen

прова́л Misserfolg *m*

проваля́, прова́лям verderben, scheitern lassen; **~ се** scheitern; durchfallen

про|ведá, ~ве́ждам durchführen; **~ве́рка** Kontrolle *f*, Prüfung *f*; **~веря́(вам)** kontrollieren, (nach)prüfen; **~ве́тря, ~ветря́вам** (durch)lüften; **~виде́ние** Vorsehung *f*; **~ви́зии** *pl* Lebensmittel(vorräte *f/pl*) *pl*; **~ви́квам, ~ви́кна** *pf*: **~ви́квам, ~ви́кна се** rufen, schreien; **~вине́ние** Vergehen *n*; **~ви́нция** Provinz *f*; **~виня́(вам)**: **~виня́(вам) се** sich zuschulden kommen lassen; **~ви́рам, ~вря́** *pf*: **~ви́рам, ~вря́ се** sich durchzwängen

про́влак Landenge *f*

про|вле́чен schleppend; **~во́дник** EL Leiter *m*; **~вока́ция** Provokation *f*; **~вря́** → **~ ви́рам се**; **~възглася́(-вам)** ausrufen, proklamieren, verkünden; **~гле́дна, ~гле́ждам** sehend werden; sich zeigen; *fig* einsehen; **~глуша́(вам)** betäuben; *fig* lästig werden; **~гни́вам, ~гния́** *pf* verfaulen

прогно́за Prognose *f*; **~ за вре́мето** Wettervorhersage *f*

прогов|а́рям, ~о́ря *pf* (beginnen zu) sprechen; sagen

прого́н|вам, ~я *pf* vertreiben, verjagen

про́грама Programm *n*

прогрéс Fortschritt *m*; **~ѝвен** progressiv, fortschrittlich; **~ѝрам** *(im)pf* Fortschritte machen

продá|вам, ~м *pf* verkaufen; **~вáч** Verkäufer *m*; **~жба** Verkauf *m*; **~жен** käuflich, bestechlich; Verkaufs-

прóдан *f* Verkauf *m*; **за ~** zu verkaufen

продовóлств|ен Lebensmittel-; **~ие** (Lebensmittel-)Versorgung *f*; Lebensmittel *n/pl*

продýкт Produkt *n*, Erzeugnis *n*; **~й** *pl* Lebensmittel *n/pl*, Esswaren *f/pl*

продуктѝв|ен produktiv, leistungsfähig; **~ност** *f* Produktivität *f*

продýкция Produktion *f*

продýпч|а, ~вам durchlöchern, durchbohren

продъл|говáт länglich; **~жá (-вам)** verlängern; fortfahren, fortsetzen; dauern, sich hinziehen; **~жéние** Fortsetzung *f*; Verlängerung *f*; **в ~жéние на** während *(G)*; **~жѝтелен** anhaltend; lang(wierig)

проéк|т Projekt *n*; Entwurf *m*; **~тѝрам** *(im)pf* entwerfen; planen, vorhaben

про|жектѝрам *(im)pf* projizieren; *Film* vorführen, zeigen; **~жéктор** Scheinwerfer *m*

прозайчен prosaisch

прозвучá(вам) ertönen

про|зéя: **~зéя се** → **~зя́вам**; **~зѝрам, ~зрá** *pf v/t* (kaum, schwer) zu sehen *(od* erkennen) sein; *fig* ahnen; begreifen; *v/i* (hin)durchschimmern, hervorblicken; **~зóрец** Fenster *n*; **~зорлѝв** scharfsinnig; weitsichtig; **~зорлѝвост** *f* Scharfsinn *m*; Weitsicht *f*; **~зрá** → **~зѝрам**; **~зрáчен** durchsichtig; **~зя́вам, ~зéя** *pf*: **~зя́вам, ~зéя се** gähnen; **~зя́вка** Gähnen *n*

проигрá|вам, ~я *pf* (ver)spielen

произ|ведá → **~вéждам**; **~ведéние** Erzeugnis *n*; (Kunst-)Werk *n*; **~вéждам** erzeugen, herstellen; **~водѝтел** Produzent *m*, Hersteller *m*; **~водѝтелен** produktiv; Produktions-; **~водѝтелност** *f* Produktivität *f*; **~вóдствен** Fabrikations-, Herstellungs-; Betriebs-; **~вóдство** Produktion *f*; Industrie *f*; JUR (Gerichts-)Verfahren *n*; **~вóл** Willkür *f*; **~вóлен** willkürlich; **~лѝзам, ~ля́за** *pf* stammen (**от** aus *D*); entstehen (**от** aus *D*); geschehen, sich zutragen; **~нáсям, ~несá** *pf* aussprechen; *Rede* halten; **~ношéние** Aussprache *f*; **~текá, ~тѝчам** (ent)stammen; herkommen, herrühren (**от** von *D*); sich ergeben (**от** aus *D*); **~хóд** Abstammung *f*, Herkunft *f*; Ursprung *m*; **~хóждам** (ab)stammen (**от** von, aus *D*); *vgl a.* **~лѝзам, ~тѝчам**; **~шéствие** Ereignis *n*; Unglücksfall *m*, (Verkehrs-)Unfall *m*

про|ка́р(в)ам (hin)durchziehen; *Leitung, Weg usw.* (an-, ver)legen; ziehen; streichen; *Meinung usw.* durchsetzen; **~ки́свам, ~ки́сна** *pf* (*Milch usw.*) sauer werden

прокл|е́вам → ~и́нам; **~е́т** verflucht, verwünscht; **~ети́я** Bosheit *f*, Boshaftigkeit *f*; *fig* Bösewicht *m*; Übel *n*, Unglück *n*; **~и́нам, прокълна́** *pf* verfluchen; **~я́тие** Fluch *m*

прокопа́|вам, ~я *pf* (durch)graben; ausschachten

прокур|ату́ра Staatsanwaltschaft *f*; **~о́р** Staatsanwalt *m*

прокълна́ → прокле́вам

про́лет *f* Frühling *m*, Frühjahr *n*

про́|летен Frühlings-, Frühjahrs-; **~летя́** → ~ли́там; **~ле́я** → ~ли́вам; **~лив** Meerenge *f*; **~ли́вам, ~ле́я** *pf* vergießen; **~ли́вен**: **~ли́вен дъжд** Platzregen *m*; **~ли́там, ~летя́** *pf* (durch-, über)fliegen; **~лича́(вам)** sichtbar werden; klar werden; **~ло́м** (Gebirgs-)Pass *m*

про|междýтък Zeitraum *m*, Zeitspanne *f*; Zwischenraum *m*; **~менли́в** veränderlich, wechselhaft; **~менли́в ток** Wechselstrom *m*; **~меня́, ~ме́ням** (ver)ändern; wechseln; **~ми́вам, ~ми́я** *pf* (aus)waschen; FOT entwickeln

проми́шлен industriell, Industrie-; **~ост** *f* Industrie *f*

проми́я → проми́вам

промýш|а, ~вам durchstechen, durchbohren

промъ́квам, промъ́кна *pf* durchziehen, -schleppen; durchschmuggeln; **~ се** sich durchdrängen; durchschlüpfen

про|мя́на Veränderung *f*; Wechsel *m*; **~ни́жа, ~ни́звам** → ~мýша; *fig* durchdringen; **~низи́телен** durchdringend

прони́к|вам, ~на *pf* eindringen (**в** in *A*); durchdringen

проница́тел|ен (*Blick*) durchdringend; scharf(sinnig); **~ност** *f* Scharfsinn *m*

пропа́д|ам, ~на *pf* durchfallen (*a. fig*); versinken; verschwinden; verloren gehen; *fig* untergehen; scheitern; herunterkommen; ruiniert werden

пропе́я → пропя́вам

про́паст *f* Abgrund *m*; *fig* Kluft *f*

про́по|вед *f* Predigt *f*; **~ве́дник** Prediger *m*

про|по́рция Proportion *f*; **~пу́к(в)ам**: **~пу́к(вам) се** (auf)platzen

про́|пуск Passierschein *m*; Durchlass *m*; Einlass *m*; Auslassung *f*, Lücke *f*; MIL Parole *f*; **~пу́скам, ~пу́щам, ~пу́сна** *pf* versäumen, verpassen; auslassen, übersehen; durchlassen; **~пъдя, ~пъжда́м** verjagen; **~пъту́вам** (*im*)*pf* (be-, durch)reisen; **~пя́вам, ~пе́я** *pf* anfangen zu singen, anstimmen; **~ре́жа** → ~ря́звам; **~рез** Schlitz *m*; Einschnitt *m*; Spalt *m*; **~року́-**

вам prophezeien; **~ря́звам**, **~ре́жа** *pf* durchschneiden; **~сва́м**, **~сна** *pf*: **~свам, ~сна се** sich ausbreiten; sich ausstrecken; (der Länge nach) hinfallen

просве́|та Bildung *f*; Aufklärung *f* **~тен** Bildungs-; **~те́н** gebildet; aufgeklärt; **~тля́**, **~тля́вам** hell(er) werden; sich aufhellen; *Augen*: aufleuchten; **~тя́**, **~ща́вам** bilden, aufklären

про|се́ка Schneise *f*; **~сека́**, **~си́чам** aus-, durchschneiden; durchhauen; **~сия́** Bettelei *f*, Betteln *n*

просла́вен berühmt

про|следя́(вам) verfolgen; **~слову́т** berüchtigt; **~слу́жен** abgedient, Dienst-; **~сму́квам**, **~сму́ча** *pf* aufsaugen, aufnehmen

про́сна: **~ се** → про́свам

просо́ Hirse *f*

проспи|ивам, **~я́** *pf* verschlafen

просро́ч|а, **~вам** *Termin* versäumen, *Frist* überschreiten

про́ст einfach; gewöhnlich; **с ~о око́** mit bloßem Auge; **~а́к** *pej* Dummkopf *m*, Tölpel *m*; **~а́шки** tölpelhaft, pöbelhaft

прости́|вам, **~на** *pf* sich erkälten

прости́рам, **простра́** *pf* ausbreiten; *Wäsche* aufhängen; *Hand* ausstrecken; **~ се** sich erstrecken; sich ausstrecken

про́сто einfach; **чи́сто и ~** ganz einfach; **~ду́шен** gutmütig, offenherzig; **~лю́дие** einfaches Volk, Masse *f*; Pöbel *m*

просто́р Raum *m*, Weite *f*; *P* Wäscheleine *f*; **~ен** geräumig, weit

просто|смъ́ртен gewöhnliche(r) Sterbliche(r); **~сърде́чен** aufrichtig, treuherzig; **~та́** Einfachheit *f*; **~тия́** Dummheit *f*; Einfalt *f*

простра́ → прости́рам; **~нен** ausgedehnt, weiträumig; **~нство** Raum *m*, Fläche *f*

про|сту́да Erkältung *f*; **~студя́(вам)** (**се** sich) erkälten; **~стя́** → ~ща́вам

про́|ся betteln; **~ся́к** Bettler *m*; **~ся́шки** Bettel-; Bettler-

прота́кам, **прото́ча** *pf* ausstrecken; in die Länge ziehen, aufschieben; **~ се** sich ausdehnen; sich hinziehen

про|те́гна → ~тя́гам; **~те́за** Prothese *f*; **~тека́** → ~ти́чам; **~те́ст** Protest *m*, Einspruch *m*; **~теста́нт** Protestant *m*; **~тести́рам** *(im)pf* protestieren

проти́в gegen, wider; dagegen; **~ен** entgegengesetzt, Gegen-, gegen-, widrig; widerlich, widerwärtig; **в ~ен слу́чай** andernfalls, sonst; **~ник** Gegner *m*

противо|де́йствие Gegenwirkung *f*; Widerstand *m*; **~държа́вен** staatsfeindlich; **~зако́нен** gesetzwidrig; **~мя́рка** Gegenmaßnahme *f*; **~отро́ва** Gegengift *n*; **~по-**

жа́рен Feuermelde-, Feuerlösch-; **~поло́жен** gegenüberliegend; entgegengesetzt, gegensetzlich; **~поло́жност** *f* Gegensatz *m*; Gegenteil *n*; **~поста́вя(м)** gegenüberstellen; entgegenstellen, -setzen; **~поста́вя(м) се** sich entgegenstellen, entgegentreten; **~рекá** widersprechen; **~ре́чие** Widerspruch *m*; **~стоя́** widerstehen

про|тивя́: **~тивя́ се** sich widersetzen; **~ти́чам**, **~текá** *pf Fluss*: fließen (**през** durch *A*); undicht werden (*od* sein)

про́ток Meerenge *f*

протоко́л Protokoll *m*

про|то́ча → ~та́кам; **~три́вам**, **~три́я** *pf*, **~тъ́рк(в)ам** durchreiben, durchscheuern; **~тя́гам**, **~те́гна** *pf* ausstrecken; spannen; **~тя́гам, ~те́гна се** sich ausstrecken; sich recken; **~уме́я**, **~умя́вам** begreifen, verstehen; **~у́ча**, **~у́чвам** untersuchen, (er)forschen, studieren

про|фесиона́лен Berufs-, beruflich; berufsmäßig, professionell; **~фесиона́лен съю́з** Gewerkschaft *f*; **~фе́сия** Beruf *m*; **~фе́сор** Professor *m*; **~фи́л** Profil *n*; **~филакти́чен** Vorbeugungs-, vorbeugend

профуча́(вам) vorbeisausen, vorbeischwirren

прохла́|да Kühle *f*, Frische *f*; **~ден** kühl, frisch

про́ход Durchgang *m*; (Gebirgs-)Pass *m*; **~и́м** gangbar, passierbar

проце|дя́, **~жда́м** (durch)-sieben, (durch)seihen, filtern

проце́нт Prozent(satz *m*) *n*

про́|цеп Spalt *m*, Ritze *f*; **~це́с** Prozess *m*; Verlauf *m*; **~це́сия** Prozession *f*; **~цъфтя́(вам)** auf-, erblühen; **~че́е** übrigens; folglich; **~четá** → ~чи́там; **~чие**: **и ~чие** (**и пр.**) und andere (u. a.); **~чи́ствам**, **~чи́стя** *pf* reinigen; putzen; **~чи́т** Lektüre *f*; **~чи́там**, **~четá** *pf* (durch)lesen; **~чу́вам**, **~чу́я** *pf*: **~чу́вам, ~чу́я се** berühmt werden; bekannt werden; **~чу́т** berühmt, bekannt

проше́п|вам, **~на** *pf* (zu)flüstern

про́шка Vergebung *f*

проща́ва|м, **простя́** *pf* vergeben, verzeihen, entschuldigen; **~м се** sich verabschieden (**с** von *D*)

проща́лен Abschieds-

проя́в|а Äußerung *f*; Anzeichen *n*; **~я́(вам)** zeigen, bekunden, äußern; FOT entwickeln

пружи́н|а (Sprung-)Feder *f*; **~и́рам** federn

пръв → пъ́рви

пръ́с|вам, **~на** *pf* bespritzen, besprengen; zer-, verstreuen; zerbrechen (*v/t*); *Gerücht* verbreiten; **~вам, ~на се** (zer)-platzen; sich verstreuen; sich verbreiten; **~кам** (be)spritzen;

streuen; *Geld* vergeuden; *vgl a.* **~вам; ~кам се** → ~вам се; **~ка́чка** (Wasser-)Spritze *f*; TECH Spritzpistole *f*; **~на** → ~вам
пръст[1] Finger *m*; Zehe *f*
пръст[2] *f* Erde *f*
пръ́стен Ring *m*; *adj* irden; Ton-; **~ цвят** erdfarben
прът Stab *m*, Stock *m*; (Eisen-) Stange *f*
пръ́хкав locker
пръхтя́ schnauben
пръч Ziegenbock *m*
пръ́чка Rute *f*, Gerte *f*; Stange *f*
пръщя́ → пращя́
пряк direkt; gerade
пря́ко *adv* direkt; gerade; unmittelbar; *prp* über, quer durch
пря́кор Beiname *m*, Spottname *m*
прям direkt; *fig* offen, gerade
пря́спа Schneeverwehung *f*
психи́чен psychisch
псу́вам schimpfen
псувня́ Schimpfwort *n*
пти́|ца Vogel *m*; **~ци** *pl* Vögel *pl*; **дома́шни ~ци** Geflügel *n*; **~цевъ́дство** Geflügelzucht *f*; **~чи** Vogel-, Geflügel-; **~чка** Vöglein *n*; ZO (Sing-) Vogel *m*
пу́бли|ка Publikum *n*; **~ку́вам** (*im*)*pf* publizieren, veröffentlichen
пу́дра Puder *m*; **~ за́хар** Puderzucker *m*
пу́йка Truthenne *f*
пу́кам *v/t* spalten, sprengen; *v/i* platzen; aufspringen; krachen, knallen; **~ се** (auf)platzen; bersten, zerspringen
пу́к|анки *pl* Popcorn *n*; **~вам, ~на** *pf* (**се**) → ~ам (се); anbrechen; *fig* krepieren; **~нат** gesprungen, geplatzt; **~нати́на** Riss *m*, Spalt(e *f*) *m*, Sprung *m*
пуло́вер Pullover *m*
пулс Puls *m*
пу́мпал Kreisel *m*
пункт Punkt *m*; Stelle *f*
пу́ра Zigarre *f*
пу́с|кам, ~на *pf* loslassen; fallen lassen; freilassen; lassen; erlauben, zulassen; *Motor* anlassen; *Radio* einschalten; *Brief* einwerfen; *Wurzeln* fassen, schlagen; *Bart* wachsen lassen; *Ware* verkaufen; **~кам, ~на се** loslassen
пуст öde, wüst, verlassen; *fig* bedauernswert; **~и́ня** Wüste *f*; **~и́нник** REL Einsiedler *m*, Eremit *m*; **~ота́** Leere *f*; Öde *f*
пу́х Flaum *m*; Daunen *pl*; **~ен**: **~ена зави́вка** Federbett *n*; **~кав** flaumig; locker, weich
пу́ш|а rauchen; räuchern; **~а́ч** Raucher *m*; **купе́ за ~а́чи** *pl* Raucherabteil *n*; **~ек** Rauch *m*; **~ен** geräuchert **~ена ри́ба** Räucherfisch *m*; **~ка** Gewehr *n*; **ло́вна ~ка** (Jagd-) Flinte *f*
пу́щам → пу́скам
пущина́к Wildnis *f*, Einöde *f*
пу́як Truthahn *m*
пчела́ Biene *f*; **~р** Imker *m*; **~рство** Bienenzucht *f*
пче́лен Bienen-
пшени́|ца Weizen *m*; **~чен**

Weizen-; **~чен хляб** Weizenbrot *n*
пъдпъдъ́к Wachtel *f*
пъ́дя ver-, fortjagen
пък aber, jedoch, und; *part* (*steigernd*) ja, doch
пъ́к|лен höllisch, Höllen-; **~ъл** REL Hölle *f*, Fegefeuer *n*
пъ́л|ен voll; **~ен пансио́н** Vollpension *f*; vollständig; korpulent; (*Gewehr usw.*) geladen; **в ~ния сми́съл** im wahrsten Sinne
пълзя́ kriechen; *Baby*: krabbeln
пълне́|ж Füllung *f*; **~я** dick werden
пълно|во́ден wasserreich; **~ле́тен** volljährig; **~лу́ние** Vollmond *m*; **~метра́жен** (*Film*) abendfüllend
пълномо́щ|ен bevollmächtigt; **~ие**, **~но** Vollmacht *f*; **~ник** Bevollmächtigte(r)
пълно|пра́вен vollberechtigt; **~це́нен** vollwertig
пъ́лня füllen; *Gewehr usw.* laden
пълчи́ще Horde *f*, Bande *f*
пън Klotz *m*; Wurzelstock *m*, Baumstumpf *m*
пъп Nabel *m*
пъ́п|еш Zuckermelone *f*; **~ка** Knospe *f*; MED Pickel *m*
първен|е́ц angesehene Person; Primus *m*; Erstgeborene(r); SPORT Spitzenreiter *m*, Meister *m*; **~ство́** Vorrang *m*; Spitzenposition *f*; SPORT *a.* Meisterschaft *f*
пъ́рв|и erste; **на ~и план** im Vordergrund; **~и́чен** primär; ursprünglich; **~о** erstens; zuerst
перво|би́тен Ur-; urtümlich; primitiv; **~кла́сен** erstklassig; **~кла́сник** Abc-Schütze *m*, Schulanfänger *m*; **~нача́лен** ursprünglich; Anfangs-, Grund-; **~о́браз** Urbild *n*, Prototyp *m*; **~сте́пенен** erstrangig
пъ́ргав flink, gewandt; rege; **~ина́** Flinkheit *f*
пъ́рж|а braten; **~ен** gebraten
пържо́ла Kotelett *n*; **~ на ска́ра** Kotelett vom Rost
пърза́л|ка Eisbahn *f*; **~ям**: **~ям се** rodeln; gleiten; **~ям се с кънки́** *pl* Schlittschuh laufen
пъ́рхам schnauben; flattern
пър|хо́т Kopfschuppen *pl*
пъ́стър bunt, scheckig
пъстъ́рва Forelle *f*
път (*pl* **~ища**) Weg *m*; (*Haar*) Scheitel *m*; (*pl* **~и**) Mal *n*; **добъ́р ~!** gute Reise!; **за вто́ри ~** zum zweiten Mal(e); **ни́кой ~** niemals; **еди́н ~ зави́наги** ein für alle Mal; **~еводи́тел** Reiseführer *m*; **~е́ка** Pfad *m*, Weg *m*; (*Teppich*) Läufer *m*; **~ен** Reise-, Weg-; **~ни зна́ци** *m/pl* Verkehrszeichen *n/pl*; **~но строи́телство** Straßenbau *m*
пъте|пи́с Reisebeschreibung *f*; **~показа́тел** Wegweiser *m*; **~ше́ствие** Reise *f*
пъ́тни|к Reisende(r); **~чески** Reise-; Passagier-, Personen-
пъту́в|ам reisen, fahren; wan-

dern; **~ане** Reise *f*, Fahrt *f*; **~ане с нау́чна цел** Studienreise *f*
пъхам (hinein)stecken
пъшкам stöhnen, ächzen
пюре́ Püree *n*, Brei *m*; **~ от я́бълки** Apfelmus *n*
пя́на Schaum *m*
пя́съ|к Sand *m*; **за́хар на ~к** Streuzucker *m*; **~чен** Sand-; **~чник** Sandstein *m*

Р

ра́бота Arbeit *f*, *a.* = Beschäftigung *f*, Job *m*; Sache *f*; Angelegenheit *f*; (Schul-)Aufgabe *f*
рабо́т|ен Arbeits-; fleißig; **~но вре́ме** Arbeitszeit *f*; **~йлница** Werkstatt *f*; **~ли́в** arbeitsam; **~ник** Arbeiter *m*; Arbeitnehmer *m*, Arbeitskraft *f*; **нау́чен ~ник** Wissenschaftler *m*; **~нически** Arbeiter-; **~ничка** Arbeiterin *f*; Arbeitskraft *f*; **~ода́тел** Arbeitgeber *m*; **~оспосо́бен** arbeitsfähig; **~я** arbeiten (*a.* TECH); funktionieren; sich befassen; *Uhr*: gehen; *Geschäft*: geöffnet sein
ра́вен eben, flach, glatt; gleich; **~ство** Gleichheit *f*
равнина́ Ebene *f* (*a.* MATH)
равни́ще Flachland *n*; Niveau *n*, Stand *m*; **на най-висо́ко ~** auf höchster Ebene; **жи́знено ~** Lebensstandard *m*; **мо́рско ~** Meeresspiegel *m*
равно|ве́сие Gleichgewicht *n*; **~ду́шен** gleichgültig; **~зна́чен** gleichbedeutend; **~ме́рен** gleichmäßig **~пра́вен** gleichberechtigt; **~пра́вие** Gleichberechtigung *f*; **~си́лен** gleichbedeutend; **~сме́тка** Bilanz *f*; **~стра́нен** gleichseitig; **~це́нен** gleichwertig
равня́(вам): **~ се** gleich sein; gleichkommen; **(с, на нщ** *D*) *P* sich messen (*od* vergleichen) (**с** mit *D*)
ра́двам freuen, **~ се** sich (er)freuen
радиа́тор Heizkörper *m*; KFZ Kühler *m*
ра́дио Radio *n*, (Rund-)Funk *m*
радио|акти́вен radioaktiv; **~апара́т** (Rund-)Funkgerät *n*; **~връ́зка** Funkverbindung *f*; **~пие́са** Hörspiel *n*; **~преда́ване** (Rundfunk-)Sendung *f*; **~предава́тел** Sender *m*, Sendeanlage *f*; **~прие́мник** (Rundfunk-)Empfänger *m*; **~про́гра́ма** (Hörfunk-)Programm *n*; **~слуша́тел** (Rundfunk-)Hörer *m*; **~ста́нция** (Rundfunk-)Sender *m*; Funkanlage *f*; **~телегра́ма** Funkspruch *m*
ради́ст Funker *m*
ра́дост *f* Freude *f*; **~ен** freudig; froh; erfreulich
раду́шен freudig
ра́ждам, **родя́** *pf* gebären; *Früchte* tragen; **~ се** geboren

werden (*od* sein); entstehen

рáждане Geburt *f*

раз|берá → ~бúрам; **~бúвам**, **~бúя** *pf* zerschlagen (*a.* MIL); *Scheibe* einschlagen; *fig* zerstören; **~бúрам**, **~берá** *pf* begreifen, (**се** sich) verstehen; **~бúра се** selbstverständlich; **~бирáтелство** Verständigung *f*; **~бóйнически** räuberisch, Räuber-; **~болéя**, **~болЯвам**: **~болéя**, **~болЯвам се** erkranken (**от** an *D*); **~бóр** Analyse *f*; Besprechung *f*; **~брáн** verständlich; vernünftig; **~бýдя**, **~бýждам** (auf)wecken; **~бýлвам**, **~бýля** *pf* entschleiern; *fig* entlarven

разбунтýвам (*im*)*pf* aufwiegeln; **~ се** sich empören, rebellieren

раз|бýт(в)ам auseinander stoßen; durcheinander bringen; **~бъ́рк(в)ам** durcheinander bringen, durcheinander werfen; umrühren; **~бЯг(в)ам**: **~бЯг(в)ам се** (*nur 3. pers*) auseinander laufen; **~вáла** Verderb *m*; Verdorbenheit *f*; **~валéн** zerstört, beschädigt; verdorben; **~валинá** Ruine *f*; **~валЯ**, **~вáлям** zerstören; beschädigen; verderben; *Geld* wechseln

разведá, **развéждам** herumführen; *Ehe* scheiden; **~ се** sich scheiden lassen

раз|веселЯ(вам) auf-, erheitern; **~вéя** → ~вЯвам; **~вúвам**, **~вúя** *pf* abwickeln; aufschrauben; *fig* (**се** sich) entwickeln, entfalten; **~видéй**, **~виделЯва се** *unpers* es dämmert; **~вúк(в)ам**: **~вúк(в)ам се** losschreien; **~вúнтвам**, **~вúнтя** *pf* aufschrauben; **~вúтие** Entwicklung *f*; **~вúя** → ~вúвам; **~влечéние** Ablenkung *f*, Zerstreuung *f*; **~влúчам**, **~влекá** *pf* unterhalten; (**се** sich) zerstreuen; **~вóд** (Ehe-)Scheidung *f*; **~вóй** Entwicklung *f*

разврá|т Unzucht *f*; Sittenlosigkeit *f*; **~тен** ausschweifend, lasterhaft; **~тЯ**, **~щáвам** (sittlich) verderben, verführen

развръ́зка Lösung *f*

развъ́дя, **развъ́ждам** züchten; **~ се** sich vermehren

развълнýв|ам *pf* auf-, erregen; *Meer* aufwühlen; **~ам се** sich erregen, sich aufregen; Wellen werfen, hochgehen; **~ан** aufgeregt, erregt; aufgewühlt, stürmisch

раз|въ́ржа, **~въ́рзвам** aufschnüren, auf-, losbinden; **~въ́ртвам**, **~въртЯ** *pf* aufdrehen, aufschrauben; **~вЯвам**, **~вéя** *pf*: **~вЯвам**, **~вéя се** flattern; **~гадáвам**, **~гадáя** *pf* enträtseln

разгáр Höhepunkt *m*

раз|гáрям, **~горЯ** *pf*: **~гáрям**, **~горЯ се** entbrennen, entflammen; **~гласЯ(вам)** bekannt geben; **~глé(ж)дам** betrachten, (sich) besehen; prüfen; besichtigen; erörtern; **~глéзвам**, **~глéзя** *pf* ver-

wöhnen; **~глобя́(вам)** zerlegen
разгова́рям, разгово́ря *pf* (sich) unterhalten
ра́зго|вор Gespräch *n*, Unterhaltung *f*; **~ворли́в** gesprächig; **~во́рник** Sprachführer *m*
разго́л|вам, ~я *pf* entblößen; *P* (zu) leicht anziehen
разго́н|вам, ~я *pf* auseinander treiben, zerstreuen; vertreiben
раз|горещя́(вам) (**се** sich) erhitzen; **~горя́**: **~горя́ се** → **~га́рям**; **~гра́бвам, ~гра́бя** *pf* (aus)plündern; **~гранича́(-вам)** abgrenzen, trennen; unterscheiden; **~гро́м** Vernichtung *f*, vernichtende Niederlage; **~гръ́щам, ~гъ́рна** *pf* öffnen; aufschlagen; *fig* entfalten; **~гъ́вам, ~гъ́на** *pf* aufschlagen, ausbreiten; entfalten
разда́|(ва)м ver-, austeilen; **~ва́ч** Briefträger *m*
раздво|е́н (zwei)geteilt; zwiespältig; **~е́ние** Spaltung *f*, Zweiteilung *f*; Zwiespalt *m*; **~я́(вам)** (in zwei Teile) teilen, spalten; **~я́(вам) се** *Weg*: sich gabeln
раз|деле́ние Teilung *f*; Trennung *f*; **~деля́, ~де́лям** (**се** sich) teilen; trennen; verteilen; **~ди́гам, ~ди́гна** *pf* aufräumen; ausräumen; **~ди́рам, ~дера́** *pf* zerreißen; **~до́р** Zwietracht *m*; Zwist *m*, Zank *m*; **~дразне́ние** Reiz(ung *f*) *m*; Gereiztheit *f*; **~дра́зня(м)** reizen; erregen; **~дра́зня(м) се** in Zorn geraten; **~дра́н** zerrissen; (*Stimme*) heiser; **~дробя́(вам)** zerstückeln; zerkleinern; **~дру́с(в)ам** schütteln, durchrütteln; *fig* erschüttern; **~ду́м(в)ам** trösten; überreden, *j-m etw* ausreden; **~дя́ла** Trennung *f*
разедин|е́ние Uneinigkeit *f*; **~я́(вам)** entzweien, spalten
раз|и́скварм erörtern; diskutieren; **~ка́жа** → **~ка́звам**
ра́з|каз Erzählung *f*; **~ка́звам, ~ка́жа** *pf* erzählen; **~казва́ч** Erzähler *m*; **~ка́йвам, ~ка́я** *pf*: **~ка́йвам, ~ка́я се** bereuen; bedauern; **~ка́р(в)ам** fahren, (be)liefern; *j-n* unnötig bemühen; vertreiben; **~квартиру́вам** (*im*)*pf* einquartieren; **~кла́тя, ~кла́щам** rütteln, bewegen; *fig* erschüttern; **~клоне́ние** Gabelung *f*; **~клоня́(вам)**: **~клоня́(вам) се** sich verzweigen; *Weg*: sich gabeln; **~ко́л** Spaltung *f*
разколеба́вам, разколеба́я *pf* wankelmütig (*od* wankend) machen
раз|копа́вам, ~копа́я *pf* umgraben; ausgraben; **~ко́пки** *pl* Ausgrabungen *pl*
разкопча́|вам, ~я *pf* aufknöpfen
разко́ш Prunk *m*; Pracht *f*; **~ен** prunkvoll; prächtig, Pracht-
разкри́|вам, ~я *pf* entblößen;

aufdecken; *Geheimnis usw.* enthüllen; verraten **~тие** Enthüllung *f*, Aufdeckung *f*; **~тику́вам** *pf* kritisieren

раз|къс(в)ам zerreißen; **~ла́гам, ~ло́жа** *pf* zerlegen; zersetzen; **~ла́гам, ~ло́жа се** zerfallen; verwesen

разле́я, разли́вам verschütten; einschenken; überschwemmen; **~ се** über die Ufer treten; überlaufen

ра́з|лика Unterschied *m*; **~лича́(вам)** (**се** sich) unterscheiden (**от по** von *D* durch *A*; **в** in *D*); **~ли́чен** verschieden **~ли́чие** Unterschied *m*; **~личи́телен** Unterscheidungs-; **~ло́жа** → **~ла́гам**; **~ложе́ние** Zersetzung *f*; Verwesung *f*; *fig* Verfall *m*

разма́х Schwung *m*; **~(в)ам** schwingen; fuchteln, gestikulieren

разма́ц(в)ам verschmieren

разме́квам, разме́кна *pf* aufweichen; erweichen; **~ се** weich werden

разм|еня́, ~е́ням (ver)tauschen; *fig* austauschen; *Geld* wechseln

разме́|р Ausmaß *m*, Maß *n*; **~рвам, ~ря** *pf* ab-, vermessen; (ab)wiegen; **~свам, ~ся** *pf* (ver)mischen; **~ствам, ~стя** *pf* umstellen; **~ся** → **~свам**

разми́|на *pf unpers* vergehen, vorübergehen; **~на, ~на́вам се** aneinander vorbeigehen; sich verfehlen; **~рен** unruhig; aufrührerisch; **~рици** *pl* Unruhen *pl*; **~сля(м)** überlegen; **~сля(м) се** nachdenken, überlegen; **~шле́ние** Überlegung *f*

размно|жа́(вам) vermehren; vervielfältigen; **~жа́(вам) се** sich vermehren; **~же́ние** Vermehrung *f*

размота́|вам, ~я *pf* abwickeln, abspulen

размразя́(вам) *v/t* auftauen

размя́на Austausch *m*, Tausch *m*

разна́сям, разнеса́ *pf* umhertragen; *Post* austragen, zustellen; *fig* verbreiten; verstreuen; **~ се** sich verbreiten

разнеби́т|вам, ~я *pf* zerstören; zerschlagen

разне́жа, разне́жвам ergreifen, rühren; **~ се** gerührt (*od* ergriffen) sein

разно|ви́ден verschiedenartig; **~ви́дност** *f* Abart *f*; Spielart *f*; **~гла́сие** Uneinigkeit *f*; Meinungsverschiedenheit *f*; **~обра́зен** verschieden(-artig), mannigfaltig; abwechslungsreich; **~обра́зие** Mannigfaltigkeit *f*; Abwechslung *f*; **~образя́(вам)** Abwechslung schaffen, für Abwechslung sorgen

раз|носва́ч Bote *m*, Zusteller *m*; **~но́ски** *pl* Ausgaben *pl*, Unkosten *pl*; **~ноцве́тен** verschiedenfarbig; vielfarbig, bunt

разо|блича́(вам) entlarven; **~пако́вам** (*im*)*pf* auspacken;

~ре́ние Verwüstung *f*; Ruin *m*; **~ръжа́(вам)** entwaffnen; abrüsten; **~ръжа́ване** Abrüstung *f*; Entwaffnung *f*; **~ря́(вам)** verwüsten; (**се** sich) zugrunde richten; **~ти́вам**, **~ти́да** *pf*: **~ти́вам, ~ти́да се** (*nur pl u. 3. pers sg*) auseinander gehen; **~чаро́вам** (*im*)*pf* enttäuschen; **~чаро́вам се** enttäuscht sein (*od* werden); **~чарова́ние** Enttäuschung *f*

разпа́д|ам, **~на** *pf*: **~ам, ~на се** zerfallen

раз|па́рям, **~по́ря** *pf Naht* auftrennen

разпеча́т(в)ам aufmachen, öffnen

разпил|е́я, **~я́вам** verstreuen; vergeuden, verpulvern *P*

разписа́ние Fahrplan *m*; **по ~** fahrplanmäßig

разпи́|свам, **~ша** *pf* unterschreiben

ра́з|писка Quittung *f*; **~пит** Befragung *f*; Verhör *n*, Vernehmung *f*; **~пи́т(в)ам** ausfragen; sich erkundigen (**за** nach *D*); verhören; **~пи́ша** → **~пи́свам**

разпла́|квам, **~ча** *pf* zum Weinen bringen; **~квам, ~ча се** in Tränen ausbrechen; **~та** *fig* Abrechnung *f*, Vergeltung *f*; **~ча** → **~квам**; **~тя́**, **~щам**: **~тя́, ~щам се** bezahlen; *Rechnung* begleichen; *fig* abrechnen

раз|плета́, **~пли́там** auftrennen, auflösen; **~позна́вам**, **~позна́я** *pf* erkennen; **~покъ́с(в)ам** zerreißen, zerfetzen

разпо|ла́гам, **~ло́жа** *pf* unterbringen; auf-, hinstellen; *fig* einnehmen, gewinnen; **~ла́гам** verfügen (**с** über *A*), (zur Verfügung) haben; **~ла́гам, ~ло́жа се** sich (häuslich) einrichten; sich ausbreiten; **~ловя́(вам)** halbieren; **~ло́жен** gelegen; geneigt, aufgelegt (**към** zu *D*); **~ложе́ние** Lage *f*; Stimmung *f*; **~ре́дба** Anordnung *f*; Ordnung *f*; **~реди́тел** Organisator *m*; Platzanweiser *m*; **~редя́**, **~ре́ждам** anordnen, anweisen, verfügen; **~редя́, ~ре́ждам се** anordnen; kommandieren, befehlen; **~ре́ждане** Anordnung *f*, Anweisung *f*

раз|по́ря → **~па́рям**; **~пра́ва** Auseinandersetzung *f*, Streit *m*; **~правия́** Zank *m*, Krach *m*; **~пра́вя(м)** erzählen; **~пра́вя(м) се** sich auseinander setzen, streiten; *P* sich beschäftigen; (**с** mit *D*) abrechnen; **~пра́тя**, **~пра́щам** verschicken

разпре|деле́ние Verteilung *f*; Zuteilung *f*; Einteilung *f*; **~деля́**, **~де́лям** verteilen; zuteilen; *Zeit, Geld* einteilen

разпрода́|(ва)м ausverkaufen; **~жба** Ausverkauf *m*; **пу́блична ~жба** (Zwangs-) Versteigerung *f*

разпро|сти́рам, **~стра́** *pf* ausbreiten; *fig* verbreiten; **~сти́рам, ~стра́ се** sich ausbreiten; sich erstrecken; sich verbreiten (**върху́** über *A*); **~стране́ние** Verbreitung *f*; **~страня́(вам)** (**се** sich) verbreiten

разпръск(в)ам ver-, zerstreuen; verschleudern

разпу́скам, разпу́щам, разпу́сна *pf* lockern, lösen; auflösen; *Schüler* in die Ferien schicken; **~ се** sich weiten, sich lockern; sich ausdehnen; sich gehen lassen

разпу́снатост *f* Zuchtlosigkeit *f*; Zügellosigkeit *f*

разпъ́|вам, ~на *pf* (auf)spannen; **~тен** unzüchtig, ausschweifend

разрабо́т|вам, ~я *pf Land usw.* erschließen; bearbeiten; *Auto usw.* einfahren

разразя́(вам): **~ се** ausbrechen; sich entladen

ра́з|ред Kategorie *f*, Klasse *f*; **~ре́жа** *pf* → ~ря́звам; **~ре́ждам, ~редя́** *pf* verdünnen; lichten; **~ре́ждам, ~редя́ се** *Nebel*: sich lichten; dünner werden; **~рез** Schnitt *m*; Schlitz *m*; **~реша́(вам)** erlauben; *Aufgabe usw.* lösen; entscheiden; **~реше́ние** Erlaubnis *f*; (Auf-)Lösung *f*; **~рив** (Ab-)Bruch *m*; Riss *m*; **~ро́ша, ~ро́швам** zerzausen; **~ру́ха** Zerrüttung *f*, Verfall *m*; **~руша́(вам)** zerstören; **~руше́ние** Zerstörung *f*; **~ря́звам, ~ре́жа** *pf* auf-, zerschneiden

разсе́|йвам, ~я *pf* zerstreuen; ablenken; **~ян** zerstreut

разси́п|вам, ~я *pf* verschütten; *fig* ruinieren

разсла́б|вам, ~я *pf* lösen, lockern; MED abführen; **~ително** Abführmittel *n*

раз|сле́двам untersuchen, ermitteln; **~сте́ля, ~сти́лам**: **~сте́ля, ~сти́лам се** sich ausbreiten; **~стоя́ние** Abstand *m*, Entfernung *f*; **~стре́лвам, ~стре́лям** *pf* erschießen

разстр|о́йвам, ~оя́ *pf* verwirren, durcheinander bringen; zerrütten; verstimmen (*a. fig*); **~о́йство** Durcheinander *n*; Verwirrung *f*; Zerrüttung *f*; **~о́йство на стома́ха** Magenverstimmung *f*

раз|съдли́в besonnen, bedächtig; **~съ́дък** Verstand *m*, Vernunft *f*; **~съжда́вам** überlegen; bedenken

разсъ́м|ва, ~не *pf*: **~ва, ~не се** (*nur 3. pers*) es dämmert, es tagt; **~ване** Morgendämmerung *f*

разсъ́рдвам, разсъ́рдя *pf* ärgern, erzürnen; **~ се** böse werden

раз|та́кавам in die Länge ziehen, verzögern; hin- und herschicken; **~тва́рям, ~тво́ря** *pf* öffnen, aufmachen; CHEM (auf)lösen; **~тво́р** Lösung *f*; **~тегли́в** dehnbar; **~те́гля(м)** → ~тя́гам, ~пъвам; abwiegen; **~те́гна** → ~тя́гам; **~това́рвам, ~това́ря** *pf* ab-, entladen, löschen; **~топя́**

(вам) *v/t* schmelzen; auftauen; **~топя́(вам) се** schmelzen (*v/i*)

разтре́б|вам, **~я** *pf* aufräumen

разтрево́ж|а, **~вам** aufregen, beunruhigen (**се** sich)

разтри́|вам, **~я** *pf* (ver-, zer)reiben; verschmieren, verstreichen; einmassieren, einreiben; **~вка** Massage *f*; Einreibung *f*

раз|троша́(вам) zerbrechen, zerkleinern; **~ту́ря(м)** in Unordnung bringen; *Haus* abtragen; zerstören (*a. fig*); sprengen (*fig*); auflösen; *Spiel usw.* verderben; stören; **~тълку́вам** *pf* erläutern; *Traum* deuten; **~тъ́рсвам**, **~тъ́рся** *pf* schütteln; rütteln; erschüttern; **~тя́гам**, **~те́гна** *pf* auseinander ziehen; ausdehnen; *Worte* dehnen

разубе|дя́, **~жда́вам** abraten (**нкг от** *j-m* von *D*), ausreden (**нкг от** *j-m etw A*)

разузна́|вам, **~я** *pf* auskundschaften; sich erkundigen; (**за** nach *D*) ermitteln; **~я** → **~вам**

ра́з|ум Verstand *m*; Vernunft *f*; **~у́мен** vernünftig; klug; **~у́ча**, **~уча́вам** (ein)studieren; **~хвъ́рля(м)** verstreuen; **~хитя́**, **~хища́вам** verschwenden; **~хла́бвам**, **~хла́бя** lockern; **~хлади́телно** Erfrischung(sgetränk *n*) *f*; **~хло́пан** klapprig; **~ход** Verbrauch *n*; Ausgabe *f*; **~ на вре́ме** Zeitaufwand *m*

разхо́|дка Spaziergang *m*; Spazierfahrt *f*; **~дя**, **~ждам** spazieren führen; **~дя, ~ждам се** spazieren gehen, fahren

разцве́т Blüte(zeit) *f*

разце́п|вам, **~я** *pf* (zer)spalten; zerschlagen, verletzen; **~вам, ~я се** sich spalten; **~ле́ние** Spaltung *f*

разцъ́ф|вам, **~на** *pf* (**се**), **~тя́(вам)** (**се**) aufblühen, erblühen

разчи́ст|вам, **~я** *pf* säubern; aufräumen

раз|чи́там, **~чета́** *pf* entziffern; (*nur impf*) rechnen (**на** mit *D*), sich verlassen (**на** auf *A*); **~члeня́(вам)** zergliedern; **~чо́пля(м)** aufkratzen

разчу́|ва, **~е** *pf*: **~ва, ~е се** (*nur 3. pers*) bekannt werden, sich herumsprechen; **~пвам**, **~пя** *pf* in Stücke brechen, zerbrechen

раз|ша́вам: **~ша́вам се** *pf* beginnen sich zu bewegen; sich rühren; **~ше́т(в)ам**: **~ше́т(в)ам се** hin und her gehen; sich zu schaffen machen; **~шире́ние** Erweiterung *f*; Ausdehnung *f*; **~ширя́(вам)** erweitern, verbreitern; ausdehnen; **~ю́здан** zügellos; **~я́(жда)м** zerfressen; CHEM ätzen; **~яре́н** wütend, rasend; **~ясне́ние** Erläuterung *f*, Erklärung *f*; Aufklärung *f*; **~ясня́ (-вам)** erläutern, erklären; aufklären

рай Paradies *n*

райо́н Bereich *m*; Gebiet *n*; Stadtbezirk *m*

рак (*a.* MED) Krebs *m*; **морски ~** Hummer *m*
ракéт|а Rakete *f*; (Tennis-)Schläger *m*; **~ен** Raketen-
ракúта Korbweide *f*
ракúя Schnaps *m*, Branntwein *m*
рáков Krebs-; **~úна** Muschel *f*
рáмка Rahmen *m*; (Brillen-)Fassung *f*
рáмо Schulter *f*, Achsel *f*
рáна Wunde *f*
рáнен früh, zeitig; Früh-
ранéн verwundet, verletzt
рáница Rucksack *m*
рáно *adv* früh
раня́(вам) verwunden
рáпица Raps *m*
рáпорт Meldung *f*; **~ýвам** *(im)pf* melden
рáса Rasse *f*
рáсо Talar *m*; Kutte *f*
раст|á wachsen; anwachsen; **~éж** Wachstum *n*; Anwachsen *n*; **~éние** Pflanze *f*; **~úтелен** Pflanzen-, pflanzlich; **~úтелност** *f* Vegetation *f*
рафт Regal *n*; Fach *n*
рационáл|ен rationell; rational, sinnvoll; **~изáция** Rationalisierung *f*; **~изúрам** *(im)pf* rationalisieren
реа|гúрам *(im)pf* reagieren; **~ктúвен** Strahl-, Düsen-; Raketen-; **~ктúвен самолéт** Düsenflugzeug *n*; **~кциóнен** reaktionär
реáл|ен real, Real-; reell; **~ност** *f* Realität *f*
ребрó Rippe *f*
рев Brüllen *n*; Geheul *n*; **~á** brüllen; heulen; tosen
ревéр (Rock-)Aufschlag *m*, Revers *n*
ревматúзъм Rheuma *n*, Rheumatismus *m*
ревнúв eifersüchtig
рéвност *f* Eifersucht *f*; Eifer *m*; **~ен** eifrig
ре|внýвам eifersüchtig sein (**нкг** auf *j-n*); **~волюциóнен** revolutionär, Revolutions-; **~волюция** Revolution *f*; **~вю́** *n* Revue *f*; **мóдно ~вю́** Modenschau *f*; **~гулúрам** *(im)pf* regeln, regulieren; *Uhr* stellen
ред Reihe *f*; Zeile *f*; Ordnung *f*
редáкция Redaktion *f*
рéд|ен recht, richtig; **~éя** sich lichten; **~úца** Reihe *f*; Kolonne *f*; **~óвен** regelmäßig; ordentlich; **~ýвам**: **~ýвам се** sich abwechseln; **~я́** ordnen; in Reihen aufstellen
рéжа (ab)schneiden; schnitzen
режúм Regime *n*; Lebensweise *f*; **диетúчен ~** Diät *f*; **~ на леглó** Bettruhe *f*
режисúрам *(im)pf* Regie führen, leiten
резбá(рство) Schnitzerei *f*; Bildhauerei *f*
резé Riegel *m*
рé|зен Scheibe *f*, Schnitte *f*; **~зéрв(а)** Reserve *f*; Vorrat *m* **~зéрвен** Reserve-, Ersatz-; **~зéц** Schneidezahn *m*; (*Messer usw.*) Schneide *f*; **~злúв** scharf; herb; **~золю́ция** Resolution *f*; **~зултáт** Resultat *n*, Ergebnis *n*

рéйд MAR Reede *f*
Рéйн Rhein *m*
рéйс Fahrt *f*; Route *f*; *F* (*Buslinie*) Linie *f*
рекá[1] Fluss *m*, Strom *m*
рекá[2] *pf* sagen; erwidern; *F* sich sagen, denken
ре|клáма Reklame *f*; **~кламáция** Beanstandung *f*, Reklamation *f*; **~кóлта** Ernte *f*; **~кóрден** Rekord-; **~кордьóр** Rekordhalter *m*; **~лигиóзен** religiös; Religions-; **~лúгия** Religion *f*
рéлс|а Schiene *f*; **~и** *pl* Gleis *n*, Geleise *n*
ремаркé Beiwagen *m*, Anhänger *m*
ремóнт Reparatur *f*; **~ен** Reparatur-; **~úрам** (*im*)*pf* reparieren
рéмък Riemen *m*
рен|дé Hobel *m*; Reibeisen *n*; **~дóс(в)ам** hobeln; **~табúлен** rentabel
рéнтгенов Röntgen-
рéпей BOT Klette *f*
репетú|рам (*im*)*pf* THEA proben; **~ция** Probe *f*
рéпичка Radieschen *n*
ре|портéр Reporter *m*; **~пýблика** Republik *f*; **~сня́** *pl* Fransen *pl*; **~сóр** KFZ Feder *f*; Ressort *n*
рéсто HDL Rest *m*; **~!** *adv* zurück!
ресторáнт Restaurant *n*
рéфер SPORT Schiedsrichter *m*
ре|фóрма Reform *f*; **~цéнзия** Rezension *f*, Gutachten *n*; **~цéпта** Rezept *n*
рециклúране Recycling *n*
реч *f* Rede *f*; Sprache *f*
рéчен Fluss-
рéчник Wortschatz *m*; Wörterbuch *n*
рéша kämmen; striegeln
решá(вам) beschließen; entscheiden; *Aufgabe* lösen; **~ се** sich entschließen (**на** zu *D*); sich entscheiden (**за** für *A*)
ре|шéние Beschluss *m*, Entscheidung *f*; Lösung *f*; **~шéтка** Gitter *n*; **~шéто** Sieb *n*
решúтел|ен entschlossen, entschieden; entscheidend; **~ност** *f* Entschlossenheit *f*
рúба Fisch *m*; **бя́ла ~** Zander *m*; **ловя́ ~** fischen
рибáр Fischer *m*; **~ник** Fischteich *m*
рúбен Fisch-; **~а кост** Gräte *f*; **~ магазúн** Fischgeschäft *n*; **~о мáсло** Lebertran *m*
риболóв(ство) Fischfang *m*, Fischerei *f*
рид Hügel *m*, Anhöhe *f*
ридáя schluchzen, weinen
риж *P* rot(braun), rostfarben
рúза Hemd *n*; **гóрна ~** Oberhemd *n*
Рим Rom *n*
рúм|а Reim *m*; **~ски** römisch; **~ýвам** reimen
ринг SPORT Ring *m*
риск Risiko *n*; **~óван** riskant; **~ýвам** riskieren, wagen
рисý|вам zeichnen; *fig* malen; **~нка** Zeichnung *f*, Bild *n*
рúт|ам treten, e-n Fußtritt geben; *Pferd*: ausschlagen; **~нúк** Fußtritt *m*

ри́тъм Rhythmus *m*
роб Sklave *m*
ров Graben *m*
ро́в|ък locker; bröck(e)lig; leicht; **~я** wühlen; scharren; graben
рог Horn *n*; **~а́** *pl* **на еле́н** Geweih *n*; **~а́т** Horn-, gehörnt
ро́говица Hornhaut *f*
рого́зка Schilfmatte *f*
ро́д Geschlecht *n*; Stamm *m*; Gattung *f*; GR Genus *n*; **~ен** leiblich; Heimat-; Mutter-; (ein)heimisch; **~е́н** geboren
роди́|лен Geburts-, Entbindungs-; **~лна по́мощ** Geburtshilfe *f*; **~на** Heimat *f*; **~тели** *pl* Eltern *pl*; **~телен**: **~телен паде́ж** GR Genitiv *m*; **~телски** Eltern-, elterlich; **~телски контро́л** IT Kindersicherung *f*
родни́|на *m/f* Verwandte(r); **~нски** verwandtschaftlich
родо|люби́в patriotisch
ро́дом geboren (**от** in *D*)
родя́ → ра́ждам
ро́жба Kind *n*; ZO Junge(s)
рожде́н Geburts-; **~ ден** Geburtstag *m*; **~ие** Geburt *f*
ро́з|а Rose *f*; **~ов** Rosen-; rosa; **~ово ма́сло** Rosenöl *n*
рой Schwarm *m*
ро́кля Kleid *n*
ро́лка Rolle *f*
ро́ля THEA Rolle *f*
ром Rum *m*
рома́н Roman *m*; **~тика** Romantik *f*; **~ти́чен** romantisch
ромб Raute *f*
ро́|ня zerbröckeln; verstreuen; abbrechen; *Tränen* vergießen; **~ня се** rieseln; (ab)bröckeln; **~птя́я** murren, brummen; **~са́** Tau *m*; **~стбиф** Roastbeef *n*; **~та** MIL Kompanie *f*; **~хкав** locker; bröck(e)lig; **~хък**: **~хко яйце́** weich gekochtes Ei; **~шав** zerzaust, struppig; **~я́к** Schwarm *m*; **~я́л** MUS Flügel *m*
руга́я beschimpfen, schimpfen (**нкг, нщ** auf *A*)
ру́д|а́ Erz *n*; **~ен** Erz-; **~ник** Bergwerk *n*, (Erz-)Grube *f*
румъ́н|ец Rumäne *m*; **≈ия** Rumänien *n*; **~ка** Rumänin *f*; **~ски** rumänisch
рунд SPORT Runde *f*
рус blond
ру́с|ия Russland *n*; **~ки** russisch; **~ки́ня** Russin *f*; **~на́к** Russe *m*
ру́х|вам, **~на** *pf* (ein)stürzen, zusammenbrechen, -fallen
ру́чей Bach *m*
руша́ zerstören, niederreißen; **~ се** zusammenfallen, einstürzen; zusammenbrechen (*a. fig*)
ръб Kante *f*; Saum *m*; Rand *m*; Bügelfalte *f*; Naht *f*; **~ест** kantig
ръж *f* Roggen *m*
ръжд|а́ Rost *m* (*auf Metall*); **~и́в** rostig; **~я́сал** verrostet; **~я́с(в)ам** (ver)rosten
ръка́ Arm *m*; Hand *f*; **~в** Ärmel *m*; Flussarm *m*; **~ви́ца** Handschuh *m*; **~ за еднокра́тна употре́ба** *f meist pl* Einweghandschuh *m meist pl*
ръко|води́тел Leiter *m*, Führer *m*; Betreuer *m*; **~во́дство**

Leitung *f*, Führung *f*; Betreuung *f*; Handbuch *n*, Leitfaden *m*; **~вóдя** leiten, führen; betreuen; **~вóдя се** sich richten (**по** nach *D*); **~дéлие** Handarbeit *f*; **~пúс** Handschrift *f*, Manuskript *n*; **~пúсен** handschriftlich; **~плúскам** Beifall klatschen; **~плúскане** Beifall *m*, Applaus *m*

ръкýвам: **~ се** sich die Hand reichen

ръмú *unpers* es nieselt

ръст Wuchs *m*; Größe *f*

ръсл spritzen, sprengen

ръч|ен Hand-; **~ен часóвник** Armbanduhr *f*; **~на рáбота** Handarbeit *f*; **~на спирáчка** Handbremse *f*; **~енúца** *bulgarischer Volkstanz*; **~ка** Griff *m*; Hebel *m*

рядк|ост *f* Seltenheit *f*, Rarität *f*; **~ък** dünn(flüssig); spärlich; selten, rar

ряз|ка Kerbe *f*; Riss *m*; Narbe *f*; Falte *f*; Streifen *m*; **~ък** scharf; heftig; grell; schrill; krass

ряпа Rettich *m*

С

с (**със** *vor* **с** *od* **з**) mit; **~товá** damit

са (*3. pers pl*) sind

сáбя Säbel *m*

садя́ (an)pflanzen

сáжди *pl* Ruß *m*

сак Einkaufstasche *f*, Beutel *m*; Campingbeutel *m*

сакó Sakko *m*

саксúя Blumentopf *m*

сал Floß *n*

салáм Wurst *f*; **сух ~** Dauerwurst *f*

салáта BOT (Kopf-)Salat *m*; GASTR Salat *m*

салфéтка Serviette *f*

сам *adv* allein; *pron* selbst; **~-самúчък** mutterseelenallein

сáмо nur, bloß; **не ~, но и** nicht nur, sondern auch; **~ и ~ да** lediglich (*od* nur) um zu; **~бúтен** selbstständig; originell; **~бръснáч(ка)** Rasierapparat *m*; **електрúческа ~бръснáчка** Trockenrasierer *m*; → *a.* **нóжче**; **~дéен** Laien-, Amateur-; **~дéйност** *f* eigene Initiative; Laienkunst *f*

само|дúва Waldfee *f*; **~довóлен** selbstgefällig; **~жúв** ungesellig, verschlossen; selbstsüchtig, egoistisch; **~забрáвя(м)**: **~забрáвя(м) се** sich vergessen; **~защúта** Selbstschutz *m*; Notwehr *f*; **~измáма** Selbsttäuschung *f*; **~крúтика** Selbstkritik *f*

самолéт Flugzeug *n*; **пътнически ~** Passagierflugzeug *n*

само|лúчност *f* Personalien *pl*, Identität *f*; **~надéян** selbstbewusst; **~обвинéние** Selbstbeschuldigung *f*; **~обладáние** Selbstbeherrschung *f*, Fassung *f*; **~образовáние** Selbstunterricht *m*;

~обслу́жване Selbstbedienung *f*; **~определе́ние** Selbstbestimmung *f*; **пра́во на ~определе́ние** Selbstbestimmungsrecht *n*; **~отве́ржен** selbstlos, aufopfernd; **~ръчен** eigenhändig; **~снима́чка** FOT Selbstauslöser *m*; **~сто́ен**, **~стоя́телен** selbstständig; **~съзна́ние** Selbstbewusstsein *n*; **~та́** Einsamkeit *f*

само́тен einsam

самоуби|вам, ~я *pf*: **~вам, ~я се** Selbstmord begehen; **~йство** Selbstmord *m*

само|уве́рен selbstbewusst, (selbst)sicher; eingebildet; **~у́к** Autodidakt *m*; **~учи́тел** Lehrbuch *n* für den Selbstunterricht; **~чу́вствие** Selbstbefinden *n*; Selbstgefühl *n*

саму́р ZO Zobel *m*

санда́ли *m/pl* Sandalen *f/pl*

са́н|двич belegtes Brot (*od* Brötchen); **~дък** Kiste *f*, Kasten *m*; Truhe *f*

санита́р Sanitäter *m*

сантиме́тър (см) Zentimeter *n* (cm)

сапу́н Seife *f*; **~ за бръ́снене** Rasierseife *f*; **~ен** Seifen-; seifig; **~ен меху́р** Seifenblase *f*

сарде́ла Sardelle *f*; Sardine *f*

сарми́ *f/pl* Weinblätter- *od* Kohlrouladen *f/pl*

сачм|а́ (Blei-)Schrot *m od n*; **~е́н**: **~е́н ла́гер** Kugellager *n*

сби|вам, ~я *pf*: **~вам, ~я се** sich zusammenballen; (anfangen zu) raufen; **~рка** Sammlung *f*; Treffen *n*; **~рщина** Gerümpel *n*; Gesindel *n*; **~т** gedrängt

сблъ́ск(в)ам zusammenstoßen

сблъ́скване Zusammenstoß *m*

сбо́г|ом ade, lebe wohl; **~у́вам**: **~у́вам се** sich verabschieden (**с** von *D*)

сбо́р Zusammenkunft *f*; *P* Volksfest *n*; MATH Summe *f*; **~ен** Treff-, Sammel-; **~ен пункт** Treffpunkt *m*; **~ник** Sammelwerk *n*, Sammlung *f*; **юбиле́ен ~ник** Festschrift *f*

сбръ́чк(в)ам runzeln, falten

сбъ́д|ва, ~не *pf*: **~ва, ~не се** (*nur 3. pers*) in Erfüllung gehen, eintreffen

сбъ́рк(в)ам e-n Fehler machen, sich irren; *Weg* verfehlen; *Namen* verwechseln

сваля́, **сва́лям** ab-, herunternehmen; abladen; *Schuhe* ausziehen; stürzen; *P* entlassen, feuern

сва́р|вам, ~я *pf* (an)treffen; zurechtkommen

сваря́(вам) *v/t* kochen

сва́тб|а Hochzeit *f*; **~ен** Hochzeits-

сведа́ → свеждам

све́дени|е Auskunft *f*; Nachricht *f*; **~я** *pl* Angaben *f/pl*; **за ~е** zur Kenntnisnahme

свеж frisch

све́|ждам, **~да́** *pf* neigen, beugen; **~жест** *f* Frische *f*; **~къ́р** Schwiegervater *m*; **~къ́рва** Schwiegermutter *f*;

~нли́в schüchtern; **~ря́(вам)** vergleichen; **~стен** anständig; vernünftig

свестя́(вам) zur Besinnung bringen; **~ се** zu sich kommen

свет(и́) heilig

све́т|вам, ~на *pf* (auf)leuchten; **~е́ц** REL Heilige(r); **~и́лник** Leuchter *m*; **~и́ло** Himmelskörper *m*

светка́ви|ца Blitz *m*; **~чен** blitzartig, blitzschnell

све́т|ла, ~ло → **~ъл**; **~лина́** Licht *n*; Schein *m*; **~на** → **~вам**; **~о́вен** Welt-; **~о́вна война́** Weltkrieg *m*; **~офа́р** Verkehrsampel *f*; **~ски** weltlich, Welt-; **~у́лка** ZO Glühwürmchen *n*; **~ъл** hell; klar; **~я** leuchten; scheinen; strahlen

свещ *f* Kerze *f*

свеще́н heilig; **~ик** Geistliche(r), Priester *m*

сви́|вам, ~я *pf* biegen; zusammenrollen; zusammenwickeln; zusammenziehen; einziehen; *Nest* bauen; *Zigarette* drehen; **~ва ме коре́мът** der Bauch tut mir weh; **~вам се** sich zusammenziehen; sich zusammenrollen; *Stoff*: einlaufen; sich ducken; sich winden

свиде́тел Zeuge *m*; **~ство** Zeugnis *n*; **кръще́лно ~ство** Taufschein *m*; **~ствам** (be)zeugen, Zeuge sein (**за, про́тив** für *A*, gegen *A*)

сви́ждане Zusammenkunft *f*; Besuch *m*

сви́к|(в)ам zusammenrufen; einberufen; **~вам, ~на** *pf* sich gewöhnen (**с, на** an *A*)

сви́н|ски Schweine-, Schweins-; **~ска мас** Schweinefett *n*; **~ско (месо́)** Schweinefleisch *n*; **~щина** *P* Schweinerei *f*; **~я́** Schwein *n*; **ди́ва ~я́** Wildschwein *n*

свире́п grausam; wütend

сви́р|ка Pfeife *f*; **~я** pfeifen; MUS spielen; hupen; tuten; zirpen

свит gebogen; zusammengerollt; *fig* bescheiden, schüchtern

сви́та Gefolge *n*

свия́ → **сви́вам**

своб|ода́ Freiheit *f*; **лиша́ване от ~ода́** Freiheitsstrafe *f*; **~о́ден** frei; ungezwungen; weit, lose; **~одолюби́в** freiheitsliebend

свод Gewölbe *n*; Bogen *m*

свое|во́лен eigensinnig; eigenmächtig; **~во́лие** Eigensinn *m*; Eigenmächtigkeit *f*; **~вре́менен** rechtzeitig; **~нра́вен** eigensinnig; **~обра́зен** eigenartig, eigentümlich

свой mein, dein, sein, ihr; unser, euer, ihr

сво́йств|ен eigen (*D*); **~о** Eigenschaft *f*

свра́ка Elster *f*

свръх über; **~есте́ствен** übernatürlich; **~чове́шки** übermenschlich

свръ́щам, свъ́рна *pf* abbiegen; einkehren

свъ́р|жа, ~звам verbinden;

~ша, **~швам** vollenden; beenden; verbrauchen; zu Ende gehen; sterben
свъ́ршен be-, vollendet; **ми́нало ~о вре́ме** GR Aorist *m*
свят[1] REL heilig
свят[2] Welt *f*; **вие ми се ~** mir ist schwindlig; **на о́ня ~** im Jenseits
свя́тка: **~ се** es blitzt
сгá́з|вам, **~я** *pf* zertreten; überfahren; *P* erwischen
сган *pej* Gesindel *n*, Pöbel *m*
сглобя́(вам) zusammensetzen; montieren
сгó|вор Eintracht *f*; Absprache *f*; **~да** Bequemlichkeit *f*; günstige Gelegenheit; **~ден** geeignet; günstig; **~де́н** verlobt; **~дя́(вам)** (**се** sich) verloben; **~твя(м)** kochen, zubereiten
сгра́бч|а, **~вам** packen
сгра́да Gebäude *n*
сгр|еша́(вам) e-n Fehler machen; sich irren; verwechseln; REL sündigen; **~е́я**, **~я́вам** (er)wärmen
сгъва́ем zusammenlegbar, -klappbar, Klapp-; **~ чадъ́р** Taschenschirm *m*
сгъ́|вам, **~на** *pf* zusammenlegen; einwickeln; **~стя́(вам)** verdichten; *Flüssigkeit*: kondensieren
сде́лка Geschäft *n*
сдоби́|вам, **~я** *pf*: **~вам**, **~я се** bekommen, *F* ergattern
сдобря́(вам) (**се** sich) versöhnen
сдруж|á(вам): **~á(вам) се** sich befreunden; HDL Teilhaber werden; **~е́ние** Verein (-igung *f*) *m*; Gesellschaft *f*
сдържа́н beherrscht; zurückhaltend
се sich; man; *adv* immer
се́бе: **~ си** sich (*A*); **на ~ си** sich (*D*)
се́вер Nord(en) *m*; **~ен** nördlich, Nord-; **2но море́** Nordsee *f*; **~оза́пад** Nordwest(en) *m*; **~оизто́к** Nordost(en) *m*
сега́ jetzt; nun; sofort; **за ~** vorläufig; **~шен** jetzig, gegenwärtig; **~шно вре́ме** GR Präsens *n*
седа́лище Sitz *m*, Residenz *f*
седе́ф Perlmutter *f*
седешк|а́та, **~о́м** sitzend
седло́ Sattel *m*; **~вина́** (Berg-) Sattel *m*
се́д|мица Woche *f*; **~ми́ца** Sieben *f*; **~мичен** wöchentlich, Wochen-; **~мичник** Wochenzeitung *f*; **~на** → **ся́дам**; **~я́** sitzen; stehen; sich aufhalten; *P* wohnen
сезо́н Jahreszeit *f*; Saison *f*
се́итба Aussaat *f*; Saat *f*
сек|á hacken; fällen; *Münzen* prägen; *Beil*: scharf sein; **~и́ра** Beil *n*
се́кна: **~ се** sich schnäuzen
секрета́рка Sekretärin *f*
секре́т|ен geheim, Geheim-; vertraulich; **~на бра́ва** Sicherheitsschloss *n*; **~но ко́пче** Druckknopf *m*
сексуа́л|ен sexuell, Sex-; **~но наси́лие** sexueller Missbrauch *m*; **~ тормо́з** sexuelle Belästigung *f*

секу́нда Sekunde *f*
се́л|ище Siedlung *f*; **~о** Dorf *n*; **~ски** Dorf-, dörflich; Land-, ländlich; **~ски тури́зъм** Urlaub *m* auf dem Bauernhof **~ско стопа́нство** Landwirtschaft *f*; **~янин** Bauer *m*; **~янка** Bäuerin *f*; **~я́шки** bäuerlich
се́ме Samen *m*, Saat *f*
семе́|ен Familien-; verheiratet; **~йство** Familie *f*
се́мка BOT Kern *n*
сенза́ция Sensation *f*
сено́ Heu *n*; **~ко́с** Heuernte *f*; **~коса́чка** Mähmaschine *f*
се́нчест schattig
септе́мври *m* September *m*
серви́|рам *(im)pf* servieren; **~тьо́р(ка)** Kellner(in *f*) *m*
серги́я Verkaufsstand *m*
се́ри|ен Serien-, serienmäßig; **~о́зен** seriös, ernsthaft; **~о́зност** *f* Ernst(haftigkeit *f*) *m*; **~я** Serie *f*, Reihe *f*
се́сия Session *f*
сестра́ Schwester *f*; **медици́нска ~** Krankenschwester *f*
сетиво́ Sinn(esorgan *n*) *m*
се́тя: **~ се** → **се́щам**
сеч|е́ние Schnitt *m*; **~иво́** Gerät *n*, Werkzeug *n*
се́|щам, ~тя *pf*: **~щам, ~тя се** es fällt mir ein; sich erinnern (**за** an *A*)
се́я säen; (durch)sieben
си sich (*D*); *part* **ня́кой ~** irgendeiner; *2. pers sg v.* **съм**
сив grau
сигна́лен Signal-, Warn-
си́гур|ен sicher; zuverlässig; **~ност** *f* Sicherheit *f*
си́ла Kraft *f*, Stärke *f*; Wucht *f*; Gewalt *f*, Macht *f*; **вли́зам в ~** in Kraft treten; **вели́ка ~** Großmacht *f*; **ко́нска ~ (кс)** Pferdestärke *f* (PS)
си́лен kräftig; stark; mächtig; **~ ток** Starkstrom *m*
си́мвол Symbol *n*; **~и́чен** symbolisch
симп|ати́чен sympathisch; **~а́тия** Sympathie *f*
син[1] Sohn *m*
син[2] *adj* blau; **~ дома́т** Aubergine *f*
синджи́р Kette *f*
сини́гер ZO Meise *f*
синина́ Bläue *f*; blauer Fleck
си́нкав bläulich
синтети́чен synthetisch
синче́ц Kornblume *f*
си́п|вам, ~я *pf* schütten; (ein)gießen
сира́к Waise *m*; **кръгъл ~** Vollwaise *m*
си́рене Käse *m*
сиро́п Sirup *m*, (Frucht-)Saft *m*
систе́ма System *n*; **навигацио́нна ~** Navigationssystem *n*, *F* Navi *n*
сит satt; überdrüssig (**на** *G*); sättigend
си́тен klein; fein(körnig)
си́то Sieb *n*
сия́|ние Leuchten *n*, Schein *m*; Glanz *m*; **~я** scheinen, strahlen
сказу́емо GR Prädikat *n*
скакале́ц Heuschrecke *f*; Grashüpfer *m*
скала́[1] Fels(en) *m*
ска́ла[2] Skala *f*

скали́ст felsig
скаме́йка (Sitz-)Bank *f*
скани́рам TECH scannen
ска́п|вам, **~я** *pf*: **~вам, ~я се** verfaulen; verwesen; **~ан** verdorben, verfault
ска́ра Bratrost *m*; (Feuer-)Rost *m*; Fleisch vom Grill
ска́р(в)ам: **~ се** schimpfen (**на** mit *j-m*); sich verfeinden (**с** mit *j-m*)
скарлати́на MED Scharlach *m*
ска́чам, **ско́ча** *pf* springen, hüpfen
ска́ч|вам, **~а́** *pf* verbinden
ске́ле (Bau-)Gerüst *n*
ске́лет Skelett *n*
ски *pl* Ski(er *pl*) *m* **ка́рам ~** Ski laufen
скио́р Skiläufer *m*
ски́там (**се**) sich herumtreiben, umherirren
ски́ца Skizze *f*; Entwurf *m*
склад Lager *n*; **~и́рам** *v/t* lagern; speichern
скла́нням, **склоня́** *pf* neigen, beugen; *fig* überreden; einwilligen; GR deklinieren
скло́н Abhang *m*; **~е́ние** GR Deklination *f*; **~ност** *f* Neigung *f* (**към** zu *D*); **~я́** → **скла́ням**
склю́ч|а, **~вам** schließen
скоба MATH, GR Klammer *f*
скок Sprung *m*; **овча́рски ~** Stabhochsprung *m*
сконфу́з|вам, **~я** *pf* in Verlegenheit bringen
скорбя́ла Stärke(mehl *n*) *f*
скоре́ц ZO Star *m*
ско́ро bald, schnell; unlängst; **~ст** *f* Geschwindigkeit *f*; KFZ Gang *m*
скотовъдство Viehzucht *f*
ско́ча → **ска́чам**
скреж Raureif *m*
скрепя́(вам) befestigen
скрива́лище Versteck *n*
скри́|вам, **~я** *pf* verstecken, verbergen; *fig* verheimlichen
скрин Kommode *f*
скрит verborgen; (*Mensch*) verschlossen
скрия → **скри́вам**
скро́мен bescheiden
скроя́(вам) zuschneiden; *fig* aushecken
скръб *f* Trauer *f*, Kummer *f*; **~ен** traurig
скръст|вам, **~я** *pf* verschränken, kreuzen
скуба zupfen; rupfen
ску́ка Langeweile *f*
ску́лптор Bildhauer *m*
скумрия Makrele *f*
скут Schoß *m*
скуча́я sich langweilen
ску́чен langweilig
скълц(в)ам zerkleinern
скъп teuer
скъпоце́нен kostbar, wertvoll; Edel-
скърбя́ trauern (**за** um, über *A*); betrübt sein
скъ|рцам knirschen; knarren; **~рша**, **~ршвам** *v/t* (ab-, zer-)brechen; **~с(в)ам** zerreißen; *fig* abbrechen; **~ся́(вам)** (ver-)kürzen; **~т(в)ам** verstecken; sparen
слаб schwach; mager; **~е́я** abnehmen, abmagern; **~ина́**

ANAT Leiste *f*, Weiche *f*; **~ово́лен** willensschwach
сла́бо|ст *f* Schwäche *f* (*a. fig* **към** für *A*); **~у́мен** schwachsinnig
сла́в|а Ruhm *m*; **~ей** Nachtigall *f*; **~ен** berühmt; ruhmvoll; *F* herrlich; gut; **~я** rühmen, preisen
славя́н|ин Slawe *m*; **~ка** Slawin *f*; **~ски** slawisch
сла́гам, сло́жа *pf* stellen, setzen, legen; anlegen; anbringen; *Tisch* decken
слад|ка́рница Konditorei *f*; **~ки́ш** Kuchen *m*
сла́д|ко Konfitüre *f*; *adv* süß; **~ни́кав** süßlich; **~оле́д** (Speise-)Eis *n*
сладостра́ст|ен wollüstig, sinnlich; **~ие** Wollust *f*, Sinnlichkeit *f*
сла́дък süß; wohlschmeckend; lieblich
сла́м|а Stroh *m*; **~ен** Stroh-; **~ка** Strohhalm *m*
слана́ (Rau-)Reif *m*
слани́на Speck *m*
сла́стен wollüstig, lüstern
след nach, in; hinter; **~ обед** nachmittags
следа́ Spur *f*, Fährte *f*
сле́два|м folgen (**нкг, нщ** *D*); befolgen; studieren; **~** (*nur 3. pers*) es muss, man muss; **от това́ ~** daraus folgt; **~щ** folgend-; nächst-; studierend
следо́бед Nachmittag *m*; **~ен** Nachmittags-
следова́тел: **съдия́ ~** Untersuchungsrichter *m*; **~но** folglich
сле́д|ствие Folge *f*; JUR Untersuchung *f*, Ermittlung *f*; **~я** verfolgen
сле́зна → сли́зам
слеп|е́ц Blinde(r); **~ешка́та** blind(lings); **~о́к** ZO Blindschleiche *f*; **~оо́чие** Schläfe *f*; **~ота́** Blindheit *f*
сле́я → сли́вам
сли́ва Pflaume *f*
сли́вам, сле́я *pf* zusammenlegen, vereinigen
сли́в|ици *pl* ANAT Mandeln *f/pl*; **~овица** Slibowitz *m*, Zwetschgenschnaps *m*
сли́зам, сле́зна *pf*, **сля́за** *pf* hinuntergehen; herunterkommen; aussteigen; absteigen
слове́с|ен Wort-; **~но бога́тство** Wortschatz *m*
сло́во Wort *n*; Rede *f*; Predigt *f*; **~м** in Worten; **~ре́д** GR Wortfolge *f*
слог (Feld-)Rain *m*
сло́ж|а → сла́гам; **~ен** kompliziert; zusammengesetzt; **~ност** *f* Kompliziertheit *f*
сло́|й Schicht *f*; **обще́ствени ~еве** *pl* Bevölkerungsschichten *f/pl*
сло́н Elefant *m*; **~ов**: **~ова кост** Elfenbein *n*
слуг|а́ Diener *m*; **~и́ня** Dienstmädchen *n*; **~у́вам** dienen
слу́ж|а dienen; beschäftigt sein, arbeiten; REL *Messe* lesen; **~а си** sich bedienen (**с** *G*), benutzen (**с** *A*); **~ба** Dienst *m*; Amt *n*; Gottesdienst *m*; **~е́бен** dienstlich, Dienst-, Amts-;

~ещ = **~и́тел** Beamte(r), Angestellte(r); **~и́телка** Beamtin *f*, Angestellte *f*
слуз *f* Schleim *m*
слух Gehör *n*; Gerücht *n*
слу́ч|а: **~а се** → **~вам**; **~а́ен** zufällig, Zufalls-; Gelegenheits-; **~ай** Gelegenheit *f*; Fall *m*; Zufall *m*; **по ~ай** anlässlich (*G*); **~а́йност** *f* Zufall *m*; **~вам, ~а** *pf*: **~вам, ~а се** vorkommen; passieren, geschehen, sich ereignen; zufällig geraten (*od* sein); **~ка** Ereignis *n*, Vorfall *m*
слуша́лк|а TEL Hörer *m*; **~и** *pl* Kopfhörer
слу́шам (zu-, an)hören (**нкг, нщ** *D, A*)
слуша́тел (Zu-)Hörer *m*
слъ́н|це Sonne *f*; **~чев** sonnig; Sonnen-; **~чев у́дар** Sonnenstich *m*; **~чогле́д** Sonnenblume *f*
слю́нка Speichel *m*
сля́за → **сли́зам**
сля́п blind; **~о черво́** Blinddarm *m*
сма́|жа, ~звам zerquetschen, zermalmen; überfahren; TECH (ab)schmieren; **~зка** Schmiere *f*; **~йвам, ~я** *pf* verblüffen, in Erstaunen versetzen; **~ртфон** *m* Smartphone *n*; **~хнат** *P* übergeschnappt; **~чк(в)ам** zerquetschen; zerknittern; zerdrücken; zerknüllen; **~я** → **~йвам**; **~ян** erstaunt, verblüfft
сме *1. pers pl v.* **съм**
смекча́(вам) mildern, lindern; erweichen
сме́л mutig; kühn, dreist; **~ост** *f* Kühnheit *f*, Mut *m*
сме́ля → **сми́лам**
сменя́(вам) (aus)wechseln, umtauschen; Wache ablösen
сме́с *f* Mischung *f*, Gemisch *n*; **~вам, ~я** *pf* (ver)mischen; **~ен** gemischt
сме́ст|вам, ~я *pf* unterbringen; **~вам, ~я се** zusammenrücken; Platz finden, hineingehen
смет *f* Kehricht *m*, Müll *n*; **ко́фа за ~** Mülleimer *m*
смета́на Sahne *f*, Rahm *m*
сме́т|ка Rechnung *f*; Rechenschaft *f*; Konto *n*; *F* Vorteil *m*; **~на** → **смя́там**
сметоизво́зване, сметосъби́ране Müllabfuhr *f*
сме́шен drollig, komisch
сме́я wagen; dürfen
сме́я: **~ се** lachen (**на** über *A*)
сми́лам, сме́ля *pf* (zer)mahlen; *Magen*: verdauen
смире́н demütig, fromm
сми́с|лен sinnvoll, vernünftig; **~ъл** Sinn *m*
смок Ringelnatter *f*
смоки́ня Feige *f*
смола́ Harz *n*; Teer *m*
смрад *m/f* Gestank *m*
смразя́(вам) ge-, einfrieren (lassen); *fig* erstarren lassen
смрач|а́ва, ~и́ *pf*: **~ава́, ~и́ се** (*nur 3. pers*) es wird dunkel, es dämmert
сму|т Unruhe *f*, Aufruhr *m*; Verwirrung *f*; **~те́н** erregt; verwirrt; **~тя́** → **~ща́вам**

смýча saugen; lutschen
смущáвам, **смутя́** *pf* beunruhigen; verwirren; stören; **~ се** verwirrt werden (*od* sein); verlegen werden
смущéние Verwirrung *f*; Störung *f*
смъ́мря(м) tadeln, schelten
смърдя́ stinken
смъ́ркам schnupfen
смърт *f* Tod *m*; **~ен** sterblich, Sterbe-, Todes-; **~но наказáние** Todesstrafe *f*; **~ност** *f* Sterblichkeit *f*; **~онóсен** tödlich, todbringend
смърч Fichte *f*
смъ́тен unklar, verworren
смя́на Tausch *m*; Wechsel *m*; (Arbeits-)Schicht *f*; Ablösung *f*
смя́там, **смéтна** *pf* rechnen; lösen; beabsichtigen; halten (**за** für *A*)
смях Lachen *n*; Gelächter *n*; Spott *m*
снабдя́|(вам) versorgen, versehen; ausrüsten, ausstatten (**с** mit *D*); **~ване** Versorgung *f*
снáжен stattlich; gut gebaut
снáйпер Zielfernrohr *n*; **~и́ст** Scharfschütze *m*
снаря́д Geschoss *n*, Granate *f*
снáсям, **снесá** *pf Eier* legen
снахá Schwiegertochter *f*; Schwägerin *f*
снéж|ен Schnee-; schneereich; **~на тóпка** Schneeball *m*; **~и́нка** Schneeflocke *f*
снéма(м) herunternehmen; abnehmen; absetzen; fotografieren
снесá → **снáсям**
снизходи́телен nachsichtig; herablassend
сни́м|ам → снéмам; **~ка** Aufnahme *f*, Foto *n*
снишá(вам) senken
сноп AGR Garbe *f*; Bündel *n*
снó|сен erträglich; **~шéние** Verkehr *m*; **пóлово ~шéние** Geschlechtsverkehr *m*
снóщи gestern Abend
сняг Schnee *m*; **вали́ ~** es schneit
сóбствен eigen; **~о и́ме** (Eigen-)Name *m*; **~ик** Eigentümer *m*; **~о** *adv* eigentlich; **~ост** *f* Eigentum *n*, Besitz *m*
сóва Eule *f*
сóда Sodawasser *n*; CHEM Soda *f*
сок Saft *m*
сокóл Falke *m*
сол *f* Salz *n*; **~éн** salzig; gesalzen, Salz-; **~éнка** Salzgebäck *n*
сол|ни́ца Salzstreuer *m*; **~я́** (ein)salzen; *fig* bestreuen
сом Wels *n*
сóнда MED, TECH Sonde *f*
сорт Sorte *f*; Qualität *f*
сос Soße *f*; Tunke *f*
софрá *P* (runder) Esstisch
социáл|ен sozial; **~и́зъм** Sozialismus *m*; **~и́ст** Sozialist *m*; **~исти́чески** sozialistisch
сóча zeigen, weisen (**към** auf *A*)
сóчен saftig
спáд|ам, **~на** *pf* fallen; sinken; abnehmen; abziehen; **~ам към** gehören zu (*D*), fallen unter (*A*)
спазаря́(вам) sich über den Preis einigen, handelseinig

werden
спа́з|вам, ~я *pf* einhalten, beachten
спа́л|ен: ~ен ваго́н BAHN Schlafwagen *m*; **~ня** Schlafzimmer *n*
спана́к Spinat *m*
спас|е́ние Rettung *f*; REL Erlösung *f*; **~и́тел** Retter *m*; Erlöser *m*
спаси́телен Rettungs-; **~ по́яс** MAR Rettungsring *m*
Спа́совден Himmelfahrt(stag *m*) *f*
спася́(вам) retten; erlösen (**от** vor, aus *D*)
спеди́торски Speditions-
спе́кул|а Spekulation *f*
спесто́в|ен Spar-; **~на ка́са** Sparkasse *f*; **~на кни́жка** Sparbuch *n*
спестя́(вам) sparen
специа́л|ен speziell, Spezial-; Fach-; **~и́ст** Fachmann *m*; Facharzt *m*; **~ите́т** Spezialität *f*; **~но** *adv* speziell, eigens; **~ност** *f* Fach(gebiet *n*) *n*; Beruf *m*
спече́л|вам, ~я gewinnen; verdienen; sich zuziehen
спе́шен eilig, dringend
спира́ла Spirale *f*
спи́рам, спра *pf*, *v/t* anhalten; bremsen; hemmen; ausschalten; *Blut* stillen; Einhalt gebieten; einstellen; *v/i* halten, stehen bleiben; aufhören; (*Hotel*) absteigen; **~ по́глед** den Blick richten (**на, върху́** auf *A*); **~ се** stehen bleiben, anhalten, Halt machen
спира́чка TECH Bremse *f*; **авари́йна ~** Notbremse *f*
спи́рка Halt *m*; Haltestelle *f*
спирт Spiritus *m*
спи́ртник Spirituskocher *m*
списа́ние Zeitschrift *f*
спи́сък Verzeichnis *n*
спи́ца Speiche *f*
сплав *f* Legierung *f*
сплéск(в)ам platt drücken (*od* schlagen); zerquetschen
сплоте́н einig, geschlossen; **~ост** *f* Einigkeit *f*
спо|гáждам, ~годя́ *pf*: **~гáждам, ~годя́ се** sich vertragen; sich einigen; **~го́дба** Abkommen *n*, Vertrag *m*; Versöhnung *f*; **~да́вен** unterdrückt; gedämpft; **~деля́, ~де́лям** teilen; austauschen, einander mitteilen
спо́йка Löten *n*; Lötstelle *f*; *fig* Verbindung *f*
споко́|ен ruhig, still; **~йствие** Ruhe *f*, Friede *m*
сполу́|ка Erfolg *m*, Gelingen *n*; **~ча, ~чвам** Erfolg haben; erreichen; gelingen, glücken; **~чли́в** gelungen, erfolgreich; treffend
спомага́телен Hilfs-
спо́м|ен Erinnerung *f*; (**за** zum) Andenken *n*; **~ена́(вам)** erwähnen; **~ня(м)** (**си** sich) erinnern (**за** an *A*)
спор Streit *m*
споразум|е́ние Übereinkunft *f*, Vereinbarung *f*; **~е́я, ~я́вам**: **~е́я, ~я́вам се** sich einigen, übereinkommen
споре́д gemäß, entsprechend;

nach (*D*); ~ **ме́не** meiner Ansicht nach; ~ **това́** dementsprechend
спо́рен strittig, umstritten, Streit-; erfolgreich
спо́рт Sport *m*; **зи́мен** ~ Wintersport *m*; **~ен** Sport-, sportlich; **~и́ст** Sportler *m*; **~у́вам** Sport treiben
спо́ря streiten
спо́соб Art *f*, Weise *f*; Methode *f*; Verfahren *n*
спосо́б|ен begabt; fähig (**на** zu *D*); **~ност** *f* Begabung *f*; Fähigkeit *f*
споя́(вам) (zusammen)löten; *fig* einigen
спра → **спи́рам**
справедли́в gerecht; **~ост** *f* Gerechtigkeit *f*
спра́вка Auskunft *f*
справо́ч|ен Auskunfts-, Informations-; **~но бюро́** Informationsbüro *n*, Auskunft *f*; **~ник** Handbuch *n*; BAHN Kursbuch *n*
спра́вя(м): **~се** bewältigen; fertig werden (**с** mit *D*)
спреже́ние GR Konjugation *f*
спре́тнат adrett; ordentlich
спринцо́вка Spritze *f*
сприятеля́(вам): **~се** sich an-, befreunden (**с** mit *D*)
спря́мо gegen(über) (*D*)
спу́к(в)ам (zer)platzen
спу́|скам, спу́сна *pf* herab-, herunterlassen; fallen lassen; ~ **се** hinuntersteigen; sinken, sich senken; sich stürzen (**върху́** auf *A*); **~щам** → **~скам**
спъ́вам, спъ́на *pf* (be)hindern, hemmen; ein Bein stellen; ~ **се** stolpern (**в** über *A*)
спъ́нка Hindernis *n*
спъ́тник Mitreisende(r); ASTR Satellit *m*
спя schlafen
сравн|е́ние Vergleich *m*; **~я́(вам)** vergleichen
сраже́ние Schlacht *f*
сра́м Scham *m*; *fig* Schande *f*; **~ежли́в** schamhaft; **~ен** schändlich; Scham-; **~ота́** Schande *f*; **~у́вам**: **~у́вам се** sich schämen (**от** vor *D*); sich genieren; **~я́** beschämen; *j-m* Schande antun
сра́с|на, ~твам: **~на, ~твам се** verwachsen (**с** mit *D*)
сребро́ Silber *n*
сре́бърен Silber-, silbern
сред mitten in, inmitten (*G*)
среда́ Mitte *f*; Milieu *n*, Umwelt *f*; (*Gesellschaft*) Kreise *m/pl*; (Brot-)Krume *f*
сре́д|ен mittlere, Mittel-; durchschnittlich, Durchschnitts-; mittelmäßig; **~но учи́лище** höhere Schule *f*, Gymnasium *n*
средизе́м|ен: **≈но море́** Mittelmeer *n*
сре́д|ище Mittelpunkt *m*, Zentrum *n*; **~но** *adv* durchschnittlich, im Durchschnitt; **~нобъ́лгарски** mittelbulgarisch; **~новеко́вие** Mittelalter *n*; **~но́щ** Mitternacht *f*; **~ство** Mittel *n*; **превозно ~ство** Verkehrsmittel *n*; **~ства** *pl* Geldmittel *n/pl*

срéжа → срязвам
срé|ша, **~свам** kämmen
срéщ|а Begegnung *f*; Zusammenkunft *f*, Treffen *n* (*a.* SPORT); Rendezvous *n*; **~ам**, **~на** *pf* treffen, begegnen (**нкг, нщ** *D*); stoßen (**нкг, нщ** auf *A*); **~ам се** sich treffen, begegnen; zusammenkommen; **~а се** (*nur 3. pers*) es kommt vor
срещý gegenüber; (ent)gegen; wider; zu (*zeitl*); **~полóжен** gegenüberliegend; entgegengesetzt
срúвам, **срúна** *pf*, **срúя** *pf* abreißen; zerstören; **~ се** einstürzen
срúчка GR Silbe *f*
срóден verwandt (**с** mit *D*), ähnlich (**с** *D*)
срок Frist *f*; Termin *m*
срóчен befristet; dringend, eilig
сръб|кúня Serbin *f*; **~ски** serbisch
сръ́ч|ен geschickt, gewandt; **~ност** *f* Geschick(lichkeit *f*) *n*, Gewandtheit *f*
сря́да Mittwoch *m*
сря́звам, **срéжа** *pf* zerschneiden; *fig* ins Wort fallen
стáва ANAT Gelenk *n*
стáвам, **стáна** *pf* aufstehen, sich erheben; werden; geschehen; stattfinden; taugen (**за** zu *D*); passen; **~ за смях** sich lächerlich machen
стáвен Gelenk-
стáдий Stadium *n*
стадиóн Stadion *n*
стáдо Herde *f*
стáен Zimmer-
стаж Praktikum *n*; Dienstzeit *f*, Dienstalter *n*; Mitgliedschaftszeit *f*; **~áнт** Referendar *m*; Praktikant *m*; Volontär *m*
стáна → стáвам
станóвище Standpunkt *m*
стáнция Station *f*; Bahnhof *m*
стар alt; **~ фасýл** weiße Bohnen *f/pl*; **2а планинá** Balkan (-gebirge *n*) *m*
старá|ние Bemühung *f*; Eifer *m*; **~телен** eifrig; fleißig; **~я**: **~я се** sich bemühen, bestrebt sein
стáр|ец Greis *m*, alter Mann; **~éя** altern, alt werden; **~инá** Alter *n*; Altertümlichkeit *f*; Altertum *n*; **~инú** *pl* Altertümer *n/pl*; **~úнен** alt(ertümlich); **~úца** Greisin *f*; **~óбългарски** altbulgarisch; **~омóден** altmodisch; **~опланúнски** Balkan-; **~ост** *f* (hohes) Alter *n*
стáрчески Alters-
стáрши Ober-, Haupt-
статúстика Statistik *f*
стáтия Aufsatz *m*; (Zeitungs-)Artikel *m*; **ýводна ~** Leitartikel *m*
стáтуя Statue *f*
стафúди *f/pl* Rosinen *f/pl*
стáч|ен Streik-; **~ка** Streik *m*; **глáдна ~ка** Hungerstreik *m*; **~кýвам** streiken
стая Zimmer *n*, Stube *f*
сте *2. pers pl v.* **съм**; **как ~?** wie geht es Ihnen?
стéг|на → стя́гам; **~нат** adrett, gut angezogen; diszipli-

niert; straff, fest

сте|ка́: **~ка́ се** → сти́чам; **~на** stöhnen; **~на́** Wand *f*, Mauer *f*; **~нен** Wand-; **~нография** Kurzschrift *f*; **~нографи́рам** (*im*)*pf* stenografieren; **~нопи́с** *m* Wandmalerei *f*

сте́п Steppe *f*; **~ен**[1] *adj* Steppen-

сте́пен[2] *f* Grad *m*, Stufe *f*; Rang *m*; MATH Potenz *f*; GR **~ за сравне́ние** Komparations-, Steigerungsstufe *f*

стесн|е́ние Verengung *f*; Enge *f*; *fig* Schüchternheit *f*; **~и́телен** schüchtern

стесня́(вам) ein-, verengen; einschränken; **~ се** enger werden; *fig* sich genieren

сти́га genug

сти́г|ам, **~на** *pf* einholen; erreichen; gelangen; reichen (bis); kommen; (aus)reichen

стил Stil *m*

стипе́ндия Stipendium *n*

сти́с|кам drücken; zusammenpressen; *Zähne* zusammenbeißen; **~кам се** *F* sparsam sein, geizen (**на** mit *D*); **~нат** geizig

стих Vers *m*

сти́х|вам, **~на** *pf* still werden, verstummen; abebben; nachlassen

стихи́я Element *n*; Naturkraft *f*

стихо|сби́рка Gedichtsammlung *f*; **~творе́ние** Gedicht *n*

сти́чам, **стека́** *pf*: **~**, **~ се** (ab)fließen; zusammenfließen; *fig* zusammenströmen; zusammentreffen

стова́р|вам, **~я(м)** ab-, aus-, entladen, löschen; *Schuld* (ab)-schieben, anlasten

стогоди́шнина hundertjähriges Jubiläum, Hundertjahrfeier *f*

стой! Halt!

сто́й|ка (Körper-)Haltung *f*; Gestell *n*; **~ност** *f* Wert *m*

сто́к|а Ware *f*; **~озна́ние** Warenkunde *f*; **~ообме́н** Warenaustausch *m*

стол Stuhl *m*; Kantine *f*, Speisesaal *m*

столе́тие Jahrhundert *n*

сто́лица Hauptstadt *f*

стома́н|а Stahl *m*; **~ен** stählern, Stahl-

стома́|х Magen *m*; **~шен** Magen-; **~шно разстро́йство** Magenverstimmung *f*

сто́мна Wasserkrug *m*

стон Stöhnen *n*

сто́паджия *F* Tramper *m*

стопа́н|ин Wirt *m*; Hausherr *m*; Besitzer *m*; **~и́с(в)ам** (be)-wirtschaften; **~ка** Wirtin *f*; Besitzerin *f*; **~ски** wirtschaftlich, Wirtschafts-; **~ство** Wirtschaft *f*; **наро́дно ~ство** Volkswirtschaft *f*; **ча́стно ~ство** Privatwirtschaft

сто́пля(м) (er-, auf)wärmen; *fig* erfreuen; **~ се** sich erwärmen, warm werden

стопя́(вам) *v/t* schmelzen

сто́чен Güter-, Waren-

стоя́ stehen; stehen bleiben; verbringen, weilen; still stehen, still liegen

стра́д|ам leiden (**от** an *D*); **~а́ние** Leiden *n*

стра́|жа Wache *f*; **~на́** Seite *f*; Land *n*; Gegend *n*; Wange *f*; Richtung *f*; JUR Partei; **~нен** seltsam, merkwürdig, sonderbar; **~ница** (Buch-)Seite *f*; **~ничен** Seiten-, seitlich; Neben-

стра́ст *f* Leidenschaft *f*; **~ен** leidenschaftlich; **~на неде́ля** *od* **се́дмица** Karwoche *f*

страх Angst *f*; Furcht *f*; **~ли́в** ängstlich; **~ли́вец** Feigling *m*; **~опочита́ние** Ehrfurcht *f*; **~отия́** F Schrecken *m*; **~у́вам**: **~у́вам се** sich fürchten (**от** vor *D*); befürchten (**от** *A*)

стра́шен schrecklich

стрел|а́ Pfeil *m*; **~ба́** Schießen *n*; SPORT Schuss *m*; **~би́ще** Schießplatz *m*; Schießstand *m*; **~е́ц** Schütze *m*; **~ка́** (Uhr-)Zeiger *m*; Wegweiser *m*; BAHN Weiche *f*

стре́лям schießen

стре́ме Steigbügel *m*

стрем|е́ж (Be-)Streben *n*; **~и́телен** heftig, ungestüm; hastig; **~я́**: **~я́ се** streben (**към** nach *D*)

стри́|вам, **~я** *pf* (zer)reiben

стри́да Auster *f*

стри́жа scheren; *Haar* schneiden

стри́я → **стри́вам**

строг streng

строе́|ж Bau *m*; Baustelle *f*; Aufbau *m*; **~н** schön gewachsen; gut gebaut; (*Rede*) klar

строи́тел Baumeister *m*; *fig* Schöpfer *m*; **~ен** Bau-; **~ство** Bau *m*; *fig* Aufbau *m*

стро́|й MIL Glied *n*; (Marsch-)Ordnung *f*; *a.* POL Ordnung *f*, System *n*; **~ша́(вам)** (zer)brechen; *Nuss* knacken; **~я́** (auf)bauen

стру́ва|м kosten; taugen; **~ си** es lohnt sich; **~ ми се** es scheint mir

струг Drehbank *f*; **~а́р** Dreher *m*

стру́н|а Saite *m*; **~ен**: **~ен орке́стър** Streichorchester *n*

стру́п(в)ам (auf)häufen, auftürmen; schnell bauen; **~ се** (*nur 3. pers*) sich ansammeln, drängen

струя́[1] (*nur 3. pers*) strömen, fließen

стру́я[2] (Wasser-)Strahl *m*; (Luft-)Strom *m*

стръв *f* Köder *m*; *fig* Gier *f*

стрък dünner Zweig, Trieb *m*; Halm *m*

стръм|ен steil, abschüssig; **~нина́** Abhang *m*

стря́скам, **стре́сна** *pf* er-, aufschrecken; *fig* erschüttern

стря́ха (Dach-)Traufe *f*; Dach *n*; *fig* Heim *n*

студ Kälte *f*, Frost *m*; **~е́н** kalt, Kalt-; *fig* kühl

студе́нт Student *m*; **~ка** Studentin *f*

стъбло́ Stängel *m*, Stiel *m*; (Baum-)Stamm *m*

стъклария́ Glaswaren *f/pl*

стъкл|ен gläsern, Glas-; **~о́** Glas *n*; Fensterscheibe *f*

стълб Mast *m*; Pfosten *m*; Säule *f*; *fig* Stütze *f*; → *a.* **гръбна́чен**;

~а Leiter *f*; (*mst pl* **~и**) (*Haus*) Treppe *f*; **~ище** Treppenhaus *n*; (Stein-)Treppe *f*

стъм|ва, **~ня́ва**, **~ни́** *pf*: **~ва, ~ня́ва, ~ни́ се** *unpers* es wird dunkel

стъпа́ло Sohle *f*; Fußsohle *f*; (Treppen-)Stufe *f*; Trittbrett *n*

стъп|вам, **~я(м)**, **~на** *pf* treten; schreiten; betreten; **~ка** Schritt *m*; Fußspur *f*; **~квам**, **~ча** *pf* zertreten, zertrampeln; **~на**, **~я(м)** → ~вам

стър|жа schaben; feilen; reiben, raspeln; **~пя́(вам)**: **~пя́(вам) се** sich beherrschen; **~ча́** (empor)ragen; herausragen; *Haar*: abstehen; sich sträuben; *F* herumstehen; **~шел** Hornisse *f*

стюарде́са AER Stewardess *f*

стя́гам, **сте́гна** *pf* (enger) zusammenziehen, zusammenschnüren; zuziehen; straff(er) (*od* fest) anziehen; *Schuh*: drücken; *fig* straffen; im Zaum (*od* in Zucht) halten; rüsten, fertig machen; herrichten

суджу́к *Art* Dauerwurst *f*

суеве́р|ен abergläubisch; **~ие** Aberglaube *m*

су|ета́ Nichtigkeit *f*; Eitelkeit *f*; **~е́тен** sinnlos; eitel

су́кно Tuch *n*

су́ма Summe *f*; **~то́ха** Durcheinander *m*, Wirrwarr *m*

су́п|а Suppe *f*; **~ен** Suppen-

суро́в roh, Roh-; (noch) nicht gar; *fig* rau, grob; streng; schwer; **~а́тка** Molke *f*; **~ина́** (*mst pl*) Rohstoff *m*; **~ост** *f* Rohheit *f*

сутие́н Büstenhalter *m*, BH (*P*)

су́трешен Morgen-, morgendlich

су́трин *f* Morgen *m*; *adv* morgens

су́х trocken, dürr (*a. fig*); **~а́р** Zwieback *m*; **~ожи́лие** Sehne *f*; **~озе́мен**, **~пътен** Land-

су́ча saugen; zwirnen

су́ша[1] Dürre *f*, Trockenheit *f*; Festland *n*

суша́[2] *v/t* (aus)trocknen

схва́|на, **~щам** erfassen, begreifen, verstehen; **~щане** Auffassung *f*

схе́ма Schema *n*, Entwurf *m*

схо́д|ен ähnlich; **~ство** Ähnlichkeit *f*; Übereinstimmung *f*

сце́на Szene *f*; Bühne *f*

сцена́рий Drehbuch *n*

сце́п|вам, **~я** *pf* zerreißen; spalten

счетов|одител Buchhalter *m*; **~о́дство** Buchhaltung *f*

смета́, **счи́там** rechnen; halten (**за** für *A*)

счу́п|вам, **~я** *pf* zerbrechen; zerschlagen

съб|а́рям, **~о́ря** *pf* umwerfen; niederreißen; *fig* stürzen; **~ера́** → ~и́рам; **~есе́дник** Gesprächspartner *m*; **~и́рам**, **~ера́** *pf* (ein-, ver)sammeln, pflücken, lesen; zusammentun; *Steuern* erheben; MATH zusammenzählen; (*nur 3. Pers*) fassen, Platz bieten; **~и́рам, ~ера́ се** sich (an-, ver)sammeln; verkehren (**с** mit *D*); *Kleidung*: eingehen; **~и́тие** Ereignis *n*

съблазни́телен verlockend, verführerisch
съб|ла́зън *f* Versuchung *f*; **~лека́**, **~ли́чам** (**се** sich) ausziehen; **~олезнова́ние** Beileid *n*; **~о́р** Versammlung *f*; REL Konzil *n*; Kirchweih *f*; Volksfest *n*; **~о́ря** → **~а́рям**
съ́бота Samstag *m*, Sonnabend *m*
събра́ние Versammlung *f*
събу́|вам, **~я** *pf Schuhe, Hose* ausziehen
събу́дя, **събу́ждам** (auf)wecken; *fig* (er)wecken; **~ се** aufwachen
събу́я → **събу́вам**
съвест *f* Gewissen *n*
съве́т Rat(schlag) *m*; Rat (-sversammlung *f*) *m*; ♀ **за си́гурност** POL Sicherheitsrat *m*; **~вам** raten (**нкг** *D*), e-n Rat geben; **~вам се** sich beraten (**с** mit *D*); **~ник** Ratgeber *m*; (*Titel*) Rat *m*
съвеща́|вам: **~вам се** sich beraten; **~ние** Beratung *f*
съв|зе́ма(м): **~зе́ма(м) се** sich erholen (**от** von *D*); zu sich kommen, sich fassen; **~ме́стен** gemeinsam; **~мести́м** vereinbar; **~па́дам**, **~па́дна** *pf* (*nur 3. pers*) zusammenfallen; sich decken; **~паде́ние** Zusammentreffen *n*, Gleichzeitigkeit *f*; Übereinstimmung *f*
съвре́мен|ен zeitgenössisch; zeitgemäß; **~ник** Zeitgenosse *m*; **~ност** *f* Gegenwart *f*
съвсе́м ganz, völlig; **~ не** gar nicht
съвърше́н vollkommen
съгла́с|ен einverstanden (**с** mit *D*), einig; **~ие** Eintracht *f*, Harmonie *f*; Einverständnis *n*, Zustimmung *f*; **~на** GR Konsonant *m*; **~но** gemäß, laut, nach (*D*); **~у́вам** koordinieren, (aufeinander) abstimmen; **~я́(вам)**: **~я́(вам) се** einverstanden sein (**с** mit *D*); einwilligen (**на** in *A*), zustimmen (**с** *D*)
сгле́(ж)дам (be)merken; erblicken
съд[1] Gefäß *n*
съд[2] JUR Gericht *n*; **~ба́** Schicksal *n*; Los *n*; **~боно́сен** schicksalhaft, verhängnisvoll; **~е́бен** Gerichts-, gerichtlich; **~е́бен изпълни́тел** Gerichtsvollzieher *m*
съ|де́йствие Unterstützung *f*, Mitwirkung *f*; **~ди́лище** Gericht(sgebäude *n*) *n*; **~ди́я** *m* Richter *m*; **~допроизво́дство** Gerichtsverfahren *n*; **~дру́жник** Teilhaber *m*
съдъ́рж|ам enthalten; beinhalten; **~а́ние** Inhalt *m*; Inhaltsverzeichnis *n*; **~а́тел** Inhaber *m*, Besitzer *m*; **~а́телен** inhalt(s)reich, -voll
съдя JUR richten; *e-n Fall* verhandeln; vor Gericht stellen, verklagen; *P* rügen; beurteilen
съедин|е́ние Vereinigung *f*; Zusammenschluss *m*; MIL Verband *m*; CHEM Verbindung *f*; → *a.* **кък**; **~я́(вам)** vereinigen; verbinden
съжал|е́ние Bedauern *n*; Mitleid *n*; **~я́(вам)** bedauern

съ|живя́ване Belebung *f*; **~закля́тие** Verschwörung *f*; **~звéздие** Sternbild *n*; **~звýчие** Harmonie *f*, Wohlklang *m*
създа|(ва)м schaffen; gründen; bereiten, machen; **~ние** Schöpfung *f*; Geschöpf *n*; **~тел** (*a.* REL) Schöpfer *m*, Gründer *m*
съзнá|вам, **~я** *pf* sich bewusst sein (**нщ** *G*), erkennen; **~ние** Bewusstsein *n*; **~телен** bewusst; **~я** → ~вам
съ|зрéя, **~зря́вам** reifen, reif werden
съквартирáнт Mitbewohner *m*; Zimmergenosse *m*
съкра|тя́, **~щáвам** (ab-, ver)kürzen; verringern, reduzieren; **~щéние** Abkürzung *f*; Kürzung *f*; Entlassung *f*
съкрóвище Schatz *m*
съкрушá(вам) vernichten, zerschmettern; betrüben, bekümmern
сълз|á Träne *f*; **мóмина ~á** Maiglöckchen *n*; **~лѝв** weinerlich; rührselig; tränend; Tränen-
съм sein
съмв|ва, **~не** *pf*: **~ва, ~не се** *unpers* es wird hell
съмѝшленик Gesinnungsgenosse *m*; Parteigänger *m*, Anhänger *m*
съмн|éние Zweifel *m*; Bedenken *n* (*mst pl*); **~ѝтелен** zweifelhaft; fragwürdig; **~я́вам**: **~я́вам се** zweifeln (**в** an *D*), bezweifeln (*A*)
сън Schlaf *m*; Traum *m*
съна|рóдник Landsmann *m*; **~слéдник** Miterbe *m*
сън|ен verschlafen, schläfrig; Schlaf-; **~лѝв** verschlafen, schlaftrunken; **~ýвам** träumen (**нщ** von *D*)
съоб|ражéние Erwägung *f*; Überlegung *f*; (Beweg-)Grund *m*; **~разѝтелен** vorausschauend; anpassungsfähig, gewandt; umsichtig; **~рáзно** gemäß, entsprechend (*D*); **~разя́(вам)**: **~разя́(вам) се** berücksichtigen (**с** *A*), sich richten (**с** nach *D*); **~щáвам**, **~щя́** *pf* mitteilen; meiden, berichten; **~щéние** Mitteilung *f*; Nachricht *f*; *pl a.* Verkehr *m*, Verbindung *f*; **глáсово ~** *n* Sprachnachricht *f*; **текстовó ~** *n* Textnachricht *f*
съоръжéние Anlage *f*; Zubehör *n*, Gerät *n*
съотвéт|ен entsprechend; angemessen; **~ствам** entsprechen
съот|éчественик Landsmann *m*; **~ношéние** Verhältnis *n*; (Wechsel-)Beziehung *f*
съпéрни|к Konkurrent *m*, Rivale *m*; **~ча** wetteifern, konkurrieren (**на** mit *D*); **~чество** Rivalität *f*
съпостáв|ка Gegenüberstellung *f*; Vergleich *n*; **~я(м)** gegenüberstellen (**с** *D*)
съпротѝв|а Widerstand *m*; **~ѝтелен** Widerstands-; **~лéние** Widerstand *m*; **~я́(вам)**: **~я́(вам) се** Widerstand leisten,

sich widersetzen (**на** *D*)
съпру́|г Gatte *m*, Ehemann *m*; **~га** Gattin *f*, Ehefrau *f*; **~жески** Ehe-
сърбам schlürfen
сърбе́ж Juckreiz *m*
сърб|ин Serbe *m*; **≈ия** Serbien *n*
сърбя́ (*nur 3. pers*) jucken
сърде́ч|ен Herz-; herzlich; Herzens-; **~ност** *f* Herzlichkeit *f*
сърди́т böse; zornig
сърдя: **~ се** sich ärgern (**за, на** über *A*); *j-m* böse sein
съревнова́|вам: **~вам се** wetteifern, im Wettbewerb stehen; **~ние** Wettbewerb *m*, Wettstreit *m*
сърна́ Reh *n*
сърп Sichel *f*
сърца́т tapfer, kühn
сърце́ Herz *n*; **поро́к на ~то** Herzfehler *m*; **~би́ене** Herzklopfen *n*; **~вина́** Mark *n*, Herz *n*
със → **с**
съсе́д|(ка) Nachbar(in *f*) *m*; **~ен** benachbart, nächst-; **~ство** Nachbarschaft *f*
съси́п|вам, **~я** *pf* vernichten; (**се** sich) ruinieren, zugrunde richten
съси́р|вам, **~я** *pf*: **~вам, ~я се** gerinnen
съскам zischen
съсло́вие Stand *m*
съсредоточ|а́(вам) (**се** sich) konzentrieren (**върху́** auf *A*); **~че́н** konzentriert
съста́в Zusammensetzung *f*; Bestand *m*; THEA Besetzung *f*; **личен ~** Personalstand *m*; Personalabteilung *f*; **~ен** Bestand-; zusammengesetzt; **~я(м)** zusammenstellen; bilden; *Protokoll* aufnehmen
състеза́|вам: **~вам се** wetteifern, kämpfen (**за** um *A*); **~ние** Wettkampf *m*
състоя́: **~ се** bestehen (**от** aus *D*); stattfinden; **~ние** Zustand *m*, Lage *f*; Vermögen *n*; **гражда́нско ~ние** Familien-, Personenstand *m*; **съм в ~ние** in der Lage sein, imstande sein; **~телен** vermögend, begütert
състрада́ние Mitleid *n*
сътресе́ние Erschütterung *f*; **~ на мо́зъка** Gehirnerschütterung *f*
сътру́дни|к Mitarbeiter *m*; **~ча** mitarbeiten, mitwirken (**в, на** an, in, bei *D*); **~чество** Mitarbeit *f*; Zusammenarbeit *f*
съум|е́я, **~я́вам** verstehen, vermögen, in der Lage sein
съуча́стник Mittäter *m*
съучени́к Mitschüler *m*
съ́хна *v/i* trocknen; verdorren; *fig* dahinsiechen
съхран|е́ние Aufbewahrung *f*, Verwahrung *f*; **~я́(вам)** verwahren, aufbewahren
съчета́|вам, **~я** *pf* kombinieren; verknüpfen, verbinden; **~ние** Kombination *f*; Verbindung *f*
съчин|е́ние Werk *n*; (Schul-) Aufsatz *m*; **~я́(вам)** verfassen; *F* erfinden
съчу́вств|ие Mitgefühl *n*,

Teilnahme *f*; **~ам** mitfühlen; POL sympathisieren (**на** mit *D*)
съши́|вам, **~я** *pf* (zusammen)-nähen
същ, **съ́щи** derselbe; echt, wahr
същ|евре́менно gleichzeitig; **~е́ствен** wesentlich
съществ|и́телно GR Substantiv *n*; **~о́** Wesen *n*, Geschöpf *n*; **~у́вам** existieren, bestehen; **~у́ване** Dasein *n*, Existenz *f*
същ|ина́ Wesen *n*, Kern *m*; **~и́нски** wahr; richtig, rein
съ́щност *f* Wesen *n*; **в ~** eigentlich; in der Tat
съ́що auch; ebenso
съю́з Bund *m*, Bündnis *n*; Union *f*; Verband *m*; GR Konjunktion *f*; **~ен** verbündet, alliiert; Bündnis-, Unions-; **~ник** Verbündete(r), Alliierte(r); Bündnispartner *m*; **~я́(вам)**: **~я́(вам) се** sich verbünden
ся́дам, **се́дна** *pf* sich setzen
ся́каш als ob, (gleich) wie wenn
ся́нка Schatten *m*
ся́ра Schwefel *m*

Т

та und; ja, denn; sodass
табе́ла Schild *n*
та́бл|а Tablett *n*; (*Spiel*) Tricktrack *n*, Backgammon *n*; **~е́т** *m* IT Tablet *n*; **~е́тка** Tablette *f*; **~и́ца** Tabelle *f*; **~о́** Brett *n*, Tafel *f*; Schaltbrett *n*
тава́н (Zimmer-)Decke *f*; Dachboden *m*
та́ен geheim, Geheim-; heimlich
та́зи diese (*f*)
та́йна Geheimnis *n*
тайфа́ Gruppe *f*; Bande *f*
така́ so, ja; **как ~** wieso; **~ наре́чен** so genannt; **~ва** → **такъв**
та́ке Baskenmütze *f*
та́кса Gebühr *f*, Taxe *f*
такси́ *n* Taxi *n*, Taxe *f*
такти́ч|ен taktvoll; **~ески** taktisch
такъ́в solcher, so ein; **в ~ слу́чай** in diesem Falle
тала́нт Talent *n*
тала́ш Hobelspäne *pl*
та́лия Taille *f*
там dort, da
тамя́н Weihrauch *m*
та́мошен dortig
та́нк MIL Panzer *m*; **~ер** Tanker *m*, Tankschiff *n*; **~и́ст** Panzersoldat *m*
танц Tanz *m*; **~у́вам** tanzen
танцьо́р(ка) Tänzer(in *f*) *m*
та́па Korken *m*, Stöpsel *m*, Pfropfen *m*
тап|е́т Tapete *f*; **~ици́рам** (*im*)*pf* polstern; tapezieren
тарале́ж Igel *m*
тарато́р *kalte Gurkensuppe mit Joghurt*
тари́фа Tarif *m*; BAHN Fahrplan *m*
та́тко Vater *m*, Papa *m*

тату́л Stechapfel *m*
таха́н Sesam *m*; **~ халва́** Sesamhalwa *f*
та́ча (ver)ehren; (be)achten
та́я[1] diese (*f*)
тая́[2] (**се** sich) verbergen
твой dein
твор|ба́ Werk *n*, Schöpfung *f*; **~е́ц** Schöpfer *m*
тво́рчес|ки schöpferisch; **~тво** Schaffen *n*; (Gesamt-)Werk *n*; **наро́дно ~тво** Folklore *f*
творя́ schaffen; erzeugen
твърд fest, hart (*a. fig*); **~е** sehr, viel, ziemlich; **~огла́в** dickköpfig; **~ост** *f* Härte *f*, Festigkeit *f*; **~я́** behaupten
те sie (*N/pl v.* **то́й**); dich (*A v.* **ти**)
театра́лен Theater-
теа́тър Theater *n*; **наро́ден ~** Nationaltheater *n*
те́бе dich; **на ~** dir
тебеши́р Kreide *f*
тегл|и́лка Waage *f*; **~и́лки** *pl* Gewichte *n/pl*; **~о́** PHYS Gewicht *n*; Leiden *n*; **бру́то ~о́** Bruttogewicht *n*; **не́то ~о́** Nettogewicht *n*
те́гля ziehen, schleppen; *Geld* abheben; *v/t* wiegen; *Unkosten* tragen
те́ж|ест *f* Gewicht *n*; Schwere *f*; *fig* Last *f*; **~ък** schwer; schwierig; Schwer-
те́зи diese (*pl*)
тек ungerade Zahl
тека́ fließen, strömen; *Tank*: lecken; *Zeit*: laufen
текст Text *m*
тексти́л Textilien *pl*
теку́щ laufend
тел *m od f* Draht *m*
теле́ Kalb *n*
телеви́з|ия Fernsehen *n*; **~ор** Fernsehgerät *n*
те́лен Draht-
теле́с|ен körperlich, physisch
телефо́н Telefon *n*; **~ен** Telefon-; **~ен указа́тел** Telefonbuch *n*; **~на каби́на** Telefonzelle; **~и́рам** (*im*)*pf* telefonieren
те́лешк|и Kalb(s)-; **~о (месо́)** Kalbfleisch *n*; **~о пе́чено** Kalbsbraten *m*
телосложе́ние Körperbau *m*
темену́|га, ~жка Veilchen *n*; Stiefmütterchen *n*
темпера|ме́нтен temperamentvoll; **~ту́ра** Temperatur *f*; MED Fieber *n*
тен Teint *m*; **придоби́вам, ~я** *pf* braun werden
те́нджера Kochtopf *m*
тенек|е́ → **~и́я**; **~и́ен** blechern, Blech-; **~и́я** Blech *n*
те́нис Tennis *n*; **~ на ма́са** Tischtennis *n*
те́ния Bandwurm *m*
тентя́ва Enzian *m*
те|оло́гия Theologie *f*; **~о́рия** Theorie *f*; **~пси́я** rundes Kuchenblech; **~пъ́рва** erst (jetzt); **~ра́са** Terrasse *f*; **~ре́н** Gelände *n*; **~ритори́ален**: **~ритори́ални води́** Territorialgewässer *n/pl*
терма́л|ен Thermal-; **~ен и́звор** Thermalquelle *f*, Therme *f*
те́рм|ин Terminus *m*, Fachaus-

druck *m*; **~омéтър** Thermometer *n*; **~ос** Thermosflasche® *f*
терóр Terror *m*
тéсен schmal; eng (*a. fig*)
теслá Deichsel *f*
тесн|инá Engpass *m*; Hohlweg *m*; **~олинéйка** Schmalspurbahn *f*; **~отá** Enge *f*; *fig* Beschränktheit *f*
тестé Bündel *n*; (*Karten*) Satz *m*; Spiel(karten *f/pl*) *n*
тестéн Teig-; teigig
тестó Teig *m*
тетивá (Bogen-)Sehne *f*
тетрáдка (Schreib-)Heft *n*
тефтéр Notizbuch *n*
тéхен *poss* ihr (*3. pers pl*)
техник Techniker *m*
тéхника Technik *f*
технически technisch
тéчен flüssig
течéние Strömung *f* (*a. fig*); Luftzug *m*; MED (Aus-)Fluss *m*; **в ~ на** im Laufe von; **стáва ~** es zieht
тéчност *f* Flüssigkeit *f*
ти du; dir; *poss* dein
тигáн Bratpfanne *f*
тигър Tiger *m*
тикам schieben; (hinein)stecken; **~ се** sich drängen
тиква Kürbis *m*
тил Genick *n*, Nacken *m*; (Messer-)Rücken *m*
тим Team *n*, Mannschaft *f*
тинест schlammig
тиня Schlamm *m*
типичен typisch
тирáж (*Lotterie*) Ziehung *f*; TYP Auflage *f*
тирбушóн Kork(en)zieher *m*
тирé Gedankenstrich *m*; Bindestrich *m*
титла Titel *m*
тиф(ус) MED Typhus *m*
тих leise; still, ruhig
тичам laufen, rennen
тишинá Stille *f*, Ruhe *f*
тлáс|кам stoßen; **~ък** Stoß *m*
тлéя glimmen; *fig* dahinsiechen
тлъст fett(ig); *fig* einträglich; **~инá** Fett *n*
то es, das; *konj* so, dann
тоалéт Toilette *f*; **~ен** Toiletten-; **~на** Toilette *f*, Toilettenraum *m*
товá das, dies(es); **при ~** dabei; **след ~** danach
товáр Ladung *f*, Fracht *f*, Last *f* (*a. fig*); **~ен** Last-, Güter-; **~я** (auf-, be)laden
тогáва dann, damals; **~шен** damalig
тóест (т. е.) das heißt (d. h.)
тóзи dieser
тóй er
ток[1] EL Strom *m*
ток[2] (Schuh-)Absatz *m*; **~á** Schnalle *f*
токý soeben, gerade; **~-речи** fast, beinahe; **~-що** soeben, gerade
тóлко|ва, **~з** so viel, so sehr, so
том Band *m*
тон[1] MUS Ton *m*
тон[2] (*Gewicht*) Tonne *f*
тон[3] ZO Thunfisch *m*
топ[1] (Stoff-)Ballen *m*
топ[2] Kanone *f*

то́п|ка Kugel *f*, Ball *m* (*a.* SPORT); **~ли́во** Brennmaterial *n*; **~ли́йка** Stecknadel *f*; **~ли-на́** Wärme *f*; **~ло** *adv* warm; **~ля** (er)wärmen; heizen
топо́ла Pappel *f*
то́пч|е (Glas-)Murmel *f*; Fleischklößchen *n*; **~ест** kugel-, ballförmig
то́п|ъл warm; **~я́** schmelzen; tunken, (ein)tauchen; **~я́ се** schmelzen
тор Dung *m*, Mist *m*; (Kunst-)Dünger *m*
торба́ Sack *m*, Beutel *m*
тормо́з Quälerei *f*; Marter *f*, (Seelen-)Qual *f*; Schikane *f*, Drangsalisierung *f*; **~я** quälen, peinigen
то́рта Torte *f*
торя́ düngen
тост Toast *m*, Trinkspruch *m*
то́ч|а *Wein* ausschenken; schärfen; **~ен** genau, exakt, präzise; Präzisions-; pünktlich; **~ка** Punkt *m*; **от гле́дна ~ка** vom Standpunkt aus; **по ~ки** SPORT nach Punkten; **~ност** *f* Pünktlichkeit *f*; Genauigkeit *f*
то́я → то́зи
тоя́га Stock *m*, Knüppel *m*
тра|ве́рса BAHN Schwelle *f*; **~ге́дия** Tragödie *f*; **~ги́чен** tragisch; **~дицио́нен** traditionell; **~ди́ция** Tradition *f*
тра́|ен dauerhaft, haltbar; beständig; **~йност** *f* Beständigkeit *f*; Haltbarkeit *f*, Lebensdauer *f*
тра́ктор Traktor *m*, Trecker *m*
трамва́|ен Straßenbahn-; **~й** Straßenbahn *f*
трампли́н Sprungbrett *n*
тра́нс|дже́ндър *m*, *f* Transgender *m*/*f*; transgender; **~по́рт** Transport *m*, Verkehr *m*
трапе́з|а (gedeckte) Tafel; Mahl *n*, Essen *n*; → *a.* софра́; **~а́рия** Speiseraum *m*; Mensa *f*
тра́ур Trauer *f*
тра́я dauern; sich halten; *P* (sich ge)dulden; schweigen
треву́ Gras *n*
трево́|га Unruhe *f*; MIL Alarm *m*; **~жа** beunruhigen; stören; **~жа се** sich beunruhigen; **~жен** beunruhigend, alarmierend; aufgeregt, erregt; Alarm-
тре́звен nüchtern; **~ост** *f* Nüchternheit *f*
трени́рам (*im*)*pf* trainieren
треньо́р Trainer *m*
тре́п|вам, **~на** *pf* (zusammen)zucken; erzittern; **~е́ря** zittern (*a.* *fig*); **~ет** Schauer *m*, Beben *n*, Zittern *n*; **~кам** → ~тя́; **~на** → ~вам; **~тя́**, **~кам** zittern, beben; flackern; flimmern; schwingen; **~я** *F* töten
треса́ schütteln; rütteln; **~вище** Sumpf *m*, Moor *n*
тре́ска[1] Fieber *n*, Schüttelfrost *m*
тре́ска[2] ZO Kabeljau *m*
треск|а́[3] (Holz-)Splitter *m*, Span *m*
тре́скав fiebrig; fieberhaft
тре́т|и dritte; **~а**, **~и́на** Drittel *n*; **~и́рам** (*im*)*pf* behandeln; **~о-** *in Zssg*(*n*) dritt-, Dritt-
трещ|я́ knallen, krachen; **~и́**

се es donnert
трибу́на Tribüne *f*
три́ене Reibung *f*
трик Trick *m*
триме́се|чен dreimonatig; Quartal(s)-, vierteljährlich; **~чие** Vierteljahr *n*, Quartal *n*
трино́жник FOT Stativ *n*; Staffelei *f*
трио́н Säge *f*
трицве́тен dreifarbig
три́ци *pl* Kleie *f*
триъ́гъл|ен dreieckig; **~ник** Dreieck *n*
три́я (ab-, ver-, zer)reiben; radieren; sägen
тро́вя vergiften
трога́телен rührend
тро́г|вам, **~на** *pf* rühren, bewegen; **~нат** ergriffen
тро́ен dreifach; dreiteilig
тро́йка Drei *f*
троле́й F Obus *m*
тро́мав plump, schwerfällig
тромпе́т Trompete *f*
тро́пам poltern, klappern; klopfen; stampfen
тро́п|ик Wendekreis *m*; **~ици** *pl* Tropen *pl*; **~и́чески** tropisch
тро́пот Getrappel *n*, Schritte *m/pl*; Klappern *n*; **ко́нски ~** Hufschlag *m*
тротоа́р Bürgersteig *m*
троха́ Krümel *m*
троша́ (in Stücke) brechen; zerkleinern; zerbröckeln; *Nüsse* knacken
тру́д Arbeit *f*; Mühe *f*; Werk *n*; **~ен** schwer, mühsam; schwierig; **~ещ**: **~ещ се** werktätig; **~ност** *f* Schwierigkeit *f*; **~ов** Arbeits-; werktätig
трудолюби́в arbeitsam
тру́дя: **~ се** arbeiten; sich bemühen
труп ANAT Rumpf *m*; Leiche *f*
тру́па THEA Truppe *f*
тру́пам (auf)häufen, ansammeln; **~ се** sich ansammeln
тръба́ Rohr *n*, Röhre *f*; Trompete *f*
тръ́гвам, **тръ́гна** *pf* aufbrechen; abfahren; **~ си** nach Hause gehen
трън Dorn *m*, Stachel *m*; **мага́решки ~** Distel *f*; **~а́к** Dorngebüsch *n*; **~ли́в** dornig (*a. fig*)
тръ́п|ка Schau(d)er *m*; Frösteln *n*; **~на** frösteln; zittern; *Glied*: einschlafen
тръ́скам → тре́са
тръсти́ка Schilf *m*; **за́харна ~** Zuckerrohr *n*
трюм MAR Laderaum *m*
тря́бва *unpers* müssen, sollen; brauchen; **ка́кто ~** wie sich's gehört; **~м** nötig sein (*od* haben)
тря́с|кам knallen, krachen; **~ък** Knall *m*, Krachen *n*; Knattern *n*
ту: **~... ~** bald ... bald
ту́ба Tube *f*; MUS Tuba *f*
тузе́м|ен einheimisch; **~ец** Einheimische(r); **~ка** Einheimische *f*
тук, **ту́ка** hier; hierher
ту́кашен hiesig
туне́л Tunnel *m*
ту́п|ам (aus)klopfen; schlagen; *a.* = **~тя́** *Herz*: klopfen, pochen

тури́|зъм Touristik *f*; Fremdenverkehr *m*; Wandern *n*; **~ст** Tourist *m*, (Urlaubs-)Reisende(r); Wanderer *m*
турки́ня Türkin *f*
ту́р|ски türkisch; **2ция** Türkei *f*; **~чин** Türke *m*
турши́я Essiggemüse *n*, (*in Essig*) Eingemachte(s)
ту́ря(м) legen, setzen, stellen
ту́такси sofort
туткáл (Tischler-)Leim *m*
ту́хла Backstein *m*, Ziegel *m*
туш Tusche *f*
тъг|á Traurigkeit *f*; Kummer *f*, Gram *m*; **~á по роди́ната** Heimweh *n*; **~у́вам, тъжá** trauern (**по, за** um *A*); sich grämen, betrübt sein
тъжен traurig, betrübt
тъй so; **~ вя́рно!** zu Befehl!; **~ като́** weil
тъкá weben
тъкан *f* Gewebe *n*
тъкмо genau; eben, gerade
тъкмя́ beabsichtigen; vorbereiten; **~ се** sich zurechtmachen
тълку́в|ам erklären; deuten; **~ане** Interpretation *f*, Deutung *f*
тълпá Menge *f*, Masse *f*
тъм|ен dunkel, finster; **~ни́нá** Dunkelheit *f*; **~но** *in Zssg(n)* dunkel-, Dunkel-
тъна versinken
тънък dünn; schlank; fein; (*Stimme*) hoch
тъп stumpf; *fig* dumpf; stumpfsinnig, dumm
тъпан (große) Trommel; **~че** ANAT Trommelfell *n*
тъпча zertreten; stampfen; *Pfeife* stopfen; *fig* unterdrücken; *Gesetz* übertreten
търг Versteigerung *f*; **~о́вец** Händler *m*
търговия́ Handel *m*
търго́вск|и Handels-, Geschäfts-; **~а кáмара** Handelskammer *f*
търгу́вам handeln, Handel treiben (**с** mit *D*)
търже́ств|ен feierlich, festlich; **~о́** Feier *f*; Triumph *m*; **~у́вам** triumphieren
търкáлям, търкоя́ *pf* rollen, wälzen; **~ се** rollen (*v/i*); sich wälzen
тър|кам reiben; scheuern; **~коля́** → **~кáлям**; **~пели́в** geduldig, duldsam; **~пе́ние** Geduld *f*; **~пя́** ertragen, aushalten; (er)dulden
тър|сене Suchen *n*; HDL Nachfrage *f*; **~ся** suchen, fragen (**нкг, нщ** *A*, nach *D*); **~тей** Drohne *f*; **~чá** laufen, rennen; **~шу́вам** durchsuchen, -wühlen
тъст Schwiegervater *m*
тъща Schwiegermutter *f*
тюле́н Seehund *m*; Robbe *f*
тютю́н Tabak *m*; **~ за лулá** Pfeifentabak *m*; **~опроизво́дство** Tabakerzeugung *f*
тя sie (*f*)
тя́ло Körper *m*; Leichnam *m*; Rumpf *m*
тя́сн|а, ~о → **те́сен**
тях sie (*A/pl*); **на ~** ihnen
тя́хн|а, ~о → **те́хен**

У

у bei; zu; **~!** oh!, ah!
убе|дителен überzeugend; **~дя́**, **~ждáвам** (**се** sich) überzeugen (**в** von *D*)
убéжище Zuflucht *f*
уби́|вам, **~я** *pf* ermorden; töten, umbringen, totschlagen (*a. fig* = *Zeit*); *Schuhe*: drücken; **~ец** Mörder *m*; **~йствен** mörderisch; **~йство** Mord *m*; Totschlag *m*
убодá, **убóждам** stechen
уваж|á(вам) (ver)ehren; achten, respektieren; **~éние** Verehrung *f*; Achtung *f*
уве|ковечá(вам) verewigen; **~личá(вам)** vergrößern; vermehren; steigern; **~личéние** Vergrößerung *f*; Steigerung *f*
увéрен überzeugt; gewiss, sicher (*G od* dass); **~ост** *f* Gewissheit *f*, Bestimmtheit *f*; Überzeugung *f*
уверя́(вам) versichern, zusichern; **~ се** sich vergewissern (**в** *G*)
увеселéние (Sommer-, Volks-)Fest *n*, (Tanz-)Vergnügen *n*
увéхна → увя́хвам
уви́|вам, **~я** *pf* einwickeln; **~вам**, **~я се** sich winden; *fig* sich einschmeicheln; **~свам**, **~сна** *pf* (sich an)hängen; herabhängen; **~я** → **~вам**
ув|лекá → ~ли́чам; **~лекáтелен** spannend, interessant; **~лéчен** begeistert, hingerissen; **~лечéние** Begeisterung *f*; Leidenschaft *f*; Schwärmerei *f*
увли́чам, **увлекá** *pf* ziehen; *fig* fesseln; **~ се** sich hingeben (**по** *D*); schwärmen (**по** für *A*)
ýвод Einleitung *f*, Einführung *f*; **~ен** einleitend, Leit-
уволн|éние Entlassung *f*; Kündigung *f*; **~я́(вам)** entlassen; kündigen
увя́хвам, **увéхна** *pf* (ver)welken
угáждам, **угодя́** *pf* zufrieden stellen, *j-s* Wünsche erfüllen; **~ си** sich *etw* gönnen
ýгар *f* Brachfeld *n*
угáрка Zigarettenstummel *m*; *F* Kippe *f*
угác|вам, **~на** *pf* erlöschen; *Licht*: ausgehen; **~я́(вам)** löschen; *Licht* ausmachen
ýглавен kriminell; Straf-
угнетéн unterdrückt; *fig* bedrückt
угов|áрям, **~óря** *pf* vereinbaren; verabreden; überreden; **~óрка** Bedingung *f*; Vereinbarung *f*
угóд|ен angenehm; günstig; **~ли́в** servil, schmeichlerisch
уголемя́(вам) vergrößern
уго|стя́, **~щáвам** bewirten; **~щéние** Bankett *n*, Festmahl *n*
угри́жен besorgt
удáва, **удадé** *pf*: **~ ми се** (*nur 3. pers*) von der Hand gehen;

gelingen; *Gelegenheit*: sich bieten
уда́вя(м) ertränken; *fig* ersticken; ~ **се** ertrinken
у́дар Schlag *m*; **~ен** Schlag-; Stoß-
уда́рен GR betont; *F* übergeschnappt
ударе́ние GR Betonung *f*, Akzent *m*
уда́ря(м) → у́дрям
удвоя́(вам) verdoppeln
удив|е́н erstaunt; **~и́телен** erstaunlich; **~и́телна** Ausrufungszeichen *n*; **~ле́ние** Verwunderung *f*, Erstaunen *n*
удо́б|ен bequem; geeignet, günstig; **~ство** Bequemlichkeit *f*, Annehmlichkeit *f*
удово́лствие Vergnügen *n*
удосто|вере́ние Bescheinigung *f*; **~веря́(вам)** bescheinigen; bestätigen; **~я́(вам)** auszeichnen (**с** mit *D*), verleihen (**нкг с** *j-m etw A*); beehren
удръжки *f/pl* (Lohn-)Abzüge *m/pl*
у́дрям schlagen; *Geschoss*: treffen; abschießen; (ab)stempeln; *Bremse* ziehen; ~ **на бяг** die Flucht ergreifen
удуша́, **уду́швам** erwürgen; ~ **се** ersticken
удължа́(вам) verlängern
удължи́тел Verlängerungskabel *n*
удържа́, **удъ́ржам** (zurück)halten; *fig* aushalten; *Geld* abziehen; *Versprechen* (ein)halten
уедин|е́н einsam; zurückgezogen; **~е́ние** Einsamkeit *f*; Zurückgezogenheit *f*; **~я́(вам)**: **~я́(вам) се** sich (*in die Einsamkeit*) zurückziehen
уеднаквя́(вам) vereinheitlichen, angleichen
уж als ob, als wenn; angeblich
у́жас Entsetzen *n*
ужа́с|ен schrecklich, entsetzlich, grauenhaft; **~е́н** entsetzt; **~я́(вам)**: **~я́(вам) се** sich entsetzen, entsetzt sein
ужи́л|вам, **~я** *pf Insekt*: stechen; *Brennnessel*: brennen; *fig* kränken
узаконя́(вам) legalisieren, legitimieren
уз|на́вам, **~ная́** *pf* erfahren; **~ре́я**, **~ря́вам** reif werden, (heran)reifen
у́иски *n* Whisky *m*
у́каз Erlass *m*, Dekret *n*; **~а́ние** Hinweis *m*; Weisung *f*
у́кор Vorwurf *m*, Tadel *m*; **~ен** tadelnswert; vorwurfsvoll; **~я́(вам)** tadeln; Vorwürfe machen
Укра́йна Ukraine *f*
украи́н|ец Ukrainer *m*; **~ка** Ukrainerin *f*; **~ски** ukrainisch
укра́|са Verzierung *f*, Schmuck *m*; **~ся́(вам)** verzieren, (aus)schmücken; **~ше́ние** Schmuck *m*; Zierde *f*
укре́п|вам, **~я́** *pf* festigen, stärken; befestigen; **~я́(вам) се** sich stärken, festigen, befestigen; **~ле́ние** Befestigung *f*
укри́|вам, **~я** *pf* verbergen, verstecken; verheimlichen, verschweigen; **~ва́тел** Heh-

ler *m*
укротя́(вам) zähmen
ула́вям, уловя́ *pf* ergreifen; fangen; **~ се** sich festhalten (**за** an *D*)
у́лей (Dach-)Rinne *f*
улесня́(вам) erleichtern
у́лики *f/pl* Indizien *f/pl*
у́лица Straße *f*; **еднопосо́чна ~** Einbahnstraße *f*; **задъ̀нена ~** Sackgasse *f*
у́лич|ен Straßen-; **~ница** *pej* Prostituierte *f*
уловя́ → ула́вям
улули́ца Käuzchen *n*
улу́ч|а, ~вам treffen; erraten
ум Verstand *m*; Vernunft *f*; Geist *m*; Sinn *m*
умал|и́телен verkleinernd; **~я́(вам)** verkleinern
уме́л geschickt, gewandt
у́мен gescheit, klug
уме́|ние Können *n*, Fertigkeit *f*; **~рен** mäßig; maßvoll, gemäßigt; **~стен** passend, angebracht; **~я** können, verstehen
умива́лн|ик Waschbecken *n*; Spülbecken *n*; **~я** Waschraum *m*
уми́рам, умра́ *pf* sterben
уми|ри́свам, ~ри́ша *pf P* die Luft verpesten; **~ря́(вам)** besänftigen; Frieden stiften
у́мисъл Absicht *f*
уми́шлен vorsätzlich
умнож|а́(вам) vermehren; MATH multiplizieren; **~е́ние** Multiplikation *f*
умопо|бъ̀рк(в)ам: **~бъ̀рк(в)ам се** wahnsinnig werden; **~бъ̀ркан** wahnsinnig, gemüts-, geisteskrank; **~мраче́ние** Geistesstörung *f*; Wahnsinn *m*
умо́р|а Müdigkeit *f*, Ermüdung *f*; **~е́н** müde, erschöpft; **~и́телен** ermüdend; **~я́(вам)** ermüden
умра́ → уми́рам
у́мствен geistig, Geistes-
умълча́(вам): **~ се** verstummen
умъртвя́(вам) töten
унга́р|ец Ungar *m*; **♀ия** Ungarn *n*; **~ка** Ungarin *f*; **~ски** ungarisch
унéсен geistesabwesend, entrückt
универса́л|ен universell; Universal-; **♀на се́рийна ши́на** USB-Stick *m*
университе́т Universität *f*; **наро́ден ~** Volkshochschule *f*; **~ски** Universitäts-
уни|жа́(вам) (**се** sich) erniedrigen, demütigen; **~жéние** Erniedrigung *f*, Demütigung *f*
уни́л niedergeschlagen
унифо́рма Uniform *f*
унищож|а́(вам) vernichten; *Marke* entwerten; **~е́ние** Vernichtung *f*; **~и́тел** (*gegen Schädlinge usw.*) Vertilgungsmittel *n*
упа́дъ|к Verfall *m*, Niedergang *m*; **~чен** dekadent
упла́|х(а) Schrecken *m*; **~ша, ~швам** (**се**) erschrecken (**от** vor *D*)
упл|ета́, ~и́там flechten; stricken; *fig* verwickeln
упо|ва́вам: **~ва́вам се** sich

verlassen (**на** auf *A*); **~ителен** berauschend

упо́йка Betäubung(smittel *n*) *f*; **пълна ~** Vollnarkose *f*

упори́т hartnäckig, beharrlich; **~ост** *f* Hartnäckigkeit *f*, Beharrlichkeit *f*

упо́рств|о → упори́тост; **~ам** beharren, sich versteifen (**на** auf *A*)

употре́б|а Gebrauch *m*; Anwendung *f*, Verwendung *f*; **~и́м** verwendbar; gebräuchlich; **~я́(вам)** gebrauchen (**за** zu *D*, als), verwenden

упоя́(вам) betrunken machen; betäuben; berauschen

упра́в|а Verwaltung *f*, Leitung *f*; Ordnung *f*; **~ител** Leiter *m*; Verwalter *m*; **~ителен** Verwaltungs-; leitend; **~ле́ние** Regierung *f*; Verwaltung *f*; Leitung *f*; Vorstand *m*; **~ля́вам** leiten, verwalten; steuern, lenken; POL regieren

упражн|е́ние Übung *f*; **~я́(вам)** (sich) üben; ausüben; (be)treiben

у́прек Vorwurf *m*

упре́к|вам, ~на *pf* → укоря́вам

упълномощ|а́вам, ~я́ *pf* bevollmächtigen; beauftragen; **~е́н** bevollmächtigt

упъ́т|вам, ~я *pf* den Weg zeigen; *fig* anleiten; **~вам, ~я се** sich begeben; **~ване** Anleitung *f*, Anweisung *f*; Hinweis *m*

уравн|е́ние Ausgleich(ung *f*) *m*; MATH Gleichung *f*; **~овесе́н** ausgeglichen; **~овеся́(вам)** ins Gleichgewicht bringen

урага́н Orkan *m*

ура́н Uran *m*; **~иев** Uran-

у́рва Schlucht *f*; Steilhang *m*

урегули́р(в)ам regeln, regulieren

у́ред Gerät *n*

уре́|дба Einrichtung *f*; **~дя́, ~ждам** in Ordnung bringen; erledigen; organisieren, veranstalten; **~чен** verabredet, bestimmt

уро́к Lektion *f*; (Unterrichts-) Stunde *f*; *fig* Lehre *f*

усвоя́(вам) sich aneignen

усе́днал sesshaft

у́сет Gefühl *n*, Sinn *m*

усе́|тя, ~щам empfinden, fühlen, spüren; **~щане** Empfindung *f*

уси́л|вам, ~я *pf* verstärken, steigern; **~ва́тел** TECH Verstärker *m*; **~ен** angestrengt; anstrengend, schwer; **~ие** Anstrengung *f*

ускор|е́н beschleunigt; **~е́ние** Beschleunigung *f*; **~я́(вам)** beschleunigen

усла́|жда, ~ди́ *pf*: **~жда, ~ди́ ми се** (*nur 3. pers*) es schmeckt mir

усло́в|ен bedingt; vereinbart; **~ие** Bedingung *f*

усложн|е́ние Komplikation *f*; **~я́(вам)** (**се** sich) komplizieren, verwickeln

услу́|га Dienst *m*, Gefälligkeit *f*; **~жа, ~жвам** e-n Dienst erweisen, e-n Gefallen tun; **~жли́в** gefällig, hilfsbereit;

~жли́вост *f* Hilfsbereitschaft *f*
усми́вка Lächeln *n*
усмиря́(вам) besänftigen
усми́х|вам, **~на** *pf*: **~вам, ~на се** lächeln
усмотре́ние Ermessen *n*; **действам по своe ~** nach eigenem Ermessen handeln
усо́йница Viper *f*
успе́|х Erfolg *m*; **~шен** erfolgreich; **~я** → успя́вам
успи́вам, **успя́** *pf* (**се** sich) verschlafen
успоко|и́телно MED Beruhigungsmittel *n*; **~я́(вам)** (**се** sich) beruhigen; **~я́ване** Beruhigung *f*
у́според|ен parallel; **~ка** SPORT Barren *m*
успя́: **~се** → успи́вам
усп|я́вам, **~е́я** *pf* es gelingt mir; erreichen; Erfolg haben
уста́ Mund *m*; *fig* Öffnung *f*
у́став Satzung *f*, Statut *n*
установя́(вам) festlegen, bestimmen; errichten; feststellen; **~ се** sich niederlassen
у́ст|ен mündlich, Mund-; **~на кухина́** Mundhöhle *f*; **~ие** (Fluss-)Mündung *f*; (Flaschen-)Öffnung *f*; **~на** Lippe *f*
устойчи́в stabil (*a. fig*), standfest; widerstandsfähig; *fig a.* standhaft
устоя́(вам) widerstehen, standhalten
устро́йство Struktur *f*, (Auf-)Bau *m*, Organisation *f*; **заря́дно ~** EL Ladegerät *n*
усъ|вършéнствам (*im*)*pf* vervollkommnen; **~мня́(вам)**: **~мня́(вам) се** zweifeln (**в** an *D*)
усъ́рд|ен eifrig, fleißig; **~ие** Eifer *m*, Fleiß *m*
утало́ж|а, **~вам** *Durst* stillen; *fig* besänftigen
утая́(вам) verbergen; **~ се** (*nur 3. pers*) sich (ab)setzen; sich klären
утвър|дя́, **~жда́вам** bestätigen; zustimmen
уте́|ха Trost *m*; **~ша́(вам)**: **~ша́(вам) се** sich trösten
ути́х|вам, **~на** *pf* sich beruhigen, still werden; *Regen*: aufhören; *Wind*: sich legen
утоля́(вам) stillen, befriedigen
утопи́чен utopisch
уточня́(вам) präzisieren
у́тр|е morgen; **~ешен** morgig; **~ин** *f* Morgen *m*; **~о** Morgen *m*; Matinee *f*
утро́ба Mutterleib *m*, Gebärmutter *f*; Schoß *m*
утроя́(вам) verdreifachen
утъ́пкан (*Pfad*) ausgetreten; gebahnt
уха́жвам den Hof machen (**нкг** *j-m*)
уха́п|вам, **~я** *pf* beißen; *Insekt*: stechen
уха́пване Biss *m*; **~ от кърлеж** Zeckenbiss *m*
ухая́ duften
ухи́л|вам, **~я** *pf*: **~вам, ~я се** *F* grinsen, lächeln
ухо́ Ohr *n*; Gehör *n*; Henkel *m*; (Nadel-)Öhr *n*
у́ча lehren, unterrichten; beibringen (**нкг на нщ** *j-m etw A*); *a.* **= ~ се** lernen; studieren

уча́ст|вам *(im)pf* teilnehmen, sich beteiligen (**в** an *D*); **~ие** Teilnahme *f*; Anteilnahme *f*; **~ник** Teilnehmer *m*; **~ничка** Teilnehmerin *f*; **~ък** Abschnitt *m*; Bezirk *m*; Revier *n*
уче́б|ен Lehr-, Schul-, Unterrichts-; **~на годи́на** Schuljahr *n*; **~ник** Lehrbuch *n*
у́чен gelehrt; gebildet; *su* Gelehrte(r), Wissenschaftler *m*
уче́н|ие Lehre *f*; **~и́к** Schüler *m*; Lehrling *m*; **~и́чка** Schülerin *f*
учи́лище Schule *f*; **ви́сше ~** Hochschule *f*
учи́тел(ка) Lehrer(in *f*) *m*
учрежде́ние Amt *n*, Behörde *f*
учти́в höflich; **~ост** *f* Höflichkeit *f*
учу́д|вам, **~я** *pf*: **~вам, ~я се** sich wundern, staunen
уши́|вам, **~я** *pf* nähen
ущъ́рб Nachteil *m*
ую́тен gemütlich, behaglich
укя́ча́(вам) verstärken

Ф

фа́брика Fabrik *f*
файт|о́н Kutsche *f*, Droschke *f*; **~онджи́я** Kutscher *m*
факт Tatsache *f*; **~и́чески** tatsächlich
факту́ра Warenrechnung *f*
факулте́т Fakultät *f*
фали́|рам *(im)pf* Bankrott machen, fallieren; **~т** Bankrott *m*
фалши́|в falsch; **~фика́ция** Fälschung *f*
фами́л|ен Familien-; **~но и́ме** Familienname *m*
фанта́|зия Fantasie *f*; **~сти́чен** fantastisch
фар Leuchtturm *m*; KFZ Scheinwerfer *m*
фас *F* (Zigaretten-)Kippe *f*
фасу́л (**зеле́н** grüne, **сух** weiße) Bohnen *f/pl*
фата́лен fatal, verhängnisvoll
фа́ул SPORT Foul *n*
фе|вруа́ри *m* Februar *m*; **~дера́лен** förderativ, Bundes-; **~ери́чен** märchen-, zauberhaft; **~йлето́н** Feuilleton *n*; **~не́р** Laterne *f*; **~не́рче** Taschenlampe *f*
фе́рибот Fähre *f*, Fährschiff *n*; **~на ли́ния** Fährverbindung *f*
фе́рма Farm *f*
фермент|а́ция Gärung *f*; **~и́рам** *(im)pf* gären
фестива́л Festival *n*
фехту́вам: **~ се** fechten
фи́ба Haarspange *f*
фи́гур|а Figur *f*; Gestalt *f*; **~ен**: **~но пързáляне** Eiskunstlauf *m*
фиде́ Fadennudel *f*
фи́з|ика Physik *f*; **~ио́логия** Physiologie *f*; **~и́чески** physikalisch; körperlich, physisch
физкулту́р|а Körperkultur *f*; **~ен** Sport-, sportlich; **~ник** Sportler *m*; Sportlehrer *m*; **~ничка** Sportlerin *f*; Sportlehrerin *f*

фикус Gummibaum *m*
филé Filet *n*
филиáл Filiale *f*, Zweigstelle *f*
филия (*Brot, Käse*) Scheibe *f*
филм Film *m*; **цвéтен ~** Farbfilm *m*; **~ирам** (*im*)*pf* (ver)filmen
филосóф|ия Philosophie *f*; **~ски** philosophisch
филтър Filter *m*; **~ен**: **~на хартия** Filterpapier *n*
фин fein
финáл Finale *f*
финáнс|и *pl* Finanzen *pl*; **~ирам** (*im*)*pf* finanzieren; **~ов** Finanz-
финиш SPORT Ziel *n*
финлáнд|ец Finne *m*; **&ия** Finnland *n*; **~ка** Finnin *f*; **~ски** finnisch
фирма Firma *f*; Firmenschild *n*
фитил Docht *m*; Zündschnur *f*
фиш Karteikarte *f*
флаг Flagge *f*
фланг Flanke *f*
фланéл|а Flanell *m*; Unterhemd *n*; **~ка** Trikot *m od n*, Turnhemd
флéйта Flöte *f*
флóт(а) Flotte *f*
фóкус PHYS Brennpunkt *m*; (Zauber-)Kunststück *n*; **~ник** Zauberkünstler *m*
фон Hintergrund *m*
фонéт|ика GR Phonetik *f*, Lautlehre *f*; **~ичен** phonetisch
фóрм|а Form *f*, Gestalt *f*; Uniform *f*; **~áлен** formell; formal; **~áлност** *f* Formalität *f*; Förmlichkeit *f*; **~ирам** (*im*)*pf* formen, bilden; **~ула** Formel *f*; **~улирам** (*im*)*pf* formulieren; **~уляр** Formular *n*, Vordruck *m*
фото|графирам (*im*)*pf* fotografieren, aufnehmen; **~грáфия** Foto *n*, Aufnahme *f*; **~любител** Fotoamateur *m*; **~материáл** Fotobedarf *m*; **~мéтър** Belichtungsmesser *m*
фрáкция Fraktion *f*
Фрáнц|ия Frankreich *n*
&узин Franzose *m*; **&узóйка** Französin *f*
фрéнск|и französisch; **~о грóзде** Johannisbeere *f*
фрéска Freske *f*, Wandmalerei *f*
фриз|ирам (*im*)*pf* frisieren; **~ýра** Frisur *f*
фризьóр Friseur *m*; **~ски** Friseur-; **~ски салóн** Friseursalon *m*
фритюрник GASTR Fritteuse *f*
фронт Front *f*
фрýктов Obst-, Frucht-
фуния Trichter *m*
фунт Pfund *n*
фур|áж Futter *n*; **~áжка** (Uniform-)Mütze *f*; **~гóн** Gepäckwagen *m*; **~гóн-жилище** Wohnwagen *m*; **~кéт** Haarnadel *f*; **~мá** Dattel *f*
фýрна Backofen *m*; Bäckerei *f*
фýста Unterrock *m*
фýтбол Fußball *m*; **~ен** Fußball-; **~но игрище** Fußballplatz *m*; **~ист** Fußball(spiel)er *m*
фучá brausen, sausen; schnauben

фъстък Erdnuss *f*

хабя́ verderben; vergeuden, verschwenden
хавли́я Bademantel *m*; Badetuch *n*
хаза́|ин Hauswirt *m*; **~йка** Hauswirtin *f*
хайве́р GASTR Kaviar *m*
ха́йде *int* los!, marsch!
хайду́|тин Rebell *m*, HIST Heiduck *m*; *F* Räuber *m*; **~шки** Heiducken-, Rebellen-
ха́йка Treibjagd *f*; (*Polizei-*) Razzia *f*
хала́т Morgenrock *m*, Bademantel *m*
халва́ Halwa *n*, türkischer Honig
ха́ли *pl* Markthalle *f*
халка́ (Metall-)Ring *m*; Kettenglied *n*; Trauring *m*
хама́лин (Last-)Träger *m*
хамба́р (Getreide-)Speicher *m*
хамси́я Sardelle *f*
хан Rasthaus *n*, Gasthaus *n*
хаоти́чен chaotisch
ха́п Tablette *f*; Pille *f*; **горчи́в ~** *fig* bittere Pille; **~вам, ~на** *pf* ein wenig essen; kosten; **~ка** Bissen *m*; **~ли́в** bissig; **~на** → **~вам**; **~че** → **хап**; **~я** beißen; stechen
хара́ктерен charaktervoll; Charakter-, charakteristisch
харе́с(в)ам gefallen; **~ нкг** j-d gefällt mir
хармо́н|ика (Zieh-)Harmonika *f*; **у́стна ~ика** Mundharmonika *f*; **~и́чен** harmonisch; **~ия** Harmonie *f*
харти́|ен Papier-, papieren; **~я** Papier *n*; **~я за писа́не** Schreibpapier *n*
ха́рча verbrauchen; *Geld* ausgeben
хаста́р Futter(stoff *m*) *n*
хвалба́ Lob *n*; Prahlerei *f*
хва́ля loben, rühmen; **~ се** prahlen, angeben
хва́|щам, ~на *pf* (er)greifen, (an)fassen, packen; ertappen; fangen; *Zug* erreichen, nehmen; sich zuziehen; beginnen, kommen; fassen; **~щам, ~на да** beginnen (zu + *inf*); **~щам, ~на се** greifen (**за** nach *D*), sich halten (**за** an *D*); berühren; herangehen (**за** an *A*), beginnen; *Farbe*: haften; Wurzeln fassen
хвръ́к|вам, ~на *pf* (weg)fliegen; **~ам** fliegen; **~а́т** fliegend; beflügelt
хвъ́рля(м) werfen, schleudern; **~ се** sich stürzen, sich werfen
хвърч|а́ fliegen; **~и́ло** Drachen *m*
хекта́р Hektar *n*
хелико́птер Hubschrauber *m*
хем aber, und; **~ … ~** sowohl … als auch
хе́ринг(а) Hering *m*
хе́рния MED (Leisten-)Bruch *m*
хигие́на Hygiene *f*
хидравли́чен hydraulisch
хи́жа (Berg-)Hütte *f*;

(Touristen-)Herberge *f*
хи́лав schwächlich
хи́лка (Tischtennis-)Schläger *m*
хи́ля: ~ **се** grinsen
хиля́да Tausend *n*
хими́|к Chemiker *m*; **~ка́л** Chemikalie *f*; **~ка́лка** Kugelschreiber *m*; **~чески** chemisch
хи́мия Chemie *f*
химн Hymne *f*
хиру́рг Chirurg *m*; **~и́чен**, **~и́чески** chirurgisch
хитр|е́ц *F* Schlauberger *m*, Fuchs *m*; **~ина́**, **хи́трост** *f* Schlauheit *f*
хи́тър listig, schlau
хи́щ|ен raubgierig, Raub-; **~на пти́ца** Raubvogel *m*; **~ник** Raubtier *n*
хла́бав locker, schlaff
хла́д Kühle *f*; **~ен** kühl; **~и́лник** Kühlschrank *m*; **~(н)ина́** Kühle *f*; **~нокръ́вен** kaltblütig; **~ък** lauwarm
хлапа́к Bengel *m*
хлеба́р Bäcker *m*; **~ница** Bäckerei *f*
хле́бче Brötchen *n*
хло́п|(в)ам, **~на** *pf* klopfen, schlagen
хлъз|вам, **~на** *pf*: **~вам, ~на се** (aus)rutschen, (aus)gleiten; **~гав** rutschig, glitschig; **~гам** rutschen lassen; **~гам се, ~на се** → **~вам**
хлъ́т|вам, **~на** *pf* (ver)sinken; *fig* hereinfallen
хляб Brot *n*
хмел Hopfen *m*
хобо́т Rüssel *m*
ход Gang *m*; (Ver-)Lauf *m*; (Schach-)Zug *m*
хо́дене Gehen *n*
ходи́ло Fußsohle *f*; Sohle *f*
хо́дя gehen, laufen; ~ **си** nach Hause gehen
хо́кам (be)schimpfen
хола́нд|ец Holländer *m*, Niederländer *m*; **≗ия** Holland *n*, Niederlande *f*; **~ка** Holländerin *f*, Niederländerin *f*; **~ски** holländisch, niederländisch
хомо́т (a.fig.) Joch *n*
хор Chor *m*
хо́ра *pl* Leute *pl*, Menschen *m/pl*
хоризонта́лен horizontal, waagerecht
хоро́ «Choro» (*bulgarischer Reigentanz*); **~во́дец** Anführer *m beim «Choro»*
хоте́л Hotel *n*
хотелие́рство Hotelgewerbe *n*
хо́умо́фис *m* Homeoffice *n kein pl*
хра́б|рост *f* Tapferkeit *f*; **~ър** tapfer, mutig
храм Tempel *m*
храна́ Speise *f*; Nahrung *f*; Futter *n*
хра́н|ен (gut) gepflegt, genährt; **~еник** Pflegekind *n*; **~и́телен** Nahrungs-, Nähr-; nahrhaft
храно|прово́д Speiseröhre *f*; **~сми́лане** Verdauung *f*
хра́ня (er)nähren; füttern; ~ **се** essen, speisen; sich ernähren
храст Strauch *m*, Busch *m*; **~ала́к** Gebüsch *n*

хра́ч|а speien, spucken; **~ка** Speichel *m*, Spucke *f*
хре́бет Gebirgskamm *m*
хре́ма Schnupfen *m*
хриле́ *pl* Kiemen *f/pl*
христя́н|ин Christ *m*; **~ка** Christin *f*; **~ски** christlich; **~ство** Christentum *n*
хрони́чески chronisch
хру́п|ам knabbern; **~кав** knusprig
хрущя́л Knorpel *m*
хрян Meerrettich *m*
ху́бав schön; **~е́ц** schöner Mann; **~и́ца** schöne Frau, Schönheit *f*
ху́бост *f* Schönheit *f*
худо́жествен künstlerisch, Kunst-; **~а изло́жба** Kunstausstellung *f*; **~а литерату́ра** schöne Literatur
худо́жник Kunstmaler *m*; Künstler *m*
хулига́н Halbstarke(r), Rowdy *m*
ху́мор Humor *m*; **~исти́чен** humoristisch
хълбок Hüfte *f*
хълм Hügel *m*, (An-)Höhe *f*
хълми́ст hügelig
хълцам schluchzen; den Schluckauf haben
хърва́т|ин Kroate *m*; **~ка** Kroatin *f*; **~ски** kroatisch; **≈ия** Kroatien *n*
хъркам schnarchen
хъхря röcheln

Ц

ца́ка *F* Kniff *m*; Kunstgriff *m*
ца́п|ам, **~вам**, **~на** *pf* beschmutzen, schmutzig machen; schmieren
ца́р HIST Zar *m*; König *m*; **~евица** Mais *m*; **~и́ца** HIST Zarin *f*; Königin *f*
ца́рств|ен majestätisch; **~о** (König-)Reich *n*; (Pflanzen-, Tier-)Welt *f*
цафа́ра (Hirten-)Flöte *f*
цвекло́ Rübe *f*; **за́харно ~** Zuckerrübe *f*; **черве́но ~** rote Rübe
цветя́р|ница Blumengeschäft *n*; **~ски** Blumen-; **~ски мага́зин** Blumenladen
цве́т|е Blume *f*; Blüte *f*; **~ен** Blumen-; bunt, farbig, Farb-; **~но зе́ле** Blumenkohl *m*; **~и́ст** farbenreich, bunt; *fig* blumig; **~у́щ** blühend
цвиля wiehern
цвърча́ zwitschern; piepsen; zirpen
цвят Farbe *f*; Blüte *f*
цев *f* Rohr *n*, Röhre *f*; (Gewehr-)Lauf *m*
цеди́лка, **це́дка** Sieb *n*
цедя́ seihen; sieben
цел *f* Ziel *n*, Zweck *m*; **с каква́ ~** zu welchem Zweck
целе́бен heilend, heilkräftig, Heil-; **~ и́звор** Heilquelle *f*
целе|насо́чен zielbewusst;

~съобра́зен zweckmäßig
це́лина¹ Sellerie *f*
целина́² Neuland *n*; Brachfeld *n*, -land *n*
цело|дне́вен ganztägig; **~ку́пен** ganz, gesamt
целу́|вам, ~на *pf* küssen; **~вка** Kuss *m*
це́ля (се) zielen (**в** auf *A*)
цена́ Preis *m*; **на вся́ка ~** um jeden Preis
це́н|ен kostbar; wertvoll, Wert-; **~и́тел** Kenner *m*; **~ност** *f* Wertgegenstand *m*; *fig* Wert *m*; **~ора́зпис** Preisliste *f*
цент FIN Cent *m*
центра́л|а Zentrale *f*; **~ен** zentral, Zentral-
це́нтър Zentrum *n*; **~ на града́** Stadtmitte *f*
ценя́ schätzen
це́п|ка Spalt(e *f*) *m*, Ritze *f*; (Hosen-)Schlitz *m*; **~нати́на** Spalte *f*; Riss *m*, Sprung *m*; **~я** spalten
цех (*Fabrik*) Abteilung *f*, Werk *n*; Zunft *f*
циви́лен → гра́ждански
ци́ган|ин *pej* Zigeuner *m pej*; **~ски** Zigeuner- *pej*; **~ка** *pej* Zigeunerin *f pej*
цига́р|а Zigarette *f*
ци́гла Dachziegel *m*
цигу|ла́р Geiger *m*; **~у́лка** Geige *f*
цикла́ма Alpenveilchen *n*
цили́ндър Zylinder *m*
циме́нт Zement *m*; **~и́рам** (*im*)*pf* zementieren; **~ов** Zement-
ци́нк Zink *n*; **~ов** Zink
цип Reißverschluss *m*
ци́па ANAT, BOT Häutchen *n*
ци́рей Furunkel *m* (*n*), Geschwür *n*
ци́рк Zirkus *m*; **~ов** Zirkus-; **~ули́рам** zirkulieren; verkehren
цисте́рна Zisterne *f*; Tankwagen *m*
ци́тра Zither *f*
ци́фр|а Ziffer *f*, Zahl *f*; **~ов** digital; **~ов часовник** Digitaluhr *f*
цо́къл Sockel *m*
цъ́кам *Uhr*: ticken
цъ́ркам zirpen
цъ́рк|ва, ~о́вен, ~овнославя́нски → че́рква
цъ́ф|вам, ~на *pf* aufblühen; **~тя́** blühen
ця́л ganz; **~о** Ganze(s)

Ч

чадъ́р (Regen-)Schirm *m*
ча́ен Tee-
ча́й Tee *m*
ча́йка Möwe *f*
чак bis, bis an; erst; so sehr, gar zu; **~ сега́** erst jetzt
чака́лня Warteraum *m*
ча́кам warten (**нкг, нщ** auf *A*); erwarten
чакъ́л Schotter *m*; Kies *m*; Geröll *n*
чам Nadelbaum *m*; Weich-

holz *n*
чáнта (Hand-)Tasche *f*; Aktentasche *f*; **пътническа ~** Reisetasche *f*
чáпла Reiher *m*
чардáк Veranda *f*, Balkon *m*
чарóвен bezaubernd
чаршáф Betttuch *n*; Laken *n*
чаршúя *P* Geschäftsstraße *f*; Marktplatz *m*
час Stunde *f*; **по ~ове́** stundenlang; **~óвник** Uhr *f*; **~овникáр** Uhrmacher *m*; **~овникáрски**: **~овникáрска работúлница** Uhrmacherwerkstatt *f*
чáст *f* Teil *m od n*; MIL Einheit *f*; **~ен** privat, Privat-; Einzel-; **~úца** Teilchen *n*; GR Partikel *f*; **~úчен** teilweise, Teil-
чáш|а Glas *n*; Tasse *f*; Becher *m*; **~а за водá** Wasserglas *n*; **~ка** Gläschen *n*; Tässchen *n*; BOT Blütenkelch *m*
че dass; **катó ~ ли** als ob
чéдо Kind *n*
чéзна verschwinden; *fig* dahinsiechen
чек Scheck *m*
чекмеджé Schublade *f*
чéков Scheck-
чéл|ен Stirn-; Vorder-; Spitzen-; **~ник** Anführer *m*; Bestarbeiter *m*
чéло Stirn *f*; *fig* Vorderseite *f*, Front *f*; **на ~** an der (die) Spitze
чéлюст *f* ANAT Kiefer *m*
чéрвей Wurm *m*; *P* Made *f*
червéн rot; **~éя** erröten; sich röten; **~éя се** rot leuchten (*od* schimmern)
червúв wurmstichig; madig; **~ с парú** steinreich
червúло Lippenstift *m*
червó Darm *m*
червя́: **~ се** erröten; sich die Lippen schminken; Rouge auftragen
чéрга Flicken-, Lappenteppich *m*; grobe Decke *f*
чéр|(ен) schwarz; *fig* finster; **~(ен) пипéр** Pfeffer *m*; **&no морé** Schwarzes Meer
чéреп Schädel *m*
черéш|а Kirsche *f*; **~ов** Kirschen-
чéрк|ва Kirche *f*; **~óвен** kirchlich, Kirchen-; **~овнославя́нски** kirchenslawisch
чернéя schwarz werden
черн|úца Maulbeerbaum *m*; **~обóрсаджúйски** Schwarzmarkt-; **~овá**, **~óвка** Konzept *n*, Skizze *f*; **~овá хартúя** Schmierpapier *n*
черно|зéм Tschernosem *n*, Schwarzerde *f*; **~мóрски** Schwarzmeer-; **~óк** schwarzäugig
чéрня schwärzen; *fig* anschwärzen
чéрпя schöpfen; bewirten, *F* spendieren
черт|á Strich *m*, Linie *f*; (Charakter-)Zug *m*; **~ú** *pl* Gesichtszüge *f*; **~áя** *Plan* zeichnen; **~éж** Zeichnung *f*; **~óжник** technische(r) Zeichner
черу́пка (Nuss-, Eier-) Schale *f*; Schneckenhaus *n*
чест[1] häufig

чéст[2] *f* Ehre *f*; *P* Schicksal *n*; **~вам** feiern; **~ен** ehrlich; **~на дýма** Ehrenwort *n*
честѝт glücklich; **~o!** gratuliere! meinen Glückwunsch!; **~а Нóва годѝна!** Pros(i)t Neujahr!; **~ка** Glückwunsch(-karte *f*) *m*; **~я́(вам)** gratulieren, beglückwünschen (**нкм нщ** *j-n* zu *D*)
чéстност *f* Ehrlichkeit *f*
чéсто *adv* oft, häufig
честолюбѝв ehrgeizig
чéсън Knoblauch *m*
чéта[1] Schar *f*; Gruppe *f*
чета́[2] lesen; **~ лéкция** e-e Vorlesung halten
четвóр|ен vierfach; **~ка** Vier *f*
чéтвърт(ѝна) Viertel *n*
четвъртѝт viereckig
четвъ́ртък Donnerstag *m*
чéтен (*Zahl*) gerade
четивó Lektüre *f*
чéтина Borste *f*
четири|мéстен viersitzig; **~члéнен** vierköpfig, aus vier Mitgliedern (bestehend)
четириъ́гъл|ен viereckig; **~ник** Viereck *n*
чéтка Bürste *f*; Pinsel *m*; **~ за бръ́снене** Rasierpinsel *m*; **~м** (aus)bürsten
четлѝв leserlich
чéтник Freischärler *m*
чéх Tscheche *m*; **~ия** Tschechien *n*; **~кѝня** Tschechin *f*
чéхъл Pantoffel *m*
чéша (**се** sich) kratzen; *Tier* kämmen
чéшки tschechisch
чешмá Brunnen *m*; Wasserhahn *m*
чѝзми *f/pl* Stiefel *m/pl*
чѝй, **чия́, чиé, чий** *pl* wessen; **~то** dessen, deren
чимшѝр Buchsbaum *m*
чин Rang *m*, Dienstgrad *m*; (Schul-)Bank *f*
чинѝя Teller *m*
чинóвник Beamte(r)
чип Chip *m*
чирáк Lehrling *m*
чѝроз getrocknete Makrele
чѝслен Zahlen-; zahlenmäßig; **~ост** *f* Anzahl *f*
числѝтел MATH Zähler *m*; **~но** GR Zahlwort *n*
числ|ó Zahl *f*; Datum *n*; **~я́** zurechnen, zuzählen (**към** zu *D*); **~я́ се** zugerechnet werden; (*in e-r Liste usw.*) stehen
чѝст rein, sauber; **~áчка** Putzfrau *f*; **~áчки** *pl* Scheibenwischer *m*; (**химѝческо**) **~ене** (chemische) Reinigung *f*; **~ка** POL Säuberung *f*; **~окръ́вен** Vollblut-, Rasse-; **~оплъ́тен** reinlich; **~осърдéчен** offenherzig; **~отá** Reinheit *f*; Sauberkeit *f*; **~я** reinigen, säubern; putzen
читá|лище Kulturzentrum *n*, Bürgerhaus *n*; **~лня** Lesesaal *m*; **~нка** Lesebuch *n*; **~тел** Leser *m*
чифл|ѝк (Land-)Gut *n*; **~икчѝя** Gutsbesitzer *m*
чифт Paar *n*
чѝчо Onkel *m*
чия́(то) → чѝй(то)
члéн Mitglied *n*; Artikel *m* (*a.*

GR), Paragraph *m;* Glied *n,* Penis *m;* **~ове** *pl a.* (Körper-) Glieder *n/pl;* **~у́вам** Mitglied sein; GR den Artikel anhängen
чове́|к Mensch *m;* Mann *m;* **~чен** menschlich; **~чество** Menschheit *f;* **~чност** *f* Menschlichkeit *f;* **~шки** menschlich, Menschen-
чо́вка Schnabel *m*
човъркам, чо́пля stochern; kratzen; scharren; *fig* wühlen
чора́п Strumpf *m;* **къси** *od* **мъжки ~и** *pl* Socken *f/pl*
чорба́ Suppe *f;* **~джи́я** reicher Mann; Herr *m*
чо́рлав zerzaust
чрез durch, mittels, über; **~ме́рен** übermäßig, riesig
чу́брица Bohnenkraut *n; P* Kräutersalz *n*
чува́л Sack *m*
чу́вам, чу́я *pf* hören
чу́вств|ен sinnlich; Gefühls-; **~и́телен** empfindlich; empfindsam; **~о** Gefühl *n;* Sinn *m;* **~ам** empfinden, spüren, (**се** sich) fühlen
чугу́н Gusseisen *n*
чу́д|ен merkwürdig; wunderbar; **~е́сен** wunderschön, herrlich; **~нова́т** seltsam, wunderlich; **~о** Wunder *n;* **~о́вище** Ungeheuer *n;* **~о́вищен** ungeheuerlich; **~отво́рен** wundertätig; **~я:** **~я се** sich wundern, staunen
чужби́на Ausland *n*
чужд fremd; **~ене́ц** Ausländer *m;* **~енка́** Ausländerin *f;* **~естра́нен** ausländisch, fremd
чу́к Hammer *m;* **~ам, ~вам, ~на** *pf* klopfen, schlagen, stoßen; (*mit den Gläsern*) anstoßen; zerstoßen
чу́ма Pest *f; fig* Xanthippe *f*
чу́п|ка Ecke *f,* Kante *f;* Bruch *m;* **~ли́в** zerbrechlich, spröde; **~я** (zer)brechen; zerschlagen
чурули́кам zwitschern
чучу́ли́га Lerche *f*
чу́шк|а Paprikaschote *f;* Schote *f;* **пълнени ~и** gefüllte Paprikaschoten
чу́я → чу́вам

ша́вам sich rühren; sich bewegen; *F fig* Seitensprünge machen
ша́йба TECH Mutter *f;* Scheibe *f*
ша́йка *pej* Bande *f*
шал Schal *m*
шаманду́ра Boje *f*
шама́р Ohrfeige *f*
шам|па́нско Champagner *m,* Sekt *m;* **~пио́н** SPORT Meister *m;* **~поа́н** Shampoo *n*
ша́нца SPORT (Sprung-) Schanze *f*
ша́пка Hut *m;* Mütze *f*
шара́н Karpfen *m*
ша́рен bunt(scheckig)
ша́рка Farbe *f;* Verzierung *f,*

Muster *n*; **дре́бна ~** Masern *pl*; **е́дра ~** Pocken *pl*
шаси́ *n* Chassis *n*, Fahrgestell *n*
ша́х Schah *m*; *a.* = **~мат** Schach(spiel *n*) *n*
ша́хта Schacht *m*
шве́д Schwede *m*; **~ка** Schwedin *f*; **~ски** schwedisch
швейца́р|ец Schweizer *m*; **Ꝋ~ия** Schweiz *f*; **~ка** Schweizerin *f*; **~ски** Schweizer-
Шве́ция Schweden *n*
ше́в Naht *f*; Nähen *n*; **~ен** Näh-; **~на маши́на** Nähmaschine *f*; **~и́ца** Stickerei *f*
шег|а́ Scherz *m*, Spaß *m*; **~ови́т** scherzhaft; (*Mensch*) witzig; **~у́вам**: **~у́вам се** scherzen, spaßen
шезло́нг Liegestuhl *m*
шейна́ Schlitten *m*
ше́п|на (zu)flüstern; **~нешка́та**, **~нешко́м** flüstern, im Flüsterton; **~от** Geflüster *n*; Flüstern *n*; **~тя́** flüstern
ше́ствие Zug *m*, Prozession *f*
шест|и́ца, **~о́рка** Sechs *f*; **~ме́сечие** Halbjahr *n*
ше́там → разше́твам
ше́фство Führung *f*; Patenschaft *f*
шива́|ч(ка) Schneider(in *f*) *m*; **~шки** Schneider-
ши́ен Hals-
ши́лешк|и vom jungen Schaf; **~о месо́** Fleisch *n* vom jungen Schaf
ши́на (Rad-)Reifen *m* (*a.* KFZ); MED Schiene *f*
ши́п Dorn *m*; Spitze *f*; **~ка** Heckenrose *f*; Hagebutte *f*
шир(ина́) Breite *f*; Weite *f*
широ́|к breit, weit; **~коплещест** breitschultrig; **~та́**, **~чина́** → шир(ина́)
ши́ря (**се** sich) ver-, ausbreiten; breitmachen
ши́фър Kode *m*, Chiffre *f*
ши́ш Spieß *m*; **~а́рка** BOT Zapfen *m*; **~е́** *F* Flasche *f*; **~ка́в** dick, beleibt; **~кеба́п**, **~чета** *pl* Schaschlik *n*
ши́я[1] Hals *m*
ши́я[2] (an)nähen; sticken
шкаф Schrank *m*; **~че**: **но́щно ~че** Nachttisch *m*, Nachtschränkchen *n*
шкембе́ *F* Bauch *m*; Flecke *pl*; **~-чорба́** Fleckensuppe *f*
шко́ла Schule *f*
школо́вка Schulung *f*
шла́гер Schlager *m*
шлем Helm *m*
шлеп Schleppkahn *m*
шли́ф|ер Regenmantel *m*; Staubmantel *m*; **~о́вам** schleifen; polieren
шло́сер Schlosser *m*
шлюз Schleuse *f*
шля́пам klatschen, patschen
шля́я: **~ се** sich herumtreiben
шма́йзер Maschinenpistole *f*
шме́кер Schlaukopf *m*; Gauner *m*; **~у́вам** schwindeln, betrügen
шни́цел GASTR Schnitzel *n*
шок Schock
шокола́д Schokolade *f*; **~ов**: **~ови бонбо́ни** *f*/*pl* Pralinen *f*/*pl*
шо́рти *pl* Shorts *pl*
шосе́ Landstraße *f*

шоф|и́рам (*im*)*pf* fahren, lenken; **~ьо́р** (Kraft-)Fahrer *m*; **~ьо́рски**: **~ьо́рско мя́сто** Fahrersitz *m*
шпа́га Degen *m*
шпек Speckwurst *f*
шпе́рплат Sperrholz *n*
шперц Dietrich *m*
шпиона́ж Spionage *f*
шпио́нка Guckloch *n*, (Tür-)Spion *m*
шпо́ра Sporn *m*
шприц Schorle *f od n*; Spritze *f*
шубра́к Gebüsch *n*, Gestrüpp *n*
шум Geräusch *n*; Lärm; **вди́гам ~** Lärm machen; *fig* viel Staub aufwirbeln
шу́м|а Laub *n*; **~ен** geräuschvoll, laut; **~оля́** rascheln, rauschen; plätschern; **~я́** *Wind*: rauschen; lärmen, Lärm machen
шу́нка Schinken *m*
шупли́в porös; zerfressen, morsch
шу́рей Schwager *m*
шуртя́ rinnen; plätschern
шут[1] SPORT (Tor-)Schuss *m*
шут[2] Narr *m*, Spaßmacher *m*
шу́ш|на flüstern; rauschen; **~у́кам** tuscheln; **~у́лка** Schote *f*, Hülse *f*

щаб MIL Stab *m*
щадя́ (ver)schonen
щанд HDL Stand *m*
ща́стие Glück *n*
щастли́в glücklich
ща́т Personalstand *m*; (Bundes-)Staat *m*; **Съедине́ни америка́нски ~и (САЩ)** Vereinigte Staaten von Amerika (USA)
ща́телен sorgfältig
щафе́т|ен: **~но бя́гане** Staffellauf *m*
ще́д|рост *f* Großzügigkeit *f*; **~ър** großzügig
ще́ка Billardstock *m*; Skistock *m*
ще́|кер, **~псел** Stecker *m*
ще́рка *P* Tochter *f*
щета́ Schaden *n*, Verlust *m*
щи́п|ка Wäscheklammer *f*; Prise *f*; **~ци́** *pl* Pinzette *f*; (Krebs-)Schere *f*; Zange *f*; **~я** kneifen, zwicken; *Rauch*: beißen
щит Schild *m*; *fig* Schutz; **~ови́ден** schildförmig; **~ови́дна жлеза́** Schilddrüse *f*
що́ was; *adv* warum; **~м** sobald; wenn; **~то** was; sodass
щра́кам klappern; (ein-, zu-)schnappen; schnalzen; knipsen
щра́ус ZO Strauß *m*
щрек: **на ~ съм** auf der Hut sein
щру́дел (Apfel-)Strudel *m*
щу́ка Hecht *m*

щуре́ц ZO Grille *f*
щурму́вам *(im)pf* stürmen
щърб(ав) schartig; *(Gebiss)* lückenhaft
щърк, **щъркел** Storch *m*

Ъ

ъгл|ест wink(e)lig; eckig; **~ов** Eck-; **~ов уда́р** SPORT Eckstoß *m*
ъгъл Winkel *m*; Ecke *f*

Ю

юбил|е́ен Jubiläums-; **~я́р** Jubilar *m*
юг Süd(en) *m*
югоза́пад Südwest(en) *m*; **~ен** südwestlich
югоизто|к Südost(en) *m*; **~чен** südöstlich
ю́ж|ен südlich, Süd-; **~ня́к** Südländer *m*; Südwind *m*
юзда́ Zügel *m*
ю́л|и *m* Juli *m*; **~ски** Juli-
юмру́к Faust *f*
юна́|к Held *m*; **~шки** heldenhaft, Helden-
ю́н|и *m* Juni *m*; **~ски** Juni-
ю́ноша Jüngling *m*
юрга́н Steppdecke *f*
юрисконсу́лт Rechtsberater *m*
ютия́ Bügeleisen *n*
юфка́ Nudeln *f/pl*

Я

я nun, los; ~ … ~ entweder … oder; sie *(A/Sg. v.* **тя**)
я́бъл|ка Apfel *m*; **~ов**, **~чен** Apfel-
я́в|ен offen; offenbar; **~ле́ние** Erscheinung *f*
я́вор Ahorn *m*
явя́(вам): **~ се** erscheinen
я́года Erdbeere *f*
яд Ärger *m*; Zorn *m*
я́д|ене Essen *n*; Gericht *n*; **~и́вен** essbar; **~ка** Kern *m*
ядо́с|ам → ~вам; **~ан** verärgert, ärgerlich; **~(в)ам (се** sich) ärgern
я́дрен Kern-; **~а физика** Kernphysik *f*; **~о оръ́жие** Kernwaffe *f*
ядро́ Kern *m*
я́зва Geschwür *n*; **стома́шна ~** Magengeschwür *n*
язди́тен: **~ кон** Reitpferd *n*
я́здя reiten
я́зовец Dachs *m*
язови́р Talsperre *f*; Staudamm *m*; Stausee *m*
яйц|е́ Ei *n*; **~а́** *pl* **на очи́** Spiegeleier *pl*; **бъркани ~а́** *pl* Rühreier *pl*
я́йч|ен Eier-; **~ник** ANAT Eierstock *m*

як *P* stark, kräftig; fest
яка́ Kragen *m*
я́ке Jacke *f*
ям essen, speisen; *Tier*: fressen
я́ма Grube *f*
януа́ри *m* Januar *m*
япо́н|ец Japaner *m*; **⁀ия** Japan *n*; **~ка** Japanerin *f*; **~ски** japanisch
я́ребица Rebhuhn *n*
яре́м Joch *n*
я́р|кост *f* Helligkeit *f*; Grelle *f*; *fig* Schärfe *f*, Klarheit *f*; **~ост** *f* Wut *f*, Zorn *m*; **~остен** wütend; rasend; **~ък** grell, hell; krass
я́сен[1] hell; klar, deutlich
я́сен[2] Esche *f*
я́сл|а Krippe *f*; **~и** *pl* Kinderkrippe *f*
я́сно|- hell-, Hell-; **~та́** Klarheit *f*
я́стие Speise *f*, Gericht *n*
я́стреб Habicht *m*
я́то Schwarm *m*
я́хта Jacht *f*

Deutsch – Bulgarisch

Aal *m* змиóрка
ab от; *in Zssg(n)* от-, из-, с-, пре-; **~ und zu** от врéме на врéме; **auf und ~** нагóре-надóлу
abänder|n из|мéнявам [~меня́], про|мéнявам [~меня́]; **≗ung** *f* изменéние, промя́на
abarbeiten отрабóт|вам [~я]; **sich ~** изтощ|áвам [~я́] се
Abart *f* разновúдност *f*, видоизменéние
Abbau *m* BGB разрабóтване; *(Personal)* съкращéние; **≗en** BGB разрабóт|вам [~я]; *(Personal)* съкра|щáвам [~тя́]
ab|beißen отхáп|вам [~я]; **~bestellen** отменя́(вам) поръчка; **~biegen** *v/i* завú|вам [~я]; отклоня́(вам) се; **≗bildung** *f* илюстрáция, рисýнка; **~blättern** *v/i* олющ|вам [~я] се; **~blenden** *v/i* KFZ вклю́ч|вам [~а] къси светлинú; **~blocken** блокúрам; **~brechen** отчýп|вам [~я]; *Haus* съб|áрям [~óря]; *fig Gespräch usw.* прекъс|вам [~на]; **~bremsen** *Auto*: сп|úрам [~рá]; **~brennen** изг|áрям [~оря́]; **~bringen** отклоня́(-вам) **(von** *D* от); **~bröckeln** рóня се; **≗bruch** *m* ARCH събáряне; *fig* прекъсване; *(Schaden)* вредá; **~buchen**: **vom Konto ~buchen (lassen)** приспáдам от *(im)pf* смéтката; **~bürsten** изчéтк(в)ам
Abc *n* áзбука
ab|danken абдикúрам *(im)pf*; **~decken** *Dach* открú|вам [~я]; *Tisch* разтрéб|вам [~я]; **~dichten** уплътня́(вам)
Abdruck *m (vom Fuß, Finger usw.)* отпечáтък; **≗en** *Buch, Artikel* отпечáт|вам [~я], публикýвам
abdrücken *v/i Gewehr* дръп|вам [~на] спýсъка
Abend *m* вéчер *f*; **gegen ~** прúвечер; **guten ~!** добър вéчер!; **am ~** вéчер, вечертá; **zu ~ essen** вечéрям [навечéрям се]; **~blatt** *n* вечéрен вéстник; **~brot** *n*, **~essen** *n* вечéря; **≗füllend** *(Film)* пълнометрáжен; **~kasse** *f* вечéрна кáса; **≗ländisch** западноевропéйски; **≗lich** вечéрен; **~rot** *n* вечéрна заря́; **≗s** вéчер; **~schule** *f* вечéрно учúлище; **~stern** *m* вечéрница; **~veranstaltung** *f* вечéрно представлéние

Abenteu|er *n* приключéние; авантюра; **.erlich** приключéнски; авантюристи́чен; **~rer** *m* авантюри́ст
aber но, а; (*jedoch*) обáче
Aber|glaube *m* суевéрие; **ℒgläubisch** суевéрен
abfahr|en *v/i* отпъту́вам (*im*)*pf*; *Zug usw.*: тръг|вам [~на], зам|инáвам [~и́на]; *v/t Schutt usw.* откáр(в)ам; **ℒt** *f* тръгване, отпъту́ване, заминáване; SPORT спу́скане
Abfall *m* отпáдъци *m/pl*, смет *f*; **~eimer** *m* кóфа за смет; **ℒen** *Blätter usw.*: опáд(в)ам; *fig* отцéп|вам [~я] се
abfällig неблагоприя́тен, отрицáтелен
ab|fangen ул|áвям [~óвя]; **~färben** пу́с|кам [~на] боя́та си
abfertig|en *Kunden* обслу́ж|вам [~а]; *Zug usw.* пригóтвя(м); **ℒung** *f* обслу́жване; експеди́ция
abfinden задоволя́(вам); **sich ~** примиря́(вам) се (**mit** *D* с)
Abfindung *f* обезщетéние
ab|flauen *Wind*: сти́х|вам [~на]; *fig* отслáб|вам [~на]; **~fliegen** отл|и́там [~етя́]; **~fließen** отт|и́чам [~екá] се
Ab|flug *m* отли́тане; **~fluss** *m* отти́чане; **~flussrohr** *n* оттóчна тръ́ба; **~fuhr** *f* извóзване; *fig* óтказ
abführ|en отв|éждам [~едá]; MED разслáб|вам [~я]; **ℒmittel** *n* разслаби́телно, пургати́в
abfüllen пълня
Ab|füllung *f* бутили́ране; **~gabe** *f* предáване; (*Steuer*) дáнък; **~gase** *pl* KFZ отрабóтени гáзове
abgeben дá(ва)м, предá(ва)м; **sich ~** занимáвам се (**mit** *D* с)
abge|droschen банáлен, изтъ́ркан; **~griffen** изнóсен, изтъ́ркан (*a. fig*); **~härtet** (за)калéн
abgehen → abfahren; (*abblättern*) олю́щ|вам [~я] се; (*verlassen*) отд|éлям [~еля́] се; *Ware*: продá(ва)м се; *Knopf*: откъ́с|вам [~на] се
abge|kämpft изму́чен, изморéн; **~kürzt** съкратéн; **~legen** отдалечéн, затъ́нтен; **~macht**: **~macht!** дáдено!; **~neigt** неблагосклóнен; **ich bin nicht ~neigt** ня́мам ни́що проти́в; **~genutzt** изнóсен, изтъ́ркан
Abgeordnete(r) *m* нарóден представи́тел, депутáт
abge|rissen окъ́сан; накъ́сан; **~schieden** усаминéн; **~schlossen** затвóрен; отдéлен; (*Ausbildung*) завъ́ршен; **~sehen**: **~sehen von** незави́симо от; **~spannt** *fig* изтощéн, изморéн; **~standen** изветря́л, престоя́л; **~wöhnen** отву́ч|вам [~а] (**j-m etw** нкг от нщ); **sich etw ~wöhnen** отви́к|вам [~на] се от нщ
ab|gießen отл|и́вам [~ея́]; **ℒglanz** *m* отбля́сък; **~gleiten** подхлъ́з|вам [~на] се; **~grenzen** разграничá(вам); **ℒgrund** *m* прóпаст *f*, бéздна;

~halten възп|ирам [~pá] (**von** *D* от); *Prüfung* произв|еждам [~едá]; **~handeln** *Thema* изл|áгам [~óжа]; **~handen**: **~handen kommen** загýб|вам [~я] се; **&handlung** *f* стýдия, изложéние, трактáт; **&hang** *m* склон, стръмнинá

abhäng|en *v/t* отк|áчвам [~áчá]; *v/i* завися (**von** *D* от); **~ig** зависим (**von** *D* от); **&igkeit** *f* зависимост *f*

ab|härten закаля́(вам) (**sich** се); **~hauen** *v/t* отс|ичам [~екá]; *v/i* *F* мáхам се; **~heben** св|áлям [~аля́]; *Geld* [из]тéгля; **sich ~heben** откроя́(-вам) се (**von** *D* от); **~hetzen** изтрéп|вам [~я] (**sich** се); **&hilfe** *f* пóмощ *f*; **~holen** отú|вам [~да] да взéма, приб|úрам [~ерá]; **~holzen** *Wald* изс|ичам [~екá]; **~horchen** MED преслýш(в)ам; **~hören** изслýш(в)ам; (*belauschen*) подслýш(в)ам

Abitur *n* зрéлостен úзпит, матýра

ab|klingen *fig* стúх|вам [~на]; **~kochen** изваря́(вам); *Wasser* преваря́(вам); **~kommen** (*Thema, Weg*) отклоня́(вам) се (**von** *D* от); **&kommen** *n* спогóдба; **~kratzen** остър|гвам [~жа]

abkühl|en разхл|áждам [~адя́] (**sich** се); **&ung** *f* прохлáда; захлáждане; *fig* охладня́ване

abkürz|en съкращ|áвам [~тя́]; **&ung** *f* съкращéние

ab|laden разтовáр|вам [~я]; **~lassen** пýс|кам [~на] да изтечé

Ablauf *m* изтúчане; ход; **&en** *Frist* изт|úчам [~екá]; *Absätze* изнóс|вам [~я]

ablegen *Hut, Mantel* св|áлям [~аля́]; *Eid, Prüfung* пол|áгам [~óжа]; **ein Geständnis ~** [на]пра́вя признáние

Ableger *m* BOT филúз, úздънка (*a. fig*)

ablehn|en отхвъ́рля(м); **~end** отрицáтелен; **&ung** *f* óтказ

ab|leiten *Fluss* отбú|вам [~я]; GR изв|éждам [~едá]; **~lenken** отклоня́(вам) (**von** *D* от), залúс(в)ам; **&lenkung** *f* развлечéние; разсéйване; **~lesen** четá, проч|úтам [~етá]; **~leugnen** отр|úчам [~екá]

ablieferǀn предá(ва)м, достáвя(м); **&ung** *f* достáвка

ablös|en *Wache* сменя́(вам); HDL откýп|вам [~я]; **sich ~en** бéля се; **&ung** *f* смя́на; óткуп

Abmachung *f* уговóрка, спогóдба

abmager|n отслáб|вам [~на]; **&ungskur** *f* лечéние за отслáбване

abmelde|n отпú|свам [~ша] (**sich** се)

ab|messen измéр|вам [~я]; **&nahme** *f* свáляне; (*Kräfte*) намаля́ване; HDL продáжба

abnehm|en *v/i* отслáб|вам [~на]; *v/t* снéма(м), св|áлям [~аля́]; HDL купýвам [кýпя]; MED ампутúрам (*im*)*pf*; намаля́(-вам); **&er** *m* HDL прекупвáч,

купува́ч
Abneigung *f* антипа́тия
abnutzen, **abnützen** изно́с|вам [~я], изхабя́(вам) (**sich** се)
Abonn|ement *n* абонаме́нт (**auf** *A* на, за); **≗ieren** абони́рам (се) (*im*)*pf* (**etw** за нщ)
abordn|en делеги́рам (*im*)*pf*; **≗ung** *f* делега́ция
ab|prallen отск|а́чам [~о́ча, ~о́кна]; *Kugel*: рикоши́рам (*im*)*pf*; **~raten** разубе|жда́вам [~дя́] (**j-m von etw** нкг от нщ); **~räumen** *Tisch* разтре́б|вам [~я]; **~rechnen** приспа́д|ам [~на]; *v/i* (*a. fig*) разпл|а́щам [~атя́] се; **≗rechnung** *f* сме́тка; *fig* разпла́щане; разпла́та
Abrede: **in ~ stellen** отр|и́чам [~ека́]
abreib|en изтъ́рк(в)ам; **≗ung** *f* MED разтри́вка; *fig F* перда́х
Abreise *f* отпъту́ване, замина́ване; **≗n** отпъту́вам (*im*)*pf*
abreiß|en *v/t* откъ́с|вам [~на], прекъ́с|вам [~на]; *Haus* съб|а́рям [~о́ря]; *v/i Knopf usw.* скъ́с(в)ам се
abrichten *Hund* дреси́рам (*im*)*pf*
Ab|riss *m* скица, о́черк; **≗rollen** *Tau, Kabel* размота́|вам [~я]; **≗rücken** отме́ст|вам [~я] (се); **≗rufen** отзова́(вам); **≗runden** закръгля́(вам)
abrüst|en *v/i* разоръжа́(вам) се; **≗ung** *f* разоръжа́ване
Absage *f* о́тказ; **≗n** отка́|звам [~жа]
absägen отр|я́звам [~е́жа] (с трио́н)
absatteln отседла́|вам [~я]
Absatz *m* (*Schuh*) ток; HDL прода́жба; (*Text*) паса́ж; TYP нов ред; (*Treppe*) площа́дка; **~gebiet** *n*, **~markt** *m* HDL паза́р, о́бласт *f* за пласме́нт
ab|schaffen премах|вам [~на]; **~schälen** обе́л|вам [~я]; **~schalten** *v/t* изклю́ч|вам [~а], спи́рам [спра́]; *v/i F* почи́|вам [~на]; **~schätzen** преценя́(вам); **≗schaum** *m fig* и́змет
Abscheu *m* отвраще́ние, погну́са; **≗lich** отврати́телен
abschicken изпра́|щам [~тя]
Abschied *m* раздя́ла; проща́ване; **~ nehmen** сбогу́вам се (**von** *D* с); **~s-** *in Zssg*(*n*) проща́лен
ab|schießen изстре́л|вам [~ям], *Rakete a.* пу́с|кам [~на]; *Flugzeug* св|а́лям [~аля́]; **~schlagen** (*abhauen*) отс|и́чам [~ека́]; *Bitte* отхвър|ля(м); **≗schleppdienst** *m* авари́йна слу́жба, пъ́тна по́мощ; **~schleppen** изте́гля(м), отка́р(в)ам (с вже́)
abschließen *Tür* заклю́ч|вам [~а]; (*beenden*) завъ́рш|вам [~а]; *Vertrag* склю́ч|вам [~а]
Ab|schluss *m* завъ́ршек, край; **≗schmieren** сма́|звам [~жа]; **≗schneiden** отр|я́звам [~е́жа], прес|и́чам [~ека́]; **~schnitt** *m* отря́зък, купо́н; (*Text*) глава́, о́ткъс; (*Zeit*) перио́д; **≗schrauben** отви́нт|вам [~я], от|въ́ртвам [~вte]; **≗schrecken** пла́-

ша, упла́ш|вам [~а]; **&schreiben** препи́|свам [~ша]; HDL приспа́д|ам [~на]; **~schrift** *f* пре́пис, ко́пие; **~schuss** *m* изстре́лване; сва́ляне; **&schüssig** стръ́мен; **&schwächen** смекча́(вам); **sich &schwächen** отсла́б|вам [~на]; **&seits** настрана́; **~seits** *n* SPORT нарушение, о́фсайд; **&senden** изпра́|щам [~тя]; **~sender** *m* пода́тел; **&setzen** *Hut* св|а́лям [~аля́]; *Glas, Theaterstück* сне́ма(м); HDL прода́(ва)м; *Fahrgast* стова́ря(м); **sich &setzen** (*ablagern*) ута|я́ва [~и́] се

Absicht *f* наме́рение; **&lich** *adj* наро́чен; *adv* наро́чно

ab|solvieren *Schule* завъ́рш|вам [~а]; **~sondern** отд|е́лям [~еля́] (**sich** се); **~spalten** отце́п|вам [~я] (**sich** се); **~sperren** затв|а́рям [~о́ря]; **~spielen** *Platte* изсвир|ам [~я]; **sich ~spielen** ста́|вам [~на], изв ъ́рш|вам [~а] се; **~sprechen** оспо́р|вам [~я]; (*verabreden*) угов|а́рям [~о́ря]; **~springen** отск|а́чам [~о́ча]; **&sprung** *m* AER отско́к; **~spülen** изпла́к|вам [~на]

abstamm|en произхо́ждам; **&ung** *f* произхо́д, потекло́

Abstand *m* разстоя́ние, диста́нция; **~ nehmen** отка́|звам [~жа] се (**von** *D* от)

abstauben избъ́р|свам [~ша] прах

Abstecher *m* отби́ване

ab|steigen сл|и́зам [~е́зна] (**von** *D* от); (*Hotel*) отс|я́дам [~е́дна]; **~stellen** поста́вя(м); *Motor* сп|и́рам [~ра́]; *vgl a.* **~schalten**; **~stempeln** подпеча́т|вам [~я]; **~sterben** от|ми́рам [~мра́]; **&stieg** *m* сли́зане; (*Weg*) (на)надо́лнище

abstimm|en гласу́вам (**über** *A* за); MUS настро́|йвам [~я], нагла́ся(вам); координи́рам (*im*)*pf*; **&ung** *f* гласу́ване

abstoßen *v/t* отблъ́с|квам [~на]; **~d** отблъ́скващ

ab|streichen остъ́р|гвам [~жа]; (*abwischen*) изтри́|вам [~я]; **~streiten** отр|и́чам [~екá]; оспо́р|вам [~я]; **~stumpfen** притъпя́(вам) (се)

Ab|sturz *m* па́дане; **&stürzen** па́д|ам [~на]

Abszess *m* цире́й, абсце́с

Abt *m* игу́мен; **~ei** *f* манасти́р, оби́тел *f*

Abteil *m* BAHN купе́; **~ung** *f* отделе́ние; отде́л; (*Betrieb*) цех

Äbtissin *f* игу́менка

ab|töten умъртвя́(вам); **~tragen** *Mauer* разруша́(вам); *Kleid* изно́с|вам [~я]; **&treibung** *f* MED помя́тане, або́рт; **~trennen** отд|е́лям [~еля́]; *Ärmel* отп|а́рям [~о́ря]; **~treten** *v/t* отстъ́п|вам [~я]; *v/i* напу́с|кам [~на]; **~trocknen** *v/t* обър|свам [~ша]; *v/i* изсъ́х|вам [~на]

ab|urteilen осъ́|ждам [~дя]; **~wägen** отме́р|вам [~я]; *fig* обми́сля(м); **~wandeln** изменя́(вам); **~warten** изча́к(в)ам; **~waschen** изми́|вам [~я]; **~wärts** надо́лу; **&wasser** *n* помия, мръ́сна во-

да́
abwechs|eln пром|е́ням [~еня́]; **sich ~eln** реду́вам се; **~elnd** *adv* с реду́ване, на сме́ни; **≗lung** *f* промя́на, разнообра́зие
Abwehr *f a.* SPORT отбра́на; **≗en** *Schlag* отби́|вам [~я]; *Unglück* предотвратя́(вам)
ab|weichen *v/i* отклоня́(вам) се; различа́(вам) се; **~weisen** отхвъ́рля(м); отка́|звам [~жа]; **~wenden** *Blick* от|връ́щам [~въ́рна]; (**sich** се); **~werfen** хвъ́рля(м); HDL да́(ва)м
abwesen|d отсъ́стващ; **≗heit** *f* отсъ́ствие; **in ≗heit** задо́чно
ab|wickeln разви́|вам [~я]; **~wiegen** отме́р|вам [~я]; **~wischen** избъ́р|свам [~ша]
abzahl|en изпл|а́щам [~атя́]; **≗ung** *f*: **auf ≗ung** на изпла́щане
ab|zählen отброя́(вам); **≗zeichen** *n* знак, значка́; **~ziehen** *v/t Schlüssel, Ring, Zahl* изва́|ждам [~дя]; *Fell* од|и́рам [~ера́]; (*Lohn*) уд|ъ́ржам [~ържа́]; *v/i* MIL отте́гля(м) се; **≗zug** *m* (*Lohn*) удръ́жка; HDL намале́ние; (*Öffnung*) отто́чен отво́р; кана́л; FOT ко́пие, сни́мка; TYP коректу́ра, про́бен отпеча́тък; (*Waffe*) спу́сък; MIL отте́гляне; **~zweigen** *v/t* отд|е́лям [~еля́]; *v/i Weg*: отд|е́лям [~еля́] се
Achse *f* ос *f*
Achsel *f* ра́мо; **die ~** (*od* **mit den ~n**) **zucken** вди́г|ам [~на] рамене́; **~höhle** *f* подми́шница
acht о́сем
Acht[1] *f* осмо́рка
Acht[2] *f*: **außer ~ lassen** не об|ръ́щам [~ъ́рна] внима́ние; **sich in ~ nehmen** па́зя се; **~ geben auf, ~ haben** (**auf** *A*) внима́вам (**auf** *A* за)
achtbar уважа́ван
Achtel *n* осми́на
acht|en внима́вам (**auf** *A* за); па́зя (**auf** *A* нкг, нщ) (*schätzen*) поч|и́там [~ета́]; ценя́; **~los** невнима́телен, небре́жен; **≗losigkeit** *f* небре́жност *f*; **~sam** внима́телен; **≗ung** *f* уваже́ние; внима́ние!; **≗ung, Stufe!** внима́ние – стъпа́ло!
acht|zehn осемна́десет, осемна́йсет; **~zig** осемдесе́т
Acker *m* ни́ва; **~bau** *m*земеде́лие; **~boden** *m* о́рна земя́
a.D. = **außer Dienst** бивш; MIL от запа́са (о.з.)
Adapter *m* ада́птор *m*
addieren MATH съби|рам [~ера́]
ade!, adieu! сбо́гом!
Adel *m* аристокра́ция *f*, благоро́дници *pl*
Ader *f* ве́на, арте́рия; BGB жи́ла; *fig* жи́лка
Adjektiv *n* прилага́телно (и́ме)
Adler *m* оре́л
adoptieren осиновя́(вам)
Adressat *m* получа́тел, адреса́т
Adressbuch *n* адре́сна кни́га
Adress|e *f* адре́с; **≗ieren** адреси́рам (*im*)*pf* (**an** *A* до)
Affäre *f* афе́ра; исто́рия

Affe *m* маймýна
Afrika *n* Áфрика
After *m* áнус
Agent *m* агéнт; **~ur** *f* агéнция
Ägypt|en *n* Египет; **~er** *m* египтя́нин; **~erin** *f* египтя́нка; **&isch** еги́петски
Ahn(e) *m* прáдядо, прáродител
ähneln прили́чам (*D* на)
ahnen предчýвствам
ähnlich подóбен, схóден; **&keit** *f* при́лика
Ahnung *f* предчýвствие; **&slos** неподози́ращ
Ahorn *m* я́вор, клен
Ähre *f* (жи́тен) клас
Aids *n* спин
Airbag *m* еърбег
Akadem|iker *m* виши́ст; **&isch** академи́чен
Akkord *m* MUS, HDL акóрд; **~arbeit** *f* рáбота на акóрд
Akt *m* акт; THEA *a.* дéйствие
Akt|e *f* докумéнт; дéло; **~enmappe** *f* пáпка; **~entasche** *f* чáнта
Aktie *f* áкция; **~n-** *in Zssg(n)* акционéрен
aktiv акти́вен; **&a** *pl* FIN нали́чност *f*, акти́в
aktuell актуáлен
akut неотлóжен; MED óстър
Akzent *m* акцéнт, ударéние
Alarm *m* алáрма, тревóга; **~anlage** *f* алáрмена инсталáция; **~glocke** *f* звъне́ц за тревóга
albern глýпав
Albtraum *m* кошмáр
Album *n* албýм
Algen *f/pl* водорáсли *n/pl*
Alkohol *m* алкохóл; **&frei** безалкохóлен; **~gehalt** *m* алкохóлно съдържáние; **&isch** алкохóлен; **~test** *m* изслéдване за употрéба на алкохóл; **~verbot** *n* забрáна на алкохóла
All *n* вселéна
alle[1] всúчки
alle[2]: **das Brot ist ~** хля́бът се свърши
Allee *f* алéя
allein *adj* сам, сами́чък; *adv* сáмо; *konj* но, сáмо че; **~ erziehend** самóтен роди́тел; **~ stehend** самóтен, сами́чък; **~ig** еди́нствен; **&verkauf** *m* монопóлна продáжба
aller|dings без съмнéние; **~hand**, **~lei** вся́какъв; **~letzt** нáй-послéден; **~seits** на всúчки странú, всúчки
alles всúчко; **~ Gute!** всúчко хýбаво!; **~ in allem** всúчко на всúчко
allgemein (все)общ; **im &en** изóбщо; **~ verständlich** общодостъ́пен, общоразбирáем; **&heit** *f* óбщност *f*, обществó
all|jährlich ежегóден; **~mächtig** всемогъ́щ; **~mählich** постепéнен; **~seitig** всестрáнен; **&tag** *m* дéлник; **~täglich** всекиднéвен; **~wöchentlich** всекисéдмичен
allzu: **~ sehr**, **~ viel** твърде мнóго
Alm *f* планúнско пáсище
Almosen *n* милостúня
Alptraum *s.* Albtraum

Alpen *pl* Áлпи *pl*; **~veilchen** *n* циклáма
Alphabet *n* áзбука; **2isch** по áзбучен ред
als когáто, катó; (*nach Komparativ*) от, откóлкото; **~ ob, ~ wenn** катó че ли; **~bald** незабáвно
also и такá, (*das heißt*) знáчи, (*folglich*) следовáтелно
alt стар; (*Sache*) дрéвен; **wie ~ bist du?** на кóлко си годи́ни?
Altar *m* олтáр
Alter *n* въ́зраст *f*; стáрост *f*; **in meinem ~** (на) мóя(та) въ́зраст
älter пó-възрастен, пó-голям; възрастен
altern старéя
Alters|grenze *f* предéлна въ́зраст; **~heim** *n* дом за възрастни хóра; **~rente** *f* пéнсия (за прослýжено врéме)
Alter|tum *m* дрéвност *f*; *pl a.* стари́ни́ *f/pl*; **2tümlich** стари́нен, дрéвен
alt|modisch старомóден; **2papier** *n* хартúя за вторúчни суровинú *f*; **2stadt** *f* стáрата част на градá; **2weibersommer** *m* сиромáшко лято
am = an dem на; **~ besten** нáй-добрé; **~ 3. August** на трéти áвгуст; **~ Mittag** на óбед
Amateur *m* аматьóр, любител
Amboss *m* наковáлня
ambulant амбулáнтен; MED амбулатóрен
Ambulanz *f* амбулатóрия; (*Krankenwagen*) бъ́рза пóмощ
Ameise *f* мрáвка
Amerika *n* Амéрика; **~ner** *m* америкáнец; **~nerin** *f* америкáнка; **2nisch** америкáнски
Amnestie *f* амни́стия
Ampel *f* (*Verkehrs2*) светофáр
Amsel *f* кос, дрозд
Amt *n* (*Aufgabe*) слýжба, длъжност *f*; (*Behörde*) учреждéние, вéдомство; **Auswärtiges ~** вънщно министéрство; **2lich** служéбен; официáлен; **~s-** *in Zssg(n)* служéбен
amüs|ant забáвен; **~ieren** развл|и́чам [~екá] (**sich** се)
an (*D, A*) на, от; в; **es hängt ~ der Wand** виси́ на стенáта; **~ etwas leiden** стрáдам от нéщо; **~ der Universität** в университéта
Analphabet *m* неграмóтен (човéк)
Anbau *m* AGR насаждéние; ARCH пристрóйка
an|bauen AGR нас|áждам [~адя́]; ARCH пристроя́(вам); **~behalten** за|дъ́ржам [~държá] за сéбе си; **~bei** прилóжено; **~beißen** захáп|вам [~я]
anbelangen: **was mich anbelangt** щó се отнáся до мéне
Anbetracht: **in ~** (*G*) предви́д на, с óглед на
anbieten предл|áгам [~óжа]
anbinden завъ́рз|вам [~жа]
Anblick *m* глéдка, зрéлище; **2en** поглé|ждам [~дна]
an|brechen *v/t* начé|вам [~на]; *v/i* настъ́п|вам [~я], настá|вам [~на]; **der Tag bricht an** зазо|ря́ва [~ри́] се; **~brennen** *v/i* запáл|вам [~я] се; GASTR заг|áрям [~оря́];

~bringen поста́вя(м), прикрепя́(вам); **≈bruch** *m* нача́ло, настъ́пване; (*Tag*) съмване
andauern продължа́(вам), тра́я; **~d** тра́ен, постоя́нен
Andenken *n* па́мет *f*; (*Reise*) спо́мен; сувени́р; **zum ~** за спо́мен
ander|- друг; **~(er)seits** от дру́га страна́; **unter ~em** между́ дру́гото
ändern пром|е́ням [~еня́] (**sich** се)
andernfalls в проти́вен слу́чай, и́наче
anders дру́гояче, и́наче; **~swo, ~swohin** дру́гаде
anderthalb еди́н и полови́на
Änderung *f* промя́на
anderweitig по друг на́чин
andeut|en зага́т|вам [~на]; **≈ung** *f* зага́тване, на́мек
Andrang *m* нава́лица, на́плив
aneignen: **sich** (*D*) **~** присвоя́(-вам) си
aneinander едно́ до дру́го, за́едно; **~ grenzen** грани́ча; **~ prallen, ~ stoßen** сблъ́ск(в)ам се
anerkenn|en призна́|вам [~я]; **≈ung** *f* призна́ние
anfahren (*j-n*) блъ́скам; *fig* наруга́|вам [~я]
Anfall *m* MED припа́дък; **≈en** (*j-n*) напа́д|ам [~на]
anfällig предразполо́жен (**für** *A* към)
Anfang *m* нача́ло; **≈en** запо́ч|вам [~на] (**mit** *D* с)
An|fänger *m* начина́ещ; **≈fangs** отнача́ло; **≈fassen** хва́|щам [~на], пи́пам; **≈fechten** оспо́р|вам [~я], обжа́лвам (*im*)*pf*; **≈fertigen** пригото́вя(м), напра́вя(м), пра́вя; **≈feuchten** навлажня́(вам); **≈feuern** *fig* подбу́ждам [~дя], насърча́(вам); **≈flehen** мо́ля, умоля́вам
anforder|n изиск(в)ам; **≈ung** *f* изи́скване, прете́нция
Anfrage *f* запи́тване; **≈n** запи́т(в)ам
anfreunden: **sich ~** сприятеля́(вам) се (**mit** *D* с)
anfügen приба́вя(м), прил|а́гам [~о́жа]
anführ|en во́дя, предво́ждам; (*zitieren*) цити́рам (*im*)*pf*; **≈ungszeichen** *n*/*pl* кави́чки *pl*
Angabe *f* све́дение; JUR показа́ние; (*Preis*) означа́ване; (*Prahlerei*) самохва́лство; **~n** *pl* да́нни *pl*
angeben деклари́рам (*im*)*pf*; да́(ва)м све́дения, посо́ч|вам [~а]; (*darlegen*) из|ла́гам [~ло́жа]; *Namen, Adresse*: съобщ|а́вам [~я́]; (*prahlen*) хва́ля се
angeblich мни́м, тъй наре́чен, уж
ange|boren вроде́н; **≈bot** *n* предложе́ние, офе́рта; **~bracht** уме́стен; **~griffen** (*geschwächt*) изтоще́н, слаб; **~heitert** пи́йнал
angehen (*anfangen*) запо́ч|вам [~на]; *unpers* отна́ся се; **das geht mich nichts an** това́ не ме зася́га; **~d** бъ́дещ, запо́ч-

ващ
angehör|en принадлежá; **²ige(r)** роднúна *m/f*
Angeklagte(r) подсъдúм(а *f*), обвиняéм(а *f*)
Angel *f* вúдица; (*Tür*) кýка, пáнта
Angelegenheit *f* рáбота, слýчай
Angel|haken *m* (кýка на) вúдица; **²n** ловя рúба с вúдица; **~n** *n* лов на рúба с вúдица; **~schnur** *f* конéц на вúдица
ange|messen съразмéрен; **~nehm** приятен; **~nommen**: **~nommen, dass** да приéмем, че; **~sehen** почúтан, вúден; **~sichts** (*G*) пред вúд на, поради; **²stellte(r)** служúтел, чинóвник; **~trunken** пúйнал; **~wiesen**: **~wiesen sein auf** (*A*) завúсим съм от
angewöhnen: **sich** (*D*) **~** привúк|вам [~на] към, свúк|вам [~на] с
Angewohnheit *f* нáвик
Angler *m* въдичáр
angreif|en нападáм [~на]; MED разстр|óйвам [~óя]; **²er** *m* нападáтел
angrenzend гранúчещ; съсéден
Angriff *m* MIL, SPORT нападéние; **in ~ nehmen** запóч|вам [~на]
Angst *f* страх, уплáха (**vor** *D* от); **~ haben** страхýвам се, страх ме е
ängst|igen [у]плáша; **sich ~igen** плáша се, страхýвам се, боя се; **~lich** страхлúв
anhalt|en *v/t* сп|úрам [~ра]; *v/i* сп|úрам [~ра] (се); (*dauern*) трáя; **~end** продължúтелен, трáен; **²er** *m*: **per ²er reisen** пътýвам на автостóп; **²spunkt** *m* опóрна тóчка
Anhang *m* приложéние
anhäng|en зак|áчвам [~ачá]; **²er** *m* привъ́рженик; KFZ ремаркé; **~lich** привъ́рзан
an|häufen натрýп(в)ам (**sich** се); **~heften** прик|áчвам [~ачá]; **²höhe** *f* възвишéние, могúла; **~hören** (*a.* **sich**) слýшам, изслýш(в)ам
Ankauf *m* покýпка; **²en** закýп|вам [~я]
Anker *m* кóтва; **vor ~ gehen** пýс|кам [~на] кóтва
Anklage *f* JUR обвинéние; **²n** обвиня(вам) (*G*, **wegen** в)
Ankläger *m* обвинúтел
an|kleben зал|éпвам [~епя]; **~kleiden** обл|úчам [~екá] (**sich** се); **~klopfen** почýк(в)ам; **~knüpfen** *Gespräch* завъ́р|звам [~жа]; **~kommen** пристúг|ам [~на]
ankündig|en обявя(вам); **²ung** *f* обява
An|kunft *f* пристúгане; **~lage** *f* план, разположéние; (*das Anlegen*) урéждане; (*Grün²*) градúна, парк; (*Begabung*) дáрба, склóнност *f*; TECH инсталáция; **~lass** *m* пóвод, слýчай
anlass|en *Motor* пýс|кам [~на]; *Kleidung* не съблúчам; *Licht* оставя(м) да свéти; **²er** *m* TECH стáртер

anlässlich (*G*) по слу́чай (на)
Anlauf *m* затича́ване, старт; **≗en** *v/i* (*sich beschlagen*) изпотя́(-вам) се; *v/t Hafen* вл|иза́м [~я́за], присти́г|ам [~на]
anlächeln усми́х|вам [~на] се (**j-n** нкм)
anlege|n поста́вя(м), сл|а́гам [~о́жа], ту́ря(м); *Weg* прока́р(в)ам; *Geld* вл|а́гам [~о́жа]; *v/i* спи́рам [спра] (на брега́), акости́рам; **≗platz** *m*, **≗stelle** *f* приста́н, кей *m*
anlehnen (**sich** се) обл|я́гам [~е́гна] (**an** *A* на, върху́); *Tür* притв|а́рям [~о́ря]
An|leihe *f* за́ем; **≗leiten**, **≗lernen** напъ́т|ствам [~я], нау́ч|вам [~а] (*A* нкг на нщ)
Anliegen *n* молба́; **≗d** съсе́ден; (*Kleid*) прилепна́л
anmachen *Feuer*, *Licht* запа́л|вам [~я]; GASTR пра́вя, напра́вя(м); *F* (*j-n*) отегча́(вам)
anmaßen: **sich ~** позволя́(-вам) си; **~d** дързък
anmelde|n *Besuch* известя́(-вам); TEL поръ́ч(в)ам; запи́|свам [~ша], регистри́рам (*im*)*pf* (**sich** се); **≗schein** *m* адре́сна ка́рта; **≗stelle** *f* адре́сна слу́жба
anmerk|en забел|я́звам [~е́жа]; **≗ung** *f* забеле́жка
Anmut *f* пре́лест *f*; **≗ig** пре́лестен
annähen заши́|вам [~я]
annäher|nd приблизи́телен; **≗ung** *f* сближа́ване; приближа́ване
Annahme *f* прие́мане; *fig* предположе́ние
annehm|bar приемли́в; **~en** прие́ма(м); *fig* предпол|а́гам [~о́жа]; **sich e-r Sache ~en** зае́ма(м) се с нщ; **≗lichkeit** *f* удо́бство
Annonce *f* обя́ва
anonym аноним́ен
Anorak *m* а́норак, винтя́га
anordn|en нар|е́ждам, [~едя́]; (*verfügen*) разпор|е́ждам [~едя́]; **≗ung** *f* наре́дба; разпоре́ждане
an|passen приспособя́(вам), наг|а́ждам [~одя́] (**sich** се) (*D*, **an** *A* към); **~pflanzen** пос|а́ждам [~дя́]; **~probieren** про́бвам, изпро́бвам (*im*)*pf*; **~rechnen** прихва́|щам [~на]; см|я́там [~е́тна]
Anred|e *f* обръще́ние; **≗en** заго|ва́рям [~о́ря]
anreg|en подбу́|ждам [~дя], възбу́|ждам [~дя]; **~end** възбуди́телен; **≗ung** *f* подбу́да, по́дтик
Anreise *f* присти́гане; **~tag** *m* ден на присти́гане
Anricht|e *f* ма́лък бюфе́т; **≗en** серви́рам (*im*)*pf*; *Schaden* причиня́(вам)
Anruf *m* пови́кване, телефо́нен разго́вор; **~beantworter** *m* автомати́чен телефо́нен секрета́р; **≗en** пови́к(в)ам, телефони́рам (*im*)*pf* (*A* на нкг)
anrühren доко́с|вам [~на]
Ansag|e *f* съобще́ние; **≗en** съобщ|а́вам [~я́]; **~er** *m* (радио)говори́тел; конферанси́е
an|sammeln насъб|и́рам

[~ерá] (**sich** се); **~sässig** засéлен, усéднал; **~schaffen** набáвя(м)

anschau|en глéдам, разглé(ж)дам; **~lich** нагле́ден; **Ձung** *f* възглед, разбиране

Anschein *m* вид, изглед; **den ~ haben** изглéждам; **Ձend** *adv* (кáкто) изглéжда, навярно

Anschlag *m* (*Attentat*) атентáт; (*Plakat*) обява; **~brett** *n* дъскá за обяви

anschließen присъединя (-вам) (**sich** се) (*D* към); EL, TV включ|вам [~а]; **~d** слéдващ; накрáя, във връзка с товá

Anschluss *m* BAHN, TEL връзка; **im ~ an** във връзка с; **~ suchen** търся познáнство

anschnall|en запá|свам [~ша]; зат|ягам [~егна]; **Ձgurt** *m* предпáзен колáн, ремък

an|schneiden нар|язвам [~éжа]; **~schrauben** завинт|вам [~я]; **Ձschrift** *f* адрéс

anschwell|en подý|вам [~я] се; **Ձung** *f* подутинá, óток

anschwemmen изхвър-ля(м) на брегá; на|нáсям [~несá]

anseh|en глéдам, разглé(ж)дам

Ansehen *n* вид, външност *f*; (*Achtung*) почит *f*

anseilen връзвам [вържа] с въжé

ansetzen постáвя(м) (**an** *A* на); *Termin* определя(м), фиксирам; *Fett* затлъст|явам [~éя]

Ansicht *f* глéдка, изглед; (*Meinung*) мнéние; **zur ~** за преглед

Ansichts|karte *f* (илюстрóвана) картичка, изглед; **~sache** *f* въпрóс на разбиране

ansied|eln засéл|вам [~я] (**sich** се); **Ձlung** *f* сéлище; засéлване

an|spannen *Pferde* впр|ягам [~éгна]; *Kräfte* напр|ягам [~éгна]; **Ձspannung** *f* напрежение, усилие; **~spielen** *fig* намéк|вам [~на], загáт|вам [~на] (**auf** *A* за); **Ձspielung** *f* нáмек; **Ձsporn** *m* пóдтик, насърчéние; стимул; **~spornen** *fig* насърчá(вам); **Ձsprache** *f* реч *f*, слóво

ansprechen → anreden; **~d** привлекáтелен, приятен

Anspruch *m* искане, претенция; **~ erheben** (**auf** *A*) претендирам

anspruchs|los непретенциозен, скрóмен; **~voll** претенциóзен, придирчив

An|stalt *f* институция; (*Kranken*Ձ) (лечéбно) заведéние; **~stand** *m* прилúчие; **Ձständig** порядъчен, прилúчен; **Ձstandslos** *adv* без прéчки, без възражéние; **Ձstarren** втрéнч|вам [~а] се (*A* в)

anstatt (*G*) вмéсто, намéсто

ansteck|en *Ring* сл|áгам [~óжа]; (*befestigen*) забóждам [~одá]; (*anzünden*) запáл|вам [~я]; MED заразя(вам); **~end** зарáзен; **Ձung** *f* зарáза, инфéкция

an|stehen (**nach** *D* за) стоя́, ча́кам реда́ си; **~steigen** пок|а́чвам [~ача́] се, повиша́(-вам) се; *Weg*: възл|и́зам [~я́за]

anstell|en (*einstellen*) назнача́(-вам), нае́ма(м); *Versuch* пра́вя, напра́вя(м); **sich ~en** на|ре́ждам [~редя́] се

an|stiften *Unheil* причиня́(-вам); подстрека́вам, подбу́|ждам [~дя] (**zu** *D* към); **~stimmen** *Lied* зап|я́вам [~ея́]

Anstoß *m* тла́сък; *fig* по́вод; **~ erregen** шоки́рам; **~ nehmen** възму|ща́вам [~тя́] се (**an** *D* от); **2en** бу́т|ам [~на]; *Gläser* чу́к|ам [~на] се

an|stößig неприли́чен; шоки́ращ; **~streichen** боядѝс(в)ам; *Textstelle, Fehler*: отбел|я́звам [~е́жа]

anstreng|en напр|я́гам [~е́гна] (**sich** се); (*ermüden*) уморя́(-вам); **~end** мъ́чен, тру́ден; **2ung** *f* уси́лие

Anteil *m* дял, част *f*; *fig* = **~nahme** *f* съчу́вствие

Antenne *f* анте́на

Antiquar *m* антиква́р; **2isch** антиква́рен

Antiquitätenladen *m* антиквариа́т

Antrag *m* предложе́ние; (*Bitte*) молба́; **~steller(in** *f*) *m* моли́тел(ка)

an|treffen зава́р|вам [~я], сре́щ|ам [~на]; **~treiben** ка́рам, подка́р(в)ам; **~treten** *Reise, Urlaub* запо́ч|вам [~на]; *Amt* запо́ч|вам [~на]; *v/i* MIL строя́(вам) се; **2trieb** *m* TECH двига́тел; *fig* по́дтик; **~tun** причиня́(вам), пра́вя (**j-m etw** нкм нщ)

Antwort *f* о́тговор; **2en** отгов|а́рям [~о́ря]

an|vertrauen доверя́(вам), поверя́(вам) (**j-m etw** нкм нщ); **2walt** *m* адвока́т; **~wärmen** сто́пля(м); **2wärter** *m* кандида́т (**auf** *A* за)

anweis|en упъ́т|вам [~я]; (*befehlen*) на|ре́ждам [~редя́]; (*zuweisen*) посо́ч|вам [~а]; **2ung** *f* упъ́тване; наре́ждане

anwend|en прил|а́гам [~о́жа]; (*gebrauchen, a.* MED) употребя́(вам); **2ung** *f* употре́ба; прила́гане

anwesen|d присъ́стващ; **2heit** *f* присъ́ствие

Anzahl *f* брой, коли́чество; **2en** предпла́|щам [~тя́]; **~ung** *f* ка́паро, предпла́та

Anzeichen *n* (при́)знак

Anzeig|e *f* JUR донесе́ние; опла́кване; (*Annonce*) обя́ва, обявле́ние; **2en** обявя́(вам), известя́(вам); *Diebstahl usw.* заявя́(вам); *Messinstrument*: индики́ра(м), отч|и́там [~ета́]

anziehen привл|и́чам [~ека́]; *Kleider* обл|и́чам [~ека́] (**sich** се); *Hose, Schuhe* обу́|вам [~я]; *Schraube* зат|я́гам [~е́гна]; *v/i Preise*: пок|а́чвам [~ача́] се; **~d** привлека́телен

Anziehungskraft *f* притега́телна (*fig* привлека́телна) си́ла

Anzug *m* костю́м

anzünden запáл|вам [~я]
Apfel *m* я́бълка; *in Zssg(n)* я́бълков; **~mus** *n* я́бълково пюрé; **~saft** *m* я́бълков сок; **~sine** *f* портокáл; **~strudel** *m* я́бълков щру́дел; **~wein** *m* я́бълково вино
Apothek|e *f* аптéка; *(Reise≗)* аптéчка; **~er(in** *f) m* аптекáр(-ка)
App *f* приложéние *(Software)*
Apparat *m* апарáт, у́ред
Appartement *n* апартамéнт; жи́лище
Appell *m* апéл; MIL сбор; **≗ieren** апели́рам (**an** *A* към)
Appetit *m* апети́т; **guten ~!** добъ́р апети́т!; **≗anregend** възбу́ждащ апети́та
Applaus *m* аплодисмéнти *m/pl*, ръкопля́скане
Aprikose *f* кайси́я, зáрзала
April *m* апри́л; **~scherz** *m* апри́лска шегá
Äquator *m* еквáтор
Arab|er *m* арáбин; **~erin** *f* арáбка; **≗isch** арáбски
Arbeit *f* рáбота, труд; **≗en** рабóтя; **~er** *m* рабóтник; *in Zssg(n)* рабóтнически; **~erin** *f* рабóтничка; **~geber** *m* работодáтел; **~nehmer** *m* рабóтник; **~nehmerin** *f* рабóтничка; **≗sam** работли́в
Arbeits|amt *n* бóрса на трудá; **≗fähig** работоспосóбен; **~gemeinschaft** *f* тру́дов колекти́в; **≗los, ~lose(r)** безрабóтен; **~losigkeit** *f* безрабóтица; **~platz** *m* рабóтно мя́сто; **~schutz** *m* охрáна на трудá; **~tag** *m* рабóтен ден; **≗unfähig** неработоспосóбен; **~zeit** *f* рабóтно врéме; **~zimmer** *n* кабинéт
Archäologie *f* археолóгия
Archiv *n* архи́в(а)
Ärger *m* яд, гняв; **≗lich** ядосáн; *(unangenehm)* неприя́тен; **≗n** (**sich** се) ядóс(в)ам (**über** *A* заради́); **~nis** *n* ядовé *m/pl*, неприя́тности *f/pl*; скандáл
Arg|list *f* лукáвство, ковáрство; **≗listig** лукáв, ковáрен; **~wohn** *m* подозрéние; **≗wöhnisch** недоверчи́в, подозри́телен
Arie *f* áрия
arm бéден; **≗e(r)** бедня́к
Arm *m* ръкá; *(Fluss)* ръкáв
Armaturenbrett *n* армату́рно таблó
Armband *n* гри́вна; **~uhr** *f* ръ́чен часóвник
Armee *f* áрмия
Ärmel *m* ръкáв
Armlehne *f* облегáлка (за ръкá)
ärmlich бéден, оскъ́ден
Armut *f* бéдност *f*
Art *f* вид; *(Weise)* начин; *(Wesen)* нрав
Arterie *f* артéрия
artig послу́шен, възпи́тан
Artikel *m* GR член; HDL арти́кул; *(Zeitung)* стáтия
Artist *m* ци́рков арти́ст, акробáт
Arznei(mittel *n) f* лекáрство
Arzt *m* лéкар
Ärztin *f* лéкарка
Asch|e *f* пéпел *f*; **~enbecher**

m пепелни́|к
Asien *n* А́зия
Aspekt *m* аспе́кт; GR вид
Aspik *m*: **in ~** желира́н
Ass *n* ас, а́со
Ast *m* клон (на дърво́)
Aster *f* а́стра, богоро́дичка
ästhetisch естети́чен
Asthma *n* а́стма, за́дух
Asyl *n* убе́жище; прию́т
Atem *m* дъх, ди́шане; **~ holen** поема(м) дъх; **≗los** задъ́хан; **~not** *f* задъ́хване; **~schutzmaske** *f* MED респирато́рна защи́тна ма́ска за уста́; **~zug** *m* дъх
Atlas *m* GEO атла́с
atm|en ди́шам; **≗ung** *f* ди́шане
Atom *n* а́том; *in Zssg(n)*, **≗ar** а́томен; **~energie** *f* а́томна ене́ргия; **~kraftwerk** *n* а́томна електроцентра́ла; **~waffe** *f* а́томно оръ́жие
Attachment *n* приложе́ние (*zur Mail*)
Attentat *n* атента́т
Attest *n* атеста́т, свиде́телство
ätzen разя́(жда)м; **~d** разя́ждащ
auch съ́що, и; **sowohl … als ~** и … и; ка́кто … така́ и
auf (*D, A*) (*Ort*) на, в, върху́, по; (*Zeit*) до, за; **~ Bulgarisch** на бъ́лгарски; **~ kurze Zeit** за кра́тко вре́ме; **bis ~** (чак) до; *konj* **~ dass** за да; *adv* **~ und ab** насам-ната́м; **~!** стани́!, ста́вай!
aufatmen отдъ́х|вам [~на]
Aufbau *m* изгра́ждане, строи́телство; (*Gebäudeteil; Philosophie*) надстро́йка; (*Struktur; Bau*) структу́ра, строе́ж; **≗en** строя́, построя́(вам)
auf|bewahren съхраня́(вам); **~binden** развъ́р|звам [~жа]; **~blähen** наду́|вам [~я] (**sich** се); **~bleiben** бдя, стоя́ бу́ден; *Tür usw.*: отво́рен съм; **~blitzen** бля́свам [бле́сна]; **~blühen** разцъфтя́(вам) се; *fig* процъфтя́(вам); **~brauchen** изразхо́двам (*im*)*pf*; **~brausen** избу́х|вам [~на], ки́п|вам [~на]; **~brausend** избухли́в; **~brechen** разби́|вам [~я]; *v/i Knospen*: разпу́к|вам [~на] се; (*abreisen*) тръ́г|вам [~на]; **~bringen** *Geld* наба́вя(м); **≗bruch** *m* тръ́гване; **~bügeln** изгла́|ждам [~дя]; **~bürden** обременя́(вам); **~decken** откри́|вам [~я] (**sich** се); *Verbrechen* разкри́|вам [~я]; **~drängen** натра́п|вам [~я] (**sich** се); **~drehen** отв|ъ́ртам [~ъртя́]; **~dringlich** натрапчи́в
aufeinander еди́н върху́ друг; **~ folgend** еди́н след друг; **~ prallen** сблъ́скввам се; **~ stoßen** (*sich treffen*) сре́щам се
Aufenthalt *m* пребива́ване; BAHN *usw.* престо́й
Aufenthalts|genehmigung *f* разреше́ние за пребива́ване *n*; **~ort** *m* местопребива́ване; **~raum** *m* о́бщо помеще́ние, чака́лня
auf|essen изя́|ждам [~м];

≈fahrt *f* път, свръзка с главното шосе
auffallen [на]правя впечатление, бия на очи; **~d**, **auffällig** очебиен
auf|fangen ул|авям [~овя], хва|щам [~на]; **~fassen** схва|щам [~на]; **≈fassung** *f* схващане; **~finden** нам|ирам [~ерavailable]
aufforder|n призова(вам), пока́н|вам [~я]; **≈ung** *f* покана; искане
auffrischen освежа(вам) (*a. fig*)
aufführ|en построя(вам); (*nennen*) спомена(вам); MUS изп|ълнявам [~ълня]; THEA представя(м); **sich ~en** държа се; **≈ung** *f* представление
auffüllen пълня, допъл|вам [~ня]
Auf|gabe *f* задача; (*Verzicht*) отказване; ликвидация; **~gang** *m* вход; (*Sonne*) изгрев
auf|geben *Brief* пода(ва)м; *Gepäck* преда(ва)м; *Inserat* да(ва)м; (*verzichten*) отка|звам [~жа] се; **~gehen** *v/i Sonne*: изгр|явам [~ея]; *Tür*: отв|арям [~оря] се; *Naht*: разп|арям [~оря] се; **~geregt** разтревожен, възбуден; **~geweckt** *fig* (съ)буден, досетлив; **~gießen** (*aufbrühen*) попар|вам [~я]; **~greifen** *Verbrecher* зал|авям [~овя]; **~haben** *F Hut* нося; *Aufgabe* имам нщ възложено; *Geschäft*: отворен е; **~halten** (*j-n*) зад|ържам [~ържа]; **sich ~halten** бавя се, пребивавам
auf|hängen *Hut* зак|ачам [~ача]; обес|вам [~я]; *Wäsche* прост|ирам [~ра]; **≈hänger** *m* (*Mantel*) закачалка; **~heben** *Stein* вдиг|ам [~на], повдиг|ам [~на]; (*aufbewahren*) запаз|вам [~я]; *Befehl, Gesetz* отменя(вам); **~heitern** развеселя(вам) (**sich** се); **sich ~heitern** *Himmel*: разведря(-вам) се; **~hetzen** насъск(в)ам (**gegen** *A* срещу, против); **~hören** преста|вам [~на] (**mit** *D* с), свърш|вам [~а]; **~kaufen** закуп|вам [~я]
aufklär|en изясня(вам); *Jugend* просве|щавам [~тя]; MIL разузна|вам [~я]; **sich ~en** → aufheitern; **≈ung** *f* обяснение; MIL разузнаване; HIST Просвещение
auf|kleben зал|епвам [~епя]; **~knöpfen** разкопча|вам [~я]; **~kommen** *v/i* ста|вам [~на], повдиг|ам [~на] се; (*entstehen*) възник|вам [~на], появя(вам) се; отгов|арям [~оря] (**für** *A* за); **~laden** натовар|вам [~я]; EL пълня; **≈lage** *f* (*Ausgabe*) издание; тираж; **~lassen** *Tür* оставя(м) отворен(а, -о); **≈lauf** *m* навалица; GASTR суфле; **~leben** оживявам [~ея], съжив|явам [~я] се; **~legen** поставя(м); *Platte, Tischtuch usw.* сл|агам [~ожа]; TEL затв|арям [~оря]
auflehnen: **sich ~** противя се
auf|leuchten бл|ясвам [~есна], свет|вам [~на]; **~lösen**

(*Knoten*) развър|звам [~жа]; CHEM разтв|áрям [~óря]; *Ehe* разтрóг|вам [~на]; *Rätsel* решá (-вам); **~machen** отв|áрям [~óря]
aufmerksam внимáтелен; **≈keit** *f* внимáние
aufmuntern ободря́(вам), поощря́(вам)
Aufnahme *f* (*Empfang*) приéм; (*Mitglied*) приéмане; FOT сни́мка; (*Tonband*) зáпис; **~prüfung** *f* приéмен и́зпит
aufnehmen *Mitglied* прие́ма(м); *Kredit* взéма(м); *Verbindung* установя́(вам); (*auf Band*) запи́|свам [~ша]; FOT сн|и́мам [~éма]; *Arbeit* запóч|вам [~на], подéма(м); *Protokoll* съставя(м); (*fassen*) по|би́рам [~берá]
auf|opfern: **sich ~opfern** пожéртвам се *pf*; **~passen** внимáвам (**auf** *A* за); **≈prall** блъсък; **~pumpen** *Reifen* напóмп(в)ам; **~raffen**: **sich ~raffen** съвзéма(м) се; **~räumen** разтрéб|вам [~я], на-р|éждам [~едя́]
aufrecht прав, изпрáвен; *fig* откровéн; **~erhalten** запáз|вам [~я]
aufreg|en [раз]вълнýвам (**sich über** *A* се от); **≈ung** *f* вълнéние, възбýда
auf|reiben *Haut* ожýл|вам [~я]; *fig* съси́п|вам [~я]; **~reißen** (широ́ко) отв|áрям [~óря]; (*a. fig*) разраня́(вам)
aufricht|en изпрáвя(м) (**sich** се); **~ig** откровéн, прям; **≈igkeit** *f* откровéност *f*
aufrollen нави́|вам [~я]; (*entrollen*) разви́|вам [~я]
Aufruf *m* пóзив, възвáние; **≈en** изви́к(в)ам; призовá(вам) (**zu** *D* за, към)
Aufruhr *m* бунт, вестáние
aufrühren разбунтýвам (*im*)*pf*; (*beunruhigen*) разбъ́рк(в)ам
Auf|rüstung *f* MIL въоръжáване; **~satz** *m* стáтия; (*Schul≈*) съчинéние; **≈saugen** изсмý|квам [~ча]; **≈schieben** отл|áгам [~óжа]; **~schlag** *m* ýдар; ревéр; SPORT начáлен ýдар; **≈schlagen** *Buch* отв|áрям [~óря]; *Preis* повишá(вам); *Zelt* изди́г|ам [~на]; **≈schließen** отклю́ч|вам [~а]; **~schluss** *m* обяснéние; **≈schneiden** *v/t* разр|я́звам [~éжа]; *v/i fig* хвáля се, преувеличá(вам); **~schnitt** *m* GASTR мéшано (шýнка, салáм); **≈schrauben** разви́нт|вам [~я]; **≈schreiben** запи́|свам [~ша]; **~schrift** *f* нáдпис, заглáвие; **~schub** *m* отсрóчка; **~schwung** *m* пóлет, възхóд
Aufsehen *n*: **~ erregen** предизви́квам сензáция
Auf|seher *m* надзирáтел; **≈setzen** *Hut* сл|áгам [~óжа]; постáвя(м); *Text* скици́рам (*im*)*pf*; *v/i* AER кáц|вам [~на]
Aufsicht *f* надзóр; **~srat** *m* HDL упрáвителен съвéт
auf|spannen *Schirm* опъ|вам [~на]; **~sparen** спестя́(вам); съхраня́(вам); **~spießen** на-

бо́|ждам [~да́], наму́ш|вам [~а]; **~springen** подск|а́чам [~о́ча]; (*reißen*) напу́к(в)ам се; *Tür, Fenster*: отв|а́рям [~о́ря] се внеза́пно; **≗stand** *m* → **≗ruhr**; **~stapeln** на|ре́ждам [~редя́]; натру́п(в)ам; **~stehen** ста́|вам [~на]; **~stellen** поста́вя(м); (*errichten*) издиѓ|ам [~на]; *Kandidaten* номини́рам; *Rekord* установя́(вам); **sich ~stellen** заста́|вам [~на]

Aufstieg *m* изка́чване; *fig* възхо́д

auf|stoßen *v/t* отв|а́рям [~о́ря] (с у́дар); *v/i* ориѓ|вам [~на] се; **~suchen** потъ́рс|вам [~я], посе|ща́вам [~тя́]; **~tauchen** изплу́вам (*im*)*pf*; *fig* появя́(вам) се; **~tanken** KFZ напъ́л|вам [~ня] (с бензи́н); **~tauen** размразя́(-вам) (*v/i* се); **~teilen** по|де́лям [~деля́]

Auftrag *m* поръ́че́ние; HDL по- ръ̀чка; **im ~ von** по поръ́чка на; **~geber** *m* възложи́тел; **≗en** *Arbeit* възл|а́гам [~о́жа]; *Kleider* изно́с|вам [~я]; *Farben* нан|а́сям [~еса́]

auf|trennen разп|а́рям [~о́ря], разпл|и́там [~ета́]; **~treten** стъ́п|вам [~я]; THEA (**als**) играя́; (*erscheinen*) явя́(-вам) се, изл|и́зам [~я́за]; **≗treten** *n* (*Benehmen*) държа́ние; **≗tritt** *m* изли́зане на сце́на; **~wachen** събу́|ждам [~дя] се; **~wachsen** отра́с|твам [~на]; **≗wand** *m* ра́зход, разно́ски *pl*; (*Luxus*) разко́ш; **~wärts** наго́ре; **~wecken** събу́|ждам [~дя]; **~weichen** разме́к|вам [~на]; **~weisen** проявя́(вам); **~wenden** употребя́(вам), изразхо́двам (*im*)*pf*; **~werfen** *Frage* повдиѓ|ам [~на]; **~wickeln** нави́|вам [~я]; **sich die Haare ~wickeln** нави́|вам [~я] си коса́та; **~wiegeln** подстрека́вам; **~wischen** изъ́бър|свам [~ша]; **~zählen** изброя́(вам); **~zeichnen** (*zeichnen*) начерта́|вам [~я]; (*schreiben, auf Band*) запи́|свам [~ша]; **≗zeichnung** *f* (*Notiz*) беле́жка; (*Tonband*) за́пис; (*Video*) ви́деозапис; **~ziehen** *Kind* отгле́(ж)дам; *Uhr* нави́|вам [~я]; *v/i Gewitter*: зада́(ва)м се; **≗zug** *m* THEA акт, де́йствие; (*Fahrstuhl*) асансьо́р; **~zwingen** натра́п|вам [~я] (**j-m etw** нкм нщ)

Aug|e *n* око́; **~en** *pl* очи́

Augen|arzt *m* о́чен ле́кар; **~blick** *m* моме́нт, миг; **≗blicklich** моме́нтен; **~braue** *f* ве́жда; **~lid** *n* клепа́ч; **~zeuge** *m* очеви́дец; **~zeugin** *f* очеви́дка

August *m* а́вгуст

Auktion *f* аукцио́н, пу́бличен търг

aus (*D*) от, из; (*Grund*) от, по; *adv* ... **ist ~** *zu Ende* ... свъ́рши, свъ́ршено е

Aus *n* SPORT а́ут

aus|arbeiten израбо́т|вам [~я]; **~arten** изр|а́ждам [~одя́] се; **~atmen** изди́ш(в)-

ам
Ausbau *m* доизгра́ждане; **≈en** доизгр|а́ждам [~адя́]; (*abmontieren*) изва́|ждам [~дя]; *fig* разширя́(вам)
ausbessern попра́вя(м)
ausbeulen *Blech* изчу́к(в)ам
Ausbeut|e *f* експлоата́ция; **≈en** експлоати́рам (*im*)*pf*
ausbild|en об|уча́вам [~у́ча]; **≈er(in** *f*) *m* инстру́ктор(ка); **≈ung** *f* обуче́ние; подгото́вка; образова́ние
aus|bleiben не и́двам [не и́да]; преста́|вам [~на]; **≈blick** *m* и́зглед; **~brechen** *Krieg*: избу́х|вам [~на]; *Häftling*: избя́г(в)ам; **~breiten** разст|и́лам [~е́ля]; *fig* (раз)прост|и́рам [~ра́] (**sich** се); **~brennen** дог|а́рям [~оря́], изг|а́рям [~оря́]; **≈bruch** *m* (*Krieg*) избу́хване; (*Vulkan*) изри́гване; (*Flucht*) бя́гство; **~bürsten** изче́тк(в)ам
auschecken напу́скам, освобожда́вам
Ausdauer *f* издръжли́вост *f*; **≈nd** издръжли́в
ausdehn|en разширя́(вам) (**sich** се); **≈ung** *f* разшире́ние; измере́ние, обе́м
Ausdruck *m* и́зраз
ausdrück|en (*auspressen*) изсти́ск(в)ам; *fig* изразя́(вам); **~lich** изри́чен
ausdrucks|los неизрази́телен; **~voll** изрази́телен, внуши́телен
auseinander: **~ bringen** раз|де́лям [~деля́]; разтърва́(вам); **~ fallen** разпа́д|ам [~на] се; **~ gehen** разоти́|вам [~да] се, разд|е́лям [~еля́] се; **~ nehmen** разглобя́(вам); **~ setzen** обясня́(вам); **~ treiben** разпръ́ск(в)ам
Auseinandersetzung *f* сблъ́сък *m*; (*Streit*) разправи́я, спор
Ausfahrt *f* и́зход (за кола́); разхо́дка с кола́
Ausfall *m* па́дане; HDL за́губа; **≈en** *Haare*: па́д|ам [~на]; (*nicht stattfinden*) *unpers* ня́ма да се състои́; **≈end**, **ausfällig** оскърби́телен, нападáтелен; **~straße** *f* изхо́дна гра́дска у́лица
ausfertig|en пригóтвя(м), изгóтвя(м); **≈ung** *f* изгóтвяне
Aus|flucht *f* прете́кст, предло́г; **~flug** *m* и́злет, екску́рзия; **≈fragen** разпи́т(в)ам (**über** *A* за); **~fuhr** *f* и́знос, експо́рт; **~fuhrgenehmigung** *f* разреше́ние за и́знос; **~fuhrverbot** *n* забра́на за и́знос; **~fuhrzoll** *m* и́зносно мито́
ausführ|en HDL изн|а́сям [~еса́], експорти́рам (*im*)*pf*; *Auftrag* из|пълня́вам [~пъ́лня]; (*darlegen*) изл|а́гам [~о́жа]; **~lich** подро́бен, обши́рен; **≈ung** *f* изпълне́ние; израбо́тка
aus|füllen *Formular* попъ́л|вам [~ня]; *Lücke* [за]пъ́лня; **≈gabe** *f* изда́ване; TYP изда́ние; **≈gaben** *pl* разно́ски *pl*
Ausgang *m* и́зход; (*Ende*) край, завъ́ршек

Ausgangsbeschränkung *f* забра́на за напу́скане на домá *f*

aus|geben издá(ва)м; *Geld* [по]хáрча; **~gehen** изл|и́зам [~я́за]; *fig* свъ́рш|вам [~а]; *(erlöschen)* у́гас|вам [~на]

ausge|lassen пáлав; **~nommen** с изключéние на, освéн; **~rechnet**: **~rechnet er** тъ́кмо тóй; **~schlossen** изключéно; **~sucht** изи́скан, избрáн; **~zeichnet** отли́чен

aus|giebig оби́лен; **~gießen** из|ли́вам [~лéя]; **~gleichen** изравня́(вам); *Gegensätze* изглá|ждам [~дя]; **~graben** изкопá|вам [~я]; **≗grabungen** *f/pl* разкóпки *pl*; **≗guss** *m* ми́вка; **~halten** изд|ъ́ржам [~ържá], по|нáсям [~несá]; **~händigen** връ́ч|вам [~а]; **~heilen** *v/t* излеку́вам *(im)pf*; *v/i* заздра|вя́вам [~вéя]; **~helfen** пом|áгам [~óгна]

Aushilfe *f* пóмощ *f*; *(Person)* помóщник

aus|höhlen издълбá|вам [~я]; **~hungern** изгладня́(вам); **~kehren** изм|и́там [~етá]; **~kleiden** облицóвам *(im)pf*; **~klopfen** изту́п(в)ам; **~kochen** изваря́(вам); **~kommen** спогáждам се (**mit j-m** с нкг); **mit dem Geld ~kommen** сти́га ми, прежив|я́вам [~éя]; **~kundschaften** разузнá|вам [~я]

Auskunft *f* спрáвка, свéдение; информáция; **eine ~ geben** дáвам информáция

Auskunftsstelle *f* бюрó за спрáвки

aus|kuppeln KFZ откáча(м); **~lachen** осм|и́вам [~éя]; **~laden** разтовáр|вам [~я]

Auslage *f* *(Waren)* витри́на

Ausland *n* чужби́на, стрáнство

Ausländ|er *m* чужденéц; **~erin** *f* чужденкá; **≗isch** чужд (-естрáнен)

Auslands|korrespondent *m* чуждестрáнен кореспондéнт; **~reise** *f* пъту́ване зад грáница

aus|lassen изпу́с|кам [~на]; *Fett* топя́; *Wut* изл|и́вам [~éя]; **~laufen** изт|и́чам [~екá]; *Schiff*: отплу́вам *(im)pf*; **~leeren** изпрáз|вам [~ня]; **~legen** *Waren* изл|áгам [~óжа]; *Geld* пл|áщам [~атя́] (**für** *A* за); *(deuten)* разтълку́вам *pf*; **~leihen** заéма(м) (**j-m etw** нкм нщ; **von j-m** от нкг)

Ausles|e *f* отбóр, ели́т; **≗en** подб|и́рам [~ерá]; *Buch* изч|и́там [~етá]

ausliefer|n предá(ва)м, JUR *a.* екстради́рам *(im)pf*; **≗ung** *f* предáване, екстради́ране

aus|löschen *Feuer* гася́, угася́ (-вам); **≗löser** *m* FOT спу́сък; **~machen** *Licht* изгася́(вам); *(vereinbaren)* угов|áрям [~óря]; **≗maß** *n* размéр, големинá; **~messen** измéр|вам [~я]

Ausnahme *f* изключéние; **~zustand** *m* воéнно положéние

ausnahmsweise по изключéние

aus|nutzen, **~nützen** изпо́лзвам *(im)pf*; **~packen** разопако́вам *(im)pf*; **~pressen** изсти́ск(в)ам; **~probieren** про́бвам, изпро́бвам *(im)pf*; **≗puff** *m* KFZ а́успух; **~radieren** изтри́|вам [~я]; **~rangieren** шкарти́рам *(im)pf*; **~rasieren** (о)бръ́с|вам [~на]; **~räumen** опра́з|вам [~на]; **~rechnen** изчисля́(вам); *fig* **sich ~rechnen** пресм|я́там [~е́тна]; **≗rede** *f* прете́кст; **~reden** разубе|жда́вам [-дя́] (**j-m etw** нкг от нщ); **~reden lassen** изслу́ш(в)ам; **~reichen** сти́г|ам [~на], доста́тъчен съм; **~reichend** доста́тъчен

Ausreise *f* замина́ване, изли́зане от страна́та; **~visum** *n* и́зходна ви́за

aus|reißen *v/t* изскъ́б|вам [~я]; *v/i F* измъ́к|вам [~на] се; **~renken** изкъ́л|чвам [~а]; **~richten** *Grüße* преда́(ва)м; *(erreichen)* пости́г|ам [~на]; **~rotten** изкореня́(вам)

Ausruf *m* възклица́ние, вик; **≗en** изви́к(в)ам; **~ungszeichen** *n* удиви́телна

ausruhen: **sich ~** почи́|вам [~на] (си)

ausrüst|en снабдя́(вам); въоръжа́(вам); **≗ung** *f* съоръже́ние; въоръже́ние

ausrutschen подхлъ́з|вам [~на] се

Aussag|e *f* JUR показа́ние; **≗en** да́(ва)м показа́ния

ausschalten EL прекъ́с|вам [~на], изклю́ч|вам [~а]

Ausschank *m* кръ́чма, ба́рче

ausscheid|en *v/t* MED отдл|е́лям [~еля́]; *v/i (verlassen)* напу́с|кам [~на], из|ли́зам [~ля́за]; **≗ungskampf** *m*, **≗ungsspiel** *n* SPORT състеза́ние за класи́ране

aus|scheren KFZ отклоня́(-вам) се; **~schlafen** нас|и́вам [~я́] се

Ausschlag *m* MED о́брив; *(Pendel)* отклоне́ние; **den ~ geben** реша́(вам); **≗en** *v/t* изби́|вам [~я]; *Angebot* отхвъ́рля(м); *v/i Pferd*: ри́т|ам [~на]; **≗gebend** реша́ващ

ausschließ|en изклю́ч|вам [~а]; **~lich** изключи́телен

Ausschluss *m* изклю́чване; **unter ~ der Öffentlichkeit** при затво́рени врата́

aus|schmücken украся́(вам), декори́рам; **~schneiden** изр|я́звам [~е́жа]; **≗schnitt** *m (Zeitung)* изре́зка; *(Kleid)* деколте́; *(Teil)* част *f*; **~schreiben** изпи́|свам [~ша]; *(öffentlich)* обявя́(вам); **≗schreitung** *f* изстъпле́ние; **≗schuss** *m* коми́сия, комите́т; *(Ware)* брак(у́вана сто́ка)

aussehen изгле́ждам

Aussehen *n* вид, въ́ншност *f*

außen (от)вън

Außenhandel *m* въ́ншна търго́вия; **~ministerium** *n* Министе́рство на въ́ншните рабо́ти; **~politik** *f* въ́ншна полити́ка; **~seiter** *m* а́утсайдер *m*; **~seiterin** *f* а́утсайдерка *f*; **~welt** *f* око́лният свят

außer (*D*) освéн, извъ́н, вън от; **~dem** освéн товá
äußere външен
Äußere *n* външност *f*
außer|gewöhnlich необикновéн; **~halb** (*G. od* **von** *D*) извъ́н, вън от: *adv* дру́гаде
äußerlich външен
äußern *Wunsch* изкá|звам [~жа]; **sich ~** изкá|звам [~жа] се (**zu** *D*, **über** *A* по, върху́)
außerordentlich извънрéден
äußerst крáен, извънрéден
außerstande: **~ sein** не съм в състоя́ние
Äußerung *f* изкáзване, изявлéние
aussetzen *v/t* MAR *Fahrgäste* св|áлям [~аля́]; *Boote* спу́с|кам [~на]; *Tier usw.* подхвъ́рля(м); (*verschieben*) отл|áгам [~óжа]; **etw auszusetzen haben** нам|и́рам [~éря] недостáтъци *pl* (**an** *D* на); *v/i* прекъ́с|вам [~на] (**mit** *D* нщ); *Motor*: запъ́|вам [~на] се; **sich der Gefahr ~** изл|áгам [~óжа] се
Aussicht *f* глéдка, и́зглед(и *fig pl*)
aussichtslos безнадéжден
Aussichtsturm *m* наблюдáтелница, ку́ла
aus|söhnen помиря́(вам) (**sich** се); **~spannen** *Pferd* разпр|я́гам [~éгна]; *v/i. fig* отдъ́х|вам [~на] си; **&sprache** *f* GR произношéние; (*Erörterung*) рáзговор; **~sprechen** изгов|áрям [~óря]; изкá|звам [~жа] (**sich** се); **&spruch** *m* и́зраз, сентéнция; **~spucken** изплю́|вам [~я]; **~spülen** изплáк|вам [~на]; **~statten** снабдя́(вам) (**mit** *D* с); **~steigen** сл|и́зам [~éзна] (**aus** *D* от); *fig* скъ́с(в)ам (**aus** *D* с)
ausstell|en изл|áгам [~óжа]; *Zeugnis* издá(ва)м; **&ung** *f* излóжба; изложéние
aus|sterben изм|и́рам [~рá]; **~stoßen** изтлáск(в)ам; *Schrei* надá(ва)м; **~strahlen** излъ́ч|вам [~а]; **~strecken** прот|я́гам [~éгна] (**sich** се); **~suchen** изб|и́рам [~ерá]
Austausch *m* размя́на, обмя́на; **&en** разм|éням [~еня́]; (**sich**) спод|éлям [~еля́] (**mit** *D* с)
Auster *f* стри́да
austragen *Post* разн|áсям [~есá]; SPORT *Kampf* пров|éждам [~едá]; *Kind* донóс|вам [~я]
aus|treten изл|и́зам [~я́за] (**aus** *D* от); **~trinken** изпи́|вам [~я]; **&tritt** *m* напу́скане; **~trocknen** *v/i* пресъ́х|вам [~на]; *v/t* изсушá(вам); **~üben** упражня́(вам), практику́вам
Ausverkauf *m* разпродáжба
Auswahl *f* и́збор; асортимéнт
Auswander|er *m* изсéлник, емигрáнт; **&n** изсéл|вам [~я] се (**aus** *D* от); **~ung** *f* изсéлване
auswärt|ig външен, чуждестрáнен; **~s** навъ́н, извъ́н
aus|waschen изми́|вам [~я]; **~wechseln** разм|éням [~еня́]; сменя́(вам); **&weg** *m* и́зход; **~weichen** отклоня́

(--вам) се; *fig* отб|ягвам [~е́гна], изб|ягвам [~е́гна] (*D* нкг, нщ)

Ausweis *m* лична ка́рта, паспо́рт; **≗en** изго́н|вам [~я]; **sich ≗en** легитими́рам се (*im*)*pf*; **~ung** *f* изго́нване

aus|wendig *adv* наизу́ст; **~werten** изпо́лзвам (*im*)*pf*; **~wickeln** разви́|вам [~я]; **~wirken**: **sich ~wirken** отразя́(вам) се (**auf** *A* върху́); **≗wirkung** *f* после́дица, отраже́ние; **~zahlen** изпл|а́щам [~атя́]

auszeichn|en награ|жда́вам [~дя́]; *Waren* етикети́рам (*im*)*pf*; **sich ~en** отлича́(вам) се (**durch** *A* с); **≗ung** *f* (*Prämierung*) награжда́ване; (*Preis*) награ́да, отли́чие

ausziehlen *v/t* изва́|ждам [~дя]; *Kleid* събл|и́чам [~ека́] (**sich** се); *Schuhe* събу́|вам [~я]; *v/i* (*Wohnung*) напу́с|кам [~на]

Auszug *m* екстра́кт; (*Buch*) изва́дка; **≗sweise** накра́тко

Auto *n* автомоби́л, кола́; **mit dem ~ fahren** пъту́вам с кола́; **~ fahren** ка́рам кола́; **~bahn** *f* магистра́ла; **~bahnausfahrt** *f* и́зход на магистра́ла; **~bahnraststätte** *f* отби́вка на магистра́ла; **~camping** *n* а́втокъмпинг; **~fahrer** *m* шофьо́р; **~gramm** *n* автогра́ф; **≗matisch** автомати́чен, автомати́чески; **~nomie** *f* автоно́мия

Autor(**in** *f*) *m* а́втор(ка)

Autorität *f* авторите́т

Auto|verleih *n* коли́ под на́ем; **~waschanlage** *f* а́втомивка; **~werkstatt** *f* а́втосервиз; **~zubehör** *n* а́вточасти *pl*

Axt *f* бра́два, секи́ра

B

Baby *n* бе́бе

Bach *m* пото́к, ру́чей

Backe *f* бу́за

backen [о]пека́

Backenzahn *m* кътник

Bäcker *m* пека́р, хлеба́р; **~ei** *f* пека́рница, хлеба́рница

Back|obst *n* суше́ни плодове́; **~ofen** *m* фу́рна; **~werk** *n* сла́дки *f/pl*

Bad *n* ба́ня

Bade|anstalt *f* обще́ствена ба́ня, къпа́лня; **~anzug** *m* ба́нски костю́м; **~hose** *f* ба́нски гащёта *pl*; **~kappe** *f* гу́мена ба́нска ша́пка; **~mantel** *m* хала́т; **~meister** *m* спаси́тел

baden [из]къ́пя (**sich** *u.* *v/i* се)

Baden *n* къ́пане, ба́ня

Baden-Württemberg *n* Ба́ден-Вю́ртемберг

Bade|ort *m* мо́рски куро́рт; **~strand** *m* плаж; **~tuch** *n* хавли́я; **~wanne** *f* ва́на; **~zimmer** *n* ба́ня

Bahn *f* път; BAHN влак; SPORT пи́ста; **mit der ~ fahren** пъту́вам с влак; **~hof** *m* га́ра;

~steig *m* перо́н; **~übergang** *m* пре́лез; **~unterführung** *f* по́длез
Bahre *f* носи́лка
bald ско́ро, бързо; (*beinahe*) почти́; **~ ... ~** ту ... ту; **~ig** бърз
Balkan *m* Балка́н
Balken *m* греда́
Balkon *m* балко́н
Ball[1] *m* то́пка
Ball[2] *m* (*Fest*) бал
ballen: **die Faust ~** сви́|вам [~я] юмру́к
Bambus *m* бамбу́к
Banane *f* бана́н
Band[1] *n* (*Zier*≗, *Ton*≗, *Förder*≗) ле́нта
Band[2] *m* (*Buch*) том
Bande *f* ба́нда, ша́йка
bändigen обузда́|вам [~я]
Bandwurm *m* те́ния
bange страхли́в; **mir ist ~** страх ме е
Bank *f* пе́йка, скаме́йка; FIN ба́нка; **~konto** *n* ба́нкова сме́тка; **~note** *f* банкно́та
bar (*G*) лише́н от, без; **in ~** в брой
Bar *f* бюфе́т; (*Lokal*) бар
Bär *m* ме́чка
barfuß бос
Bargeld *n* нали́чни пари́; **≗los** безка́сов
barmherzig милосъ́рден
Barren *m* SPORT у́споредка *f*; (*Gold*) кюлче́
Barriere *f* барие́ра
Barrikade *f* барика́да
barsch груб, суро́в
Bart *m* брада́
bärtig брада́т
Barzahlung *f* заплаща́не в брой
Basar *m* база́р, покри́т паза́р
Basis *f* ба́за, осно́ва
Baskenmütze *f* та́ке
Bast *m* лико́
Batterie *f* бате́рия
Bau *m* строе́ж; (*Gebäude*) постро́йка, сгра́да; **~arbeiten** *pl* стро́ителни ра́боти; **~arbeiter** *m* строи́телен рабо́тник
Bauch *m* коре́м; **~schmerzen** *m/pl* бо́лки *pl* в коре́ма
bauen строя́, построя́(вам)
Bauer[1] *m* (*Landwirt*) се́лянин; (*Schach*) пио́нка
Bauer[2] *n/m* (*Vogel*) кафе́з
Bauernhof *m* се́лски двор; фе́рма
bau|fällig пору́тен; **≗gerüst** *n* ске́ле; **≗jahr** *n* годи́на на произво́дство *n*; моде́л; **≗kunst** *f* архитекту́ра; **≗land** *n* строи́телна площ
Baum *m* дърво́
Baumeister *m* ма́йстор-строи́тел
Baumwolle *f* памýк
Bau|sparkasse *f* спесто́вно-стро́ителна ка́са; **~stelle** *f* строи́телна площа́дка
beabsichtigen възнаме́рявам
beachten съобразя́(вам) се (*A* с); **~swert** заслужа́ващ внима́ние
Beamt|e(r) чино́вник, служи́тел; **~in** *f* чино́вничка, служи́телка

be|ängstigend обезпокояващ; **~ansprüchen** претендирам; TECH обременя(вам); **~anstanden** оспор|вам [~я]; **~antragen** JUR предл|агам [~ожа]; пода(ва)м заявление (*A* за); **~antworten** отговарям [~оря] (*A* на)

bearbeit|en обработ|вам [~я] (*a. fig* **j-n**); AGR, TECH разработ|вам [~я]; **≈ung** *f* обработка; разработка

beauf|sichtigen наглеждам; **~tragen** упълномощ|авам [~я]; **≈tragte(r)** пълномощник

bebauen застроя(вам); AGR зас|явам [~ея]

Becher *m* чаша, бокал

Becken *n* (*Wasser*) басейн; GEO котловина; ANAT таз

bedächtig (*vorsichtig*) разсъдлив, предпазлив; (*gemäßigt*) умерен

bedanken: **sich ~** благодаря (**bei j-m** нкм, **für etw** за)

Bedarf *m* нужда, потребност (**an** *D* от)

bedauer|lich жалко, за съжаление; **~licherweise** за съжаление

bedauern съжаля(вам) (*A* за)

Bedauern *n* съжаление

bedecken покри|вам [~я]

bedenk|en обмисля(м), помисля(м); **≈en** *n* (*Zweifel*) съмнение; обмисляне; **~lich** (*ernst*) съмнителен, опасен; (*zögernd*) колеблив

bedeut|en знача; **~end** значителен; **≈ung** *f* значение;

~ungslos незначителен; **~ungsvoll** значим

bedien|en прислуж|вам [~а], обслуж|вам [~а]; **sich ~en** [по]служа си (*G* с); **≈ung** *f* прислуга; обслужване (*a.* TECH)

beding|t условен; **≈ung** *f* условие; **~ungslos** безусловно

bedroh|en заплаш|вам [~а]; **≈ung** *f* заплаха

bedrücken угнетя(вам)

bedürf|en нуждая се, имам нужда (*G* от); **≈nis** *n* нужда, потребност *f*; **~tig** нуждаещ се, беден

Beefsteak *n* бифтек

beeilen: **sich ~** [по]бързам

beein|flussen [по]влияя, повли|явам [~я] (*A* на); **~trächtigen** накърня(вам); ощетя(вам)

beend|en, **~igen** свърш|вам [~а], завърш|вам [~а]

beerdig|en погр|ебвам [~еба]; **≈ung** *f* погребение

Beere *f* малки, зърнести плодове

Beet *n* леха

befähig|t годен, способен; **≈ung** *f* способност *f*, дарба

befangen смутен; JUR пристрастен

befassen: **sich ~** занима|вам [~я] се (**mit** *D* с)

Befehl *m* заповед *f*; **≈en** заповяд(в)ам

befestig|en укрепя(вам); **≈ung** *f* укрепление

be|feuchten овлажня(вам); **~finden** нам|ирам [~еря] (**sich** се); **≈finden** *n* здраве, състояние; **~folgen** [по]сле-

двам
beförder|n *Ware* превóз|вам [~я]; *beruflich* повиш|á(вам); **≗ung** *f* повишéние; експедиция, прéвóз
befragen интервюйрам
befrei|en (**sich** се) освобо|ждáвам [~дя]; **≗ung** *f* освобождéние
befreunden: **sich** ~ сприятеля(вам) се (**mit** *D* с); **befreundet sein** дружá (**mit** *D* с)
befriedig|en задоволя(вам); **~end** задоволителен; **≗ung** *f* задоволяване, задовóлство
befristet със срок, срóчен
Befruchtung *f* оплодяване
Befugnis *f* правомóщие
Befund *m* MED диагнóза
befürcht|en опасявам се; **≗ung** *f* опасéние
befürworten одобря(вам)
begab|t надарéн; **≗ung** *f* дарба
begeben: **sich** ~ отпрáвя(м) се; **≗heit** *f* събитие, слýчка
begegn|en срéщ|ам [~на] (*D* нкг, нщ); **≗ung** *f* срéща
begehen *Fest* [от]празнýвам; JUR, *Fehler* извърш|вам [~а]
begehren [по]желáя; **~swert** желáн
begeister|n вдъхновя(вам); възхи|щáвам [~тя] (**sich für** *A* се от); **≗ung** *f* възтóрг
Begier|de *f* (стрáстно) желáние; пóхот *f*; **≗ig** áлчен, жáден
begießen пол|ивам [~éя]
Beginn *m* начáло
beglaubig|en заверя(вам); **≗ung** *f* завéрка
begleit|en придружá(вам); **≗er(in** *f*) *m* придружител(ка); **≗ung** *f* придружáване (*a.* MUS)
beglückwünschen честитя (-вам) (**j-n zu etw** нкм нщ)
begnadig|en помилвам (*im*)*pf*; **≗ung** *f* помилване
begnügen: **sich** ~ задоволя (-вам) се (**mit** *D* с)
begraben → beerdigen
Begräbnis *n* → Beerdigung
begreif|en схвá|щам [~на], разб|ирам [~éра]; **~lich** понятен, ясен
begrenzen ограничá(вам)
Begriff *m* понятие; **im ~ sein zu …** гóтвя се да …
begründ|en обосновáвам; мотивирам (*im*)*pf*; **≗ung** *f* мотивирóвка
begrüß|en поздравя(вам); **≗ung** *f* привéтствие
be|günstigen благоприятствам; облагодéтелствам (*im*)*pf*; **~haglich** уютен, приятен; **~halten** зад|ържам [~ържá], запáз|вам [~я]; **≗hälter** *m* съд, резервоáр
behand|eln отн|áсям [~éса] се (*A* с, към); *Thema*: третирам (*im*)*pf*; MED лекýвам; **≗lung** *f* третиране; MED лекýване
beharrlich упорит, настойчив
behaupt|en твърдя; **≗ung** *f* твърдéние
be|herbergen подслон|я (-вам); **~herrschen** владéя (**sich** се); **~hindern** прéча, спъ|вам [~на]; **≗hörde** *f* учреждéние; *pl* власти *f/pl*; **~hü-**

ten пáзя, запáз|вам [~я] (**vor** *D* от)
bei (*D*) при, до, у
bei|behalten зад|ъ́ржам [~ържá]; **~bringen** нан|áсям [~есá]; на|учáвам [~ýча] (**j-m etw** нкг на нщ)
beichten изповя́д(в)ам (*v/i* се)
beide двáмата *m*, двéте *f*, *n*; (*Sachen*) двáта
Beifahrer *m* помóщник шофьóр; седя́щият до шофьóра
Beifall *m* ръкопля́скане
bei|fügen прил|áгам [~óжа]; **≗gabe** *f* прибáвка; **≗hilfe** *f* (материáлна) пóмощ *f*, подкрéпа; JUR съучáстие
Beil *n* брáдва, секи́ра
Bei|lage *f* приложéние; GASTR гарнитýра; **≗läufig** *adv* междý другóто; **≗legen** прил|áгам [~óжа]; *Streit* изглá|ждам [~дя]; **~leid** *n* съболезновáние; **≗liegend** прилóжен
Bein *n* крак
bei|nah(e) почти́, насмáлко; **~sammen** зáедно; **≗sammensein** *n*: **geselliges ≗sammensein** вéсела част, срéща; **~seite** настранá; **~setzen** погр|éбвам [~ебá]
Beispiel *n* при́мер; **zum ~** (**z. B.**) напри́мер (напр.); **≗haft** при́мерен, образцóв
beißen [у]хáпя; **~d** (*a. fig*) óстър, хапли́в
Bei|stand *m* пóмощ *f*, подкрéпа; **~trag** *m* (*Geld*) внóска; (*Artikel*) стáтия; при́нос; **≗tragen** доприн|áсям [~есá] (**zu** *D* за, към); **~tritt** *m* постъ́пване, влизáне; **~tritt zur EU** приéмане в ЕС; **~wagen** *m* (*Motorrad*) кош; **≗wohnen** присъ́ствам (*D* на)
bejahen потвър|ждáвам [~дя́]; **~d** положи́телен
be|jahrt възрастен, стар; **~kämpfen** бóря се (прóтив); *fig* оспóр|вам [~я]
bekannt извéстен, познáт; **~ machen** запознá|вам [~я]; (*veröffentlichen*) обявя́(вам), известя́(вам); **≗e(r)** *m/f* познáт(а *f*); **~lich** кáкто е извéстно; **≗schaft** *f* познáнство; (*konkret*) познáти *m/pl*
bekennen (*gestehen*) признá|вам [~я] (се); **sich ~** обявя́(-вам) се (**zu** *D* за); изповя́д(в)ам
beklagen оплá|квам [~ча] (**sich** *A* се) (**über** за, зарадú)
bekleid|en *Amt* заéма(м); **≗ung** *f* облеклó
be|kommen *v/t* пол|учáвам [~ýча]; *v/i* понáся ми; **~bekräftigen** потвър|ждáвам [~дя́]; **~kreuzigen** прекръ́ст|вам [~я] (**sich** се); **~kümmert** загри́жен; **~kunden** проявя́(вам); **~laden** натовáр|вам [~я]; **≗lag** *m* насти́лка; покри́вка; MED нáлеп; **~langlos** маловáжен; **~lasten** обременя́(вам); JUR обвиня́(вам); **~lästigen** безпокоя́, отегчá(вам); **≗lastung** *f* обременя́ване; товáр (*a. fig*, TECH)
belaufen: **sich ~** възл|и́зам [~я́за] (**auf** *A* на)

beleb|en съживя́(вам); *fig* оживя́(вам); **~t** оживе́н
Beleg *m* доказа́телство; квита́нция; **≗en** резерви́рам (*im*)*pf*; *Vorlesung* запи́|свам [~ша]; (*bedecken*) покри́|вам [~я]; **~schaft** *f* персона́л, колекти́в
belegt зае́т; (*Hotel*) пъ́лен; (*Zunge*) обло́жен; **~es Brot** са́ндвич
belehren по|уча́вам [~у́ча]
beleibt дебе́л, пъ́лен
beleidig|en оби́|ждам [~дя]; **~end** оби́ден; **≗ung** *f* оби́да
beleucht|en осветя́(вам); **≗ung** *f* осветле́ние
Belgien *n* Бе́лгия
Belgier *m* белги́ец; **~in** *f* белги́йка
belgisch белги́йски
belicht|en FOT експони́рам (*im*)*pf*; **≗ungsmesser** *m* светломе́р
Belieb|en *n*: **nach ~en** по жела́ние; **≗ig** произво́лен; **≗t** оби́чан, люби́м
bellen ла́я
belohn|en възнагра|жда́вам [~дя́]; **≗ung** *f* награ́да
be|lügen лъ́жа, излъ́|гвам [~жа]; **~mächtigen**: **sich ~mächtigen** присвоя́(вам) си (*G* нкг, нщ); завлад|я́вам [~е́я] (*G* нкг, нщ)
bemerk|bar забележи́м; **sich ~bar machen** об|ръ́щам [~ъ́рна] внима́нието върху́ се́бе си; **~en** забел|я́звам [~е́жа]; **~enswert** забележи́телен; **≗ung** *f* забеле́жка
bemit|leiden съжаля́(вам); съчу́вствам (*j-n* нкм)
bemühen затрудня́(вам); **sich ~** стара́я се, постара́|вам [~я] се (**um** *A* да)
benach|bart съсе́ден; **~richtigen** осведомя́(вам), известя́(-вам); **≗richtigung** *f* изве́стие; **~teiligen** ощетя́(вам);
benehmen: **sich ~** държа́ се
Benehmen държа́ние, поведе́ние
beneiden зави́|ждам [~дя] (**um** *A* за); **~swert** зави́ден
be|nötigen нужда́я се (**etw** от нщ); **~nutzen**, **~nützen** употребя́(вам); **≗nutzung** *f* употре́ба
Benzin *n* бензи́н; **~kanister** *m* бидо́н за бензи́н
beobacht|en наблюда́вам; **≗er(in** *f*) *m* наблюда́тел(ка); **≗ung** *f* наблюде́ние
bequem удо́бен; **≗lichkeit** *f* удо́бство
berat|en съве́твам, посъве́твам *pf*; **sich ~en** посъве́твам се *pf* (**über** *A* за нщ); **≗ung** *f* съвеща́ние; консулта́ция
berauben ogра́б|вам [~я]
berechn|en пресм|я́там [~е́тна], изчисля́(вам); **≗ung** *f* сме́тка, изчисле́ние
berech|tigen да́(ва)м пра́во; **~tigt** кóйто и́ма пра́во; основа́телен; **≗tigung** *f* пра́во, пълномо́щие
bered|sam, **~t** красноречи́в
Be|reich *m* обсе́г, сфе́ра; **≗reichern** обогатя́(вам); **~reifung** *f* KFZ гу́ми *f/pl*

bereit готóв (**zu** *D*, **für** *A* за); **~en** пригóтвя(м); *fig* причиня́ (-вам) (**j-m etw** на нкг нщ); **~s** вéче; **&schaft** *f* готóвност *f*; **&schaftsdienst** *m* дежу́рство; **~stellen** предоста́вя(м); **~willig** *adv* с готóвност
bereuen разка́|йвам [~я] се, съжаля́(вам) (**etw** за нщ)
Berg *m* планина́; **&ab** надóлу; **&auf** нагóре; **~bau** *m* ми́нно дéло, руда́рство; **~hütte** *f* хи́жа; **&ig** плани́нски; **~kette** *f* плани́нска вери́га; **~mann** *m* миньóр; **~steiger** *m* алпини́ст; **~ung** *f* спася́ване; приби́ране; **~werk** *n* ми́на, ру́дник
Bericht *m* доклáд; **&en** доклáдвам; **~erstatter** *m* кореспондéнт; репортéр
berichtigen поправя(м)
Berlin *n* Берли́н; **~er** *m* берлинча́нин; *adj* берли́нски; **~erin** *f* берлинча́нка
Bernstein *m* кехлиба́р
bersten пу́к|вам [~на] се
be|rüchtigt прочу́т (с лóшо и́ме); **~rücksichtigen** взéма(м) под внима́ние
Beruf *m* профéсия; **&en** пока́н|вам [~я], пови́кам *pf*; **sich &en** позова́(вам) се (**auf** *A* на); *adj* призва́н; **&lich**, **~s-** профессионáлен; служéбен; **~ung** *f* покáна; призва́ние; JUR обжа́лване
beruhen: **auf etw ~** почи́вам на нщ
beruhig|en успокоя́(вам) (**sich** се); **&ung** *f* успокоéние; **&ungsmittel** *n* успокои́телно
be|rühmt почу́т, извéстен; **~rühren** докóс|вам [~на]; засяга́м [~éгна]
Besatzung *f* AER, MAR екипа́ж
beschädig|en повр|éждам [~éдя]; **&ung** *f* повре́да
beschaffen наба́вя(м); **&heit** *f* напра́ва, ка́чество
beschäftig|en занима́|вам [~я] (**sich** се); да́(ва)м рабóта (**j-n** нкм); **&ung** *f* рабóта, заня́тие, поми́нък
beschämen посра́м|вам [~я]
Bescheid *m*: **~ bekommen** би́вам информи́ран; **~ sagen** осведомя́(вам); **~ wissen** осведомéн съм (**über** *A* за)
bescheiden скрóмен
bescheinig|en удостоверя́(-вам); **&ung** *f* удостоверéние
beschenken подаря́(вам) (**j-n** нкм)
beschlag|en *v/t* подкова́(вам); *v/i Glas*: изпотя́(вам) се; *adj fig* подкова́н, óпитен; **~nahmen** конфиску́вам *(im)pf*
beschleunigen ускоря́(вам)
be|schließen реша́(вам); **&schluss** *m* решéние; **~schmutzen** измърся́(вам) (**sich** се)
beschränk|en огранича́(вам) (**sich** се) (**auf** *A* до, в); **&ung** *f* ограничéние
beschreib|en опи́|свам [~ша]; **&ung** *f* описа́ние
beschuldig|en обвиня́(вам); **&ung** *f* обвинéние
beschützen закри́ля(м) (**vor** *D*

от)

Beschwer|de *f* (*Klage*) оплákване; **~den** *pl* MED бóлка; **&en**: **sich &en** оплá|квам [~ча] се (**bei** *D*, **über** *A* нкм за); **&lich** мъчителен, трýден

be|schwichtigen усмирЯ (-вам); **~schwindeln** мáмя, измáм|вам [~я]; **~schwören** зак|лéвам [~ълнá] (се); **~seitigen** отстранЯ(вам)

Besen *m* метлá

besetzen заéма(м); *Kleid* обшú|вам [~я]; MIL окупúрам (*im*)*pf*; **besetzt!** заéто!

Besetzung *f* окупáция; THEA състáв

besichtig|en разглé(ж)дам; **&ung** *f* разглéждане

be|siedeln засéл|вам [~я]; **~siegen** побе|ждáвам [~дЯ]

besinnen: **sich ~** опомнЯ(м) се; спóмня(м) си (**auf** *A* за)

Besinnung *f* съзнáние; **&slos** в безсъзнáние

Besitz *m* притежáние, имóт; **&en** притежáвам, úмам; **~er** *m* притежáтел, сóбственик; **~erin** *f* притежáтелка, сóбственичка; **~tum** *n*, **~ung** *f* притежáние, имóт

besohlen сл|áгам [~óжа] подмéтки *f/pl*

besonder|e осóбен, стрáнен; **&heit** осóбеност *f*

besonders осóбено

besorg|en купýвам [кýпя], набáвя(м); **&nis** *f* опаснéние

besorgt загрúжен (**um** *A* за)

besprech|en обсъ|ждам [~дЯ]; *Buch* рецензúрам (*im*)*pf*; **&ung** *f* съвещáние; обсъждане

bespritzen напръск(в)ам

besser пó-дóбър; *adv* пó-добрé

bessern: **sich ~** подобрЯ(вам) се; попрáвя(м) се

Besserung *f* подобрéние; възстановЯване

Bestand *m* HDL налúчност *f*; (*Dauer*) трáйност *f*

beständig постоЯнен; (*dauerhaft*) трáен

Bestandteil *m* състáвна част

bestätig|en потвър|ждáвам [~дЯ]; удостоверЯ(вам); **&ung** *f* потвърждéние

bestatten → **beerdigen**

beste нáй-дóбър; **am ~n** нáй-добрé

bestech|en подкýп|вам [~я]; **&ung** *f* пóдкуп

Besteck *n* (*Ess&*) прибóр (вилица, лъжица, нож)

bestehen съществýвам; *Prüfung* изд|ържам [~ържá]; **~ auf** (*D*) държá на; **~ aus** (*D*) състоЯ се от

be|stehlen огрáб|вам [~я]; **~steigen** изк|áчвам [~ачá] се (на)

bestell|en порьч(в)ам; AGR засяв|ам [~éя]; *Grüße* предá|вам [~м]; **&ung** *f* порьчка

besteuern обл|áгам [~óжа] с дáнък

bestimm|en опред|éлям [~елЯ], нар|éждам [~едЯ]; **~end** решáващ

bestimm|t определéн; (*sicher*) сúгурен; **&ung** *f* (*Vorschrift*) на-

реждане; определение; (*Schicksal*) съдба; **≈ungsort** *m* местоназначение
Bestleistung *f* първенство, рекорд
bestraf|en нака|звам [~жа]; **≈ung** *f* наказване
bestrahlen MED облъч|вам [~а]
Bestreb|en *n*, **~ung** *f* стремеж
bestreiten оспор|вам [~я]; *Kosten* покри|вам [~я]
bestürz|t смаян; **≈ung** *f* изумление
Besuch *m* посещение, гост(и *pl*); **≈en** посе|щавам [~тя]; **~er(in** *f*) *m* посетител(ка)
betäub|en MED упоя(вам); *fig* заглуша(вам); **≈ung** *f* упойка; **≈ungsmittel** *n* упойтелно средство
beteilig|en: **sich ~en** участвам (**an** *D* в); **≈ung** *f* участие
beten REL моля се (**zu** *D* на)
beteuern уверя(вам)
beton|en акцентувам (*im*)*pf*; *fig* изтък|вам [~на]; **≈ung** *f* ударение
Betracht *m*: **in ~ ziehen** взема(м) под внимание; **≈en** разгле(ж)дам; **~ung** *f* разглеждане; (*Erwägung*) обмисляне
beträchtlich значителен
Betrag *m* сума; **≈en** възл|изам [~яза]; **sich ≈en** държа се; **~en** *n* държание, поведение
betreff|en отн|асям [~еса] се (до); **~end** съответен
be|treiben занима|вам [~я] се (*A* с); **~treten** *Raum* стъп|вам [~я], вл|изам [~яза] (*A* в)
Betrieb *m* предприятие; TECH движение; **in ~ setzen** пускам [~на] в ход; **~s-** заводски; производствен; **~sordnung** *f* правилники за вътрешния ред
betrinken: **sich ~** напи|вам [~я] се
Betrug *m* измама
betrüg|en измам|вам [~я]; **≈er** *m* измамник; **≈erin** *f* измамница
betrunken пиян
Bett *n* легло, креват; **zu** *od* **ins ~ gehen** лягам [легна] си; **~decke** *f* завивка
betteln [из]прося
Bett|tuch *n* чаршаф; **~wäsche** *f* бельо (за легло)
beugen прегъ|вам [~на]; GR скл|аням [~оня]; **sich ~** *fig* покоря(вам) се
Beule *f* подутина
beunruhig|en безпокоя (**sich** се); **≈ung** *f* безпокойство
beurlauben пус|кам [~на] в (*od* да(ва)м) отпуск
beurteil|en преценя(вам); **≈ung** *f* преценка
Beute *f* плячка
Beutel *m* торба; кесия
bevölker|n населявам; **≈ung** *f* население
bevollmächtig|en упълномощ|авам [~я]; **≈te(r)** пълномощник
bevor преди, преди да; **~stehen** предстоя; **~zugen** предпоч|итам [~ета]
bewach|en охранявам, пазя;

≈ung *f* охрáна
bewaffn|en въоръжá(вам); **≈ung** *f* въоръжéние
bewahren пáзя, запáз|вам [~я] (**vor** *D* от)
bewähr|en: **sich ~en** окá|звам [~жа] се (гóден); **~t** изпúтан; **≈ung** *f*: JUR **auf ≈ung (verurteilt)** услóвно осъ̀ден
beweg|en [по]движа, мъ̀рдам (**sich** се); *fig* (**zu**) скл|áням [~оня̀]; **~lich** подвúжен, гъвкав; **≈ung** *f* движéние
Beweis *m* доказáтелство; **≈en** докá|звам [~жа]
bewerb|en: **sich ~en** кандидатúрам *(im)pf* (**um** *A* за); **≈er(in** *f*) *m* кандидáт(ка); **≈ung** *f* кандидатýра
bewilligen одобря̀(вам), разрешá(вам)
bewirken причиня̀(вам)
bewirt|en нагостя̀(вам); **~schaften** стопанúсвам
bewohn|bar обитáем; **≈er(in** *f*) *m* жúтел(ка); обитáтел(ка)
bewölkt óблачен
bewunder|n възхи|щáвам [~тя̀] се (*A* от); **~nswert** възхитúтелен; **≈ung** *f* възхищéние
bewusst съзнáтелен; *adv* нарóчно; **~los** в безсъзнáние; **≈sein** *n* съзнáние
bezahl|en (за)пл|áщам [~атя̀]; **≈ung** *f* (за)плáщане
bezeichn|en означá(вам); **~end** харáктéрен; **≈ung** *f* обозначéние
bezeugen засвидéтелствам *(im)pf*
beziehen *Wohnung* нан|áсям [~еся̀] се (в); *(bekommen)* пол|учáвам [~ýча]; **sich ~** отн|áсям [~еся̀] се (**auf** *A* до)
Beziehung *f* отношéние; връ̀зка; **≈sweise (bzw.)** или; респектúвно
Bezirk *m* óкръг; райóн
Bezug *m* калъ̀ф; *(Waren)* получáване; **in ~ auf** (*A*) относно
be|zwecken цéля; **~zweifeln** съмня̀вам се (**etw** в нщ)
BH *m* (**Büstenhalter**) сутиéн
Bibel *f* бúблия
Bibliothek *f* библиотéка
bieg|en *v/t* прегъ̀|вам [~на] (**sich** се); *v/i* завú|вам [~я] (**um** *A* зад); **~sam** гъ̀вкав
Biene *f* пчелá; **~nstock** *m* кóшер
Bier *n* бúра; **helles ~** свéтла бúра; **dunkles ~** мáлцова бúра; **~ vom Fass** налúвна бúра; **~kneipe** *f F* бирáрия
Bikini *m* бикúни
Bilanz *f* балáнс
Bild *n* картúна; FOT снúмка; портрéт; **≈en** образýвам; *(Schule)* образóвам; **~ergalerie** *f* картúнна галéрия; **~hauer** *m* скýлптор; **≈lich** картúнен, óбразен; **~schirm** *m* TEL телевизиóнен екрáн; *(Computer)* монúтор; **~ung** *f* образýване; *(Schule)* образовáние
billig éвтин; **~en** одобря̀(вам); **≈flug** *m* éвтин пóлет; **≈ung** *f* одобрéние
Binde *f* бинт, превръ̀зка; → Damen≈
binden връ̀звам [връ̀жа] (**an** *A*

за); *Bücher* подвър|звам [~жа]
Bind|faden *m* канáп; **~ung** *f* връзка; *figa.* спóйка
Binnen|handel *m* вътрешна търговия; **~markt** *m* вътрешен пазáр; **~schifffahrt** *f* речно корабоплáване
bio, Bio- био, Био; **~Lebensmittel** *pl* био хранúтелни продýкти *pl*
Birke *f* брезá
Birne *f* крýша; → Glüh≈
bis (*A*) до; **~ dahin** дотáм; (*zeitl*) дотогáва; **~ jetzt** досегá
Bischof *m* владúка, епископ
bisher досегá
Biss *m* ухáпване; (*Wunde*) ухáпано място
bisschen: **ein ~** мáлко
Bissen *m* хáпка, зáлък
bisweilen понякога
Bitte *f* молбá; **bitte!** (*bei e-r Aufforderung*) заповядáй(те) ...!, (*als Antwort oder Bitte*) мóля!
bitten *v/t* [по]мóля (**um** *A* за)
bitter горчúв
Blähungen *f/pl* гáзове *m/pl*
blamieren изл|áгам [~óжа], бламúрам (*im*)*pf* (**sich** се)
blank (*glänzend*) лъскав; (*bloß*) гол
Blase *f* мехýр; **≈n** [по]дýхам; MUS свиря (**auf** *D* на)
Blasinstrument *n* дýхов инструмéнт
blass блéден
Blässe *f* бледнинá
Blatt *m* BOT, (*Papier*) лист; (*Zeitung*) вéстник
blättern прелúст|вам [~я]
blau син; *F* пиян; **~er Fleck** сининá; **≈beere** *f* чéрна боровинка
bläulich синкав
Blech *n* тенекия, ламарúна
Blei *n* олóво
bleiben остá|вам [~на]
bleich блéд
bleifrei безолóвен
Bleistift *m* мóлив
Blend|e *f* FOT блéнда; **≈en** заслепя(вам); **≈end** блестящ
Blick *m* пóглед; (*Aus≈*) глéдка; **≈en** поглé|ждам [~дна], глéдам
blind сляп
Blind|darmentzündung *f* апандисúт; **~heit** *f* слепотá
blinken святкам
Blinker *m* KFZ мигáч
Blitz *m* светкáвица, мълния; **~ableiter** *m* гръмоотвóд; **≈en** святкам; **es blitzt** святка се; **~licht** *n* FOT фóтосветкáвица; **~schlag** *m* мълниенóсен ýдар; **≈schnell** мълниенóсен
Block *m* блок
Block|ade *f* блокáда; **≈ieren** блокúрам (*im*)*pf*; **~schrift** *f* печáтни бýкви *pl*
blöd|(e) тъп, глýпав; **≈sinn** *m* глýпост *f*; **~sinnig** глýпав, тъпоýмен
blond рус
bloß гол, непокрúт; *adv* сáмо; **mit ~em Auge** с прóсто окó; **~stellen** изл|áгам [~óжа]
blühen цъфтя
Blume *f* цвéте
Blumen|kohl *m* цвéтно зéле, карфиóл; **~laden** *m* цветáр-

ски магазѝн; **~strauß** *m* букѐт; **~topf** *m* саксѝя
Bluse *f* блу̀за
Blut *n* кръв *f*; *in Zssg(n)* кръвен; **~druck** *m* кръвно налягане
Blüte *f* цвят; *fig* разцвет
Blut|egel *m* пиявица; **≗en** кървя̀; **≗ig** кървав; **~gefäß** *n* кръвоно̀сен съд; **~gruppe** *f* кръвна гру̀па; **~spender(in** *f) m* кръводарител(ка); **≗stillend(es Mittel** средство) за спиране на кръвта̀; **~transfusion** *f* кръвопрелѝване; **~ung** *f* кръвотечѐние; **~vergiftung** *f* отравяне на кръвта̀; **~verlust** *m* загуба на кръв; **~wurst** *f* кървавица
Bö *f* порѝв на вятъра
Bock *m* козѐл, пръч; SPORT коза̀; **≗ig** твърдоглав
Boden *m* почва, земя̀; *(Gefäß)* дъно; *(Fuß≗)* под; *(Dach)* таван; **≗los** бездънен; *fig* нечу̀ван
Bogen *m* ARCH свод; *(Regen,* MATH) дъга̀; MUS, MIL лък; TYP ко̀ла; *(Papier)* лист; *(Kurve)* завой
Bohne *f* зърно̀; фасу̀л, боб; **grüne ~n** *pl* зелѐн фасу̀л
bohnern лъскам по̀да
bohr|en ду̀пча, продуп|чвам [~ча]; **≗er** *m* свредел, бургѝя
Boje *f* шаманду̀ра
Bolzen *m* болт
Bombe *f* бо̀мба
Bonbon *m od n* бонбо̀н
Boot *n* ло̀дка
Boots|fahrt *f* пъту̀ване с ло̀дка; **~verleih** *m* ло̀дки под наем
Bord[1] *n (Regal)* рафт
Bord[2] *m* MAR AER борд; **an ~ gehen** MAR качвам [кача̀] се на кораб
borgen да̀(ва)м [*od (nehmen)* взѐма(м)] на заем, заѐма(м) (**j-m** на нкг, **von j-m** от нкг)
Börse *f* бо̀рса
Borte *f* бордю̀р
bösartig злобен, зъл; MED злока̀чествен
Böschung *f* склон, скат
böse зъл, лош; *(verärgert)* сърдѝт
bos|haft злобен; **≗heit** *f* злоба; злина̀
böswillig злонамѐрен
botanisch ботанѝчески
Bote *m* курѝер, пра̀теник
Botschaft *f* вест *f*; извѐстие; POL посо̀лство; **~er** *m* посланик
Bottich *m* бъчва, ка̀ца
Bowle *f* бо̀ле
box|en боксѝрам се; **≗er** *m* боксьо̀р; **≗kampf** *m* бокс
brachliegen оста̀|вам [~на] необрабо̀тен
Brand *m* пожар
Brandenburg *n* Бра̀нденбург
Brand|salbe *f* мехлѐм протѝв изга̀ряне; **~stifter** *m* подпалвач; **~ung** *f* прибо̀й; **~wunde** *f* рана от изгорѐно
Branntwein *m* ракѝя
Brat|- печен, пържен; **≗en** пека̀; *(in der Pfanne)* пържа; **~en** *m* пѐчено; **~hähnchen** *n* пѐчено пѝле; **~kartoffeln** *f/pl* пържени карто̀фи *m/pl*; **~pfanne** *f* тига̀н; **~wurst** *f*

пържена на́деница
Brauch *m* обича́й; **≗bar** го́ден, употреби́м; **≗en** нужда́я се (*A* от)
Brauerei *f* пивова́рна
braun кафя́в; **~ sein** *od* **werden** *Haut*: почерн|я́вам [~е́я]
Bräune *f* зага́р
bräunen GASTR запъ́рж|вам [~а]; *Sonne*: изг|а́рям [~оря́] (*a.* **sich**)
Braunkohle *f* кафя́ви ка́менни въглища
Brause *f*, **~bad** *n* душ
brausen шумя́
Braut *f* бу́лка годени́ца, младоже́нка
Bräutigam *m* годени́к, младоже́нец
Brautkleid *n* бу́лчинска ро́кля
brav послу́шен
Brecheisen *n* лост, лом
brechen счу́п|вам [~я], чу́пя; троша́; *Eid* наруша́(вам); *Ehe* прелюбоде́йствам; (*erbrechen*) пов|ръ́щам [~ъ́рна]; *v/i* чу́пя се, пречу́п|вам [~я] се
Brei *m* ка́ша; пюре́
breit широ́к
Breit|e *f* широчина́; GEO ширина́; **~wand** *f* (*Kino*) широ́к екра́н
Bremen *n* Бре́мен
Brems|e *f* TECH спира́чка; **≗en** сп|и́рам [~ра́]
brenn|bar запали́м; **~en** горя́; *fig* пека́, жа́ря, па́ря; **≗nessel** *f* копри́ва; **≗holz** *n* дърва́ *n/pl* (за горе́не); **≗punkt** *m* фо́кус; це́нтър; **≗spiritus** *m* спирт за горе́не; **≗stoff** *m* гори́во
Brett *n* дъска́
Brezel *f etwa*: гевре́к
Brief *m* писмо́; **~kasten** *m* по́щенска кути́я; **≗lich** пи́смен; **~marke** *f* по́щенска ма́рка; **~papier** *n* хартия за писма́; **~tasche** *f* портфе́йл; **~träger(in** *f*) *m* раздава́ч(ка); **~umschlag** *m* плик; **~wechsel** *m* кореспонде́нция
Brillant *m* брилянт
Brille *f* очила́ *pl*
bringen но́ся, дон|а́сям [~еса́]; (*j-n*) дов|е́ждам [~еда́]; **j-n nach Hause** придружа́(вам) до вкъщи; **zur Welt ~** ра́ждам [родя́]
Brit|e *m* брита́нец; **≗isch** брита́нски
Brocken *m* отло́мък, парче́
Brombeere *f* къпи́на
Brosche *f* бро́шка
Broschüre *f* брошу́ра
Brot *n* хляб
Brötchen *n* хле́бче
Brotscheibe *f*, **~schnitte** *f* ре́зен, фили́я хляб
Bruch *m* MED хе́рния; (*Knochen*) счу́пване, фракту́ра; MATH дроб *f*; *fig* наруше́ние
brüchig чупли́в, трошли́в
Bruchstück *n* отло́мък; *fig* фрагме́нт
Brücke *f* мост; (*Teppich*) пъте́ка
Bruder *m* брат
brüderlich бра́тски
Brüh|e *f* бульо́н; **≗en** попа́р|вам [~я]; *Tee* запа́р|вам [~я]
brüllen ревá, бучá
brummen *Insekt*: бръмча́; *Mo-*

tor: бучá
brünett брюнéт
Brunnen *m* клáденец; чешмá; (*Quelle*) извор
Brust *f* гърди *pl*; (*Mutter*≈) гърдá; **~korb** *m* грѣден кош; **~warze** *f* зърнó на гърдáта
brüten [из]мътя
Bube *m* (*Karte*) валé; (*Junge*) момчé
Buch *n* книга; **~binder** *m* книговéзец; **~druckerei** *f* печáтница
Buche *f* бук
buchen HDL зав|éждам [~едá] в книга; *Reise usw.* ангажирам (*im*)*pf*
Bücherschrank *m* шкаф за книги
Buch|führung *f* счетовóдство; **~halter**(**in** *f*) *m* счетоводител(ка); **~handlung** *f* книжáрница
Büchse *f* кутия; (*Flinte*) пушка
Büchsenöffner *m* отварáчка за консéрви
Buchstab|e *m* бýква; ≈**ieren** изгов|áрям [~óря] бýква по бýква
buchstäblich буквáлен
Bucht *f* зáлив
Buckel *m* гръб, гърбица
buck(e)lig гърбав
bücken: **sich ~** навé|ждам [~дá] се
Bückling *m* GASTR пýшена хéринга
Bude *f* барáка; (*Zimmer*) стáя
Büfett *n* бюфéт
Bug *m* MAR, AER нос
Bügel *m* (*Kleider*) закачáлка; TECH скóба; **~eisen** *n* ютия; ≈**n** [из]глáдя
Bühn|e *f* сцéна; **~enstück** *n* пиéса
Bulgar|e *m* българин; **~ien** *n* България; **~in** *f* българка; ≈**isch** български
Bummel *m F* шляне; ≈**n** [по]шляя се
Bund[1] *m* (*Bündnis*) съюз, федерáция
Bund[2] *n* (*Schlüssel*) връзка
Bündel *n* вързóп
Bundes|kanzler *m* федерáлен кáнцлер; **~republik** *f* федерáлна репýблика
Bündnis *n* съюз
Bungalow *m* бунгáло
bunt пъстър, шáрен
Burg *f* зáмък; крéпост *f*
Bürg|e *m* поръчител, гарáнт, ≈**en** гарантирам (*im*)*pf* (**für** *A* за)
Bürger *m* грáжданин; жител; **~in** *f* грáжданка; жителка
Bürger|krieg *m* грáжданска войнá; ≈**lich** грáждански; **~meister**(**in** *f*) *m* кмет(ица)
Bürgschaft *f* гарáнция
Büro *n* бюрó; **~kratie** *f* бюрокрáция
Bursche *m* мóмък, младéж
Bürst|e *f* чéтка; ≈**en** чéткам, изчéтк(в)ам
Bus *m* автобýс, рейс
Busch *m* храст
Busen *m* гърди *f*/*pl*; *fig* пáзва
Buße *f* REL разкаяние, покаяние; (*Strafe*) наказáние; JUR глóба
büßen *v*/*t* изкýп|вам [~я] (ви-

нá); *v/i* разкá|йвам [~я] се (**etw** за)
Büstenhalter *m* сутиéн
Butter *f* мáсло; **~brot** *n* сáндвич; **~milch** *f* мътеница

C

Café *n* кафенé
Camping *n* къмпинг
CD *f* компáкт диск; **~-Player** *m* си-ди-плéйър; **~-ROM** *f* си-ди--РОМ
Cent *m* цент
Cello *n* чéло
Champagner *m* шампáнско
Champignon *m* печýрка
Chance *f* шанс
Charakter *m* харáктер, нрав; **≗istisch** характéрен; **~zug** *m* чертá на харáктера
charmant очаровáтелен
charter|n наéма(м); **≗flug** *m* чáртърен пóлет
Chauffeur *m* шофьóр
Chef *m* начáлник, шеф; *in Zssg(n)* глáвен; **~in** *f* начáлничка
Chem|ie *f* хúмия; **~iker** *m* химúк; **~ikerin** *f* химúчка; **≗isch** химúчески
Chin|a *n* Китáй; **~ese** *m* китáец; **~esin** *f* китáйка; **≗esisch** китáйски
Chip *m* чип, жетóн
Chips *pl* чипс
Chirurg *m* хирýрг; **~ie** *f* хирургия; **≗isch** хирургúчески
Chlor *n* хлор
Chor *m* хор
Christ|entum *n* християнство; **≗lich** християнски
Chron|ik *f* хрóника; **≗isch** хронúчески
Clown *m* клóун
Cocktail *m* кóктейл
Cola *f* кóка-кóла
Computer *m* компютър
Coronaschnelltest *m* MED бърз тест за корóнавúрус *m*
Coronavirus *m, n* MED корóнавúрус *m*
Couch *f* кушéтка; канапé
Cousin *m* братовчéд; **~e** *f* братовчéдка
Covid-19, COVID-19 *f* (*corona virus disease 2019*) Кóвид-19 *m*
Creme *f* крем

D

da там; (*hier*) тук; (*damals*) тогáва; (*weil*) понéже; **von ~ an** оттогáва; оттýк
dabei при товá; **~ sein** присъствам
dableiben остá|вам [~на]
Dach *n* пóкрив; *in Zssg(n)* тавáнски; **~kammer** *f* тавáнска стáя; **~rinne** *f* улýк
Dachs *m* язовец
Dachziegel *m* керемúда, цúгла
dadurch чрез товá, поради то-

вá
dafür затовá; **ich kann nichts ~** не съм винóвен затовá
da|gegen напрóтив, протѝв; *konj* но, пък; **~heim** у домá; **~her** оттáм; *konj* затовá
dahin дотáм; дотогáва
da|hinten отзáд; **~hinter** зáд (+ *pron*); **~hinter kommen** узнá|вам [~я]
damals тогáва
Dame *f* дáма; (*Schach*) царѝца; **~n-** *in Zssg(n)* жéнски
Damenbinde *f* дáмска превръзка
Damhirsch *m* лопатáр
damit с товá; *konj* за да
Damm *m* нáсип
dämmern: **es dämmert** (*abends*) ст|ъмва [~ъмнѝ] се; (*morgens*) съм|ва [~не] се
Dämmerung *f* стъмване; (раз)съмване
Dampf *m* пáра; *in Zssg(n)* пáрен; **~bad** *n* пáрна бáня; **℞en** пýс|кам [~на] пáра
dämpfen GASTR задушá(вам); *Stimme* понижá(вам)
Dampfer *m* парахóд
danach послé, след (*od* сперéд) товá
Däne *m* датчáнин; **~mark** *n* Дáния
daneben блѝзо до; (*außerdem*) освéн (*od* при) товá
Dän|in *f* датчáнка; **℞isch** дáтски
dank (*D, G*) благодарéние на
Dank *m* благодáрност *f*; **℞bar** благодáрен
Dankbarkeit *f* благодáрност *f*
danken благодаря́; **danke (sehr)!** благодаря́ (мнóго)!
dann тогáва, пóсле
dar|an на товá, в товá; **~auf** на товá, след товá; **~aus** от товá
darin в товá; вътре
darlegen изл|áгам [~óжа]; обясня́(вам)
Darm *m* червó
darstell|en изобразя́(вам); THEA предстáвя(м); **℞er(in** *f*) *m* артѝст(ка); **℞ung** *f* изображéние, представяне
dar|über върхý товá; над товá; **~um** затовá, порадѝ товá; **~unter** под; междý товá
das *pron* товá; (*relativ*) коéто; (*Artikel*) -то
Dasein *n* съществýване
dass че
dasselbe същото
Datenverarbeitung *f* обрабóтка на дáнни
datieren датѝрам
Dattel *f* фурмá
Dat|um *n* дáта; **~en** *pl* дáнни *pl*, фáкти *m/pl*
Dauer *f* трáене; трáйност *f*; **℞haft** трáен, здрав
dauern трáя
dauernd трáен, постоя́нен
Dauerwelle(n *pl*) *f* трáйно къдрене
Daumen *m* пáлец
davon от товá; **~kommen** отървá(вам) се; **~laufen** избя́г(в)ам; **~tragen** *Schaden* пон|áсям [~есá]; *Sieg* отн|áсям [~есá]
davor пред товá, от товá

dazu към (при *od* на) товá; **~gehören** принадлежá; **~tun** прибáвя(м), добáвя(м)
dazwischen между товá; **~kommen** слýчва се; **~treten** намéс|вам [~я] се
Debatte *f* разискване, дебáти *pl*
Deck *n* пáлуба; *vgl a.* **Bord**
Decke *f* покрива; ARCH таван
Deckel *m* капáк, похлупáк
decken покри|вам [~я]; (*schützen*) закриля(м); *Tisch* сл|áгам [~óжа]
Defekt *m* дефект, повреда
Degen *m* сабя, шпага
dehnen разт|ягам [~éгна] (**sich** се); **sich ~** прот|ягам [~éгна] се; *Weg*: прост|ирам [~ра] се
Deich *m* насип, яз, бент
dein, **~e** твой, твоя, твое, *pl* твои; **~erseits** от твоя страна; **~etwillen** заради тебе
Delikat|esse *f* деликатéс; **~essengeschäft** *n* деликатéсен магазин
dem (*D* → der)
dem|gemäß според товá; **~entsprechend** съобрáзно с товá; **~nach** следовáтелно; **~nächst** в скóро врéме
Demokra|tie *f* демокрáция; **&tisch** демократически
Demonstra|nt(in *f*) *m* демонстрáнт(ка); **~tion** *f* демонстрáция
Demut *f* смирéние
demütig смирéн; **~en** (*erniedrigen*) унижá(вам); **&ung** *f* унижéние
den (*A* → der)
denken [по]мисля (**an** *A* за); **sich** (*D*) **~** представя(м) си, мисля си
Denk|mal *n* пáметник; **~schrift** *f* меморáндум
denn защóто, понéже; *part* нимá, та
denunzieren донóснича
Deodorant *n* дезодорáнт
deponieren депозирам (*im*)*pf*
der тóзи, тóя; (*relativ*) който; (*Artikel*) -ът, -ят
derart по такъв начин, такá; **~ig** такъв
derb груб; силен, як
deren *G*/*sg* на тáзи, чиято; *G*/*pl* на тéзи, чиито
der|gleichen такъв, подóбен; **~jenige** óнзи, óня; **~maßen** тóлкова, такá; **~selbe** същият
deshalb затовá, поради товá
desinfizieren дезинфекцирам (*im*)*pf*
dessen чийто, чиéто
desto тóлкова; **je ... ~ ...** колкото ... тóлкова
deut|en *v*/*t* [раз]тълкýвам; *v*/*i* сóча (**auf** *A* нкг, нщ); **~lich** ясен
deutsch нéмски, германски; **auf &** на нéмски; **&e** *f* немкиня, германка; **&e(r)** *m* нéмец, гермáнец; **&land** *n* Германия
Devisen *pl* валýта
Dezember *m* декéмври *m*
Diabetes *f* MED диабéт
Diät *f* диéта; **~ halten** пáзя диéта; **~en** *pl* днéвни пари *pl*
dich тéбе, те

dicht плътен, гъст; **~en** пѝша стѝхове; **²er** *m* поет; **²erin** *f* поетѐса; **²ung** *f* поѐзия; TECH уплътнѝтел
dick дебѐл; **²icht** *n* гъсталàк; **²kopf** *m F* дебелоглàвец
die (*Artikel*) *sg* -та, *pl* -те, -та; *pron sg* тàзи, тàя; *pl* тѐзи, тѝя; (*relativ*) *sg* коя̀то; *pl* коѝто
Dieb *m* крадѐц; **~in** *f* крàдла; **~stahl** *m* кражба
Diele *f* дъсчен под; (*Flur*) коридòр
dien|en слỳжа (**als** за нщ); **²er** *m* слугà; **²erin** *f* слугѝня; **~lich** полѐзен, гòден (за нщ)
Dienst *m* слỳжба; (*Hilfe*) услỳга
Dienstag *m* втòрник
Dienst|bereitschaft *f* услужлѝвост *f*; **²lich** служѐбен; **~reise** *f* служѐбно пътỳване; командировка
Dieselöl *n* нафт(а)
dies|er, **~e**, **~es**, *pl* **~e** тòзи, тàзи, товà, *pl* тѝя, тѐзи; **~jährig** тазгодѝшен; **~mal** тòзи път; **~seits** (*G*) отсàм
Dietrich *m* шперц
digital цѝфров
Dikt|at *n* диктòвка; **~iergerät** *n* диктофòн
Ding *n* нѐщо, вещ *f*
Diplom *n* дѝплòм, дѝплòма; *in Zssg(n)* дипломѝран; дѝпломен
diplomatisch дипломатѝчески; дипломатѝчен
direkt пряк; дирѐктен; *adv fig* (на)пра̀во
Direk|tion *f* дирѐкция; **~tor(in** *f*) *m* дирѐктор(ка)
Diri|gent(in *f*) *m* диригѐнт(ка); **²gieren** дирижѝрам (*im*)*pf*
Dis|kont *m* дискòнто; **²kret** дискрѐтен
Diskus(werfen *n*) *m* (хвърляне на) диск
Distel *f* магарѐшки бодѝл, трън
divi|dieren MATH [раз]деля̀; **²sion** *f* MIL дивѝзия; MATH делѐние
doch въпреки товà; *konj* обàче, но
Docht *m* фитѝл
Dock *n* MAR док
Dolch *m* камà
Dollar *m* дòлар
Dolmetscher(in *f*) *m* преводàч(ка)
Dom *m* катедрàла
Donau *f* Дỳнав
Donn|er *m* гръм, гръмотѐвица; **²ern** [из]гърмя̀
Donnerstag *m* четвъртък
Doppel|bett *n* двòйно леглò; **~punkt** *m* двоетòчие
doppel|t двòен; **²zentner** *m* квинтàл
Dorf *n* сѐло; *in Zssg(n)* сѐлски
Dorn *m* трън, бодѝл; **²ig** трънлѝв, бодлѝв
Dorsch *m* трѐска
dort там; **~her** оттàм; **~hin** натàм, натàтък
Dose *f* кутѝя
Dosis *f* MED дòза
Dotter *m* жълтък
Dozent(in *f*) *m* доцѐнт(ка)
Drache *m* змѐй; **~n** *m* (*Papier*) хвърчѝло
Draht *m* тел, жѝца; **²los** безжѝчен; **~seilbahn** *f* въжена

ли́ния
Drama *n* дра́ма; **˜tisch** драма́тичен
Drang *m* напо́р, на́тиск; (*Trieb*) стреме́ж
drängen блъ́скам, ти́кам, нати́с|кам [~на] (**sich** се); *F* да́(ва)м зор
drastisch драсти́чен
draußen вън(ка), навъ́н
Dreck *m* кал *f*, мръсоти́я; **˜ig** мръ́сен, ка́лен
Dreh|bank *f* струг; **~buch** *n* сцена́рий; **˜en** въртя́; об|ръ́щам [~ъ́рна] (**sich** се); *Film* сне́ма(м); **~ung** *f* оборо́т; (*Drehen*) въртене; обръ́щане
drei три; **~ viertel** три че́твърти; **˜eck** *n* триъ́гълник; **~eckig** триъ́гълен; **~fach** трикра́тен; **~mal** три пъ́ти
dreist дъ́рзък, смел
dreitägig тридне́вен
dringen прони́к|вам [~на] (**in** *A*); настоя́(вам) (**auf** *A* за)
dringend належа́щ
drinnen вътре
Drittel *n* една́ трета, трети́на
Droge *f* дро́га
Drogenhandel *m* на́ркобизнес
Drogerie *f* дрогерия
droh|en запла́ш|вам [~а] (**j-m** нкг); **˜ung** *f* зака́на, запла́ха
dröhnen гърмя́, бучá
drollig сме́шен, заба́вен
Drossel *f* ZO дрозд; **˜n** TECH намаля́(вам)
drüben отта́тък, отсре́ща
Druck *m* на́тиск (*a. fig*); TYP печа́т(ане); TECH наля́гане; **˜en** печа́там, напеча́т(в)ам
drück|en нати́с|кам [~на], притискам; *Schuhe*: уби́вам; **~end** те́жък; заду́шен
Druck|er *m* TECH при́нтер; (*Person*) печата́р; **~erei** *f* печа́тница; **~fehler** *m* печа́тна гре́шка; **~knopf** *m* буто́н, ко́пче; **~sache** *f* печа́тно произведе́ние
Drüse *f* жлеза́
du ти
Duft *m* уха́ние; **˜en** уха́я
dulden търпя́; пон|а́сям [~еса́]
dumm глу́пав, тъп; **˜heit** *f* глу́пост *f*
dumpf глух, смъ́тен
Düne *f* дю́на
düng|en торя́, наторя́(вам); **˜er** *m* тор
dunkel тъ́мен; *fig* нея́сен
Dunkelheit *f* тъмнина́, мрак
dünn тъ́нък; (*mager*) слаб; (*wässrig*) ря́дък
Dunst *m* (*Nebel*) мъгла́; изпаре́ние; **˜ig** пъ́лен с па́ра
Dünung *f* мъ́ртво вълне́ние
durch (*A*) чрез, през, по, на
durch|arbeiten прерабо́т|вам [~я]; рабо́тя без прекъ́сване; **~aus** съвсе́м, напъ́лно; **~aus nicht** съвсе́м не, ни́как; **~blättern** прели́ст|вам [~я]; **~blicken**: **etw ~blicken lassen** да́(ва)м да се разбере́ нщ; **~bohren** проду́пч|вам [~а]; **~brechen** проби́|вам [~я]; счу́п|вам [~я]; **~brennen** EL изг|а́рям [~оря́]; **˜bruch** *m* про́бив; *fig* прело́м; **~denken**

обми́сля(м); **~dringen** прони́к|вам [~на]; **~dringend** прони́зващ; (*Laut, Geruch*) ря́зък
durcheinander в безпоря́дък; **~ werfen** разхвърля(м)
Durcheinander *n* безпоря́дък, хаос
durch|fahren прем|ина́вам [~и́на]; **≗fahrt** *f* премина́ване; пася́ж; **≗fall** *m* MED диа́рия; **~fallen** *fig* пропа́д|ам [~на]; **~führbar** осъществи́м; **~führen** пров|е́ждам [~едá], изпълня́(вам)
Durchgang *m* премина́ване; пася́ж, про́ход; **~sverkehr** *m* транзи́тен транспо́рт
durch|gehen (пре)мина́вам [-(пре)ми́на]; *Pferd*: избя́г(в)ам; **~kreuzen** кръсто́с(в)ам; *fig* объ́рк(в)ам; **~lassen** пропу́с|кам [~на]; **~lesen** проч|и́там [~етá]; **~löchern** проду́пч|вам [~а]; **≗messer** *m* диаме́тър; **~nässen** намо́кря(м); **~queren** прес|и́чам [~екá], прекóс|явам [~я́]; **≗reise** *f* премина́ване; **~reißen** скъ́с(в)ам (*v/i* се); **~schauen** проз|и́рам [~рá]
Durchschlag *m* (машинопи́сно) ко́пие; **~papier** *n* копи́рна хартия́, инди́го
durchschneiden прер|я́звам [~е́жа]
Durchschnitt *m* разрез; **im ~**, **≗lich** *adv* сре́дно
durch|sehen прегле́(ж)дам; **~setzen** прока́р(в)ам; **sich ~setzen** нал|а́гам [~о́жа] се; **~sichtig** прозра́чен; **~stechen** про́б|óждам [~одá]; **~stoßen** про́б|и́вам [~и́я], прому́ш|вам [~я]; **~streichen** зачерта́|вам [~я]; **~suchen** претъ́рс|вам [~я]; **≗suchung** *f* претъ́рсване, о́биск; **~wandern** пребро́|ждам [~дя]; **~weg** изо́бщо, нався́къде; **≗zug** *m* (*Luft*) тече́ние
dürf|en позволе́но (ми) е, мо́га; **~tig** оскъ́ден, бе́ден
dürr слаб; (*trocken*) сух; (*mager*) мъ́ршав; **≗e** *f* су́ша
Durst *m* жа́жда; **≗ig** жа́ден
Dusch|e *f* душ; **≗en** **(sich)** взе́ма(м) душ; **~gel** *n* шампоа́н за тя́ло
Düs|e *f* дю́за; **~enflugzeug** *n* реакти́вен самоле́т
düster мра́чен, тъ́мен
Dutzend *n* дузи́на

Ebbe *f* о́тлив
eben ра́вен, гла́дък; пло́сък; *adv* тъ́кмо, току́що; **≗e** *f* равнина́; MATH пло́скост *f*; **~falls** съ́що така́, подо́бно; **≗holz** *n* абано́с; **~so** съ́що така́
Eber *m* шопа́р; (*Wild, Männchen*) глига́н
ebnen изравня́(вам)
Echo *n* е́хо, о́тзвук
echt и́стински; чист; оригина-

лен; (*Haar*) естéствен; (*Geld*) неподпрáвен; (*Dokument*) автентѝчен

Eck|ball *m* SPORT кóрнер; **~e** *f* ъ́гъл, ръб; **≗ig** ъ́глест, ръ́бест; **~zahn** *m* кýчешки зъб

edel благорóден; **≗stein** *m* скъпоцéнен кáмък

Efeu *m* бръшля́н

egal → **gleich**, **einerlei**

ehe предѝ да

Ehe *f* брак; **~bruch** *m* прелюбодея́ние, изневя́ра; **~frau** *f* съпрýга; **≗lich** брáчен, съпрýжески; **~mann** *m* съпрýг

ehemal|ig бивш; **~s** ня́кога си, предѝ

Ehepaar *n* съпрýжеска двóйка

eher пó-рáно; (*vielmehr*) пó-скóро; (*lieber*) пó-добрé

Ehe|ring *m* венчáлен пръ́стен; **~scheidung** *f* развóд

ehr|bar почтéн

Ehre *f* чест *f*, пóчит *f*

ehren поч|ѝтам [~етá], уважáвам; **~haft** почѝтан, почтéн; **~voll** пóчетен; почтéн; **≗wort** *n* чéстна дýма

ehr|geizig честолюбѝв, амбициóзен; **~lich** чéстен

Ei *n* яйцé; **weich gekochtes ~** рóхко сварéно яйцé; **hart gekochtes ~** твъ́рдо сварéно яйцé

Eich|e *f* дъб; **~el** *f* жéлъд; **~hörnchen** *n* кáтерица

Eid *m* клéтва; **e-n ~ leisten** дá(ва)м клéтва

Eidechse *f* гýщер

Eidotter *m*, *n* жълтъ́к

Eifer *m* рéвност *f*, усъ́рдие; **~sucht** *f* рéвност *f*; **≗süchtig** ревнѝв (**auf** *A* към)

eifrig старáтелен, усъ́рден; рéвностен

Eigelb *n* жълтъ́к

eigen сóбствен, свой; **~artig** своеобрáзен, осóбен; **~händig** собственоръ́чен; **~mächtig** своевóлен; **≗name** *m* сóбствено ѝме; **~nützig** егоистѝчен; **~s** нарóчно, сáмо; **≗schaft** *f* свóйство, кáчество; **~sinnig** своенрáвен

eigentlich същѝнски; *adv* всъ́щност

Eigen|tum *n* сóбственост *f*, имóт; **~tümer** *m* сóбственик; **~tümerin** *f* сóбственичка; **≗tümlich** свóйствен (на), осóбен; **≗willig** своевóлен, своенрáвен

eignen: **sich ~** гóден съм (**für** *A*, **zu** *D* за)

Eil|bote *m* куриéр; **~brief** *m* бъ́рзо писмó

Eil|e *f* бързинá; **≗en** бъ́рзам; **≗ig** бърз, спéшен; **~zug** *m* бърз влак

Eimer *m* кóфа

ein, **~e** едѝн, еднá, еднó

einander едѝн друг, взаѝмно

ein|atmen вдѝш(в)ам; **≗bahnstraße** *f* еднопосóчна ýлица; **≗band** *m* подвързѝя; **≗bettzimmer** *n* стáя с еднó легló; **~biegen** завѝ|вам [~я]

einbild|en: **sich ~en** въобразя́(-вам) си; **≗ung** *f* въображéние, фантáзия

einbreche|n (*eindringen*) нахлý|вам [~я]; *Dieb*: разбѝ|вам

[~я], извърш|вам [~а] кражба чрез взлом; *Nacht*: настъп|вам [~я]; **≈r** *m* крадец

Einbruch *m* JUR (кражба чрез) взлом; (*Kälte usw.*) настъпване

ein|bürgern натурализирам (*im*)*pf*; **~büßen** загуб|вам [~я]; **einchecken** настан|явам [~я] се; **~decken**: **sich ~decken** запася(вам) се

eindeutig недвусмислен; ясен

eindring|en нахлу|вам [~я]; *fig* проник|вам [~на]; **~lich** настойчив

Eindruck *m* впечатление; **≈svoll** внушителен

einer|lei еднакъв, безразличен; **~seits** от една страна

ein|fach прост; обикновен; **≈fahrt** *f* вход (за кола)

Einfall *m* (*Idee*) хрумване; MIL нахлуване; **≈en** *v/i Licht*: пад|ам [~на]; *Feind*: нахлу|вам [~я] (**in** *A* в); **j-m ≈en** хрум|ва [~не] ми, идва ми на ум

ein|farbig едноцветен; **~fassen** *Kleid* обши|вам [~я]; обкова(вам); **~fetten** намаз|вам [~жа] (с мазнина)

Ein|fluss *m* влияние; **≈fügen** вмък|вам [~на], включ|вам [~а] (**sich** се); **~fuhr** *f* внос, импорт; **≈führen** *Waren* вн|асям [~еса]; (*j-n*) във|еждам [~еда]; **~fuhrzoll** *m* вносно мито; **~gang** *m* вход

eingehen *v/i* вл|изам [~яза]; *fig* разб|ирам [~ера]; *Post, Geld*: постъп|вам [~я]; *Stoff*: съб|ирам [~ера] се; *Pflanze, Tier*: заги|вам [~на]; *v/t Verpflichtung* поема(м); *Wette* сключ(в)ам; съглася(вам) се (**auf etw** на нщ); **~d** подробен, обширен

Einge|machte(s) сладко, компот; (*sauer*) туршия; **≈schrieben** (*Post*) препоръчано; **≈stehen** призна|вам [~я]; **~weide** *n* вътрешности *f/pl* (на корема)

ein|gießen нал|ивам [~ея]; **~gliedern** включ|вам [~а]; **~greifen** намес|вам [~я] се; **≈griff** *m* MED операция

Einhalt *m*: **~ gebieten** сп|ирам [~ра], прекъс|вам [~на]; **≈en** спаз|вам [~я], съблюдавам; *v/i* спирам [спра]

ein|hängen зак|ачвам [~ача]; **~heimisch** местен, тукашен; **≈heit** *f* единство; MATH единица; **~heitlich** (*identisch*) еднакъв; единен; **~holen** (*erreichen*) настиг|ам [~на]; (*nachholen*) навакс(в)ам; *Fahne* св|алям [~аля]; **~hüllen** зави|вам [~я] (**sich** се)

einig съгласен; единен

einige няколко; **~ Male** няколко пъти

einig|en обединя(вам); (**sich** се) споразум|явам [~ея]; **~ermaßen** донякъде; **~es** нещо; **≈keit** *f* единодушие; единност *f*; **≈ung** *f* споразумение; обединение

Einkauf *m* покупка; **≈en** купувам [купя]

Einkaufs|bummel *m* разходка из магазините *f*; **~preis** *m*

поку́пна цена́; **~wagen** *m* коли́чка за поку́пки; **~zentrum** *n* търго́вски це́нтър

ein|kehren отби́|вам [~я] се (**bei** *D*, **in** *D* в); **≗klang** *m* хармо́ния, съзву́чие; **≗kommen** *n*, **≗künfte** *f/pl* до́ход; **~laden** пока́н|вам [~я]; **≗ladung** *f* пока́на; **≗lage** *f* (*Schuh≗*) подло́жка; HDL, FIN влог; GASTR приба́вка; **~lagern** склади́рам (*im*)*pf*; **≗lass** *m* до́стъп, вход; отво́р; **~lassen** пу́с|кам [~на]

Einlauf *m* MED кли́зма; **≗en** *Schiff*: присти́г|ам [~на]; *Stoff*: сви́|вам [~я] се

einleg|en сл|а́гам [~о́жа]; консерви́рам (*im*)*pf*; **Berufung ~en** обжа́лвам (*im*)*pf*; **≗esohle** *f* подло́жка, сте́лка

Einleitung *f* у́вод, въведе́ние

ein|liefern доста́вя(м); **in ein Krankenhaus ~liefern** зака́р|вам [~ам], дока́р(вам) [~ам] в бо́лница; **~loggen**: (*Computer*) **sich ~** вклю́чвам се; **~lösen** *Versprechen* изпълн|я́вам [~я]; *Scheck* изпла́|щам [~тя́]; **~machen** консерви́рам (*im*)*pf*

einmal веднъ́ж, еди́н път; **auf ~** изведнъ́ж; **nicht ~** (*zeitl*) ни́то веднъ́ж; да́же не; **~ig** еднокра́тен

Einmarsch *m* MIL навли́зане

einmischen: **sich ~** наме́с|вам [~я] се (**in** *A* в)

Einnahme *f* MIL за-, превзе́мане; **~n** *pl* HDL при́ход

einnehmen *Medizin usw.* взе́ма(м); *Platz* зае́ма(м); MIL превзе́ма(м); *Steuer* съб|и́рам [~ера́]

ein|ordnen подр|е́ждам [~едя́] (**sich** се); **~packen** опако́вам (*im*)*pf*; **~prägen**: **sich ~** (*im Gedächtnis*) запеча́т(в)ам се; **~quartieren** настаня́(вам); **~rahmen** поста́вя(м) в ра́мка; **~räumen** под|ре́ждам [~редя́]; (*zugeben*) призна́|вам[~я] ; **~reiben** натри́|вам [~я] (**mit** *D* с); **~reichen** пода́(ва)м; **≗reise** *f* вли́зане; **≗reisevisum** *n* вхо́дна ви́за; **~reißen** съд|и́рам [~ера́]; *Haus* съб|а́рям [~о́ря]; *v/i* оръ́ф(в)ам се; **~renken** MED наме́ст|вам [~я]

einricht|en обзав|е́ждам [~еда́]; на|ре́ждам [~редя́] (**sich** се); **≗ung** *f* мебелиро́вка; (*Aufbau*) устро́йство; (*Institution*) учрежде́ние, институ́ция

einsam само́тен, уедине́н

Ein|satz *m* (*Spiel*) ми́за, зало́г; **≗schalten** вклю́ч|вам [~а]; **≗schenken** нал|и́вам [~е́я]; **≗schlafen** засп|и́вам [~я́]; *Beine*: изтръ́п|вам [~на]

einschlagen *v/t Nagel* заби́|вам [~я]; *Fenster, Tür* разби́|вам [~я]; → *a.* **einwickeln**; *Weg* тръ́г|вам [~на] (по); *v/i Blitz* у́дрям [уда́ря]

einschließ|en заключ|вам [~а]; (*einkreisen*, MIL) обкръжа́ (-вам); *fig* вклю́ч|вам [~а]; **~lich** включи́телно

ein|schneiden вр|я́звам [~е́жа]; **⁓schnitt** *m* ря́зка; *fig* прело́м; **~schränken** ограни́ча́(вам) **(sich** се); **~schrauben** зави́нт|вам [~я]
Einschreib(e)|brief *m* препоръ́чано писмо́; **~gebühr** *f* та́кса за препоръ́чана пра́тка
einschreiben: **sich ~** запи́|свам [~ша] се
ein|schüchtern спла́ш|вам [~а]; **~sehen** *(begreifen)* раз|би́рам [~ера́]; **~seitig** едностранчи́в; **~senden** изпра́|щам [~тя]
einsetzen поста́вя(м); назнача́(-вам); *Leben* зал|а́гам [~о́жа]; *Kraft, Kapital* вл|а́гам [~о́жа]; **sich ~** застъ́п|вам [~я] се **(für** *A* за)
Einsicht *f* разби́ране; **⁓ig** у́мен, разсъдли́в
ein|sinken хлъ́т|вам [~на], потъ́|вам [~на]; **~sparen** спестя́(вам); **~sperren** затв|а́рям [~о́ря]
Einspruch *m* проте́ст; възраже́ние; **~ erheben** протести́рам *(im)pf*
einspurig еднопле́нтов
einst ня́кога, веднъ́ж
ein|stecken пъ́х|вам [~на]; *fig* пон|а́сям [~еса́]; **~stehen** гаранти́рам *(im)pf* **(für** *A* за); **~steigen** ка́ч|вам [~а] се **(in** *A* в, на); **~steigen!** ка́чвайте се!
einstell|en поста́вя(м); *(j-n)* назнача́(вам); TECH нагла́ся́(-вам); *(unterbrechen)* сп|и́рам [~ра], прекъ́с|вам [~на]; **sich ~en** *(in Erscheinung treten)* появя́(вам) се; **⁓ung** *f (Ansicht)* отноше́ние; *(Unterbrechung)* спи́ране
ein|stimmig MUS едногла́сен; единоду́шен; **~stöckig** едноета́жен; **⁓sturz** *m* сру́тване; **~stürzen** сру́т|вам [~я] се
einstweil|en (за)сега́; **~ig** (при)вре́менен
ein|tauchen пот|а́пям [~опя́]; гму́ркам [~на] се **(in** *A* в); **~teilen** разд|е́лям [~еля́]; разпред|е́лям [~еля́]; **~tönig** еднообра́зен; **⁓topf(gericht** *n) m* варе́на (гъ́ста) го́зба; **⁓tracht** *f* съгла́сие; **~tragen** *(schriftlich)* впи́|свам [~ша], регистри́рам *(im)pf*; **~träglich** до́ходен; **~treffen** присти́г|ам [~на]; *Voraussage*: сбъ́д|ва [~не] се; **~treiben** *Geld* съб|и́рам [~ера́]; **~treten** вл|и́зам [~я́за]; постъ́п|вам [~я]; *(kommen)* настъ́п|вам [~я]; *(sich ereignen)* слу́чва се
Eintritt *m* вход; вли́зане; **~skarte** *f* вхо́ден биле́т
eintrocknen изсуша́(вам)
einverstanden съгла́сен **(mit** *D* с)
Einwand *m* възраже́ние; **⁓frei** безупре́чен
Einweghandschuh *m meist pl* ръкави́ца за еднокра́тна употре́ба *pl*
ein|weihen посве|ща́вам [~тя́] **(in** *A* в); **~wenden** възразя́(вам); **~wickeln** зави́|вам [~я], уви́|вам [~я]; **~willigen** съглася́(вам) се;

≈wohner(in *f)* *m* жител(ка); **≈wurf** *m* *(Öffnung)* отвóр; *fig* възражéние
einzahl|en пл|áщам [~атя́], вн|áсям [~есá]; **≈ung** *f* внóска; депóзит
einzäunen загр|áждам [~адя́]
Einzel|handel *m* търговия на дрéбно; **~heit** *f* подрóбност *f*
einzeln единичен; **im ≈en** поотдéлно
einziehen *fig* конфискýвам *(im)pf*; *Erkundigungen* съб|и́рам [~ерá]; *v/i* нан|áсям [~есá] се (**in** *A* в)
einzig еди́нствен; **~artig** безподóбен; уникáлен
Eis *n* лед; *(Speise)* сладолéд; **~bahn** *f* пързáлка; **~bär** *m* бя́ла мéчка; **~diele** *f* сладолéдена къща
Eisen *n* желя́зо
Eisenbahn *f* желéзница; *in Zssg(n)* железопъ́тен; **~er** *m* железничáр; **~fähre** *f* фéрибот; **~schranke** *f* бариéра; **~übergang** *m* жп прéлез; **~unglück** *n* железопъ́тна катастрóфа
Eisenwaren *f/pl* железария́
eisern желéзен
Eis|hockey *n* хóкей на лед; **≈ig**, **≈kalt** лéден; **~kunstlauf** *m* фигýрно пързáляне с кънки; **~würfel** *m* кýбче лед; **~zapfen** *m* лéдена висýлка
eitel суéтен
Eit|er *m* гной *f*, *m*; **≈ern** гноя́с(в)ам, гноя́; **≈rig** гнóен
Eiweiß *n* бeлтък
Ekel *m* отвращéние, погнýса; **≈haft** отврати́телен, гнýсен
ekeln: **sich ~** отвра|щáвам [~тя́] се (**vor** *D* от)
Elefant *m* слон
elegant елегáнтен
elektri|fizieren електрифици́рам *(im)pf*; **~sch** електри́чески; **≈zität** *f* електри́чество; **≈zitätswerk** *n* електроцентрáла
Elektrogerät *n* електроýред
elektronisch електрóнен
Element *n* елемéнт
elend *adj* мизéрен; *(unglücklich)* нещáстен
Elend *n* бéдност *f*, мизéрия
elf единáдесет/единáйсет
Elf *f* единадесетóрка (*a.* SPORT)
Elfenbein *n* слóнова кост
Elfmeter *m* SPORT единадесетмéтров наказáтелен ýдар дýзпа *f*
Ell(en)bogen *m* лáкът
Elster *f* свráка
Eltern *pl* роди́тели *pl*; **~teil** *m* еди́н от роди́телите
E-Mail *f* електрóнна пóща
Empfang *m* приéм; *(Gäste)* посрéщане; *(Waren)* получáване; TV приéмане; **≈en** приéма(м); посрéщ|ам [~на]; пол|учáвам [~ýча]
Empfänger *m* получáтел; (радио)приéмник
Empfangs|bescheinigung *f* рáзписка; **~zimmer** *n* приéмна стáя
empfehl|en препоръ́ч(в)ам; **≈ung** *f* препоръ́ка; *(Gruß)* пóздрав
empfind|en чýвствам, усé|-

щам [~тя]; **~lich**, **~sam** чувствителен; **2ung** *f* усещане, усет
empor нагоре
empören възму|щавам [~тя] (**sich** се); **~d** възмутителен
emporheben повдиг|ам [~на]
Empörung *f* възмущение
End|e *n* край; **2en** свърш|вам [~а] (се), завърш|вам [~а]; **2gültig** окончателен; **2lich** краен; *adv* най-сетне; **2los** безкраен; **~station** *f* последна спирка; **~ung** *f* окончание
energisch енергичен
eng тесен
Enge *f* теснота
Engel *m* ангел
Eng|land *n* Англия; **~länder** *m* англичанин; **~länderin** *f* англичанка; **2lisch** английски
Engpass *m* теснина; *fig* затруднение
Enkel *m* внук; **~in** *f* внучка
entbehr|en мога без, лиша (-вам) се (*A* от); **~lich** излишен, ненужен
entbind|en освобо|ждавам [~дя] (**von** *D od G* от); **2ung** *f* раждане
entdeck|en откри|вам [~я]; **2er(in** *f*) *m* откривател(ка); **2ung** *f* откритие
Ente *f* патица
Entenbraten *m* печена патица
ent|erben лиша(вам) от наследство; **~eignen** отчужд|авам [~я]; **~fallen** (*vergessen*) забравя(м); (*Anteil*) падам се, полагам се (**auf** *j-n* нкм); **~fallen** развив|вам [~я] (**sich** се)
entfern|en отдалеча(вам) (**sich** се); отстраня(вам); **2ung** *f* разстояние; **2ungsmesser** *m* FOT далекомер
ent|fliehen избяг(в)ам (**aus** *D* от); измък|вам [~на] се (*D* от); **~führen** отвл|ичам [~ека]
entgegen (*D*) против, срещу; *adv* насреща; **~gesetzt** противоположен; **~kommen** оти|вам [~да] насреща; *fig* отзова(вам) се (**j-m** нкм); **~treten** противопоставя(м) се
ent|gegnen възразя(вам); **~gehen** (*D*) избяг|вам [~на]; **2gelt** *n* възнаграждение; **~gleisen** BAHN дерайлирам (*im*)*pf*
enthalt|en *beinhalten* съдържам; **sich ~en** възд|ържам [~ържа] се (*G* от нщ)
ent|hüllen *Denkmal* откри|вам [~я]; *fig* разкри|вам [~я]; **~kleiden** съблич|ам [~ека] (**sich** се); **~kommen** изплъз|вам [~на] се (*D* от); **~kräften** изтощ|авам [~я]; (*widerlegen*) обор|вам [~я]; **~laden** разтовар|вам [~я]; EL, *Waffe*: изпраз|вам [~ня]; **sich ~laden** *Sturm*, *fig*: разразя(вам) се; **~lang** надлъж; *prp* (*A, D, G*) покрай; **~lassen** *Arbeiter* уволня(-вам); (*freilassen*) пус|кам [~на]; **~lasten** облекча(вам); **~laufen** избяг(вам) [~на] (*D* от); **~ledigen**: **sich ~ledigen** освобожд|авам [~я] се (*G* от)
ent|leeren изпраз|вам [~ня]; **~legen** отдалечен; **~leh-**

nen, **~leihen** заéма(м); **~lohnen** възнагра|ждáвам [~дя́]; **~mutigen** обезсърчá (-вам); **~nehmen** взéма(м); *fig* закл|ючáвам, [~ючa] (**aus** *D od D* от); **~rätseln** *Schrift* раз|чи́там [~четá]; **~reißen** изтрьг|вам [~на] (**j-m** от); **~rüstet** възмутéн (**über** *A* от); **&rüstung** *f* възмущéние

entschädig|en обезщетя́ (-вам); **&ung** *f* обезщетéние

entscheid|en решá(вам) (**sich** се) (**für** *A*; **gegen** *A* на, за; проти́в); **~end** решáващ; **&ung** *f* решéние

entschließen: **sich ~** решá-ва(м) се (**zu** *D* на, за)

entschlossen реши́телен; **&heit** *f* реши́телност *f*

Entschluss *m* решéние

entschuldig|en извиня́(вам) (**sich** се) (**bei** *D*, **für** *A* на, за); **&ung** *f* извинéние

entsetz|en: **sich ~en** ужася́ (-вам) се (**über** *A*, **vor** *D* от); **~lich** ужáсен

entsinnen: **sich ~** спóмня(м) си (*G* за)

entspannen: **sich ~** почи́|вам [~на]

Entspannung *f* (*Ausruhen*) почи́вка; POL намалéние на напрежéнието

entsprechen съответ́ствам (*D* на); **~d** съответ́тен

ent|springen *Fluss*: изви́рам; **~stehen** произхóждам, възни́к|вам [~на]; **&stehung** *f* произхóд; **~stellen** обезобразя́(вам); изопачá(вам)

enttäusch|en разочарóвам (*im*)*pf*; **&ung** *f* разочаровáние

ent|waffnen обезоръжá(вам); **~weder**: **~weder ... oder** или́ ... или́; **~wenden** открá-д|вам [~на]; **~werfen** скици́-рам (*im*)*pf*; **~werten** обезценя́(вам), унищожá(вам)

entwick|eln разви́|вам [~я] (**sich** се); FOT проявя́(вам); **&lung** *f* разви́тие; FOT проявя́-ване

ent|wischen измък|вам [~на] се (*D* от); **~wöhnen** от-ви́к|вам [~на] (**j-n** *G* нкг от нщ); **&wurf** *m* проéкт, ски́ца

entziehen отнéма(м) (**j-m etw** нкм, от нкг нщ); **sich ~** измък|-вам [~на] се, отскýб|вам [~на] се (*D* от)

entziffern разч|и́там [~етá] (нщ)

entzücken възхи|щáвам [~тя́]

Entzück|en *n* вьзтóрг, възхи-щéние; **&end** очаровáтелен

entzünd|en запáл|вам [~я]; **sich ~en** MED възпаля́(вам) се; **&ung** *f* възпалéние

entzwei нáдве; **~brechen** счýп|вам [~я] нáдве

er той

erbärmlich жáлък, окáян

erbauen изгр|áждам [~адя́]

Erbe[1] *m* наслéдник

Erb|e[2] *n* наслéдство; **&en** наследя́(вам); **~in** *f* наслéдни-ца

erbitter|t ожесточéн, озло-бéн; **&ung** *f* озлоблéние

er|blassen, **~bleichen** по-бледн|я́вам [~éя]

erblich насле́дствен
er|blicken съз|и́рам [~ра́]; **~blinden** ослеп|я́вам [~е́я]; **~brechen** разби́|вам [~я]; MED (*a.* **sich ~**) пов|ръ́щам [~ъ́рна]
Erbschaft *f* насле́дство
Erbse *f* грах
Erd|beben *n* земетресе́ние; **~beere** *f* я́года; **~boden** *m* земя́, по́чва
Erde *f* земя́ (*a.* ASTR), по́чва, пръст *f*
Erd|geschoss *n* парте́р; **~kugel** *f* зе́мно кълбо́; **~kunde** *f* геогра́фия; **~nüsse** *f/pl* фъстъ́ци *m/pl*; **~öl** *n* нефт *m*, петро́л *m*
erdrosseln одуша́(вам)
erdrücken сма́|звам [~жа]; *fig* задуша́(вам)
Erd|rutsch *m* сру́тване на зе́мни пла́стове; **~teil** *m* контине́нт
erdulden претърпя́(вам)
ereign|en: **sich ~en** слу́ч|вам [~а] се; **≗is** *n* слу́чка, събитие
erfahren[1] узна́|вам [~я]
erfahren[2] *adj* о́питен
Erfahrung *f* о́пит(ност *f*)
erfassen обхва́|щам [~на]
erfind|en изнам|и́рам [~е́ря]; **≗er(in** *f*) *m* изобрета́тел(ка); **≗ung** *f* изобрете́ние
Erfolg *m* успе́х; **≗los** безуспе́шен; **≗reich** успе́шен
erforder|lich ну́жен; **~n** изи́ск(в)ам; **≗nis** *n* изи́скване, необходи́мост
erforschen изсле́двам (*im*)*pf*
erfreu|en зара́двам; **sich ~en** ра́двам се (**an** *D* на); **~lich** ра́достен, ра́дващ
erfrieren измръз|вам [~на]
erfrisch|en освежа́(вам); **≗ung** *f* освежа́ване; (*Getränk*) разхлади́телно (питие́)
erfüllen изп|ълня́вам [~ъ́лня]
ergänz|en допъ́лня(м); **≗ung** *f* допълне́ние
ergeb|en *v/t* да́(ва)м; пока́|звам [~жа]; **sich ~en** после́двам *pf* (**aus** *D* от) преда́(ва)м се (*D* на); **≗nis** *n* резулта́т
ergiebig оби́лен; плодоро́ден
er|greifen (за-, об)хва́|щам [~на]; *fig Wort* взе́ма(м); *Gelegenheit* изпо́лзвам (*im*)*pf*; (*rühren*) затро́г|вам [~на]; **~halten** пол|уча́вам [~у́ча]; (*bewahren*) запа́з|вам [~я]; **~hältlich** мо́же да се полу́чи
erheb|en вди́г|ам [~на]; **sich ~en** ста́|вам [~на]; *Berg*: изди́г|ам [~на] се; **~lich** значи́телен
er|hellen осветя́(вам); **~höhen** повиша́(вам)
erhol|en: **sich ~en** съвзе́ма(м) се; отдъ́х|вам [~на] си; **≗ung** *f* почи́вка
erinner|n напо́мня(м); **sich ~n** спо́мня(м) си (**an** *A* за); **≗ung** *f* спо́мен; **zur ≗ung** за спо́мен
erkalten изсти́|вам [~на]
erkält|en: **sich ~en** простудя́(-вам) се; **≗ung** *f* просту́да
erkennen позна́|вам [~я] (**an** *D* по)
erkennt|lich призна́телен; **≗nis** *f* позна́ние; разби́ране
erklär|en обясня́(вам), заявя́

(--вам); *Krieg* обявя́(вам); **≗ung** *f* обясне́ние; деклара́ция
erkrank|en разбол|я́вам [~е́я] се (**an** *D* от); **≗ung** *f* разболя́ване; бо́лест *f*
erkundig|en: **sich ~en** осведомя́(вам) се (**nach** *D* за); **≗ung** *f* све́дение
er|langen пости́г|ам [~на]; **≗lass** *m* у́каз; (*Straf≗*) опроща́ване; **~lassen** *Befehl* изда́(ва)м; *Strafe* опро|ща́вам [~стя́]; **~lauben** позволя́(-вам) (**sich** си); **≗laubnis** *f* позволе́ние
erläutern обясня́(вам)
Erle *f* елха́, елша́
erleb|en прежив|я́вам [~е́я]; **≗nis** *n* преживе́лица; преживя́ване
er|ledigen свърш|вам [~а]; ур|е́ждам [~едя́]; **~leichtern** облекча́(вам); **~leiden** претърпя́(вам); **~lernen** из|у-ча́вам [~у́ча]; **~leuchten** осветя́(вам); **≗lös** *m* при́ход; **~löschen** угас|вам [~на], га́сна; **~lösen** изба́вя(м) (**von** *D* от); **~mahnen** напо́мня(м); **~mäßigen** намаля́(вам); **≗messen** *n* преце́нка; **~mitteln** установя́(вам); **~möglichen** [на]пра́вя възмо́жно; **~morden** уби́|вам [~я]
ermüd|en уморя́(вам) (*v/i* се); **~end** умори́телен
ermutigen насърча́(вам)
ernähr|en хра́ня, прехра́н|вам [~я]; **≗ung** *f* прехра́на; хра́нене
ernennen назнача́(вам) (**j-n zu** *D* нкг за)
erneu|ern подновя́(вам); **~t** *adv* ено́во, отно́во
erniedrig|en унижа́(вам) (**sich** се); **~end** унизи́телен
ernst сери́озен
Ernst *m* сери́озност *f*
ernst|haft, **~lich** сери́озен
Ernte *f*, **~zeit** *f* же́тва, жъ́тва
ernten жъ́на; *Obst* бера́
erober|n завлад|я́вам [~е́я]; **≗ung** *f* завоева́ние
er|öffnen откр|и́вам [~я]; отв|а́рям [~о́ря]; **~örtern** обсъ|ждам [~дя]
erotisch еро́ти́чен
erpress|en изну́д|вам [~я]; **≗ung** *f* изну́дване
er|proben изпро́бвам *(im)pf*; **~raten** отга́т|вам [~на]; **~regen** възбу́|ждам [~дя]; **~reichen** сти́г|ам [~на]; *Ziel* пости́г|ам [~на]; **~richten** построя́(вам); (*gründen*) основа́(вам); **≗rungenschaft** *f* постиже́ние, завоева́ние
Ersatz *m* замести́тел; компенса́ция; **~stück** *n*, **~teil** *m* резе́рвна част
erschein|en явя́(вам) се; *Buch*: изл|и́зам [~я́за]; **≗ung** *f* явле́ние
er|schießen застре́л|вам [~ям]; **~schlagen** уби́|вам [~я]
erschöpf|t изтоще́н; **≗ung** *f* изтоще́ние
erschrecken упла́ш|вам [~а], пла́ша (*v/i* се) (**vor** *D* от)
erschütter|n разтърс|вам

[~я]; *fig* поразя́(вам); **~ung** *f* разтърсване
er|schweren затрудня́(вам); **~schwinglich** достъпен; **~setzen** зам|е́ням [~еня́]; *Schaden* обещетя́(вам); **~sparen** спестя́(вам); **~sparnis** *f* спестя́ване; **~sparnisse** *pl* (*Erspartes*) спестя́вания
erst *adv* първо, на́й-напре́д; едва́; **~aufführung** *f* премие́ра
erstarren (*vor Kälte*) вцепеня́(-вам) се
erstatten пл|а́щам [~атя́]; обезщетя́(вам); **Bericht ~** докла́двам
Erstaun|en *n* учу́дване; **~lich** учу́дващ
erst|e първи, пръв; **~ens** първо, на́й-напре́д
ersticken задуша́(вам) (*v/i* се); *Feuer* потуша́(вам)
erstklassig първокла́сен
erstrecken: **sich ~** прост|и́рам [~ра́] се (**bis zu** *D* до)
ersuchen мо́ля, помо́л|вам [~я] (**um** *A* за)
Ertrag *m* AGR до́бив; HDL до́ход; **~en** пон|а́сям [~еса́]
er|träglich поноси́м; **~tränken** уда́вя(м); **~trinken** уда́вя(м) се; **~wachen** събу́|ждам [~дя] се
erwachsen възрастен; **~e(r)** възрастен
erwäg|en обсъ|ждам [~дя]; **~ung** *f* съображе́ние
er|wähnen спомена́(вам); **~wärmen** сто́пля(м) (**sich** се); **~warten** очa̋квам; **~wartung** *f* очa̋кване; **~weisen** ока́|звам [~жа] (**sich als** се); **~weitern** разширя́(вам) (**sich** се)
Erwerb *m* (*Kauf*) придоби́вка; (*Arbeit*) поми́нък; **~en** придоби́|вам [~я], спече́л|вам [~я]; **~sfähigkeit** *f* трудоспосо́бност *f*
erwidern отв|ръщам [~ърна], отгов|а́рям [~о́ря]
Erz *n* ру́да
erzähl|en разка́|звам [~жа]; **~ung** *f* ра́зказ; по́вест
Erzbischof *m* архиепи́скоп
erzeug|en произв|е́ждам [~еда́]; **~nis** *n* произведе́ние; **~ung** *f* произво́дство
erzieh|en възп|ита́вам [~и́там]; **~ung** *f* възпита́ние
erzielen пости́г|ам [~на]
es то; това́; **~ gibt** и́ма
Esche *f* я́сен
Esel *m* мага́ре
essbar ядли́в
essen ям; → *a.* **Abend, Mittag**
Essen *n* я́дене; я́стие
Essig *m* оце́т
Ess|löffel *m* су́пена лъжи́ца; **~tisch** *m* ма́са за хра́нене; **~zimmer** *n* столова́
Etat *m* бюдже́т
Etikett *n* HDL етике́т
etliche ня́колко
Etui *n* калъ́ф, ча́нтичка
etwa о́коло, мо́же би
etwas не́що; *adv* ма́лко
EU-Beitritt *m* прие́мане в ЕС
euch вас, ви, на вас
eu|er, **~re** ваш, ва́ша, ва́ше, ва́ши *pl*

Eule *f* сова, *P* кукумявка
Euro *m* евро
Europ|a *n* Европа; **~äer** *m* европеец; **~äerin** *f* европейка; **²äisch** европейски; **~äische Union (EU)** *f* Европейски съюз (ЕС)
eventuell (evtl.) евентуален
ewig вечен; **²keit** *f* вечност *f*
Ex- *in Zssg(n)* бивш, предишен
Examen *n* изпит
Exil *n* изгнание
Existenz *f* съществуване; препитание
explo|dieren експлодирам *(im)pf*; **²sion** *f* експлозия
Export *m* експорт, износ
Expressgut *n* бърза пратка
extrem краен

F

Fabel *f* басня; **²haft** баснословен, чудесен
Fabrik *f* фабрика; *in Zssg(n)* фабричен
fabrizieren фабрикувам
Fach *n* преградка; *(Beruf)* специалност *f*; *(Lehr²)* предмет
Fächer *m* ветрило
Fach|arzt *m* (лекар-)специалист; **~gebiet** *n* област, бранш; **~mann** *m* експерт, специалист; **~schule** *f* професионално училище
Fackel *f* факел
fad(e) *(ohne Geschmack)* безвкусен, блудкав; *(schal)* изветрял
Faden *m* конец, нишка; **~nudeln** *f/pl* фиде
fähig способен, годен; **²keit** *f* способност *f*
fahl бледен
fahnd|en [по]търся, издирвам (**nach** *D* нщ, нкг); **²ung** *f* издирване *n*
Fahne *f* знаме; *F (Alkohol)* алкохолен дъх
Fahr|bahn *f* платно; **²bar** подвижен
Fähre *f* сал
fahr|en *v/i* пътувам; *v/t* [за]карам, возя; **²er** *m* водач; KFZ шофьор; *(Straßenbahn)* ватман; **²gast** *m* пътник; **²geld** *n* пари *pl* за пътуване; **²gestell** *n* шаси *n*; **²karte** *f* BAHN пътен билет; **²kartenschalter** *m* BAHN билетна каса; **~lässig** небрежен, немарлив; **²plan** *m* разписание (BAHN на влаковете); **~planmäßig** по разписание; **²rad** *n* велосипед, колело; **²radweg** *m* път за велосипеди; **²schein** *m* билет; **²stuhl** *m* асансьор
Fahrt *f* пътуване
Fährte *f* следа
Fahr|zeit *f* времетраене на пътуването; **~zeug** *n* превозно средство; **~zeugpapiere** *n/pl* документи *pl* на МПС
fair коректен, честен
Falke *f* сокол
Fall *m* падане; MED, JUR, *fig* случай; GR падеж; **auf jeden ~** във всеки случай; **auf kei-**

nen ~ в ни́какъв слу́чай
Falle *f* при́мка, кло́пка
fallen па́д|ам [~на]; **~ lassen** изпу́с|кам [~на]
fäll|en *Baum* сека́, отс|и́чам [~ека́]; *Urteil* произн|а́сям [~еса́]; **~ig** предстоя́щ, плати́м
falls ако́, в слу́чай че
Fallschirm *m* парашу́т; **~springer** *m* парашути́ст
falsch фалши́в, погре́шен
fälsch|en фалшифици́рам *(im)pf*; **~lich** *adv* погре́шно; **℃ung** *f* фалшифика́ция
Faltboot *n* сгъва́ема ло́дка
Falte *f* гъ́нка; (*Haut*) бръ́чка; (*Hose*) ръб; (*Rock*) плисе́; **℃en** съ|вам [~на]; плиси́рам *(im)pf*; **℃ig** набръ́чкан на гъ́нки
Familie *f* фами́лия, семе́йство; **~n-** *in Zssg(n)* семе́ен; фами́лен
Familienname *m* фами́лно и́ме
Fan *m* фен, (стра́стен) почита́тел; запаля́нко
Fang *m* лов; **℃en** ловя́, ул|а́вям [~овя́], хва́|щам [~на]
Fantasie *f* фанта́зия
Farbe *f* цвят, боя́
färb|en боядис(в)ам; **℃ung** *f* боядисване, оцветя́ване
Farb|film *m* цве́тен филм; **℃ig** цве́тен; **℃los** безцве́тен; **~stift** *m* цве́тен мо́лив; **~stoff** *m* боя́
Farm *f* фе́рма
Farn(kraut *n*) *m* па́прат
Fasching *m* карнава́л
Faser *f* ни́шка, влакно́
Fass *n* бъ́чва, бу́ре, ка́ца; **~bier** *n* нали́вна би́ра
fassen хва́|щам [~на]; по-б|и́рам [~ера́]; → *a.* **begreifen**; **sich ~** съвзе́ма(м) се; **sich kurz ~** изка́|звам [~жа] се на-кра́тко
Fassung *f* (*Ein℃*) обко́в; ра́мка; (*Version*) реда́кция; (*Ruhe*) са-мооблада́ние; **℃slos** смая́н
fast почти́
fast|en по́стя; **℃nacht** *f* за́говезни *pl*
faul лени́в, мързели́в; (*verfault*) гнил; **~en** гни́я
faulenz|en лентя́йствам; **℃er** *m* лентя́й, лени́вец; **℃erin** *f* лентя́йка, лени́вка
Faulheit *f* ле́ност *f*, мързел
Fäulnis *f* гни́лост *f*; гни́ене
Faust *f* юмру́к; **~handschuh** *m* ръкави́ца с еди́н пръст
Fax *n* факс; **℃en** изпра́|щам [~тя] факс; **~gerät** *n* факс апара́т
Februar *m* февруа́ри *m*
fecht|en фехту́вам се; **℃en** *n*, **℃kunst** *f* фехто́вка
Feder *f* перо́; ТЕСН пружи́на; (*Wagen*) ресо́р; **~bett** *n* пу́хена зави́вка
feder|n пружини́рам *(im)pf*; **℃ung** *f* KFZ ресо́ри *m/pl*
Fee *f* фе́я
fegen мета́, изм|и́там [~ета́]
Fehl|betrag *m* дефици́т; **℃en** отсъ́ствам; ли́пс(в)ам (**an** *D* нщ)
Fehler *m* гре́шка; недоста́тък; **℃frei** безгре́шен; **℃haft** по-гре́шен, с гре́шки

Fehl|geburt *f* абóрт; (*Frühgeburt*) преждеврéменно ráждане; **~schlag** *m* неуспéх; неуспéшен ýдар; **~tritt** *m* грéшка

Feier *f* празненствó; **~abend** *m* почúвка; **&lich** тържéствен

feier|n [от]празнýвам; **&tag** *m* прáзник

feig(e) страхлúв, плах

Feige *f* смокúня

Feile *f* пилá

feilen [из]пилá

feilschen пазарá се

fein фин; (*dünn*) тънък

Feind *m* враг, неприятел; **&lich** враждéбен, неприятелски; **~schaft** *f* враждá

Fein|gefühl *n* тактúчност *f*; **~kost** *f* деликатéси *m/pl*; **~schmecker** *m* гастронóм

Feld *n* полé; (*Acker*) нúва; **~weg** *m* междусéлски път

Felge *f* джáнта *f*

Fell *n* кóжа (с кóзина)

Fels|(en) *m* скалá; **&ig** скалúст

Fenchel *m* кóпър

Fenster *n* прозóрец; **~laden** *m* капáк на прозóрец; **~scheibe** *f* стъкló на прозóрец

Ferien *pl* вакáнция

Ferkel *n* прасé

fern далéчен; *adv* далéч(е); **&bedienung** *f* дистанциóнно управлéние

Ferne *f* далечинá

ferner пó-натáтък; освéн товá

Fern|glas *n* бинóкъл; **~rohr** *n* телескóп; **~sehen** *n* телевúзия; **~seher** *m* телевúзор; **~steuerung** *f* управля́ване от разстоя́ние, телеуправлéние; **~studium** *n* задóчно слéдване

Fernverkehr *m* междугрáдски трафúк

Ferse *f* петá

fertig готóв; **~ machen** пригóтвя(м) (**sich** се); **~ stellen** изгóтвя(м); **&keit** *f* сръ́чност *f*, умéние

Fessel *f* окóви *f/pl*

fesseln оковá(вам), връ́ззвам [вържа]; *fig* увл|úчам [~екá]; **~d** увлекáтелен

fest твърд; як, здрав

Fest *n* прáзник; *in Zssg(n)* тържéствен, гáла, прáзничен

fest|binden завъ́р|звам [~жа] здрáво; **~halten** държá здрáво; *Dieb* зад|ъ́ржам [~ържá]; **~igen** укр|éпвам [~епя́]; **&land** *n* сýша; **~legen** установя́(вам); **~lich** прáзничен; **&nahme** *f* арестýване; **~nehmen** арестýвам (*im*)*pf*; **~platte** *f* (*Computer*) хáрддиск; **&spiele** *n/pl* фестивáл; **~stellen** установя́(вам); **&stellung** *f* установя́ване, констатáция

Fest|ung *f* крéпост *f*; **~zug** *m* прáзнично шéствие

fett мáзен, тлъст

Fett *n* мазнинá; **&arm** с мáлко мазнинá; **~fleck** *m* мáзно петнó; **&ig** мáзен

Fetzen *m* парцáл

feucht влáжен; **&igkeit** *f* влáжност *f*, влáга

Feuer *n* óгън; (*Brand*) пожáр; **~bestattung** *f* кремáция *f*;

≈fest огнеупо́рен; **≈gefährlich** огнеопа́сен; **~löscher** *m* пожарогаси́тел; **~melder** *m* пожа́рен сигнализа́тор; **≈n** па́ля; (*schießen*) гърмя́, стре́лям; **~ung** *f* огни́ще; **~versicherung** *f* застрахо́вка проти́в пожа́р; **~waffe** *f* огнестре́лно оръ́жие; **~wehr** *f* пожа́рна кома́нда; **~wehrmann** *m* пожарника́р; **~werk** *n* фо́йерверк; **~zeug** *n* запа́лка

Fichte *f* смръч

Fieber *n* MED тре́ска; температу́ра; **≈haft** тре́скав; **~thermometer** *n* (ле́карски) термо́мет ър

Figur *f* фи́гура

Filet *n* филе́

Filiale *f* филиа́л, клон

Film *m* филм; **~aufnahme** *f* фи́лмова сни́мка; **≈en** филми́рам (*im*)*pf*; **~schauspieler(in** *f*) *m* киноарти́ст(-ка); **~vorführung** *f* кинопроже́кция

Filter *m* фи́лтър

Finanz|en *pl* фина́нси *pl*; **≈iell** фина́нсов; **≈ieren** финанси́рам (*im*)*pf*

find|en нам|и́рам [~е́ря]; **~ig** досетли́в, находчи́в

Finger *m* пръст (на ръка́); **~abdruck** *m* отпеча́тък на пръст; **~hut** *m* на́пръстник; **~nagel** *m* но́кът

Finn|e *m* финла́ндец; **~in** *f* финла́ндка; **~isch** финла́ндски

Finnland *n* Финла́ндия

finster мра́чен, тъ́мен; намръ́щен; **≈nis** *f* мрак; ASTR затъмне́ние

Firma *f* фи́рма

Fisch *m* ри́ба; **≈en** [у]ловя́ ри́ба; **~er** *m* риба́р; *in Zssg*(*n*) риба́рски; **~erei** *f*, **~fang** *m* рибол́ов(ство)

fix: **~ und fertig** съвсе́м гото́в

flach пло́сък, ра́вен; (*Teller*) пли́тък

Fläche *f* (*Ober≈*) повъ́рхност *f*; (*Ebene*) пло́скост *f*

Flachland *n* равнина́

Flachs *m* лен

flackern трептя́

Flagge *f* флаг; зна́ме

Flamme *f* пла́мък

Flasche *f* бути́лка

Flaschen|öffner *m* отвара́чка за бути́лки *pl*; **~pfand** *m* депо́зит за бути́лки; **~zug** *m* TECH макара́

flattern *Fahne*: разв|я́вам [~е́я] се; *Vogel*: прел|и́там [~етя́]

flau слаб; FOT неконтра́стен, воали́ран; **≈te** *f* MAR, FIN зати́шие

Flaum *m* пух, перуши́на

Flechte *f* BOT, MED ли́шей

flechten [из]плета́; *Kranz* [из]вия́

Fleck|(en) *m* петно́; кръ́пка; (*Ort*) мя́сто; **~entferner** *m* сре́дство за премахва́не на петна́; **≈ig** оца́пан

Fledermaus *f* при́леп

Flegel *m* просткá

flehen умоля́вам, мо́ля

Fleisch *n* месо́; **~brühe** *f*

бульо́н; **~er(ei** *f*) *m* меса́р (-ница)
Fleiß *m* прилежа́ние; **ℒig** приле́жен
flicken закъ́рп|вам [~я]
Flieder *m* лю́ляк
Fliege *f* ZO муха́
fliegen *v/i* летя́, хвърча́; *v/t* AER пилоти́рам *(im)pf*
Flieger *m F* самоле́т; (*Person*) лете́ц, пило́т
fliehen [из]бя́гам (**vor** *D* от)
Fliese *f* пло́чка
Fließ|band *n* конве́йер; **ℒen** тека́; ле́я се; **ℒend** те́чащ; *fig* пла́вен, гла́дък
flimmern блещу́кам
flink пъ́ргав, сръ́чен
Flinte *f* пу́шка
flirten флирту́вам
Flitter *m* вън́шен бля́сък; **~wochen** *f/pl* ме́ден ме́сец
Floh *m* бълха́; **~markt** *m* би́тпазар
Floß *n* сал
Flosse *f* пе́рка (на ри́ба)
Flöte *f* фле́йта
flott пъ́ргав; (*Kleid*) шик
Flotte *f* фло́т(а)
Fluch *m* прокля́тие; (*Schimpfwort*) псу́вня; **ℒen** псу́вам; кълна́
Flucht *f* бя́гство, бяг
flücht|en [из]бя́гам; **~ig** бя́гащ; *fig* повъ́рхностен; **ℒling** *m* бежане́ц
Fluchtweg *m* резе́рвен и́зход
Flug *m* по́лет (*a. fig*), лете́не, лете́ж; **~begleiter(in** *f*) *m* стюа́рд(е́са)
Flügel *m* крило́; MUS роя́л
Flug|gast *m* пъ́тник (на самоле́т); **~gesellschaft** *f* а́виокомпания; **~hafen** *m* аерога́ра; **~linie** *f* възду́шна ли́ния; **~plan** *m* разписа́ние на по́летите; **~platz** *m* лети́ще; **~strecke** *f* възду́шна ли́ния; **~ticket** *n* самоле́тен биле́т; **~verkehr** *m* възду́шен транспо́рт; **~wesen** *n* авиа́ция
Flugzeug *n* самоле́т; **~absturz** *m* самоле́тна катастро́фа
Flunder *f* пися́
flunkern лъготя́
Flur[1] *f* поле́
Flur[2] *m* (*Gang*) коридо́р
Fluss *m* река́; **ℒab(wärts)** по тече́нието (на река́та); **ℒauf(-wärts)** срещу́ тече́нието (на река́та)
flüssig те́чен; *fig* пла́вен; гла́дък; **ℒkeit** *f* те́чност *f*
flüstern ше́пна, шу́шна
Flut *f* при́лив; *fig* пото́к
Fohlen *n* жребче́
Föhn *m* сешоа́р; **ℒen** суша́ (си) коса́та със сешоа́р
Folge *f* после́дствие; (*Fortsetzung*) продълже́ние; **ℒn** [по]сле́двам (*D* нкг, нщ); (*gehorchen*) [по]слу́шам; **ℒrichtig** логи́чен
folger|n закл|ю́ча́вам [~ю́ча] (**aus** *D* от); **~ung** *f* заключе́ние; констата́ция
folg|lich следова́телно, и така́; **~sam** послу́шен
Folter *m* изтеза́ние; **ℒn** изтеза́вам, мъ́ча
fordern и́скам, изи́ск(в)ам

fördern подпом|áгам [~óгна], насърчá(вам); BGB доби|вам [~я]
Forderung *f* искане; изискване; (*Anspruch*) претéнция
Förderung *f* подпомáгане, насърчáване; BGB добúв
Forelle *f* пъстърва
Form *f* фóрма; **~alität** *f* формáлност *f*
Formel *f* фóрмула
formell формáлен
förmlich формáлен
Formular *n* формуляр
forsch|en изслéдвам (*im*)*pf*, проу́ч|вам [~а]; **≗er(in** *f*) *m* изследовáтел(ка); **≗ung** *f* изслéдване, проу́чване
Forst *m* горá; *in Zssg*(*n*) гóрски
Förster *m* лесничéй
fort- *vgl a.* **weg-**, **ab-**
fort|bestehen продължáвам да съществу́вам; **~bewegen** движа (**sich** се) напрéд; **~dauern** трáя; **~fahren** продължá(-вам) (**mit** *D* нщ); (*abreisen*) отпъту́вам (*im*)*pf*; **~gehen** отú|вам [~да] си; **~laufend** непрекъснат; **~pflanzen** ZO разплодя́(вам) (**sich** се); **≗schritt** *m* напрéдък, прогрéс; **~schrittlich** прогреси́вен; **~setzen** продължá(вам); **≗setzung** *f* продължéние; **~während** постоя́нен; **~ziehen** *v/t* отвл|ичам [~екá]; *v/i* оттéглям се; изн|áсям [~есá] се
Foto *n* сни́мка; **~graf** *m* фотогрáф; **~grafie** *f* фотогрáфия; **≗grafieren** фотографи́рам (*im*)*pf*
Fracht *f* товáр; превóзна тáкса, фрахт; **~brief** *m* товáрителница; **~er** *m* → ~schiff; **~gut** *n* товáр, прáтка; **~schiff** *n* товáрен парахóд
Frack *m* фрак
Frage *f* въпрóс
Fragebogen *m* въпрóсник
fragen пи́там, запи́т(в)ам (**nach** *D* за)
Fragezeichen *n* въпроси́телна
frag|lich, **~würdig** съмни́телен
frankieren обл|éпвам [~епя́] с мáрки (писмó)
Frankreich *n* Фрáнция
Franz|ose *m* францу́зин; **~ösin** *f* францу́зойка; **≗ösisch** фрéнски
Frau *f* женá; *Anrede*: госпóжо (*od* -á); **~en-** *in Zssg*(*n*) жéнски; **~enarzt** *m* гинеколóг
Fräulein *n* госпóжица
frech дързък, нахáлен; **≗heit** *f* дързост *f*
frei свобóден; **ins ≗e**, **im ≗en** на откри́то, навъ́н; **≗bad** *n* ля́тна къпáлня; **~bleibend** HDL незадължи́телен; **~geben** освобожд|áвам [~я́]; **~gebig** щéдър; **≗hafen** *m* свобóдно пристáнище
Frei|heit *f* свободá; **≗heitlich** свободолюбúв; **~heitsstrafe** *f* лишáване от свободá, затвóр
Frei|karte *f* безплáтен билéт; **≗lassen** пу́с|кам [~на] на свободá; **≗lich** разби́ра се; **~lichtbühne** *f* лéтен теáтър;

≈sprechen JUR оправда́|вам [~я]; **~spruch** *m* оправда́телна присъ́да
Freitag *m* пе́тък
frei|willig доброво́лен; **≈willige** доброво́лка; **≈willige(r)** доброво́лец
Freizeit *f* свобо́дно вре́ме
fremd чужд(естра́нен)
Fremde (*Ausländerin*) чужденка́
Fremden|führer(in *f*) *m* екскурзово́д(ка); пътеводи́тел; **~verkehr** *m* тури́зъм; **~zimmer** *n* стáя за го́сти
Fremd|e(r) непозна́т чове́к; (*Ausländer*) чужденéц; **~sprache** *f* чужд ези́к; **~wort** *n* чу́жда ду́ма, чужди́ца
fressen [из]я́м (за живо́тно)
Freud|e *f* ра́дост *f*; **≈ig** ра́достен
freuen: **sich ~** ра́двам се (**auf, über** *A* на, за)
Freund *m* прия́тел; **~in** *f* прия́телка; **≈lich** любе́зен, приветли́в; **~schaft** *f* прия́телство, дру́жба; **≈schaftlich** прия́телски
Friede(n) *m* мир; (*Ruhe*) поко́й
Friedens|bewegung *f* движе́ние за мир; **~bruch** *m* наруша́ване на мира́; **~politik** *f* миролюби́ва поли́тика; **~schluss** *m* склю́чване на мир; **~vertrag** *m* ми́рен до́говор
Fried|hof *m* гро́бища *pl*; **≈lich** ми́рен, *a.* = **≈liebend** миролюби́в
frieren мръ́зна; **mich friert** студе́но ми е
frisch свеж; (*Gemüse*) пре́сен; (*sauber*) чист; (*neu*) нов; **≈e** *f* све́жест *f*; хлад
Friseur(in *f*) *m* фризьо́р(ка)
Friseursalon *m* фризьо́рски сало́н
frisieren фризи́рам (*im*)*pf*
Frist *f* срок; **≈los** (*Entlassung*) без предупрежде́ние
Frisur *f* фризу́ра
froh ра́достен
fröhlich ве́сел
fromm смире́н, набо́жен
Front *f* фаса́да; MIL фронт
Frosch *m* жа́ба
Frost *m* мраз, студ
frösteln мръ́зна, зъ́зна
Frottiertuch *n* хавлие́на кърпа
Frucht *f* плод; **≈bar** плодови́т; плодоро́ден; **~eis** *n* пло́дов сладоле́д; **~saft** *m* пло́дов сок
früh ра́н(ен); *adv* ра́но
früher (*ehemalig*) преди́шен; *adv* по́-ра́но
Früh|jahr *n*, **~ling** *m* про́лет *f*; **~stück** *n* заку́ска; **≈stücken** заку́с|вам [~я]
Fuchs *m* лиси́ца
Fuge *f* сглоб; MUS фу́га
fügen: **sich ~** покоря́(вам) се
fühl|bar осеза́ем; **~en** [по]чу́вствам, усе́|щам [~тя]; (*tasten*) пи́пам
führen во́дя, зав|е́ждам [~една́]; (*leiten*) ръководя́; **bei sich ~en** но́ся със се́бе си; *vgl a.* **steuern**
Führ|erschein *m* шофьо́рска кни́жка; **~ung** *f* ръково́дство;

(*Betragen*) поведéние; **~ungszeugnis** *n* свидéтелство за съдúмост
Füll|e *f* изобúлие; **≗en** пълня, напъл|вам [~ня] (**sich** се); **~er** *m* автоматúчна писáлка; **~ung** *f* пълнéж; (*Zahn*) плóмба
Fund *m* намúрка; открúтие
Fundament *n* фундамéнт
Fundbüro *n* бюрó за намéрени вéщи
fünf пет; *in Zssg(n)* пето-; **≗kampf** *m* петобóй
Funk|e(n) *m* úскра; **≗eln** искрá, блестя; **~er** *m* радúст; **~gerät** *n* радиоапарáт
funktionieren TECH функционúрам, рабóтя; в изпрáвност съм
Funkverbindung *f* радиовръзка
für (*A*) за
Furche *f* браздá; (*Runzel*) бръчка
Furcht *f* страх; **≗bar** стрáшен, ужáсен
fürchten (**sich**) бояá се, страхýвам се (*A*, **vor** *D* от)
furcht|los безстрáшен; **~sam** боязлúв, страхлúв
Fürsorge *f* грúжа; (*öffentliche*) социáлно подпомáгане
Fürst *m* княз; **~in** княгúня
Furt *f* брод
Furunkel *m* цúрей
Fuß *m* крак; (*Berg*) поднóжие; **zu ~** пеш(кóм); пешá; **~ball** *m* фýтбол; *in Zssg(n)* фýтболен; **~boden** *m* под; **~bremse** *f* крáчна спирáчка; **≗en** оснóвавам се (**auf** *D* на)
Fußgänger *m* пешехóдец; **~in** *f* пешехóдка; **~zone** *f* пешехóдна зóна
Fuß|sohle *f* стъпáло, ходúло; **~spur** *f* дúря; **~tritt** *m* ритнúк; **~weg** *m* път за пешехóдци
Futter[1] *n* фурáж, кърмá
Futter[2] *n* (*Kleidung*) хастáр
Futteral *n* калъф
füttern[1] [на]хрáня
füttern[2] *Kleider* подплатя́(вам)

G

Gabe *f* дар; (*milde ~*) милостúня; *fig* дáрба
Gabel *f* вúлица; (*Heu*) вúла; TECH вúлка; **~ung** *f* разклонéние
gähnen прозя́вам [~úна] се
Galerie *f* галéрия
Galgen *m* бесúлка
Gall|e *f* жлъчка; **~enstein** *m* кáмък в жлъчката
Galopp *m* галóп
Gämse *f* дúва козá
Gang *m* ход, вървéж; движéние; (*~art*) похóдка; KFZ скóрост *f*; GASTR я́стие; (*Flur*) коридóр; **≗bar** (*Weg*) проходúм; **~schaltung** *f* KFZ превключване на скóростите
Gans *f* гъска
Gänse|blümchen *n* парúчка; **~braten** *m* пéчена гъска; **~haut** *f fig* настръхнала кóжа;

~rich *m* гъсо́к
ganz цял, здрав; (*voll*) пълен, цял; *adv* съвсе́м, доста; **~ und gar (nicht)** съвсе́м (не); **im ℒen** изо́бщо
gar[1] (*gekocht*) сваре́н
gar[2] *adv* съвсе́м, даже
Garage *f* гара́ж
Garantie *f* гара́нция
Garde *f* гва́рдия
Garderobe *f* гардеро́б; (*Kleidung*) дре́хи *f*/*pl*
Gardine *f* перде́
gären ферменти́рам (*im*)*pf*, втас(в)ам
Garn *n* (*Wollℒ*) пре́жда; конци́ *m*/*pl*
Garnitur *f* компле́кт
garstig гаден
Garten *m* гради́на
Gärtner(in *f*) *m* градина́р(ка)
Gärung *f* ферментация
Gas *n* газ ; **~ geben** да́вам газ ; **~herd** *m* га́зова готва́рска пе́чка; **~leitung** *f* газопро-во́д; **~pedal** *n* педа́л за газта́
Gasse *f* у́личка
Gast *m* гост; **ℒfreundlich** гостоприе́мен; **~geber(in** *f*) домаки́н(я); **~haus** *n*, **~hof** *m* хоте́л, хан; **~spiel** *n* гастро́л; **~stätte** *f* → ~haus; **~wirt** *m* гостилнича́р
Gästezimmer *n* ста́я за го́сти, го́стна
Gatt|e *m* съпру́г; **~in** *f* съпру́га
Gattung *f* BOT, ZO поро́да, вид, род
Gaul *m* кон, кра́нта
Gaumen *m* небце́
Gauner *m* моше́ник; **~in** *f* мо-ше́ничка
Gebäck *n* сла́дки *f*/*pl*
Gebärd|e *f* жест(икула́ция); **~ensprache** *f* ези́к с же́стове и ми́мика
gebären ра́ждам [родя́]
Gebäude *n* сгра́да, зда́ние
geben да́(ва)м; **es gibt** и́ма; **es gibt nicht, kein(e, -en)** ня́ма
Gebet *n* моли́тва
Gebiet *n* о́бласт *f*; терито́рия; **ℒen** *v*/*i* владе́я (**über** *A* над); → *a.* **befehlen**
gebildet образо́ван
Gebirg|e *n* планина́; **ℒig** плани́нски
Gebirgs|kamm *m* хре́бет; **~pass** *m* про́ход
Gebiss *n* (**künstliches** изку́стве-ни) зъ́би *m*/*pl*
geboren: **~ sein** роде́н съм; **~ werden** ра́ждам се
Gebot *n* за́повед *f*
Gebrauch *m* употре́ба; *fig* обича́й; **ℒen** употребя́(вам), по́лзвам
ge|bräuchlich употреби́м; прие́т; **ℒbrauchsanweisung** *f* упъ́тване за употре́ба; **ℒbrauchtwagen** *m* кола́ на ста́ро, употребя́вана кола́
Gebrech|en *n* недъ́г; **ℒlich** недъ́гав, болна́в
gebrochen счу́пен; *fig* сло-ме́н; (*Sprache*) развале́н
Gebühr *f* та́кса
gebührend подоба́ващ
Ge|burt *f* ра́ждане; **ℒbürtig** (**aus** *D*) роде́н (в), ро́дом (от)
Geburts|datum *n* да́та на ра́-ждане; **~haus** *m* ро́дна къ́ща;

~helfer *m* акушéр-гинеколóг; **~helferin** *f* (*Hebamme*) акушéрка; **~ort** *m* месторождéние; **~tag** *m* рождéн ден; **~urkunde** *f* акт за рáждане
Gebüsch *n* храсталáк
Gedächtnis *n* пáмет; **~feier** *f* възпоменáтелно тържествó
Gedank|e *m* мисъл *f*; **≗enlos** разсéян; **≗envoll** замúслен
Ge|deck *n* кувéрт; (*Menü*) меню́ *n*; **≗deihen** вирéя, развú|вам [~я] се; **≗denken** спóмня(м) си (*G* за); чéствам (*G* нкг); възнамерявам; **~denkstätte** *f* мемориáл, къща-музéй; **~denktafel** *f* пáметна плóча
Gedicht *n* стихотворéние
Gedränge *n* навáлица
Geduld *f* търпéние; **≗en**: **sich ≗en** úмам търпéние; **≗ig** търпелúв
geeignet гóден, подходя́щ
Gefahr *f* опáсност *f*; **~ laufen** рискýвам
gefähr|den изл|áгам [~óжа] на опáсност *f*; **~lich** опáсен
Ge|fährte *m* другáр; (*Reise≗*) спътник; **~fährtin** *f* другáрка; (*Reise≗*) спътница; **~fälle** *n* наклóн
gefallen харéс(в)ам (се) (*D* на)
Gefallen[1] *m* услýга
Gefallen[2] *n*: **~ finden** харéс(в)ам (**an** *D* на)
gefällig услужлúв, любéзен; **≗keit** *f* услýга
gefangen: **~ nehmen** взéма(м) в плен; **≗e** *f* затвóрничка; **≗e(r)** затвóрник; MIL плéнник; **≗schaft** *f* плéн(ничество)
Ge|fängnis *n* затвóр; **~fängnisstrafe** *f* лишáване от свобóдá, затвóр; **~fäß** *n* съд; **≗fasst** (*ruhig*) спокóен; (*bereit*) готóв (**auf** *A* за/ да); **~fecht** *n* сражéние, бой; **~fieder** *n* перушúна; **~flügel** *n* птúци *f/pl*; **~folge** *n* свúта; **≗fräßig** я́щен, лáком
gefrier|en замръз|вам [~на]; **≗fleisch** *n* замразéно месó; **≗punkt** *m* тóчка на замръзването; **≗schrank**, **≗truhe** *f* хладúлен шкаф
Gefüg|e *n* структýра; **≗ig** послýшен
Gefühl *n* чýвство; **≗los** безчýвствен; **≗voll** прочýвствен
gegen (*A*) срещý; (*wider*) протúв; (*Richtung*) към; (*etwas*) óколо, към; *in Zssg(n)* противо-, кóнтра-
Gegend *f* мéстност *f*, край
Gegenbesuch *m*: **einen ~ machen** връщам [върна] визúтата
gegeneinander едúн срещý друг
Gegen|gift *f* противоотрóва; **~licht** *n*: **bei, im ~licht** FOT срещý светлинáта; **~maßnahme** *f* противомя́рка; **~satz** *m* противорéчие; **~seite** *f* протúвна странá; **≗seitig** взáимен; **~spieler** *m* протúвник, опонéнт; **~spielerin** *f* протúвничка; **~stand** *m* предмéт; **≗standslos** безпредмéтен; **~stück** *n* подóбие; *a.* = **~teil** *n* противополóжност *f*; **im ~teil** напрóтив; **~verkehr**

m насрéщно движéние
gegenüber (*D*) срещý, насрéща; **~stellen** противопоставя(м); (*vergleichen*) съпоставя(м); **≈stellung** *f* JUR óчна стáвка
Gegen|wart *f* присъствие; GR сегáшно врéме; **≈wärtig** сегáшен, настоящ; **≈wert** *m* еквивалéнт, равностóйност; **~wind** *m* насрéщен вятър; **~wirkung** *f* противодéйствие
Gegner *m* протúвник; **~in** *f* протúвничка
Gehackte(s) *n* (*Hackfleisch*) каймá
Gehalt[1] *m* съдържáние
Gehalt[2] *n* заплáта
gehässig враждéбен; злóбен
Gehäuse *n* кутúя; ZO черýпка
geheim тáен; **~ halten** държá в тáйна
Geheimnis *n* тáйна; **≈voll** тáйнствен
Geheimnummer *f* секрéтен нóмер
gehen хóдя, вървя́, отú|вам [~да], úда
Gehilfe *m* помóщник
Gehirn *n* мóзък; **~erschütterung** *f* сътресéние на мóзъка
Gehöft *n* сéлски двор
Gehör *n* слух
gehorchen слýшам, послýшен съм
gehören принадлежá (**zu** *D* на)
gehorsam послýшен
Geier *m* лешоя́д
Geig|e *f* цигýлка; **~er**(**in** *f*) *m* цигулáр(ка)
geil похотлúв; *F* супер
Geisel *f* залóжник *m*, залóжничка *f*
Geist *m* дух; (*Verstand*) ум
Geistesgegenwart *f* съобразúтелност *f*, присъствие на духá
geistig ýмствен
geistlich REL духóвен; **≈e(r)** свещéник, духóвник
geistreich духовúт
Geiz *m* скъпéрничество; **≈ig** скъпéрнически
Gelächter *n* смях
gelähmt парализúран
Gelände *n* мéстност *f*; терéн
Geländer *n* парапéт
Geländewagen *m* джип
ge|langen стúг|ам [~на], пристúг|ам [~на]; **~lassen** спокóен; **~läufig** привúчен
gelaunt: **schlecht** (**gut**) **~** зле (добрé) настроéн
gelb жълт; **≈sucht** *f* жълтенúца
Geld *n* парú *pl*; **~anlage** *f* инвестúция; **~automat** *m* банкомáт; **~beutel** *m* портмонé, кесúя; **~einwurf** *m* óтвор за пýскане на парú при автомáти; **~schein** *m* банкнóта; **~schrank** *m* огнеупóрна кáса; **~strafe** *f* глóба; **~stück** *n* монéта; **~wechsel** *m* обмя́на на валýта
gelegen разполóжен; (*passend*) удóбен; **≈heit** *f* слýчай, пóвод
gelegentlich случáен
gelehrt, **≈e(r)** ýчен
Geleise *n* рéлси *f/pl*
Gelenk *n* стáва; **≈ig** под-

вѝжен, гъвкав
Geliebte(r) любѝм(а *f*)
gelingen усп|я́вам [~е́я], сполу́ч|вам [~а]
geloben обр|ѝчам [~ека́] (се)
gelt|en важа́ (**für** *A* за); валѝден съм; **≗ung** *f* значе́ние; (*Gültigkeit*) валѝдност *f*
gemächlich ба́вен
Gemälde *n* карта́на; **~galerie** *f* карта́нна галѐрия
gemäß (*D*) споре́д, съобра́зно (с, със), съгла́сно; **~igt** уме́рен
gemein общ; (*böse*) нѝзък, по́дъл
Gemein|de *f* общѝна́; **~heit** *f* нѝзост *f*; **≗sam** общ; *adv* за́едно; **~schaft** *f* о́бщност *f*; **≗schaftlich** общ, задру́жен
Gemisch *n* сме́с(ица) *f*
Gemse *s.* Gämse
Gemüse *n* зеленчу́к, зарзава́т; **~händler** *m* зарзаватчѝя
Gemüt *n* дух, чу́вство; **≗lich** у́ютен; задуше́вен
Gen *n* ген
genau то́чен; **≗igkeit** *f* то́чност *f*; **~so** то́чно така́
genehmig|en одобря́(вам), разреша́(вам); **≗ung** *f* разреше́ние
geneigt накло́нен; скло́нен
General *m* генера́л; *in Zssg(n)* гла́вен, генера́лен; **~versammlung** *f* о́бщо събра́ние
generell общ, всео́бщ
Genesung *f* оздравя́ване; **~swunsch** *m* пожела́ние за ско́рошно оздравя́ване
Genick *n* тил, врат, шѝя
Genie *n* ге́ний
genieren: **sich ~** стесня́(вам) се (**vor** *D* от)
genießen насла|жда́вам [~дя́] се (на); *fig* по́лзвам се (*A* с)
Genoss|e *m* друга́р; **~enschaft** *f* коопера́ция; **~in** *f* друга́рка
Gentechnik *f* ге́нна те́хника
genug доста́тъчен, стѝга
genüg|en стѝг|ам [~на], задоволя́(вам); **~end** доста́тъчен; **~sam** уме́рен, непридирчѝв
Genugtuung *f* задово́лство
Genuss *m* насла́да
Gepäck *n* бага́ж; **~abfertigung** *f* бага́жно бюро́; преда́ване на бага́ж; **~annahme** *f* (**~ausgabe** *f*) гише́ за бага́ж; **~netz** *n* бага́жник; **~schein** *m* бага́жна беле́жка; **~schließfach** *n* заклю́чващо се шка́фче (кле́тка) за бага́ж; **~träger** *m* (*Fahrrad*) бага́жник; (*Person*) нося́ч; **~versicherung** *f* застрахо́вка на бага́ж; **~wagen** *m* (*Zug*) бага́жно отделе́ние
gerade (*Weg*) прав; (*Zahl*) че́тен; *adv* тъ́кмо; **~aus**, **~zu** напра́во, про́сто
Gerät *n* у́ред; инструме́нт; апара́т
geraten попа́д|ам [~на], натъ́к|вам [~на] се; (*gelingen*) уда́(ва)м се; *adj* сполучлѝв
Geratewohl *n*: **aufs ~** на слу́ка
geräumig просто́рен
Geräusch *n* шум; **≗los** безшу́мен; **≗voll** шу́мен

gerben [о]щáвя
gerecht справедлѝв; **&igkeit** *f* справедлѝвост *f*
Gerede *n* клю́ка, мълвá
Gericht *n* я́стие; JUR съд; **&lich**, **~s-** съдéбен
Gerichts|verhandlung *f* съдéбен процéс; **~vollzieher** *m* съдéбен изпълнѝтел
gering, **~fügig** незначѝтелен; **&schätzung** *f* незачѝтане
gerinnen съсѝр|вам [~я] се
Gerippe *f* скéлет
gern(e) с удовóлствие; **~ haben** обѝчам
Geröll *n* сѝпей, чакъ́л
Gerste *f* ечемѝк
Geruch *m* миризмá; **~sinn** *m* обоня́ние
Gerücht *n* мълвá, слух
Gerüst *n* скéле
gesamt цял, общ; **&heit** *f* ця́лост *f*, óбщност *f*; **&summe** *f* óбща сýма
Gesandt|e(r) пря́теник, пълномóщен минѝстър; **~schaft** *f* легáция
Gesang *m* пéене; (*Lied*) пéсен *f*
Gesäß *n* зáдник
Geschäft *n* сдéлка; (*Laden*) магазѝн; **&lich** служéбен, по рáбота
Geschäfts|brief *m* търгóвско писмó; **~frau** *f* търгóвка; **~mann** *m* търгóвец; **~ordnung** *f* прáвилник за вътрешния ред; **~reise** *f* бúзнес пътýване; **~verbindungen** *f/pl* търгóвски връ́зки; **~zeit** *f* рабóтно врéме
geschehen случ|вам [~а] се, стá|вам [~на]
gescheit ýмен
Geschenk *n* подáрък; **~artikel** *m/pl* подáръци *m/pl*
Geschicht|e *f* истóрия; (*Erzählung*) рáзказ; **&lich** историческѝ
Geschick *n* сръ́чност *f*; (*Los*) съдбá; **~lichkeit** *f* похвáтност *f*, умéлост *f*; **&t** сръ́чен, умéл
geschieden развéден
Geschirr *n* *koll* съ́дове *m/pl*; **~spüler** *m* съдомия́лна машѝна
Geschlecht *n* пол; GR род; (*Generation*) поколéние; **&lich**, **~s-** пóлов, сексуáлен; **~skrankheit** *f* венерѝческа бóлест
geschlossen затвóрен, закрѝт; (*einig*) сплотéн
Geschmack *m* вкус; **&los** безвкýсен; **&voll** с вкус, изѝскан
ge|schmeidig гъ́вкав; мек; **&schöpf** *n* сýществó; **&schoss** *n* снаря́д; (*Kugel*) куршýм; ARCH етáж; **&schrei** *n* вик
Geschwätz *n* бъ́брене
geschweige: **~ denn** кáмо ли
geschwind бърз, пъ́ргав
Geschwindigkeit *f* бързинá, скóрост *f*
Geschwindigkeits|beschränkung *f* ограничéние на скоросттá; **~kontrolle** *f* провéрка на скоросттá; **~überschreitung** *f* превишéна скóрост
Geschwister *pl* брáт(я *m/pl*) и сестр|á (-ѝ *f/pl*)

ge|schwollen подýт; надýт; **≗schwulst** *f* óток, тýмор; **≗schwür** *n* цирей; (**Magen-**стомáшна) я́зва
Gesellschaft *f* обществó; компáния; (*Verein*) дрýжество; **~ leisten** прáвя компáния (нкм)
Gesellschaft|er *m* HDL съдрýжник; **~erin** *f* HDL съдрýжничка; **≗lich** общéствен
Gesetz *n* закóн; **~buch** *n* кóдекс; **~gebung** *f* законодáтелство; **≗lich** закóнен; **≗mäßig** закономéрен; **≗widrig** противозакóнен
Gesicht *n* лицé, óбраз
Gesichts|ausdruck *m* изражéние; **~punkt** *m* глéдище; **~wasser** *n* тоалéтна водá
Ge|sinnung *f* мироглéд; **≗sondert** отдéлен; **~spann** *n* чифт, впряг
gespannt напрéгнат, опънат
Gespenst *n* прúзрак; **≗isch** прúзрачен
Gespött *n* подигрáвка
Gespräch *n* рáзговор; **≗ig** разговорлúв
Gestalt *f* óбраз, вид; ръст; **≗en** дá(ва)м вид, формúрам (*im*)*pf*; **sich ≗en** развú|вам [~я] се; оформя́(вам) се
Ge|ständnis *n* признáние; **~stank** *m* вонá, смрад; **≗statten** позволя́(вам)
ge|stehen признá|вам [~я]; **≗stein** *n* минерáл; кáмък; **≗stell** *n* постáвка
gestern вчéра; **~ Abend** снóщи; **~ Nacht** нощéс
gestorben умря́л
Ge|strüpp *n* храсталáк, трънáк; **~such** *n* заявлéние, молбá
gesund здрав; **~ werden** оздрав|я́вам [~éя]
Gesundheit *f* здрáве; **(zur) ~!** наздрáве!; **≗sschädlich** врéден за здрáвето
Getöse *n* шум
Getränk *n* питиé, напúтка
Getränke|automat *m* автомáт за напúтки; **~karte** *f* меню-напúтки
Getreide *n* зъ́рнени храни́ *pl*
getrennt раздéлен; отдéлен
Getriebe *n* TECH скóростна кутúя *f*
Gewächs *n* растéние
Gewähr *f* гарáнция; **≗en** *Frist* дá(ва)м; отпýс|кам [~на]; *Bitte* изп|ълня́вам [~ълня]
Gewalt *f* сúла; (*Macht*) власт *f*; насúлие; **≗ig** огрóмен; **≗sam**, **≗tätig** насúлствен
gewandt лóвък, сръ́чен
Ge|wässer *n* водú *f*/*pl*; **~webe** *n* тъкан *f*; **~wehr** *n* пýшка; **~weih** *n* рогá *m*/*pl* (на елéн)
Gewerbe *n* занаят, профéсия
Gewerkschaft *f* профсионáлен съюз, прóфсъюз
Gewicht *n* тéжест *f*, теглó; *fig* вáжност *f*
gewillt склóнен (**zu** *D* да)
Gewinde *n* резбá *f*
Gewinn *m* печáлба; (*Ertrag*) дóход; **≗en** печéля, спечéл|вам [~я]; **~er** *m* печелúвш
gewiss сúгурен; *adv* сúгурно; **ein ~er** някой си
Gewissen *n* съвест *f*; **≗haft**

добросъвестен; **≗los** безсъвестен; **~sbisse** *m/pl* угризения на съвестта
Gewissheit *f* сигурност *f*
Gewitter *n* буря
gewöhnen навик|вам [~на] (**an** *A* да); **sich ~** свик|вам [~на] (**an** *A* с)
Ge|wohnheit *f* навик, привичка; **≗wöhnlich** обикновен; **~wölbe** *n* свод; **~würz** *n* подправка; **~zeiten** *pl* прилив и отлив; **≗zwungen** принуден
Gicht *f* подагра
Gier *f* алчност *f*, лакомия; **≗ig** алчен
gieß|en сип|вам [~я]; (*be~*) пол|ивам [~ея]; TECH отл|ивам [~ея]; **≗kanne** *f* лейка
Gift *n* отрова; **≗ig** отровен
Ginster *m* жълтуга
Gipfel *m* връх; **~treffen** *n* POL среща на високо равнище
Gips *m* гипс; *in Zssg(n)* гипсов; **~verband** *m* гипсова превръзка
Giraffe *f* жирафа
Girokonto *n* текуща сметка
Gitarre *f* китара
Gitter *n* решетка
Glanz *m* гланц, блясък
glänzen блестя, лъщя; **~d** блестящ
Glas *n* стъкло; (*Trink≗*) чаша; (*Konfitüren≗*) буркан; **~er** *m* стъклар; **~scheibe** *f* стъкло; **~ur** *f* глазура
glatt гладък; хлъзгав; **≗eis** *n* поледица
glätten загла|ждам [~дя]
Glatze *f* гола глава
Glaube|(n) *m* вяра; **≗n** [по]вярвам (**an** *A* в); (*meinen*) мисля
gläubig вярващ
glaubwürdig достоверен
gleich (*D*) еднакъв, същ; равен; *adv* веднага; **zur ~en Zeit** по същото време; **~artig** еднороден; **~berechtigt** равноправен; **~en** приличам (*D* на); **~falls** подобно, също така; **~förmig** сходен (по форма); **≗gewicht** *n* равновесие; **~gültig** равнодушен; *adv* все едно; **≗heit** *f* равенство; **~mäßig** равномерен; **≗nis** *n* притча, сравнение; **~sam** сякаш, подобно на; **≗strom** *m* EL прав ток; **≗ung** *f* MATH уравнение; **~wertig** равностоен; **~zeitig** съвременен
gleit|en плъз|гам [~на] се; **≗zeit** *f* плаващо работно време
Gletscher *m* глетчер
Glied *n* ANAT, *fig* член; (*Gelenk*, BOT) става; (*Kette*) звено; **~maßen** *pl* крайници *m/pl*
glimmen тлея
glimpflich *adv* леко; **~ davonkommen** отърва(вам) се леко
glitschig плъзгав
glitzern блещукам
Globalisierung *f* глобализация
Glock|e *f* камбана; (*Klingel*) звънец; **~enturm** *m* камбанария
Glück *n* щастие; сполука; **~ haben** имам късмет; **zum ~** за щастие

glücklich щастли́в; **~erweise** за ща́стие
Glücksspiel *n* хаза́рт
Glückwunsch *m* чести́тка, благопожела́ние
Glüh|birne *f* кру́шка; **≗en** нажежа́(вам) се; **≗end** нажежен; **~wein** *m* гре́яно ви́но; **~würmchen** *n* светýлка
Glukose *f* глюко́за *f*; **≗frei** без глюко́за
Glut *f* жар *f*
glutenfrei без глуте́н, не съ-дъ́ржа глуте́н
Gnade *f* ми́лост *f*
gnädig милости́в; **~e Frau!** уважа́ема госпо́жо!
Gold *n* зла́то; **~-**, **≗en** зла́тен; **~schmied(in** *f*) *m* злата́р(ка); **~stück** *n* зла́тна моне́та, жълти́ца
Golf[1] *m* за́лив
Golf[2] *n* (*Spiel*) голф
gönn|en [по]жела́я, не за-ви́|ждам [~дя]; **≗er** *m* по-крови́тел
Got|ik *f* го́тика; **≗isch** готи́че-ски
Gott *m* бог, (*Herr≗*) го́спод; **~esdienst** *m* богослуже́ние; **≗los** безбо́жен
Gött|in *f* боги́ня; **≗lich** боже́-ствен
Götze *m* куми́р, и́дол
Grab *n* гроб; *in Zssg(n)* надгро́-бен
graben [из]копа́я
Graben *m* ров, и́зкоп
Grab|hügel *m* надгро́бна мо-ги́ла; **~stein** *m* надгро́бна пло́ча

Grad *m* гра́дус; (*Stufe*) сте́пен *f*
Graf *m* гра́ф
Grafik *f* гра́фика, **~er** *m* графи́к; **~erin** *f* графи́чка
Gräfin *f* графи́ня
Gramm *n* грам
Grammatik *f* грама́тика
Granate *f* MIL грана́та
Gras *n* трева́; **≗en** паса́; **~halm** *m* стрък (трева́)
grässlich ужа́сен, отврати́те-лен
Grat *m* гре́бен, би́ло
Gräte *f* ри́бена кост
gratis безпла́тно
gratulieren чести́тя(вам) (**zu** *D* по слу́чай)
grau сив; **~ werden** *Haar*: по-бел|я́вам [~е́я]
Gräuel *m* у́жас; зве́рство
Grauen *n* у́жас, страх; **≗haft**, **≗voll** страхо́тен, ужа́сен
Graupel(schauer) *m* сугра́-шица
grausam жесто́к; **≗keit** *f* же-сто́кост *f*
greifbar конкре́тен, бли́зък
greifen *v/t* ул|а́вям [~овя́], хва́|щам [~на]; *v/i* хва́|щам [~на] се; пос|я́гам [~е́гна]; **um sich ~** разпростра́ня(вам) се
Greis *m* ста́рец; **~in** *f* стари́ца
grell (*Ton*) о́стър; (*Licht, Farbe*) я́рък
Grenze *f* POL гра́ница; *fig* пре-де́л
grenzen грани́ча (**an** *A* с); **~los** безграни́чен
Grenz|gebiet *n* погранúчен райо́н; **~kontrolle** *f* грани́ч-

на проверка; **~übergang** *m* граничен пункт
Greuel *s.* Gräuel
Griech|e *m* грък; **~enland** *n* Гърция; **~in** *f* гъркиня; **≈isch** гръцки
Grieß *m* грис
Griff *m* хватка; (*Tür usw.*) дръжка, ръчка; **≈bereit** *adv* под ръка
Grill *m* скара; **vom ~** на скара
Grille *f* щурец
grimmig зъл, лют
grinsen хиля се
Grippe *f* грип
grob груб; **≈heit** *f* грубост *f*
Groll *m* омраза, ненавист *f*; **≈en** сърдя се
groß голям, едър; *fig* велик; **im ≈en und Ganzen** общо взето; **~artig** великолепен; **≈aufnahme** *f*: **in ≈aufnahme** в едър план
Großbritannien *n* Великобритания
Großbuchstabe *m* главна буква
Größe *f* големина; MATH величина; *fig* величие
Groß|eltern *pl* дядо и баба; **~händler** *m* търговец на едро; **~macht** *f* велика сила; **~mut** *f* великодушие; **~mutter** *f* баба; **~stadt** *f* голям град
größtenteils главно, най-много
Großvater *m* дядо
großzügig щедър
Grotte *f* пещера
Grube *f* яма, дупка; BGB рудник, мина
grübeln размисля(м)
Gruft *f* гробница
grün зелен; **~ werden** (*belauben*) раззелен|явам [~ея] се; позелен|явам [~ея]
Grund *m* (*Erde*) почва, земя; (*Meeres≈, Boden*) дъно; (*Ursache*) причина; *in Zssg(n)* основен, главен
gründen основа(вам)
Grund|fläche *f* площ *f*, основа; **~gebühr** *f* основна такса; **~gesetz** *n* основен закон, конституция; **~lage** *f* основа
gründlich основен, грижлив, щателен
grundlos *fig* неоснователен, безпочвен
Gründonnerstag *m* Велики четвъртък
Grund|satz *m* принцип; **≈sätzlich** принципен; по принцип; **~schule** *f* основно училище; **~stein** *m* основен камък; **~stück** *n* (незастроено) място; парцел
Gründung *f* основаване, учредяване
Grundwortschatz *m* основен речников фонд
Gruppe *f* група
gruselig страшен
Gruß *m* поздрав, привет
grüßen поздравя(вам)
gucken F надни|чам [~кна], гледам
Gulasch *n* гулаш
gültig валиден; **≈keit** *f* валидност *f*
Gummi *m* гума; *in Zssg(n)*

гу́мен; **~band** *n* ла́стик; **~baum** *m* фи́кус; **~stiefel** *m/pl* гу́мениботу́ши *pl*
Gunst *f* благоскло́нност *f*; (*Bevorzugung*) предпочита́ние
günstig (*Preis*) изго́ден; (*bequem*) удо́бен; благоприя́тен
Gurgel *f* гъ́рло
gurgeln [на]пра́вя гарга́ра
Gurke *f* кра́ставица
Gurt *m* кола́н
Gürtel *m* кола́н, по́яс; **~schnalle** *f* тока́ на кола́н
Guss *m* TECH отли́вка; GASTR глазу́ра; (*Regen*) поро́ен дъжд; **~eisen** *n* чугу́н
gut добъ́р; **~es Wetter** ху́баво вре́ме; **ganz ~** нело́ш; **schon ~!** всѝчко е наре́д!
Gut *n* (*Besitz*) име́ние, чифли́к; HDL сто́ка
Gutachten *n* експерти́за
gutartig MED доброка́чествен
Güte *f* добрина́; (*Qualität*) ка́чество
Güter|abfertigung *f* експеди́ция; **~bahnhof** *m* сто́чна га́ра; **~wagen** *m* това́рен ваго́н; **~zug** *m* това́рен влак
Guthaben *n* нали́чност *f*, акти́в
gutheißen одобря́(вам)
gütig добъ́р; любе́зен
gutmütig доброду́шен
Gutschein *m* купо́н, бон
Gymnasium *n* гимна́зия
Gymnastik *f* гимна́стика

Haar *n* коса́; (*ein* **~**) ко́съм; (*Tier*≈) ко́зина; **sich die ~e schneiden lassen** подстри́гвам си коса́та; **~ausfall** *m* косопа́д; **~bürste** *f* че́тка за коса́; **~gel** *n* гел за коса́; **≈ig** космат; **~nadel** *f* фурке́т; **~schneiden** *n* подстри́гване; **~schnitt** *m* приче́ска, фризу́ра; **≈sträubend** възмути́телен; **~waschmittel** *n* шампоа́н; **~wickel** *m* ро́лка
Habe *f* иму́щество, имо́т
haben и́мам; **ich habe kein(e) ...** ня́мам ...
Habgier *f* а́лчност *f*
Habicht *m* я́стреб
Hachse *f* GASTR джола́н
Hack|e *f* търноко́п, моти́ка; **≈en** *Holz* [на]сека́, (*spalten*) це́пя; **~fleisch** *n* къ́лцано месо́, кайма́
Hafen *m* приста́нище
Hafer *m* ове́с; **~flocken** *f/pl* ове́сени я́дки *f/pl*
Haft *f* затво́р, аре́ст; **≈bar** отгово́рен; **~befehl** *m* за́повед *f* за аре́ст
haften отгова́рям за, гаранти́рам (*im*)*pf* (**für** *A* за); (*kleben*) ле́пна, зад|ъ́ржам [~ържа́] се (**an** *D* о)
Häftling *m* затво́рник
Haftpflicht *f* гра́жданска отгово́рност *m*

Haftung *f* материална отговорност, гаранция
Hagebutte *f* шипка
Hagel *m* град(ушка)
hageln: **es hagelt** вали град
hager сух, мършав, слаб
Hahn *m* петел; TECH кран
Hai(fisch) *m* акула
Hain *m* дъбрава
häkeln [из]плета
Haken *m* кука; закачалка
halb половин(а), полу-; *adv* наполовина
Halbfinale *n* SPORT полуфинал
halbieren раз-, преполовя (-вам)
Halb|insel *f* полуостров; **~jahr** *n* полугодие; **~kreis** *m* полукръг; **~kugel** *m* полукълбо; **~messer** *m* радиус; **~mond** *m* полумесец; **~pension** *f* полупансион; **~schuhe** *m/pl* половинки *pl*; **≗wegs** донякъде; **~zeit** *f* SPORT полувреме
Hälfte *f* половина
Hall|e *f* зала; **~enbad** *n* закрит басейн
hallo! ало!
Halm *m* стрък; (*Stroh≗*) сламка
Hals *m* врат, шия; (*Kehle*) гърло; **~band** *n* (*Hunde≗*) нашийник *m*; **≗brecherisch** главоломен; **~kette** *f* огърлица, колие; **~schmerzen** *m/pl* болки *f/pl* в гърлото; **~tuch** *n* шалче
Halt *m* спиране; (*Stütze*) опора, подкрепа; **≗!** стой!; **~ machen** сп|ирам [~ра] се; **≗bar** устойчив; траен
halten *v/t* държа; *Vieh* отгле(ж)дам; **~ für** (*A*) см|ятам [~етна] за; *v/i* държа здраво *od* се; (*Halt machen*) сп|ирам [~ра] (се); **sich ~** държа се (**an** *A* за); (*haltbar sein*) запаз|вам [~я] се
Haltestelle *f* спирка
Haltung *f* държание; (*Körper≗*) стойка
Hamburg *n* Хамбург
Hammel *m* овен; **~braten** *m* овнешко печено; **~fleisch** *n* овнешко месо
Hammer *m* чук
Hamster *m* хамстер
Hand *f* ръка, китка; **~arbeit** *f* ръчна работа; **~ball** *m* хандбал; **~bremse** *f* ръчна спирачка; **~buch** *n* наръчник
Händedruck *m* ръкостискане
Handel *m* търговия
handeln действам; търгувам (**mit** *D* с); **es handelt sich** става дума (**um** *A* за)
Handels|abkommen *n* търговска спогодба; **~gesellschaft** *f* търговско дружество; **~kammer** *f* търговска камара; **~vertretung** *f* търговско представителство
Hand|fläche *f* длан *f*; **~gelenk** *n* става на ръката (*od* китката); **~gepäck** *n* ръчен багаж; **~griff** *m* похват; **≗haben** боравя с нщ, употребя (-вам); **~koffer** *m* куфарче
Händler *m* търговец; **~in** *f* търговка
handlich удобен
Handlung *f* действие; (*Tat*) по-

стъпка

Hand|schrift *f* ръкопи́с; по́черк; **~schuh** *m* ръкави́ца; **~tasche** *f* ръ́чна ча́нта; **~tuch** *n* кърпа за лице́, пешки́р; **~werk** *n* зана́ят; **~werker** *m* занаятчи́я; **~werkerin** *f* занаятчи́йка; **~werkszeug** *n* (занаятчи́йски) инструме́нти *pl*

Handy *n* мо́бифон; **~nummer** *f* моби́лен но́мер

Hang *m* склон; *fig* накло́нност *f*

Hänge|brücke *f* вися́щ мост; **~matte** *f* хама́к

hängen *v/t* ок|а́чвам [~ача́] (**an** *A* на); *v/i* вися́ (**an** *A* на); *fig* привъ́рзан съм (**an** *D* към); **~ bleiben** увис|вам [~на]; оста́|вам [~на]

Harfe *f* а́рфа

Harke *f* гребло́

harmlos безвре́ден; безоби́ден

harmonisch хармони́чен

Harn *m* ури́на, пи́коч *f*; **~blase** *f* пи́кочен меху́р

hart твърд, кора́в

Härte *f* твъ́рдост *f*; *fig* суро́вост *f*

hart|herzig коравосърде́чен; **~näckig** упори́т

Harz *n* смола́

Hase *m* за́ек

Haselnuss *f* ле́шник

Hass *m* омра́за, нена́вист *f*

hassen [на]мра́зя

hässlich гро́зен; (*schlecht*) га́ден

Hast *f* бързина́; **≗ig** бърз; тре́скав

Haube *f* ша́пчица, боне́; TECH капа́к

Hauch *m* дъх; (*Luft≗*) по́лъх

hauen у́дрям [уда́ря], [на]бия

Haufen *m* куп, грама́да

häuf|en: **sich ~en** натру́п(в)ам се; **~ig** чест; *adv* че́сто

Haupt *n* глава́; *in Zssg(n)* гла́вен; **~bahnhof** *m* централна га́ра; **~darsteller(in** *f*) *m* изпълни́тел(ка) на гла́вната ро́ля; **~eingang** *m* гла́вен вход; **~gewinn** *m* най-голя́мата печа́лба; **~mann** *m* MIL капита́н; **~post(amt** *n*) *f* централна по́ща; **~sache** *f* същност *f*; **~stadt** *f* сто́лица; **~(verkehrs)straße** *f* гла́вна у́лица; **~verkehrszeit** *f* върхови часове́ на движе́нието

Haus *n* къща; **nach, zu ~e** вкъ́щи; *in Zssg(n)* дома́шен

Hausen *m* ZO мору́на, белу́га

Haus|frau *f* домаки́ня; хаза́йка; **~halt** *m* домаки́нство; бюдже́т; **~herr** *m* домаки́н; хаза́ин; **~nummer** *f* но́мер на къща

häuslich къщо́вен, дома́шен

Haus|meister *m* домоупра́вител; домаки́н; **~ordnung** *f* вътрешен ред; **~schlüssel** *m* ключ от вхо́дната врата́; **~schuhe** *m/pl* панто́фи *pl*; **~tür** *f* вхо́дна врата́; **~verwalter** *m* домоупра́вител; **~wirt** *m* хаза́ин, стопа́нин; **~wirtin** *f* хаза́йка, стопа́нка

Haut *f* ко́жа; **~ausschlag** *m* о́брив; **~farbe** *f* цвят на ко́жа-

та; **~krankheit** *f* кожна болест
häuten (**sich** се) лющя, сменям кожата си
Hebamme *f* акушерка
Hebel *m* лост; (*Fuß*&) педал
heben (по)вдиг|ам [~на]
Hecht *m* щука
Heck *n* задна част; MAR кърма
Hecke *f* жив плет
Heer *n* войска
Hefe *f* мая
Heft *n* тетрадка; (*Druckschrift*) книжка
heften подши|вам [~я]; (*Kleid*) тропос(в)ам
heftig буен; силен
Heftpflaster *n* пластир
hegen пазя; грижа се (за); тая
Heide[1] *m* езичник
Heide[2] *f* степ *f*, поле
Heidelbeere *f* черна боровинка
heikel деликатен
heil цял, здрав, непокътнат
Heil|anstalt *f* санаториум; **~bad** *n* минерална баня; курорт с минерална баня; **&bar** излечим
heilen *v/t* лекувам, излекувам (*im*)*pf*; *v/i* оздрав|явам [~ея]
Heilerde *f* лечебна кал
heilig свет(и), свещен; **&er Abend** бъдни вечер; **&tum** *n* светиня
Heil|mittel *n* лекарство; **~quelle** *f* лековит извор; **&sam** лечебен, лековит; **~ung** *f* лекуване
heim у дома
Heim *n* дом; (*Wohn*&) общежитие
Heimat *f* родина
heim|isch роден, местен; **~kehren** зав|ръщам [~ърна] се у дома; **~lich** (по)таен, скрит; **&reise** *f* пътуване за дома; **~tückisch** коварен; **~wärts** към, за дома; **&weg** *m* път към дома; **&weh** *n* носталгия
Heirat *f* женитба
heiraten женя се, ожен|вам [~я] се (*A* за)
Heiratsurkunde *f* брачно свидетелство
heiser дрезгав; **&keit** *f* дрезгавост *f*
heiß горещ, жарък
heißen казвам се; (*bedeuten*) знача; **das heißt** (**d. h.**) тоест (т. е.)
heiter весел; ведър, ясен; **&keit** *f* веселост *f*
heiz|en топля, от|оплявам [~опля]; **&körper** *m* радиатор; **&ung** *f* отопление
Held *m* герой, юнак
helfen пом|агам [~огна]
Helfer *m* помагач, помощник
hell ясен; (*Farbe*) светъл; **&seher** *m* ясновидец; **&seherin** *f* ясновидка
Helm *m* шлем, каска
Hemd *n* риза
hemm|en спъ|вам [~на], затрудня(вам); **&nis** *n* спънка, затруднение; **&ung** *f* задръжка (*a.* MED); *fig* стеснение
Hengst *m* жребец
Henkel *m* дръжка
Henne *f* кокошка

her насáм; **komm ~** елá тýк(а); **hin und ~** насáм-натáм
herab надóлу; **~lassend** снизходúтелен; **~setzen** унижá(вам); **~steigen** сл|úзам [~яза]; **~stürzen** *v/i* пáд|ам [~на], строполя́(вам) се
heran насáм; **~kommen**, **~nahen** приближá(вам) се; **~rücken** придвúж|вам [~а] се; **~treten** пристъ́п|вам [~я]; **~wachsen** подрáс|вам [~на]; **~ziehen** *v/t* притеглá(м), привл|úчам [~екá] (*a. fig*)
herauf нагóре; **~beschwören** предизвúк(в)ам; **~setzen** *Preis* повишá(вам)
heraus (на)вън; **~fallen** изпáд|ам [~на]; **~finden** нам|úрам [~éря]; **~fordern** предизвúк(в)ам; **~geben** TYP издá(ва)м; *Geld* връщам [върна] (назáд); **~kommen** изл|úзам [~яза]; **~lassen** пýс|кам [~на]; **~nehmen** изва́|ждам [~дя]; **~reißen** изскýб|вам [~на]; **~stellen**: **sich ~stellen** окá|звам [~жа] се; **~ziehen** извá|ждам [~дя]
herb стипчúв; тръпчúв
herbei насáм; **~eilen** притúч(в)ам (се); **~holen** дон|áсям [~есá]; дов|éждам [~едá]; **~rufen** повúк(в)ам; **~schaffen** набáвя(м)
Herberge *f* (*in der Stadt*) туристúческа спáлня; (*in den Bergen*) заслóн, хúжа
Herbst *m* éсен *f*; **im ~** наéсен; **≈lich** éсенен
Herd *m* готвáрска пéчка; *fig* огнúще
Herde *f* стáдо
herein вътре; **herein!** влéз(-те)!; **~kommen** вл|úзам [~яза]; **~lassen** пýс|кам [~на] да влéзе
hergeben дá(ва)м
Hering *m* хéринг(а)
her|kommen úд|вам [~а], произхóждам (**aus** *D* от);
≈kunft *f* произхóд
Herr *m* господúн; REL гóспод; **~en-** *in Zssg(n)* мъ́жки
herrichten пригóтвя(м)
herr|isch влáстен; горд; **~lich** великолéпен, прекрáсен
Herrschaft *f* госпóдство
herrschen владéя; *fig* госпóдствам, царя́ (**über** *A* над)
her|rühren произхóждам; **~stellen** произв|éждам [~едá]; *Beziehung* установя́(-вам); (*wiederherstellen*) възстановя́(вам); **≈steller** *m* производúтел; **≈stellung** *f* TECH произвóдство; (*Beziehung*) установя́ване; възстановя́ване; **≈stellungsland** *n* странá-производúтел
herüber насáм, отсáм
herum (на)óколо; **~drehen** об|рьщам [~ърна]; **~führen** разв|éждам [~едá] **~treiben**: **sich ~treiben** [по]скúтам се, безде́лнича
herunter надóлу; **~kommen** сл|úзам [~яза]; *fig* изпáд|ам [~на]; **~schlucken** прегльъ́|щам [~тна]

hervor напре́д; **~bringen** създа́(ва)м; *Früchte* да́(ва)м, ра́ждам; *Laut, Wort* произн|а́сям [~еса́]; **~gehen** изл|и́зам [~я́за], сле́двам (**aus** *D* от); **~heben** изтък|вам [~на]; **~ragend** *fig* превъзхо́ден; **~rufen** предизви́к(в)ам; **~stechen** би́я на очи́

Herz *n* сърце́; **~enslust** *f*: **nach ~enslust** до наси́та; **~fehler** *m* поро́к на сърце́то; **~infarkt** *m* инфа́ркт на сърце́то; **~klopfen** *n* сърцебие́не; **&krank** сърде́чноболен; **&lich** сърде́чен; **&los** безсърде́чен

Hessen *n* Хе́сен

Heu *n* сено́

Heuch|elei *f* лицеме́рие; **&eln** лицеме́ря

heulen рева́, ви́я

Heu|schnupfen *m* се́нна хре́ма; **~schrecke** *f* скакале́ц

heute днес; **von ~ ab** *od* **an** от днес ната́тък; **~ Abend** дове́чера

heut|ig дне́шен; **~zutage** днес

Hexe *f* ве́щица

Hexenschuss *m* лумба́го

Hieb *m* у́дар

hier ту́к(а); **von ~** оттýк(а); **~auf** на това́, след това́; **~aus** от това́; **~bei** при това́; **~durch** чрез това́, с това́; **~her** нася́м; тук(а); **~mit** с това́, чрез това́; **~über** върху́ това́; **~unter** под това́; между́ това́; **~von** от това́; за това́; **~zu** на това́, към това́

Hilfe *f* по́мощ *f*; **~leistung** *f* ока́зване на по́мощ; **~ruf** *m* вик за по́мощ

hilflos безпо́мощен

Hilfs|- спомага́телен; **~arbeiter** *m* общ рабо́тник; **~arbeiterin** *f* о́бща рабо́тничка; **&bedürftig** нужда́ещ се от по́мощ; **&bereit** услужли́в; **~mittel** *n* по́мощно сре́дство

Himbeere *f* мали́на

Himmel *m* небе́; **unter freiem ~** под откри́то небе́; **&blau** небе́сносин

himmlisch небе́сен; *fig* прекра́сен

hin ната́м, ната́тък; **~ und wieder** поня́кога; → *a.* **her**

hinab надо́лу; **~fahren**, **~gehen, ~steigen** сл|и́зам [~я́за]

hinauf наго́ре; **~fahren**, **~gehen, ~kommen, ~steigen** изк|а́чвам [~ача́] се

hinaus (на)вън; **~gehen** изл|и́зам [~я́за]; *Fenster usw.*: гле́дам; **~lehnen**: **sich ~lehnen** нав|е́ждам [~еда́] се навън; **~ziehen** *v/i* поте́гля(м); *v/t* (*verzögern*) прот|а́кам [~о́ча]

Hinblick *m*: **im ~ auf** пред вид на

hinbringen зан|а́сям [~еса́]

hinder|n пре́ча, попре́ч|вам [~а]; **&nis** *n* пре́чка; SPORT препя́тствие

hindurch през

hinein (на)вътре; **~gehen** вл|и́зам [~я́за]; **~geraten** попа́д|ам [~на]; **~legen** сла́гам;

~stecken пъхам; **~ziehen** въвл|ичам [~ека́]
Hin|fahrt *f* отпъту́ване; оти́ване; **~flug** *m* по́лет-оти́ване; **~gabe** *f* пре́даност *f*
hinken ку́цам (**auf** *D* с)
hin|legen сл|а́гам [~о́жа]; **sich ~legen** ля́гам [ле́гна] си; **~nehmen** пона́сям, прие́мам
hin|reichend доста́тъчен; **&reise** *f* отпъту́ване; оти́ване; **~richten** екзекути́рам (*im*)*pf*; **&richtung** *f* екзеку́ция
Hinsicht *f*: **in dieser ~** в това́ отноше́ние; **&lich** (*G*) отно́сно
hinstellen поста́вя(м), сл|а́гам [~о́жа]
hinten отза́д; **nach ~** наза́д
hinter (*D, A*) зад
Hinter|- *in Zssg(n)* за́ден; **~bliebene** *m/f* опечале́н(а); **&einander** еди́н след друг; **~grund** *m* фон; **~gründe** *pl* скри́ти причи́ни; **~halt** *m* заса́да
hinterher накра́я, по́сле
Hinter|kopf *m* тил; **&lassen** оста́вя(м); **&legen** депози́рам (*im*)*pf*; **~rad** *n* за́дно колело́; **~teil** *n* за́дна част; **~treppe** *f* за́дна стълба; **~tür** *f* за́дна врата́
hinüber отта́тък, отвъ́д; **~bringen** прен|а́сям [~еса́] отвъ́д; **~fahren**, **~gehen** прем|ина́вам [~и́на] отвъ́д
Hin- und Rückfahrt *f* (*Fahrkarte* биле́т за) оти́ване *n* връ́щане
hinunter → herunter
hinwegната́тък
Hinweis *m* указа́ние; **&en** посо́ч|вам [~а], об|ръ́щам [~ъ́рна] внима́ние (**j-n auf** *A* нкм на)
hinzu към, при това́; **~fügen** приба́вя(м); **~rechnen**, **~zählen** причисля́(вам); **~ziehen** *Fachmann* привл|и́чам [~ека́]
Hirn *n* мо́зък
Hirsch *m* еле́н; **~kuh** *f* кошу́та
Hirt(e) *m* па́стир
hissen изди́г|ам [~на]
Hitze *f* горещина́, жега́; **~welle** *f* вълна́ от горе́щ въ́здух
hitz|ig (*Debatte*) горе́щ; темпера́ментен; **&schlag** *m* слъ́нчев у́дар
HIV|-negativ ХИВ-негати́вен; **~-positiv** ХИВ-позити́вен
Hobel *m* ренде́
hobeln рендо́с(в)ам
hoch висо́к; виш; (*groß*) голя́м; **hohes Alter** дълбо́ка ста́рост; **hohe See** откри́то море́; *adv* мно́го; **~ achten** почи́там
Hoch *n* наздра́вица; → *a.* **~druck**; **~achtung** *f* уваже́ние, по́чит *f*; **&achtungsvoll** с уваже́ние; **~deutsch** *n* литерату́рен не́мски; **~druck** *m* (*Wetter*) висо́ко атмосфе́рно наля́гане; висо́к печа́т; **mit ~druck** *fig* уси́лено, с пъ́лна па́ра; **~ebene** *f* плато́; **~form** *f*: **in ~form sein** съм в отли́чна фо́рма; **~haus** *n* многоета́жна сгра́да
hochmütig, **~näsig** високоме́рен
Hoch|ofen *m* висо́ка пещ;

~saison *f* разгáрът на сезóна; **~schule** *f* вúсше учúлище; **~spannung** *f* EL висóко напрежéние; **~sprung** *m* SPORT висóк скок

höchst максимáлен; *adv* твъ́рде, мнóго; **~e Zeit** крáйно врéме

höchst|ens нáй-мнóго, в крáен слу́чай; **≈geschwindigkeit** *f* максимáлна скóрост; **≈leistung** *f* максимáлно постижéние; SPORT рекóрд

Hoch|verrat *m* държáвна измя́на; **~wasser** *n* наводнéние; прúлив; **≈wertig** висококáчествен; пълноцéнен

Hochzeit *f* свáтба

Hochzeits|geschenk *n* свáтбен подáрък; **~reise** *f* свáтбено пътешéствие

hochziehen вдúг|ам [~на]

hocken клечá

Höcker *m* гъ́рбица

Hoden *m* тестúкул

Hof *m* двор; (*e-s Herrschers*) двор(éц)

hoffen надя́вам се (**auf** *A* на)

hoffentlich данó

Hoffnung *f* надéжда; **≈slos** безнадéжден

höflich учтúв, вежлúв; **≈keit** *f* учтúвост *f*

Höhe *f* височинá, височá

Höhensonne *f* MED квáрцова лáмпа

Höhepunkt *m* връ́хна тóчка

hohl кух, прáзен; (*konkav*) вдлъ́бнат

Höhle *f* пещерá; ZO ду́пка

Hohl|maß *n* мя́рка за вместúмост; **~raum** *m* кухинá

höhnisch подигравáтелен

holen отú|вам [~да] да взéма; (*j-n*) дов|éждам [~едá]; **~ lassen** прá|щам [~тя] за; **sich eine Krankheit ~** хвá|щам [~на] бóлест

Holland *n* Холáндия

Holländer *m* холáндец; **~in** *f* холáндка; **≈isch** холáндски

Hölle *f* ад, пъ́къл

holperig грáпав, нерáвен

holpern подскáчам, дру́сам; заéк|вам [~на], запъ́|вам [~на] се

Holz *n* дървó; → *a.* **Brenn≈**

hölzern дъ́рвен

Holz|kohle *f* дъ́рвени въ́глища; **~schnitt** *m* гравю́ра (на дървó); **~schnitzerei** *f* дърворезбá; **~wolle** *f* талáш

Homeoffice *n kein pl* хóумофис; **~schooling** *n kein pl* домáшно обучéние

Honig *m* мед

Hopfen *m* хмел

hörbar доловúм за слу́ха

horchen (*heimlich*) подслу́ш(в)ам; слу́шам

Horde *f* óрда, бáнда

hör|en слу́шам, чу́|вам [~я]; подчин|я́ [~я́вам] се (**auf** *A* на); **≈er** *m* слушáтел; TECH слушáлка; **≈erin** *f* слушáтелка; **≈gerät** *n* слу́хов апарáт

hörig завúсим, подчинéн

Horizont *m* хоризóнт

Horn *n* рог; **~haut** *f* (*Auge*) рóговица; (*Schwiele*) мазóл

Hornisse *f* стъ́ршел

Hör|saal *m* аудитóрия; **~spiel**

n радиопиéса; **~weite** *f*: **in ~weite** на разстояние, от коéто се чýва
Hose *f* панталóни *m*/*pl*
Hosenträger *m* презрáмки *pl* тирáнти *pl*
Hotel *n* хотéл; **~führer** *m* диплянка на хотéл; **~gewerbe** *n* хотелиéрство; **~halle** *f* фоайé на хотéл
Hotline *f* пряка, горéща връзка
Hubraum *m* TECH вместимост
hübsch хýбавичък, хýбав
Hubschrauber *m* хеликóптер
Huf *m* копито; **~eisen** *n* подкóва
Hüft|e *f* хълбок; **~gelenk** *n* тазобéдрена стáва
Hügel *m* хълм, рид, могила; **≗ig** хълмист
Huhn *n* кокóшка; пиле
Hühner|auge *n* мазóл; **~brühe** *f* пилешки бульóн
Hüll|e *f* обвивка, покривка; **≗en** об-, зави|вам [~я] (**sich** се)
Hülse *f* шушýлка, обвивка; MIL гилза
Hülsenfrüchte *f*/*pl* бóбови растéния *n*/*pl*
human хумáнен
Hummel *f* зéмна пчелá
Hummer *m* мóрски рак, омáр
Humor *m* хýмор
Hund *m* кýче, пес
Hundeleine *f* кýчешка каишка
Hündin *f* кýчка
Hunger *m* глад; **~ bekommen** огладн|явам [~éя]; **~ haben** глáден съм
hung|ern гладýвам; **≗rig** глáден
Hup|e *f* клáксон; **≗en** дá(ва)м сигнáл (с клáксон), свиря
hüpfen под-, ск|áчам [~óча]
Hürd|e *f* SPORT препятствие; **~enlauf** *m* бягане с препятствия
husten кáшлям
Husten *m* кáшлица; **~saft** *m* сирóп прóтив кáшлица
Hut *m* шáпка
hüten пáзя (**sich vor** *D* се от)
Hütte *f* хижа; колиба; TECH металургичен завóд
hygienisch хигиеничен
hysterisch истеричен

I

ich аз
ideal идеáлен
Ideal *n* идеáл; **~ismus** *m* идеализъм
Idee *f* идéя
ident|ifizieren идентифицирам; **~isch** идентичен
Igel *m* таралéж, еж
ihm му, на нéго
ihn го, нéго; **≗en** Ви, на Вас
ihr *pl* вие; *sg* й, на нéя; *poss* нéйн(ият); тéхен (тéхният); ваш
Ihr Ваш(ият)
illegal нелегáлен
Illustrierte *f* илюстрóвано списáние, журнáл

Iltis *n* пор
Imbiss *m* закýска; **~stube** *f* бюфéт, закýсвáлня
Imker *m* пчелáр
immer вúнаги; **~ noch** все още; **~fort** постоя́нно; **~hin** все пак; **~zu** все напрéд; непрестáнно
Immobilien *pl* недвижúм имóт
immun имýнен
impf|en ваксинúрам *(im)pf*; **&pass** *m* имунизациóнен паспóрт; **&ung** *f* ваксинáция
Import *m* внос, импóрт
imstande, im Stande: **~ sein** в състоя́ние съм
in *(D, A)* в, във; *(zeitl)* след
Inder *m* индúец; **~in** *f* индúйка
indes(sen) обáче, все пак; *adv* междý товá
Indianer *m pej* индиáнец; **~in** *f pej* индиáнка
Indien *n* Йндия
indisch индúйски
individuell индивидуáлен
Indizien *pl*, **~beweis** *m* доказáтелство по кóсвени улúки
Industrie *f* индýстрия, промúшленост *f*
industriell промúшлен
ineinander едúн в друг
Infektion *f* инфéкция; **~skrankheit** *f* инфекциóзно заболя́ване; **~squote** *f* MED общ брой (нóво)заразéни
infizieren заразя́(вам)
infolge *(G)* вслéдствие; **~dessen** вслéдствие на товá
Informatik *f* информáтика
Information *f* информáция
informieren осведомя́(вам), информúрам *(im)pf*
Ingenieur(in *f)* *m* инженéр(ка)
Inhaber *m* притежáтел, собственик; **~in** *f* притежáтелка, собственичка
Inhalt *m*, **~sverzeichnis** *n* съдържáние
Inland *n* (сóбствена) странá
Inline-Skates *m/pl* рóлери
inmitten *(G)* всред, посрéд
inne|haben притежáвам, владéя; **~n** вътре
Inner|e(s) вътрешност *f*; **&halb** вътре в; в продължéние на; **&lich** вътрешен
innig сърдéчен, интúмен
insbesondere осóбено
Inschrift *f* нáдпис
Insekt *n* насекóмо
Insel *f* óстров
Inser|at *n* обя́ва, обявлéние; **&ieren** дá(ва)м обявлéние
insgesamt óбщо, изця́ло
inso|fern, ~weit *konj* доколкото
instand: **~ halten** държá в изпрáвност; **~ setzen** постáвя(м) в изпрáвност
inständig настойчúв
instinktiv инстинктúвен
intakt непокъ́тнат, безупрéчен
Intellektuelle(r) интелектуáлец
intelligent интелигéнтен
Intensivstation *f* интензúвно отделéние
Intercity-Zug *m* úнтерсúти експрéс
interes|sant интерéсен; **&se** *n* интерéс; **~sieren** интересýвам **(sich für** *A* се от)

intern вътрешен
international междунаро́ден, интернациона́лен
Internet *n* интерне́т; **~adresse** *f* интерне́т адре́с; **~zugang** *m* до́стъп до Интернет
Interview *n* интервю́ *n*
inzwischen между́ това́, междувре́менно
irdisch зе́мен
irgend ня́кък, вообще́; **~ein(er)**, **~jemand** ня́кой си, ко́йто и да е; **~wann** ня́кога, кога́(то) и да е; **~was** не́що, какво́то и да е; **~welcher**, **~wer** ня́кой си, ко́йто и да е; **~wie** ня́как си, ка́кто и да е; **~wo** ня́къде, къде́то и да е; **~woher** отня́къде, откъде́то и да е; **~wohin** наня́къде, накъде́то и да е
ironisch ирони́чен
irre заблуде́н, объ́ркан; **~führen** заблу|жда́вам [~дя́]; **~machen** объ́рк(в)ам
irren (**sich** се) заблу|жда́вам [~дя́] (**in** *D* в, по отноше́ние на) греша́
Irr|sinn *m* лу́дост *f*; **~tum** *m* гре́шка, заблужде́ние; **♀tümlich** погре́шен; *adv* погре́шно
Israel *n* Израе́л
Israeli *m/f* израе́лец, израе́лка *f*
israelisch израе́лски
Italien *n* Ита́лия; **~er** *m* италиа́нец; **~erin** *f* италиа́нка; **♀isch** италиа́нски

J

ja да; (*doch*) де, я
Jacht *f* я́хта
Jacke *f* сако́; (*Frauen♀*) жаке́т
Jagd *f* лов; **~revier** *n* ло́вен райо́н; **~schein** *m* ло́вен биле́т; **~tourismus** *m* ло́вен тури́зъм
jagen *v/t* го́ня, пресле́двам; *Wild* бия́; *v/i* лову́вам; (*eilen*) бъ́рзам
Jäger *m* лове́ц, ловджи́я
jäh внеза́пен
Jahr *n* годи́на; **~es-** *in Zssg(n)* годи́шен; **~eszeit** *f* годи́шно вре́ме, сезо́н; **~gang** *m* (*Zeitschrift*) годи́шнина; (*Schule*) ви́пуск; (*Wein*) рекóлта; **~hundert** *n* столе́тие, век
jährlich годи́шен
Jahrmarkt *m* пана́йр
jähzornig избухли́в
jämmerlich жа́лък
jammern пла́ча, ридáя; опла́|квам [~ча] се
Januar *m* януа́ри *m*
Japan *n* Япо́ния; **~er** *m* япо́нец; **~erin** *f* япо́нка; **♀isch** япо́нски
jawohl да, разби́ра се
Jazz *m* джаз; *in Zssg(n)* джа́зов
je ня́кога; ко́лкото; (*vor Zahlen*) по; **~ … desto** ко́лкото …, то́лкова; **~ nachdem** споре́д слу́чая, споре́д това́
Jeans *pl* джи́нси *pl*

jedenfalls във всéки слýчай
jede, **~r**, **~s** вся́ка; всéки, вся́ко
jederzeit по вся́ко врéме, ви́наги
jedesmal *s.* Mal
jedoch обáче, но, все пак
jemals ня́кога
jemand ня́кой
jene, **~r**, **~s** онáзи (*od* онáя), óнзи (*od* óня), оновá (*od* онýй)
jenseits отвъ́д, оттáтък
jetzig сегáшен
jetzt сегá; **von ~ ab** отсегá натáтък
Jod *n* йод
joggen тúчам за здрáве
Jog(h)urt *m od n* кисело мляко
Johannisbeere *f* фрéнско грóзде
jucken: **es juckt** сърби́
Juckreiz *m* сърбéж
Jude *m* еврéин
Jüdin *f* еврéйка
jüdisch еврéйски
Jugend *f* (*~zeit*) млáдост *f*; (*junge Leute*) младéж *f*; **~herberge** *f* хи́жа за млáди тури́сти; **~kriminalität** *f* престъ́пност сред младежтá; **≗lich** младéжки
Juli *m* ю́ли *m*
jung млад; (*frisch*) прéсен
Junge *m* момчé, мóмък
Jung|frau *f* деви́ца; **≗geselle** *m* ергéн
Jüngling *m* младéж, ю́ноша
jüngst неотдáвна(шен)
Juni *m* ю́ни *m*
Justiz *f* правосъ́дие
Juwel *n* скъпоцéнност *f*, бижý *n*; **~ier** *m* златáр
Jux *m* шегá, лудори́я

Kabel *n* кáбел; **~fernsehen** *n* кáбелна телеви́зия
Kabin|e *f* каби́на; **~enbahn** *f* каби́нков лифт
Kachel *f* кáхла
Käfer *m* бръ́мбар
Kaffee *m* кафé; *vgl a.* **Café**; *in Zssg(n)* за кафé, кафéн; **~automat** *m* кафé автомáт; **~löffel** *f* кафéна лъжи́чка; **~maschine** *f* кафéмашúна *f*
Käfig *m* клéтка, кафéз
kahl плешли́в, гол
Kahn *m* лóдка, лáдия
Kai *m* кей
Kaiser *m* кáйзер; **~reich** *n* импéрия, цáрство
Kajak *n* каяк
Kajüte *f* каю́та, каби́на
Kakerlak *m* хлебáрка
Kalb *n* телé; **~fleisch** *n* тéлешко (месó); **~sbraten** *m* тéлешко пéчено
Kalender *m* календáр
Kalk *m* вар *f*
kalt студéн; **~ werden** изсти́|вам [~на]; **es ist (mir) ~** студéно (ми) е; **~blütig** *fig* хладнокръ́вен
Kälte *f* студ
Kamel *n*ками́ла
Kamera *f* кáмера

Kamerad *m* другáр; **~schaft** *f* другáрство
Kamille *f* лáйк(учк)а
Kamin *m* камúна, огнúще; (*Schornstein*) комúн
Kamm *m* грéбен; (*Berg*) бúло
kämmen рéша, вчé|свам [~ша] (**sich** се)
Kammer *f* стáичка; POL кáмара
Kampf *m* борбá; MIL сражéние, бúтка; *in Zssg(n)* бóен, боевú
kämpf|en бóря се, бúя се (**für**, **gegen** *A* за, срещý); **≈er** *m* борéц, боéц
Kampfrichter *m* спóртен съдúя
Kanal *m* канáл
Kaninchen *n* (пúтомен) зáек
Kanister *m* бидóн, тýба
Kanne *f* кáна
Kanone *f* орьдие, топ
Kante *f* кант, ръб
Kantine *f* (*Speiseraum*) стóл, трапезáрия
Kanz|el *f* амвóн; AER пилóтска кабúна; **~lei** *f* канцелáрия
Kap *n* GEO нос
Kapelle *f* MUS, REL капéла
Kapital *n* капитáл; **~ismus** *m* капиталúзъм
Kapitän *m* капитáн
Kapitel *n* (*Buch*) главá
kapitulieren капитулúрам (*im*)*pf*
Kappe *f* кéпе; TECH капáк
Kapsel *f* кáпсула; BOT кутúйка
kaputt счýпен, поврéден; (*müde*) уморéн; **~gehen** счýп|ва [~я] се, поврé|жда [~дя] се; **~machen** счýп|вам [~я], поврé|ждам [~дя] се
Kapuze *f* качýлка
Karawane *f* кервáн
Karfreitag *m* Рáзпети пéтък
karg, **kärglich** оскъден
kariert карúран
Karikatur *f* карикатýра
Karneval *m* карнавáл
Karo *n* ромб; кáро
Karosserie *f* каросéрия
Karotte *f* мóрков
Karpfen *m* шарáн
Karre(n *m*) *f* колúчка
Karriere *f* кариéра
Karte *f* кáрт(ичк)а; фиш; *vgl a.* **Eintritts≈**, **Land≈**, **Post≈**, **Speise≈**
Kartei *f* картотéка
Kartoffel *f* картóф; **~brei** *m* картóфено пюрé; **~chips** *m/pl* картóфен чипс; **~suppe** *f* картóфена сýпа
Karton *m* картóнена кутúя
Karussell *n* карусéл, въртелéжка
Karwoche *f* Стрáстна сéдмица
Käse *m* сúрене
Kaserne *f* казáрма
Kasse *f* кáса
Kassen|arzt *m*, **~ärztin** *f* лéкар(ка) от осигурúтелна кáса; **~patient(in** *f*) *m* пациéнт(ка) от осигурúтелна кáса; **~zettel** *m* кáсова белéжка
Kassierer(in *f*) *m* касиéр(ка)
Kastanie *f* кéстен
Kasten *m* кутúя, сандък
Katalysator *m* катализáтор
Kater *m* кот(ар)áк
Kathedrale *f* катедрáла

katholisch католически
Katze *f* котка
kauen дъвча
Kauf *m* покупка; **≗en** купувам [купя]
Käufer(in *f)* *m* купувач(ка)
Kauf|frau *f* търговка; **~haus** *n* универсален магазин; **~mann** *m* търговец
Kaugummi *m* дъвка
kaum едва(м)
Kaution *f* залог; гаранция
Kauz *m* ZO кукумявка; *fig* чудак
Kaviar *m* хайвер
keck дързък, смел
Kegel *m* кегла; MATH конус; **~bahn** *f* кегелбан
kegeln играя на кегли
Kehl|e *f* гърло; **~kopf** *m* ларинкс, гръклян
kehr|en [из]метá; (*wenden*) об|ръщам [~ърна]; **≗seite** *f* обратна страна
Keil *m* клин; **~riemen** *m* клиновиден ремък
Keim *m* зародиш, кълн; **≗frei** стерилен
kein|(er), ~e, ~es нико|й, ~я, ~е; **~erlei** никакъв; **~esfalls** в никакъв случай; **~eswegs** по никакъв начин
Keks *m* бисквита; сладка
Kelch *n* потир, чаша; BOT чашка
Keller *m* мазé; **~ei** *f* винарска изба; **~geschoss** *n* сутерен
Kellner(in *f)* *m* кéлнер(ка), сервитьор(ка)
kennen зная, позна|вам [~я]; **~ lernen** запозна|вам [~я] се
Kenner *m* познавач
Kenntnis *f* знание, познание; **~se** *pl* (по)знания *n/pl*
Kennzeich|en *n* отличителен белег; KFZ регистрационен номер; характеристика; **≗nen** отбел|язвам [~ежа]; характеризирам (*im*)*pf*
kentern MAR об|ръщам [~ърна] се
Keramik *f* керамика
Kerbe *f* рязка
Kerl *m* човек; мъж
Kern *m* (*Obst*) костилка; (*Nuss, fig*) ядка; (*Atom*) ядро; **≗gesund** съвсем здрав; **~kraftwerk** *n* атомна електроцентрала; **~physik** *f* ядрена физика
Kerze *f* свещ *f*
Kessel *m* котел, казан; GEO котловина
Kette *f* верига; наниз
Ketten|glied *n* халка, брънка; **~raucher** *m* страстен пушач; **~reaktion** *f* верижна реакция
keuch|en задъх(в)ам се; **≗husten** *m* коклюш
Keule *f* GASTR бут
keusch девствен, чист
Kfz-Versicherung *f* застраховка на МПС
Kiefer[1] *f* BOT бор
Kiefer[2] *m* челюст *f*
Kiel *m* MAR кил
Kiemen *f/pl* хриле *pl*
Kies *m* дребен чакъл; **~el** *m* кремък
Kind *n* дете
Kinder|- *in Zssg(n)* детски; **~arzt** *m* детски лекар; **~ärztin** *f* детска лекарка; **~ermä-**

ßigung *f* намаление за деца; **~garten** *m* детска градина; **~lähmung** *f* детски паралич; **²lieb** който обича децата; **²reich** многодетен; **²sicherung** *f* IT родителски контрол; AUTO заключалка за деца; **~sitz** *m* (*im Auto*) детско столче (в автомобил); **~wagen** *m* детска количка

Kind|heit *f* детство; **²isch** детински; **²lich** детски

Kinn *n* брад(ичк)а

Kino *n* кино

Kiosk *m* будка

kippen прекатур|вам [~на] (*v/i* се)

Kirch|e *f* църква; (*Gebäude*) черква; **~en-** *in Zssg(n)* черковен; *a.* = **²lich** църковен

Kirsche *f* череша; (*Sauer²*) вишна

Kissen *n* възглавница

Kiste *f* сандък, кутия

Kittel *m* престилка

kitz|(e)lig: **~(e)lig sein** имам гъдел; **~eln** [по]гъделичкам

klaffen зея

Klag|e *f* оплакване; JUR жалба; **²en** опла|квам [~ча] (*v/i* се); *v/i* JUR зав|еждам [~едá] дело

Kläg|er *m* JUR ищец; **~erin** *f* JUR ищца; **²lich** жалък

Klammer *f* кламер; скоба; (*Wäsche²*) щипка; **~affe** *m* (*Computer*) маймунско а, кльомба

klammern: **sich ~** вкопч|вам [~а] се (**an** *A* за)

Klang *m* звук; MUS тон

Klapp- *in Zssg(n)* сгъваем; **~e** *f* клапа, капак; **²ern** хлопам, тракам; **~messer** *n* сгъваемо ножче

klar ясен; (*Wasser*) бистър

klären изясня(вам) (**sich** се); избистря(м) (се)

Klass|e *f* класа; (*Schule*) клас; **~en-** *in Zssg(n)* класов; **²isch** класически

Klatsch *m* клюка; **²en** (*Hände*) ръкопляскам

Klaue *f* (*Raubtiere*) нокът

Klavier *n* пиано

Klebeband *n* лейкопласт

kleb|en *v/t* лепя, зал|епвам [~епя]; *v/i* лепна; **~rig** лепкав; **²stoff** *m* лепило

Klecks *m* петно, леке

Klee *m* детелина

Kleid *n* рокля; **²en** обл|ичам [~ека] (**sich** се)

Kleider *pl* дрехи; **~bügel** *m* закачалка за дрехи; **~haken** *m* закачалка; **~schrank** *m* гардероб, шкаф за дрехи

Kleidung *f* облекло, дрехи *f/pl*

Kleidungsstück *n* дреха

Kleie *f* трици *pl*

klein малък, дребен; **²geld** *n* дребни пари; **²handel** *m* търговия на дребно; **²igkeit** *f* дреболия; **~lich** дребнав; **~mütig** малодушен

Klemm|e *f* щипка; клема; *fig* затруднение; **²en** притис|вам [~на]; *v/i* зас|ичам [~ека] се, заяж(да)м

Klempner *m* тенекеджия

klettern [по]катеря се

Klima *n* климат; **~anlage** *f* климатична инсталация

Klinge *f* остриé
Klingel *f* звънéц; **~knopf** *m* бутóн на електрически звънéц
klingeln [по]звъня́
klingen звучá
Klinik *f* клиника
Klinke *f* (*Tür*) дръжка
klipp: **~ und klar** съвсéм я́сно
Klippe *f* подвóдна скалá
klirren звънтя́, дрънкам
klopfen чýкам; *Herz*: бия́
Klöße *m*/*pl* кнéдли *pl*; кюфтéта *pl*
Kloster *n* манастир
Klotz *m* пън, дървник
Kluft *f* (*Spalte*) цепнатина; *fig* прóпаст *f*
klug (раз)ýмен; **≗heit** *f* разýмност *f*, благоразýмие
Klumpen *m* бýца, къс
knabbern *Kekse, Nüsse usw.* хап|вам [~на], гри́зкам (**an** *D* нщ), гризá (**an** *D* от)
Knabe *m* момчé
knacken [из]пращя́; *Nüsse* [с]чýпя
Knall *m* трясък, пýкот; **≗en** [из]гърмя́
knapp (*eng*) тéсен; (*gering*) мáлък; (*Stil*) сбит; (*dürftig*) оскъ́ден
knarren скърцам
knattern трещя́, бобóтя
Knäuel *n* кълбó
kneif|en ощи́п|вам [~я]; **≗zange** *f* клещи́ *pl* за ря́зане на тел
Kneipe *f* кръчма, механá
kneten мéся, мáчкам
knicken *v/i* пречýп|вам [~я] се; *v/t* прегъ́|вам [~на]
Knie *n* коля́но; **~beuge** *f* SPORT клек; **≗n** коленичa; **~scheibe** *f* капáче (на коля́ното); **~strumpf** *m* три́ четвърти чорáп
Kniff *m* гъ́нка; *fig* похвáт, цáка
knipsen FOT фотографи́рам (*im*)*pf*; (*lochen*) продýпч|вам [~а]
knirschen скърцам
knistern шумоля́; *Feuer*: пращя́
knittern [из]мáчкам се
Knoblauch *m* чéсън, чеснóв лук
Knöchel *m* глéзен, кóкалче
Knoch|en *m* кост *f*; *P* кóкал; **≗ig** кóкалест
Knödel *m* кнéдла
Knolle *f* грýдка
Knopf *m* кóпче; TECH бутóн; **~loch** *n* петéлка, или́к
Knorpel *m* хрущя́л
Knospe *f* пъ́пка
Knoten *m* възел; **~punkt** *m* BAHN железопъ́тен възел
knüpfen *Teppich* плетá; (*verbinden*) свър|звам [~жа]
Knüppel *m* сóпа, тоя́га
knurren ръмжá; *Magen*: кýркам
knusprig хрýпкав
Koch *m* готвáч; **~buch** *n* готвáрска кни́га; **≗en** *v/t* [с]гóтвя, варя́; *v/i* вря, кипя́; **~er** *m* котлóн(че), спи́ртник
Köchin *f* готвáчка
Koch|nische *f* бокс; **~topf** *m* тéнджера
Köder *m* стръв *f*
ködern постáвя(м) стръв; *fig* примáм|вам [~я]

koffeinfrei без кофеин
Koffer *m* ку́фар; **~radio** *n* портати́вно ра́дио; **~raum** *m* KFZ ба́гажник
Kognak *m* коня́к; бре́нди
Kohl *m* зе́ле
Kohle *f* въ́глища *pl*; **~hydrat** *n* въглехидра́т
Kohlen|bergwerk *n* каменовъ́глена ми́на; **~säure** *f* въглена киселина́; **~stoff** *m* въглеро́д
Kohlrabi *m* алаба́ш
Koje *f* MAR ко́йка
kokett коке́тен
Kokosnuss *f* коко́сов о́рех
Kolben *m* TECH бута́ло; (*Gewehr*) прикла́д; CHEM ко́лба; BOT коча́н
Kolik *f* ко́лики *pl*
Kolleg|e *m* коле́га; **~in** *f* коле́жка
kollektiv колекти́вен
Kolon|ie *f* коло́ния; **~ne** *f* коло́на
Kombi|nation *f* комбина́ция; **~wagen** *m* ко́мби
Komfort *m* комфо́рт
komfortabel комфо́ртен
Komi|ker *m* коми́к; **≈sch** коми́чен; *fig* стра́нен
Komitee *n* комите́т
Komma *n* запета́йка; **sechs ~ vier** шест ця́ло и че́тири десе́ти
Kommando *n* кома́нда
kommen и́двам [и́да], до-хо́ждам [до́йда]; се|щам [~тя] се (**auf** *A* за); **~ lassen** пра|щам [~тя] да изви́кат; изгу́б|вам [~я] (**um** *A* нщ)
Kommission *f* коми́сия
Kommode *f* скрин
Kommunis|mus *m* комуни́зъм; **≈tisch** комунисти́чески
Komödie *f* коме́дия
Kompanie *f* компа́ния; MIL ро́та
Kompass *m* компа́с
komplett пъ́лен, цял
Komplize *m* съуча́стник
Komponist *m* компози́тор
Kompott *n* компо́т
Kondensmilch *f* състе́но мля́ко
Konditorei *f* сладка́рница
Kondom *n* презервати́в
Konfekt *n* шокола́дови бонбо́ни; сла́дки
Konfektion *f* конфе́кция
Konferenz *f* конфере́нция
Konfession *f* вероизповеда́ние
König|(in *f*) *m* крал(и́ца); (*Karten*) поп; **~reich** *n* кра́лство
Konjugation *f* GR спреже́ние
Konjunktion *f* GR съюз
Kon|kurrenz *f* конкуре́нция; **≈kurrenzfähig** конкуре́нтноспособен
Konkurs *m* несъстоя́телност *f*, фали́т
können мо́га; (*wissen*) зна́я, уме́я
Konserve *f* консе́рва
Konsonant *m* съгла́сна
Konstruktion *f* констру́кция
Konsulat *n* ко́нсулство
Kontakt *m*: **~ aufnehmen** установя́(вам) конта́кт (**mit** *D* с); **~linsen** *f/pl* конта́ктни ле́щи

Konto *n* смéтка, кóнто
Kontor *n* кантóра
Kontroll|e *f* контрóл(а); **~ieren** контролúрам *(im)pf*
Konversation *f* рáзговор, дискýсия
konzentrieren (**sich** се) концентрúрам *(im)pf* (**auf** *A* върхý)
Konzept *n* чернóвка, скúца
Konzert *n* концéрт; *in Zssg(n)* концéртен
Konzession *f* концéсия
Kooperation *f* кооперáция
Kopf *m* главá; **~bedeckung** *f* шáпка; **~hörer** *m* слушáлка; **~salat** *m* салáта, марýля; **~schmerz** *m* главобóлие; **~schmerztablette** *f* таблéтка срещý главобóлие; **~sprung** *m* скок с главá надóлу; **~tuch** *n* забрáдка; **~zerbrechen** *n* главобóлие *(fig)*
Kopie *f* кóпие
Kopiergerät *n* ксéрокс
koppeln свъ́р|звам [~жа]
Koralle *f* корáл
Korb *m* кош, кóшница; **~ball** *m* бáскетбол; **~flasche** *f* дамаджáна
Kork|(en) *m (Material)* корк; тáпа, запушáлка; **~enzieher** *m* тирбушóн
Korn *n* зъ́рно; жúто; **~blume** *f* метлúчина
körnig зъ́рнест
Körper *m* тя́ло; **~bau** *m* телосложéние; **~behindert** с физúчески увреждáния; **~lich** телéсен; **~pflege** *f* лúчна хигиéна
Korps *n* кóрпус
Korrespond|ent(in *f)* *m* кореспондéнт(ка); **~enz** *f* кореспондéнция
korrigieren коригúрам *(im)pf*
Korruption *f* корýпция
Kosmetik *f* козмéтика; **~salon** *m* козметúчен салóн
Kost *f* хранá
kostbar скъп, цéнен
kosten *v/i* стрýвам; *v/t (probieren)* опúт(в)ам
Kosten *pl* разнóски *pl*; **~los** безплáтен; **~pflichtig** срещý заплáщане; **~pflichtiges Parken** платéн пáркинг
köstlich превъзхóден
Kostüm *n* (дáмски) костю́м
Kot *m (Exkremente)* лайнó, изпражнéния *pl*; *(Schmutz)* кал *f*
Kotelett *n* котлéт, пържóла
Kotflügel *m* кáлник
Krabbe *f* мóрски рак
Krach *m* тря́сък, шум; *(Streit)* скандáл; **~en** [из]трещя́
kraft *(G) prp* по сúлата на
Kraft *f* сúла, мощ *f*; **in ~ treten** вл|úзам [~я́за] в сúла; **~brühe** *f* бульóн; **~fahrer** *m* шофьóр; **~fahrzeug** *n* мотóрно превóзно срéдство
kräftig сúлен; здрав
kraftlos безсúлен
Kraft|stoff *m* горúво; **~werk** *n* електроцентрáла
Kragen *m* якá
Kräh|e *f* врáна; **~en** кукурúгам
Kralle *f* нóкът
Krampf *m* конвýлсия, спáзма; **~adern** *pl* разширéни вéни *pl*; **~haft** конвулсúвен

krank бóлен; **~ werden** забо|ля́вам [~лéя]
kränken огорчá(вам)
Kranken|haus *n* бóлница; **~kasse** *f* здрáвноосигури́телна кáса; **~pfleger** *m* санитáр; **~schein** *m* бóлничен лист; **~schwester** *f* медици́нска сестрá; **~wagen** *m* линéйка
krank|haft болнáв, болéзнен; **&heit** *f* бóлест *f*
Kranz *m* венéц
kratzen [о]дрáскам; **sich ~** чешá се
kraulen плýвам крóул
kraus къ́драв
Kraut *n* зéле; (*Un&*) бýрен
Krawall *m* сблъ́сък; кáраница
Krawatte *f* (врато)връ́зка
Krebs *m* рак (*a.* MED); **~ erregend** канцерогéнен
Kredit *m* крéдит; **~karte** *f* крéдитна кáрта
Kreide *f* тебеши́р; крéда
Kreis *m* MATH кръг; POL окóлия; **&en** въртя́ се; **~lauf** *m* кръгообращéние; (*Blut*) кръвообращéние; **~laufstörung** *f* смущéние в кръвообращéнието
Krempe *f* (*Hut*) перифéрия
Kreuz *n* кръст; (*Karten*) спати́я; **&en** кръстóс(в)ам; **~otter** *f* пепеля́нка; **~ung** *f* BOT кръстóска; (*Weg*) кръстопъ́т; **~verhör** *n* кръстóсан рáзпит; **~worträtsel** *n* кръстослóвица
kriechen пълзя́, лáзя
Krieg *m* войнá
kriegen *P* пол|учáвам [~ýча]
Kriegs|verbrecher *m* воéннопрестъ́пник; **~zustand** *m* воéнно положéние
Krimi *m F* (*Roman*) криминáлен ромáн; (*Film*) криминáлен филм; **~nalität** *f* престъ́пност; **~nalpolizei** *f* криминáлна поли́ция; **&nell** криминáлен; **~nelle(r)** престъ́пник
Krippe *f* я́сли *pl*
Krise *f* кри́за
Kritik *f* кри́тика
kritisch крити́чен
kritisieren критикýвам
Kroat|e *m* хървáтин; **~ien** *n* Хървáтия; **~in** *f* хървáтка; **&isch** хървáтски
Krone *f* корóна
krönen коронясв(в)ам, увенчá|вам [~я] (*a. fig*)
Kropf *m* гýша
Kröte *f* крáстава жáба
Krücke *f* пáтерица
krumm гъ́рбав, крив
krümm|en изкривя́(вам); **sich ~en** преви́|вам [~я] се (**vor** *D* от); **&ung** *f* изкривя́ване; (*Fluss*) изви́вка
Krüppel *m* сакáт човéк
Kruste *f* корá
Kruzifix *n* разпя́тие
Kubik- *in Zssg(n)* куби́чески
Küche *f* кýхня
Kuchen *m* сладки́ш, кéйк
Küchen- *in Zssg(n)* кýхненски
Kuckuck *m* кýкувица
Kufe *f* (*Schlitten*) плъзгáч
Kugel *f* кълбó; (*Geschoss*) куршýм; SPORT гюлé; **~lager** *n* сачмéн лáгер; **~schreiber** *m* химикáлка; **~stoßen** *n*

SPORT тла́скане на гюле́
Kuh *f* кра́ва
kühl хла́ден; **~en** охл|а́ждам [~адя́]; **≗er** *m* KFZ радиа́тор; **≗schrank** *m* хлади́лник
kühn смел
Küken *n* пи́ленце
Kultur *f* култу́ра; **~abkommen** *n* култу́рна спого́дба; **~denkmal** *n* па́метник на култу́рата
kulturell култу́рен
Kümmel *m* кимио́н
Kummer *m* скръб *f*, тъга́
kümmerlich оскъ́ден, жа́лък
kümmern: **sich ~** [по]гри́жа се (**um** *A* за)
Kund|e *m* клие́нт; **~endienst** *m* серви́зна слу́жба; **~gebung** *f* ми́тинг, манифеста́ция
kündigen (*j-m*) уволня́(вам); *Vertrag* денонси́рам (*im*)*pf*, отка́|звам [~жа] се
Kundschaft *f* клиенте́ла
künftig бъ́дещ
Kunst *f* изку́ство; *in Zssg*(*n*) худо́жествен; (*künstlich*) изку́ствен
Künst|ler *m* худо́жник, арти́ст; **~lerin** *f* худо́жничка, арти́стка; **≗lerisch** худо́жествен; артисти́чен; **≗lich** изку́ствен
Kunst|stoff *m* пла́стмаса; синте́тика; **~stück** *n* фо́кус; **~werk** *n* худо́жествено произведе́ние
Kupfer *n* мед *f*; **~stich** *m* гравю́ра на мед
Kuppel *f* ку́пол, свод
Kupplung *f* TECH свъ́рзване; KFZ амбреа́ж
Kur *f* лече́ние, леку́ване
Kurbel *f* KFZ маниве́ла; **~welle** *f* коля́нов вал
Kürbis *m* ти́ква
Kur|gast *m* куро́ртист, лето́вник; **~ort** *m* куро́рт; лето́вище
Kurs *m* курс; **~buch** *n* BAHN разписа́ние; **≗ieren** циркули́рам, в обръще́ние съм
Kurswagen *m* BAHN дире́ктенваго́н
Kurve *f* кри́ва ли́ния; (*Biegung*) заво́й
kurz къс; (*Zeit*) кра́тък; **~ärmelig** с къс ръка́в
Kürze *f* кра́ткост *f*
kürzen съкра|ща́вам [~тя́]; скъся́(вам)
Kurz|film *m* късометра́жен филм; **≗fristig** краткосро́чен; **≗lebig** краткотра́ен; **~schluss** *m* EL къ́со съедине́ние; **≗sichtig** късогле́д; **~waren** *pl* галанте́рия
Kürzung *f* съкраще́ние
Kusine *f* братовче́дка
Kuss *m* целу́вка
küssen целу́|вам [~на]
Küste *f* (мо́рски) бряг, крайбре́жие
Küster *m* клиса́р
Kutte *f* ра́со
Kutter *m* ка́тер
Kuvert *n* плик
kyrillisch ки́рилски; **~e Schrift** ки́рилица

L

Labor(atorium) *n* лаборатория
lächeln усмѝх|вам [~на] се
Lächeln *n* усмѝвка
lachen смѐя се (**über** *A* на, за)
Lachen *n* смях
lächerlich смѐшен
Lachs *m* сьомга
lackieren лакѝрам (*im*)*pf*
Ladegerät *n* EL зарядно устройство
laden [на]товаря; (*ein~*) [по]каня; *Waffe*, EL зар|еждам [~едя], пълня
Laden *m* магазѝн; **~schluss** *m* затваряне на магазѝн; **~tisch** *m* щанд, рафт
Ladung *f* товар; (*Vor*~) призовка; EL пълнѐж
Lage *f* положѐние; разположѐние; (*Zustand*) състояние; (*Schicht*) пласт *f*, слой
Lager *n* лагер; HDL склад
lagern съхраня(вам) в склад
lahm куц, хром, сакат
lähm|en парализѝрам (*im*)*pf*; **~ung** *f* парализа
Laie *m* лаик, любител, самодеец
Laktose *f* лактоза; **~frei** без лактоза, не съдържа лактоза; **~unverträglichkeit** *f* лактозна непоносѝмост
Lamm *n* агне; **~braten** *m* агнешко печено
Lampe *f* лампа
Land *n* страна; (*Fest*~) суша; (*Acker*~) земя, почва; (*Dorf*) сѐло; **~en** AER кац|вам [~на]; MAR сп|ѝрам [~ра] на брега; **~karte** географска карта
Länderspiel *n* международна срѐща
ländlich сѐлски
Landschaft *f* ландшафт, пейзаж
Lands|mann *m* сънародник; **~männin** *f* сънародничка
Landstraße *f* шосѐ
Landung *f* AER кацане; MAR слизане на брега; MIL десант; **~sbrücke** *f* пристан
Land|weg *m*: **auf dem ~weg** по суша; **~wirt** *m* земедѐлец; **~wirtschaft** *f* земедѐлие, сѐлско стопанство; **~wirtschaftlich** селскостопански
lang дълъг; **~e** дълго, отдавна; **wie ~e?** докога?
Länge *f* дължина; (*Zeit*) продължителност *f*
Langeweile *f* скука
langfristig дългосрочен
langjährig: **~e Erfahrung** дългогодѝшен опит
längs (*G, D*) надлъж, покрай
lang|sam бавен; *adv* бавно; **~spielplatte** *f* дългосвѝреща плоча
langweil|en дос|аждам [~адя] (*A* нкм); **sich ~en** скучая; **~ig** скучен
Lappen *m* парцал
Laptop *m* лаптоп
Lärm *m* шум; **~en** шумя
Laserdrucker *m* лазерен

при́нтер
lassen оста́вя(м); *(zu~)* допу́с|кам [~на]; *(tun ~)* нака́р(в)ам
lässig немарли́в, небре́жен
Last *f* това́р, бре́ме
Laster *n* поро́к
lästig отегчи́телен, доса́ден
Lastkraftwagen *m* камио́н
lateinisch лати́нски
Laterne *f* фене́р
Latte *f* ле́тва
lau хла́дък; *fig* равноду́шен
Laub *n* шу́ма; **~baum** *m* широколи́стно дърво́
Laube *f* бесе́дка
Lauch *m* праз (лук)
lauern де́бна (**auf** *A* нкт, нщ)
Lauf *m* SPORT бя́гане; *fig* ход, вървеж; *(Fluss)* тече́ние; *(Waffe)* цев *f*; **~bahn** *f fig* карие́ра
laufen ти́чам, бя́гам; *Motor*: вървя́, рабо́тя
laufend теку́щ
Laufmasche *f* бри́мка на чора́п
Läufer *m* SPORT бега́ч; *(Teppich)* пъте́ка; *(Schach)* офице́р
Laufwerk *n (Computer)* опти́чно устро́йство *n*
Lauge *f* CHEM осно́ва; лу́га
Laun|e *f* настрое́ние, капри́з; **≗isch** капри́зен
Laus *f* въ́шка
lauschen слу́шам; подслу́ш(в)ам
laut *adj* шу́мен, висо́к; *adv* висо́ко; *prp (G, D)* съгла́сно
Laut *m* звук
läuten [по]звъня́
Lautsprecher *m* високоговори́тел
Lautstärke *f* си́ла на звука́
lauwarm хла́дък
Lava *f* ла́ва
Lavendel *m* лаванду́ла
Lawine *f* лави́на
leben [по]живе́я
Leben *n* живо́т; **am ~** жив; **am ~ bleiben** оцел|я́вам [~е́я]; **ums ~ kommen** заги́|вам [~на]
lebend(ig) жив
Lebens|- *in Zssg(n)* жи́знен; **~alter** *n* въ́зраст *f*; **~art** *f* бит; **≗fähig** жизнеспосо́бен; **~freude** *f* жизнера́дост *f*; **~gefahr** *f*: опа́сно за живо́та; **≗gefährlich** опа́сен за живо́та; **≗länglich** доживо́тен; **~lauf** *m* биогра́фия; **~mittel** *pl* храни́телни проду́кти; **~mittelvergiftung** *f* натра́вяне с храни́телни проду́кти; **~unterhalt** *m* прехра́на, издръ́жка; **~versicherung** *f* осигуро́вка за живо́т; **≗wichtig** жизнено ва́жен; **~zeichen** *n* при́знак на живо́т
Leber *f* че́рен дроб
Lebewesen *n* жи́во съществó
leb|haft жив, оживе́н, пъ́ргав; **~los** безжи́знен
Leck *n* MAR пукнатина́
lecken *v/t* бли́жа, ли́жа
lecker вку́сен; **≗bissen** *m* деликате́с
Leder *n* ко́жа
ledig *(Mann)* неже́нен; *(Frau)* неомъ́жена
leer пра́зен; *(unbesetzt)* незае́т
Leer|e *f* празнина́; **≗en** изпра́з|вам [~ня] (**sich** се); **~lauf** *m*

TECH пра́зен ход
legal лега́лен
legen сл|а́гам [~о́жа], поста́вя(м); *Eier* сн|а́сям [~еса́], но́ся; **sich ~** ля́гам (си) [ле́гна (си)]; *Wind*: утѝх|вам [~на]
Lehm *m* гли́на
Lehn|e *f* облега́ло; **2en (sich)** обл|я́гам [~е́гна] (се) (**an, gegen** *A* на); **~stuhl** *m* кресло́, фотьо́йл
Lehr|anstalt *f* уче́бно заведе́ние; **~buch** *n* уче́бник
Lehr|e *f* уче́ние; поу́ка; **2en** [на]у́ча; **~er(in** *f*) *m* учи́тел(-ка); **~gang** *m* курс; **~ling** *m* чира́к; **~plan** *m* уче́бен план; **2reich** поучи́телен; **~stuhl** *m* като́дра
Leib *n* тя́ло; (*Bauch*) коре́м; **2lich** ро́ден; **~wächter** *m* телохрани́тел
Leich|e *f*, **~nam** *m* труп; **~enhalle** *f* мо́рга *f*
leicht лек; *fig* ле́сен; **2athletik** *f* ле́ка атле́тика; **~fertig** лекоми́слен; **~gläubig** лекове́рен; **2sinn** *m* лекоми́слие; **~sinnig** лекоми́слен
Leid *n* тъга́, скръб *f*; страда́ние
leiden *v/t*: **nicht ~ können** не мо́га търпя́ (**j-n** нкг; **etw** нщ), пон|а́сям [~еса́]; *v/i* стра́дам (**an** *D* от)
Leiden *n* бо́лест *f*; **2end** стра́дащ
Leidenschaft *f* страст *f*; **2lich** стра́стен
leider за жа́лост, жа́лко
leidtun: **es tut mir leid** съжаля́вам
Leih|bücherei *f* за́емна библиоте́ка; **2en** зае́ма(м), (*geben a.*) да́(ва)м наза́ем, (*nehmen a.*) взе́ма(м) наза́ем; **~wagen** *m* кола́ под на́ем; **2weise** наза́ем
Leim *m* лепи́ло; **2en** зал|е́пвам [~епя́]
Leine *f* въ́рв *f*, въже́
Leinen *n* ле́н
Leinwand *f* (*Film*) екра́н
leise тих
Leiste *f* ле́тва; ANAT слабина́
leisten [на]пра́вя, извърш|вам [~а]; *Eid* пол|а́гам [~о́жа]; *Hilfe* ока́|звам [~жа]; **sich ~** позволя́(вам) си
Leistenbruch *m* хе́рния
Leistung *f* постиже́ние; TECH мо́щност *f*; **2sfähig** продукти́вен
Leitartikel *m* у́водна ста́тия
leiten ръководя́, управля́вам; пров|е́ждам [~еда́]
Leiter[1] *m* упра́вител, нача́лник; EL прово́дник
Leiter[2] *f* стъ́лба
Leiterin *f* упра́вителка, нача́лничка
Leitung *f* управле́ние, упра́ва; EL електропрово́д; → Wasserleitung
Leitungswasser *n* вода́ от чешма́та
Lektion *f* ле́кция, уро́к
Lektüre *f* четиво́
Lende *f* хъ́лбок; GASTR риби́ца, филе́
lenk|bar управля́ем; **~en** управля́вам; насо́ч|вам [~а]
Lenk|rad *n*, **~stange** *f* корми́-

ло
Lerche *f* чучули́га
lernen [на]у́ча (нщ *od* на нщ)
lesbisch лесби́йски, лесби́йка
lesen [про]чета́; (*sammeln*) бера́
Lese|brille *f* очила́ за че́тене; **~lampe** *f* ла́мпа за че́тене
Leser(in *f*) *m* чита́тел(ка)
leserlich четли́в
Lesesaal *m* чита́лня
letzte после́ден
leucht|en све́тя; блестя́; **&turm** *m* фар
leugnen отр|и́чам [~ека́]
Leute *pl* хо́ра *pl*
Lexikon *n* енциклопе́дия, ре́чник
Licht *n* светлина́; осветле́ние; **&en**: **sich &en** оред|я́вам [~е́я]; **&empfindlich** светочувстви́телен; **~schalter** *m* електри́чески ключ; **~strahl** *m* светли́нен лъч; **~ung** *f* проcе́ка, поля́на
Lid *n* клепа́ч
lieb мил, драг; **~ haben** оби́чам
Liebe *f* любо́в *f*, о́бич *f*
lieben оби́чам
liebens|wert обичли́в; **~würdig** любе́зен
lieber *adv* по́-добре́
Liebes|- *in Zssg(n)* любо́вен; **~paar** *n* влю́бена дво́йка
lieb|evoll мил, ла́скав; **&haber** *m* любо́вник; (*Laie*) люби́тел; **~kosen** ми́лвам, га́ля; **~lich** миловидeн; **&ling** *m* люби́мец; **&ste(r)** скъ́пи, люби́ми
Lied *n* пе́сен *f*
Lieferant *m* доста́вчик
liefern доста́вя(м); *fig* предста́вя(м)
Lieferung *f* HDL доста́вка
liegen лежа́, нам|и́рам [~е́ря] се; **~ bleiben** оста́|вам [~на]; **~ lassen** оста́вя(м); забра́вя(м)
Liege|stuhl *m* шезло́нг; **~wagen** *m* BAHN ваго́н-куше́т
Lift *m* лифт; асансьо́р
Likör *m* ликьо́р
lila лила́в
Lilie *f* ли́лия
Limonade *f* лимона́да
Linde *f* липа́
lindern облекча́(вам)
Lineal *n* линеа́л, ли́ния
Linie *f* черта́, ли́ния
Linien|bus *m* маршру́тен авто́бус, *F* ре́йс; **~verkehr** *m* обще́ствен транспо́рт
linke ля́в; **~ Seite** о́пако
Linke *f* леви́ца (*a.* POL)
links вля́во, отля́во, наля́во
Linkshänder *m* лева́к; **~in** *f* лева́чка
Linse *f* ле́ща
Lippe *f* у́стна
Lippenstift *m* черви́ло
List *f* хи́трост *f*
Liste *f* спи́сък, ли́ста
listig хи́тър, лука́в
Liter *m od n* ли́тър
litera|risch литерату́рен; **&tur** *f* литерату́ра
Livestream *m* IT лайв стрийм
Lizenz *f* разреше́ние
Lob *n* похва́ла; **&en** [по]хва́ля; **&enswert** досто́ен за похва́ла

Loch *n* ду́пка; я́ма; **≈en** [про]ду́пча; **~er** *m* перфора́тор; **~karte** *f* пе́рфокарта
Lockdown *m* локдаун
Locke *f* къдри́ца
locken (*ködern*) подма́м|вам [~я]
locker хла́бав
lockern разхла́б|вам [~я] (**sich** се)
lockig къдрав
Löffel *m* лъжи́ца
Loge *f* ло́жа
logisch логи́чен
Lohn *m* възнагражде́ние, запла́та; *fig* отпла́та; **≈en** (**sich** си) заслужа́ва си; **≈end** дохо́ден, изго́ден; **~steuer** *f* да́нък общ до́ход; **~stopp** *m* замразя́ване на запла́тите
Lokal *n* лока́л, рестора́нт
Lokomotiv|e *f* локомоти́в; **~führer** *m* машини́ст
Lorbeer *m* ла́вър; **~blatt** *n* GASTR да́финов лист
los свобо́ден, отделе́н (от); **was ist ~?** какво има?; **~!** ха́йде!; по́чвай!; тръ́гвай!
Los *n* лотари́ен биле́т; у́част *f*, съдба́
lösbar отдели́м; (*Aufgabe*) разреши́м
Löschblatt *n* попива́телна
löschen гася́, загася́(вам); *Durst* утоля́(вам)
lose хла́бав; разпу́снат
lösen отд|е́лям [~еля́]; разв́ър|звам [~жа]; *Aufgabe* реша́(-вам); *Fahrkarte* купу́вам [ку́пя]; *Vertrag* анули́рам (*im*)*pf*; CHEM разтв|а́рям [~о́ря]
los|gehen запо́ч|вам [~на]; тръ́г|вам [~на]; **~lassen** пу́с|кам [~на]
löslich CHEM разтвори́м
los|lösen, ~machen отд|е́лям [~еля́] (**sich** се); **~reißen** откъ́с|вам [~на] (**sich** се); **~werden** отърва́(вам) се (*A* от)
Lösung *f* (*e-r Aufgabe*) реше́ние; CHEM разтво́р
Lot *n* отве́с
löten запоя́(вам)
Lotse *m* ло́цман
Lotterie *f* лота́рия; **~los** *n* лотари́ен биле́т
Lotto *n* (спорт)то́то; **~schein** *m* фиш от то́тото
Löw|e *m* лъв; **~in** *f* лъви́ца
Lücke *f* празнина́, празнота́
Luft *f* въ́здух; *in Zssg(n)* възду́шен; пневмати́чен; **~ schöpfen** взе́ма(м) чист въ́здух; **~ballon** *m* бало́н; **≈dicht** херметичен; **~druck** *m* възду́шно наля́гане
lüften пров|етря́вам [~е́тря]
luft|ig лек; проветри́в; **≈kurort** *m* климати́чен куро́рт; **~leer** безвъзду́шен; **≈matratze** *f* гу́мен дюше́к; **≈post** *f* възду́шна по́ща; **≈pumpe** *f* по́мпа за гу́ми; **≈röhre** *f* ANAT диха́телна тръба́, трахе́я; **≈temperatur** *f* температу́ра на въ́здуха; **≈veränderung** *f* промя́на на кли́мата; **≈verkehr** *m* възду́шни съобще́ния; **≈verschmutzung** *f* замърся́ване на въ́здуха; **≈waffe** *f*

воéнно въздýшни сúли *pl*; **&zug** *m* течéние
Lüg|e *f* лъжá; **&en** лъжа; **~ner** *m* лъжéц; **~nerin** *f* лъжкúня
Luke *f* прозóрче; MAR люк
Lumpen *m* парцáл, дрúпа
Lunge *f* бял дроб; **~nentzündung** *f* пневмóния
Lupe *f* лýпа
Lust *f* желáние; удовóлствие; (*Freude*) рáдост *f*
lüstern похотлúв
lust|ig вéсел; **sich ~ig machen** подигрáвам се (**über** *A* на); **&spiel** *n* комéдия
luxuriös луксóзен
Luxus *m* лукс
Lyrik *f* лúрика
lyrisch лирúчен

M

machen [на]прáвя
Macht *f* власт *f*; мощ *f*; **~haber** *m* влáстник
mächtig мóщен, сúлен
machtlos безсúлен
Mädchen *n* момúче; (*erwachsen*) девóйка; **~name** *m* úме по бащá
Mad|e *f* чéрвей; **&ig** червúв
Magazin *n* (*Lager*) склад; (*Zeitschrift*) илюстрóвано списáние
Magen *m* стомáх; *in Zssg(n)* стомáшен; **~geschwür** *n* я́зва на стомáха; **~schmerzen** *pl* бóлки в стомáха; **~verstimmung** *f* (лéко) стомáшно разстрóйство
mager слаб, мъ́ршав; **&milch** *f* обезмаслéно мля́ко
Magnet *m* магнúт
Mäh|drescher *m* комбáйн; **&en** *Gras* [о]кося́; *Getreide* [о]жъ́на
mahlen мéля, см|úлам [~éля]
Mahlzeit *f* хрáнене, я́дене
Mähne *f* грúва
mahn|en напóмня(м); **&mal** *n* мемориáлен пáметник; **&ung** *f* напóмняне
Mai *m* май; *in Zssg(n)* мáйски; **~glöckchen** *n* мóмина сълзá
Mail *f* електрóнна пóща, úмейл; **&en** изпрá|щам [~тя] úмейл
Mais *m* цáревица
Majestät *f* велúчество
makellos безýкорен
Make-up *n* мéйкап, грим
Makrele *f* скумрúя
-mal -крáтно, пъ́ти; MATH по
Mal[1] *n* бéлег; (*Mutter&*) бéнка
Mal[2] *n* път; **das erste ~** пъ́рвият път; **jedes ~** всéки път
mal|en [на]рисýвам; (*be~*) боядúс(в)ам; **&er** *m* бояджúя; (*Kunst*) худóжник; **&erei** *f* живопúс *f*; **&erin** *f* (*Kunst*) худóжничка
Malzbier *n* мáлцова бúра
man *pron indef.* хóрата; човéк; се; **~ sagt** говóри се; (хóрата) говóрят; **~ lernt nie aus** човéк вúнаги úма каквó да наýчи; **~ muss** тря́бва да
Manager *m* мéниджър
manch: ~er, ~e, ~esня́кой,

ня́коя, ня́кое; *pl* ня́кои; **~mal** нонякога
Mandarine *f* мандари́на
Mandel *f* бадем; ANAT сливица
Mangel *m* ли́пса; (*Fehler*) недостатък; **⁀haft** недоста́тъчен; **⁀s** (*G*) *prp* по ли́пса на; **~ware** *f* дефици́тна сто́ка
Maniküre *f* маникю́р
Mann *m* мъж; чове́к; (*Ehe⁀*) съпру́г
Männchen *n* ZO мъ́жко, саме́ц
mannig|fach, **~faltig** разнообра́зен
männlich мъ́жки
Mannschaft *f* SPORT отбо́р, тим; MAR екипа́ж
Manöver *n* мане́вра
Manschette *f* манше́т(а); **~nknopf** *m* манше́тно ко́пче
Mantel *m* палто́; (*Reifen*) въ́ншна гу́ма
Manuskript *n* ръкопи́с
Mappe *f* па́пка; ча́нта за книжа́
Märchen *n* при́казка
Marder *m* зла́тка
Marine *f* фло́та
mariniert марино́ван
Mark¹ *n* (*Knochen*) ко́стен мо́зък; BOT сърцеви́на
Mark² *f* FIN, HIST ма́рка
Marke *f* ма́рка; *vgl a.* **Briefmarke**
Marketing *n* ма́ркетинг
Markt *m* паза́р; *in Zssg(n)* паза́рен; **~halle** *f* ха́ли *pl*; **~wirtschaft** *f* паза́рна иконо́мика
Marmelade *f* мармала́д
Marmor *m* мра́мор
Marsch *m* марш; **⁀ieren** маршу́вам (*im*)*pf*
martern [из]мъ́ча
Märtyrer *m* мъчени́к; **~in** *f* мъчени́ца
März *m* март
Masche *f* бри́мка
Maschine *f* маши́на
Maschinen|bau *m* машинострое́не; **~gewehr** *n* карте́чница; **~pistole** *f* шма́йзер, автома́т
Masern *pl* дре́бна ша́рка
Mask|e *f* ма́ска; **~enball** *m* бал с ма́ски; **⁀ieren** маски́рам (*im*)*pf*
Maß *n* мя́рка; **nach ~** по мя́рка
Massage *f* маса́ж
Masse *f* ма́са; *in Zssg(n)* ма́сов; (*Menge*) мно́жество; **~n-**, **⁀nhaft** ма́сов
Masseur(in *f*) *m* масажи́ст(ка)
maßgebend мерода́вен
massieren масажи́рам (*im*)*pf*, [на]пра́вя маса́ж
mäßig уме́рен; (*mittel~*) посре́дствен; **~en** обузда́|вам [~я]; **sich ~en** въз|дъ́ржам [~държа́] се
maß|los безме́рен; **⁀nahme** *f* мя́рка; **⁀regel** *f* пра́вило; **⁀stab** *m* маща́б; **~voll** уме́рен
Mast *m* MAR ма́чта
mästen гоя́, угоя́(вам)
Material *n* материа́л; **⁀istisch** материалисти́чен
Mater|ie *f* мате́рия; **⁀iell** материа́лен
Mathematik *f* матема́тика
Matratze *f* дюше́к; матра́к
Matrose *f* моря́к

matt изтощéн; (*Glas*) мáтов
Matt|e *f* рогóзка, чéрга; **≗igkeit** *f* отпáдналост *f*
Mauer *f* зид, стенá
mauern зúдам
Maul *n* муцýна; **~esel** *m* катъ́р; **~korb** *m* намóрдник; **~tier** *n* мýле; **~wurf** *m* къртúца
Maurer *m* зидáр; масóн
Maus *f* мúшка (*a. Computer*); **~efalle** *f* капáн за мúшки
Mayonnaise *f* майонéза
Mazedon|ien *n* Македóния; **~ier** *m* македóнец; **~ierin** *f* македóнка; **≗isch** македóнски
Mechan|iker *m* механик; **≗isch** механúчен; **~ismus** *m* механúзъм
Mecklenburg-Vorpommern *n* Мéкленбург-Прéдна Померáния
Medaille *f* медáл
Medizin *f* медицúна; → *a.* **Arznei**; **≗isch** медицúнски
Meer *n* морé; **~busen** *m* мóрски зáлив; **~enge** *f* прóлив; **~esspiegel** *m* мóрско равнúще; **~rettich** *m* хрян; **~schweinchen** *n* мóрско свинчé
Mehl *n* брашнó; **~speise** *f* тестéно ястие
mehr пóвече (**als** от[кóлкото]); **~ere** някoлко; **~fach** *adv* многокрáтно; неколкокрáтно; **≗heit** *f* мнозинствó; **~mals** някoлко пъ́ти; **≗zahl** *f* мнозинствó
meiden отбя́г|вам [~на]
Meile *f* мúля
mein, **~e** мой, мóя, мóе, *Kurzform*: ми
Meineid *m* лъжлúва клéтва
meinen [по]мúсля
meinerseits от мóя странá
meinetwegen заради мéне, нéка
Meinung *f* мнéние; **meiner ~ nach** по мóе мнéние; **~sverschiedenheit** *f* разноглáсие
Meise *f* ZO синúгер
Meißel *m* длетó
meist пóвечето; = **~ens**; **am ~en** нáй-мнóго; **~ens** нáй-чéсто
Meister(in *f*) *m* мáйстор(ка); **≗haft** мáйсторски; **~schaft** *f* мáйсторство; SPORT първенствó; **~werk** *n* шедьóвър
melden съобщ|áвам [~я], известя́(вам); **sich ~** обá|ждам [~дя] се; (*polizeilich*) регистрúрам се (*im*)*pf*
Meldepflicht *f* MED задължéние за уведомяване *n*
Meldung *f* съобщéние; MIL доклáд
melken [из]доя́
Melodie *f* мелóдия
Melone *f* (*Wasser≗*) дúня; (*Zucker≗*) пъ́пеш; (*Hut*) бомбé
Menge *f* (*Anzahl*) колúчество; (*Masse*) мáса, куп, мнóжество; тълпá
Mensch *m* човéк
Menschen|- *in Zssg(n)* човéшки; **~rechte** *pl* човéшки правá; **≗leer** безлю́ден; **~verstand** *m*: **gesunder ~verstand** здрав рáзум
Mensch|heit *f* човéчество; **≗lich** човéчен, човéшки;

~lichkeit *f* човéчност *f*
Menstruation *f* менструáция
Menü *n* меню́ *n* (*a. Computer*)
merk|en забел|я́звам [~éжа]; **sich ~en** запóмня(м); **~lich** значи́телен; **☊mal** *n* бéлег, (при́)знак; **~würdig** осóбен, стрáнен
Mess|band *n* ролéтка; **☊bar** измери́м
Messe *f* REL литурги́я; HDL панаи́р
messen мéря (**sich** се), измéр|вам [~я]
Messer *n* нож
Metall *n* метáл; *in Zssg(n)* метáлен
meteorologisch метеорологи́чен
Meter *n od m* мéтър
Methode *f* метóд
Metzger *m* месáр
Meuter|ei *f* бунт, метéж; **☊n** бунту́вам се
mich мéне, ме; **für ~** за мéне
Miene *f* изражéние
Miet|e *f* нáем; **☊en** наéма(м); **~er** *m* наемáтел; **~wagen** *m* колá под нáем
Migräne *f* мигрéна
Mikro|film *m* микрофи́лм; **~fon** *n* микрофóн
Milch *f* мля́ко; *in Zssg(n)* млéчен; **☊ig** млéчен; **~kaffee** *m* млéчно кафé, кафé меля́нж; **~reis** *m* мля́ко с ори́з; **~straße** *f* млéчен път; **~zahn** *m* млéчен зъб; **~zucker** *m* лактóза
mild мек; **~ern** смекчá(вам)
Militär *n* войскá; **☊isch** воéнен
Millimeter *n od m* милимéтър
Milz *f* далáк
minder *adv* пó-мáлко; **☊heit** *f* малцинствó; **~jährig** малолéтен; **~n** намаля́(вам); **~wertig** малоцéнен
mindest нáй-мáлък; **zum ☊en, ~ens** нáй-мáлко
Mine *f* ми́на; (*Kugelschreiber*) пълни́тел (за химикáл)
Mineralwasser *n* минерáлна водá
minimal минимáлен
Minister *m* мини́стър; **~ium** *n* министéрство
minus ми́нус
Minute *f* мину́та
mir на мéн(е), ми
misch|en смéс|вам [~я]; **☊ung** *f* смес *f*, смéсица
miss|achten пренебрéг|вам [~на]; **☊bildung** *f* уродли́вост *f*, деформáция; **~billigen** порицá|вам [~я]; **☊brauch** *m* злоупотрéба; **~brauchen** злоупотребя́(вам)
missen лишá(вам) се (*A* от)
Miss|erfolg *m* неуспéх; **~ernte** *f* слáба реколта; **☊fallen** не харéс(в)ам; **~geschick** *n* нещáстие; **☊glücken** (*D*) не ми се уд|áва [~адé]; **☊gönnen** зави́|ждам [~дя]; злови́|жда [~ди] ми се; **☊handeln** малтрети́рам (*im*)*pf*, измъч|вам [~а]
Mission *f* ми́сия
Miss|kredit *m fig* недовéрие; **☊lingen** → **☊glücken**; **☊mutig** неразполóжен; уни́л; **☊trauen** ня́мам довéрие;

~trauen *n* недовéрие; **≗trauisch** недоверчи́в; **~verständnis** *n* недоразумéние; **≗verstehen** разб|и́рам [~ерá] погрéшно; **~wirtschaft** *f* лóшо стопани́сване
Mist *m* тор; *fig* глýпост
mit (*D*) с
Mit|arbeiter *m* сътрýдник; **~arbeiterin** *f* сътрýдничка; **≗bringen** дон|áсям [~еcá]; **~bürger** *m* сгрáжданин; **~bürgerin** *f* сгрáжданка; **≗einander** зáедно, помеждý си; **~esser** *m* MED чéрна тóчка; **~gefühl** *n* съчýвствие; **~glied** *n* член; **~inhaber** *m* съсóбственик; **~inhaberin** *f* съсóбственичка; **~leid** *n* състрадáние; **≗machen** учáствам; стрáдам; **≗nehmen** взéма(м) със сéбе си; **~reisende(r)** спъ́тник; **~schüler** *m* съученик; **~schülerin** *f* съученичка; **≗spielen** учáствам в игрá (*od* постанóвка)
Mittag *m* плáдне, óбед, обя́д; **zu ~ essen** обя́двам; **~essen** *n* óбед, обя́д
Mittags|pause *f* óбедна почи́вка; **~zeit** *f* óбед
Mitte *f* средá
mitteil|en съобщ|áвам [~я́]; **≗ung** *f* съобщéние
Mittel *n* срéдство; *in Zssg*(*n*) срéден; **~alter** *n* Средновекóвие; **≗bar** кóсвен; **≗los** бéден; **≗mäßig** посрéдствен; **~meer** *n* Средизéмно морé; **~punkt** *m* цéнтър; **≗s** (*G*) чрез, с
mitten сред, посрéд; **~ durch** през средáта
Mitternacht *f* полунóщ *f*
mittlerweile междуврéменно
Mittwoch *m* сря́да
mit|unter поня́кога; **~wirken** съдéйствам; учáствам; **≗wirkung** *f* съдéйствие
mixen смéс|вам [~я]; (раз)бъ́рк(в)ам; пригóтвя(м) коктéйл
Möbel *n* мéбел
Mobiltelefon *n* моби́лен телефóн
möblieren мобили́рам
Mode *f* мóда
Modem *m od n* модéм
Mode(n)schau *f* мóдно ревю́
Moder *m* плéсен *f*, мýхъл
Moderator(in *f*) *m* модерáтор(ка)
modern модéрен; **~isieren** модернизи́рам (*im*)*pf*
modisch мóден
mögen желáя, и́скам, (*lieben*) оби́чам
möglich възмóжен; **~erweise** по възмóжност; **≗keit** *f* възмóжност *f*
Mohn *m* мак
Möhre *f* мóрков
Mole *f* вълнолóм, кей
Molkerei *f* млекоцентрáла, мáндра
mollig пýхкав; закръ́глен
Moment *m* момéнт; **~aufnahme** *f* моментáлна сни́мка
Monat *m* мéсец; **≗lich**, **~s**-мéсечен
Mönch *m* монáх, калýгер
Mond *m* мéсец, лунá;

~schein *m* лу́нна светлина́
Montag *m* понеде́лник
Mont|eur *m* монтьо́р; **≈ieren** монти́рам *(im)pf*
Moor *n* мочу́рище, бла́то; **~bad** *n* ка́лна ба́ня
Moos *n* мъх
Moped *n* мотопе́д, мотоpе́тка
moralisch мора́лен
Morast *m* ти́ня, мочу́рище
Mord *m* убийство; **≈en** убий|вам [~я]
Mörder *m* убиец; **~in** *f* убийца
morgen *adv* у́тре
Morgen *m* су́трин *f*, у́тро; **guten ~!** добро́ у́тро!; **~rock** *m* пеньоа́р; хала́т; **≈s** су́трин
morgig у́трешен
morsch прогни́л, чупли́в
Mörtel *m* хороса́н
Mosaik *f* моза́йка
Moschee *f* джами́я
Most *m* шира́, мъст *f*
Motor *m* мото́р; **~boot** *n* мото́рна ло́дка; **~haube** *f* капа́к на двига́тел; **~rad** *n* мотоцикле́т, мото́р; **~roller** *m* ску́тер; **~schaden** *m* повре́да на двига́теля; **~schiff** *n* мото́рен ко́раб
Motte *f* моле́ц
Möwe *f* ча́йка
Mücke *f* кома́р
müde уморе́н, изморе́н
muffig плесеня́сьл
Mühe *f* труд, мъка; **sich große ~ geben** стара́я се; **sich die ~ machen** пра́вя си труда́; **≈los** ле́сен
Mühle *f* ме́лница
müh|sam, **~selig** мъ́чен, тру́ден
Mull *m* тензу́х, ма́рля; **~binde** *f* ма́рля
Müll *n* смет *f*, боклу́к; **~abfuhr** *f* сметоизво́зване, сметосъби́ране; **~eimer** *m* ко́фа за бо́клук *f*
Müller *m* мелнича́р
Mülltrennung *f* разде́лно сметосъби́ране
multiplizieren умножа́(вам)
Mund *m* уста́; **~art** *f* го́вор, наре́чие
münd|en вл|и́вам [~е́я] се; **~ig** пълноле́тен; **~lich** у́стен
Mund|schutz *m* MED ма́ска за уста́ *f*; **~stück** *n* му́ндщук
Mündung *f* у́стие
munter *(wach)* бу́ден; *fig* бо́дър, жив
Münz|e *f* моне́та
mürbe кре́хък, мек
murmeln мърмо́ря
murren ропта́я
mürrisch намръ́щен
Mus *n* ка́ша, пюре́ от плодове́
Muschel *f* ми́да; *(Schale)* черу́пка
Museum *n* музе́й
Musik *f* му́зика
musik|alisch музика́лен; **≈er(in** *f***)** *m* музика́нт(ка)
Muskel *m* му́скул; **~kater** *m* му́скулна тре́ска; **~zerrung** *f* разте́гляне на му́скул
muskulös му́скулест
Muslim *m* мюсюлма́нин
Muße *f* свобо́дно вре́ме
müssen тря́бва да, длъ́жен съм да

müßig бездéен; напрáзен
Muster образéц; HDL мóстра; (*Stoff*) десéн; **≈gültig**, **≈haft** образцóв; **≈n** MIL прегле́(ж)дам; (*betrachten*) загле́(ж)дам се
Mut *m* смéлост *f*; **≈ig** смел; **≈los** страхли́в; **~maßlich** предполагáем
Mutter *f* мáйка; TECH гáйка
mütterlich мáйчин
Mutter|mal *n* бéлег, бéнка; **~schaft** *f* мáйчинство; **~sprache** *f* рóден ези́к
mutwillig нарóчен
Mütze *f* каскéт, furáжка

N

Nabel *m* пъп
nach (*D*) (*Ort*) за, в; (*Zeit*) след; (*Art u. Weise*) спорéд, по; *adv* **~ wie vor** кáкто преди́; **~ und ~** постепéнно
nachahmen подражáвам (*A* на), имити́рам (*im*)*pf*
Nachbar|(in *f*) *m* съсéд(ка); **~schaft** *f* съсéдство; (*Nachbarn*) съсéди *m*/*pl*
nachdem след катó; **je ~** спорéд слýчая
nachdenk|en разми́сля(м) (**über** *A* върхý); **~lich** зами́слен
Nach|druck *m* настойчи́вост *f*; **≈drücklich** настойчи́в; **≈eifern** стремя се да дости́гна (*D* нкг, нщ); **≈einander** един след друг; **~folge** *f* приéмничество; **~folger** *m* наслéдник; **~folgerin** *f* наслéдница; **≈forschen** разпи́т(в)ам, разслéдвам; **~frage** *f* запи́тване; HDL тъ́рсене; **≈geben** отстъ́п|вам [~я]; **≈gehen** *Uhr*: остá|вам [~на] назáд; проследя́(вам) (*D* нкг, нщ); **~geschmack** *m* дъх; **≈giebig** отстъпчи́в; **≈haltig** устойчи́в, трáен; **≈hilfeunterricht** *m* чáстни урóци; **≈holen** навáкс(в)ам; **~komme** *m* потóмък; **~lass** *m* наслéдство; HDL намалéние; **≈lassen** (*ermäßigen*) намаля́(вам); *Wind usw.*: *v*/*i* отслáб|вам [~на]; **≈lässig** немарли́в; **≈machen** (*fälschen*) подпрáвя(м); **~mittag** *m* следóбед; **≈mittags** след óбед; **~nahme** *f*: **per ~nahme** с налóжен платéж; **~porto** *n* доплáщане; **≈prüfen** проверя́(-вам); **≈rechnen** проверя́(-вам) смéтка, пресм|ятам [~éтна]
Nachricht *f* вест *f*, извéстие
Nachrichten *pl* TV нови́ни *f*/*pl*; **~dienst** *m* телегрáфна агéнция; (*Geheimdienst*) разузнавáтелна слýжба
Nach|ruf *m* некролóг; **≈sagen** повт|áрям [~óря] (след нкг); **~saison** *f* къ́сен (лéтен) сезóн; **≈schlagen** (*Buch*) [на]прáвя спрáвка; **~schlagewerk** *n* спрáвочник
Nach|schlüssel *m* дубликáт; подпрáвен ключ; **≈sehen**

гле́дам [погле́дна]; **2senden** *Post* препра́|щам [~тя]; **~sicht** *f* снизхожде́ние; **2sichtig** снизходи́телен; **~speise** *f* десе́рт
nächst на́й-бли́зък, сле́дващ; (*D*) след, поди́р; **2e(r)** бли́жния́т
nach|stehen стоя́ по́-до́лу; **~stellen** *Uhr* регули́рам (*im*)*pf*; пресле́двам (*D* нкг)
nächstens в бли́зко вре́ме
nachsuchen [по]тъ́рся; [по]мо́ля (**um** за)
Nacht *f* нощ *f*; *in Zssg*(*n*) но́щен; **gute ~!** ле́ка нощ! **~dienst** *m* но́щно дежу́рство
Nach|teil *m* вреда́, щета́; **2teilig** неизго́ден (**für** *A* за)
Nachthemd *n* но́щница
Nachtigall *f* сла́вей
Nachtisch *m* десе́рт
Nachtlokal *m* но́щен бар
Nach|trag *m* доба́вка; **2tragend** злопа́метен; **2träglich** *adv* допълни́телно; по́-къ́сно
nachts но́щем
Nacht|tisch *m* но́щно шка́фче; **~wächter** *m* но́щен паза́ч
Nachweis *m* доказа́телство; **2en** дока́|звам [~жа]
Nach|welt *f* и́дните поколе́ния; **~wirkung** *f* после́дствие; **~wort** *n* епило́г; **~wuchs** *m* подра́стващо поколе́ние; **2zahlen** допл|а́щам [~атя́]; **~zahlung** *f* допла́щане
Nacken *m* тил, врат
nackt гол
Nadel *f* игла́; **~wald** *m* иглоли́стна гора́
Nagel *m* гво́здей; ANAT но́кът; **~feile** *f* пила́ за но́кти; **~lack** *m* лак за но́кти; **~lackentferner** *m* лакочисти́тел
nageln закова́(вам)
Nagelschere *f* но́жички *pl* за но́кти
nagen гриза́ (**an** *D* нщ)
Nagetier *n* гриза́ч
nahe бли́зък; *adv* бли́зко, о́коло; **~ bringen** *fig* запозна́|вам [~я] по́-отбли́зо (**j-m etw** нкг с нщ); **~ stehen** бли́зък съм (*D* с)
Nähe *f* бли́зост *f*; **in der ~** наблизо
nähen [у]шия
näher по́-бли́зък; **~ kommen** наближа́(вам), приближа́(вам) (се); **2e(s)** подро́бност *f*
Näh|garn *n* ше́вни конци́; **~maschine** *f* ше́вна маши́на; **~nadel** *f* игла́ за ши́ене
nähren хра́ня
nahr|haft храни́телен; **2ung** *f* храна́; **2ungsmittel** *n*/*pl* храни́телни проду́кти
Naht *f* шев
Nahverkehr *m* транспо́рт на бли́зки разстоя́ния; **~smittel** *n* прево́зно сре́дство за бли́зки разстоя́ния
naiv наи́вен
Name *m* и́ме
namens от и́мето на; **2tag** *m* и́мен ден
namhaft имени́т, прочу́т
nämlich *adv* и́менно; *konj* тъй като́
Narbe *f* бе́лег от ра́на

Narkose *f* наркóза
Narr *m* глупáк; шут
Närrin *f* глупáчка
närrisch глýпав, смéшен
naschen похáп|вам [~на] (слáдки)
Nase *f* нос
Nasen|bluten *n* кръвотечéние от носá; **~löcher** *n/pl* нóздри *pl*
nass мóкър
Nässe *f* влáга
nasskalt кúшав
Nation *f* нáция
national национáлен
National|feiertag *m* национáлен прáзник; **~hymne** *f* национáлен химн; **~ität** *f* национáлност *f*; **~mannschaft** *f* SPORT национáлен отбóр; **~tracht** *f* нарóдна (*od* национáлна) носúя
Natron *n* сóда
Natter *f* смок
Natur *f* натýра, прирóда; **~forscher** *m* естéственик; **~katastrophe** *f* прирóдно бéдствие; **~schutz** *m* защúта на прирóдата; **~schutzgebiet** *n* резервáт
natürlich естéствен; (*gewiss*) разбúра се
Naturwissenschaft *f* естéствени наýки; **~ler** *m* прирóдоизпитател, естéственик
Navi *n F* навигациóнна систéма
Neb|el *m* мъглá; **2(e)lig** мъглúв
neben (*D, A*) до, при, нарéд; (*außer*) освéн; **2-** *in Zssg(n)* странúчен, съсéден; **~an** в съсéдство, наблúзо; **~bei** междý другóто; **2beruf** *m* странúчна (*od* допълнúтелна) профéсия; **2beschäftigung** *f* допълнúтелно занимáние; **~einander** едúн до друг; **2fach** *n* вторá специáлност; **2fluss** *m* прúток; **2gebäude** *n* (*Anbau*) пристрóйка, съсéдна сгрáда; **~her** нарéд с, покрáй; **2kosten** *pl* странúчни (*od* допълнúтелни) рáзходи; **2produkt** *n* странúчен продýкт; **2sache** *f* второстéпéнно нéщо; **~sächlich** второстéпéнен; **2satz** *m* подчинéно изречéние; **2straße** *f* странúчна (*od* съсéдна) ýлица; **2tisch** *m* съсéдна мáса; **2wirkung** *f* странúчно вздéйствие; **2zimmer** *n* съсéдна стáя
nebst (*D*) с, заéдно с
necken дрáзня, задя́вам
Neffe *m* плéменник
negativ отрицáтелен
Negativ *n* негатúв
nehmen взéма(м), взúмам; (*weg~, beanspruchen*) отнéма(м); **Platz ~** ся́дам [сéдна]; заéма(м) мя́сто; **Verantwortung** (*od* **Schuld**) **auf sich ~** поéма(м) отговóрност (*od* винá)
Neid *m* зáвист *f*; **2isch** завистлúв
Neige *f*: **zur ~ gehen** свърш|вам [~а] се
neigen (**zu** *D* към) *v/t* нав|éждам [~едá] (**sich** се); *v/i* úмам склóнност; клоня́ (**zu** *D* към)
Neigung *f* наклóн; *fig* склóнност *f*

nein не
Nektarine *f* нектари́на
Nelke *f* карамфи́л
nenn|en нар|и́чам [~ека́]; **~enswert** значи́м; **&wert** *m* номина́лна сто́йност
Nerv *m* нерв; **j-m auf die ~en gehen** игра́я нкм по не́рвите
Nerven|arzt *m* невроло́г; **~klinik** *f* кли́ника за не́рвноболни; **~schwäche** *f* неврасте́ния; **~system** *n* не́рвна систе́ма; **~zusammenbruch** *m* не́рвна кри́за
Nerz *n* но́рка; (*Pelz*) ко́жа от но́рка
Nest *n* гнездо́
nett (*freundlich*) любе́зен, мил
Netz *n* мре́жа; *fig* при́мка; **~anschluss** *m* включва́не в електри́ческата мре́жа; **~haut** *f* ANAT рети́на; **~karte** *f* ка́рта за пъту́ване за ця́лата гра́дска мре́жа (*od* страна́) за определе́н срок
neu нов; **von ~em** отно́во; **was gibt es &es?** какво́ но́во (и́ма)?; **~artig** моде́рен, нов; **&bau** *m* но́ва сгра́да; **~erdings** неотда́вна; **&erung** *f* нововъведе́ние; **~geboren** новороде́н; **&gier(de)** *f* любопи́тство; **~gierig** любопи́тен; **&heit** *f* но́вост *f*; **&igkeit** *f* новина́; **&jahr** *n* Но́ва годи́на; **~lich** неотда́вна; **&mond** *m* новолу́ние
neun де́вет
Neun *f* деветорка, деве́тка
neutral неутра́лен
Neuzeit *f* но́во вре́ме
nicht не; **~ wahr?** нали́?; **gar ~** съвсе́м не
Nichte *f* пле́менница
Nichtraucher *m* непуша́ч
Nichtschwimmer(in *f*) *m*: **ich bin ~** не уме́я да плу́вам
nichts ни́що; **das tut** *od* **macht** *od* **schadet ~** не вреди́
nicken ки́м|вам [~на]
nie ни́кога
nieder *adv* до́лу; *adj* ни́сък; до́лен; **~brennen** *v/t* опожаря́ (-вам); *v/i* изг|а́рям [~оря́]; **~geschlagen** уни́л; **&lage** *f* пораже́ние; **&lande** *pl* Нидерла́ндия; **~ländisch** нидерла́ндски; **~lassen**: **sich ~lassen** засе́л|вам [~я] се; **~legen** сл|а́гам [~о́жа] на земя́та; *Amt* да́(ва)м си оста́вката; **sich ~legen** ля́гам [ле́гна] си; **~reißen** сри́|вам [~на]; *Haus* съб|а́рям [~о́ря]
Niedersachsen *n* До́лна Саксо́ния
Nieder|schlag *m*, *meist pl* (*Regen*) вале́ж; **~ung** *f* низина́
niedlich милови́ден, мил
niedrig ни́сък
niemals ни́кога
niemand ни́кой; **&sland** *n* ни́чия земя́
Niere *f* бъ́брек
Nierenstein *m* ка́мък в бъ́бреците
niesel|n ръми́, вали́ си́тен дъжд; **®en** *m* си́тен дъжд
niesen ки́х|ам [~на]
Niet *m* TECH нит; **~e** *f* (*Los*) пра́зен биле́т; *fig* некадъ́рник; **&en** зани́т|вам [~я]

nirgend|s, **~wo** никъде
Nische *f* ниша
nisten сви|вам [~я] гнездо
noch още; **weder … ~ …** нито … нито; **~mals** още веднъж
Nonne *f* монахиня, калугерка *f*
Nord- северен; **~en** *m* север
nördlich северен
Nord|licht *n* северно сияние; **~ost(en)** *m* североизток; **~pol** *m* Северен полюс
Nordrhein-Westfalen *n* Северен Рейн-Вестфалия
Nord|see *f* Северно море; **~stern** *m* Полярна звезда; **~west(en)** *m* северозапад
nörgeln мърморя
Norm *f* норма
Norweg|en *n* Норвегия; **~er** *m* норвежец; **~erin** *f* норвежка; **≗isch** норвежки
Not *f* нужда; бедствие; мизерия; **~ leidend** беден; нуждаещ се
Notar *m* нотариус
Notarzt *m* (*Krankenwagen*) бърза помощ
Not|ausgang *m* авариен изход; **~bremse** *f* аварийна спирачка; **~dienst** *m* аварийна служба; **≗dürftig** оскъден; *adv* как да е
Note *f* нота; (*Zensur*) бележка
not|falls в случай на нужда; **~ieren** отбел|язвам [~ежа]
nötig нужен; **~ haben** имам нужда (*A* от); **~en** прин|уждавам [~удя]
Notiz *f* бележка; **~buch** *n* бележник, тефтерче
Not|lage *f* бедствено положение; **~landung** *f* AER принудително кацане; **~ruf** *m* повикване по спешност; телефон за спешни случаи (*od* бърза помощ *usw.*); **~signal** *n* алармен сигнал; **~stand** *m* кризисно (*od* бедствено) положение; **~wehr** *f* самоотбрана; **≗wendig** необходим
Novelle *f* новела
November *m* ноември *m*
nüchtern трезвен; (*Magen*) с празен стомах
Nudel|n *f/pl* юфка; фиде; **~suppe** *f* супа с фиде
Null *f* нула
Nummer *f* номер; **laufende ~** пореден номер
nun сега; тогава
nur само; **~ zu!** хайде!
Nüstern *pl* (*Pferd*) ноздри *pl*
Nuss *f* орех; **~kern** *m* орехова ядка; **~knacker** *m* орехотрошачка; **~torte** *f* орехова торта
nutzen, **nützen** *v/i* ползвам; *v/t* използвам (*im*)*pf*
Nutzen *m* полза, облага
nützlich полезен

ob дали; **als ~** като че ли
obdachlos бездомен
oben горе; **nach ~** нагоре; **~ erwähnt**, **~ genannt** гореспоменат; **~an** (от) горе; **~auf**

(нáй)отгóре
ober-, **ℒ-** *in Zssg(n)* гóрен; глáвен; върхóвен
Ober *m* кéлнер; **~arm** *m* ръкáта от лáкътя нагóре; **~arzt** *m* глáвен лéкар; **~deck** *n* MAR гóрна пáлуба; **~fläche** *f* повърхност *f*; **ℒflächlich** повърхностен; **ℒhalb** *(G) prp* над., *adv* отгóре; **~hemd** *n* мъжка рúза; **~körper** *m* гóрната част на тялото; **~lippe** *f* гóрна ýстна; **~schenkel** *m* бедрó; **ℒschule** *f* гимнáзия
oberst- нáй-гóрен; *fig* върхóвен
Oberst *m* полкóвник
Objekt *n* обéкт; GR допълнéние; **ℒiv** обективен
Obst *m* плодовé *m/pl*; *in Zssg(n)* овóщен, плóдов
Obus *m* тролéй
obwohl макáр че
Ochse *m* вол; **~nschwanzsuppe** *f* сýпа от говéжда опáшка
oder или
Ofen *m* пéчка; TECH пещ *f*
offen отвóрен; *fig* откровéн; **~ lassen** остáвя(м) отвóрен *(od* открúт*)*; **~ stehen** стоя отвóрен *(od* открúт*)*; **~bar** очевúден; **ℒheit** *f* откровéност *f*; **~sichtlich** очевиден
öffentlich пýбличен, общéствен; **ℒkeit** *f* пýбличност, глáсност; общéственост
offiziell официáлен
Offizier *m* офицéр
öffn|en отв|áрям [~óря]; **ℒung** *f* отвóр
oft, **~mals**, **öfter(s)** чéсто
ohne *(A)* без; **~ dass**, **~ zu** без да
Ohnmacht *f* слáбост; MED гýбене на съзнáние, безсъзнáние
ohnmächtig в безсъзнáние; *fig* безсúлен; **~ werden** припá|д|ам [~на]
Ohr *n*, **Öhr** *n* ухó
Ohren|entzündung *f* възпалéние на ухóто; **~sausen** *n* бучéне в ушúте
Ohr|feige *f* плеснúца, шамáр; **~ring** *m* обецá, обицá
Ökoladen *m* магазúн за екологúчно чисти подýкти
Öko|logie *f* еколóгия; **ℒlogisch** екологúчен
ökonomisch икономúчески
Ökosteuer *f* éкоданък, éкотакса
Oktober *m* октóмври *m*
Öl *n* óлио; *(Mineralℒ)* мáсло; **ℒen** TECH смá|звам [~жа]; **~gemälde** *n* картúна с мáслени бои; **~heizung** *f* отоплéние с нáфта; **ℒig** мáслен, мáзен
Olive *f* маслúна
Olivenöl *n* зехтúн
Ölleitung *f* нефтопровóд
olympisch: **ℒe Spiele** *n/pl* олимпúйски игрú
Oma *f* бáба
Omelett(e *f)* *n* омлéт
Onkel *m* чúчо; вýйчо
Opa *m* дя́до
Oper *f* óпера
Operation *f* оперáция
Operette *f* оперéта

operieren оперúрам *(im)pf;* **sich ~ lassen** оперúра(м) се
Opernglas *n* бинóкъл за теáтър
Opfer *n* жéртва; **℘n** [по]жéртвам (**sich** се)
Opposition *f* опозúция
Optiker *m* оптúк
Orange *f* портокáл
Orchester *n* оркéстър
Orden *m* óрден
ordentlich редóвен; порядъчен
ordinär простáшки
ordn|en нар|éждам [~едя́], редя́; **℘ung** *f* ред; **in ℘ung bringen** урé|ждам [~дя́], слáгам в ред; **℘ungszahl** *f* числúтелно рéдно
Organ *n* óрган; **~isation** *f* организáция; **℘isieren** организúрам *(im)pf;* **~ismus** *m* организъм
Orgel *f* óрган
orientalisch ориентáлски
orientier|en: **sich ~en** ориентúрам се *(im)pf;* **℘ung** *f* ориентáция, ориентúране; **℘ungssinn** *m* чýвство за ориентáция
Orkan *m* ураráн
Ort *m* мя́сто
orthodox правослáвен
örtlich мéстен
Ortschaft *f* сéлище
orts|kundig добрé запознáт с дáдено мя́сто; **~zeit** *f* мéстно врéме
Öse *f* клуп, ухó; дýпка за връзки на обýвки
Osten *m* úзток; *in Zssg(n)* úзточен
Osterei *n* велúкденско яйцé
Ostern *n od pl* Велúкден
Österreich *n* Áвстрия; **~er** *m* австрúец; **~erin** *f* австрúйка; **℘isch** австрúйски
östlich úзточен
Ostsee *f* Балтúйско морé
Otter[1] *m* вúдра
Otter[2] *f (Schlange)* пепеля́нка
Ozean *m* океáн; *in Zssg(n)* океáнски
Ozonloch *n* озóнова дýпка

P

paar: **ein ~** ня́колко
Paar *n* двóйка, чифт
paar|en чифтóсва(м) (**sich** се); **~weise** на двóйки, по двáма
pachten наéма(м)
Pächter *m* арендáтор
Päckchen *n* пакéтче; колéтна прáтка
packen хвá|щам [~на]; *(ver~)* опакóвам *(im)pf*
Packung *f* пакéт; *(Ver℘)* опакóвка
Paddelboot *n* русáлка; кая́к
paddeln кáрам русáлка *(od* кая́к)
Paket *n* пакéт; *(Post℘)* колéт
Pakt *m* пакт, дóговор
Palast *m* палáт, дворéц
Palm|e *f* пáлма; **~sonntag** *m* REL Цвéтница, Врьбница
Pandemie *f* MED пандéмия

Panik *f* паника
Pann|e *f* (*Auto*) повреда; (*Reifen*) спукване; *fig* несполука; **~endienst** *m* пътна помощ
Pantoffel *m* пантоф
Panzer *m* броня; (*Wagen*) танк; ZO черупка
Papagei *m* папагал
Papier *n* хартия; *in Zssg(n)* книжен; **~e** *pl* документи *m/pl*; **~geld** *n* книжни пари; банкноти; **~korb** *m* кошче за хартиени отпадъци
Pappe *f* мукава
Pappel *f* топола
Papp|karton *m*, **~schachtel** *f* картонена кутия
Paprika *f* червен пипер; **~schote** *f* пиперка, чушка
Papst *m* папа
Parade *f* парад
Paradies *n* рай
parallel паралелен
Park *m* парк, градина; **~en** *n* паркиране; **≈en** KFZ гарирам *(im)pf*, паркирам *(im)pf*; **≈en verboten!** паркирането забранено!
Parkett *n* паркет; THEA партер
Park|gebühr *f* такса за паркиране; **~haus** *n* многоетажен гараж; **~platz** *m* място за паркиране; паркинг; **~uhr** *f* часовник за отмерване на времето на паркирането; **~verbot** *n* забрана за паркиране
Partei *f* партия; JUR страна; **≈isch** пристрастен, предубеден; **≈los** безпартиен; **~mitglied** *n* партиен член
Parterre *n* партер
Partie *f* част *f*; MUS, THEA партия; HDL партида
Partner(in *f*) *m* партньор(ка)
Pass *m* (*Reise≈*) паспорт; (*Berg*) проход
Passagier *m* пътник; *in Zssg(n)* пътнически
Passbild *n* снимка за паспорт
passen *Kleid*: ста|вам [~на], подхождам; (*im Spiel*) пасувам; **~d** подходящ
passieren *v/t* прем|инавам [~ина]; (*geschehen*) *v/i* случ|вам [~а] се
passiv пасивен
Passkontrolle *f* паспортна контрола
Passwort *n* (*Computer*) код, парола
Passzwang *m* задължителна паспортна система
Pastete *f* пастет
Pat|e *m* кръстник; кум; **~enkind** *n* кръщелник
Patient(in *f*) *m* пациент(ка)
Patin *f* кръстница; кума
patriotisch патриотичен
Patrone *f* патрон
Pauke *f* тимпан
Pauschal|e *f* обща (*od* глобална) сума; **~reise** *f* екскурзия, организирана от бюро за пътуване с включени в цената пътни, квартира, храна; **~summe** *f* → Pauschale
Pause *f* пауза; почивка; междучасие
pausenlos непрекъснат
Pech *n* смола, зифт; *fig* несполука

Pedal *n* педáл
pein|igen измъч|вам [~а], мъча; **~lich** неприятен; (*genau*) тóчен
Peitsche *f* бич, камшúк
Pelz *m* кóжа; кожýх; **~mantel** *m* кóжено палтó; (*Tracht*) кожýх
Pendel *n* махáло; **2n** движа се (насáм-натáм); люлéя се
Pension *f* пансиóн; (*Ruhegeld*) пéнсия; **~är(in** *f*) *m* пенсионéр(ка); **2ieren**: **sich 2ieren lassen** пенсионúрам се
per по, чрез, на, с; **~ Post** с (*od* по) пóщата
perfekt перфéктен
Periode *f* периóд; MED менструáция
Perl|e *f* пéрла, бúсер; **~mutt(er** *f*) *n* седéф
Person *f* лицé
Personal *n* персонáл; **~ausweis** *m* лúчен паспóрт
Personalien *pl* дáнни *pl* за самолúчност
Personen|(kraft)wagen *m* лéка колá; **~zug** *m* пътнически влак
persönlich лúчен; **2keit** *f* лúчност *f*
Perücke *f* перýка
pessimistisch песимистúчен
Pest *f* чýма
Petersilie *f* магданóз
Petroleum *n* петрóл, газ *f*
Pfad *m* пътéка
Pfahl *m* кол; стълб
Pfand *n* залóг; (*Flaschen2*) депóзит; **~flasche** *f* бутúлка с депóзит
pfänden нал|áгам [~óжа] запóр
Pfann|e *f* тигáн; **~kuchen** *m* палачúнка
Pfarrer *m* свещéник; пáстор; (*orthodoxer*) поп
Pfau *m* паýн
Pfeffer *m* чéрен пипéр; **~minze** *f* мéнта
pfeffern поръс|вам [~я] с чéрен пипéр
Pfeif|e *f* свúрка; (*Tabaks2*) лулá; **2en** свúр|я [~на]
Pfeil *m* стрелá; **~er** *m* стълб; (*Brücke*) подпóра
Pferd *n* кон
Pferde|- *in Zssg(n)* кóнски; **~rennen** *n* кóнни надбягвания; **~stall** *m* конюшня; **~stärke** *f* TECH кóнска сúла
Pfiff *m* изсвúрване; *fig* трик
Pfingsten *n od pl* Петдесéтница
Pfirsich *m* прáскова
Pflanze *f* растéние
pflanzen садя́, нас|áждам [~адя́]
Pflaster *n* MED пластúр; (*Straße*) павáж; **~stein** *m* павé
Pflaum|e *f* слúва; **~enmus** *m* мармалáд от слúви
Pflege *f* MED грúжа, глéдане; **~eltern** *pl* приéмни родúтели; **~heim** *n* дом за глéдане на възрастни хóра; **~kind** *n* детé, взéто за отглéждане; **2leicht** (*Stoff*) лéсен за поддържане
pfleg|en глéдам, грúжа се (за); **~en zu** (+ *inf*) úмам нáвик; **2er** *m* болногледáч; JUR попечú-

тел
Pflicht *f* дълг, задължéние
pflücken берá, откъ́с|вам [~на]
pflügen орá
Pforte *f* пóрта
Pförtner *m* портиéр
Pfosten *m* стълб, кол
Pfote *f* лáпа
pfui! пфу!
Pfund *n* фунт, полови́н килогрáм
pfuschen рабóтя лóшо
Pfütze *f* лóква, гьол
Phantasie *s.* Fantasie
Philologie *f* филолóгия
Philosophie *f* философия
Physik *f* фи́зика; **≗alisch** физически
physisch физи́чески
picken кълвá
Pilger *m* REL поклóнник
Pille *f* хáп(че)
Pilz *m* гъ́ба; MED гъ́бички; *in Zssg(n)* гъ́бен
PIN *f* пин код *m* (*Geheimzahl*)
Pinsel *m* чéтка
Pinzette *f* пинсéта
Pistole *f* пистолéт
Pizza *f* пи́ца
Pkw *m* лéка колá
Plag|e *f* мъ́ка, гри́жа; *fig* нáпаст *f*; **≗en** мъ́ча, измъ́ч|вам [~а] (**sich** се)
Plakette *f* значкá
Plan *m* план; **~e** *f* платни́ще; гюрýк; **≗en** плани́рам (*im*)*pf*, запланýвам (*im*)*pf*
Planke *f* тáлпа
planmäßig планомéрен
plan(t)schen пли́скам
Plantage *f* плантáция
Planung *f* плани́ране
Plastik *f* (*Kunst*) плáстика
Plastik *n* пластмáса
plätschern *Regen, Bach*: ромóня, ръмоля́, пли́скам се
platt плóсък; *F* смáян
Platte *f* плóча; (*Fliese*) плóчка; (*Teller*) блюдо; **kalte ~** студéно я́дене
Platz *m* площáд; мя́сто; **nehmen Sie ~!** седнéте!; **~anweiserin** *f* разпореди́телка; **≗en** пýкам се, пýк|вам [~на] се; **~karte** *f* BAHN билéт за запáзено мя́сто; **~regen** *m* проли́вен дъжд
plaudern [по]бъ́бря, разговáрям
Plomb|e *f* плóмба; **≗ieren** пломби́рам (*im*)*pf*
plötzlich внезáпен; *adv* изведнъ́ж
plump трóмав, недодя́лан
plünder|n ограб|вам [~я]; **≗ung** *f* грабéж
plus плюс
Pöbel *m* сби́рщина
pochen чýкам; *Herz*: би́я, туптя́
Pocken *pl* éдра шáрка; **~impfung** *f* ваксини́ране проти́в éдра шáрка
Podcast *m* пóдкаст
Pokal *m* (*Preis*) кýпа
Pökelfleisch *n* осолéно месó
Pol *m* пóлюс
Pole *m* поля́к; **~n** *n* Пóлша
polieren поли́рам (*im*)*pf*
Polin *f* поляки́ня
Politik *f* поли́тика; **~er** *m* поли́тик

politisch политѝчески
Polizei *f* полѝция; **~revier** *n* полицейски учáстък, управлéние
Polizist *m* полицáй
polnisch пóлски
Polster *n* тапицéрия; **≗n** тапицѝрам *(im)pf*; **~möbel** *n/pl* тапицéрия; мéка мéбел
Polterabend *m* весéлие в навечéрието на свáтба
Pommes frites *pl* пъ́ржени картóфи
Por|e *f* пóра; **≗ös** пóрест, шуплѝв
Porree *m* праз
Portion *f* пóрция
Porto *n* пóрто, тáкса
Porträt *n* портрéт
Porzellan *n* порцелáн
Posaune *f* тромбóн
Position *f* позѝция
Posse *f* THEA фарс
Post® *f* пóща; **~amt** *n* пóщенска стáнция; **~anweisung** *f* пóщенски зáпис
Posten *m* пост, слýжба; HDL партѝда
Post|fach *n* абонамéнтна пóщенска кутѝя; **~gebühren** *pl* пóщенски разнóски; **~karte** *f* пóщенска кáртичка; **≗lagernd** до поѝскване; **~leitzahl** *f* пóщенски код; **~bankkonto** *n* пóщенска чéкова смéтка; **~stempel** *m* пóщенски печáт
Pracht *f* разкóш, великолéпие
prachtvoll, **prächtig** разкóшен, великолéпен
prägen щампóвам *(im)pf*; *Münzen* секá
prahlen хвáля се
praktisch практѝчен; **~er Arzt** лéкар по óбща медицѝна
Pralinen *f/pl* шоколáдови бонбóни
Prämie *f* прéмия
Präparat *n* препарáт
Präposition *f* предлóг
präsentieren презентѝрам *(im)pf*
Präservativ *n* презерватѝв
Präsident президéнт, председáтел; *(Universität)* рéктор
prasseln пращя́; плющя́
Praxis *f* прáктика
predigen проповя́двам
Prediger проповéдник
Predigt *f* прóповед *f*
Preis *m* ценá; *(Lohn)* наградá; **~ausschreiben** *n* конкýрс
Preiselbeere *f* червéна боровѝнка
preisen величáя, слáвя
Preis|erhöhung *f* повишáване на цéните; **≗gekrönt** удостóен с наградá; **≗günstig** на изгóдна ценá; **~liste** *f* ценорáзпис; **~nachlass** *m* отстъ́пка от цéната; **~senkung** *f* намалéние на цéните; **~träger(in** *f)* *m* лауреáт(ка); **≗wert** éвтин
Presse *f* печáт, прéса; TECH прéса
pressen пресóвам *(im)pf*
Pressluft *f* сгъстéн въ́здух
Priester *m* свещéник; *(heidnisch)* жрец
primär пъ́рвичен
primitiv примитѝвен

privat частен
Privat|adresse *f* домашен адрес; **~initiative** *f* лична инициатива; **~wirtschaft** *f* частно стопанство; **~zimmer** *n* частна квартира
pro за, на; ~ **Stück** за парче; ~ **Stunde** на час
Prob|e *f* проба; THEA репетиция; PHYS, CHEM опит; (*Waren*) мостра; **~e-** *in Zssg(n)* пробен; **&en** THEA репетирам *(im)pf*; **&ieren** пробвам, опит(в)ам
Problem *n* проблем
Produkt *n* продукт
Produktion *f* продукция; производство; (*Landwirtschaft*) добиви *pl*
produktiv продуктивен
Produzent(in *f*) *m* производител(ка)
produzieren произв|еждам [~едá]
Professor *m* профéсор
Profi *m F* професионалист
Profit *m* полза, изгода, печалба; **&ieren** печеля, имам полза (**von** *D* от)
Programm *n* прóграма; **&ieren** програмирам
Promenade *f* алéя, място за разходка
Promille *n* на хиляда, промил
prominent извéстен, знаменит
Propeller *m* перка, витлó
prophezeien пророкувам
Proportion *f* пропорция
prosit! наздраве!
Prospekt *m* проспект
Prostituierte *f* проститутка
protestantisch протестантски
protestieren протестирам *(im)pf*
Protokoll *n* протокол
Proviant *m* провизии *pl*, храна
Provinz *f* провинция
Provision *f* HDL комисиона
provisorisch врéменен
Provokation *f* провокация
Prozent *n* процент
Prozess *m* процес
prüde превзéто срамежлив
prüfen проверя(вам); (*j-n*) изпит(в)ам
Prüf|er *m* екзаминатор; **~ung** *f* проверка; (*Examen*) изпит
Prügelei *f* сбиване, бой
prügeln [на]бия (**sich** се)
Prunk *m* разкош, блясък
psychisch психически
Publikum *n* публика
Pudding *m* пудинг, крем
Puder *m* пудра
pudern напудря(м) (**sich** се)
Puderzucker *m* пудра захар
Pullover *m* пуловер
Puls *m* пулс; **~ader** *f* артерия; **~schlag** *m* пулс
Pulver *n* прах *m od f*
Pump|e *f* помпа; **&en** помпам
Punkt *m* точка
pünktlich точен
Pupille *f* зеница
Pupp|e *f* кукла; **~enspiel** *n* THEA куклен театър; **~enspieler** *m* кукловод
pur чист
pusten *F* дух|вам [~на]
Putsch *m* пуч, бунт
Putz *m* ARCH мазилка; **&en**

[по]чистя; [на]кича; *Zähne* мия; **~frau** *f* чистачка
Pyjama *m* пижама

Q

Quadrat *n* квадрат; **≈isch** квадратен
Qual *f* мъка
quälen измъч|вам [~а], мъча
Qualität *f* качество
Qualle *f* ZO медуза
Qualm *m* пушек, дим; **≈en** пуша, димя
qualvoll мъчителен
Quantität *f* количество
Quarantäne *f* карантина
Quark *m* извара
Quecksilber *n* живак
Quelle *f* извор; *fig* източник
quellen извирам, бликам; (*im Wasser*) набъб|вам [~на]
quer напречен; **kreuz und ~** надлъж и нашир
Quer|schnitt *m* напречен разрез; **~straße** *f* пресечка
quetsch|en притискам, смачк(в)ам; **≈ung** *f* MED контузия, натъртване
quietschen скърцам
Quitte *f* дюля
quitt|ieren разпи|свам [~ша]; *Dienst* напус|кам [~на]
Quittung *f* квитанция
Quiz *n* викторина

R

Rabatt *m* рабат
Rabe *m* гарван
Rache *f* мъст *f*, отмъщение
Rachen *m* гърло
rächen отмъ|щавам [~стя] (**sich an** *D* си на)
Rad *n* колело (*a. Fahr≈*); **~ fahren** карам колело
Radar *n* радар; **~kontrolle** *f* радарен контрол
Radfahr|er(in *f*) *m* колоездач(ка); **~weg** *m* път за колоездачи
radier|en изтри|вам [~я]; **≈gummi** *m* гума за триене; **≈ung** *f* гравюра
Radieschen *n* репичка
radikal радикален
Radio *n* радио
radioaktiv радиоактивен
Radrenn|bahn *f* колодрум; **~en** *n* колоездачно състезание (*od* надбягване)
raffiniert рафиниран
Ragout *n* рагу *n*
Rahm *m* каймак, сметана
Rahmen *m* рамка; TECH рама
Rakete *f* ракета; **~n-** *in Zssg(n)* ракетен, реактивен
rammen заби|вам [~я]; (*zs.-stoßen*) блъс|кам [~на]
Rand *m* ръб, край
Rang *m* ранг, чин; THEA балкон; **≈ieren** BAHN маневрирам (*im*)*pf*

ranken: **sich ~** вия се
Ranzen *m* раница
ranzig гранив
Raps *m* рапица
rar рядък; **≗ität** *f* рядкост *f*
rasch бърз
rascheln шумоля
rasen беснея, бушувам; (*eilen*) бързам
Rasen *m* тревна площ, морава
rasend бесен, яростен
Rasier|- за бръснене; **~apparat** *m* самобръсначка; **~creme** *f* крем за бръснене; **≗en** [о]бръсна (**sich** се); **~klinge** *f* ножче за бръснене; **~messer** *n* бръснач; **~pinsel** *m* четка за бръснене; **~wasser** *n* лосион за бръснене; **~zeug** *n* бръснарски принадлежности
Rasse *f* раса, порода
rasseln дрънкам
Rast *f* почивка; **≗en** почи|вам [~на]; **~platz** *m* място за почивка; **~stätte** *f* крайпътен ресторант
Rat *m* съвет; (*Titel*) съветник
Rate *f* рата, вноска; **in ~n** на вноски
raten (*be~*) [по]съветвам; (*er~*) отгат|вам [~на]
Rat|geber *m* съветник; **~geberin** *f* съветничка; **~haus** *n* кметство
Ration *f* дажба
rat|los безизходен; **~sam** за препоръчване
Rätsel *n* загадка; гатанка; **≗haft** загадъчен
Ratte *f* плъх
rau грапав; (*Stimme*) дрезгав; (*Klima*) суров; *fig* груб
Raub *m* грабеж, обир; **≗en** грабя, об|ирам [~ера]
Räuber *m* разбойник
Raub|tier *n* хищник; **~überfall** *m* нападение за грабеж; **~vogel** *m* хищна птица
Rauch *m* дим, пушек
rauchen *v/t* [из]пуша; *v/i* димя; **~ verboten!** пушенето забранено!
Raucher *m* пушач; **~abteil** *n* купе за пушачи
Räucherfisch *m* пушена риба
räuchern опуш|вам [~а]
Rauchverbot *n* забрана да се пуши
rauh *s.* rau; **≗reif** *s.* Raureif
Raum *m* пространство; (*Zimmer*) помещение
räumen опраз|вам [~ня]
Raum|fahrt *f* астронавтика; **~flug** *m* космически полет
räumlich пространствен
Raumschiff *n* космически кораб
Räumung *f* опразване; освобождаване
Raupe *f* гъсеница
Raureif *m* слана
Rausch *m* замайване; пияно състояние; *fig* опиянение
rauschen шумя
Rauschgift *n* наркотик
räuspern: **sich ~** изкашля(м) се
Razzia *f* (полицейска) хайка
reagieren реагирам *(im)pf*
Reaktion *f* реакция
realistisch реалистичен

Realität *f* реáлност
Rebe *f* лозá
rebellieren бунтýвам се
Rebhuhn *n* ярéбица
Rechen|fehler *m* грéшка в смятането; **~schaft** *f* смéтка, отчéт; **~schaft ablegen** дá|вам [~м] отчéт (**über** *A* за)
rechnen см|ятам [~éтна]; **~ auf** (*A*) разчúтам на
Rechner *m* TECH калкулáтор
Rechnung *f* смéтка
Recht *n* прáво; **~ haben** úмам прáво
recht прав; (*richtig*) прáвилен; *adv* твъ́рде, дóста; **~eckig** правоъ́гълен
rechtfertigen оправдá|вам [~я] (**sich** се)
recht|los безпрáвен; **~mäßig** закóнен
rechts вдясно, отдясно, надясно
Rechts|anwalt *m* адвокáт; **~anwältin** *f* адвокáтка
Recht|schreibung *f* правопúс; **≗sprechung** *f* правосъ́дие
rechtswidrig противозакóнен
recht|wink(e)lig правоъ́гълен; **~zeitig** своеврéменен
Reck *n* SPORT лост
Recycling *n* рециклúране
Redakteur(in *f*) *m* редáктор(-ка)
Redaktion *f* редáкция
Rede *f* гóвор, реч *f*
reden говóря
Rede|nsart *f*, **~wendung** *f* úзраз, фрáза
Red|ner *m* орáтор; **≗selig** приказлúв
reduzieren редуцúрам (*im*)*pf* (**auf** *A* до)
reell реáлен; определéн
Reform *f* рефóрма; **~haus** *n* éко-магазúн
Regal *n* рафт, етажéрка
Regatta *f* регáта
Regel *f* прáвило; **in der ~** по прáвило; **≗mäßig** равномéрен; редóвен
regeln регулúрам (*im*)*pf*; ур|éждам [~едя́]
Regelung *f* регулúране; урéждане
regen: **sich ~** двúжа се, мъ́рдам
Regen *m* дъжд; *in Zssg(n)* дъждóвен; **~bogen** *m* дъгá; **~mantel** *m* мушамá; **~schauer** *m* пролúвен дъжд; **~schirm** *m* чадъ́р; **~tag** *m* дъждóвен ден; **~zeit** *f* дъждóвен сезóн
Regie *f* режисýра, постанóвка
regieren управлявам
Regierung *f* правúтелство; управлéние
Region *f* óбласт *f*
regional регионáлен
Regisseur *m* режисьóр
Register *n* регúстър
regnen: **es regnet** валú дъжд
regnerisch дъждóвен
regulär редóвен
Reh *n* сърнá; **~bock** *m* сърндáк
Reib|eisen *n* рендé; **≗en** [из]-тъ́ркам
Reich *n* импéрия, цáрство (*a.*

fig); райх
reich богáт; **~en** *v/t* подá(ва)м; *v/i* прост|ирам [~рá] се; (*genügen*) стиг|ам [~на]; **~haltig** богáт; разнообрáзен; **~lich** (из)обилен; **&tum** *n* богáтство
reif зрял; узрял
Reif *m* (*Rau~*) сланá, скреж; **~e** *f* зрéлост *f*; **&en** зрéя, узр|я́вам [~éя]
Reifen *m* (*Rad*) шина; (*Gummi&*) гýма; (*Fass*) óбръч; **~druck** *m* налягане в гýмите; **~panne** *f* спýкване на гýма
Reifezeugnis *n* свидéтелство за зрéлост
Reihe *f* ред(и́ца); **der ~ nach** поред
Reihenfolge *f* ред, последовáтелност *f*
Reiher *m* рибáр
Reim *m* рима
rein чист
Reinheit *f* чистотá
reinigen чи́стя, почи́ст|вам [~я]
Reinigung *f* почи́стване; **~smilch** *f* тоалéтно мля́ко
rein|lich чист; **~rassig** чистокръвен, рáсов
Reis *m* ориз
Reise *f* пътýване; *in Zssg(n)* пътен; **~apotheke** *f* аптéчка; **~büro** *n* туристи́ческо бюрó; **&fertig** готóв за път; **~führer** *m* (*Buch*) пътеводи́тел; **~gesellschaft** *f* туристи́ческа грýпа; **~kosten** *pl* пътни разнóски; **~leiter(in** *f*) *m* екскурзóвод(ка) *m(f)*
reisen пътувам (**nach** *D*, **in** *A*, **zu** *D* за, в, при); **&de(r)** пътни|к, ~чка
Reise|pass *m* задграни́чен паспóрт; **~route** *f* маршрýт; **~scheck** *m* туристи́чески чек; **~tasche** *f* пътна чáнта; **~veranstalter** *m* тýроператор; **~ziel** *n* крáйна цел на пътýването
Reisig *n* съчки *f/pl*
reißen *v/t* скъс(в)ам, късам; *v/i* напýк(в)ам се; *Geduld*: [из]губя; **~d** бърз, бýен
Reiß|nagel *m* гáбърче; **~verschluss** *m* цип
reiten я́здя
Reit|er(in *f*) *m* ездáч(ка); **~pferd** *n* кон за я́здене; **~sport** *m* кóнен спорт; **~stiefel** *m* ботýши *m/pl* за ездá
Reiz *m* прéлест *f*; (*Erregung*) дрáзнене; (*Verlockung*) влечéние
reiz|bar раздразни́телен; **~en** [раз]дрáзня; привл|ичам [~екá]; **~end** прéлестен
Reklamation *f* рекламáция
Reklame *f* реклáма
relativ относи́телен
Relief *n* релéф
Religion *f* религия
Reliquien *f/pl* REL мóщи *pl*
Renn|bahn *f* (*Pferde*) хиподрýм; (*Rad*) колодрýм; **~boot** *n* състезáтелна лóдка; **&en** бя́гам, ти́чам; **~en** *n* надбя́гване; **~fahrer** *m* състезáтел; **~wagen** *m* състезáтелна спóртна колá
Renovierung *f* (*Gebäude*) ремóнт, подновя́ване

rentabel рентабилен
Rent|e *f* пенсия; HDL рента; **≈ner(in** *f*) *m* пенсионер(ка)
Reparatur *f* ремонт, поправка; **~werkstatt** *f* ремонтна работилница; сервиз
reparieren поправя(м)
Repertoire *n* репертоар
Reporter *m* репортер
Reptil *n* влечуго
Republik *f* република
Reserve *f* резерв(а); **~rad** *n* резервно колело
reservieren запаз|вам [~я]
resolut енергичен
Rest *m* остатък; ресто
Restaurant *n* ресторант
restlos без остатък
rett|en спася(вам) (**sich** се); **≈er(in** *f*) *m* спасител(ка)
Rettich *m* ряпа
Rettung *f* спасение
Rettungs|boot *n* спасителна лодка; **~mannschaft** *f* спасителна команда
Reue *f* разкаяние
Revier *n* участък
Revision *f* ревизия
Revolution *f* революция; **≈är** революционен
Rezept *n* рецепта
Rheinland-Pfalz *n* Райнланд-Пфалц
Rheuma(tismus *m*) *n* ревматизъм
Rhythmus *m* ритъм
richten *Blick* насоч|вам [~а]; *Brief, Bitte* отправя(м); TECH поправя(м); JUR [о]съдя; **sich ~** съобразя(вам) се (**nach** *D* с)
Richter *m* съдия
richtig правилен; **~ gehen** *Uhr*: върви точно; **~ stellen** уточня(вам)
Richt|linie *f* директива; **~ung** *f* посока
riechen *v/i* мириша (**nach** *D* на, **an** *D* нщ); *v/t* подуш|вам [~а]
Riegel *m* резе; (*Schokolade*) блокче
Riemen *m* ремък, каиш
Riese *m* великан
ries|enhaft, **~ig** грамаден, огромен
Riff *n* риф, подмол
Rille *f* жлеб, каналче
Rind *n* говедо, добиче
Rinde *f* кора
Rindfleisch *n* говеждо месо
Ring *m* (*Finger*) пръстен; халка; (*Kreis*) кръг; SPORT ринг; **≈en** боря се; **~er** *m* борец; **~finger** *m* безимен пръст; **~kampf** *m* SPORT борба; **~straße** *f* околовръстно шосе, ринг
rings, **~(her)um** наоколо
Rinne *f* (*Dach*) улук; улей; (*Fuge*) жлеб; (*Graben*) канавка
Rippe *f* ребро
Risiko *n* риск
Riss *m* пукнатина; (*Stoff*) дупка
rissig напукан
Ritt *m* езда
Ritz|(e *f*) *m* цепка; (*Schramme*) драскотина; **≈en** (*ein~*) вр|язвам [~ежа]; (*zerkratzen*) надраск(в)ам
Rivale *m* съперник
Rivalin *f* съперница
Robbe *f* тюлен
robust силен, здрав

Rock *m* полá
Rodelschlitten *m* шейнá
Rogen *m* хайвéр
Roggen *m* ръж *f*
roh суров; груб; **≗kost** *f* суро́ва храна́
Rohr *m* тръба́, цев *f*
Röhre *f* тръба́; (*Back≗*) фу́рна
Rohrleitung *f* тръбопрово́д
Rohstoff *m* сурови́на
Roll|e THEA ро́ля; (*Papier usw.*) ро́ла, сви́тък; TECH ро́лка, мака́ра; **~bahn** *f* пи́ста за излитане и ка́цане; **≗en** тъ́рк|áлям [~о́ля] (*v/i* се); **~er** *m* тротине́тка, ро́лер; **~schuhe** *m/pl* ле́тни кънки́; **~stuhl** *m* инвали́дна коли́чка; **~treppe** *f* ескала́тор
Rom *n* Рим
romantisch романти́чен
römisch ри́мски
Röntgenaufnahme *f* ре́нтгенова сни́мка
rosa(farben) ро́зов
Rose *f* ро́за
Rosen|kohl *m* брю́кселско зе́ле; **~öl** *n* ро́зово ма́сло
Rosine *f* стафи́да
Rost *m* (*Brat≗*) ска́ра; CHEM ръжда́; **≗en** ръжда́ся(в)ам
rösten [о]пъ́ржа; пека́ на ска́ра; *Kaffee* [о]пека́
rost|frei неръжда́ем; **~ig** ръжда́сал
rot черве́н; **≗es Kreuz** *n* Черве́н кръст
Röt|e *f* червенина́; **≗lich** черве́никъв
Rotwein *m* черве́но ви́но
Rübe *f* цвекло́

Ruck *m* тла́сък
Rück|blick *m* по́глед наза́д; **≗en** *v/t* помéст|вам [~я] (се *v/i*); **~en** *m* гръб; **~enschwimmen** *n* плу́ване по гръб; **~erstattung** *f* възстановя́ване; **~fahrkarte** *f* биле́т за оти́ване и връ́щане; **~fahrt** *f* връ́щане; **~fall** *m* MED, JUR рециди́в; **~flug** *m* обра́тен по́лет; **~gabe** *f* връ́щане (нщ); **≗gängig**: **≗gängig machen** анули́рам, отме́ня́(м); **~grat** *n* гръбна́к; **~kehr** *f* (за)връ́щане; **~licht** *n* KFZ за́дна светлина́
Rucksack *m* ра́ница
Rück|schlag *m* повра́т, обра́тен у́дар; **≗schrittlich** наза́дничав; **~seite** *f* за́дна страна́, о́пако
Rücksicht *f* внима́ние, о́глед; **≗slos** безогле́ден; **≗svoll** внима́телен
Rück|sitz *m* за́дна седа́лка; **~spiegel** *m* огледа́ло за обра́тно ви́ждане; **≗ständig** наза́дничав; **~tritt** *m* оста́вка; **≗wärts** наза́д; **~wärtsgang** *m* KFZ за́ден ход; **≗wirkend** с обра́тна си́ла; **~zahlung** *f* връ́щане на пари́, изпла́щане (на дълг); **~zug** *m* MIL отстъпле́ние
Rudel *n* (*Wölfe*) глу́тница; *fig* ста́до, тълпа́
Ruder *n* гребло́, весло́; (*Steuer*) корми́ло; **~boot** *n* ло́дка (с весла́)
rudern гребá, ка́рам ло́дка
Ruf *m* зов, вик; *fig* и́ме; **≗en**

[по]ви́кам; **~name** *m* со́бствено и́ме; **~nummer** *f* телефо́нен но́мер
Ruhe *f* (*Stille*) тишина́; (*Gemüts*≈) споко́йствие; почи́вка
ruhen почи́|вам [~на]
Ruhetag *m* (*Geschäft*) почи́вен ден
ruhig споко́ен; (*still*) тих
Ruhm *m* сла́ва
rühmen сла́вя, хва́ля (**sich** се)
ruhmreich сла́вен
Rühreier *pl* бъркани яйца́
rühren [раз]бъ́ркам; *fig* тро́г|вам [~на]; **sich ~** дви́жа се, мъ́рдам; *fig* оба́|ждам [~дя] се; **~d** трога́телен
Rührung *f* умиле́ние, тро́гване; вълне́ние
Ruine *f* развалина́
Rum *m* ром
Rumän|e *m* румъ́нец; **~ien** *n* Румъ́ния; **~in** *f* румъ́нка; **≈isch** румъ́нски
Rumpf *m* труп; тя́ло
rund кръ́гъл, ва́лчест; *adv* (*etwa*) о́коло
Rund|e *f* обико́лка; (*Kreis*) кръг; SPORT рунд; **~fahrt** *f* обико́лка
Rundfunk *m* ра́дио (-разпръ́скване); **~sender** *m* радиоста́нция; **~sendung** *f* радиопреда́ване
Rund|gang *m* обико́лка; **≈lich** закръ́глен
Runzel *f* бръ́чка
rupfen [о]ску́бя
Ruß *m* са́жди *pl*
Russe *m* руся́к
Rüssel *m* хобо́т; (*Schwein*) муцу́на
Russ|in *f* руски́ня; **≈isch** ру́ски
Russland *n* Ру́сия
rüst|en пригo̓твя(м) (**sich** се); MIL въоръжа́(вам) (се); **~ig** бо́дър
Rüstung *f* въоръже́ние
Rute *f* пръ́чка
Rutsch|bahn *f* пърза́лка; **≈en** хлъ́з|гам [~на] се, плъ́з|гам [~на] се; **~gefahr** *f* опа́сност от подхлъ́зване
rütteln разтъ́рс|вам [~я]

S

Saal *m* за́ла
Saarland *n* Са́арланд
Saat *f* се́ме; посе́ви *pl*
Sabotage *f* сабота́ж
Sache *f* не́що; вещ *f*; *fig a.* ра́бота, де́ло
sachgemäß съобра́зен с
Sachkenntnis *f* компете́нтност *f*
sach|kundig вещ, компете́нтен; **~lich** обекти́вен
Sachschaden *m* материа́лна щета́
Sachsen *n* Саксо́ния
Sachsen-Anhalt *n* Саксо́ния-А́нхалт
Sachver|halt *m* положе́ние на неща́та; **~ständige(r)** експе́рт
Sack *m* чува́л, торба́; **~gasse** *f*

задъ́нена у́лица
säen [по]се́я
Saft сок; **2ig** со́чен
Sage *f* преда́ние
Säge *f* трио́н; **~mehl** *n* (дървени) стърго́тини *pl*
sagen ка́|звам [~жа]
sägen [на]ре́жа с трио́н
Sahne *f* кайма́к, смета́на
Saison *f* сезо́н; **~zuschlag** *m* сезо́нна надце́нка
Saite *f* стру́на
Salat *m* сала́та
Salbe *f* мехле́м
Salmiak(geist) *m* амоня́к
Salz *n* сол *f*; **2en** [по]соля́; **2ig** соле́н; **~säure** *f* со́лна киселина́; **~wasser** *n* соле́на вода́
Same(n) *m* се́ме, се́мка
sammeln съби|рам [~ера́] (**sich** се)
Samm|ler *m* колекционе́р; **~lung** *f* сби́рка; коле́кция
Samstag *m* съ́бота
Samt *m* кадифе́
sämtlich вси́чки
Sand *m* пя́сък
Sandalen *f/pl* санда́ли *m/pl*
Sandbank *f* пя́съчен на́нос, плитчина́
sandig пя́съчен
Sand|strand *m* плаж; **~stein** *m* пя́съчник
sanft кро́тък; (*zart*) не́жен; мек; (*leicht*) лек
Sänger *m* певе́ц; **~in** *f* певи́ца
Sanitäter(in *f*) *m* санита́р(ка)
Sardelle *f* аншоа́, хамси́я
Sardine *f* сарде́ла, сарди́на
Sarg *m* (погреба́лен) ковче́г
Satellit *m* спъ́тник, сатели́т
satirisch сатири́чен
satt сит, наси́тен; **sich ~ essen** ная́|ждам [~м] се до наси́та
Sattel *m* седло́
sättigen наси́|щам [~тя]
Satz *m* GR изрече́ние; MUS част *f*; (*Boden2*) утайка; FIN та́кса; TYP на́бор; гарниту́ра; (*Tennis*) сет; (*Sprung*) скок; **~ung** *f* у́став; **~zeichen** *n* препина́телен знак
sauber чист; **~ machen** чи́стя, почи́ст|вам [~я]; **2keit** *f* чистота́
säuber|n почи́ст|вам [~я], чи́стя; **2ung** *f* чи́стене; POL чи́стка
Sauce *f* сос
sauer ки́сел; *fig* те́жък; **~ werden** вки́с|вам [~на]
Sauer|kirsche *f* ви́шна; **~kraut** *n* ки́село зе́ле; **~stoff** *m* кислоро́д
Säugetier *n* боза́йник
Säugling *m* пелена́че
Säule *f* стълб, коло́на
Saum *m* ръб, край; (*genäht*) по́дгъв
Säure *f* киселина́
sausen (*brausen*) шумя́, фуча́; (*eilen*) ти́чам
scann|en скани́рам (*im*)*pf*; **2er** *m* ске́нер
Schabe *f* ZO хлеба́рка
schaben стъ́ржа; чи́стя
Schach *m* шах; **~brett** *n* ша́хматна дъска́; **~figur** *f* ша́хматна фигу́ра; **~spiel** *n* ша́хмат
Schacht *m* ша́хта
Schachtel *f* кути́я
schade: (**es ist**) **~!** жа́лко!

Schädel *m* чéреп; **~bruch** *m* фрактýра на чéрепа
schaden (*D*) [на]вредя́
Schaden *m* повредá; (*Nachteil*) щетá; (*Verlust*) вредá; **~ersatz** *m* обезщетéние; **~freude** *f* злорáдство
schadhaft повре́ден
schäd|igen напакостя́(вам); **~lich** вре́ден (**für** *A* за); **≗ling** *m* вреди́тел
Schaf *n* овцá
Schäfer *m* овчáр; **~hund** *m* овчáрско кýче; **~in** *f* овчáрка
schaffen *v/t* създá(ва)м, творя́; (*befördern*) прен|áсям [~есá]; *v/i* рабóтя
Schaffner(in *f*) *m* кондýктор(-ка)
Schafskäse *m* óвче си́рене
Schal *m* шал
Schale *f* корá; люспа; (*Ei*) черýпка; (*Napf*) блю́до
schälen обéл|вам [~я], бéля
Schall *m* звук; **~platte** *f* грамофóнна плóча
schalten TECH включ|вам [~а]
Schalt|er *m* EL ключ; (*Bank*) гишé; **~hebel** *m* скóростен лост; **~jahr** *n* високóсна годи́на; **~tafel** *f* разпредели́телно (*od* комáндно) таблó
Scham *f* срам
schämen: **sich ~** срамýвам се (**wegen** *G* заради́, поради́; **vor** *D* от)
schamhaft срамежли́в, свенли́в
schamlos безсрáмен
Schande *f* позóр
schänd|en *Grab* осквернá(вам); *Frau* обезчестя́(вам); **~lich** позóрен
Schanze *f* SPORT шáнца
Schar *f* отря́д; я́то; чéта
scharf óстър; *fig* лют; (*Umriss*) я́сен; (*Munition*) боеви́
Schärfe *f* остротá; FOT яснотá; **≗n** óстря, наóстря(м)
Scharfsinn *m* остроýмие; **≗ig** остроýмен
Scharlach *m* скарлати́на
Scharnier *n* пáнта, шарни́р
Schatt|en *m* ся́нка; **≗ig** сéнчест
Schatz *m* съкрóвище, имáне
schätz|en оценя́(вам), ценя́ (*a. achten*); (*vermuten*) предпол|áгам [~óжа]; **≗ung** *f* прецéнка
Schau *f*: **zur ~ stellen** излáгам на пóказ; (*Ausstellung*) излóжба
schauder|haft ужáсен; **~n** ужася́(вам) се, трепéря
schauen глéдам, погле́|ждам [~дна]
Schauer *m* (*Regen*) краткотрáен валéж
Schaufel *f* лопáта
Schaufenster *n* витри́на
Schaukel *f* лю́лка; **≗n** *v/t* лю́шкам; люлéя (се *v/i*)
Schaum *m* пя́на
schäumen пéня се; *fig* кипя́
Schau|platz *m* местопроизшéствие; **~spiel** *n* пиéса; **~spieler(in** *f*) *m* актьóр(ка)
Scheck *m* чек
Scheibe *f* (*Glas*) стъклó; (*Brot*) рéзен, фили́я; TECH шáйба; диск
Scheibenwischer *m* чистáчки *f/pl*

Scheide *f* ножница; ANAT влагалище
scheiden разд|елям [~еля]; *Ehe* разв|еждам [~еда]; **sich ~ lassen** разве|ждам [~да] се
Scheidung *f* развод
Schein *m* светлина, блясък; *fig* илюзия; (външен) вид; (*Dokument*) удостоверение; (*Geld*) банкнота; **zum ~** привидно
scheinbar привиден
scheinen светя, грея; *fig* изглеждам; **es scheint mir** струва ми се
Scheinwerfer *m* прожектор; KFZ фар
Scheitel *m* теме; (*Haar*) път
Schellfisch *m* треска
schelmisch дяволит
schelten мъмря, гълча
Schema *n* схема
Schenkel *m* бедро
schenken подаря(вам)
Scherbe(n *m*) *f* парче
Schere *f* ножица
Scherz *m* шега; **≈en** [по]шегувам се; **≈haft** шеговит
scheu плах; (*Pferd*) подплашен
scheuchen подплаш|вам [~а]
scheuen боя се (**vor** *D* от); отбяг|вам [~на]; *Tier*: подплаш|вам [~а] се
scheuern търкам, трия
Scheuerlappen *m* парцал за чистене на пода
Scheune *f* плевник; хамбар
Scheusal *n* изрод
scheußlich отвратителен, гаден
Schi *s.* Ski
Schicht *f* слой, пласт; (*Arbeits≈*) смяна
schick шик
schicken изпра|щам [~тя]
Schicksal *n* съдба, участ *f*
schieben бут|ам [~на], тикам; HDL *P* правя нечестни сделки *f|pl*
Schiebetür *f* плъзгаща се врата
Schiebung *f* спекула, гешефт
Schieds|gericht *n* арбитражен съд; **~richter** *m* съдия; SPORT рефер
schief крив; наклонен
schielen кривоглед съм
Schienbein *n* пищял
Schiene *f* BAHN релса; MED шина
schießen стрелям; SPORT **ein Tor ~** вкар(в)ам гол; **e-n Bock ~** [на]правя грешка
Schiff *n* кораб; **≈bar** плавателен; **~bau** *m* корабостроене; **~bruch** *m* корабокрушение; **~fahrt** *f* корабоплаване; **~s-** *in Zssg(n)* корабен
Schild[1] *m* (*Waffe*) щит
Schild[2] *n* табела, фирма
schildern опи|свам [~ша]
Schildkröte *f* костенурка
Schilf *n* тръстика
schillern блестя
Schimm|el *m* плесен *f*, мухъл; (*Pferd*) бял кон; **≈(e)lig** плесенясъл
schimmern блещукам, блестя
schimpf|en [на]ругая, псувам; **≈wort** *n* ругатня, псувня
Schinken *m* шунка
Schirm *m* чадър; **~herr-**

schaft *f* патрона́ж
Schlacht *f* би́тка, сраже́ние; *in Zssg(n)* бо́ен; **≈en** [за]ко́ля
Schlacht|feld *n* бо́йно поле́; **~haus** *n*, **~hof** *m* кла́ница
Schlacke *f* сгури́я, шла́ка
Schlaf *m* сън; **~anzug** *m* пижа́ма
Schläfe *f* слепоо́чие
schlafen спя
schlaff отпу́снат
Schlaf|losigkeit *f* безсъ́ние; **~mittel** *n* приспива́телно
schläfrig сънли́в
Schlaf|wagen *m* спа́лен ваго́н; **~sack** *m* спа́лен чува́л; **~tablette** *f* табле́тка за сън; **~zimmer** *n* спа́лня
Schlag *m* у́дар; **~ader** *f* арте́рия; **~anfall** *m* MED у́дар; **~baum** *m* BAHN бариера
schlagen би́я, у́дрям, блъ́скам; *Bäume* сека́; *v/i* туптя́; **sich ~** би́я се
Schlägerei *f* сби́ване, бо́й
schlagfertig находчи́в
Schlag|sahne *f* би́та смета́на; **~zeug** *n* MUS у́дарни инструме́нти
Schlamm *m* ти́ня, кал *f*; **≈ig** ти́нест
Schlange *f* змия́; **~ stehen** стоя́ на опа́шка
schlängeln: **sich ~** криволи́ча, ви́я се
schlank стро́ен, тъ́нък
schlapp отпу́снат
schlau хи́тър
Schlauch *m* маркýч; (*Luft≈*) въ́трешна гу́ма
schlecht лош; *adv* зле
schleichen пълзя́, ла́зя
Schleier *m* було, воа́л; **≈haft** неясен
Schleif|e *f* па́нделка; **≈en** шлифо́вам (*im*)*pf*; (*schärfen*) [на]о́стря; (*ziehen*) вла́ча
Schleim *m* слуз, ли́га; **~haut** *f* ли́гавица
schlemmen гуля́я
schlendern разхо́|ждам [~дя] се, мъ́кна се
Schlepp|e *f* шлейф; **≈en** вла́ча, [по]влека́; **≈end** ба́вен; **~er** *m* влека́ч; **~kahn** *m* шлеп; **~lift** *m* ски́ влек; **~seil** *n* въже́ за вла́чене
Schleswig-Holstein *n* Шле́звиг-Хо́лщайн
Schleuder *m* TECH центрофу́га; катапу́лт
schleudern *v/t* хвъ́рля(м); *v/i* *Auto*: зана́ся; *Wäsche* прека́р(в)ам през центрофу́га
Schleuse *f* шлюз
schlicht прост; скро́мен; **~en** *Streit* загла́|ждам [~дя]
schließen затв|а́рям [~о́ря]; закри́|вам [~я]; (*ver~*) заклю́ч|вам [~а]; *Ehe, Frieden* сключ|вам [~а]; (*beenden*) завъ́рш|вам [~а]; (*folgern*) закл|юча́вам [~ю́ча]
Schließfach *n* абонаме́нтна по́щенска кути́я; се́йф
schließlich в кра́я на кра́ищата, на́й-се́тне
schlimm лош
Schling|e *f* при́мка; клуп; **≈en** уви́|вам [~я] (**sich** се, **um** *A* о́коло); **~pflanze** *f* уви́вно расте́ние

Schlips *m* (врато)вpъзка
Schlitten *m* шейнá
Schlittschuh|e *m/pl* кънки *f/pl*; **~ laufen** пързáлям се с кънки́; **~läufer** *m* кънкьóр
Schlitz *m* прóрез, цéпка
Schloss *n* (*Tür*) брáва, ключáлка; ARCH дворéц, (*Burg*) зáмък
Schlosser *m* шлóсер, железáр
Schlucht *f* клисýра, дол
schluchzen хълцам
Schluck *m* глътка; **~auf** *m* хълцане; **&en** гълтам, глът|вам [~на]
schlüpf|en пъхам се; **&er** *m* плик, дóлни гáщи
Schlupfwinkel *m* скривáлище
schlürfen сърбам
Schluss *m* край, завършек; → *a.* **~folgerung**
Schlüssel *m* ключ; **~bein** *n* клю́чица; **~bund** *m* връзка с клю́чове; **~loch** *n* ключáлка
Schlussfolgerung *f* заключéние, и́звод
Schlusslicht *n* зáдна светлинá
Schlussverkauf *m* сезóнна разпродáжба
schmackhaft вкýсен
schmäh|en хýля, ругáя; **~lich** позóрен
schmal тéсен; слаб; **&spurbahn** *f* теснолинéйка
Schmalz *n* мас *f*; (*Butter*) топéно мáсло; (*Ohr*) ýшна кал
Schmarotzer *m* паразúт
schmatzen мля́скам
schmecken вкýс|вам [~я], опи́т(в)ам; **es schmeckt gut** вкýсно е; **es schmeckt nach** … и́ма вкус на …
Schmeichelei *f* ласкáтелство
schmeichel|haft ласкáтелен; **~n** (*D*) [по]ласкáя
schmeißen хвъ́рля(м)
schmelzen топя́, разтопя́(вам) (*v/i* се)
Schmerz *m* бóлка
schmerzen: **es schmerzt** боли́
schmerz|haft, **~lich** болéзнен; **~stillend** успокои́телен
Schmetterling *m* пеперýда
Schmied *m* ковáч; **&en** ковá
schmiegen: **sich ~** прил|éпям [~епя́] се (**an** *A* до)
Schmier|e *f* смáзка, грес; **&en** TECH смá|звам [~жа]; намá|звам [~жа]; **&ig** мáзен; **~öl** *n* маши́нно мáсло
Schminke *f* грим
schminken грими́рам (**sich** се) (*im*)*pf*
schmollen сýпя (*od* цýпя) се
Schmor|braten *m* задушéно; **&en** задушá(вам) (се)
Schmuck *m* нáкит, бижý *n*
schmücken украся́(вам), [на]ки́ча
Schmuggel *m* контрабáнда
schmuggeln контрабанди́рам (*im*)*pf*
schmunzeln подсми́х|вам [~на] се
Schmutz *m* мръсоти́я, кал *f*; **~fleck** *m* лекé; **&ig** мръсен
Schnabel *m* чóвка, клюн
Schnalle *f* токá
schnapp|en *v/t* *Luft* поéма(м), подúшам *pf*; *Dieb* ул|áвям [~овя́]; *v/i* пос|я́гам [~éгна] да лáпна (**nach** *D* нщ); (*ein~*) щрáк|ам [~на]; **&schuss** *m*

моментáлна снúмка
Schnaps *m* ракúя
schnarchen хъркам
schnauben пръхтя́; *Nase* сéкна; (*vor Wut*) фучá
schnaufen дúшам тéжко, пъхтя
Schnauze *f* муцýна
schnäuzen: **sich ~** [из]сéкна се
Schnecke *f* óхлюв
Schnee *m* сняг; **~ball** *m* снéжна тóпка; **~brille** *f* очилá *pl* за сняг; **~flocke** *f* снежúнка; **~glöckchen** *n* кокúче; **~ketten** *f/pl* верúги *pl* за сняг; **~mann** *m* снéжен човéк; **~räumung** *f* разчúстване на снегá; **≈weiß** снéжнобял; **~wittchen** *n* Снежáнка
Schneid|e *f* остриé; **≈en** [на]рéжа; *Haar* подстрú|гвам [~жа]; **sich ≈en** пор|я́звам [~éжа] се; **~er**(**in** *f*) *m* шивáч(-ка)
schneien: **es schneit** валú сняг
schnell бърз
Schnell|imbiss *m* снéк-бар, закусвáлня на самообслýжване; закýска, лéко хáпване; **~reinigung** *f* бързо почúстване; **~zug** *m* бърз влак
Schnipsel *n* парчé
Schnitt *m* (*Wunde*) порязване; TECH рáзрéз; **~blumen** *pl* цветя́ за вáза
Schnitt|e *f* парчé, рéзен; **~lauch** *m* стрýкчета лук; **~muster** *n* крóйка
Schnitzel *n* GASTR шнúцел; **Wiener ~** виенски шнúцел
Schnitzerei *f* резбáрство
schnüffeln [по]дýша
Schnupfen *m* хрéма
Schnur *f* шнур, връв *f*
schnüren врързвам [вържа]
Schnurrbart *m* мустáци *m/pl*
Schnürsenkel *m/pl* врързки *f/pl* за обýща
Schöffe *m* съдéбен заседáтел
Schöffin *f* съдéбна заседáтелка
Schokolade *f* шоколáд
Scholle *f* ZO калкáн
schon вéче; **~ gut!** добрé!
schön красúв, хýбав; **bitte ~!** мóля!
schon|en пáзя, щадя́ (**sich** се); **≈kost** *f* диетúчна хранá
Schönheit *f* красотá
Schönheits|pflege *f* козмéтика; грúжа за поддържане на лицéто и тя́лото
Schonzeit *f* забранéн сезóн
schöpfen [по]чéрпя, гребá; **Verdacht ~** (за)подоз|úрам [~рá]
Schöpfer *m* творéц (*a.* REL)
Schöpfkelle *f* черпáк
Schöpfung *f* творéние
Schorf *m* стрýпей
Schornstein *m* комúн; **~feger** *m* коминочистáч
Schoß *m* скут
Schote *f* шушýлка
Schotter *m* чакъ́л
schräg полегáт, наклóнен
Schramme *f* драскотúна
Schrank *m* шкаф
Schranke *f* BAHN бариéра; *fig* прегрáда
Schraub|e *f* винт, бурмá; MAR

витло́, пе́рка; **~enmutter** *f* га́йка; **~enschlüssel** *m* ключ; **~enzieher** *m* отве́ртка; **~stock** *m* ме́нгеме
Schreck|(en) *m* страх, упла́ха; **2lich** стра́шен
Schrei *m* вик, кря́сък
schreiben [на]пи́ша
Schreib|en *n* писмо́; **~mappe** *f* па́пка за хартия (*od* писма́); **~maschine** *f* пи́шеща маши́на; **~papier** *n* хартия за пи́сане; **~tisch** *m* писа́лище, бюро́; **~waren** *pl* канцела́рски материа́ли
schreien ви́кам, крещя́
Schreiner *m* дърводе́лец
schreiten кра́ча, вървя́
Schrift *f* пи́сменост; TYP шрифт; (*Hand2*) по́черк; (*Werk*) съчине́ние; **2lich** пи́смен; **~steller(in** *f*) *m* писа́тел(ка); **~stück** *n* докуме́нт; **~wechsel** *m* кореспонде́нция
schrill пронизи́телен, ря́зък
Schritt *m* кра́чка; стъ́пка; **~ für ~**, **2weise** стъ́пка по стъ́пка
Schrot *m od n koll* сачми́ *f/pl*; (*Korn*) ярма́
Schrott *m* ста́ро желя́зо; **~platz** *m* а́втогробище
schrumpfen сгърч|вам [~а] се
Schub|karre(n *m*) *f* коли́чка; **~lade** *f* чекмедже́
schüchtern срамежли́в
Schuh *m* обу́вка; **~anzieher** *m* обува́лка; **~bürste** *f* че́тка за обу́вки; **~creme** *f* боя́ за обу́вки; **~geschäft** *n* магази́н за обу́вки; **~größe** *f* разме́р, големина́ на обу́вки; **~macher** *m* обуща́р; **~sohle** *f* подме́тка; **~spanner** *m* калъ́п за обу́вки
Schul|bank *f* учени́чески чин; **~buch** *n* уче́бник
Schuld *f* вина́; (*Geld*) дълг; **2 sein** вино́вен съм; мо́я е вина́та
schuld|en дължа́; **~ig** (*Geld*) длъ́жен съм (на); (*e-r Tat*) вино́вен (за)
Schuldner *m* длъжни́к
Schule *f* учи́лище
schulen об|уча́вам [~у́ча], школу́вам
Schüler *m* учени́к; **~in** *f* учени́чка
Schul|ferien *pl* вака́нция; **~freund** *m* съучени́к; **~freundin** *f* съучени́чка; **~jahr** *n* уче́бна годи́на; **~pflicht** *f* задължи́телно образова́ние; **~stunde** *f* уче́бен час
Schulter *f* ра́мо, плещи́ *pl*; **~blatt** пле́шка, лопа́тка; **~gelenk** *n* ра́менна ста́ва
Schuppen[1] *f/pl* пъ́рхот; (*Fisch*) лю́спи *f/pl*
Schuppen[2] *m* бара́ка, наве́с
Schürze *f* прести́лка
Schuss *m* и́зстрел
Schüssel *f* су́пник; ку́па
Schuss|waffe *f* огнестре́лно оръ́жие; **~wunde** *f* ра́на от куршу́м
Schuster *m* обуща́р
Schutt *m* развалини́ *f/pl*; отло́мъци *m/pl*

Schüttelfrost *m* тре́ска
schütteln клатя, дру́сам; **die Hand ~** ръку́вам се
schütten сип|вам [~я]
Schutz *m* защи́та; *in Zssg(n)* защи́тен; **~blech** *n* ка́лник; **~brille** *f* предпа́зни очила́; **~glas** *n* предпа́зно стъкло́; **~impfung** *f* ваксина́ция
Schütze *m* стреле́ц
schützen защи|ща́вам [~тя́], па́зя (**sich** се)
schwach слаб
Schwäch|e *f* сла́бост *f*; **~ling** *m* слаба́к
schwach|sinnig слабоу́мен; **⁓strom** *m* слаб ток
Schwager *m* шу́рей; де́вер
Schwägerin *f* балдъза; зълва
Schwalbe *f* ля́стовица
Schwamm *m* гъба, сюнге́р
Schwan *m* ле́бед
schwanger бре́менна; **⁓schaft** *f* бре́менност *f*
schwanken клатя се; (*zögern*) колеба́я се
Schwanz *m* опа́шка
Schwarm *m* рой, роя́к, я́то; паса́ж
schwärm|en роя се; *fig* блену́вам; **⁓erei** *f* мечта́ние; **~erisch** мечта́телен
Schwarte *f* ко́жа на слани́на
schwarz че́рен; **⁓es Meer** Че́рно море́
Schwarz|brot *n* че́рен хляб; **~meer-** *in Zssg(n)* черномо́рски
schwatzen, schwätzen бъ́рборя, бъ́бря
Schwebe|bahn *f* въ́жена ли́ния; възду́шна желе́зница; **~balken** *m* SPORT греда́
schweben (*fliegen*) летя́; (*hängen*) вися́
Schwede *m* шве́д
Schwed|en *n* Шве́ция; **~in** *f* шве́дка; **⁓isch** шве́дски
Schwefel *m* ся́ра; **~säure** *f* ся́рна киселина́
Schweif *m* опа́шка
schweig|en мълча́; **⁓en** *n* мълча́ние; **~sam** мълчали́в
Schwein *n* свиня́
Schweine|fleisch *n* сви́нско месо́; **~rei** *f* свинщина́; **~stall** *m* свина́рник
Schweiß *m* пот *f*
schweißen TECH заваря́(вам)
Schweiz *f* Швейца́рия; **~er** *m* швейца́рец; **~erin** *f* швейца́рка; **⁓erisch** швейца́рски
Schwell|e *f* праг; BAHN траве́рса; **⁓en** поду́|вам [~я] се; **~ung** *f* подутина́, оти́чане
schwenken разма́х(в)ам
schwer те́жък; *fig* мъ́чен; **~ verdaulich** тру́дносмилаем; **~ verständlich** тру́дноразбираем
Schwerarbeit *f* те́жък, физически труд
schwer|fällig тро́мав, те́жък; **~hörig** с увре́ден слух
Schwer|kranke(r) те́жко бо́лен; **~punkt** *m* це́нтър на тежестта́
Schwert *n* меч
schwerwiegend сери́озен, ва́жен
Schwester *f* сестра́
Schwieger|eltern *pl* тъст и

тъща; (*der Frau*) свéкър и свекърва; **~mutter** *f* тъща; свекърва; **~sohn** *m* зет; **~tochter** *f* снахá; **~vater** *m* тъст; свéкър
Schwiele *f* мазóл
schwierig мъчен; **≗keit** *f* трýдност; затруднéние
Schwimm|- *in Zssg(n)* плýвен, плавáтелен; **~bad** *n* плýвен басéйн; **≗en** плýвам, плáвам; **~er** *m* плувéц; **~flosse** *f* пéрка; плáвник; **~weste** *f* спасúтелна жилéтка
Schwindel *m* вúене на свят; *fig* измáма
schwindeln измáм|вам [~я]; **mir schwindelt** вúе ми се свят
schwinden нама|лявам [~лéя]; изчéз|вам [~на]
Schwindler *m* измáмник; **~in** *f* измáмница
schwingen *v/t* размáх(в)ам; *v/i* люлéя се, клáтя се, трептя́ (*a.* PHYS)
schwitzen потя́ се, изпотя́(-вам) се
schwören кълнá се, зак|лéвам [~ълнá] се
schwul *F* хóмосексуален
schwül (за)дýшен
Schwung *m* размáх, замáх; **~rad** *n* мáхово колелó; **≗voll** със замáх
Schwur *m* клéтва
Sechs *f* шестúца, шестóрка
See[1] *m* éзеро
See[2] *f* морé; *in Zssg(n)* мóрски; **auf hoher ~** в открúто морé; **~bad** *n* (*Ort*) мóрски курóрт; **~gang** *m* (мóрско) вълнéние; **~hafen** *m* мóрско пристáнище; **~hund** *m* тюлéн; **~krankheit** *f* мóрска бóлест
Seel|e *f* душá; **≗isch** душéвен
See|mann *m* моря́к; **~reise** *f* пъту́ване по морé
Segel *n* платнó; **~boot** *n* платнохóдка; **~flugzeug** *n* безмотóрен самолéт
segeln MAR плýвам, плáвам; AER летя́
Segelschiff *n* платнохóд
Seg|en *m* благословúя; **≗nen** благосл|áвям [~овя́]
sehen вú|ждам [~дя], глéдам; поглé|ждам [~дна] (**auf** *A* към); грúжа се (**nach** *D* за)
sehens|wert забележúтелен; **≗würdigkeit** *f* забележúтелност *f*
Sehne *f* жúла, сухожúлие
sehn|en: **sich ~en** копнéя (**nach** *D* по, за); **≗sucht** *f* копнéж
sehr мнóго, твърде
seicht плúтък
Seide *f* коприна
Seife *f* сапýн
Seil *n* въжé; **~bahn** *f* въжена лúния
sein[1] съм, бъ́да
sein[2], **~e** нéгов, ~а, ~о
seiner|seits от нéгова странá; от своя́ странá; **~zeit** на врéмето си
seinet|wegen, **~willen** заради нéго
seit (*D*) от; *konj* откáк(то); **~dem** откáк(то); оттогáва
Seite *f* странá; (*Buch*) стрáница
Seiten|gebäude *n* странúчна

присто́йка; **≗s** (*G*) от страна́; **~sprung** *m fig* изневя́ра; **~straße** *f* страни́чна у́лица
seit|her оттога́ва; **~lich** страни́чен; **~wärts** настрана́
Sekretärin *f* секрета́рка
Sekt *m* шампа́нско
Sekunde *f* секу́нда
selbst сам; *adv* дори́, да́же; **~ gemacht** дома́шен; **von ~** от са́мо се́бе си
Selbst|auslöser *m* FOT самосни́мачка; **~bedienung** *f* самообслу́жване; **~beherrschung** *f* самооблада́ние; **~bestimmungsrecht** *n* пра́во на самоопределе́ние
selbst|bewusst самоуве́рен; **~los** безко́ристен
Selbst|mord *m* самоуби́йство
selbst|ständig самостоя́телен; **≗sucht** *f* самолю́бие; **~tätig** автомати́чен; **~verständlich** разби́ра се
Selbst|verwaltung *f* самоуправле́ние, автоно́мия
Sellerie *f* кер(е)ви́з
selten ря́дък
seltsam стра́нен
Semester *n* семе́стър
Semikolon *n* то́чка и запета́я
Seminar *n* семина́р
Semmel *f* хле́бче
senden пра́|щам [~тя], изпра́|щам [~тя]; TV преда́(ва)м
Send|er *m* предава́тел; **~ung** *f* HDL пра́тка; TV преда́ване
Senf *m* горчи́ца
sengen пъ́рля, опъ́рля(м)
senk|en спу́с|кам [~на]; *Preis* понижа́(вам); **sich ~en** потъ́|вам [~на]; **~recht** отве́сен
Sense *f* коса́
sensibel чувстви́телен
September *m* септе́мври *m*
Serbe *m* сърби́н
Serb|ien *n* Сърбия; **~in** *f* сръбки́ня; **≗isch** сръ́бски
Service[1] *n* (*Geschirr*) серви́з
Service[2] *m* (*Dienstleistung*) съ́рвиз, обслу́жване
servieren серви́рам (*im*)*pf*
Serviette *f* салфе́тка
Sessel *m* кресло́; **~lift** *m* откри́т лифт
sesshaft усе́днал
setzen поста́вя(м); BOT пос|а́ждам [~адя́]; **sich ~** ся́дам [се́дна]; *Bodensatz:* утa̋йвам [утая́] се
Seuche *f* епиде́мия
seufzen възди́шам
Seufzer *m* възди́шка
Sex *m* секс; **≗uell** сексуа́лен, по́лов
Shorts *pl* гаще́та *pl*
sich (*D, A*) се́бе си; (*A*) се; (*D*) си
Sichel *f* сърп
sicher си́гурен
Sicherheit *f* си́гурност *f*; безопа́сност *f*
Sicherheits|gurt *m* безопа́сен кола́н; **~nadel** *f* безопа́сна игла́; **~schloss** *n* секре́тна брава́
sicherlich си́гурно
sicher|n осигуря́(вам); **≗ung** *f* EL бушо́н
Sicht *f* ви́димост *f*; **≗bar** ви́дим; **~vermerk** *m* ви́за
sie тя; *pl* те
Sie Ви́е

Sieb *n* сѝто, решéто; (*Tee*≈) цéдка
Sieben *f* седмѝца
siede|n → kochen; ≈**punkt** *m* тóчка на кипéне
Siedlung *f* сéлище; (*Stadtteil*) квартáл
Sieg *m* побéда
Siegel *n* печáт
siegen побе|ждáвам [~дя́]
Sieger(in *f*) *m* победѝтел(ка)
Silbe *f* срѝчка
Silber *n* сребрó
Silvester *m* новогодѝшна нощ
singen [из]пéя
sinken потъ́|вам [~на]; *fig* пá|дам [~на]
Sinn *m* смѝсъл; (*Gefühl*) ýсет
sinn|gemäß по смѝсъл; **~lich** сетѝвен; чýвствен
Sitt|e *f* обѝчай; **~en** *pl* нрáви *pl*
Sitz *m* седáлище; (*Platz*) мя́сто; ≈**en** седя́; **~platz** *m* мя́сто за ся́дане; **~ung** *f* заседáние
Skandal *m* скандáл
Skelett *n* скéлет
Ski *m* ски *f/pl*; **~ fahren, ~ laufen** кáрам ски; **~läufer(in** *f*) *m* скиóр(ка)
Skizze *f* скѝца
Sklaverei *f* рóбство
Slaw|e *m* славя́нин; ≈**isch** славя́нски
Slowake *m* словáк
Slowak|ei *f* Словáшко; **~in** *f* словáчка; ≈**isch** словáшки
Smartphone *n* смáртфон
SMS *f* SMS; **eine ~ verschicken** изпрá|щам [~тя] SMS
so такá, тъй; **~bald** щом, щом катó
Sodawasser *n* сóда, газѝрана водá
Sodbrennen *n*: **ich habe ~** ѝмам киселинѝ
Socken *f/pl* къ́си чорáпи
soeben токý-що, тъ́кмо
Sofa *n* канапé, дивáн
sofern доколкото
Sofi|a *n* Сóфия; **~oter** *m* софия́нец; *adj* софѝйски
sofort веднáга
Sofortbildkamera *f* фóтоапарат за моментáлни снѝмки
Software *f* (*Computer*) сóфтуер
so|gar дорѝ, дáже; **~gleich** веднáга
Sohle *f* (*Fuß*) стъпáло; (*Schuh*) подмéтка
Sohn *m* син
solang(e) доката́
Solarium *n* солáриум
solche, ~r, ~s так| áва, ~ъ́в, ~óва
Soldat *m* войнѝк
solid(e) солѝден
solidarisch солидáрен
sollen тря́бва да
Sommer *m* ля́то; **~ferien** *pl* ля́тна вáканция; ≈**lich** лéтен; **~schlussverkauf** *m* ля́тна разпродáжба; **~sprossen** *f/pl* лунѝчки *f/pl*; **~zeit** *f* ля́тно астрономѝческо врéме
Sonder|- *in Zssg(n)* специáлен; **~angebot** *n* стóки с голя́мо намалéние
sonderbar осóбен, стрáнен
sondern *konj* но, алá, а
Sonnabend *m* съ́бота
Sonne *f* слъ́нце
sonnen: **sich ~** пекá се на

слънце
Sonnen|aufgang *m* изгрев слънце; **~bad** *n* слънчева баня; **~blume** *f* слънчоглед; **~brand** *m* изгаряне от слънцето; **~brille** *f* тъмни очила; **~creme** *f* плажен крем; **~energie** *f* слънчева енергия; **~hut** *m* лятна шапка; **~öl** *n* плажно масло; **~schirm** *m* чадър за слънце; **~stich** *m* слънчев удар; **~untergang** *m* залез слънце
sonnig слънчев
Sonntag *m* неделя
sonst иначе, инак; още
Sorg|e *f* грижа; **≈en** [по]грижа се, безпокоя се (**für** *A*, **sich um** *A* за); **~falt** *f* грижливост *f*
sorg|fältig грижлив; **~los** безгрижен
Soße *f* сос
so|viel толкова; *konj* (до) колкото; **~weit** доколкото; **~wie** както и; **~wieso** и без това
sowohl: **~ … als auch** и … и, както … така и
sozial социален; **~istisch** социалистически
Sozialversicherung *f* обществена осигуровка
Spalt|e *f* цепнатина; TYP колона; **≈en** разцеп|вам [~я]; **~ung** *f* разцепление
Spange *f* тока
Span|ien *n* Испания; **~ier** *m* испанец; **~ierin** *f* испанка; **≈isch** испански
spannen *v/t* опъ|вам [~на]; *v/i*: **es spannt** стяга
spannend увлекателен
Spannung *f* напрежение
Spar|buch *n* спестовна книжка; **≈en** пестя, спестя(-вам)
Spargel *m* аспержа
Sparkasse *f* спестовна каса
spärlich оскъден
sparsam пестелив
Spaß *m* шега; **≈en** шегувам се
spät късен; **wie ~ ist es?** колко е часът?
Spaten *m* лопата
Spatz *m* врабче
spazieren: **~ gehen** раз-хо|ждам [~дя] се
Spaziergang *m* разходка
Specht *m* кълвач
Speck *m* сланина
Spedition *f* спедиторска сделка
Speer *m* копие; **~werfen** *n* хвърляне на копие
Speiche *f* спица
Speichel *m* слюнка
Speicher *m* (*Korn usw.*) хамбар; (*Computer*) памет *f*
speien плю|я [~на]; *fig* бълвам
Speise *f* ядене; ястие, храна; **~karte** *f* меню; **≈n** ям, храня се; **~röhre** *f* хранопровод; **~saal** *m* столова, трапезария; **~wagen** *m* вагон-ресторант; **~zimmer** *n* трапезария, столова
Spend|e *f* дарение; **≈en** даря(-вам)
Sperling *m* врабче
Sperr|e *f* затваряне; (*Verbot*) забрана; BAHN пропуск за (*od* от) перона; (*Straße*) барикада;

HDL, FIN блоки́ране; **≈en** за-тв|а́рям [~о́ря]; сп|и́рам [~ра]; блоки́рам (*im*)*pf*; **~gebiet** *n* забране́на зо́на; **≈ig** обеми́ст, голя́м; **~stunde** *f* полице́йски час
Spesen *pl* разно́ски *pl*
Spezialität *f*: **~ des Hauses** специалите́т на заведе́нието
speziell специа́лен
Spiegel *m* огледа́ло; **~eier** *n*/*pl* яйца́ на очи́
spiegel|n отразя́(вам) (**sich** се); **≈reflexkamera** *f* огледа́лнорефле́ксна ка́мера
Spiel *n* игра́; **~bank** *f* игра́лен дом, кази́но
spielen игра́я; MUS сви́ря
Spiel|er(in *f*) *m* игра́ч(ка); **~karten** *f*/*pl* ка́рти за игра́; **~marke** *f* жето́н; **~plan** *m* репертоа́р; **~platz** *m* игри́ще; **~zeug** *n* игра́чка
Spieß *m* (*Brat≈*) шиш
Spinat *m* спана́к
Spinn|e *f* па́як; **≈en** [из]преда́; **~gewebe** *n* па́яжина
Spion *m* шпио́нин; (*Tür≈*) шпио́нка
Spirituosen *pl* спи́ртни напи́тки
Spiritus *m* спирт; **~kocher** *m* спи́ртник
Spital *n* бо́лница
spitz о́стър, островръ́х
Spitze *f* връх, остри́е; (*Gewebe*) данте́ла; **an der ~** начело́
spitzen *Ohren* нао́стря(м); (*an~*) подо́стря(м)
Spitzname *m* пря́кор
Splitter *m* треска́; къс, парче́
Sport *m* спорт; *in Zssg*(*n*) спо́ртен; **~ treiben** спорту́вам; **~anlage** *f* спо́ртно съоръже́ние; **~lehrer(in** *f*) *m* учи́тел(ка) по фи́зкултура; инстру́ктор; **~ler(in** *f*) *m* спорти́ст(ка); **≈lich** спо́ртен; спортсме́нски; **~platz** *m* спо́ртно игри́ще; **~verein** *m* спо́ртно дру́жество
Spott *m* подигра́вка; **≈en** подигра́|вам [~я] се (**über** *A* на, с)
spöttisch подиграва́телен
Sprach|e *f* ези́к; (*Sprachvermögen*) го́вор; **~führer** *m* разгово́рник; **~kenntnisse** *pl* позна́ния по чужд ези́к; **~kurs** *m* ези́ков курс
sprachlos *fig* смая́н
Sprachnachricht *f* гла́сово съобще́ние
sprechen говоря́
Sprech|er(in *f*) *m* говори́тел(ка); **~stunde** *f* прие́мен час; **~zimmer** *n* (*Arzt*) лека́рски кабине́т
sprengen (*in die Luft*) хвърля́(м) във въ́здуха; *Tür* разби́|вам [~я]; (*begießen*) поръ́с|вам [~я]
Spreng|stoff *m* взри́в(но вещество́); **~ung** *f* взривя́ване, експло́зия
Sprichwort *n* посло́вица
Springbrunnen *m* фонта́н, водоско́к
springen ск|а́чам [~о́ча]; *Glas*: пу́к|ам [~на] се
Spritze *f* MED спринцо́вка; (*Arznei*) инже́кция; (*Feuer≈*) пожарника́рска по́мпа; пръска́ч-

ка
spritzen пръс|кам [~на]; MED инжектирам *(im)pf*
spröde чуплив; *(Haut)* сух
Sprosse *f* стъпало
Spruch *m* поговорка; JUR присъда
Sprudel *m* минерална вода
Sprühdose *f* аерозолна опаковка
sprüh|en *v/i Funken*: искря; *Regen*: ръмя; *v/t* пръс|кам [~на]; **≈regen** *m* ситен дъжд
Sprung *m* скок; *(Riss)* пукнатина; **~brett** *n* трамплин; **~schanze** *f* ски-шанца; **~turm** *m* кула за скокове във вода
spucken плю|вам [~на]
Spule *f* макара
spülen [из]плакна; мия
Spül|becken *n* умивалник; **~mittel** *n* миещо средство (за съдове)
Spur *f* следа, диря
spüren усé|щам [~тя]
Staat *m* държава; *(e-s Bundesstaates)* щат; **≈lich** държавен
Staats|angehörigkeit *f* гражданство; **~anwalt** *m* прокурор; **~besuch** *m* официално посещение на държавен глава; **~bürger** *m* гражданин; **~bürgerin** *f* гражданка; **~grenze** *f* държавна граница; **~mann** *m* държавник; **~oberhaupt** *n* държавен глава
Stab *m* прът, тояга; MIL щаб; **~hochsprung** *m* овчарски скок
Stachel *m* жило; BOT бодил; **~beere** *f* цариградско грозде; **~draht** *m* бодлив(а) тел
Stadt *f* град; *in Zssg(n)* градски; **~bezirk** *m* район; **~bummel** *m* разходка из града; **~plan** *m* план на града; **~rundfahrt** *f* автобусна обиколка на града
städtisch градски
Stadt|teil *m*, **~viertel** *n* квартал
Staffelei *f* статив
Staffellauf *m* щафетно бягане
Stahl *m* стомана; **~werk** *n* стоманолеярна
Stall *m* обор
Stamm *m* стъбло; *(Volks≈)* племе; GR основа; **≈en** произхождам (**von** *D* от); **~gast** *m* редовен посетител
stämmig набит
Stand *m* *(Verkaufs≈)* щанд; *(Lage)* положение; *(Berufs≈)* съсловие; *(Höhe)* ниво
Ständer *m* *(Kleider≈)* стойка; закачалка
Standesamt *n* служба за гражданското състояние; **≈lich**: **~liche Trauung** граждански брак
stand|haft устойчив, твърд; **~halten** устоя(вам)
ständig постоянен
Stand|licht *n* KFZ габаритна светлина; **~ort** *m* местоположение; местонахождение; **~punkt** *m* становище, гледна точка
Stange *f* прът, върлина
Stängel *m* стъбло, стебло
Stapel *m* куп

stapeln натрýп(в)ам
Star *m* ZO скорéц; MED перде́; (*Film*) кинозвездá
stark си́лен
Stärke *f* си́ла, мощ *f*; (*~mehl*) нишесте́; (*Wäsche*ℰ) кóла
stärken подси́л|вам [~я]; *Wäsche* колóс(в)ам; **sich ~** подкр|éпвам [~епя́] се
Starkstrom *m* си́лен ток
starr неподви́жен, вцепенéн; **~en** втрéнч|вам [~а] се (**auf** *A* в); **~köpfig** твърдоглáв
Start *m* старт; AER отли́тане; **ℰen** *v/i* SPORT тръ́г|вам [~на]; AER изли́|там [~етя́]
Station *f* стáнция; MED отделéние
statt → anstatt
Stätte *f* мя́сто
statt|finden състоя́ се; **~lich** снáжен, представи́телен
Statue *f* стáтуя
Statur *f* ръст, фи́гура
Stau *m* задръ́стване
Staub *m* прах *m, f*
Staubecken *n* водохрани́лище, водоéм
staub|ig прáшен; **ℰsauger** *m* прахосмукáчка
Staudamm *m* язови́р
stauen: **sich ~** насъб|и́рам [~ерá] се
staunen чýдя се, учýд|вам [~я] се (**über** *A* на)
stechen бóдá [бóдна]; *Insekt*: [у]жи́ля; *Sonne*: препи́ча, прежýря
Steck|brief *m* обя́ва (*od* съобщéние) за тъ́рсене и арестýване; **~dose** *f* контáкт
stecken пъх|ам [~на]; *fig* гýбя се, ки́сна; **~ bleiben** затъ́|вам [~на]
Stecker *m* щéпсел, (*Geräte*ℰ) щéкер
Stecknadel *f* топли́йка
Steg *m* мóстче
stehen стоя́; (*ragen*) стърчá; **~ bleiben** сп|и́рам [~ра] се; **~ lassen** оставя(м)
stehlen крадá, открáд|вам [~на]
Stehplatz *m* правостоя́що мя́сто
steif твърд, корáв; (*Fuß usw.*) вкочанéн
Steigbügel *m* стрéме
steig|en кáч|вам [~á] се; **~ern** повишá(вам)
steil стръ́мен
Stein *m* кáмък; BOT кости́лка; **~bruch** *m* кариéра; **~butt** *m* калкáн; **ℰig** камени́ст; **~kohle** *f* кáменни въ́глища; **~schlag** *m* свли́чащи се кáмъни
Stelle *f* мя́сто; (*Beruf, Amt*) слýжба
stellen постáвя(м); *Uhr* регули́рам (*im*)*pf*; **sich ~** застá|вам [~на] (**an, in, auf** *A* на); *fig* прест|рýвам [~óря] се; **sich dumm ~** престрýвам (*od* прáвя) се на глýпав; **~weise** тук-там
Stellung *f* положéние; MIL пози́ция; **~nahme** *f* мнéние, станóвище
Stellvertreter *m* замéстник; **~in** *f* замéстничка
Stemmeisen *n* длетó

Stemp|el *m* печа́т, ще́мпел; **≗eln** подпеча́т(в)ам
Stengel *s.* Stängel
Steppdecke *f* юрга́н
Steppe *f* степ *f*
sterb|en ум|и́рам [~ра́] (**an** *D* от); **~lich** тле́нен
Stern *m* звезда́; **~bild** *n* съзве́здие; **~warte** *f* обсервато́рия
stetig постоя́нен
stets ви́наги, постоя́нно
Steuer[1] *n* (*a.* **~rad** *n*) корми́ло
Steuer[2] *f* да́нък; **~erklärung** *f* деклара́ция за до́ходите; **≗frei** необлага́ем
Steuermann *m* кормчи́я
steuern *v/t* управля́вам, KFZ *a.* шофи́рам *(im)pf*
Stich *m* ужи́лване; убо́ждане; бод; MED боде́ж; **im ~ lassen** изоста́вя(м); **≗haltig** основа́телен; **~probe** *f* тест, про́ба от произво́лно мя́сто; **~wort** *n* загла́вна ду́ма; ре́плика
stick|en броди́рам *(im)pf*; **≗erei** *f* бродe̋рия
Stickstoff *m* CHEM азо́т
Stiefel *m/pl* боту́ши *m/pl*
Stief|kind *n* дове́дено дете́; **~mutter** *f* ма́щеха; **~vater** *m* вто́ри ба́ща
Stiel *m* дръ́жка; BOT стъбло́
Stier *m* бик
Stift *m* щифт; → *a.* **Bleistift**; **≗en** *(gründen)* основа́(вам); *Unruhe* причиня́(вам); **~ung** *f* фонда́ция; даре́ние
Stil *m* стил
still тих
Stille *f* тишина́
still|en *Blut* сп|и́рам [~ра]; *Durst* утоля́(вам); *Kind* къ́рмя; **~schweigend** *adv* мълчешко́м; **≗stand** *m* засто́й
Stimme *f* глас
stimmen MUS настро́|йвам [~я]; POL гласу́вам; **(das) stimmt** вя́рно е, наре́д е
Stimm|recht *n* пра́во на глас; **~ung** *f* настрое́ние
stinken смърдя́, воня́ (**nach** *D* на)
Stipendium *n* стипе́ндия
Stirn *f* чело́
Stock *m* тоя́га, басту́н; → ~werk; **≗en** запъ́|вам [~на] се; спи́рам [спра]; **~werk** *n* ета́ж
Stoff *m* веществ́о, мате́рия; материа́л; *(Tuch)* плат; **~wechsel** *m* обмя́на на вещества́та
stöhnen [из]пъ́шкам, сте́на
Stollen *m* BGB гале́рия; GASTR козуна́к
stolpern спъ́|вам [~на] се (**über** *A* от)
stolz горд (**auf** *A* с)
Stolz *m* го́рдост *f*
stopfen натъ́п|квам [~ча]; *Socken* замре́ж|вам [~а]
stopp|en сп|и́рам [~ра]; **≗uhr** *f* секундоме́р
Stöpsel *m* та́па, запуша́лка
Stör *m* есе́тра
Storch *m* щъ́рк(ел)
stör|en сму|ща́вам [~тя́], безпоко́я; **≗ung** *f* смуще́ние; TECH повре́да
Stoß *m* у́дар, тла́сък; *(Haufen)* куп
stoßen блъ́с|кам [~на], бу́т|ам [~на]; **~ auf** *(A)* натъ́к|вам

[~на] се на; **sich ~ an** (*D*) блъс|кам [~на] се

Stoßstange *f* KFZ бро́ня

stottern заеквам

strafbar наказуем

Straf|e *f* наказа́ние; (*Geld*) гло́ба; **²en** нака́|звам [~жа]

straff опънат; сте́гнат

Straf|mandat *n* JUR наказа́телно разпоре́ждане, ра́зписка за пари́чна гло́ба; **~recht** *n* наказа́телно пра́во; **~stoß** *m* SPORT наказа́телен (*od* свобо́ден) у́дар; **~zettel** *m* акт, фиш за пари́чна гло́ба

Strahl *m* лъч; (*Wasser*) стру́я; **²en** све́тя, сия́я; **²end** сия́ещ; **~ung** *f* PHYS радиа́ция

stramm сте́гнат

Strand *m* бряг; (*Bade²*) плаж; **²en** зас|я́дам [~е́дна]; **~korb** *m* пла́жен кош

Strang *m* въже́ (*a. fig*)

Strapaz|e *f* тру́дност *f*; голя́мо напреже́ние; **²ierfähig** здрав, тра́ен

Straße *f* у́лица; (*Land²*) шосе́

Straßen|- *in Zssg*(*n*) у́личен; **~bahn** *f* трамва́й; **~café** *n* ка́фе-сладка́рница с ма́си на тротоа́ра; **~karte** *f* ка́рта на пъ́тищата; **~kreuzung** *f* кръсто́пъ́т; **~schild** *n* табе́лка с и́мето на у́лицата; **~verkehr** *m* у́лично движе́ние

sträuben: **sich ~** *Haare*: настръ́х|вам [~на]; *fig* противя́ се (**gegen** *A* срещу́)

Strauch *m* храст

Strauß *m* буке́т; ZO щра́ус

streb|en стремя́ се (**nach** *D* към); **~sam** стара́телен, целеустреме́н

Strecke *f* разстоя́ние; BAHN ли́ния; (*Weg, a.* SPORT) отсе́чка

strecken прот|я́гам [~е́гна] (**sich** се)

Streich *m* у́дар; *fig* лудори́я

streich|eln [по]га́ля, ми́лвам; **~en** гла́дя; *Brot* нама́|звам [~жа]; (*mit Farbe*) боядис(в)ам; (*durch~*) зачерта́|вам [~я]

Streich|holz *n* кибри́т; **~orchester** *n* стру́нен орке́стър

Streife *f* патру́л

streifen *m* ря́зка, и́вица; филм

Streifen доко́с|вам [~на]; **~wagen** *m* патру́лна кола́

Streik *m* ста́чка; **²en** стачку́вам

Streit *m* спор; ка́раница, кавга́

streit|en спо́ря, [с]ка́рам се (**mit** *D* с); **~ig**: **~ig machen** осп́ор|вам [~я]

Streitkräfte *pl* MIL въоръже́ни си́ли

streng строг; суро́в

Strenge *f* стро́гост *f*

streuen поси́п|вам [~я]

Strich *m* черта́, щрих

Strick *m* въже́; **²en** [из]плета́; **~garn** *n* пре́жда за пле́тене; **~jacke** *f* пле́тена жиле́тка; **~nadel** *f* игла́ за пле́тене

Striemen *m* синина́

strittig спо́рен

Stroh *n* сла́ма; **~halm** *m* сла́мка; **~hut** *m* сла́мена ша́пка

Strolch *m* ски́тник

Strom *m* тече́ние; (*Fluss*) река́; EL ток; **~ausfall** *m* спи́ране на тока

strömen теќа
Stromschnelle *f* бързей
Strömung *f* течéние
Strudel *m* водовъртéж; GASTR щрýдел
Strumpf *m* чорáп; **~hose** *f* чорапогáщи *pl*
struppig разчóрлен
Stück *n* парчé, къс; бýчка; THEA пиéса
Student(in *f*) *m* студéнт(ка)
Studentenausweis *m* студéнтска кáрта
Studienreise *f* пътýване с нaýчна цел
studieren (*erforschen*) из|учáвам [~ýча]; (*e-e Hochschule besuchen*) слéдвам, ýча
Studium *n* изучáване, проýчване; слéдване
Stufe *f* стъпáло; *fig* стéпен *f*
Stuhl *m* стол; **~gang** *m* голя́ма нýжда
stumm ням; *fig* мълчали́в
stumpf тъп
Stumpf *m* (*Baum*) пън
stumpfsinnig тъп, глýпав
Stunde *f* час; (*Lehr*≈) урóк
stunden отсрóч|вам [~а]
Stundenplan *m* прóгрáма; чáсови грáфик
stündlich всéки час
stur упори́т, инáт
Sturm *m* бýря
stürm|en атакýвам (*im*)*pf*; SPORT нападáм [~на]; **≈er(in** *f*) *m* SPORT нападáтел(ка); **~isch** бýрен
Sturz *m* пáдане; свáляне
stürzen пáд|ам [~на]; *fig* свá|лям [~аля́]; **sich ~** хвъ́рля(м) се (**auf** *A* върхý)
Sturzhelm *m* защи́тна кáска
Stute *f* коби́ла
Stütze *f* подпóра; *fig* опóра
stutzen *v/t* подр|я́звам [~éжа]; *v/i* сéп|вам [~на] се
stütz|en подп|и́рам [~рá]; **sich ~en** оп|и́рам [~рá] се (**auf** *A* на); **≈punkt** *m* MIL воéнна бáза
Substantiv *n* съществи́телно (и́ме)
subtrahieren извá|ждам [~дя]
Suche *f* тъ́рсене
suchen [по]тъ́рся
Suchmaschine *f* (*im Internet*) тъ́рсещо устрóйство
Sucht *f* мáния; MED встрастéност *f*
Süd|- *in Zssg*(*n*) ю́жен, юго-; **~en** *m* юг; **≈lich** ю́жен; на юг; **~ost(en)** *m* югои́зток; **~west(en)** *m* югозáпад
Sülze *f* пачá, желé
Summe *f* сýма, сбор
summen тананйкам; *Insekt*: бръмчá
Sumpf *m* блáто
Sünde *f* грях
Super|(benzin) *n* сýпер; **~markt** *m* сýпермаркет
Suppe *f* сýпа
Suppen|löffel *m* сýпена лъжи́ца; **~teller** *m* чини́я за сýпа, дълбóка чини́я
surfen сърфи́рам (*im*)*pf*; **im Internet ~** сърфи́рам в и́нтернет
surren бръмчá
süß слáдък
Süß|igkeit *f* сладки́ш, слáдко;

~stoff *m* захари́н
Symbol *n* си́мвол
sympathisch симпати́чен
Synagoge *f* синаго́га
synthetisch синтети́чен
System *n* систе́ма
Szene *f* сце́на

T

Tabak *m* тютю́н
Tabelle *f* та́блица
Tablet *n* IT табле́т
Tablett *n* подно́с, та́бла
Tablette *f* ха́п(че), табле́тка
Tachometer *n* тахиме́тър
Tadel *m* у́кор; **≈los** безу́корен; **≈n** укоря́(вам)
Tafel *f* та́бла, дъска́; (*Schokolade*) бло́кче шокола́д; **≈fertig** гото́в за консума́ция; **~obst** *n* десе́ртни плодове́; **~wein** *m* трапе́зно ви́но
Tag *m* ден; **guten ~!** добъ́р ден!
Tagebuch *n* дне́вник
tagen заседа́вам; **es tagt** съмва се
Tages- *in Zssg(n)* дне́вен
Tages|ausflug *m* еднодне́вна екску́рзия, и́злет; **~ordnung** *f* дне́вен ред; **~zeitung** *f* всекидне́вник
täglich всекидне́вен
tagsüber през деня́
Tagung *f* заседа́ние; се́сия
Taille *f* та́лия
Takt *m* такт
takt|los нетакти́чен; **~voll** такти́чен
Tal *n* долина́
Talent *n* тала́нт
Talsperre *f* язови́р
Tamburin *n* дайре́
Tampon *m* тампо́н
Tandem *n* та́ндем, велосипе́д за два́ма
Tang *m* водора́сли *pl*
Tank *m* резервоа́р, цисте́рна; **≈en** *v/t* нал|и́вам [~е́я] (бензи́н); *v/i* [на]пъ́лня (с бензи́н); **~säule** *f* коло́нка за бензи́н; **~stelle** *f* бензиноста́нция; **~wart** *m* обслу́жващият бензиноста́нция
Tanne *f* ела́
Tante *f* ле́ля
Tanz *m* танц; **≈en** танцу́вам
Tänzer(in *f*) *m* танцьо́р(ка)
Tanzmusik *f* та́нцова му́зика
Tapete *f* тапе́т
tapfer хра́бър, смел
Tarif *m* тари́фа
Tasche *f* джоб (*Akten≈*) ча́нта
Taschen|dieb *m* джебчи́я; **~geld** *n* джо́бни пари́; **~lampe** *f* джо́бно фене́рче; **~messer** *n* джо́бно но́жче; **~tuch** *n* но́сна къ́рпа; **~uhr** *f* джо́бен часо́вник
Tasse *f* ча́ша
Tast|e *f* клави́ш; **≈en** пи́пам, доко́с|вам [~на] (**nach** *D* нкг, нщ)
Tat *f* де́ло; JUR престъпле́ние; **in der ~** всъщност; **~bestand** *m* факти́ческо положе́ние; **≈enlos** безде́ен

Täter *m* JUR престъ́пник; **~in** *f* престъ́пничка
tätig де́ен, дея́телен; **≗keit** *f* де́йност *f*; занима́ние
tat|kräftig енерги́чен, де́ен; **≗sache** *f* факт; **~sächlich** факти́чески
Tatze *f* ла́па
Tau[1] *m* роса́
Tau[2] *n* въже́
taub глух; (*Nuss*) пра́зен
Taube *f* гъ́лъб
Taubheit *f* глухота́
tauchen *v/t* пот|а́пям [~опя́]; *v/i* гму́ркам се, гму́р|вам [~на] се
Taucher *m* водола́з; **~maske** *f* гу́мена ма́ска
Tauch|gerät *n* диха́телен апара́т (за водола́з), аквала́нг; **~sieder** *m* бързова́р; **≗sport** *m* леководола́зен спорт
tauen *v/t* топя́ (се *v/i*); *Eis*: **es taut** топи́ се
Tauf|e *f* кръще́ние; **≗en** кр|ъща́вам [~ъстя]; **~schein** *m* кръще́лно свиде́телство
taug|en го́ден съм (**zu** *D* за); **~lich** го́ден
taumeln лю́шкам се, кла́тя се
Tausch *m* размя́на, смя́на; **≗en** разм| е́ням [~еня́]
täusch|en изма́м|вам [~я] (**sich** се); **≗ung** *f* изма́ма
Tausendstel *n* (една́) хи́лядна
Tauwetter *n* то́пло (*od* ме́ко) вре́ме
Taxi *n* такси́ *n*; **~fahrer** *m* такси́ме́тров шофьо́р; **~stand** *n* пиа́ца (за такси́та)
Technik *f* те́хника; **~er** *m* техни́к
technisch техни́чески
Tee *m* чай; **~beutel** *m* паке́тче чай; **~kanne** *f* ка́на за чай; **~kessel** *m* ча́йник; **~löffel** *m* ча́ена лъжи́чка
Teer *m* катра́н
Teich *m* е́зеро
Teig *m* тесто́
Teil *m* част *f*; дял; **zum ~** отча́сти; **≗bar** дели́м; **~chen** *n* части́ца; **≗en** деля́, разд|е́лям [~еля́]; **~haber** *m* съдру́жник; **~haberin** *f* съдру́жничка; **~nahme** *f* уча́стие; *fig* съчу́вствие; **≗nehmen** взе́ма(м) уча́стие (**an** *D* в); **~nehmer** *m* уча́стник; **~nehmerin** *f* уча́стничка
teils отча́сти
Teil|ung *f* разде́ляне; делба́; MATH деле́ние; **≗weise** отча́сти
Teint *m* тен
Telefon *n* телефо́н; *in Zssg(n)* телефо́нен; **~anschluss** *m* телефо́нен пост; **~buch** *n* телефо́нен указа́тел; **~gespräch** *n* телефо́нен ра́зговор
telefon|ieren телефони́рам (*im*)*pf*; **~isch** телефо́нен, по телефо́на
Telefon|karte *f* фо́нокарта
Teleobjektiv *n* FOT телеобекти́в
Teller *m* чини́я
Tempel *m* храм
Temperatur *f* температу́ра
Tempo *n* ско́рост, бързина́; **in rasendem ~ fahren** ка́рам с

бя́сна ско́рост
Tendenz *f* тенде́нция
Tennis *n* те́нис; **~platz** *m* корт; **~schläger** *m* раке́та
Teppich *m* кили́м
Termin *m* срок; да́та; ча́с
Terrasse *f* тера́са
Testament *n* завеща́ние; REL заве́т
teuer скъп (*a. fig*)
Teufel *m* дя́вол
Text *m* текст; **~nachricht** *f* тексто́во съобще́ние
Textilien *pl* тексти́л
Theater *n* теа́тър; *in Zssg(n)* театра́лен; **~aufführung** *f* спекта́къл, представле́ние; **~besucher** *m* (театра́лен) зри́тел; **~besucherin** *f* (театра́лна) зри́телка; **~karte** *f* биле́т за теа́тър; **~kasse** *f* ка́са на теа́тър
Theke *f* бар
Thema *n* те́ма
theoretisch теорети́чен
Thermalbad *n* то́пла минера́лна ба́ня
Thermometer *n* термоме́тър
Thunfisch *m* ри́ба тон
Thüringen *n* Тюри́нгия
tief дълбо́к; (*Ton*) ни́сък
Tief *n* (*Wetter*) депре́сия
Tief|e *f* дълбочина́; **~ebene** *f* низина́; **~garage** *f* подзе́мен гара́ж; **≗gekühlt** (дълбо́ко) замразе́н; **~kühlkost** *f* замразе́на храна́
Tier *n* живо́тно; (*wildes* **~**) звяр; **~arzt** *m* ветерина́рен ле́кар; **~garten** *m* зоологи́ческа гради́на, зо́опарк; **≗isch** животи́нски; *fig* зве́рски
Tiger *m* ти́гър
tilgen FIN погася́(вам)
Tinte *f* масти́ло
Tintenfisch *m* се́пия
Tipp *m* (*Rat*) указа́ние, съве́т
tippen [на]пи́ша на пи́шеща маши́на; **~ auf** (*A*) за|ла́гам [~ло́жа] на; предпол|а́гам [~о́жа]
Tisch *m* ма́са; (*Essen*) я́дене; **~decke** *f* покри́вка за ма́са; **~ler** *m* дърводе́лец *m*; **~tennis** *m* те́нис на ма́са
Titel *m* ти́тла; TYP загла́вие
Toast[1] *m* (*Trinkspruch*) тост, наздра́вица
Toast[2] *m* тост; **~er** *m* то́стер
tob|en вилне́я, бесне́я; **≗sucht** *f* бу́йство
Tochter *f* дъщеря́
Tod *m* смърт *f*
Todes|- *in Zssg(n)* смъ́ртен; **~anzeige** *f* некроло́г; **~gefahr** *f* смъ́ртна опа́сност; **~strafe** *f* смъ́ртно наказа́ние
tödlich смъртоно́сен
Toilett|e *f* тоале́тна; **~enpapier** *n* тоале́тна хартия
toll бе́сен; *fig* (*verrückt*) луд; **≗wut** *f* бяс; **~wütig** бе́сен
Tomat|e *f* дома́т; **~en-** *in Zssg(n)* дома́тен; **~ensoße** *f* дома́тен сос
Ton *m* гли́на; MUS тон, звук; **~band** *n* магнитофо́нна ле́нта; **~bandgerät** *n* магнитофо́н
tönen *v/t Haare* оцветя́(вам); *v/i* звуча́
Ton|geschirr *n* гли́нени съдо-

ve; **~leiter** *f* MUS гáма
Tonne *f* бъ́чва, варéл; (*Gewicht*) тон
Topf *m* тéнджера, гърнé
Töpfer(in *f*) *m* грънчáр(ка)
Tor *n* вратá; SPORT гол; **~heit** *f* глýпост *f*, безýмие
Torlinie *f* гол лѝния
Torte *f* тóрта
Torwart *m* SPORT вратáр
tosen ечá, бучá
tot мъ́ртъв; **≗e(r)** мъртвéц
töten умъртвя́(вам)
Tot|enschein *m* смъ́ртен акт; **~schlag** *m* убѝйство
Tour *f* тур, обикóлка
Tour|ismus *m* турѝзъм; **~ist** *m* турѝст; **~isteninformation** *f* туристѝческа информáция; **~istin** *f* турѝстка; **≗istisch** туристѝчески
Trab *m* тръс
Tracht *f* носѝя
Tradition *f* традѝция; **≗ell** традициóнен
Tragbahre *f* носѝлка
tragbar портатѝвен
tragen нóся; *Baum*: рáждам [родя́]
Träger *m* носáч; *fig* носѝтел; ARCH трéгер
tragisch трагѝчен
Tragödie *f* трагéдия
Trainer(in *f*) *m* треньóр(ка)
train|ieren *v/t* тренѝрам (се *v/i*); **≗ing** *m* тренирóвка
trampeln хóдя трóмаво; утъ́п|квам [~ча]
tramp|en пъту́вам на áвтостоп; **≗er** *m* стóпаджия
Tran *m* рѝбено мáсло
Träne *f* сълзá
Tränk|e *f* водопóй; **≗en** поя́, напоя́(вам)
Transgender *m/f* трáнсджéндър *m, f*; **≗** *adj* трáнсджéндър
Transport *m* транспóрт, прéвóз; **≗ieren** превóз|вам [~я]
Trauben *f/pl* грóзде; **~saft** *m* грóздов сок
trauen *v/i* (*D*) вя́рвам (нкм); **sich ~** осмеля́(вам) се; *v/t* венчá|вам [~я]
Trauer *f* трáур; скръб *f*; **~feier** *f* трáурно тържествó
trauern тъгу́вам, скърбя́ (**um** *A* за)
Traum *m* сън; *fig* мечтá
träume|n сънувам; *fig* бленýвам; **≗rei** *f* мечтáние, мечтѝ; **~risch** мечтáтелен
traurig печáлен, тъ́жен; **≗keit** *f* печáл *f*, тъгá
Trau|ring *m* венчáлен пръ́стен; **~schein** *m* венчáлно свидéтелство; **~ung** *f* венчáвка
Treff *n* (*Karten*) спатѝя
treffen *Ziel* улýч|вам [~а]; (*begegnen*) срéщ|ам [~на]; **eine Entscheidung ~** взéма(м) решéние
Treff|en *n* срéща; **≗end** сполучлѝв; **~er** *m* попадéние; (*Gewinn*) печáлба; **~punkt** *m* сбóрен пункт
treiben *Vieh usw.* [за]кáрам; (*etw tun*) прáвя, занимá|вам [~я] се (с, със); BOT [по]нѝкна; *v/i* нóся се, двѝжа се; плу́вам
Treib|haus *n* пáрник, оранжéрия; **~stoff** *m* (тéчно) горѝво

trenn|en разд|éлям [~еля́] (**sich** се); *Naht* разп|áрям [~óря]; **≈ung** *f* раздя́ла
Treppe *f* стъ̀лбище, стъ̀лба
Treppen|geländer *n* парапéт на стъ̀лбище; **~haus** *n* стъ̀лбище
Tresor *m* трезóр
treten стъп|вам [~я]; **~ an** (*A*) пристъп|вам [~я]; **~ auf** (*A*) настъп|вам [~я]; (*fest~, zer~*) стъп|квам [~ча]; **in Kraft ~** вл|изам [~я́за] в сѝла
treu вéрен; **≈e** *f* вя́рност *f*; **~herzig** откровéн; **~los** невéрен
Tribüne *f* трибу́на
Trichter *m* фуния́
Trick *m* трик
Trieb *m* (*Instinkt*) нагóн; *fig* склóнност *f*; BOT издъ̀нка; **~wagen** *m* BAHN мотрѝса; **~werk** *n* AER двигáтел
triefen кáпя
triftig уважѝтелен
Trink|becher *m* бокáл, чáша; **≈en** [из]пия́; **~geld** *n* почéрпка; **~wasser** *n* водá за пиéне
Tritt *m* стъ̀пка; **~brett** *n* стъпáло
Triumph *m* триу́мф
trocken сух
Trocken|heit *f* су́ша; **~obst** *n* сушéни плодовé; **~rasierer** *m* електрѝческа самобръ̀сначка
trocknen *v/t* сушá, изсушá (-вам); *v/i* съ̀хна
Trödelmarkt *m* бѝтпазар
Trog *m* корѝто
Trommel *f* барабáн; (*große*) тъ̀пан; **~fell** *n* ANAT тъпáнче
Trompete *f* тромпéт
Tropen *pl* трóпици *m/pl*
tropfen кáпя
Tropfen *m* кáпка
tropisch тропѝчески
Trost *m* утéха
trösten утешá(вам) (**sich** се)
trostlos безутéшен
trotz (*G, D*) въ̀преки
Trotz *m* инáт; **zum ~** на инáт
trotz|dem *adv* въ̀преки товá; **~en** инатя́ се; **~ig** вироглáв
trüb|(e) мъ̀тен; (*Wetter*) мрáчен; **~en** *v/t* размъ̀т|вам [~я]; помрачá(вам) (**sich** се); **~selig** унѝл; **≈sinn** *m* меланхóлия
Trugbild *n* мирáж; оптѝческа измáма
trüge|n мáмя; **~risch** измамлѝв, лъжлѝв
Trümmer *pl* развалинѝ *f/pl*
Trumpf *m* коз
Trunk|enheit *f* пия́но състоя́ние; **~sucht** *f* пия́нство
Trupp *m* гру́па; MIL отделéние; **~e** *f* THEA тру́па
Truthahn *m* пу́як
Tschech|e *m* чех; **~ien** Чéхия; **~in** *f* чехкѝня; **≈isch** чéшки
tschüs! *F* чáо!
T-Shirt *n* тéниска
Tuch *n* (*Stoff*) су́кно, плат; кърпа
tüchtig спосóбен; *adv* здрáвата
Tück|e *f* ковáрство; **≈isch** ковáрен
Tugend *f* добродéтел *f*
Tulpe *f* лалé
Tumult *m* суматóха; шум, вря́ва

tun правя; **ich habe zu ~** имам работа
tünchen варóс(в)ам
Tunfisch *s.* Thunfisch
Tunk|e *f* сос; **&en** топ|я [~вам]
Tunnel *m* тунéл
Tupfen *m* тóчка, кáпка
Tür *f* вратá
Turban *m* тюрбáн, чалмá
Türk|e *m* тýрчин; **~ei** *f* Тýрция; **~in** *f* туркиня; **&isch** тýрски
Turm *m* кýла; (*Schach*) топ
turnen прáвя гимнáстика
Turn|en *n* гимнáстика; **~er** *m* гимнастик; **~erin** *f* гимнастичка; **~halle** *f* гимнастически салóн; **~schuh** *m* маратóнка
Tusche *f* туш
Tüte *f* книжна кесия, *F* плик
Typhus *m* тиф(ус)
typisch типичен

U

U-Bahn *f* → Untergrundbahn
übel лош, зъл; **~ nehmen** разсърд|вам [~я] се (*D* нкм)
Übel *n* зло, бедá; **~keit** *f* гáдене; **~täter** *m* злодéй
üben упражня(вам) (**sich** се)
über (*D, A*) над; през; **~all** навсякъде; **~anstrengen** преуморя(вам) (**sich** се)
über|arbeiten преработ|вам [~я]; **sich ~** пресил|вам [~я] се; **~bieten** надда(ва)м; *Rekord* надм|инáвам [~йна];
Über|bleibsel *n* остáтък; **~blick** *m* прéглед, пóглед
überbring|en предá(ва)м, нóся; **&er(in** *f*) *m* приносител(ка)
über|brücken *fig* преодол|явам [~éя]; **~drüssig** пресйтен; **~eilen** прибърз(в)ам; **~eilt** прибързан
überein|ander еднó върху другo; **~kommen** споразум|явам [~éя] се (**über** *A* за); **&kunft** *f* споразумéние; **~stimmen** съглася(вам) се, съвпáд|ам [~на]
über|fahren прегáз|вам [~я]; **&fahrt** *f* прéвоз; **&fall** *m* нападéние; **~fallen** напáд|ам [~на]; **~fällig** (*verspätet*) закъснял; **~fliegen** прел|йтам [~етя]; **~flügeln** *fig* надм|инáвам [~йна]; **&fluss** *m* изобилие; **~flüssig** излишен; **~fluten** наводня(вам); **~führen** (*transportieren*) откáр(в)ам; JUR изобличá(вам); **~füllt** препълнен
Über|gabe *f* предáване; **~gang** *m* преминáване; *fig* прéход; BAHN прéлез
über|geben предá(ва)м; **sich ~geben** пов|ръщам [~ърна]; **~gehen** прем|инáвам [~йна]
Über|gepäck *n* свръхбагáж; **~gewicht** *n* свръхтегло; *fig* надмóщие; **~griff** *m* вмешáтелство
überhaupt изóбщо, вобщé
über|heblich надмéнен; **~holen** надм|инáвам [~йна]; TECH ремонтирам (*im*)*pf*; **~hören** пропýс|кам [~на] да

чýя; **~laden** *v/t* претовáр|вам [~я]; **~lassen** отстъп|вам [~я]; предостáвя(м); **~laufen** кúпвам, изкипя́(вам); (*zum Feind*) прем|инáвам [~úна]; **~leben** надживя́вам [~éя]
überlegen[1] обмúсля(м)
überlegen[2] *adj* превъзхóждащ
Überleg|enheit *f* превъзхóдство; **~ung** *f* обмúсляне
Über|lieferung *f* предáние; **~macht** *f* надмóщие
über|mäßig прекомéрен; **~mitteln** предá(ва)м; **~morgen** вдрýгиден; **~mütig** бýен; **~nachten** пренощýвам (*im*)*pf*
Über|nachtung *f* пренощýване; **~nahme** *f* приéмане
über|natürlich свръхестéствен; **~nehmen** поéма(м); приéма(м); **~prüfen** проверя́ (-вам); **~queren** *Straße* пресичам [~екá]
überrasch|en изненáд(в)ам; **&ung** *f* изненáда
über|reden предýм(в)ам; **~reichen** подн|áсям [~есá], връч|вам [~а]; **~schätzen** надценя́(вам)
über|schlagen пропýс|кам [~на]; (*berechnen*) пресм|ятам [~éтна]; **sich ~schlagen** прекатýр|вам [~на] се; *Stimme*: изтън|я́вам [~éя]; **~schreiten** прекрáч|вам [~а]
Über|schrift *f* заглáвие; **~schuss** *m* излúшък; **&schüssig** излúшен
über|schwemmen наводня́ (-вам); **&schwemmung** *f* наводнéние; **~sehen** обхвá|щам [~на]; (*nicht bemerken*) пропýс|кам [~на]; **~senden** препрá|щам [~тя]; **~setzen** (*mit der Fähre*) прехвъ́рля(м); *Buch* прев|éждам [~едá] (**aus** *D* от)
Über|setzer(in *f*) *m* преводáч(ка); **~setzung** *f* прéвод
über|sichtlich прéгледен; **~siedeln** пресéл|вам [~я] се; **~springen** преск|áчам [~óча]; **~steigen** надм|инáвам [~úна]; **~stimmen** пол|учáвам [~ýча] мнозинствó при гласýване
Überstunden *f/pl* извънрéдни часовé
über|tragen прен|áсям [~есá]; TV предá(ва)м; *Aufgabe* възл|áгам [~óжа]; → *a.* **~setzen**; *adj* пренóсен; **&tragung** *f* TV предáване; **~treffen** надм|инáвам [~úна]; **~treiben** преувеличá(вам); прекаля́ (-вам); **~treten** прем|инáвам [~úна] (**zu** *D* към); JUR нарушá (-вам); **~völkert** пренасéлен, свръхнаселен; **~vorteilen** измáм|вам [~я]
über|wachen надзирáвам; **&wachung** *f* надзóр
über|wältigen преодол|я́вам [~éя]; *fig* поразя́(вам); **~weisen** препрá|щам [~тя]; *Geld* прев|éждам [~едá]; **~wiegend** преобладáващ; **~winden** превъзмóг|вам [~на]; **~wintern** зимýвам
überzeug|en убе|ждáвам [~дя́] (**sich von** *D* се в); **&ung**

f убеждéние
über|ziehen покри́|вам [~я]; *Bett* сменя́(вам) бельó; **≈zug** *m* калъ́ф
üblich обичáен
U-Boot *m* подвóдница
übrig остáнал, изли́шен; **~ bleiben** остá|вам [~на]; **~ lassen** остáвя(м)
übrigens впрóчем
Übung *f* упражнéние
Ufer *n* бряг
Uhr *f* часóвник; **wie viel ~ ist es?** кóлко е часъ́т?; **~macher** *m* часовникáр; **~werk** *n* механи́зъм на часóвник; **~zeiger** *m* стрелкá
Uhu *m* бýхал
ulkig смéшен
Ulme *f* бряст
Ultrakurzwellen *f/pl* ýлтракъси вълни́
um (*A*) óколо, в, на; **~so besser** тóлкоз пó-добрé; **~ … willen** (*G*) заради́; **~ zu** *konj* за да
um|ändern *Kleid* преправя(м); **~arbeiten** преработ|вам [~я]; **~armen** прег|ръщам [~ърна]; **~bauen** престроя́(-вам); **~biegen** прегъ́|вам [~на]; **~bringen** погýб|вам [~я], уби́|вам [~я]; **~buchen** сменя́(м) дáта на самолéтен билéт
umdreh|en об|ръщам [~ърна] (**sich** се); **≈ung** *f* обръщане; TECH оборóт
umfallen пáд|ам [~на]
Umfang *m* обéм, размéр; **≈reich** обши́рен
umfassen обхвá|щам [~на];
~d обстóен
Umfrage *f* анкéта, допи́тване
Umgang *m* общýване
umgeb|en обкръжá(вам); **≈ung** *f* окóлност *f*
umgeh|en *v/i* борáвя (**mit etw** с нщ); **mit j-m ~en** общýвам; (*behandeln*) от|нáсям [~несá] се (към); *v/t Gesetz* заобик|áлям [~оля́]; **~end** веднáга
umgekehrt обрáтен, *adv a.* наóпаки
umgestalten преобразя́(вам)
Um|hang *m* наметáло; **≈hängen** нам|я́там [~éтна]
um|her наóколо; **~kehren** връ́щам [вър́на] се; (*wenden*) об|ръ́щам [~ърна]; **~kippen** прекатýр|вам [~на] (се *v/i*)
Umkleidekabine *f* съблекáлня
um|kleiden преобл|и́чам [~екá] (**sich** се); **~kommen** заги́|вам [~на]
Umkreis *m* óколност *f*; MATH окръ́жност *f*
umladen претовáр|вам [~я]
Umlauf *m* обръщéние, циркулáция; **in ~ setzen** разпространя́(вам); пý|щам [~сна] в обръщéние
Umleitung *f* (врéменно) изменéние посóката на движéние, отклонéние
um|liegend окóлен; **~pflanzen** прес|áждам [~адя́]; **~rechnen** пресм|я́там [~éтна]
Um|rechnungskurs *m* размéнен курс; **~riss** *m* очертáние

umrühren [раз]бъркам
Umsatz *m* оборо́т; **~steuer** *f* да́нък върху́ оборо́та
Umschlag *m* (*Brief*) плик; (*Buch*) обви́вка, кори́ца; MED компре́с; (*Wechsel*) ря́зка промя́на; **≗en** *v/t Ärmel* запре́т|вам [~на]; *v/i Wetter usw.*: пром|е́ням [~еня́] се; → *a.* **umkippen**
umschreiben опи́|свам [~ша]
Umschwung *m* промя́на
um|sehen: **sich ~sehen** огле́(ж)дам се; **~setzen** HDL прода́(ва)м; **≗sicht** *f* благоразу́мие; **~sonst** напра́зно; (*frei*) безпла́тно; **≗stand** *m* обстоя́телство; **~ständlich** сло́жен; **~steigen** прека́ч|вам [~а] се
um|stellen разме́ст|вам [~я]; преустр|о́йвам [~оя́] (**auf** *A* за); **~stritten** оспо́рван; **≗sturz** *m* превра́т; **~stürzen** *v/t* съб|а́рям [~о́ря]; *v/i* ру́х|вам [~на]; па́д|ам [~на]
Umtausch *m* размя́на; **≗en** разм|е́ням [~еня́]
Um|wälzung *f* превра́т; прело́м; **≗wandeln** прев|ръ́щам [~ъ́рна]; **≗wechseln** разм|е́ням [~еня́]; **~weg** *m* око́лен път
Umwelt *f* среда́; **~schutz** *m* защи́та (опа́зване) на око́лната среда́; **~verschmutzung** *f* замърся́ване на око́лната среда́
um|wenden об|ръ́щам [~ъ́рна]; **~wickeln** обви́|вам [~я]; **~ziehen** *v/i* преме́ст|вам [~я] се; *v/t* преоб|л|и́чам [~ека́] (**sich** се)
Umzug *m* проце́сия; преме́стване
unabhängig незави́сим (**von** *D* от)
unachtsam невнима́телен
unan|gebracht неуме́стен; **~genehm** неприя́тен; **~nehmbar** неприемли́в; **≗nehmlichkeit** *f* неприя́тност *f*; **~ständig** неприли́чен
un|appetitlich неапети́тен; **~artig** неми́рен
unauf|fällig незабеля́зан; **~haltsam** неудържи́м; **~hörlich** непрекъ́снат; **~merksam** невнима́телен
unbarmherzig безми́лостен
unbe|deutend незначи́телен; **~dingt** безусло́вен; *adv* непреме́нно; **~fangen** безпристра́стен; **~friedigend** незадоволи́телен; **~fugt** неупълномо́щен; **~greiflich** непоня́тен; **~grenzt** неограниче́н; **~gründet** неоснова́телен; **~haglich** неприя́тен; **~herrscht** невъздъ́ржан; **~holfen** несръ́чен; **~kannt** непозна́т, неизве́стен; **~merkt** незабеля́зан; **~quem** неудо́бен; **~rechtigt** ня́мащ пра́во; (*grundlos*) неоснова́телен; **~schränkt** неограниче́н; **~schreiblich** неопису́ем; **~siegbar** непобеди́м; **~ständig** непостоя́нен; **~stimmt** неопределе́н; **~stritten** неоспори́м
un|beugsam непрекло́нен;

~bewaffnet нéвъоръжен; **~beweglich** неподвѝжен; **~bewusst** несъзнáтелен; **~brauchbar** негóден
und и, а, та; **~ ob!** и óще как!; **~ so fort** *od* **weiter** и тaкá натáтък
un|dankbar неблагодáрен; **~denkbar** немислѝм; **~deutlich** неясен; **~durchsichtig** непрозрáчен; **~eben** нерáвен; **~echt** нейстински; **~ehelich** извънбрáчен; **~empfindlich** нечувствѝтелен; **~endlich** безкрáен
unent|behrlich необходѝм; **~schieden** нерешéн; SPORT рáвен; **&schieden** *n* ремѝ; **~schlossen** нерешѝтелен
uner|bittlich неумолѝм; **~fahren** неóпитен; **~freulich** неприятен; **~hört** нечýван; **~klärlich** необяснѝм; **~lässlich** необходѝм; **~reichbar** непостижѝм; **~schöpflich** неизчерпáем; **~schrocken** безстрáшен; **~setzlich** незаменѝм; **~träglich** непоносѝм; **~wartet** неочáкван; **~wünscht** нежелáн, нежелáтелен
unfähig неспосóбен
unfair некорéктен
Unfall *m* злополýка; **~versicherung** *f* застрахóвка срещý злополýка
un|förmig безфóрмен; **~frankiert** без пóщенска мáрка; **~freundlich** неприветлѝв; **~fruchtbar** безплóден; **&fug** *m* пáкост *f*
Ungar *m* унгáрец; **~in** *f* унгáрка; **&isch** унгáрски
Ungarn *n* Унгáрия
unge|achtet (*G*) въпреки товá; **~bildet** необразóван; **~bräuchlich** неупотребѝм; **&duld** *f* нетърпéние; **~duldig** нетърпелѝв; **~eignet** неподходящ
ungefähr приблизѝтелен
ungefährlich безопáсен
ungeheuer огрóмен
Ungeheuer *n* чудóвище
unge|heuerlich чудóвищен; **~horsam** непослýшен; **~mütlich** неуютен
ungenau нетóчен
unge|nießbar (*Essen*) развалéн; **~pflegt** запýснат, занемарéн
ungerade (*Zahl*) нечéтен
ungerecht несправедлѝв
ungern неохóтно
unge|schickt несръчен; **~setzlich** незакóнен; **~stört** необезпокояван; **~sund** нездрáв; **~wiss** несѝгурен; **~wöhnlich** необикновéн
Ungeziefer *n* паразѝти *m/pl*
unge|zogen невъзпѝтан; **~zwungen** непринýден
un|gläubig невярващ; **~glaublich** невероятен; **~gleich** нерáвен
Unglück *n* нещáстие; катастрóфа; **&lich** нещáстен
un|gültig невалѝден; **~günstig** неблагоприятен
Unheil *n* бедá, нещáстие; **&bar** неизлечѝм
un|heimlich зловéщ, стрá-

шен; **~höflich** неучтив
Union *f* съюз
Universität *f* университет
un|klar неясен, смътен; **~klug** неразумен; **≈kosten** *pl* разноски *pl*; **≈kraut** *n* плевел; **~längst** неотдавна; **~leserlich** нечетлив; **~lösbar** неразрешим; **~menschlich** нечовешки; **~missverständlich** недвусмислено; **~mittelbar** непосредствен; **~modern** немодерен; **~möglich** невъзможен; **~mündig** непълнолетен
Unmut *m* недоволство
un|nachgiebig неотстъпчив; **~natürlich** неестествен; **~nötig** ненужен; **~ordentlich** безреден; **≈ordnung** *f* безредие; **~parteiisch** безпристрастен; **~passend** неподходящ; **~pünktlich** неточен
unrecht погрешен; несправедлив
Unrecht *n* неправда; **≈mäßig** незаконен
un|regelmäßig нередовен; **~reif** незрял; **≈ruhe** *f* безпокойство; *pl* POL смут; **~ruhig** неспокоен
uns (*D*) на нас, ни; (*A*) нас, ни
un|sauber нечист; **~schädlich** безвреден; **~scharf** FOT неясен, неточен; **~scheinbar** незначителен; **~schlüssig** нерешителен
Unschuld *f* невинност *f*; **≈ig** невинен
uns|er, **~(e)re** наш, ~а, ~е
un|sicher несигурен; **~sichtbar** невидим; **≈sinn** *m* безсмислица; **~sinnig** безсмислен; **~sterblich** безсмъртен; **≈stimmigkeit** *f* разногласие; **~tätig** бездеен; **~tauglich** негоден; **~teilbar** неделим
unten долу
unter (*D, A*) под, (из)между
Unterbewusstsein *n* подсъзнание
unter|brechen прекъс|вам [~на]; **≈brechung** *f* прекъсване; **~bringen** настаня(-вам); **~dessen** между това; **~drücken** потис|кам [~на]; **~einander** помежду си; **~ernährt** недохранен
Unter|führung *f* подлез; **~gang** *m* залез; MAR потъване; **~gebene(r)** подчинен
untergehen ASTR заляз|вам [~а]; MAR потъ|вам [~на]
Untergrundbahn *f* (**U-Bahn**) подземна железница, метро
unterhalb (*G*) под, по-долу от
Unterhalt *m* издръжка; **≈en** (*sorgen*) издържам; *Gäste* забавлявам; **sich ≈en** разговарям; забавлявам се; **~ung** *f* развлечение; разговор
Unter|hemd *n* потник, долна риза; **~hose** *f* долни гащи; **≈irdisch** подземен; **~kunft** *f* подслон; **~lage** *f* подложка; **≈lassen** пропус|кам [~на]; **≈legen** *adj* по-слаб; победен; **~leib** *n* подкоремна област; **≈liegen** (*dem Gesetz usw.*) подлежа; бивам победен; **~mie-**

ter(in *f*) *m* квартира́нт(ка), пре́наемател(ка)
unternehm|en предприе́ма(м); **˜en** *n* предприя́тие; **˜er** *m* предприема́ч, собственик на фи́рма; **~ungslustig** предприемчи́в
unterordnen подчиня́(вам)
Unter|redung *f* ра́зговор; **~richt** *m* заня́тие; **~richt geben** препода́вам; **˜richten** препода́(ва)м, преда́(ва)м; (*mitteilen*) осведомя́(вам); **~rock** *m* комбинезо́н
unter|sagen забраня́(вам); **~schätzen** подценя́(вам); **~scheiden** различа́(вам) (**sich** се)
Unter|schenkel *m* пищя́л; **~schied** *m* ра́злика; **~schlagung** *f* злоупотре́ба; **˜schreiben** подпи́|свам [~ша] (се); **~schrift** *f* по́дпис; **~seeboot** *n* (**U-Boot**) подво́дница
unter|stellen парки́рам, гари́рам на закри́то; **sich ~stellen** подслоня́(вам) се; **~streichen** подчерта́|вам [~я]
unterstütz|en подкр|е́пвам [~епя́]; **˜ung** *f* подкре́па, поддръ́жка
untersuch|en изсле́двам (*im*)*pf*; JUR разсле́двам; MED прегле́(ж)дам; **˜ung** *f* изсле́дване; JUR сле́дствие; MED пре́глед
unter|tauchen *v/i* потопя́(-вам) се; *fig* потъ́|вам [~на]; **˜wäsche** *f* до́лно бельо́; **~wegs** по пъ́тя; **˜welt** *f fig* свят на пресъ́пници; **~werfen** покоря́(вам); **~ziehen** подл|а́гам [~о́жа] (**sich** се)
un|trennbar не(раз)дели́м; **~treu** неве́рен
unüber|legt необми́слен; **~troffen** ненадми́нат; **~windlich** непреодоли́м
ununterbrochen непрекъ́снат
unver|änderlich непроменли́в; **~ändert** непромене́н; **~antwortlich** безотгово́рен; **~besserlich** непоправи́м; **~bindlich** незадължи́телен; **~gänglich** непрехо́ден; **~gesslich** незабрави́м; **~gleichlich** несравни́м; **~heiratet** неже́нен; **~käuflich** не се прода́ва; **~letzt** невреди́м; **~meidlich** неизбе́жен; **~mutet** неоча́кван; **~nünftig** неразу́мен; **~schämt** безсра́мен; **~sehrt** неповре́ден, цял; **~ständlich** неразбира́ем, непоня́тен; **~zeihlich** непрости́м; **~züglich** незаба́вен
un|vollendet незавъ́ршен; **~vollständig** непъ́лен; **~vorbereitet** неподго́твен; **~vorsichtig** непредпазли́в
unwahr неве́рен, лъжли́в; **~scheinlich** невероя́тен
un|weit не́далеч(е); **~wesentlich** несъще́ствен; **˜wetter** *n* бу́ря; **~wichtig** малова́жен; **~widerruflich** неотмени́м; **~willkürlich** нево́лен; **~wohl** неразполо́жен;

~würdig недостóен; **~zählig** безбрóен; **~zerbrechlich** нечуплúв; **~zertrennlich** неразделен
Unzucht *f* развра́т
unzufrieden недовóлен (**mit** *D* от); **≗heit** *f* недовóлство
unzu|gänglich недостъпен; **~lässig** недопустúм; **~rechnungsfähig** невменяем; **~verlässig** несúгурен
üppig изобúлен; (*prächtig*) разкóшен
uralt прáстар
Ur|aufführung *f* премиéра; **~enkel** *m* прáвнук; **~enkelin** *f* прáвнучка; **~heber(in** *f*) *m* инициáтор(ка)
Urin *f* урúна
Urkunde *f* документ
Urlaub *m* óтпуск(а); **~ auf dem Bauernhof** сéлски турúзъм
Ursache *f* причúна; **keine ~!** няма защó!
Ur|sprung *m* произхóд; **≗sprünglich** първоначáлен
Urteil *n* мнéние; JUR присъда; **≗en** съдя, преценя́(вам)
Urwald *m* дéвствена горá
USB-Stick *m* USB (= Универсáлна сéрийна шúна) *f*
usw. → und
utopisch утопúчен

V

Vakuum *n* вáкуум
Vanille *f* ванúлия; **~eis** *n* ванúлов сладолéд
Vase *f* вáза
Vater *m* бащá *m*; (*Anrede*) тáтко; **~land** *n* отéчество
väterlich бáщински
Vegetarier *m* вегетариáнец; **~in** *f* вегетариáнка
vegetarisch вегетариáнски
Veilchen *n* теменýжка
Ventil *n* вентúл
Ventilator *m* вентилáтор
verabred|en угов|áрям [~óря] (**sich** се); **≗ung** *f* уговóрка; срéща
verabschieden *Gesetz* приéма(м); **sich ~** сбогýвам се (**von** *D* от)
ver|achten през|úрам [~рá]; **~ächtlich** презрúтелен; **≗achtung** *f* презрéние
ver|allgemeinern обобщ|áвам [~я́]; **~altet** остаря́л
veränderlich променлúв
veränder|n пром|éням [~еня́]; **≗ung** *f* промя́на, изменéние
Veran|lagung *f* предразположéние; **≗lassen** накáр(в)ам, да(ва)м пóвод; **~lassung** *f* пóвод; **≗stalten** ур|éждам [~едя́]; **~staltung** *f* проя́ва, събúтие
verantwort|en (**sich**) отговá-

рям за; **~lich** отговóрен; **≈ung** *f* отговóрност *f*
verarbeiten преработ|вам [~я]
Verb *n* глагóл
Ver|band *m* съюз; MED превръзка; **~bannung** *f* заточéние
verbergen скри|вам [~я], крия
verbesser|n подобря(вам); *Fehler* поправя(м); **≈ung** *f* подобрéние; (*Korrektur*) поправка
verbeug|en: **sich ~en** покл|áням [~оня] се; **≈ung** *f* поклóн
ver|biegen изкривя(вам); **~bieten** забраня(вам)
verbind|en свър|звам [~жа]; MED превър|звам [~жа]; **~lich** задължителен; (*höflich*) учтив; **≈ung** *f* връзка; CHEM съединéние
verbitten: **sich** (*D*) **etw ~** забраня(вам)
ver|blassen поблед|нявам [~éя]; **~blühen** прецъфтя(-вам); **~borgen** скрит, тáен
Verbot *n* забрáна; **≈en** забранéн
Verbrauch *m* изразхóдване; консумáция; **≈en** изразхóдвам (*im*)*pf*; **~er** *m* консуматор
Verbrech|en *n* престъплéние; **~er** *m* престъпник
verbreit|en разпространя(-вам) (**sich** се); **~ern** разширя(-вам)
verbrennen изг|áрям [~ория]; **sich** (*D*) *etw* **~** изг|áрям [~оря] си; **sich** (*A*) **~** опáр|вам [~я] се
Verbrennung *f* изгáряне
verbringen *Zeit* прекáр(в)ам
Verbündete(r) съюзник
Verdacht *m* подозрéние
verdächtig подозрителен; **~en** подоз|ирам [~рá]
ver|dammen прок|линам [~ълнá], осъ|ждам [~дя]; **~dampfen** изпаря(вам) (се *v/i*); **~danken** дължá; **~dauen** см|илам [~éля]; **≈dauung** *f* храносмилане
Verdeck *n* пóкрив; **≈en** прикри|вам [~я]
verderben *v/t* развáля(м) (се *v/i*)
verderblich: **leicht ~** лéсно развáлящ се
verdienen печéля, изкáр(в)ам; *fig* засл|ужáвам [~ýжа]
Verdienst¹ *m* (*Lohn*) заплáта
Verdienst² *n* заслýга
ver|doppeln удвоя(вам); **~dorben** развалéн; **~dorrt** изсъхнал; **~drängen** изтлáск(в)ам; **~dunkeln** затъмня(вам); **~dünnen** раз-р|éждам [~едя]; **≈dunstung** *f* изпарявáне; **~dursten** ум|ирам [~рá] от жáжда
verehr|en уважáвам; **≈er** *m* обожáтел; **≈ung** *f* уважéние
vereidig|en закл|éвам [~ълнá]; **~t** заклéт
Verein *m* дрýжество
vereinbar|en угов|áрям [~оря] се; **≈ung** *f* споразумéние
vereinfachen опростя(вам)
vereinig|en съединя(вам),

обединя́(вам); **≈ung** *f* сдруже́ние, дру́жество
ver|eiteln осуетя́(вам); **≈eiterung** *f* загноя́ване; **~erben** JUR завеща́|вам [~я]
verfahren постъ́п|вам [~я]; **sich ~** сбъ́рк(в)ам пътя́
Verfahren *n* на́чин, похва́т; JUR де́ло
Verfall *m* разпа́дане; *fig* упа́дък; **≈en** руша́ се; *fig* пропа́д|ам [~на]; *(körperlich)* отмал|я́вам [~е́я]
Verfallsdatum *n* срок на го́дност
verfass|en съчиня́(вам); **≈er (in** *f***)** *m* а́втор(ка); **≈ung** *f* със- тоя́ние; POL конститу́ция
verfaulen изгни́|вам [~я]
verfehlen *Weg* сбъ́рк(в)ам; **sich ~** разм|ина́вам [~и́на] се
ver|filmen филми́рам *(im)pf*; **~finstern**: **sich ~finstern** помрача́(вам) се; **~fluchen** прок|ли́нам [~ълна́]
verfolg|en пресле́двам; **≈er** *m* преследва́ч; **≈ung** *f* пресле́дване
verfrüht подрани́л
verfüg|bar нали́чен; **~en** *v/t* нар|е́ждам [~едя́]; *v/i* разпола́гам **(über** *A* с); **≈ung** *f* разпоре́ждане
verführe|n съблазня́(вам); **~risch** съблазни́телен
vergangen ми́нал; **≈heit** *f* ми́нало
Vergaser *m* карбура́тор
vergeb|en про|ща́вам [~стя́]; *(übergeben)* да́(ва)м; **~lich** напра́зен
vergehen мина́вам [ми́на]; **sich ~** провиня́(вам) се; **sich ~ an** пос|я́гам [~е́гна] на; изнаси́л|вам [~я]
Vergehen *n* провине́ние
vergelt|en отпл|а́щам [~атя́] се; **≈ung** *f* отпла́та
ver|gessen забра́вя(м); **~gesslich** забра́вящ; **~geuden** прахо́с(в)ам; **~gewaltigen** изнаси́л|вам [~я]
vergewissern: **sich ~** уверя́(-вам) се
vergift|en отр|а́вям [~о́вя]; **≈ung** *f* отра́вяне
Vergissmeinnicht *n* незабра́вка
Vergleich *m* сравне́ние; споразуме́ние; **≈en** сравня́(вам)
vergnügen: **sich ~** забавля́вам се
Vergnügen *n* удово́лствие
vergnügt ве́сел, ра́достен
ver|golden позлатя́(вам); **~göttern** обожа́вам; **~graben** зар|а́вям [~о́вя]
vergriffen изче́рпан
vergrößer|n увелича́(вам); **≈ung** *f* увеличе́ние, уголемя́ване
Ver|günstigung *f* облекче́ние; HDL отстъ́пка; **≈güten** *(entschädigen)* обезщетя́(вам)
verhaft|en аресту́вам *(im)pf*; **≈ung** *f* аресту́ване
verhalten зад|ъ́ржам [~ържа́]; **sich ~** държа́ се
Verhalten *n* държа́ние
Verhältnis *n* отноше́ние; **≈mäßig** сравни́телен
verhand|eln преговáрям; JUR

разглé(ж)дам дéло; **≗lung** *f* прéговори *pl*; JUR разглéждане
verhängnisvoll съдбонóсен
verhasst омрáзен
verheimlichen укрí|вам [~я], скрí|вам [~я]
verheiratet ожéнен, омъ́жена
ver|herrlichen слáвя; **~hindern** [по]прéча, (*vorbeugen*) предотвратя́(вам); **≗hör** *n* рáзпит; **~hören** JUR разпúт(в)ам; **~hungern** ум|úрам [~рá] от глад
verhüt|en предотвратя́(вам); **≗ungsmittel** *n* противозачáтъчно срéдство; **~irren**: **sich ~irren** заблу|ждáвам [~дя́] се; **~jagen** прогóн|вам [~я]
Ver|kauf *m* продáжба; **≗kaufen** продá(ва)м; **~käufer(in** *f*) *m* продавáч(ка); **≗käuflich** за прóдан
Verkehr *m* движéние; съобщéния *pl*; (*Umgang*) общýване; **≗en** общýвам (**mit** *D* с); BAHN движа се, вървя́
Verkehrs|ampel *f* светофáр; **~mittel** *n* превóзно срéдство; **~ordnung** *f* прáвилник за движéнието; **~polizei** *f* транспóртна полúция; **~unfall** *m* автомобúлна злополýка; **~zeichen** *n/pl* пътни знáци
verkehrt нáопаки; (*falsch*) непрáвилен
ver|klagen дá(ва)м под съд; **~kleiden** преобл|úчам [~екá] (**sich** се); облицóвам (*im*)*pf*; **~kleinern** намаля́(-вам); **~knüpfen** свъ́р|звам [~жа]; **~kommen** пропáд|ам [~на]; **~körpern** олицетворя́(-вам); **~krüppelt** осакатéн; **~kümmern** линéя, зам|úрам [~рá]; **~kürzen** съкра|щáвам [~тя́], скъся́(вам); **~laden** натовáр|вам [~я]
Verlag *m* издáтелство
verlangen [по]úскам
Verlangen *n* желáние; **auf ~** по желáние
verlänger|n продълж́а(вам); **≗ung** *f* продължáване; продължéние
verlangsamen забáвя(м)
verlassen *v/t* напýс|кам [~на]; **sich ~** разчúтам (**auf** *A* на); *adj* изостáвен
Verlauf *m* течéние, ход; **≗en** *fig* (пре)м|инáвам [~úна]
verleg|en премéст|вам [~я]; *Termin* отл|áгам [~óжа]; *Buch* издá(ва)м; *P* (*vermissen*) забýт(в)ам; *adj* смутéн; **≗enheit** *f* затруднéние; **≗er** *m* издáтел
Verleih *m* вéщи под нáем; **≗en** дá(ва)м назáем; *Orden usw.* награ|ждáвам [~дя́]
ver|leiten подв|éждам [~едá]; **~lernen** отýч|вам [~а] се; **~letzen** наранá(вам); *fig* оскърбя́(вам); JUR нарушá(-вам); **~leumden** злослóвя; **≗leumdung** *f* клеветá; **~lieben**: **sich ~lieben** влю́б|вам [~я] се (**in** *A* в); **~lieren** загýб|вам [~я], изгýб|вам [~я] (*a. fig*)
verlob|en: **sich ~en** сгодя́(-вам) се; **≗te(r)** годенúк;

≗ung *f* годéж
verlockend примамлúв
verloren загýбен; ~ **gehen** загýб|вам [~я] се
ver|löschen угáс|вам [~на]; **~losen** разигрá|вам [~я] на лотáрия; **≗lust** *m* зáгуба; **≗mächtnis** *n* завещáние; завéт; **~mehren** (**sich**) умножá(-вам) (се); ZO размножá(вам) (се); **~meiden** избяг|вам [~на]; **≗merk** *m* забелéжка; **~mieten** дá(ва)м под нáем; **~mindern** намаля́(вам); **~mischen** смéс|вам [~я]; **~missen** лúпсва ми (нщ)
vermitt|eln посрéднича; **≗lung** *f* посрéдничество
vermögen мóга, съум|я́вам [~éя]
Vermögen *n* способност *f*; (*Besitz*) имóт, състоя́ние
vermögend замóжен
vermut|en предпол|áгам [~óжа]; **~lich** верóятен; **≗ung** *f* предположéние
ver|nachlässigen занемаря́(-вам); **~nehmen** JUR разпúт(в)ам; (*hören*) дол|áвям [~óвя]; **~neigen** → ~beugen; **~neinen** отр|úчам [~екá]; **~nichten** унищожá(-вам)
Ver|nunft *f* рáзум; **≗nünftig** разýмен
ver|öffentlichen публикýвам (*im*)*pf*
verordn|en нар|éждам [~едя́]; MED предпú|свам [~ша]; **≗ung** *f* MED предписáние
ver|pachten дá(ва)м под нáем; **~packen** опакóвам (*im*)*pf*; **≗packung** *f* опакóвка; **~passen** пропýс|кам [~на]; **~pflanzen** прес|áждам [~адя́]
verpfleg|en храня́; **≗ung** *f* хранá, прехрáна
verpflicht|en задължá(вам) (**sich** се); **≗ung** *f* задължéние
Ver|rat *m* предáтелство; **≗raten** издá(ва)м, предá(ва)м; **~räter(in** *f*) *m* предáтел(ка)
verrechnen: **sich** ~ сгрешá(-вам) при смя́тане
ver|reisen отпътýвам (*im*)*pf*; **~renken** изкълч|вам [~а]; **~riegeln** залóст|вам [~я]; **~ringern** намаля́(в)ам; **~rosten** ръждя́с(в)ам
verrückt, **≗e(r)** луд
Vers *m* стих
ver|sagen откá|звам [~жа]; *Kräfte*: отмал|я́вам [~éя]; **~salzen** *adj* пресолéн; **~sammeln** съб|úрам [~ерá] (**sich** се); **≗sammlung** *f* събрáние; **≗sand** *m* изпрáщане
versäum|en пропýс|кам [~на]; **≗nis** *n* пропýск; отсъствие
ver|schaffen набáвя(м); **~schärfen** изóстря(м); **~schieben** размéст|вам [~я]; (*zeitlich*) отл|áгам [~óжа]
verschieden различен; **~artig** разнообрáзен
verschimmelt мухля́съл
verschlafen просп|úвам [~я́]; *adj* сънлúв
ver|schlechtern влошá(вам)

(**sich** се); **~schleiern** забу́л|вам [~я]; **~schleppen** отвл|и́чам [~ека́]; (*verzögern*) прот|а́кам [~о́ча]; **~schlimmern** влоша́(вам) (**sich** се); **~schlossen** затво́рен
verschlucken пог|лъ́щам [~ъ́лна]; **sich ~** зада́вя(м) се
Verschluss *m* (*Flasche*) та́па; (*Waffe*, FOT) затво́р
ver|schnupft хре́мав; *fig* оби́ден; **~schnüren** връ́звам [вържа]; **~schonen** пощадя́ (-вам); **~schönern** разхубавя́ (-вам)
verschreiben MED пред|пи́|свам [~ша]; **sich ~** сбъ́рк(в)ам при пи́сане
Verschulden *n* вина́
ver|schütten затру́п(в)ам; *Flüssigkeit* разси́п|вам [~я]; **~schweigen** премълча́(вам); **~schwenden** прахо́с(в)ам; **~schwiegen** дискре́тен; **~schwinden** изче́з|вам [~на]; **ꝸschwörung** *f* заго́вор
versehen *Dienst* изп|ълня́вам [~ъ́лня]; **~ mit** (*D*) снабдя́(вам) с
Versehen *n* гре́шка; **aus ~**, **ꝸtlich** по погре́шка
ver|senden разпра́|щам [~тя]; **~senken** MAR потопя́ (-вам); **~setzen** преме́ст|вам [~я]
versichern уверя́(вам); **sich ~** застрахо́вам се (*im*)*pf*
Versicherung *f* застрахо́вка, осигуро́вка
ver|sinken потъ́|вам [~на]; **~söhnen** помиря́(вам) (**mit** *D* с); **~sorgen** снабдя́(вам) (**mit** *D* с); **ꝸsorgung** *f* снабдя́ване
verspät|en: **sich ~en** закъсн|я́вам [~е́я]; **ꝸung** *f* закъсне́ние
ver|sperren *Weg* прегр|а́ждам [~адя́]; **~spotten** подигра́|вам [~я] се (*A* с нкг); **~sprechen** обеща́|вам [~я]; **ꝸsprechen** *n* обеща́ние; **~staatlichen** национализи́рам (*im*)*pf*; **ꝸstand** *m* ум, ра́зум
verständig|en осведомя́ (-вам); **sich ~en** разби́|рам [~ера́] се; **ꝸung** *f* разбира́телство
verständ|lich разбира́ем; **ꝸnis** *n* разби́ране (**für** *A* за)
verstärk|en уси́л|вам [~я]; **ꝸer** *m* TECH усилва́тел; **ꝸung** *f* MIL подкрепле́ние
verstauch|en нав|я́хвам [~е́хна]; **ꝸung** *f* навя́хване
Versteck *n* скрива́лище; **ꝸen** крия́, скри́|вам [~я]
ver|stehen разб|и́рам [~ера́]; **ꝸsteigerung** *f* тъ́рг, наддава́не
verstell|bar подви́жен; **~en** преме́ст|вам [~я]; **sich ~en** прест|ру́вам [~о́ря] се
verstimm|t ядо́сан, огорче́н; **ꝸung** *f* ло́шо настрое́ние; MED разстро́йство
verstopf|en запу́ш|вам [~а]; *fig* задръ́ст|вам [~я]; **~t** задръ́стен; **ꝸung** *f* задръ́стване; MED за́пек
ver|storben почи́нал, поко́ен;

&stoß *m* нарушéние; **~stoßen** наруша(вам) (**gegen** *A* нщ); **~stummen** онем|явам [~éя]; заглъх|вам [~на]
Versuch *m* óпит; **~s-** *in Zssg(n)* óпитен, прóбен; **&en** опит(в)ам; **~ung** *f* изкушéние
ver|tagen отл|áгам [~óжа]; **~tauschen** разм|éням [~ення]
verteidigen защи|щáвам [~тя]
Verteidig|er *m* JUR, SPORT защитник; **~ung** *f* защита, отбрáна
verteil|en разпред|éлям [~еля]; **&ung** *f* разпределéние
ver|teuern поскъпя(вам); **~tiefen** задълбочá(вам) (**sich in** *A* се в)
Vertrag *m* дóговор
vertragen пон|áсям [~есá]; **sich ~** погáждам се
vertrauen имам довéрие (**auf** *A* в; *D* в *od* нкм)
Vertrauen *n* довéрие
vertrau|lich поверителен; **~t** интимен, запознáт (**mit** *D* с)
vertreiben изгóн|вам [~я]; *Zeit* прекáр(в)ам
vertreten замéст|вам [~я]; (*repräsentieren*) представя(м)
Vertret|er *m* (*Stell&*) замéстник; представител (*a.* HDL); **~erin** *f* замéстничка; **~ung** *f* замéстничество; представителство
Vertrieb *m* HDL продáжба
ver|unglücken катастрофирам (*im*)*pf*; **~untreuen** злоупотребя(вам); **~ursachen** причиня(вам); **~urteilen** осъ|ждам [~дя]; **~vielfältigen** умножá(вам); TYP размножá(вам)
vervoll|kommnen усъвършéнствам (*im*)*pf*; **~ständigen** допълня(м)
verwahr|en съхраня(вам), пáзя; **~lost** занемарéн
verwalt|en управлявам; **&ung** *f* администрáция; (*Behörde*) управлéние
verwandeln прев|ръщам [~ърна] (**in** *A* в)
verwandt срóден
Verwandt|e *m/f* роднина *m/f*; **~schaft** *f* роднинство; *koll* роднини *pl*
ver|wechseln сбърк(в)ам; (*j-n*) припознá|вам [~я] се; **~weigern** откá|звам [~жа]; **~weilen** пребивáвам
Verweis *m* ýкор, мъмрене; (*Hinweis*) укáзание; **&en** укоря(вам); **&en an** *od* **auf** (*A*) насóч|вам [~а], отпрáвя(м) към; (*des Landes*) изгóн|вам [~я]
ver|welken ув|яхвам [~éхна]; **~wenden** употребя(вам); **~werten** оползотворя(вам); **~wickelt** заплéтен
verwirklich|en осъществя(вам); **&ung** *f* осъществяване
ver|wirren забърк(в)ам; **~wirrt** забъркан; **~wischen** заличá(вам); **~witwet** овдовял; **~wöhnen** разглéз|вам [~я]; **~wunden** нараня(вам); **&wundete(r)** ранéн; **&wundung** *f* нараняване

verzählen: **sich ~** сбърк(в)ам при броéне
ver|zaubern омагьóс(в)ам; **~zehren** ям, консумúрам (*im*)*pf*
Verzeichnis *n* спúсък
verzeih|en про|щáвам [~стя́]; **&ung** *f* прóшка, извинéние; **&ung!** извинéте!
Verzicht *m* откáзване, óтказ; **&en** откá|звам [~жа] се (**auf** *A* от)
verzöger|n забáвя(м), про-т|áквам [~óча]; **&ung** *f* забá-вяне
verzollen обмитя́(вам)
verzweif|eln отчá|йвам [~я] се (**an** *D* от); **&lung** *f* отчаяние
Vetter *m* братовчéд
Video|film *m* вúдеофилм; **~kamera** *f* вúдеокамера
Vieh *n* говéдо, добúтък, скот; **~zucht** *f* скотовъ́дство
viel мнóго; **~fach** многокрá-тен; **~leicht** мóже би; **~mals** мнóго пъ́ти; **~mehr** напрóтив; (*eher*) пó-скóро; **~seitig** мно-гострáнен
Vier *f* четвóрка; **&eckig** чети-ри́ъгълен; **&fach** четвóрен
Viertel *n* чéтвърт *f od m*; (*Stadt*) квартáл; **~jahr** *n* тримéсечие
Villa *f* вúла
violett виолéтов
Violine *f* виолúна
Virus *m,n* вúрус
Visitenkarte *f* вúзитна кáр-тичка
Visum *n* вúза
Vitamin *n* витамúн
Vogel *m* пти́ца
Vokal *m* глáсна
Volk *n* нарóд
Völkerrecht *n* междунарóдно прáво
Volks|abstimmung *f* пле-бисци́т; **~hochschule** *f* нарó-ден университéт; **~lied** *n* на-рóдна пéсен; **~wirtschaft** *f* нарóдно стопáнство; **~zäh-lung** *f* преброя́ване на насе-лéнието
voll пъ́лен
voll|bringen извъ́рш|вам [~а]; **~enden** завъ́р|швам [~ша]
völlig пъ́лен; *adv* напъ́лно
voll|jährig пълнолéтен; **~kommen** съвършéн
Voll|macht *f* пълномóщие; (*Urkunde*) пълномóщно; **~mond** *m* пълнолýние; **~narkose** *f* пъ́лна упóйка; **~pension** *f* пъ́лен пансиóн
voll|ständig пъ́лен; *adv* на-пъ́лно; **~strecken** *Urteil* из-п|ълня́вам [~ълня́]; **~zählig** в пъ́лен състáв
Volumen *n* MATH обéм
von (*D*) от, на; **~einander** еди́н от друг
vor (*D, A*) пред, предú; от
Vor|abend *m* навечéрие; **~ahnung** *f* предчýвствие
voran напрéд; **~gehen** вървя́ напрéд
Voranmeldung *f* предвари́-телна заявка
voraus напрéд; **im &** пред-вари́телно; **~sagen** пред-скá|звам [~жа]; **~setzen** предпол|áгам [~óжа]; **~ge-**

setzt, dass в слу́чай, че; **&setzung** *f* предоста́вка; **~sichtlich** вероя́тен; **&zahlung** *f* предпла́та

Vorbehalt *m*: **unter** *od* **mit ~** при (*od* с) усло́вие

vorbei покра́й; **es ist ~** ми́на; **~gehen** мина́вам [ми́на]; **~lassen** пу́с|кам [~на] да ми́не

vorbereit|en подго́твя(м); **&ung** *f* подгото́вка

vor|bestellen поръ́ч(в)ам предвари́телно; **~bestraft** осъ́ждан; **~beugen** предотвратя́(вам) (*D* нщ); **&bild** *n* образе́ц, приме́р; **~bildlich** образцо́в

vorder- пре́ден

Vorder|grund *m*: **(im) ~grund** (на) пре́ден план; **~seite** *f* ли́цева страна́, фаса́да

Vordruck *m* бла́нка

vor|eilig прибъ́рзан; **~eingenommen** предубеде́н

Vor|fahren *m/pl* предци́ *pl*; **~fahrt** *f* KFZ предимство (в движе́нието); **~fall** *m* слу́чка; **&fallen** слу́ч|вам [~а] се; **&führen** (*zeigen*) пока́|звам [~жа]; *Film* прожекти́рам (*im*)*pf*; **~gang** *m* произше́ствие, слу́чка; (*Akte*) де́ло; **~gänger** *m* предше́ственик; **~gesetzte(r)** нача́лник, шеф

vor|gestern за́вчера; **~haben** възнамеря́вам; **&haben** *n* за́мисъл *f*

vorhanden нали́чен; **&sein** *n* нали́чност *f*; съществу́ване

Vorhang *m* перде́; THEA заве́са

vor|her преди́ това́; **~herrschen** преоблада́вам

vorhin преди́

vorig ми́нал, преди́шен

vorjährig миналогоди́шен

vorkommen нам|и́рам [~е́ря] се; (*passieren*) слу́ч|вам [~а] се

Vorkomm|en *n* BGB нахо́дище; **~nis** *n* слу́чка

vor|laden JUR пока́н|вам [~я]; **&lage** *f* моде́л; прое́кт; **~lassen** пу́с|кам [~на] напре́д; **&läufer** *m* предше́ственик; **~läufig** вре́менен; **~legen** предста́вя(м); **~lesen** [про]чета́ (*D* пред нкг); **&lesung** *f* ле́кция; **~letzt-** предпосле́ден; **&liebe** *f* предпочита́ние, сла́бост *f* (**für** *A* към); **~merken** запи́|свам [~ша] предвари́телно

Vormittag *m* предио́бед; **&s** преди обед

Vormund *m* насто́йник

vorn(e) отпре́д

Vorname *m* ли́чно и́ме

vornehm благоро́ден

Vor|ort *m* предгра́дие; **~rang** *m* преди́мство; **~rat** *m* запа́с; **&rätig** нали́чен; **~recht** *n* привиле́гия; **~richtung** *f* приспособле́ние; **&rücken** *v/t* преме́ст|вам [~я] напре́д; *v/i* напре́д|вам [~на]; **~saison** *f* вре́мето преди́ нача́лото на сезо́на; **~satz** *m* намере́ние; **&sätzlich** предуми́шлен; **~schein** *m*: **zum ~schein kommen** изл|и́зам [~я́за] ная́ве

Vorschlag *m* предложе́ние; **≈en** предл|а́гам [~о́жа]
vor|schreiben предпи́|свам [~ша]; **≈schrift** *f* предписа́ние; **≈schuss** *m* ава́нс; **~sehen**: **sich ~sehen** па́зя се; **≈sehung** *f* провиде́ние
Vorsicht *f* внима́ние; **≈ig** предпазли́в
Vorsichtsmaßnahme *f* предпа́зна мя́рка
Vorsitzende(r) председа́тел
Vor|sorge *f* гри́жа; **~speise** *f* ордьо́връ; **~spiel** *n* MUS уверт-ю́ра; THEA про́лог; **~sprung** *m* преднина́; **~stadt** *f* предгра́дие; **~stand** *m* настоя́телство; (*Person*) председа́тел
vorstell|en предста́вя(м) (**sich** [*D*] **etw** си нщ, **sich** [*A*] **j-m** се нкм); **≈ung** *f* THEA представле́ние; (*Begriff*) предста́ва; запозна́ване
Vorstoß *m* бърз (*od* смел) у́дар
Vorteil *m* изго́да; → *a.* **Vorzug**; **≈haft** изго́ден
Vor|trag *m* докла́д, лекция; **≈tragen** MUS изп|ълня́вам [~ъ́лня]; *Sache* докла́двам
vorüber покра́й; отми́на; **~gehen** *fig* прем|ина́вам [~и́на]; **~gehend** вре́менен
Vor|urteil *n* предразсъ́дък; **~verkauf** *m* предвари́телна прода́жба; **~wand** *m* прете́кст, предло́г
vorwärts напре́д; **~ kommen** напре́д|вам [~на], прогреси́рам
vor|weisen *Ausweis* пока́|звам [~жа]; **~werfen** *fig* укоря́(-вам) (*D* **etw** нкг за нщ); **~wiegend** преди́мно
Vor|wort *n* пре́дговор; **~wurf** *m* у́прек, у́кор
vor|zeigen пока́|звам [~жа]; **~zeitig** преждевре́менен; **~ziehen** предпоч|и́там [~ета́], *Vorhänge* дръп|вам [~на]
Vor|zimmer *n* чака́лня; **~zug** *m* преди́мство; **≈züglich** отли́чен; **~zugspreis** *m* (специа́лно) намале́на цена́
vulgär вулга́рен
Vulkan *m* вулка́н

W

Waage *f* тегли́лка, везни́ *f/pl*; **≈recht** водора́вен
wach бу́ден; **~ werden** разбу́|ждам [~дя] се
Wach|e *f* пост, часови́; **~en** бдя (**über** *A* над)
Wacholder *m* хво́йна
Wachs *n* во́сък
wachsam бди́телен
wachsen *v/i* раста́, пора́с|твам [~тна]
Wachstum *n* расте́ж
Wächter *m* паза́ч
wack|(e)lig разкла́тен; **~eln** кла́тя се
Wade *f* прасе́ц
Waffe *f* оръ́жие
Waffel *f* ва́фла
wagen риску́вам; осмеля́(вам)

се
Wagen *m* кола́; BAHN ваго́н; **~heber** *m* крик; **~papiere** *pl* докуме́нтите на автомоби́ла
Wa(g)gon *m* ваго́н
Wahl *f* избор; **~en** *pl* POL избо́ри *m/pl*; **≈berechtigt** имащ избира́телно пра́во
wähl|en изб|и́рам [~ерá]; **≈er(in** *f*) *m* избира́тел(ка); **~erisch** придирчи́в
Wahlrecht *n* избира́телно пра́во
Wahn|sinn *m* лу́дост *f*; **≈sinnig** луд
wahr и́стински, ве́рен; **nicht ~?** нали́?
wahren па́зя, запа́з|вам [~я]
während (*G*) по вре́ме на; *konj* докато́
wahr|haftig наи́стина; **≈heit** *f* и́стина, пра́вда; **~nehmen** забел|я́звам [~е́жа]; *Gelegenheit* възпо́лзвам се (от); **≈sagerin** *f* гада́телка; **~scheinlich** вероя́тен
Währung *f* валу́та
Wahrzeichen *n* си́мвол, емблéма
Waise *f* сира́к
Wal *m* кит
Wald *m* гора́; **≈ig** горист
Wall *m* вал, на́сип
Wallfahrt *f* поклоне́ние
Walnuss *f* о́рех
Walze *f* ва́ляк, валц
wälzen търк|а́лям [~о́ля] (**sich** се)
Walzer *m* валс
Wand *f* стена́
Wandel *m* промя́на
wandeln: **sich ~** пром|еня́м [~еня́] се
Wander|er *m* пъ́тник, тури́ст, и́злетник; **~karte** *f* тури́стическа ка́рта
wandern хо́дя, [на]пра́вя и́злет
Wander|schuhe *m/pl* тури́стически обу́вки; **~ung** *f* и́злет; **~weg** *m* и́злетен маршру́т, пъте́ка
Wand|schrank *m* вграде́н гардеро́б; **~uhr** *f* сте́нен часо́вник
Wange *f* бу́за
wann кога́
Wanne *f* ва́на
Wanze *f* дървени́ца; подслуша́телно устро́йство
Wappen *n* герб
Ware *f* сто́ка
Waren|haus *n* универма́г; **~lager** *n* склад за сто́ка; **~zeichen** *n* фабри́чна ма́рка
warm то́пъл; **~ halten** *Essen* поддъ́ржам то́пло
Wärm|e *f* топлина́; **≈en** сто́пля(м) (се); **~flasche** *f* гре́йка, термофо́р
Warnblinker *m* предупреди́телен мига́ч
warnen предупре|жда́вам [~дя́] (**vor** *D* за)
Warn|ung *f* предупрежде́ние; **~zeichen** *n* предупреди́телен знак
warten [по]ча́кам (**auf** *A* нкг, нщ)
Wärter(in *f*) *m* пазач(ка)
Warte|raum *m*, **~saal** *m*, **~zimmer** *n* чака́лня

warum защо́
Warze *f* брада́вица
was какво́, що; (*etwas*) не́що
Wasch|automat *m* пера́лна маши́на; **~becken** *n* умива́лник
Wäsche *f* бельо́; (*das Waschen*) пране́; **~leine** *f* въже́ за пране́
waschen [из]ми́я (**sich** се); *Wäsche* [из]пера́
Wäsche|rei *f* пера́лня; **~schrank** *m* шкаф за бельо́
Wasch|lappen *m* кеси́я за ба́ня; **~maschine** *f* пера́лна маши́на; **~mittel** *n*, **~pulver** *n* прах за пране́
Wasser *n* вода́; *in Zssg(n)* во́ден; **~behälter** *m* бидо́н за вода́; **~dampf** *m* во́дна па́ра; **≈dicht** непромока́ем; **~fall** *m* водопа́д; **~glas** *n* ча́ша за вода́; CHEM во́дно стъкло́; **~hahn** *m* кран на чешма́
wässerig, **wässrig** во́ден, водни́ст
Wasser|kocher *m* електри́ческа ка́на; **~kraftwerk** *n* во́дна електроцентра́ла; **~leitung** *f* водопрово́д; **~melone** *f* ди́ня; **~ski** *m* во́дни ски́ *pl*; **~spiegel** *m* во́дна повъ́рхност; **~sport** *m* во́ден спорт; **~stoff** *m* водоро́д
waten [пре]га́зя
Watte *f* паму́к, ва́та
web|en тъка́; **≈er(in** *f*) *m* тъка́ч(ка)
Webseite *f* (*im Internet*) уе́б-страница
Webstuhl *m* стан
Wechsel *m* смя́на; промя́на; HDL по́лица
wechseln сменя́(вам); *Geld* разм|е́ням [~еня́]; обме́н|ям [~я]
Wechsel|kurs *m* курс за обмя́на на чу́жда валу́та; **≈seitig** взаимен; **~strom** *m* променли́в ток; **~stube** *f* обме́нно бюро́, че́йндж бюро́
weck|en бу́дя, събу́|ждам [~дя]; **≈er** *m* буди́лник
weder: **~ … noch** ни́то … ни́то, ни … ни
weg: **er ist ~** оти́де си; **~ damit!** махни́ това́!
Weg *m* път
wegbringen ма́хам, отстраня́(-вам)
wegen (*G*) поради́, заради́
weg|fahren *v/i* отпъту́вам (*im*)*pf*; *v/t* отка́р(в)ам; **~fallen** отпа́д|ам [~на]; **~gehen** оти́|вам [~да] си; **~lassen** пу́с|кам [~на]; **~laufen** избя́г(в)ам; **~legen** сл|а́гам [~о́жа] настрана́; **~nehmen** взе́ма(м), отне́ма(м); **~schicken** изпра́|щам [~тя]; **~schneiden** отр|я́звам [~е́жа]; **~stellen**, **~tun** поста́вя(м) настрана́
Wegweiser *m* пътепоказа́тел
Wegwerfartikel *pl* арти́кули *pl* за еднокра́тна употре́ба
weg|werfen изхвъ́рля(м); **~wischen** избъ́р|свам [~ша]
weh: **es tut ~** боли́; **j-m ~tun** причиня́(вам) нкм бо́лка
wehen ве́я, ду́х|ам [~на]
Wehen *pl* роди́лни мъ́ки
Wehmut *f* тъга́, скръб *f*
Wehr *n* бара́ж, яз; **~dienst** *m*

военна служба
wehr|en: **sich ~en** браня се; **~los** беззащитен
Weib|chen *n* (*Tier*) женска; **℞lich** женски
weich мек
Weich|e *f* BAHN стрелка; **℞en** отстъп|вам [~я]
Weid|e *f* върба; (*Vieh*) пас(б)ище, паша; **℞en** паса
weiger|n: **sich ~n** отка|звам [~жа], противя се; **℞ung** *f* отказ
weihen посве|щавам [~тя]
Weiher *m* малко езеро
Weihnacht|en *n* Коледа; **℞lich** коледен
Weihnachtsabend *m* Бъдни вечер *f*; **~baum** *m* коледна елха; **~geschenk** *n* подарък за Коледа; **~lied** *n* коледна песен; **~mann** *m* Дядо Коледа, Дядо Мраз
weil защото, понеже
Wein *m* вино; *in Zssg(n)* винен; **~bau** *m* лозарство; **~berg** *m* лозе; **~brand** *m* коняк
weinen плача
Wein|flasche *f* винена бутилка; **~glas** *n* винена чаша; **~karte** *f* лист за напитки; **~keller** *m* винарска изба; **~lese** *f* гроздобер; **~rebe** *f*, **~stock** *m* лоза; **~stube** *f* кръчма; **~traube** *f* грозд
weise мъдър
Weise *f* MUS мелодия; (*Art*) начин; **auf diese ~** по този начин
weisen (*zeigen*) пока|звам [~жа] (**auf** *A* нщ, нкг)
Weisheit *f* мъдрост *f*
Weisheitszahn *m* (зъб-) мъдрец
weiß бял
Weiß|bier *n* светла бира; **~brot** *n* бял хляб; **~wein** *m* бяло вино
Weisung *f* указание; нареждане
weit *adv* далеч(е); *adj* (*entfernt*) далечен; (*breit*) широк; (*Feld usw.*) просторен
Weite *f* далечина; простор; (*Breite*) ширина
weit|en разширя(вам) (**sich** се); **~er** по-нататък; **ohne ~eres** без съмнение; **~sichtig** далекоглед; *fig* далновиден
Weitsprung *m* дълъг скок
Weizen *m* пшеница
welche, ~r, ~s коя, кой, кое; (*relativ*) която, който, което
welk повехнал
Welle *f* вълна
Wellen|brecher *m* вълнолом; **℞förmig** вълнообразен; **~gang** *m* морско вълнение; **~reiten** *n* сърфинг
wellig вълнист
Wels *m* сом
Welt *f* свят; *in Zssg(n)* световен, миров, всемирен; **~all** *n* вселена; **~anschauung** мироглед; **℞berühmt** световно известен; **~krieg** *m* световна война; **℞lich** светски; **~macht** *f* велика сила; **~markt** *m* световен пазар; **~meister** *m* световен шампион; **~meisterin** *f* световна шампионка; **~meisterschaft** *f* световно първенство;

~raum *m* кóсмос; **~reise** *f* околосвéтско пъ́туване; **~rekord** *m* светóвен рекóрд; **~stadt** *f* милиóнен град; **~wirtschaft** *f* светóвно стопáнство

Wende *f* POL Прéходът

Wendekreis *m* трóпик

Wendeltreppe *f* вúта стъ́лба

wenden об|ръ́щам [~ъ́рна] (**sich** се) (**an** *A* към)

Wendepunkt *m* поврáтна тóчка

Wendung *f* обрáт; поврáт; обръ́щане

wenig мáлко; **~er** пó-мáлко; MATH без; **~stens** нáй-мáлко, понé

wenn акó; *zeitl* когáто

wer кой; (*relativ*) кóйто

werb|en *v/t* вербýвам; *v/i* [на]прáвя реклáма (**für** *A* на); домóг|вам [~на] се (**um** *A* до); **≈ung** *f* реклáма, пропагáнда

werden стá|вам [~на], бъ́да

werfen хвъ́рля(м)

Werft *f* корабострóйтелница

Werk *n* (*Kunst≈*) произведéние, творбá; (*Tat*) дéло; (*Fabrik*) завóд; TECH механúзъм; **~statt** *f* работúлница; **~tag** *m* дéлник; **≈tätig** трýдещ се; **~zeug** *n* инструмéнт

wert цéнен; достóен; (*teuer*) скъп

Wert *m* стóйност *f*, ценá; **~angabe** *f* отбеля́зване на стóйносттá; **~gegenstand** *m* цéнност *f*; **≈los** без стóйност; **~papiere** *n/pl* цéнни книжá; **≈voll** цéнен

Wesen *n* сществó; (*Kern*) сщностf

wesentlich сщéствен

weshalb защó; *konj* поради́ кóето

Wespe *f* осá

Weste *f* жилéтка

West|en *m* зáпад; **≈lich** зáпаден

Wettbewerb *m* съревновáние, състезáние, конкýрс; **im ~ mit j-m stehen** съревновáвам се с нкг

Wette *f* бас, облóг

wett|eifern състезáвам се; **~en** басúрам се (*im*)*pf*

Wetter *n* врéме; **~amt** *n* метеорологúчна слýжба; **~vorhersage** *f* прогнóза за врéмето

Wett|kampf *m* състезáние; **~lauf** *m*, **~rennen** *n* надбя́гване; **~rüsten** *n* надпревáра във въоръжáването

wichtig вáжен; **≈keit** *f* вáжност *f*

wickeln увú|вам [~я]

wider (*A*) прóтив, въ́преки; **~fahren** слýч|вам [~а] се; **~legen** опровергá|вам [~я]; **~lich** отвратúтелен; **~natürlich** противоестéствен; **~rechtlich** противозакóнен; **≈ruf** *m* отмя́на, опровержéние *f*, *n*; **~rufen** отменя́(вам); **~setzen**: **sich ~setzen** противопостáвя(м) се; **~spenstig** óпърничав; **~spiegeln** отразя́(вам); **~sprechen** противоречá; **≈spruch** *m* противорéчие

Widerstand *m* съпроти́ва; **~ leisten** ока́|звам [~жа] съпроти́ва
wider|stehen устоя́(вам), противостоя́; **~streben** съпротивя́(вам) се; **~wärtig** → ~lich; **2wille** *m* отвраще́ние
widm|en посве|ща́вам [~тя́]; **2ung** *f* посвеще́ние
wie как; ко́лко; *konj* ка́кто, като́; **~ viel** ко́лко
wieder пак, отно́во; **~ aufnehmen** *Arbeit usw.* подéма(м) отно́во; (*in den Verein*) прие́ма(м) отно́во; **~ beleben** съживя́(-вам); **~ erkennen** позна́|вам [~я] (**an** *D* по); **~ finden** нам|и́рам [~е́ря] отно́во; **~ gutmachen** обезщетя́(вам); **~ sehen** ви́|ждам [~дя] отно́во; **2aufbau** *m* възстановя́ване; **~bekommen** пол|уча́вам [~у́ча] обра́тно; **~bringen** връ́щам [въ́рна] обра́тно; **2gabe** *f* възпроизвéждане; **~geben** (въз)в|ръ́щам [~ъ́рна]; **~herstellen** възстановя́(-вам); **~holen** повт|а́рям [~о́ря]; **2holung** *f* повторе́ние; **~kehren**, **~kommen** връ́щам [въ́рна] се пак
Wieder|sehen *n*: **auf ~sehen!** до ви́ждане!; **~vereinigung** *f* (*in Deutschland*) Обедине́нието
Wieg|e *f* лю́лка; **2en** *v/t Kind* люле́я; (*ab~*) преме́р|вам [~я]; (*klein hacken*) наќълц(в)ам; *v/i* тежа́
wiehern цви́ля
Wien *n* Вие́на
Wiese *f* лива́да
wie|so как така́; **~viel** *s.* wie
wild див
Wild *n* ди́веч; **~leder** *n* велу́р; **~nis** *f* пущина́к; **~schwein** *n* ди́ва свиня́
Will|e *m* во́ля; **seinen ~en durchsetzen** нал|а́гам [~о́жа] во́лята си
will|ig съгла́сен; **~kommen** добре́ дошъ́л; **~kürlich** произво́лен
wimm|eln гъмжа́ (**von** *D* от); **~ern** скимтя́, пла́ча
Wimpel *m* ви́мпел, зна́менце
Wimper *f* ми́гла
Wind *m* вя́тър
Windel *f* пелена́
winden вия́; **sich ~** вия́ се; *fig* гъ́рча се
Wind|hund *m* хръ́тка; **2ig** ветрови́т; *fig* вя́търничав; **~jacke** *f* винтя́га; **~mühle** *f* вя́търна ме́лница; **~pocken** *pl* варице́ла, ле́щенка; **~schutzscheibe** *f* KFZ пре́дно стъкло́; **~stille** *f* безве́трие; **~stoß** *m* по́рив; **~ung** *f* заво́й, изви́вка; TECH нави́вка, ви́тка
Wink *m* (*Zeichen*) знак; *fig* на́мек
Winkel *m* ъ́гъл
winken ма́хам с ръка́
Winter *m* зи́ма; **im ~** през зи́мата; **2lich** зи́мен; **~reifen** *m* зи́мна гу́ма; **~schlussverkauf** *m* зи́мна разпрода́жба; **~sport** *m* зи́мен спорт
Winzer *m* лоза́р

winzig мъничък, дре́бен
Wipfel *m* връх (на дърво́)
wir ние
Wirbel *m* (*Strudel*) водовърте́ж; ви́хър; ANAT пре́шлен; **~säule** *f* гръбна́чен стълб; **~sturm** *m* вихру́шка
wirk|en [по]действам **~lich** действи́телен
Wirklichkeit *f* действи́телност *f*
wirksam ефика́сен
Wirkung *f* де́йствие; (*Einfluss*) влия́ние; (*Effekt*) сле́дствие, ефе́кт
wirkungs|los безрезулта́тен; **~voll** ефика́сен, резулта́тен
wirr объ́ркан; **≗warr** *m* бъркоти́я
Wirt *m* кръчма́р; (*Haus≗*) стопа́нин; **~in** *f* кръчма́рка; стопа́нка
Wirtschaft *f* стопа́нство; → Wirtshaus
wirtschaft|en стопани́свам; **~lich** стопа́нски, икономи́чески
Wirtshaus *n* кръ́чма
wischen бъ́рша, избъ́р|свам [~ша]
wissen зна́я
Wissen *n* зна́ние
Wissenschaft *f* нау́ка; **~ler** *m* у́чен; **≗lich** нау́чен
Witterung *f* вре́ме
Witwe *f* вдови́ца
Witwer *m* вдове́ц
Witz *m* виц; **≗ig** духови́т
WLAN *n* IT безжи́чна лока́лна мре́жа
wo къде́; *konj* къде́то; **~anders** дру́гаде
Woche *f* се́дмица
Wochen|- *in Zssg*(*n*) се́дмичен; **~blatt** *n* се́дмичник; **~ende** *n* край на се́дмицата; уике́нд; **~tag** *m* де́лник
wöchentlich се́дмичен
wo|durch с какво́; (*relativ*) с коéто; **~für** защо́; за какво́; (*relativ*) за коéто
Wog|e *f* вълна́; **≗n** бушу́вам, люле́я се
wo|her откъде́(то *relativ*); **~hin** накъде́(то *relativ*)
wohl здрав; *adv* добре́; *part* нима́
Wohl *n* бла́го; **zum ~!** наздра́ве!
wohl|auf жив и здрав; **~behalten** здрав, непоку́тнат
wohl|habend замо́жен; **~riechend** благоуха́нен; **~schmeckend** вку́сен
Wohl|stand *m* благосъстоя́ние; **~tat** *f* благодея́ние; **≗tätig** благотвори́телен; **≗tuend** действащ благотво́рно; **~wollen** *n* благоскло́нност *f*
wohn|en живе́я; **~haft** живу́щ
Wohn|haus *n* жилищен блок; **≗lich** у́ютен; **~ort** *m*, **~sitz** *m* местожи́телство; **~ung** *f* жи́лище; **~wagen** *m* фурго́н, карава́на; **~zimmer** *n* дне́вна ста́я
Wolf *m* вълк
Wolke *f* о́блак
Wolken|bruch *m* поро́ен дъжд; **~kratzer** *m* небостърга́ч
wolkig о́блачен

Woll|e *f* вълна; **~decke** *f* одеяло
wollen искам
wollüstig сладострастен
Wollstoff *m* вълнен плат
wo|mit с какво; **~nach** по какво
wor|an за какво, по какво; (*relativ*) за което; **~auf** на какво; (*relativ*) на което; **~aus** от какво; (*relativ*) от което; **~in** в какво
Wort *n* дума; слово; **&los** безмълвен, мълчалив; **~schatz** *m* словно богатство
Wörterbuch *n* речник
wörtlich дословен
wo|rüber за какво, върху какво; (*relativ*) за което; **~rum** за какво; **~runter** под какво; между какво; (*relativ*) под което
wo|von от какво, за какво; (*relativ*) от което, за което; **~vor** пред какво; **~zu** за какво; (*relativ*) за което
Wrack *n* развалина *f*
wuchern BOT избуя(вам)
Wuchs *m* ръст
Wucht *f* тежест *f*, сила
wühlen [по]ровя, рия
wund изранен; *fig* болен
Wunde *f* рана
Wunder *n* чудо
wunder|bar чуден, дивен; **~lich** чудноват
wundern: **sich ~** чудя се, учуд|вам [~я] се
wundervoll прекрасен
Wunsch *m* желание
wünschen желая, пожела|вам [~я]
wünschenswert желателен
Würde *f* достойнство
würdig достоен; **~en** (*schätzen*) ценя
Wurf *m* хвърляне
Würfel *m* зар; MATH куб; **~zucker** *m* захар *f* на бучки
würgen душа, давя
Wurm *m* червей
Wurst *f* салам; колбас
Würstchen *n* кренвирш *m*
Würze *f* GASTR подправка
Wurzel *f* корен
würz|en подправя(м); **~ig** ароматичен; с подправки
wüst пуст
Wüste *f* пустиня
Wut *f* гняв, ярост *f*
wüten беснея, вилнея
wütend разярен, бесен

X-Beine *n/pl* криви крака
x-beliebig няко|й, ~я, ~е
x-mal безброй пъти
Yacht *f* яхта
Yoga *n* йога

Z

Zack|e *f* зъбéц, зъб; **≈ig** назъ́бен
zaghaft нерешителен
zäh жилав; издръжлив
Zahl *f* числó
zahl|bar платим; **~en** пл|áщам [~атя]
zähl|en броя; (*rechnen*) смятам; **≈er** *m* MATH числител; EL електромéр; (*Wasser*) водомéр
Zahl|karte *f* блáнка за пóщенска смéтка; **≈los** безбрóен; **≈reich** многобрóен; **~ung** *f* (за)плáщане
Zählung *f* преброяване
Zahlungs|anweisung *f* кáсов óрдер; **~frist** *f* срок за плáщане; **~mittel** *n* платéжно срéдство
zahm питомен; *fig* крóтък
zähmen опитомя(вам); *fig* укротя(вам)
Zahn *m* зъб; **einen ~ bekommen** поник|ва [~не] (ми) зъб; **~arzt** *m* зъболéкар; **~ärztin** *f* зъболéкарка; **~bürste** *f* чéтка за зъби; **~ersatz** *m* изкýствени зъби, зъбна протéза; **~fleisch** *n* ANAT венци *m/pl*; **~füllung** *f* плóмба; **~pasta** *f* пáста за зъби; **~schmerz** *m* зъбобóл; **~stocher** *m* клéчка за зъби
Zander *m* бяла риба
Zange *f* клещи *pl*
zanken: **sich ~** кáрам се
Zapfen *m* запушáлка, чеп; BOT шишáрка
zart нéжен; (*Fleisch*) крéхък
zärtlich нéжен
Zauber *m* магия; *fig* обаяние; **≈haft** вълшéбен; **~künstler** *m* фóкусник
Zaum *m* юздá
Zaun *m* оградá
Zebrastreifen *m* зéбра, пешехóдна пътéка
Zeche *f* (*Kosten*) смéтка; BGB каменовъ́глена мина
Zeck|e *f* ZO кърлеж; **~enbiss** *m* ухáпване от кърлеж
Zehe *f* пръст (на крак); скилидка
Zehn *f* десетóрка; (*Karten*) десéтка; **≈fach** десетóрен; **~kampf** *m* десетобóй
Zeichen *n* знак; признак; (*Kenn≈*) бéлег
zeichn|en [на]рисýвам; *Anleihe*: запи́|свам [~ша]; **≈ung** *f* рисýнка
Zeigefinger *m* показáлец
zeig|en покá|звам [~жа]; **≈er** *m* стрелкá
Zeile *f* TYP ред
Zeit *f* врéме; **~abschnitt** *m* периóд; **~alter** *n* век; **≈gemäß** модéрен; **≈genössisch** съврéменен; **≈ig** наврéменен, рáнен; **~karte** *f* абонамéнтна кáрта за общéствен прéвоз; **~raum** *m* периóд
Zeit|schrift *f* списáние; **~ung** *f* вéстник; **~ungskiosk** *m* павилиóн за вéстници и списá-

ния; **~verlust** *m* зáгуба на врéме; **~vertreib** *m* развлечéние
Zelle *f* клéтка; (*Gefängnis*) килúя
Zelt *n* палáтка; **≗en** лагерýвам (*im*)*pf* къмпингýвам; **~platz** *m* къмпинг
Zensur *f* цéнзура; (*Schule*) белéжка
Zentimeter *n* сантимéтър
Zentner *m* цéнтнер
zentral централен; **≗e** *f* централа
Zentrum *n* цéнтър
zerbrech|en счýп|вам [~я]; **~lich** чуплúв; крéхък
zerdrücken смáчк(в)ам
Zerfall *m* разпáдане; **≗en** разпáд|ам [~на] се
zer|gehen разт|áпям [~опя] се; **~kleinern** раздробя(вам); **~knirscht** съкрушéн; **~kratzen** издрáск(в)ам; **~legen** разл|áгам [~óжа]; TECH разглобя(вам); **~platzen** пýк|вам [~на] се; **~quetschen** смáчк(в)ам; **~reißen** *v/t* скъс(в)ам
zerren дърпам [дрънна]
zerrissen разпокъсан
Zerrung *f* MED разтéгляне на сухожúлие
zer|schlagen разбú|вам [~я]; *Glas usw.* счýп|вам [~я]; **~schneiden** разр|язвам [~éжа]; **~setzen** разл|áгам [~óжа]; **~springen** пýк|вам [~на] се; **~stören** разрушá(-вам); **≗störung** *f* разрушéние; **~streuen** разпръск(в)ам; **~streut** разхвърлен; *fig* разсéян; **≗streuung** *f* (*Ablenkung*) развлечéние; **~teilen** разд|éлям [~еля]; **~treten** стъп|квам [~ча]; **~trümmern** разтрошá(вам)
Zettel *m* белéжка, лúстче
Zeug *n* вещ *f*, нещá *n/pl*
Zeug|e *m* свидéтел; **≗en** *v/i* свидéтелствам (**gegen** *A* протúв; **von** *D* за); *v/t* създá(ва)м; **~in** *f* свидéтелка; **~nis** *n* свидéтелство
Ziege *f* козá
Ziegel(stein *m*) *m* тýхла
ziehen тéгля, дърпам [дрънна]; *Zahn* извá|ждам [~дя]; *Nutzen* извл|úчам [~екá]; **es zieht** стáва течéние
Ziehung *f* (*Lotterie*) тирáж, тéглене
Ziel *n* цел *f*; SPORT фúниш
ziel|bewusst съзнáтелен; **~en** прицéл|вам [~я] се (**auf** *A* в); **~los** безцéлен
Zielscheibe *f* мишéн(а), прúцел (*a. fig*)
ziemlich дóста; твърде
Zierde *f* украшéние
zier|en украся(вам); **sich ~en** превзéмам се; **~lich** грациóзен, фин
Ziffer *f* цúфра
Zigarette *f* цигáра
Zigarre *f* пýра
Zigeuner *m pej* цúганин *pej*; **~in** *f pej* цúганка *pej*
Zimmer *n* стáя; *in Zssg(n)* стáен; **~mädchen** *n* камериéрка; **~service** *m* обслýжване в (хотéлска) стáя

Zimt *m* канéла
Zinn *n* калáй
Zins *m* лúхва; **~satz** *m* лúхвен процéнт
zirka (*ca.*) óколо
Zirkel *m* пергéл; MATH кръг; *fig* кръжóк
Zirkus *m* цирк
zirpen цвърчá, църкам
zischen съскам
Zitrone *f* лимóн
zittern [за]трепéря
zivil-, **≈-** *in Zssg(n)* цивúлен, грáждански (*a.* JUR); **≈courage** *f* грáжданска смéлост
zögern колебáя се
Zoll *m* мúто; (*Maß*) цол; **~abfertigung** *f* мúтнически прéглед; **~amt** *n* мúтница; **~beamte(r)** митничáр; **~erklärung** *f* мúтническа декларáция; **≈frei** безмúтен; **~kontrolle** *f* мúтническа контрóла; **≈pflichtig** подлежú на обмитяване
Zone *f* зóна
Zoo(logischer Garten) *m* зоологúческа градúна
Zopf *m* плúтка; (*Gebäck*) козунáк
Zorn *m* гняв, яд; **≈ig** сърдúт
zu (*D*): **~ Hause** вкъщи; **~ mir** при мéне; **~ Mittag** на обéд; **~ Weihnachten** за (по) Кóледа; **~ zweit** по двáма; (*vor inf*) да; *adv* (*allzu*) мнóго, твърде; (*geschlossen*) затвóрено; **~ viel** (твърде) мнóго; **~ wenig** (мнóго) мáлко
Zubehör *n, m* принадлéжности *f/pl*
zubereit|en пригóтвя(м); **≈ung** *f* приготовлéние, пригóтвяне
zu|billigen признá|вам [~я]; **~binden** завъ́р|звам [~жа]; **~bringen** прекáр(в)ам, превóз|вам [~я]
Zucht *f* развъждане
züchten развъ́|ждам [~дя]; AGR отглé(ж)дам
Zucker *m* зáхар *f*; *in Zssg(n)* зáхарен; **~dose** *f* захарнúца; **~guss** *m* глазýра; **~melone** *f* пъпеш; **~rübe** *f* зáхарно цвеклó
zu|decken покрú|вам [~я]; **~drehen** зав|ъ́ртвам [~ъртя́]; **~dringlich** натрáпничав; **~einander** един към друг; **~erst** най-напрéд
Zu|fall *m* случáйност *f*; **≈fällig** случáен; **~flucht** *f* убéжище; **~fluss** *m* прúток
zufrieden довóлен (**mit** *D* от); **~ stellen** задоволя́(вам)
zu|frieren замръ́з|вам [~на]; **~fügen** нан|áсям [~есá], причиня́(вам); **≈fuhr** *f* докáрване, достáвка
Zug *m* BAHN влак; (*Fest*) шéствие; (*Luft*) течéние; (*Gesicht*) чертá; MIL взвод
Zu|gabe *f* добáвка; THEA бис; **~gang** *m* дóстъп; вход
zu|gänglich достъ́пен; **~geben** прибáвя(м); (*gestehen*) признá|вам [~я]
Zügel *m* юздá
zügel|los разюздан; **~n** обуздá|вам [~я]
zugrunde: **~ gehen** загú|вам

[~на]; **~ richten** съсѝп|вам [~я]
zugunsten (*G*) в по́лза на
Zugverbindung *f* връ́зка с влак
Zuhause *n* ро́ден дом
zuhören слу́шам
Zuhörer *m* слуша́тел
zu|kleben зал|е́пвам [~епя́]; **~knöpfen** закопча́|вам [~я]; **~kommen** приближа́(вам) се (**auf** *A* към); (*zuteil werden*) по-ла́гам се
Zukunft *f* бъ́деще
zukünftig бъ́дещ
Zulage *f* доба́вка
zu|lassen допу́с|кам [~на]; **2lassung** *f* позволе́ние; **~lässig** допусти́м
zuletzt на́й-по́сле; напосле́дък
zuliebe (*D*): **mir ~** заради́ ме́не
zu|machen затв|а́рям [~о́ря]; **~muten** [по]и́скам, очаквам; **~nächst** преди́ всѝчко; **~nähen** заши́|вам [~я]
Zu|nahme *f* при́раст, увеличе́ние; **~name** *m* пре́зиме, фами́лно и́ме
Zünd|holz *n* кибри́т; **~kerze** *f* KFZ (запа́лна) свещ *f*; **~ung** *f* TECH, KFZ запа́лване
zu|nehmen (*an Gewicht*) надда́(ва)м; (*sich vergrößern*) нара́с|твам [~на]; **2neigung** *f* симпа́тия
Zunft *f* есна́ф, сдруже́ние
Zunge *f* ези́к
zunichte: **~ machen** осуетя́(-вам)
zupfen дъ́рпам [дръ́пна]
zurechnungsfähig вменя́ем
zurecht|finden: **sich ~finden** опра́вя(м) се; **~kommen** спра́вя(м) се (**mit** *D* с); сти́г|ам [~на] навре́ме; **~weisen** смъ́мря(м)
zureden убеж|да́вам [~дя́]
zurück наза́д, обра́тно; **~bekommen** пол|уча́вам [~у́ча] обра́тно; **~bleiben** изоста́|вам [~на]; **~bringen**, **~geben** връ́щам [въ́рна]; **~gehen** връ́щам [въ́рна] се; *Flut*: намал|я́вам [~е́я]; **~halten**: **sich ~halten** възд|ъ́ржам [~ържа́] се; **~kehren**, **~kommen** връ́щам [въ́рна] се; **~lassen** оста́вя(м); **~legen** *Geld* сл|а́гам [~о́жа] настрана́; *Weg* изм|ина́вам [~и́на]; **~nehmen** взе́ма(м) обра́тно; **~setzen** поста́вя(м) наза́д; *fig* понижа́(вам); **~stellen** поста́вя(м) наза́д; *Uhr* връ́щам [въ́рна]; **~stoßen** отблъ́с|квам [~на]; **~treten** оттѐгля(м) се; **~weisen** отхвъ́рля(м); **~werfen** хвъ́рля(м) обра́тно; *Feind* отблъ́с|квам [~на]; рефлекти́рам (*im*)*pf*; **~zahlen** изпл|а́щам [~атя́]; **~ziehen** оттѐгля(м) (**sich** се)
Zusage *f* съгла́сие
zusammen за́едно; **2arbeit** *f* сътру́дничество; съвме́стна ра́бота; **~binden** завъ́р|звам [~жа]; **~brechen** сру́т|вам [~я] се; *fig* ру́х|вам [~на]; **2bruch** *m* ру́хване, па́дане; **~fallen** сру́т|вам [~я] се; *zeitl* съвпа́д|ам [~на]; **~fassen** обобщ|а́вам [~я́]; **2fassung**

f резюме́; **~gehören** принадлежа́ еди́н към друг; **~gesetzt** сло́жен; **~halten** *v/i* държа́ еди́н за друг; държа́ здра́во; *v/t* държа́, свър|звам [~жа]

Zusammen|hang *m* връзка; **&hängen** свързан съм с (не́що)

zusammen|kommen съб|и́рам [~ера́] се; **~legen** съб|и́рам [~ера́]; (*falten*) сгъ|вам [~на]; **~prallen** сблъск|вам [~ам] се; **~rechnen** пресм|я́там [~е́тна]; **~rollen** сви́|вам [~я]

Zusammen|schluss *m* обедине́ние; **~setzung** *f* съста́в

zusammen|stellen съста́вя(м); **&stoß** *m* сблъскване; **~stoßen** сблъск(в)ам се; **~stürzen** сру́т|вам [~я] се; **~treffen** сре́щ|ам [~на] се; *fig* съвпа́д|ам [~на]; **~wirken** де́йствам за́едно; **~zählen** съб|и́рам [~ера́]; **~ziehen** сви́|вам [~я] (**sich** се)

Zu|satz *m* доба́вка, допълне́ние; **&sätzlich** допълни́телен

zuschauen гле́дам, наблюда́вам

Zuschauer|(in *f*) *m* зри́тел(ка); **~raum** *m* зри́телна за́ла

Zuschlag *m* доба́вка; **&frei** без доба́вка; **~karte** *f* BAHN допла́щане за бърз влак; **&pflichtig** с доба́вка към цена́та на биле́та

zu|schließen заклю́ч|вам [~а]; **&schnitt** *m* кро́йка; **~schrauben** зави́нт|вам [~я]; **&schrift** *f* писмо́; **&schuss** *m* доба́вка, субси́дия; **~schütten** заси́п|вам [~я]; **~sehen** → ~schauen; **~setzen** приба́вя(м); *fig* (*j-m*) навр|е́ждам [~едя́]

zusicher|n обеща́|вам [~я]; **&ung** *f* обеща́ние; съгла́сие

zuspitzen изо́стря(м)

Zustand *m* състоя́ние, положе́ние

zustande: **~ bringen** осъществя́(вам); **~ kommen** осъществя́(вам) се

zuständig компете́нтен (**für** *A* за, по)

zustell|en доста́вя(м); *Post* връ́ч|вам [~а]; **&ung** *f* доста́вяне; връ́чване

zustimm|en съглася́(вам) се (*D* с); **&ung** *f* съгла́сие

zu|stopfen запу́ш|вам [~а]; **~stoßen** (*j-m etw*) слу́ч|вам [~а] се; **~tage**: **~tage bringen** изка́р(в)ам наяве

Zutaten *f/pl* GASTR проду́кти *pl*

zuteil|en разпред|е́лям [~еля́]; **&ung** *f* да́жба

zutrau|en очаквам (**j-m etw** нщ от нкг); **~lich** доверчи́в

zutreffen ока́зва се вя́рно; **~d** то́чен, ве́рен

Zutritt *m* вход; влизане; **~ verboten!** вхо́д забране́н (*od* влизането забране́но)!

zuverlässig наде́жден, си́гурен; (*Nachricht*) достове́рен; **&keit** *f* си́гурност *f*, наде́ждност

Zuversicht *f* уве́реност *f*, наде́жда; **&lich** оптимисти́чен

zuviel *s.* zu
zuvor предѝ
zuvorkommen изпревáр|вам [~я] (*D* нкг, нщ); **~d** учтѝв, любéзен
Zuwachs *m* прѝраст
zu|weisen предостáвя(м), дá(ва)м; **~wenig** *s.* zu; **~winken** мáх|ам [~на] с ръкá
zuziehen затв|áрям [~óря]; **sich** (*D*) **etw ~** навл|ѝчам [~екá] си нщ
zuzüglich включѝтелно
Zwang *m* принýда, насѝлие; **≗los** непринýден
zwangsweise принудѝтелно
zwanzig двáдесет
zwar наѝстина
Zweck *m* цел *f*; (*Sinn*) смѝсъл
zweck|los безсмѝслен; **~mäßig** целесъобрáзен
zweideutig двусмѝслен
Zweifel *m* съмнéние
zweifel|haft съмнѝтелен; **~los** без съмнéние
zweifeln съмнявам се (an *D* в)
Zweig *m* клон; **~stelle** *f* филиáл, клон
zwei|mal два пъ́ти; **~seitig** двустрáнен; **~sprachig** двуезѝчен; **~spurig** (*Straße*) двулéнтов; **~te(r)**: **aus ~ter Hand** от втóра ръкá; употребя́ван
Zwerg *m* джуджé
Zwetsch|ge *f*, **~ke** *f* слѝва
zwicken [о]щѝпя
Zwieback *m* сухáр
Zwiebel *f* лук, кромѝд; (*Blumen*) лýковица
Zwie|gespräch *n* диалóг, разговóр; **~spalt** *m* раздвоéние
Zwilling *m* близнáк
zwingen прин|уждáвам [~ýдя], застáвя(м)
Zwirn *m* конéц
zwischen (*D*, *A*) (по)междý; **~durch** междý товá
Zwischen|ergebnis *n* междѝнен резултáт; **~fall** *m* инцидéнт, слýчка; **~landung** *f* AER междѝнно кáцане; **~raum** *m* междѝнно прострáнство; **~ruf** *m* рéплика; **~zeit** *f* промеждýтък
zwitschern чурулѝкам
Zylinder *m* цилѝндър
Zypern Кѝпър
Zypresse *f* кипарѝс

Anhang

Zahlwörter

Grundzahlen

1 едно́ (*m* еди́н, *f* една́, *n* едно́, *pl* едни́) *ein(-e, -s)*
2 две (*m* два, *f*, *n* две) *zwei*
3 три *drei*
4 че́тири *vier*
5 пет *fünf*
6 шест *sechs*
7 се́дем *sieben*
8 о́сем *acht*
9 де́вет *neun*
10 де́сет *zehn*
11 едина́десет (едина́й-сет) *elf*
12 двана́десет (двана́йсет) *zwölf usw.*
20 два́десет (два́йсет) *zwanzig*
21 два́десет (два́йсет) и едно́ *einundzwanzig*
30 три́десет (три́йсет) *dreißig*
40 чети́ридесет (четири́йсет) *vierzig*
50 петдесе́т *fünfzig*
60 шестдесе́т (шейсе́т) *sechzig usw.*
100 сто *hundert*
101 сто и едно́ *hundert(und)eins*
111 сто и едина́десет (едина́йсет) *hundert(und)elf*
121 сто два́десет (два́йсет) и едно́ *hunderteinundzwanzig*
200 две́ста *zweihundert*
300 три́ста *dreihundert*
400 че́тиристотин *vierhundert*
500 пе́тстотин *fünfhundert usw.*
1000 хиля́да *(ein)tausend*
1001 хиля́да и едно́ *tausend(und)eins*
1011 хиля́да и едина́десет *tausend(und)elf*
1021 хиля́да два́десет и едно́ *tausendeinundzwanzig*
2000 две хи́ляди *zweitausend*
1 000 000 (еди́н) милио́н *(eine) Million*
2 000 000 два милио́на *zwei Millionen*

Ordnungszahlen

(*m* -и, *f* -а, *n* -о, *pl* -и)

1. първи *erste* (*mit Artikel*: първ|ият, ~ата, ~ото, ~ите *pl der, die, das erste; die ersten*)
2. втори *zweite* (*mit Artikel*: втóр|ият, ~ата, ~ото, ~ите *pl der, die, das zweite; die zweiten*)
3. трéти *dritte*
4. четвърти *vierte*
5. пéти *fünfte*
6. шéсти *sechste usw.*
9. девéти *neunte*
10. десéти *zehnte*
11. единáдесети *elfte*
21. двáдесет и първи *einundzwanzigste*
100. стóтен (стóтни) *hundertste*
121. сто двáдесет и първи *hunderteinundzwanzigste*
500. пéтстотен (пéтстотни) *fünfhundertste usw.*

Bruchzahlen

½ еднá втóра, поло-вúн(а) *Hälfte, halb*

1½ еднó и половúна *anderthalb*

⅓ еднá трéта *od.* третúна *ein Drittel*

⅔ две трéти *zwei Drittel*

¼ (едná) чéтвърт *od* четвъртúна *ein Viertel*

¾ три чéтвърти *Dreiviertel, drei Viertel*

⅗ три пéти *drei Fünftel*

1/100 (едná) стóтна *ein Hundertstel*

3⅔ три и две трéти *drei (und) zwei Drittel*

0,4 чéтири десéти *null Komma vier*

5,6 пет цялои шест десéти *fünf Komma sechs*

Der Kalender

година	Jahr
месец	Monat
уикенд	Wochenende
делник	Wochentag
седмица	Woche
дата	Datum
ден	Tag
неделя	Sonntag
понеделник	Montag
вторник	Dienstag
сряда	Mittwoch
четвъртък	Donnerstag
петък	Freitag
събота	Samstag
януари	Januar
февруари	Februar
март	März
април	April
май	Mai
юни	Juni
юли	Juli
август	August
септември	September
октомври	Oktober
ноември	November
декември	Dezember

Bulgarische Abkürzungen

ап.	**апартаме́нт** Appartement
БАН [бан]	**Бъ́лгарска акаде́мия на нау́ките** Bulgarische Akademie der Wissenschaften
БГА [бе́-ге-а́]	**Бъ́лгарска гра́жданска авиа́ция** Bulgarische Fluggesellschaft
БДЖ [бе́-де-же́]	**Бъ́лгарски държа́вни желе́зници** Bulgarische staatliche Eisenbahn
бл.	**блок** Wohnblock
БНБ [бе́-не-бе́]	**Бъ́лгарска наро́дна ба́нка** Nationalbank
БТА [бе́-те-а́]	**Бъ́лгарска телегра́фна аге́нция** Bulgarische Nachrichtenagentur
бул.	**булева́рд** Boulevard
БЧК [бе́-че-ка́]	**Бъ́лгарски черве́н кръст** Bulgarisches Rotes Kreuz
В	**волт** Volt
в.	**век; ве́стник; връх** Jahrhundert; Zeitung; Gipfel
вх.	**вход** Eingang
г	**грам** Gramm
г.	**годи́на** Jahr
г-жа	**госпожа́** Frau
г-н	**господи́н** Herr
гр.	**град** Stadt
г-ца	**госпо́жица** Fräulein
ДДС [де-де-се]	**Да́нък доба́вена сто́йност** Mehrwertsteuer (MwSt.)

ДЗИ [дé-зе-ѝ]	**Държáвен застрахователен институ́т** Staatliches Versicherungsinstitut
доц.	**доцéнт** Dozent
д-р	**дóктор** Doktor
ДСК [дé-се-кá]	**Държáвна спестóвна кáса** Staatliche Sparkasse
ет.	**етáж** Stockwerk, Etage
ж.к., жк	**жѝлищен комплéкс** Stadtteil
З	**зáпад** West(en)
И	**ѝзток** Ost(en)
и др.	**и дру́ги** und andere
инж.	**инженéр** Ingenieur
и т.н.	**и такá натáтък** und so weiter
кап.	**капитáн** Kapitän; Hauptmann
КАТ [кат]	**Контрóл на автомобѝлния транспóрт** Verkehrspolizei
кв.	**квартáл** Wohnviertel
кг	**килогрáм** Kilogramm
КПП [кá-пе-пé]	**Контрóлно-пропускáтелен пункт** Grenzübergang
л	**лѝтър** Liter
лв.	**лев, лéва** Lew, Lewa
м	**мéтър** Meter
мес.	**мéсец** Monat
мин.	**мину́та** Minute
МВР [мé-ве-рé]	**Министéрство на вѫтрешните рáботи** Innenministerium
МВнР [мé-ве-не-рé]	**Министéрство на вѫншните рáботи** Außenministerium
мг	**милигрáм** Milligramm

мл	**милили́тър** Milliliter
мм	**милиме́тър** Millimeter
н.	**нос** Kap
напр.	**напри́мер** zum Beispiel
НАТО [на́то]	**Организа́цията на Северноатланти́ческия до́говор** NATO
н.в., надм. вис.	**надмо́рска височина́** Höhe über dem Meeresspiegel
НОИ [н-о-и]	**Национа́лен осигури́телен институ́т** Nationales Sozialversicherungsinstitut
о., о-в	**о́стров** Insel
обл.	**о́бласт** Bezirk
общ.	**община́** Stadtteil (*als Verwaltungseinheit*)
п-в	**полуо́стров** Halbinsel
пл.	**планина́; плани́нски; площа́д** Gebirge, Berg; Berg-; Platz
под.	**пода́тел** Absender
проф.	**профе́сор** Professor
р.	**река́** Fluss
р-н	**райо́н** Bezirk; Gebiet
род.	**роде́н** geboren
С	**се́вер** Nord(en)
с.	**се́ло** Dorf
с., стр.	**стра́ница** Seite
САЩ [сащ]	**Съедине́ни америка́нскища́ти** Vereinigte Staaten von Amerika
сек	**секу́нда** Sekunde
см	**сантиме́тър** Zentimeter
Софсправка	**Софи́йска спра́вка**

	Auskunftsdienst in Sofia
ст.	**стотѝнки** Stotinki
т	**тон** Tonne
т.е.	**тóест** das heißt
тел.	**телефóн** Telefon
ул.	**ýлица** Straße
ФРГ [фé-ер-гé]	**Федерáлна репýблика Гермáния** Bundesrepublik Deutschland
х.	**хѝжа** Berghütte, Herberge
ч.	**час; час(а)** Stunde; Uhr
ч	**част; числó** Teil (Anteil); Zahl
Ю	**юг** Süd(en)

Hinweise und Warnungen

(Авари́ен) и́зход	(Not-)Ausgang
Бензиноста́нция	Tankstelle
Биле́тно гише́/ка́са	Kasse
Бо́лница	Krankenhaus
Бъ́рз вла́к	D-Zug
Бюфе́т	Erfrischungen
Вагóн-куше́т	Liegewagen
Вагóн-рестора́нт	Speisewagen
Авари́йна спира́чка	Notbremse
Вход	Eingang, Einfahrt
Гра́ница	Grenze
Еднопосо́чна у́лица	Einbahnstraße
Железопъ́тен пре́лез	Bahnübergang
Забране́но вли́зането	Einfahrt verboten
Забране́но премина́ването	Durchfahrt verboten
Забране́но спи́рането и парки́рането	Halte- und Parkverbot
Зае́то	besetzt
Заобика́ляне	Umleitung
И́зход	Ausgang, Ausfahrt
Изпрева́рването забране́но	Nicht überholen
Кварти́рно бюро́	Zimmernachweis
Кра́й на забра́ната	Ende des Verbots
Колово́з	Gleis
Ми́тница	Zoll
Обмя́на на валу́та	Geldwechsel

Опа́сност (за живо́та)	(Lebens-)Gefahr
Паспо́ртна прове́рка	Passkontrolle
Перо́н	Bahnsteig
Първа по́мощ	Erste Hilfe
Пътнически влак	Personenzug
Свобо́дно	frei
Спесто́вна ка́са	Sparkasse
Спри!	Halt
Туристи́ческо бюро́	Fremdenverkehrsamt

Sprachführer

Guten Morgen (Tag, Abend)!	**Добро́ у́тро! Добър ден (ве́чер)!**
Gute Nacht!	**Ле́ка нощ!**
Wie geht es dir (Ihnen)?	**Как си (сте)?**
Danke (sehr).	**Благодаря́ (мно́го).**
Bitte (sehr)/keine Ursache!	**Заповядай (Заповядайте)/ Ня́ма защо́!**
Wie ist Ihr Name, bitte?	**Как е и́мето Ви, мо́ля?**
Ich heiße …	**Ка́звам се …**
Gute Reise!	**На до́бър път!**
Spricht hier jemand Deutsch?	**Го́вори ли ня́кой тук не́мски?**
Wie heißt das auf Bulgarisch?	**Как е това́ на български?**
Wie bitte?	**Мо́ля?**
Ich verstehe nicht (alles).	**Не разби́рам (вси́чко).**
Bitte sprechen Sie etwas langsamer.	**Мо́ля, говоре́те ма́лко по-ба́вно.**
Wann wird … geöffnet (geschlossen)?	**Кога́ отва́рят (затва́рят) …?**
Geben (Zeigen) Sie uns (mir) bitte …!	**Да́йте (Пока́жете) ни (ми) мо́ля …!**
Können Sie mir helfen?	**Мо́жете ли да ми помо́гнете?**
Das funktioniert nicht.	**Не функциони́ра.**
Wieviel Grad haben wir?	**Ко́лко гра́дуса и́маме?**
Was meldet der Wetterbericht?	**Какво́ съобща́ва метеороло́ги́чната слу́жба?**

Wo ist das Fremdenverkehrsbüro?	**Къдé е туристѝческото бюрó?**
Ich möchte bitte einen Stadtplan.	**Бих жел(а) едѝн плáн на градá.**
Wann (Wo) fährt der Bus ab?	**Когá (Откъдé) тръгва автобýсът?**
Ich suche ein gutes (einfaches) Hotel.	**Търся добър (обикновéн) хотéл.**
Können Sie mir den Weg auf dem Stadtplan zeigen?	**Бѝхте ли ми покáзали пътя върхý плáна на градá?**
Komme ich hier in die Innenstadt?	**Мóга ли да стѝгна оттýк до цéнтъра на грáда?**
Muss ich rechts (links) abbiegen?	**Трябва ли да завѝя надясно (налявo)?**
Ist es noch weit bis …?	**Ѝма ли óще мнóго до …?**
Ich habe eine Panne.	**Ѝмам поврéда.**
Rufen Sie bitte einen Arzt.	**Мóля, извѝкайте лéкар.**
Bitte geben Sie mir Ihren Namen und Ihre Adresse an.	**Мóля, дáйте ми адрéса и ѝмето си.**
Wo ist die nächste Tankstelle?	**Къдé е най-блѝзката бензиностáнция?**
Gibt es hier eine Autowerkstatt?	**Ѝма ли тук áвтосервѝз?**
Wie komme ich am besten nach …?	**Как най-лéсно мóга да стѝгна до …?**
Wo hält der Bus nach …?	**Къдé спѝра автóбусът за …?**
Muss ich umsteigen?	**Налáга ли се да смéням?**

Wo sind die Schließfächer?	**Къде́ са кле́тките за бага́ж?**
Ich habe nichts zu verzollen.	**Ня́мам ни́що за обмитя́ване.**
Man hat mir … gestohlen.	**Откра́днаха ми …**
Wo ist hier eine Bank?	**Къде́ и́ма тук ба́нка?**
Haben Sie ein Einzelzimmer (Doppelzimmer) frei?	**И́мате ли свобо́дна стя́я с едно́ легло́ (две легла́)?**
Ist alles inbegriffen?	**Вси́чко ли е включено в цена́та?**
Rufen Sie bitte ein Taxi.	**Мо́ля, пови́кайте такси́.**
Können Sie mir ein gutes Restaurant empfehlen?	**Мо́жете ли да ми препоръ́чате добъ́р рестора́нт?**
Ist dieser Tisch (Platz) noch frei?	**Та́зи ма́са (Това́ мя́сто) свобо́дна (свобо́дно) ли е?**
Zahlen, bitte!	**Сме́тката, мо́ля!**
Ich hätte gern …	**Жела́я …**
Wie viel kostet es nach …?	**Ко́лко стру́ва до …?**
Wir möchten … besichtigen.	**Би́хме и́скали да посети́м …**
Wo befindet sich …?	**Къде́ се нами́ра …?**
Wo bekommt man die Karten?	**Къде́ мо́гат да се ку́пят биле́ти?**
Wo kann man … kaufen?	**Къде́ мо́же да се ку́пи …?**
Kann ich das anprobieren?	**Мо́га ли да про́бвам това́?**
Das passt gut (nicht).	**Ста́ва ми (Не ми ста́ва).**

Wo ist die nächste Apotheke?	**Къдé е най-блúзката аптéка?**
Dieses Medikament, bitte.	**Товá лекáрство, мóля!**
Ich muss (dringend) einen Arzt aufsuchen.	**(Спéшно) úмам нýжда от лéкар.**
Wann hat er Sprechstunde?	**Когá преглéжда?**
Ich hätte gern eine SIM-Karte, bitte.	**Бих искал(а) една сим карта, моля.**
Mein Akku ist leer.	**Батерията ми е изтощена.**
Hier spricht ...	**На телефона е ...**
Mit wem spreche ich bitte?	**С кого разговарям, моля?**
Kann ich bitte Herrn/Frau ... sprechen?	**Може ли да говоря с господин/госпожа ...**
Tut mir leid, er/sie ist nicht da.	**Съжалявам, той/тя не е тук.**
Kann er/sie Sie zurückrufen?	**Той/Тя може ли да Ви върне обаждането?**

Speisekarte

Предя́стия | Vorspeisen

Студе́ни предя́стия | Kalte Vorspeisen

аншоа́	Anchovis
колба́си	Wurst
кьо́поолу	Auberginensalat
сух колба́с	Dauerwurst
лю́теница	Püree aus Paprikaschoten
масли́ни с лук	Oliven mit Zwiebeln
пра́жка шу́нка	Prager Schinken
ру́ска сала́та	Russischer Salat
тарама́ хайве́р	Tarama – Kaviar
яйца́, варе́ни	Eier, gekocht
яйца́ с майоне́за	Eier mit Mayonnaise

То́пли предя́стия | Warme Vorspeisen

гъби с ма́сло	Pilze mit Butter
си́рене на капа́к	Schafskäse, überbacken
яйца́ на очи́	Spiegeleier

Су́пи | Suppen

боб чорба́	Weiße-Bohnen-Suppe
гъбена чорба́	Pilzsuppe
дома́тена су́па	Tomatensuppe
зеленчу́кова су́па	Gemüsesuppe
карто́фена су́па	Kartoffelsuppe
пи́лешка су́па	Hühnersuppe
су́па то́пчета	Suppe mit Klößen
тарато́р	Joghurt-Gurken-Kaltschale

Я́стия с тесте́ни изде́лия и ори́з | Nudel- und Reisgerichte

дома́ти с ори́з	Tomaten mit Reis
макаро́ни	Makkaroni
спаге́ти	Spaghetti

Я́стия с яйца́ | Eiergerichte

бъ́ркани яйца́	Rührei
омле́т	Omelett
– с гъ́би	– mit Pilzen
– с шу́нка	– mit Schinken

Ри́ба и ракообра́зни | Fische und Schalentiere

бя́ла ри́ба	Zander
есе́тра	Stör
змио́рка	Aal
ми́ди	Muscheln
мо́рски ра́ци	Krabben
ома́р	Hummer
ри́ба тон	Thunfisch
пу́шена ри́ба	geräucherter Fisch
пъстъ́рва	Forelle
скари́ди	Garnelen
скумри́я	Makrele
сом	Wels
филе́ от ри́ба	Fischfilet
хе́ринг(а)	Hering
шара́н	Karpfen

Ястия с месó | Fleischgerichte

áгнешко пéчено	Lammbraten
бифтéк	Beefsteak
виéнски шнúцел	Wiener Schnitzel
задушéно	Schmorbraten
кебáпчета	Cevapcici
медальóн с гъ́би	Medaillon mit Pilzen
мéшана скáра	Grillplatte
пъ́ржени кюфтéта	Frikadellen
пържóла	Steak
рагý	Ragout
рáмстек с лук	Rumpsteak mit Zwiebeln
свúнско с кúсело	Schweinefleisch mit Sauerkraut
сармú от лóзов лист	Weinblätterrouladen
сармú от зéле	Kohlrouladen
тéлешко вúнен кебáп	Kalbfleisch-Wein-Kebab
тéлешки шнúцел	Kalbsschnitzel
чýшки пълнéни	Gefüllte Paprikaschoten
шúшчета	Schaschlik
шнúцел панé	paniertes Schnitzel

Пти́ци | Geflügel

гъ́ска	Gans
пе́чено пи́ле	Brathähnchen
пи́ле фрикасе́	Hühnerfrikassee

Зеленчу́ци | Gemüse

алаба́ш	Kohlrabi
аспе́ржи	Spargel
грах	Erbsen
гъ́би	Pilze
дома́ти	Tomaten
зеле́н (зрял) фасу́л	Grüne (Weiße) Bohnen
зе́ле	Weißkohl
карто́фи	Kartoffeln
кра́ставици	Gurken
лук	Zwiebeln
мо́ркови	Karotten
праз	Porree
ря́па	Rettich
ре́пички	Radieschen
си́ни дома́ти	Auberginen
спана́к	Spinat
ти́score	Zucchini
цвекло́	Rüben
ка́рфиол	Blumenkohl
че́сън	Knoblauch

червéно зéле	Rotkraut
чýшки	Paprika(schoten)

Салáти | Salate

зелéна салáта	Kopfsalat
салáта от домáти	Tomatensalat
салáта от крáставици	Gurkensalat
салáта от картóфи	Kartoffelsalat
мéшана салáта	Gemischter Salat
салáта от кисели крáставички	Sauregurkensalat
маринóвана капия	Marinierte rote Paprika
шóпска салáта	Schopensalat

Сúрена | Käse

едамер	Edamer
éментал	Emmentaler
кашкавáл	Kaschkaval
крáве сúрене	Käse aus Kuhmilch
пýшено сúрене	geräucherter Käse
óвче сúрене	Schafskäse
топéно сúрене	Schmelzkäse
швейцáрско сúрене	Schweizer Käse

Десéрти | Süßspeisen

баклавá	Baklawa (*Blätterteigkuchen mit Sirup*)
бáница	Baniza (*Filoteig-Gebäck mit verschiedenen Füllungen, meistens Käse oder Quark*)
крем-бадéмов	Pudding mit Mandeln
крем-ванúлия	Vanillepudding
крем-карамéл	Karamelpudding
крем пúта	Blätterteigkuchen mit Creme
крем-фрýктов	Pudding mit Früchten
крем-шоколáдов	Schokoladenpudding
малебú-малúна	Himbeergrütze
óрехова тóрта	Nusstorte
палачúнки	Eierkuchen
– с конфитю́р	– mit Konfitüre
– с мед	– mit Honig
плóдова тóрта	Obsttorte
фрýктов сладолéд	Fruchteis
шоколáдова тóрта	Schokoladentorte
щрýдел с я́бълки	Apfelstrudel
тúквеник	Kürbisstrudel
я́годи	Erdbeeren
– със заквáсена сметáна	– mit saurer Sahne
– със зáхар	– mit Zucker
я́годов компóт	Erdbeerkompott
я́бълкова тóрта	Apfeltorte
я́бълки пéчени	Bratäpfel

Плодовé | Obst

бадéми	Mandeln
борови́нки	Blaubeeren
ви́шна	Sauerkirsche
грóзде	Weintrauben
ди́ня	Wassermelone
кайси́я	Aprikose
кáсис	Johannisbeeren
кру́ша	Birne
лéшник	Haselnuss
лимóн	Zitrone
мали́ни	Himbeeren
нар	Granatapfel
нектари́на	Nektarine
óрех(и)	Walnuss
портокáл	Apfelsine
прáскова	Pfirsich
пъпеш	Zuckermelone
рáйска я́бълка	Kakipflaume
сли́ва	Pflaume
смоки́ня	Feige
фурмá	Dattel
черéша	Süßkirsche
я́бълка	Apfel
я́годи	Erdbeeren